Véronique Hébrard

Venezuela independiente: una nación a través del discurso (1808-1830)

teci
Textos y estudios coloniales
y de la Independencia

Editores

Karl Kohut (Universidad Católica de Eichstätt-Ingolstadt)
Sonia V. Rose (Université de Toulouse II)

Vol. 20

Véronique Hébrard

Venezuela independiente: una nación a través del discurso (1808-1830)

Prefacio de François-Xavier Guerra (1943-2002)

Traducción: Amelia Hernández M.

Vervuert - Frankfurt - Iberoamericana - Madrid

2012

Agradecemos el apoyo financiero del "Centre de recherches d'histoire
de l'Amérique latine et du monde ibérique (CRALMI)
de l'Université Paris I-Panthéon Sorbonne".

Amor de Dios, 1 – E-28014 Madrid
Tel.: +34 91 429 35 22
Fax: +34 91 429 53 97
info@iberoamericanalibros.com
www.ibero-americana.net

Elisabethenstr. 3-9 – D-60594 Frankfurt am Main
Tel.: +49 69 597 46 17
Fax: +49 69 597 87 43
info@iberoamericanalibros.com
www.ibero-americana.net

ISBN 978-84-8489-654-8 (Iberoamericana)
ISBN 978-3-86527-706-0 (Vervuert)

Depósito Legal: M-23404-2012

Diseño de la cubierta: Fernando de la Jara
Realización gráfica de la cubierta: Osvaldo Olivera / A4 Diseños

Este libro está impreso íntegramente en papel ecológico blanqueado sin cloro

Impreso en España por Publidisa

Índice

Nota preliminar

La presente obra está basada en la tesis de doctorado —dirigida por François-Xavier Guerra— sobre la nación venezolana y, más específicamente, sobre el discurso de sus actores y «fundadores»[1]. Defendida en 1994, fue publicada en francés en 1996 en una versión revisada y con un prefacio de F.-X. Guerra[2]. En 1997, surgió la posibilidad de publicar mi trabajo en español, en la editorial Monte Ávila, gracias al apoyo financiero parcial de la Embajada de Francia en Venezuela. Lamentablemente —luego de numerosas tentativas, en particular con la Universidad Católica Andrés Bello—, este proyecto no pudo ver la luz. A pesar de ello, deseo agradecer la ayuda que me prestó Jean-Marie Lemogodeuc, agregado cultural de la Embajada de Francia en Venezuela, Frédéric Martinez, en ese entonces responsable de la antena Air France en dicho país y Carole Leal Curiel, amiga, cómplice intelectual y apoyo permanente, profesor en la Universidad Simón Bolívar.

Empero, nunca renuncié a este proyecto puesto que sólo una publicación de este trabajo en español permitirá un debate en torno a mi postura historiográfica, nutrida por la nueva historia de lo político iniciada en Francia en la década de los ochenta. Es por esta razón que estoy muy satisfecha de que, en este período de celebración del Bicentenario de las independencias, la editorial Iberoamericana, y a través de ésta, Sonia V. Rose y Karl Kohut, aceptaran publicar esta investigación. La misma ha sido actualizada y toma en cuenta los últimos aportes a la cuestión que me ocupa. Finalmente, quiero agradecer a la Dra. Annick Lempérière, directora del *Centre de Recherches d'histoire de l'Amérique latine et du monde ibérique* (Cralmi), de la universidad París I-Panthéon Sorbonne, quien aceptó financiar parcialmente la presente publicación y quien ha manifestado una confianza permanente en mi trabajo.

---

[1] *La nation par le discours. Le Venezuela 1810-1830.* Paris: Université Panthéon-Sorbonne, 1992, 732 págs. Tesis de Doctorado Nuevo Régimen realizada bajo la dirección del Dr. François-Xavier Guerra.

[2] *Le Venezuela indépendant. Une nation par le discours (1808-1830).* Paris: L'Harmattan, 1996.

Prefacio

La cuestión de la nación estuvo en el corazón mismo de la independencia de América Latina. Esto es una afirmación banal y, a la vez, problemática. Banal, porque el carácter «nacional» de la independencia resulta un lugar común de la historiografía del siglo XIX, frecuentemente repetido por los estudios generales sobre la nación que florecen hoy en día. Problemática, porque desde hace ya varios años una mayoría de especialistas pone en tela de juicio, cada vez más, la existencia de naciones en la América hispana de la época independentista.

Las razones de esta diferencia son múltiples. Algunas son específicas de la América hispana. La preeminencia de la historiografía «nacional» es una consecuencia paradójica de la incertidumbre de la nación. Postularla y exaltarla desde los orígenes permite a la vez afirmar su presencia en el exterior y utilizarla como un medio de integración interior. Sólo las naciones indiscutiblemente reconocidas por la historia pueden permitirse estudiar los mitos tutelares de su nacimiento. Hay otras razones de orden general, y son las que se derivan del misterio aún presente en esta figura central de las identidades colectivas contemporáneas.

Desde este punto de vista, la América hispana resulta un extraordinario laboratorio para comprender la naturaleza y la génesis de la nación moderna, en la medida en que su surgimiento a principios del siglo XIX fue tan precoz como ambiguo. Efectivamente, los países hispanoamericanos fueron unos de los primeros en el mundo occidental —incluso antes que la mayoría de los países europeos— en recurrir a la nación para justificar su existencia independiente. Sin embargo, a diferencia de la Europa de los siglos XIX y XX, esta independencia no se presenta en modo alguno como el desenlace de unos movimientos nacionales o nacionalistas, sino como la consecuencia de la desintegración de una Monarquía de antiguo régimen. Más aún: la relación mantenida por los Estados surgidos de esta disolución con las comunidades que los precedieron o con las naciones que conocemos hoy en día, dista de ser obvia.

En la América hispana, sin duda más que en otras partes, es necesario hacer una distinción entre la nación como ideal y la nación en tanto comunidad realmente existente. En este trabajo, Véronique Hébrard se dedica a explicar esta diferencia y sus consecuencias. En la medida en que la nación se planteó primero como una referencia en el discurso de sus actores, esta obra pionera se ocupa, naturalmente, del análisis de este discurso. Por primera vez en un trabajo de esta importancia, la nación deja de ser un postulado para convertirse en un problema y, por ende, en un objeto de investigación. Objeto tanto más pertinente por ser Venezuela, primer país en proclamarse independiente, uno de los que más ha destacado los mitos, los próceres y el culto nacionales, habiendo vivido además un eclipse en su nación, cuando formó parte durante diez años de aquella efímera nación que fue la Gran Colombia.

Estudiar la nación en esta época de sus orígenes no puede ser ni la hagiografía de una nación eterna, ni un procedimiento retórico destinado a dar coherencia al período que precedió a la independencia. La nación de aquellos primeros tiempos no fue un desenlace sino un comienzo. Más que un balance, fue un proyecto: la difícil puesta en práctica de un nuevo modelo de comunidad política surgido en el mundo occidental al final del siglo XVIII. La polisemia de la palabra «nación» constantemente analizada por la autora, expresa las múltiples dimensiones de la comunidad nueva que los hombres de la independencia trataron de construir.

La novedad tiene que ver ante todo con el carácter soberano de la comunidad en el doble registro de la legitimidad y la independencia. Ser nación es afirmar que todo poder viene del pueblo; lo cual, a la par que el rechazo al absolutismo, si no a la Monarquía, implicaba la construcción de una sociedad tendencialmente igualitaria puesto que se fundamentaba en una asociación de voluntades. Para los hombres de esa época también implicaba la creación de mecanismos de transferencia de la soberanía: del pueblo a las autoridades; unos mecanismos que, siguiendo el ejemplo de los precedentes de Francia y Estados Unidos, no podían ser sino electorales. Pero, por ser soberana, la nación también debe ser dueña de su destino, lo cual la hace posible sin por ello implicar independencia.

De ahí vienen las dos problemáticas centrales de este trabajo: por una parte, la instauración de la política moderna; por otra parte, la definición de la identidad nacional. Dos problemáticas particularmente complejas, puesto que más allá de algunos escasos precedentes —de los cuales se hizo luego gran despliegue—, en 1808 nada presagiaba una fuerte aspiración a la modernidad política, ni mucho menos una reivindicación de la identidad tan fuerte que exigía la independencia.

Ambos procesos fueron consecuencia de esta crisis inédita que sacudió a la Monarquía en su conjunto tras la invasión napoleónica a España y la abdicación forzada de Fernando VII. Esta inesperada crisis explicaba a la vez el recurso a la nación como suplencia de la legitimidad real y la dificultad para definirla. La dificultad era doble puesto que atañía tanto a la composición elemental de la nación —la ciudadanía— como a su relación con las unidades políticas que componían la Monarquía. Ambos problemas se hicieron candentes a partir de la primavera de 1810, cuando en América se formaron Juntas autónomas en nombre de la reversión de la soberanía al pueblo. Y es que ese pueblo que precedió a la nación resultaba aún más ambiguo que ella, al oscilar constantemente entre lo abstracto y lo concreto: abstracto, en tanto principio de legitimidad; concreto, con una profusión de sentido cuyo centro eran las ciudades y villas. El «pueblo» que asumió la soberanía fue ante todo esos «pueblos», y el plural que se utilizaba en esa época revela claramente hasta qué punto éstos fueron piezas ineludibles en la futura arquitectura de la nación.

La tensión entre el carácter único del pueblo legitimador y la realidad plural de los pueblos —cabezas de provincias— es una de las claves esenciales para comprender la construcción de la nación. Véronique Hébrard la utiliza con pertinencia a todo lo largo de su trabajo. Así, en el primer Congreso constituyente vemos a los diputados, modernos representantes del pueblo soberano, hablando y actuando también como mandatarios de sus pueblos, en calidad de tales, negociando el puesto que estos pueblos deberán ocupar en la nación. Al final de ese período seguimos viendo a los pueblos asumiendo un papel de primer plano en la disolución de la Gran Colombia. Hasta 1830, y quizás más allá, estos pueblos fueron los principales artesanos de la construcción de la nación y, a la vez, el principal obstáculo para su definición moderna como una comunidad de individuos.

Por cierto que no fueron los únicos pues, aunque los pueblos siguieron siendo por mucho tiempo el lugar por excelencia de lo político, otros actores y otros problemas también irrumpieron en el escenario. El pueblo es desde luego los pueblos, las ciudades y villas, pero dentro de éstos ¿quién es pueblo? ¿La *sanior pars,* el patriciado, conforme al imaginario antiguo? ¿La población libre, en su conjunto, incluido el bajo pueblo de los blancos de orilla, los pardos y los negros libres? El tema de la ciudadanía está presente en todo el período; es un indicativo valioso acerca de los actores que intervienen en el juego político, de los intereses en juego en cada época, y de los modelos que inspiran a los constructores de la nación.

Desde este punto de vista, la gran novedad de aquel período fue el surgimiento de una nueva categoría de actores, destinados a un muy largo porvenir: los hombres en armas. Los análisis de la autora sobre las relaciones entre civiles y militares aclaran la complejidad de un problema que, más allá de la simple relación de fuerzas, remite a los modelos políticos aplicados sucesivamente. El ideal del ciudadano-soldado revela el carácter urbano de la política de la Primera República venezolana y también el apego a la *Polis* como la forma más acabada de la naturaleza social del hombre. Pero la guerra —una nueva guerra, de extraordinaria violencia— relegó este ideal patricio a un segundo plano al movilizar a una masa de hombres de baja condición. El ciudadano-soldado dio paso al soldado, y la defensa de la patria en peligro transformó al soldado, cualquiera fuera su origen, en ciudadano. Se convirtió incluso en su encarnación, en aquellos períodos críticos en los que los ejércitos bolivarianos transportaban la patria con ellos.

La compatibilidad entre ese soldado-ciudadano y el régimen representativo que las élites se esforzaban por construir no dejará de ocupar un lugar central en la reflexión política. La época independentista legó a los nuevos Estados un problema que fue insoluble por mucho tiempo: la manera de conciliar lo que la autora llama, con mucha razón, la necesaria «civilización de la política», y la muy arraigada «militarización de la memoria». A la sombra de los próceres, la «libertad de los Antiguos» amenazaba a la «libertad de los Modernos».

A todos estos problemas de ingeniería social y política se agregan los que se derivan de la indefinición de la identidad de la nación. ¿Cómo se convierte «una parte integrante» de la Monarquía hispana en una nación independiente? A falta de una identidad cultural bien establecida, el hecho de separarse de la antigua metrópoli sólo puede justificarse reivindicando una identidad esencialmente política: ser una comunidad soberana y libre a la cual se agrega un patriotismo basado en la oposición amigo-enemigo. Fueron estos elementos los que hicieron posible la constitución de la Gran Colombia, pero lo general de su carácter los incapacitó para superar la inmensidad de los espacios y la diversidad regional de los actores y los intereses. Así, el debate constitucional osciló constantemente entre dos polos opuestos. Por una parte, una concepción universalista de la Constitución y de las leyes, a fin de elevar a la nueva nación al rango de «naciones civilizadas». Por otra parte, la aspiración de adaptar al máximo las leyes a las realidades concretas muy alejadas de ese ideal. En la práctica, ganó la primera concepción, lo cual suscita esta observación sorprendente que aclara la realidad retórica de la nación: basta con cambiar el sujeto de la frase para que el mismo discurso le sirva sucesivamente a la Gran Colombia o a la «antigua Venezuela» convertida de nuevo en nación en 1830.

En esta fecha bisagra que, injustamente, luce como un retorno a la casilla inicial, es donde se detiene este trabajo cuya riqueza no pretendemos agotar aquí. La «nación a través del discurso» es a la vez un enfoque y los resultados de este enfoque. La nación de aquellos tiempos de los orígenes sólo puede captarse a través del discurso, pero también se construye a través del discurso. Es al mismo tiempo una figura discursiva, sujeta a todas las variaciones inducidas por contextos y épocas diversas, y un modelo ideal dotado de un extraordinario poder transformador.

François-Xavier Guerra
Universidad Paris I-Sorbonne
Abril de 1996

Abreviaturas

AGI: Archivo General de Indias
ANH: Academia Nacional de la Historia
BNV: Biblioteca Nacional de Venezuela
BNV/LR: Biblioteca Nacional de Venezuela/Libros Raros
FBC: Fundación Boulton de Caracas
Foll: Folletos
HEM: Hemeroteca de la Biblioteca Nacional de Venezuela
hs: hojas sueltas
SE: Su Excelencia
VA: Vuestra Autoridad

Introducción

«La utilidad, que es la justicia nacional, aconsejó el olvido del pasado, y todos debieron desde entonces consagrarse exclusivamente a la obra de la libertad [...]. Resérvese a la historia, dueña de los hechos y acontecimientos, el derecho de considerarlos con imparcialidad y sin el rencor o la adulación con que los marca infaliblemente el temperamento de los coetáneos»[1].

El origen de esta investigación es un estudio anterior que, aun cuando se refería a un proceso de transformación política de misma naturaleza, concernía un espacio geográfico y un período histórico diferentes: la Turquía de Mustafá Kemal Ataturk entre 1918 y 1929[2]. A partir del momento en que esta transformación se ejecutaba en nombre del paso a la modernidad y en el marco específico de un país musulmán, lo que estaba en juego era la europeización y la laicización a nivel tanto de las estructuras del poder político como de los referentes y las prácticas sociales y culturales de las poblaciones concernidas. En aquella ocasión, nos había impresionado la utilización ambivalente de los conceptos de nación y patriotismo, y la importancia del problema de la existencia o inexistencia, en la población, de un sentimiento de pertenencia a una misma comunidad y, por consiguiente, de la adecuación de las aspiraciones políticas de las élites. Esto se traducía no sólo en un permanente afán de movilización y sensibilización, sino también de legitimación pública de las opciones escogidas.

No obstante, en la medida en que habíamos estudiado ese proceso a través del prisma de unos observadores extranjeros, para nuestras investigaciones ulteriores deseábamos trabajar directamente con las fuentes turcas, lo cual nos resultaba imposible por razones lingüísticas. Entonces, conjugamos un interés personal por América Latina y la formulación de una problemática de investigación, y decidimos que nuestro análisis trataría de Venezuela en la época de las independencias americanas. Además, al trabajar con la primera mitad del siglo XIX nos acercábamos históricamente al

---

[1] Un general, varios jefes, muchos subalternos y una porción de paisanos, *Al Congreso Constituyente.* Caracas: reimpr. T. Antero, 1830, pág. 4.

[2] GEROTHWOHL, C.; HÉBRARD, V. et HERTMAN, C.: *Vision de la mutation politique en Turquie à travers trois revues françaises (1918-1929).* Paris: trabajo de maestría bajo la dirección del profesor Jean Devisse, Université de Paris 1, Centro de Investigaciones Africanas, 1986, 196 págs.

epicentro, al acontecimiento fundacional representado por la Revolución francesa y a partir del cual las «periferias» (España y sus «colonias» americanas) iban a efectuar su propia transformación política, en la cual la nación se presentaba también como un elemento central. Por una parte, desde un punto de vista de la formación y la formulación de un «consenso generador de identidad»[3] y por otra parte, debido a la transformación que ella genera en los imaginarios políticos y sociales, pero también en cuanto al modo de aprehensión de la sociedad y, sobre todo, de la participación y representación de estos miembros, conforme con los principios que son su corolario «obligado». Y si bien en Venezuela la cultura no sirvió de tamiz en el sentido en que la ruptura, en ese paso a la modernidad política, no exigió además una europeización, en cambio el océano que separa esta entidad, aspirante al rango de nación moderna, de su madre patria, España, funcionó como un filtro y una distorsión al adoptar o rechazar los modelos que aparecían en los discursos.

Los primeros hitos de esta investigación los habíamos colocado al estudiar más específicamente el proceso de legitimación que se dio al formarse la Junta de Caracas en abril de 1810[4]. Por consiguiente, lo que se plantea aquí es aprehender sus implicaciones y sus diferentes funciones en la elaboración o la edificación de una nación, y en la tentativa de estructuración de una identidad en un marco nacional, o supuestamente nacional. También habrá que evaluar su arraigo, o por lo menos su adecuación al «pueblo» que se hallaba en pleno centro de este dispositivo. Por lo demás, este trabajo formaba parte de una doble renovación historiográfica —fuera y dentro de Venezuela— del concepto mismo de nación y de la aprehensión del fenómeno nacional y de la identidad, tratando con ello de contrariar los presupuestos de esa historiografía tradicional que suele considerar que la existencia de una nación se da tan pronto como se proclama. Podemos llegar hasta considerar que esta historia «oficial» y nacional[5] ha

---

[3] Kossok, M. et Midel, M.: «Mouvements nationaux et enjeux sociaux à l'époque de la transition (1500-1850)», en *Nations, nationalismes, transitions. XVIe-XXe siècles. Actes du symposium international, 12-15 novembre 1992. Université de Rouen. Centre de recherches d'histoire comparée des transitions.* Paris: ed. Sociales, 1993, pág. 261.

[4] Hébrard, V.: *La mutation politique au Venezuela à travers la Gazeta de Caracas: réflexion sur la constitution d'un nouveau pouvoir et son discours de légitimation (1810).* Paris: trabajo de DEA de la Université de Paris I, 1988, pág. 106.

[5] Retomamos aquí las categorías definidas por G. Carrera Damas cuyos trabajos sobre la historiografía han marcado esta voluntad de sacar a la luz los presupuestos que funcionan en

constituido un verdadero filtro entre los acontecimientos y su aprehensión histórica. Efectivamente, ha ocultado ciertas aproximaciones que trataban de captar el significado de los hechos en su complejidad, tomando en cuenta (a veces con esquemas cuestionables, desde luego) las características sociales y étnicas de la sociedad. Esto se verifica sobre todo para la Guerra de Independencia y su papel en la elaboración y la aplicación del proyecto nacional. Entre los artesanos de esta tentativa, consideramos particularmente el esquema interpretativo propuesto en 1919 por L. Vallenilla Lanz[6], quien recalcaba que se había tratado ante todo de una guerra civil y fratricida[7]. Pero, más grave aún, esta historia patria equivale a negar la comprobación efectuado por algunos de los propios actores, tales como Juan Germán Roscio quien, ya en 1820, en una correspondencia dirigida a Simón Bolívar, analizaba esos años conflictivos como una lucha entre americanos, entre criollos, aun cuando aquel «odio» había sido fomentado por España, según él, a fin de negar toda legitimidad a la empresa independentista. Un fragmento de esta carta nos parece particularmente elocuente:

> ... la España nos ha hecho la guerra con hombres criollos, con dinero criollo, con provisiones criollas, con caballos criollos, con frailes y clérigos criollos, y con casi todo criollo; y mientras pueda continuarla del mismo modo y a nuestra costa, no hay que esperar de ella paz con reconocimiento de nuestra independencia. Aunque se interpongan en favor de ésta los Estados Unidos, la Inglaterra, la Rusia y la Francia, les manifestará las listas y el es-

---

esas «historias» y, al mismo tiempo, de retornar a las fuentes a fin de proceder a una redefinición de los problemas y las problemáticas. Ver particularmente: CARRERA DAMAS, G.: *Características de la historiografía venezolana*. Montevideo: Universidad de la República, Facultad de Humanidades y Ciencias, 1963; «Estructura de poder interno y proyecto nacional inmediatamente después de la Independencia: el caso de Venezuela» en *Problemas de la formación del Estado y de la Nación en Hispanoamérica, Actas del Simposio del Instituto de Historia Ibérica y Latinoamericana de la Universidad de Colonia y del Instituto de Historia de la Universidad de Hamburgo, septiembre de 1983*. Bonn: Böhlau Verlag, 1984, págs. 407-439.

[6] VALLENILLA LANZ, L.: *Cesarismo democrático. Estudios sobre las bases sociológicas de la constitución efectiva de Venezuela*. Caracas: Monte Ávila Editores, 1990 (1ª ed. 1919).

[7] Para un balance historiográfico ver: HÉBRARD, V.: «A l'écoute du conflit : historiographie d'une guerre. Le Venezuela (1812-1823)», *Histoire et Sociétés de l'Amérique Latine, Revue d'histoire*, n.° 6. Paris: ALEPH, nov. 1997, págs. 157-177.

> tado de su fuerza armada en América, compuesta casi toda de criollos; les exhibirá el censo de las provincias que les obedecen y que han jurado su Constitución; les mostrará el registro de contribuciones, empréstitos, donativos, suplementos, etc., desembolsado por la gente criolla; les presentará los partes oficiales de las comisiones despachadas después de la revolución de España para invitaros a jurar su Constitución y a volver al yugo; y quizá en todas partes habrá habido criollos bastantes viles que se hayan encargado de ellas como en Colombia...[8]

No obstante, cuando pensamos en los filtros que vinieron así a encubrir, ocultar, y hasta desviar las fuentes mismas, hay uno que en Venezuela parece ineludible: se trata del mito elaborado en torno a Bolívar, figura emblemática para sus propios contemporáneos. La historiografía nacional(ista), al elevarlo al rango de una verdadera clave para escribir la Historia de Venezuela, ha lastrado a ésta, así como a la conciencia nacional, con otros «mitos» —discriminatorios— agregados. Pero, ya que nos proponíamos reflexionar sobre el proceso de elaboración de un proyecto nacional en el marco de una modernidad de ruptura, en el cual el concepto mismo de nación experimenta un cambio de sentido y definición, y con ello de todo el imaginario político y social de las élites que la generaron, no íbamos entonces a desestimar el aporte de Bolívar, hombre de discursos si lo hubo, conceptor y prometedor de una nación universal. Sin embargo deseábamos considerar en conjunto a los actores del período estudiado, para dar la palabra a quienes —más anónimos y, por ello, a menudo ignorados— tomaron el camino de la participación en las decisiones o los cuestionamientos, a medida que los propios modos de sociabilidad iban adquiriendo el sello de la modernidad. Además, los actores trataban de dar cuerpo a esta realidad nueva mediante el discurso. La primera función de éste consistía entonces en manejar los sentidos múltiples de los conceptos utilizados —sobre todo los de nación, patria, pueblo— a fin de tratar de efectuar una transferencia de la adhesión en nombre del antiguo sentido, a la adhesión al proyecto elaborado por las élites. Y veremos de qué manera se utilizaba la ambivalencia de los conceptos para llegar a un consenso, pero también cuándo y con qué fines se trataba de acabar con él. En este sentido, nos adherimos a esa definición según la cual «el concepto es a la vez un espacio de memoria, la memoria de las luchas de representación, y un espa-

---

[8] «J. G. Roscio a S. Bolívar, Angostura, 13 de septiembre de 1820», en Germán Roscio, J.: *Escritos representativos.* Caracas: Ediciones de la Presidencia, 1971, pág. 162.

cio de invención; permite [...] enunciar un proyecto. Al desplazar la utilización de las palabras, es decir, al insertarlo en una nueva red de oposiciones y asociaciones, el discurso enuncia y da a conocer lo que aún no está ahí»[9]. Por ello, deseamos no limitarnos sólo a los discursos oficiales y a las tomas de posición de los actores privilegiados por la historiografía tradicional debido a su papel protagónico durante la Guerra de Independencia, y que accedieron a importantes cargos políticos. No se trataba en absoluto de volver a escribir una historia nacional unívoca, ya que esos actores y los marcos dentro de los cuales se expresaron eran ineludibles para comprender la edificación de la nación, sino, por lo contrario, de intentar contribuir, efectuando un retorno a las «fuentes» y volviendo a darles la palabra, a salir de esta «cárcel historiográfica» analizada por G. Colmenares[10]. Hemos procurado entonces hallar fuentes de índole política publicadas en ese período, o sea, ante todo textos oficiales (decretos, textos de leyes y de Constituciones), de los discursos y las actas de los Congresos, y de documentos y obras publicados por las élites participantes en el proceso, así como aquéllos redactados por los actores políticos (a veces de manera anónima) y los miembros de la «sociedad civil»: sobre todo grupos de ciudadanos, cuerpos civiles o militares.

Para ello, hemos buscado constituir un conjunto que fuera lo más diversificado posible, en conexión con el acontecimiento; que incluyera el estudio de la prensa, pues la multiplicación de los periódicos —sobre todo a partir de 1820— permitía captar las diferencias «regionales»; también el estudio de ciertas actas de los Cabildos y, al mismo tiempo, textos con objetivos más teóricos. Por consiguiente, la elección del término genérico «discurso» para designar el conjunto de fuentes que hemos reunido, forma parte de esta iniciativa, siguiendo así los trabajos de Luis Castro Leiva en pro de la renovación de la historiografía venezolana para, en este tema preciso, «ejemplificar una vía metodológica en el campo de la historia intelectual. [...] la historia de la retórica constituye una pieza clave para el logro de una adecuada comprensión y explicación del surgimiento y desarrollo de la teoría política republicana»[11]. Varias han sido las razones de la conformación de

---

[9] Intervención de S. Wahnich en «Les modalités culturelles des mouvements nationaux», en *Nations, nationalismes, transitions. XVIe-XXe siècle. Op. cit.*, pág. 152.

[10] Colmenares, G.: «La historia de la revolución por José Manuel Restrepo: una prisión historiográfica», en *La Independencia: ensayos de historia social.* Bogotá: Instituto Colombiano de Cultura, 1986, págs. 9-23.

[11] Castro Leiva, L.: «La elocuencia de la libertad», en *De la patria boba a la teología bolivariana. Ensayos de historia intelectual.* Caracas: Monte Ávila Editores, 1987, pág. 19.

este conjunto. Razones directamente relacionadas con un eje de investigación que deseábamos privilegiar por estar en correspondencia con la voluntad de abordar esta problemática de la formación de la nación en Venezuela desde la perspectiva de lo político. Paralelamente se fueron incorporando imponderables ligados a la condición de la propia investigación, que reforzaron esta orientación. Efectivamente, hemos constituido este conjunto primero a partir de fuentes publicadas y disponibles en Francia; cuando nos fue posible completarlo in situ, extendiendo nuestro campo de investigación y por afán de coherencia, hemos buscado en prioridad este primer tipo de documentos mediante la recolección de libros, libelos y textos que se imprimieron durante ese período.

Así, hemos privilegiado una concepción política que, al fin y al cabo, corresponde al substrato histórico de Venezuela —si es lícito utilizar estos términos— y se confirma desde los inicios mismos del proceso. Efectivamente, este espacio político-administrativo no tenía una identidad cultural fuerte que pudiera servir de fundamento para la elaboración de un discurso sobre la identidad, en el marco de la nación tal como fue proclamada en 1811. Por consiguiente, ésta se planteaba ante todo desde el punto de vista de la identidad política, basada en la libre adhesión de sus miembros y regida por leyes propias. En este contexto, la obra constitucional representa el nudo a partir del cual la voluntad inicial de los actores para fundar una República se transforma en voluntad constituyente. Por ello, tal como Luis Castro Leiva lo enunció en su análisis del constitucionalismo bolivariano en el caso más particular de la República colombiana, «en la Constitución se encuentran el punto de partida, la forma de gobierno y el principio de movimiento ordenador de esa particular estructura. La pregunta por el principio es, pues, la pregunta por la Constitución»[12]. Particularmente en referencia a esta primera comprobación, la periodización que hemos adoptado se articula en torno a la elaboración de las cuatro Constituciones que jalonan el período, o sea las de 1811, 1819, 1821, 1830. Esto permite así recalcar los proyectos políticos y los intereses de poder en juego implicados en ellas. Por otra parte, esta periodización hace posible un análisis de la evolución del pensamiento de los autores en cuanto a dos puntos clave para nuestro estudio: por una parte, la participación de la población en este proyecto de edificación «nacional»; por otra parte, la aprehensión de un espacio nacional, mediante las

---

[12] Castro Leiva, L.: *La Gran Colombia. Una ilusión ilustrada.* Caracas: Monte Ávila Editores, 1985, pág. 24.

armas y políticamente (sobre todo a través del debate sobre la federación), quedando entendido que asistimos cada vez a la puesta en práctica de una identidad colectiva.

Este plan cronológico también se organiza a partir de esas cuatro Constituciones debido al impacto que tuvieron sobre el discurso de legitimación política de los actores y, más aún, porque sirven de contención para la introducción teórica del pueblo en el escenario político. Además, las articulaciones crono-temáticas efectuadas en cada uno de los capítulos de las partes confrontan los principios teóricos incluidos en la Constitución con los discursos y las opiniones emitidos al inicio de su elaboración, y también con su efectividad y adecuación a la sociedad. Efectivamente, cada período de construcción política era considerado por sus actores como una nueva independencia, una regeneración que permite plantear el acceso de los espacios considerados (Venezuela y Colombia) al rango de nación.

Así pues, partiendo de este contexto medimos la evolución de la concepción de estos actores con respecto a lo «nacional» como voluntad de edificación de una nación, cuyo perfil va cambiando según los períodos, sobre todo el de Colombia, y revela así la ambigüedad de su análisis. Históricamente, estamos en presencia de cuatro momentos clave, cuatro períodos significantes, determinados por una aprehensión singular de la nación, sobre todo a través de la modificación de sus fronteras y del modo de integración de los individuos en el cuerpo político, y que revelan las relaciones particulares —y hasta ambiguas— que mantenían las élites dirigentes con el pueblo real; y determinados también por una relación ambivalente con el pasado y, por ende, con la identidad. Se adopta el plan que mejor contribuía a la comprensión y al análisis del discurso y de la aprehensión —por parte de los actores— del proceso en curso durante esos veinte años. Veinte años, por cierto, circunscritos por la proclamación de la existencia de dos naciones venezolanas (en 1811 y en 1830), de las cuales la segunda era aprehendida a través del prisma de la experiencia de la República de Colombia, que duró de 1821 (fecha en la que se proclamó su Constitución) a 1829 (fecha de la ruptura por parte de Caracas, seguida por las demás ciudades). Esta etapa puede ser considerada como una verdadera «antesala» de esta nación venezolana, en cuanto a que la afirmación de cierta singularidad venezolana fue utilizada por los opositores al gobierno central de Bogotá sobre todo como un arma de legitimación. Por esta razón, cada uno de los temas escogidos ha sido estudiado en tanto «marcador» de identidad; o sea, más allá de su significación como acontecimiento, en tanto permite plantear la afirmación de una «diferencia» cuyo perfil político y geográfico será conveniente precisar en cada etapa. Por último, los acontecimientos que enmarcaron estos cuatro momentos, así como los debates sobre la naturaleza de las instituciones y el proceso de legitimación, son otros tantos instrumentos para la percepción del desfase existente entre la voluntad política de la élite y la realidad política (tanto a nivel de su propio discurso como con respecto al imaginario que estructura esas poblaciones).

Si tuviéramos que proponer, para iniciar este trabajo, no una definición de la nación —lo cual no pretendemos— sino un planteamiento de lo que nos parece que constituye el marco conceptual que mejor define la vía tomada por los actores en esa voluntad de acceder al rango de nación, diríamos —en referencia al binomio enunciado por J. Y. Guiomar[13]— que la nación puede aprehenderse como una síntesis entre «historia y razón», es decir que tan pronto como es enunciada y por el hecho mismo de la ambivalencia del sentido que reviste, aparece como una realidad diferente de estas dos nociones, una idealización o un rechazo racional de una historia y de ciertas prácticas que, en sí mismas, no son necesariamente racionales.

Venezuela en el siglo de las reformas (1739-1808)

Antes de emprender el análisis del proceso que se llevó a cabo durante este período, conviene ubicar la ruptura de 1810 en un contexto histórico más amplio, interior y exterior. Por una parte, esta ruptura se inserta en el marco de la respuesta general de ambos representantes de la Monarquía en la invasión napoleónica de 1808, y de la abdicación y el apresamiento consecutivos del rey Fernando VII. Por otra parte, en la propia Venezuela existen particularidades y precedentes de los cuales hay que dar cuenta, pues permiten captar mejor esta ruptura y aprehender en qué medida sus actores apelan a esos antecedentes que algunos de ellos protagonizaron. Y la primera particularidad fue la estructura administrativa de la Capitanía General en 1808, tras las reformas borbónicas del siglo XVIII, a la que hay que examinar. Éste es un punto importante en la medida en que la propia fisonomía del período aquí estudiado tuvo alguna correlación con las modificaciones que estas reformas introdujeron, tanto desde un punto de vista estrictamente territorial como en términos de cambio de las prerrogativas político-judiciales conferidas a Caracas, y de la legislación económica y comercial.

---

[13] GUIOMAR, J. Y.: *La nation entre l'histoire et la raison.* Paris: La Découverte, 1990.

1. La organización territorial

En la historiografía tradicional, se ha convenido partir de las propias reformas borbónicas *stricto sensu*, cuando se trata de analizar los territorios americanos en vísperas de la invasión de la península y el desmantelamiento del imperio español. No obstante, hay que señalar que en muchos casos, y particularmente en el caso de Venezuela, estas reformas se insertan, por una parte, en la continuidad de las tentativas de reagrupamiento de estos territorios, registradas en la primera mitad del siglo XVIII según lógicas diferentes; y, por otra parte, confirman una tendencia esbozada durante el año de 1730, desde un punto de vista tanto político-administrativo como económico. Con respecto a la expresión «reformas borbónicas», tal como lo recalca C. Malamud: «Suelen asociarse a la figura de Carlos III, pero últimamente se piensa que las reformas básicas, así como el mayor crecimiento operado en las economías americanas, no tuvo lugar en la segunda mitad del siglo XVIII sino en la primera»[14]. Pero, específicamente, el relativo abandono de los territorios venezolanos durante los siglos XVI y XVII por parte de la metrópoli no tuvo sólo efectos negativos. Efectivamente, al no poder basarse en una «fuerte» presencia de sus representantes, y a falta de directrices bien definidas, Venezuela, tal como lo señala J. A. García, «se avenía a no depender demasiado de la metrópoli y a resolver de la mejor manera sus problemas, creando circuitos comerciales y [favoreciendo el surgimiento] de un grupo social adaptado que, llegado el momento, intervendrá con el fin de defender sus posiciones ventajosas y sus privilegios»[15]. Por ello, puede considerarse que el período de aquellas reestructuraciones va desde 1717 (con la creación del primer Virreinato de Nueva Granada, que tenía jurisdicción sobre las provincias de Caracas, Guayana, Maracaibo, Santa Marta, Cartagena, Antioquia, Popayán y las de San Francisco de Quito) hasta 1786 (con la creación del Real Consulado), pasando por 1777 (desde un punto de vista estrictamente político y militar,

---

[14] MALAMUD, C.: «Territorios hispanoamericanos. Reforma, economía, infraestructura», en *Historia urbana de Iberoamérica, Tomo III-1: La ciudad ilustrada: reforma e independencia (1750-1850)*. Madrid: Quinto Centenario-Junta de Andalucía, Consejería de Obras Públicas y Transportes-Consejo Superior de los Colegios de Arquitectos de España, 1992, pág. 86.

[15] GARCÍA, J. A.: «La última fase del reformismo en América: Venezuela y los últimos intentos de reforma económica, 1790-1803», en *Estudios románicos,* vol. 6°, 1987-88-89, *Homenaje al profesor Luis Rubio,* III, 1989, pág. 1 506.

con la creación de la Capitanía General de Venezuela[16]), e incluso hasta 1804 (si se toma en cuenta la creación del Arzobispado de Caracas).

En el transcurso de esta primera fase de reformas, el Virreinato de Nueva Granada se restableció el 20 de agosto de 1739, integrando —entre otras— las provincias continentales e insulares comprendidas entre el lago de Maracaibo y Guayana, que hasta la fecha dependían de la Audiencia de Santo Domingo. Pero, contrariamente al precedente de 1717, se mantuvieron las Audiencias mientras que las Capitanías Generales desaparecieron y fueron sustituidas por tres Comandancias Generales, entre las cuales la de Venezuela, que abarcaba «la antigua Capitanía General de Venezuela fundada en 1731, junto con las de Maracaibo, Cumaná (que comprendía las provincias de Cumaná, Barcelona, Guayana[17]), Río Orinoco, Trinidad (anexada en 1734) y Margarita»[18]. El restablecimiento del Virreinato en 1739, al igual que su primera creación en 1717, correspondía a una voluntad de acabar con la división territorial en múltiples provincias, casi-independientes y sin vínculos de subordinación a las autoridades, sobre todo al virrey que residía en Lima. Además, se trataba de mejorar la defensa de las plazas marítimas del Nuevo Reino, frecuentemente amenazadas. Esta disposición significó un nuevo paso hacia el establecimiento de una autoridad superior en materia de control del comercio de contrabando[19] —entre otros—, en estrecha relación con la Compañía guipuzcoana fundada en 1728 por unos vascos con el apoyo del monarca (quien fue uno de los accionistas), deseoso de acabar con el contrabando holandés basado en Curazao, y que hacía estragos sobre todo a la provincia de Caracas. Así, cuando el capitán general de Venezuela recuperó su antiguo rango mediante una Real Cédula del 12 de febrero de 1742, todas las provincias que estaban bajo su mando quedaron reunidas, separándose del Virreinato de Nueva Granada, con facultades de control en materia de contrabando. No está de más señalar que esta decisión coincidió con la concesión a la

---

[16] GIL FORTOUL, J.: *Historia constitucional de Venezuela.* Berlin: Carl Heymann ed., 1909, vol. I, pág. 109.

[17] Esta última fue agregada al Virreinato desde 1733; luego, en 1762, el ex gobernador de Margarita, Joaquín Moreno de Mendoza, fue nombrado comandante interino, con directa subordinación al Virrey de Santa Fe.

[18] GARCÍA GALLO, A.: *Los orígenes españoles de las instituciones americanas. Estudios de derecho indiano.* Madrid: Real Academia de Jurisprudencia y Legislación, 1987, pág. 984.

[19] Ver *Historia General de España y América, Tomo XI-2: La Ilustración en América.* Madrid: RIALP, 1989, pág. 676.

Guipuzcoana del monopolio comercial en las provincias de Venezuela y Maracaibo. Aquí también, de lo que se trataba era de reforzar la centralización en materia de administración, reiterando además la autoridad de Caracas en materia de control del comercio ilícito sobre las provincias de Maracaibo, Cumaná, Margarita, Trinidad y Guayana.' Pero, al mismo tiempo, semejante fortalecimiento de las prerrogativas de la Guipuzcoana causó un creciente descontento entre los hacendados: «... tanto el dominio que la Guipuzcoana lograba imponer sobre la economía del área de Caracas, con las restricciones que se derivaban para la libre iniciativa de los hacendados exportadores, como el poder creciente que iba extendiendo, creaban en el interior fricciones y antipatías, que se hacían también patentes en las áreas donde el contrabando mantenía sus raíces»[20]. Entonces, conviene recalcar que si los territorios venezolanos fueron considerados durante mucho tiempo como escasamente rentables, a partir del año de 1750 cada uno había desarrollado una economía regional según lógicas y producciones diferentes, y hasta competitivas, sobre todo con el comercio de contrabando, especialmente en la región de Maracaibo[21]. No obstante, al cabo de estas primeras reestructuraciones administrativas, Caracas tendía cada vez más a imponer su preeminencia, en materia económica y también como centro político, sobre todo debido a su clima privilegiado, a mejores posibilidades defensivas, y a la temprana presencia de una élite activa. Efectivamente, esta consolidación le debía mucho a las reformas del funcionamiento de la Guipuzcoana, gracias a la participación más importante de esta élite en el seno mismo de la Compañía, aunque paralelamente suscitara una oposición cada vez más fuerte por parte de esta élite caraqueña así como de los hacendados. De hecho, estas reformas contribuyeron a activar la economía mediante sus logros en materia de defensa, desarrollo de los puertos, mejoría de las vías de comunicación, mucho más

---

[20] *Ibídem*, pág. 677. Mencionemos, entre otros movimientos de oposición contra la Compañía Guipuzcoana: la rebelión del antiguo esclavo Andresote en los valles de Yaracuy en 1730, la sublevación de la villa de San Felipe en 1741 y, sobre todo, las reacciones a la destitución en 1749 de Juan Francisco de León, teniente de justicia en Barlovento, para acabar con las exportaciones ilegales en esa región y su sustitución por un canario: emprendió entonces una marcha sobre Caracas, seguido por una gran muchedumbre, y pidió la convocación de un Cabildo abierto con el fin de obtener la expulsión de los representantes de la Compañía y de todos los vizcaínos; obtuvo el apoyo del Cabildo, mayoritariamente compuesto por hacendados que compartían su punto de vista.

[21] Lo cual explica la oposición al control ejercido por Caracas en esta materia.

que por un impulso directo por parte de la Compañía. Así, el derecho de comerciar con Veracruz y la creación de una junta compuesta por el gobernador, un regidor de Caracas y el factor de la Compañía, con el fin de fijar anualmente los precios de compra del cacao, el tabaco y los cueros, así como la incorporación de caraqueños y maracaiberos a la Compañía en calidad de accionistas, constituyeron las conquistas más importantes en esta materia durante ese período. La intervención del representante del Cabildo de Caracas en la fijación de los precios se extendió en 1769, pues en esa fecha fue obligatorio que la Compañía declarara la cantidad de tabaco que adquiría, así como el precio al que pagaba el algodón. Por último, en un afán de claridad, en 1772 el representante de Caracas pidió a los Cabildos de Valencia, Guanare, Nirgua, San Felipe, Barquisimeto y San Carlos —o sea los productores más importantes— que enviaran representantes a la Junta para fijar los precios y las cantidades por comprar. Así, hasta los años 70, se dio la acción integradora de las economías de la provincia, lo cual explica la influencia más y más preponderante de Caracas, y la Compañía Guipuzcoana se vio en la imposibilidad de adquirir todo el cacao que obtenía a cambio de mercancías, pues los comerciantes locales disponían de suficientes fondos para pagarlo con dinero o a crédito. La Compañía no sólo tuvo que traer fondos de España, sino que tuvo que bajar sus precios para luchar contra el contrabando que se mantenía tan fuerte en la región occidental. Por consiguiente, en vísperas de la creación de la Capitanía General y de las diversas administraciones correspondientes, la economía de la provincia se hallaba en plena fase dinámica, y los hacendados habían acrecentado su poder y su capacidad de oposición y de auto-organización. Por ello, las reformas emprendidas durante el reinado de Carlos III (1759-1788), siempre en un afán de racionalización y centralización de la administración de las Indias occidentales, tuvieron importantes repercusiones en Venezuela, pues en el ámbito político-administrativo significaban sobre todo un decisivo paso adicional hacia la unificación de los territorios hasta entonces dispersos, lo que no dejaba de agudizar las rivalidades inter-regionales, con la centralización en Caracas de los organismos administrativos y políticos.

En primer lugar, el 8 de diciembre de 1776 se creó la Intendencia de Ejército y Real Hacienda de Venezuela, con sede en Caracas, que incluyó en su jurisdicción las provincias de Caracas, Cumaná, Guayana, Trinidad[22], Margarita y Maracaibo.

---

[22] Esta provincia queda bajo dominio inglés a partir de 1797.

Sus atribuciones eran esencialmente de orden económico, y su principal objetivo era integrar las economías de las diferentes gobernaciones o provincias para lograr una mayor eficacia en materia de fiscalidad, defensa, desarrollo económico (sobre todo con la reactivación del comercio de cacao con Veracruz[23] y la utilización de las tierras vírgenes). Así pues, a partir de esta fecha los intendentes de provincias se hallaban bajo la autoridad directa del de Caracas, sin el cual no se podía tomar decisión alguna en materia de gastos y recaudaciones. Sin embargo, durante todo el período, esos intendentes mostraron una auténtica voluntad de privilegiar los intereses de sus provincias respectivas. Lo cual no dejó de causar conflictos, por una parte con la Capitanía General y, por otra, con las directrices que emanaban de la Corona. Es con el fin de completar este dispositivo, que por Real Cédula del 8 de septiembre de 1777, se creó la Capitanía General de Venezuela. Estaba formada por las mismas gobernaciones que la Intendencia a nivel económico, puesto que integraba «lo gubernativo y lo militar»[24]. El objetivo principal era reunir en el plano «político» y militar a las provincias que hasta entonces dependían del Virreinato de Nueva Granada. En todo caso, su papel en materia comercial resultó igualmente determinante, pues los imperativos políticos y de defensa tenían una incidencia sumamente importante en la política comercial y fiscal, pero también en la buena marcha de la economía[25]. Así correspondía al capitán general publicar las leyes de comercio dictadas por la Corona y asegurar su observancia. Además, podía suspender de manera temporal la aplicación de una de ellas, siempre y cuando tuviera justificación ante la Corona; otorgar autorizaciones y permisos especiales de comercio; autorizar el co-

---

[23] Ver Arcila Farías, E.: *Comercio entre Venezuela y México en los siglos XVII-XVIII*. México: Colegio de México, 1953. Así pues, a partir de esa fecha los intendentes de provincias se hallaban bajo la autoridad directa del de Caracas, sin el cual no se podía tomar decisión alguna en materia de gastos y recaudaciones. Sin embargo, durante todo el período, esos intendentes mostraron una auténtica voluntad de privilegiar los intereses de sus provincias respectivas. Lo cual no dejó de causar conflictos, por una parte con la Capitanía General y por otra parte con las directrices que emanaban de la Corona.

[24] Acerca del debate historiográfico sobre la naturaleza de las funciones del capitán general (estrictamente militares o político-militares), ver García Gallo, A.: *Los orígenes españoles de las instituciones americanas. Estudios de derecho indiano. Op. cit.*, págs. 988-990.

[25] Sobre todo cuando se decidió constituir milicias de pardos para los casos de disturbios o de amenazas de invasión, tal como se produjo particularmente en 1806, con los intentos de desembarco de Francisco de Miranda.

mercio con los barcos de las naciones neutras y aliadas. Así, Manuel Guevara de Vasconcelos autorizó el comercio con los británicos, y don Juan de Casas tomó la iniciativa de conceder a los ingleses una baja de 20% de los derechos de comercio. En cuanto a Vicente Emparán, de acuerdo con el intendente Vicente Basadre, en 1806 decidió mantener el comercio con los barcos neutros u aliados con el fin de favorecer los intereses del país y no paralizar la economía interior, pese a una ordenanza contraria de la Corona. Por último, el territorio también quedó unificado a nivel judicial no con la creación de un tribunal propio sino a través de su integración a la Audiencia de Santo Domingo, siendo que hasta entonces las provincias de Maracaibo y Guayana dependían de la Audiencia de Santa Fe de Bogotá. A partir de estas dos reformas de 1776 y 1777, existía una provincia mayor (Caracas) que tenía cinco provincias menores bajo su autoridad, en materia de gobierno, justicia y ejército.

Otros rasgos destacados, además de la continuación de las reformas, fueron los conflictos cada vez más fuertes que agitaban a la Capitanía General, por una parte, con la oposición de los hacendados y de la sociedad criolla más activa contra los efectos de las reformas, uno de cuyos objetivos era eliminar todo residuo de autonomía en esas «provincias de Ultramar»[26]; Por otra parte, los conflictos entre Caracas y las demás provincias, cada día más sometidas a su autoridad, además con repercusiones en el plano administrativo. Unos y otros conflictos motivaban, a su vez, reformas que consolidaban la preeminencia de Caracas. El primer aspecto de estas tensiones tenía que ver, aquí también, con la Compañía Guipuzcoana. Aunque su monopolio en las provincias de Caracas y Trinidad le fue retirado el 5 de abril de 1778, por no haber favorecido lo suficientemente su desarrollo económico, esta decisión no acarreó la incorporación de las demás provincias en el Reglamento de Libre Comercio de 1778, que suscitó una serie de reclamaciones por parte de los Cabildos. Cuando estalló el conflicto con Inglaterra en 1779, los Cabildos de Caracas y Maracaibo se opusieron, por añadidura, a la posibilidad que se abría para la Compañía de vender sus productos por encima de su precio debido a los riesgos que se corrían, y a la decisión de la Corona de autorizarla para comerciar por in-

[26] A las cuales las autoridades españolas, siguiendo la referencia de los mercantilistas franceses e ingleses, trataron de convertir en verdaderas colonias, a fin de favorecer el desarrollo económico de la península. Ver al respecto el trabajo de maestría de CASTEJON, P.: *Le statut de l'Amérique hispanique a la fin du XVIIIème siècle: les Indes occidentales sont-elles des colonies?* Paris: Université Paris I, 1993.

termedio de Holanda. Finalmente, los Cabildos ganaron el pleito gracias a la intervención del intendente José de Ábalos, quien otorgó licencia a los particulares para comerciar con Curazao, lo cual precipitó la pérdida de los privilegios de la Compañía, convertida en 1781 en simple empresa comercial. Queda clara así la importancia de la autonomía con la que se beneficiaban las Municipalidades y sus miembros en materia de decisión política respecto de los gobernadores, pero también del poder de la metrópoli, cuyas decisiones fueron a menudo modificadas por los Cabildos durante el período colonial, en pro de su propia consolidación y, luego, de su mantenimiento cuando se dieron las reformas de la segunda mitad del siglo XVIII[27].

Una segunda fuente de conflictos fue la oposición a las reformas fiscales emprendidas conjuntamente, que se traducían en una fuerte alza de la presión fiscal. Uno de los conflictos más significativos surgió en respuesta a la creación de la Renta de Tabaco, el 24 de junio de 1777. Consultados acerca de las modalidades de su recaudación, los Cabildos rechazaron la opción del Estanco propuesta por José de Ábalos. En consecuencia, este nuevo dispositivo sólo se hizo efectivo en 1779 en las provincias de Caracas y Cumaná, y en 1780 en las de Maracaibo y Margarita. Paralelamente, se dio un nuevo impulso a la actividad económica cuando Venezuela quedó incluida, aunque tardíamente, en 1789, en el régimen de libre comercio decretado el 12 de octubre de 1778, para el comercio intercolonial y con España. Un retraso que se debió, como hemos visto, al monopolio con el que se beneficiaba la Compañía Guipuzcoana. No obstante, salvo algunas autorizaciones temporales para comerciar libremente, concedidas en 1797, esta posibilidad de traficar con los barcos neutros y aliados sólo se hizo efectiva en 1806, por decisión del capitán general don Juan de Casas y del intendente Juan Vicente de Arce. Ahora bien, esta decisión que acabó con la dependencia de la Capitanía General en materia comercial tuvo una gran significación, en la medida en que esa disposición se adoptó independientemente de las directrices de la Corona. Y sus sucesores Emparan y Basadre prosiguieron con la misma política, manteniendo este

---

[27] La mayoría de los libros que abordan este tema de los Cabildos insisten —a veces hasta lo anecdótico— en los enfrentamientos de los cuerpos municipales con el poder central y sus representantes en el continente. Además de la obra de GABALDÓN MÁRQUEZ, J.: *El municipio, raíz de la República.* Caracas: 1961, pág. 136, para una sintética visión de conjunto de este tema, puede consultarse: GONZÁLEZ, E. G.: «La jurisdicción municipal en algunos momentos históricos de la Colonia y de la República», en *Boletín de la Academia Nacional de la Historia,* n.° 25, 31 de marzo de 1924, págs. 1-9.

régimen comercial en contra de la voluntad de la metrópoli que, el 17 de marzo de 1809, prohibió el tráfico de Venezuela con los barcos neutros y aliados[28]. Entonces, a partir de 1806, Venezuela disfrutó de manera ininterrumpida de un sistema de libertad de comercio.

Pero esta decisión tenía alguna relación con los acontecimientos políticos de ese mismo año. Efectivamente, tal como lo recalca Lucena Salmoral[29], el 25 de junio de 1806 se dio una de las dos incursiones de Miranda para liberar a Venezuela, la de Ocumare; por ello, tal decisión correspondía parcialmente con los imperativos de conseguir los fondos necesarios para la movilización de las milicias y para la defensa del territorio.

Paralelamente, en vista de que continuaba el desarrollo económico, en 1785 el intendente Francisco de Saavedra decidió, de acuerdo con el Cabildo de Caracas, la creación del Real Consulado. Una junta orgánica empezó a reunirse a partir de 1786, teniendo como funciones principales las de establecer los estatutos acerca de los pleitos entre comerciantes y los juicios, encargarse de la construcción y la mejoría de los caminos, y luchar contra el contrabando. No obstante, tras la destitución de Francisco de Saavedraen 1783[30], este Real Consulado sólo se hizo efectivo en 1793 mediante una Real Cédula del 3 de junio. Tenía como objetivos desarrollar y vigilar el comercio, contribuir al auge de la industria, la agricultura y las vías de comunicación. Su jurisdicción abarcaba a la Capitanía General en su conjunto y, para comodidad de los demandantes, se designaban «diputados» en Puerto Cabello, Coro, Maracaibo, Cumaná, Guayana y Margarita. En las ciudades menos importantes, los jueces ordinarios se encargaban de los asuntos comerciales, previa aprobación de las partes en litigio. El Real Consulado estaba constituido por tres órganos de poder: el Consulado propiamente dicho, el Tribunal y la Junta de Gobierno. El primero representaba los intereses conjuntos de hacendados y comerciantes; estaba integrado por un prior, dos cónsules y nueve consejeros con sus suplentes, además de un síndico, un secretario, un contable y un tesorero. El

---

[28] Representación de don Vicente Emparan y don Vicente Basadre sobre el comercio con buques de naciones amigas y neutrales, Caracas, 10 de junio de 1809, AGI, Indiferente General, 2463.

[29] LUCENA SALMORAL, M.: *Características del comercio exterior de la provincia de Caracas durante el sexenio revolucionario (1807-1812).* Madrid: Quinto Centenario/ICI/Instituto de Estudios Fiscales, 1990, pág. 15.

[30] Año decisivo, puesto que se decretó la libertad del comercio de esclavos con una Real Cédula del 28 de febrero, con el fin de favorecer el cultivo del algodón.

Tribunal mercantil administraba la justicia en los juicios correspondientes a las transacciones comerciales; estaba compuesto sólo por el prior y los cónsules. La Junta de Gobierno estaba constituida por miembros del Consulado, bajo la presidencia del intendente. A pesar de sus atribuciones, el papel del Consulado, presa ya de disensiones internas ligadas a los intereses opuestos de comerciantes y hacendados, se veía limitado por la presencia del intendente, para quien, de hecho, se convertía en un órgano de consulta en materia de comercio y de desarrollo de las producciones[31]. También conviene recalcar que estas reorganizaciones administrativas no dejaban de tener una incidencia importante para las propias ciudades puesto que muchas de ellas quedaron desde entonces bajo la dependencia directa de Caracas, en materia tanto judicial como política y eclesiástica.

Para entender mejor el contexto político en el que intervinieron los acontecimientos ligados a la ocupación de España por las tropas napoleónicas, debemos detenernos un instante en el papel decisivo de los últimos capitanes generales e intendentes[32]. Efectivamente, la doble estrategia que adoptaron frente a los criollos, por una parte y, por otra, contra la Corona, revela la complejidad de los intereses que estaban en juego dentro de esa sociedad de orden, donde las aspiraciones antagónicas de los sectores activos iban reforzándose con los efectos de la voluntad reformista impuesta por la Corona, y con la conciencia cada vez más aguda de que había que mantener una autonomía, si no política al menos económica[33]. Durante el período de los dos

---

[31] Acerca del Real Consulado de Caracas, ver particularmente los *Documentos del Real Consulado de Caracas.* Caracas: Universidad Central de Venezuela, 1964; NUNES DÍAS, M.: *El Real Consulado de Caracas (1793-1810).* Caracas: Academia Nacional de la Historia, 1971. TANDRÓN, H.: *El Real Consulado de Caracas y el comercio exterior de Venezuela.* Caracas: UCV, 1976.

[32] Los tres últimos capitanes generales de Venezuela fueron don Manuel Guevara de Vasconcelos, don Juan de Casas y don Vicente Emparan; los dos últimos intendentes fueron don Juan Vicente de Arce (1803-1809) y don Vicente Basadre (1809-1810).

[33] Don Manuel Guevara de Vasconcelos fue nombrado capitán general en 1798, para sustituir a don Pedro Carbonell y con tres objetivos: pacificar el territorio tras la rebelión de Gual y España en 1797, preparar un plan de ataque a fin de recuperar la isla de Trinidad, y organizar la defensa del territorio contra una posible incursión británica. En materia comercial, ya hemos dicho que el 25 de junio de 1806 decidió autorizar el comercio con los barcos neutrales y aliados. En cuanto a don Juan de Casas, tras la muerte de Guevara de Vasconcelos el 9 de octubre de 1807, ocupó el cargo de capitán general interino así como el de intendente y presidente de la Real Hacienda de Caracas. Pese a su formación militar y a su falta de conocimientos comerciales, sus decisiones hicieron mucho para la Capitanía

últimos capitanes generales, Juan de Casas y Vicente Emparan, la base económica de las provincias venezolanas seguían siendo la agricultura, la ganadería, el comercio (manteniendo un intercambio activo con Veracruz, Cádiz, las Antillas europeas dominadas por las potencias neutrales, y desarrollándolo con ciertos puertos norteamericanos). El cacao se mantuvo en primer rango como producto de exportación, siendo los demás el tabaco, el añil, los cueros, las reses, la carne en tasajo, el algodón y el café. Pero aunque la producción abarcaba los cuatro sectores —agricultura, ganadería, minería e «industria»—, sólo el primero confería al comercio venezolano su verdadera configuración. Sin embargo, aunque su capacidad de expansión experimentó un auge real que culminó al finalizar el período colonial (1808-1809), se vio frenada por seis problemas principales[34]: la urgente necesidad de exportar los productos por ser de sumo perecimiento (sobre todo el cacao), y también por la escasa capacidad económica de productores y comerciantes, lo cual les obligaba a vender rápidamente para recuperar las sumas invertidas: la sub-explotación de las tierras productivas debido a una decaída red vial, que obligaba a cultivar lo más cerca posible de los lugares de embarque, y de ahí la concentración en las costas; la falta de capitales y la inexistencia de un verdadero sistema de crédito: la poca rentabilidad de las plantaciones debido a la carencia de mano de obra, a la ausencia de los propietarios que entregaban el manejo de sus haciendas a sus capataces, y al elevado costo de las herramientas y del material agrícola: la falta de mano de obra y, contrariamente a lo que se suele alegar, en esto hay que precisar que tenía que ver con la insuficiencia de esclavos. Efectivamente, la mayoría de esta mano de obra era asalariada y a menudo se la reclutaba para organizar las milicias, privando a los propietarios de los brazos necesarios para trabajar la tierra. Por último, otra importante traba era la elaboración de pro-

---

General en este campo: apoyo al comercio con las naciones neutras y aliadas, restablecimiento de las relaciones comerciales con Gran Bretaña, reducción de los aranceles para el comercio inglés, establecimiento del reglamento de aforos en 1808.

[34] Nos referimos aquí al análisis de Lucena Salmoral concerniente a la provincia de Caracas pero que, según él mismo indica, en este tema específico podía extenderse a la Capitanía General en su conjunto. LUCENA SALMORAL, *Características del comercio exterior de la provincia de Caracas durante el sexenio revolucionario (1807-1812). Op. cit.*: págs. 58-67. Para un estudio más global de la economía colonial venezolana, consúltese: ARCILA FARÍAS, E.: *Economía colonial de Venezuela.* Caracas: Italgráfica, 1973, 2. vol.; BRITO FIGUEROA, F.: *Historia económica y social de Venezuela.* Caracas: Universidad Central de Venezuela, 1978 (3ª ed.), 3 vols. ARELLANO MORENO, A.: *Orígenes de la economía venezolana.* Caracas: Universidad Central de Venezuela, 1973.

ductos de exportación de baja competitividad. En definitiva, pese a la estrechez de su mercado (España y Nueva España), fue el cacao lo que permitió el despegue económico observado a partir del final del siglo XVIII, esto en la medida en que se beneficiaba paralelamente de una fuerte demanda interna. Esto también ocurrió, aunque en menor medida, con el tabaco[35]. En cuanto al añil y al algodón, a pesar de su fuerte expansión a partir de 1790, no constituían una base sólida de expansión. Sólo el café permitía abrir nuevos mercados, particularmente el norteamericano y el inglés. Por lo demás, la economía venezolana siguió siendo frágil y sensible a las alteraciones del tráfico comercial (y por ende, de la demanda), debido a su fuerte dependencia en materia de productos de primera necesidad, y a pesar de una tendencia estructural positiva.

Sin embargo, la política de don Juan de Casas y Vicente Emparán, que acabó con el monopolio de los comerciantes españoles, favorecía ampliamente a los criollos y les permitía disfrutar de una mayor autonomía comercial.

No obstante, era en este nivel donde se daban los conflictos inter-regionales anteriormente mencionados, ello pese a la unificación del territorio y a la diversificación de la economía. Así, la gobernación de Maracaibo se opuso cada vez más a la creciente influencia de Caracas. Primera consecuencia de esta situación: en enero de 1784 Barinas solicitó separarse del gobierno de Maracaibo a fin de erigirse en provincia autónoma. La razón principal de esta solicitud era la falta de relaciones comerciales con Maracaibo y su lejanía respecto de Caracas. Barinas reivindicaba la facultad de comerciar con las regiones de Apure y Guayana. Se accedió a esta petición mediante la Real Cédula del 15 de febrero de 1786, que dio origen a la Comandancia de la provincia de Barinas. De ello resultó, por una parte, un grave perjuicio al proceso de unificación de los territorios venezolanos, y por otra parte, la solicitud de Maracaibo para reintegrarse, en materia judicial, al distrito de Santa Fe de Bogotá al que pertenecía antes de crearse la Capitanía General. A fin de evitar este nuevo paso hacia la desintegración, en 1786 se decidió crear una Real Audiencia en Caracas para romper la dependencia de Venezuela con respecto a Santo Domingo[36]. El 19 de julio de 1787 se celebró en Caracas la entrada en vigencia del Sello Real, que mar-

---

[35] Sobre este punto particular, y sobre todo sobre la política aplicada en esta materia, ver ARCILA FARÍAS, E.: *Historia de un monopolio. El estanco del tabaco en Venezuela (1779-1833)*. Caracas: Universidad Central de Venezuela, 1977.

[36] El Ayuntamiento de Caracas solicitaba la instauración de esta Audiencia desde 1769.

caba el acceso de Venezuela al más alto grado administrativo. El 26 de febrero de 1787 se constituyó la Audiencia, formada por un regente (López de Quintana), tres oidores (Ribera, Cortínez y Pedroza), y un fiscal (Sarabia), bajo la presidencia del gobernador y capitán general.

Finalmente, en 1804 Caracas fue elevada al rango de sede metropolitana. A partir de esa fecha, la catedral de Guayana (fundada en 1790) y la de Mérida (en 1777) pasaron bajo su jurisdicción. Estos antecedentes no dejaron de incidir en las relaciones entre estas provincias —y más aún entre las ciudades-capitales— en la época en que Venezuela se separó de España. Efectivamente, algunas de las ciudades-provincias[37] consideraron esto como una oportunidad de deslindarse de Caracas, en particular abrazando la causa de la fidelidad a la Regencia española. Estos antecedentes constituyeron tendencias directrices determinantes a lo largo del proceso, a favor o bien de la integración, o bien de la fragmentación del territorio delimitado de manera más o menos definitiva a partir de 1777 hasta 1810.

2. Características socio-étnicas

Este segundo aspecto es también determinante para comprender las modalidades del proyecto político elaborado por las nuevas élites criollas, llegadas al poder a partir de 1810 (fecha en que se instauró la Junta de Caracas), así como su recepción e integración en la sociedad.

En primer lugar, conviene señalar una muy desigual distribución espacial de la población, lo cual no dejará de incidir desde los primeros momentos del proceso de separación, sobre todo en términos de representación. En 1800 la mitad de los habitantes vivía en la provincia de Caracas, donde la élite, verdadera «aristocracia rural», según Federico Brito Figueroa[38], representaba un pequeño núcleo de 658 familias (o sea 1,5% de la población de la provincia) y, para mediados del siglo XVIII, detentaba todas las tierras cultivables y los pastizales.

Desde el punto de vista de su población, la Capitanía General de Venezuela se caracterizaba por una población también muy heterogénea, debido sobre todo a la trata de esclavos, pues en 1800 la minoría blanca representaba 20,3% de una población total de 998 043 habitantes. Por su parte, los negros y los pardos representaban 61,3% y los indios 18,4%[39].

---

[37] Sobre todo, y significativamente, Coro, Maracaibo y Guayana.

[38] BRITO FIGUEROA, F.: *Historia económica y social de Venezuela. Op. cit.*, vol. 1, pág. 160.

[39] *Ibídem.*

Aun cuando las cifras de las que disponemos varían según los autores debido a la escasez de datos confiables, la evaluación de la distribución entre estos tres grandes grupos refleja la fisonomía de la región. Así, aunque partiendo de una cifra global inferior (772 000 habitantes), J. M. Morales Álvarez[40] propone para el año de 1810 la siguiente distribución: 51,8% de pardos (400 000), 25,9% de criollos blancos (200 000), 12,9% de indios (160 000), 7,7% de esclavos (60 000), Y 1,5% de peninsulares (12 000)[41].

El grupo de pardos se dividía en sub-categorías, en función del grado más o menos importante de mestizaje. Abarcaba también a los esclavos libertos[42]. Los pardos ejercían principalmente actividades de artesanado y comercio, además de desarrollarse entre los libertos una mano de obra asalariada, sobre todo en las haciendas azucareras.

En cuanto a la población blanca, estaba compuesta por blancos de orilla, en su mayoría pequeños comerciantes, artesanos y asalariados agrícolas; los «mantuanos» o «grandes cacaos», ricos terratenientes y dueños de esclavos, y los criollos que ejercían profesiones liberales o administrativas, o pertenecían al clero. Constituían una verdadera oligarquía, opuesta a todo mestizaje, que controlaba buena parte de los ayuntamientos, monopolizaba los cargos vendibles y dirigía las milicias. Con todo, no lograron ocupar los más altos cargos administrativos, que estaban reservados para los «peninsulares». Éstos apenas si representaban 2% de la población; muchos de ellos eran importantes funcionarios al servicio de la Corona, y los demás eran comerciantes o representantes de casas comerciales peninsulares.

Los esclavos, una cuarta parte de la población total, no eran muy numerosos comparativamente con Brasil y las Antillas. No por ello inquietaban menos a los criollos, debido sobre todo a su concentración en las ha-

---

[40] Morales Álvarez, J. M.:«Aspectos económicos y sociales de Venezuela (1810-1830)», en *Historia general de España y América, Tomo XIII: Emancipación y nacionalidades americanas.* Madrid: RIALP, 1992, pág. 457.

[41] Para una comparación, éstas son las cifras de la provincia de Caracas en 1810, suministradas por Lombardi, J.: *People and Places en Colonial Venezuela.* Bloomington: Indiana University, 1976, 484 págs. Tenía 427 205 habitantes, o sea, aproximadamente 50% de la población total, de la cual 31 721 en la propia Caracas. La distribución étnica era la siguiente: 163 276 pardos (38,2%), 108 920 blancos (25,5%), 64 462 esclavos (15,1%), 56 083 indios (13,1%), 34 464 negros libres (8,1%).

[42] En esa época había dos procedimientos para que los negros adquirieran su libertad: la vía testamentaria, cuando los amos libertaban algunos de sus viejos esclavos en reconocimiento del servicio cumplido; la compra de la libertad por los propios esclavos.

ciendas, pero también a los precedentes insurreccionales, particularmente en la serranía de Coro, y a la existencia de pueblos de cimarrones fugados de las haciendas. Con respecto a los indios, algunos poseían propiedades porque eran descendientes de caciques «recompensados» por haber colaborado con los conquistadores; los demás pertenecían en su mayoría a comunidades indígenas propietarias de sus tierras.

En correlación con esta heterogeneidad de la estructura social, hay dos rasgos fundamentales que también resultan determinantes para la comprensión del proceso de independencia. Primero, aunque la sociedad venezolana tal como se presentaba a principios del siglo XIX no puede definirse como una sociedad esclavista, existía un temor constante a la insurrección de los negros, sobre todo tras el precedente sentado por la revolución haitiana. Así, el proceso de abolición de la esclavitud, más ligado con el contexto político que con una convicción filosófica[43], se llevó a cabo progresivamente. Por otra parte, la oposición a que los peninsulares ocupan los altos cargos políticos y administrativos se hizo cada vez más fuerte en la élite criolla tan pronto como la Corona emprendió las reformas con las que, al contrario, tendían a reforzar su autoridad en sus «provincias americanas».

Estas características «sociales», asociadas a la situación geográfica de los territorios venezolanos, permiten explicar la importancia de las insurrecciones populares, así como su extrema permeabilidad a las reivindicaciones de las rebeliones de esclavos que se registraban en las Antillas francesas en la continuidad de la Revolución de 1789, dando lugar además a la llegada a Caracas de muchos colonos franceses, tratando de escapar a aquellas masacres que confirmaban los temores de criollos y peninsulares. Las tensiones sociales eran entonces importantes, y hubo numerosas rebeliones de esclavos durante ese período, las últimas de las cuales proclamaban explícitamente las nuevas ideas surgidas de la Revolución francesa, a las cuales se adherían entonces los pardos que reivindicaban el derecho a la igualdad. Además de la insurrección de Coro de 1895[44] que,

---

[43] Se dio el primer paso durante la primera República, con la abolición de la trata. Luego se otorgó la «libertad de vientres», en virtud de la cual los hijos de esclavos nacían libres, pero con mucho retraso en su puesta en práctica. Fue en 1854, bajo la presidencia de José Gregorio Monagas, cuando se decretó la abolición definitiva.

[44] Ver ARCAYA, P. M.: *Insurrección de los negros de la serranía de Coro*. Caracas: 1949, pág. 58; AIZPÚRUA AGUIRRE, R.: «La insurrección de los negros de la serranía de Coro de 1795: una revisión necesaria», en *Boletín de la Academia Nacional de la Historia* 71, 283. Caracas, julio/septiembre 1988, págs. 705-723.

por añadidura, coincidió con la Real Cédula de Gracias al Sacar, y con la masiva llegada de individuos que huían de las Antillas, la Capitanía General se vio sacudida tempranamente por importantes movimientos.

En 1797 la conspiración de Manuel Gual y José María España[45] también reivindicó la Revolución francesa. Efectivamente, al exigir la independencia sus autores se inspiraron en la Declaración de los Derechos del Hombre y en el precedente haitiano. Había sido preparada ideológicamente desde 1794 bajo la influencia de Juan Bautista Picornell, y en ella participaron criollos y españoles «ilustrados», negros y pardos que deseaban la instauración de una sociedad igualitaria, democrática y republicana, una vez abolida la esclavitud. Su plan de operaciones consistía en armar a todos los habitantes de La Guayra, apoderarse de todos los puntos estratégicos, suprimir a los funcionarios peninsulares, y formar una Junta de Gobierno provisional. Los mantuanos, propietarios de grandes haciendas, hicieron entonces causa común con las autoridades y, en agosto, enviaron una representación al rey a fin de acabar con la rebelión. Así mismo, en 1798 un complot «negro» fue descubierto en La Guayra; un plan de insurrección en 1799, por iniciativa de negros y pardos de Maracaybo bajo la dirección de Francisco Javier Pirela y de un francés, Jean-Gaspar Boiset; y otro en 1801 en Barcelona. No obstante, conviene señalar que debido a la propia naturaleza de las reivindicaciones —rebeliones anti-fiscales de «antiguo régimen»— y pese a un discurso «revolucionario» que recurría al precedente francés[46], estos movimientos no podían ser considerados como anunciado-

---

[45] Ver Grases, P.: *La conspiración de Gual y España y el ideario de la independencia.* Caracas: Instituto Panamericano de Geografía e Historia, 1949; García Chuecos, H.: *Documentos relativos a la revolución de Gual y España.* Caracas: Instituto Panamericano de Geografía e Historia, 1949. Y para un análisis muy estimulante de la Conspiración: Rey, J. C.; Pérez-Perdomo, R.; Aizpurua Aguirre, R.; Hernández, A.; Pino Iturrieta, E.: *Gual y España: La Independencia Frustrada.* Caracas: Fundación Empresas Polar, 2007.

[46] Sobre estos temas, ver particularmente Brito Figueroa, F.: «Venezuela colonial: las rebeliones de esclavos y la Revolución francesa», en *30 ensayos de comprensión histórica.* Caracas: Ed. Centauro, 1991, págs. 507-546; Rohring Assunção, M.:«L'adhésion populaire aux projets révolutionnaires dans les sociétés esclavagistes: le cas du Venezuela et du Brésil (1780-1840)», en *L'Amérique latine et la Révolution française. L'époque révolutionnaire: adhésions et rejets. Actas del Coloquio de la Asociación francesa de ciencias sociales sobre América Latina, 1989.* Paris: 1990, págs. 291-313; Gómez, A. E., «Las revoluciones blanqueadoras: elites mulatas haitianas y 'pardos beneméritos' venezolanos y su aspiración a la igualdad, 1789-1812», *Nuevos Mundos Mundos Nuevos, Coloquios 2005,* [en línea]. http://nuevosmundo.revues.org/868. En una perspectiva diferente, ver Hébrard,

res, en tanto referentes, de las reacciones que se suscitarían tras la invasión napoleónica a España en 1808, en las cuales la ruptura se basaba más bien en una referencia al pactismo, y como una respuesta política a la crisis monárquica. Más bien se trataba entonces de obstaculizar las posibilidades inducidas por estas mismas ideas nuevas. La élite local que tomó la dirección del movimiento juntista se preocupaba ante todo por preservar su seguridad y la perennidad de sus bienes; en todos los sentidos del término, tomó «cuerpo» pese a los conflictos y las oposiciones que se daban en su seno por otras causas[47]. Prueba de ello: las nuevas medidas de protección tomadas por el capitán general Guevara de Vasconcelos a partir de 1799, ante el temor de que las rebeliones de Curazao se propagaran a territorio venezolano, y para limitar la llegada de franceses apresados en las Antillas durante la guerra contra Francia. En este contexto de temor a una propagación revolucionaria a través de las Antillas, y de asfixia de la economía, conviene analizar las declaraciones a favor de una ruptura con España, y las tentativas —abusivamente calificadas de antecedentes directos de la independencia— que se dieron en Venezuela desde 1795, por instigación de Miranda, así como sus intentos abortados de desembarco en 1806. Efectivamente, lo que estaba planteado entonces al romper con la península era dejar sin efecto las decisiones tomadas por el ministro Godoy y sus partidarios, aliados de Napoleón, consideradas como un camino abierto para las ideas revolucionarias, en particular la Real Cédula de 1795 de Gracias al Sacar con la que el rey permitía que los pardos accedieran a la universidad y a ciertas funciones que hasta entonces les estaban vedadas[48]. Pero fue también ese temor al contagio revolucionario que explica los fracasos de Miranda quien, apoyado por Inglaterra para tratar de desembarcar en las costas ve-

---

V.: «La participación popular en la guerra de independencia en Venezuela: la otra cara de la guerra civil (1812-1818)», en CARDOZO GALUE, G. y URDANETA QUINTERO, A. (comps.): *Colectivos sociales y participacioìn en la independencia hispanoamericana.* Maracaibo: Universidad de Zulia, 2005, págs. 211-226.

[47] El conflicto que la opuso a Miranda tan pronto como éste regresó a Caracas en diciembre de 1810 y hasta su exilio tras la capitulación de San Mateo, da fe de estos conflictos.

[48] En este sentido, el Cabildo de Caracas elevó su protesta, señalando que semejante decisión permitía que los pardos compraran cargos de concejales y obtuvieran puestos de oficiales de la Real Hacienda. Obsérvese también que debido a los acontecimientos que se produjeron en Santo Domingo, y para acabar con las bandas de esclavos fugados dentro de la propia Capitanía General, en 1794 se procedió a la creación de cuadrillas para combatir y matar a estos negros cimarrones.

nezolanas, reforzó la desconfianza que suscitó de entrada en los criollos, debido a su participación en la Revolución francesa. Además, sus intentos tuvieron como consecuencia la llegada a Caracas de tropas francesas de refuerzo, provenientes de Guadalupe, y la tentativa de Napoleón de comprar Venezuela[49].

3. La irrupción del «tiempo corto»: primeras respuestas a los acontecimientos de la Península

La creación de la Junta de Caracas el 19 de abril de 1810 constituyó el acontecimiento a partir del cual los criollos, siempre actuando a nombre de Fernando VII y para salvaguardar la Monarquía contra la usurpación de poder por parte de Napoleón mediante la entronización de José Bonaparte y la instauración de la Regencia, asumieron el gobierno de la Capitanía General de Venezuela. Pero conviene señalar que desde el anuncio de la invasión a España en 1808, se intentó dar respuesta a la crisis[50].

En un primer momento, la invasión de España por las tropas napoleónicas en 1808, y la abdicación forzada de Fernando VII, provocaron en España y en América una oleada de lealismo y la negación de reconocer a José Bonaparte como soberano legítimo. Así, a partir de mayo-junio de 1808, se formaron en la península Juntas insurreccionales provinciales, en nombre de los referentes tradicionales de la legitimidad histórica del monarca, la religión y la defensa de la patria, pero también en rechazo al ejemplo revolucionario francés; durante aquel verano se desencadenó un proceso idéntico en América. Así ocurrió en Venezuela donde, a ejemplo

---

[49] En 1808 algunos de estos soldados napoleónicos aún se hallaban en Venezuela cuando se anunció la cesión de la Corona a José Bonaparte, lo cual no dejó de incidir en la reacción de los mantuanos de Caracas al darse a conocer esta noticia, en los primeros días de julio.

[50] Sobre los acontecimientos que occurieron en Venezuela en 1808 en una perspectiva historiográfica que permiten analizarlos como manifestaciones de este lealismo para con el Monarca que caracterizó a América, ver: Hébrard, V.: «Les juntes de caracas (1808). Le heurt de deux imaginaires ou la lecture contradictoire d'une conjoncture», *Cahiers des Amériques latines* n.° 26, Paris, AFSSAL, 1997, págs. 41-66; Quintero, I.: *La conjura de los Mantuanos: último acto de fidelidad a la Monarquía Española*. Caracas: Universidad Católica Andrés Bello, 2002; Leal Curiel, C.: «El juntismo caraqueño de 1808: Tres lecturas de una misma fidelidad», en Ávila, A. y Pérez Herrero, P. (comp.): *Las experiencias de 1808 en Iberoamérica*. Madrid-México: Universidad de Alcalá-Universidad Nacional Autónoma de México, 2008, págs. 399-415.

del motín de Aranjuez, en España —a favor de Fernando VII contra Godoy y sus partidarios sospechosos de afinidad con Napoleón—, unos caraqueños (criollos y peninsulares) no muy seguros de la actitud del capitán general Casas, él también sospechoso de adoptar el partido de Godoy, llevaron a cabo lo que D. Ramón Pérez llama «su motín de Aranjuez»[51]. Hay que distinguir varias fases. Por una parte, en los primeros días de julio de 1808 el anuncio de los acontecimientos de la península por intermedio de los establecimientos británicos instalados en Cumaná que enviaron al gobernador Juan Manuel de Cajigal varios números del Times de Londres, remitidos desde esta gobernación a Caracas. Por otra parte, el 5 de julio la recepción del aviso oficial junto con la reimpresión de la proclama de la Junta de Sevilla. Por último, y sobre todo, el 14 de julio, la llegada a la capital de Paul de Lamanon, emisario de Napoleón, recibido por Juan de Casas. Al sospechar que éste estaba traicionando al rey pues se había negado a expulsar al emisario, los miembros del Cabildo trataron de doblegarlo por la fuerza; la iniciativa fue del capitán Diego Jalón, secundado por otros oficiales criollos y peninsulares, quienes trataron de ganarse al pueblo —igual que en Aranjuez— para obligar a Casas a reconocer oficialmente a Fernando VII. En respuesta, el 17 de julio Casas convocó una junta a fin de proceder colectivamente a examinar la situación y resolver en consecuencia. Ahora bien, ésta se pronunció inmediatamente a favor de su transformación en Junta permanente —a ejemplo de España—, en espera de noticias de la península. Diez días después, ante la propagación de rumores cada vez más alarmistas acerca de la situación al otro lado del Atlántico, Casas recuperó por cuenta propia las proposiciones de los criollos y comunicó al ayuntamiento su voluntad de crear en Caracas una «Junta a ejemplo de la de Sevilla»[52]. El ayuntamiento, reunido el 28 y el 29 de julio para examinar esta proposición, fue mucho más allá y elaboró un proyecto detallado acerca de la composición de esta Junta y de los miembros que debían componerla. Pero esta iniciativa, riesgosa para Casas, fue atajada «gracias» a la llegada el 5 de agosto de Meléndez Bruna, enviado por la Junta de Sevilla. Este ratificó a Casas en su cargo, borrando así toda sospecha de infidelidad al monarca, con lo cual pudo Casas desechar la idea de tal Junta. Ante este rechazo a su iniciativa, pero

---

[51] PÉREZ, D. R.: «El proceso hacia la emancipación: fases y desarrollos», en *Historia general de España y América, tomo XIII: Emancipación y nacionalidades americanas. Op. cit.*, pág. 49.

[52] *Ibídem,* pág. 53.

sobre todo debido a la ratificación de Casas por la Junta de Sevilla pese a ser sospechoso de afinidad con las autoridades napoleónicas, muchos de los que hablan participado en el primer movimiento de oposición, pero ahora con una mayoría de criollos, organizaron en noviembre de 1808 lo que se llamó en las fuentes de la época «la conspiración caraqueña»[53] bajo la dirección de Antonio Fernández de León. Su objetivo era constituir una Junta provincial, similar a las formadas en la península, para decidir acerca de la posición política que Venezuela iba a tomar. Para ello, el 24 de noviembre los cuarenta y cinco mantuanos que habían tomado esta iniciativa dirigieron una petición al capitán general, solicitando la creación de esta Junta. Pero esta primera tentativa criolla se vio interrumpida por dos motivos: por una parte, la noticia de la victoria de Bailén que, al suscitar la esperanza de un vuelco de la situación a favor de la Junta de Sevilla contra los franceses, hacia caduca la conformación de esta Junta; por otra parte, la reciente ratificación de Casas en su cargo le daba la posibilidad de detener, gracias al apoyo que obtuvo de las fuerzas militares, a los autores de esta tentativa, quienes enseguida fueron acusados de conspiración. Tras un juicio apresurado, fueron encarcelados y/o desterrados[54]. Finalmente, intervino la Junta Central Suprema para apaciguar el clima político, nombrando un nuevo capitán general en mayo de 1809, Vicente Emparan, quien habla sido gobernador de Cumaná y, por ende, conocía bien la Capitanla General. Con todo, el nombramiento de Emparan no acabó con las turbulencias políticas que acompañaban con la llegada de noticias de la Península. Efectivamente, se descubrieron dos conspiraciones de criollos, la primera el 24 de noviembre de 1809, y la segunda, llamada «Conspiración de la Casa de Misericordia», emprendida por jóvenes criollos, entre los cuales estaban los hermanos Bolívar[55]. Además, desde

---

[53] También conocida como «la conspiración de los mantuanos». Cf. AGI, Caracas, 4, Consejo y Ministro, lego 177 y 489, que contiene la narración de los acontecimientos por el intendente Arce en una carta a Saavedra del 26 de noviembre de 1808. Sobre el tema ver *Conjuración de 1808 en Caracas para la formación de una Junta Suprema gubernativa.* Caracas: Instituto Panamericano de Geografía e Historia, Comité de Origenes de la Emancipación, 1949.

[54] Ver HÉBRARD, V.: «Les juntes de Caracas (1808). Le heurt de deux imaginaires ou la lecture contradictoire d'une conjoncture», *Cahiers des Amériques latines* n.° 26, Paris, AFSSAL, 1997, págs. 41-66; QUINTERO, I.: «La conjura de los Mantuanos: último acto de fidelidad a la Monarquía Española». Caracas: Universidad Católica Andrés Bello, 2002.

[55] Al respecto, ver PARRA PÉREZ, C.: *Historia de la primera República de Venezuela.* Caracas: Academia Nacional de la Historia, 1959, vol. 1, págs. 369-370.

mayo de 1810, tras la llegada de la goleta *Rosa* que trajo noticias sobre los más recientes acontecimientos en la Península, Caracas se veía agitada por rumores[56]. De modo que la creación de la Junta del 19 de abril aparece como la culminación de un proceso de maduración política al cual se agregó, en materia de representación, la experiencia de las elecciones de la Junta Central Suprema.

Por añadidura, estas primeras Juntas (españolas y americanas) sólo constituyen una legitimidad al fin y al cabo imperfecta y parcial. Por ello, en España se decidió formar inicialmente una Junta Central de Gobierno del Reino que se reunió en Aranjuez el 25 de septiembre de 1808, y luego, a partir del mes de noviembre, en Sevilla. Aunque reconocida por las colonias americanas, en su seno sólo había representación de las Juntas españolas. Entonces, enseguida se decidió convocar a los representantes de todo el conjunto de la nación española, procediendo a la elección de diputados americanos. Una elección que inauguró el primer proceso electoral general de la América española, pero también un amplio debate acerca de la representación. De hecho, con la organización de las elecciones para la Junta Central Suprema que se llevaron a cabo en 1809-1810, surgieron cuestionamientos a los componentes de la nación y a los detentadores de la soberanía. Y aunque el decreto de la convocatoria a elecciones no hacía un escojo claro entre la representación tradicional y el voto individual —puesto que los diputados americanos fueron elegidos por los Cabildos de las capitales de provincias—, lo cierto es que esta elección sentó un precedente tanto más explosivo porque la representación proporcional al peso humano y a los recursos se había puesto en tela de juicio. El principio de representación quedó asentado a partir de 1809, y cuando la noticia de la disolución de la Junta Central Suprema y su sustitución por un Consejo de Regencia llegó a América, las élites americanas reivindicaron su derecho a formar Juntas con el mismo concepto que en España. En este punto, pero también y sobre todo en el de la representa-

[56] En sus memorias, Vicente Basadre señala al respecto: «Desde entonces empezó en Caracas un rumor sordo de que España estaba perdida; y no dejaron de esparcirse y propagarse estos rumores en todo el mes de marzo, porque no llegaban ningunos buques, ni noticias de España. El 28 de marzo me declaró don Vicente Emparan, y reservadamente, que le dirigían con frecuencia varios anónimos, manifestando en todos ellos una próxima insurrección, para lo que había ya tomado sus providencias». «Memoria sobre la revolución de Caracas del 19 de abril de 1810», en *La economía americana del primer cuarto del siglo* XIX *vista a través de las memorias escritas por don Vicente Basadre, último intendente de Venezuela.* Caracas: Academia Nacional de la Historia, 1983, pág. 170.

ción en las Cortes, se dio para América la segunda ruptura hacia la modernidad. Efectivamente, a partir del momento en que las capitales, igual que en Caracas el 19 de abril de 1810, crearon una Junta de gobierno autónomo, y debido a la ausencia de todo poder legítimo en la Península, tuvieron que proceder a la redefinición de esta representación puesto que la soberanía era de facto la del pueblo, al que también había que definir y circunscribir.

Por esta razón, enseguida se operó una mutación que transformó la sublevación tradicional en una revolución que, contrariamente a las primeras declaraciones, estaba inspirada en los principios políticos modernos. Así pues, en su centro, el principio de representación constituía el concepto clave de la ruptura llevada a cabo por las élites, a partir del momento en que las primeras juntas debían adquirir una legitimidad que ya no se vinculaba al monarca desaparecido. Tal como lo recalca F.-X. Guerra, «por intermedio del debate acerca de la representación, se produce la gran transformación de las élites hispánicas hacia el nuevo sistema de referencias. Efectivamente, debatir acerca de la representación es abordar los dos temas esenciales que abren las puertas tanto a la revolución como a la independencia americana: ¿Qué es la nación?, ¿Cuál es en su seno la importancia respectiva de la España peninsular y la de América?»[57]. Por consiguiente, el proceso de oposición de las élites criollas al poder de turno en España, tal como se concretó en abril de 1810 con la organización de esta Junta, tenía una raigambre eminentemente política. Ya en agosto de 1808, cuando se proclamó la Junta Suprema de Gobierno, se había dado un primer paso hacia el control de los órganos del poder por parte de los criollos, favoreciendo la expresión de las ideas y los principios nuevos. Pero en enero de 1810 el anuncio de la invasión de Andalucía por las tropas napoleónicas y de la disolución de la Junta Central Suprema, puso fin a esta oleada de lealismo y, valiéndose de la experiencia adquirida desde 1808, los criollos procedieron a la creación de una nueva Junta, en abril de 1810.

Por último, quisiéramos regresar al tema de los pueblos y de sus cambios, en tanto espacio administrativo y lugar de representación política, en la medida en que figuran como actores recurrentes a lo largo de un proceso en relación al contexto anterior que acabamos de esbozar a grandes rasgos. Ciertamente, conviene no sobrestimar su peso en la estructuración del espacio venezolano, tanto desde el punto de vista de su territorio como de

---

[57] Guerra, F.-X.: «Révolution française et Révolution hispanique: filiation et parcours», en *Problèmes d'Amérique Latine*. Paris: La Documentation française, n.° 94, 4ème trimestre, 1989, pág. 21.

la configuración de los imaginarios, corriendo el riesgo de dar pie nuevamente a una de las problemáticas recurrentes de la historiografía, que tiene que ver con esta fragmentación de los «lugares de poder» confirmada por la escogencia de un sistema constitucional de tipo federal, percibido como un obstáculo a la conformación de un espacio nacional y una identidad correspondiente. Sin embargo, si se adopta como postulado que la respuesta dada por las «provincias» americanas a la crisis peninsular y que tomó cuerpo en los pueblos, más que insertarse en una perspectiva de conformación de un estado-nación, se arraiga en una tradición de fuerte autonomía afectada por las reformas emprendidas durante el siglo XVIII, es posible entonces analizar los pueblos como un verdadero espacio de representación y como un polo estructurador de los imaginarios en una perspectiva a mayor plazo, y ver sus acciones a partir de 1808 como una primera respuesta crítica a las reformas borbónicas. Por ello, estas reformas —uno de cuyos objetivos principales era precisamente poner término a todas las fuerzas centrífugas en las provincias americanas— fueron tanto más criticadas en Venezuela, debido a una autonomía importante, padecida más que aprovechada por los pueblos y sus actores más dinámicos.

Sólo teniendo presente este esquema, los intereses en juego que afloran al crearse la Junta en abril de 1810 entre ciudades y actores concurrentes, pueden aprehenderse en su justo valor y no como epifenómenos, frutos de facciones circunstanciales y/o partidistas, como los actores —y luego muchos historiadores— los calificaban en este «tiempo corto» de la revolución. Pero, sobre todo, al aprehender así este período nos parecía posible —o por los menos más fácil— captar dos aspectos determinantes del contexto y de la problemática general. Por una parte, lo que significó para los criollos[58] la condena al gobierno de la Península tras la invasión napoleónica, siendo que, tal como lo hemos señalado, los proyectos supuestamente «preindependentistas» eran fenómenos puntuales que no prueban nada; por otra parte, y correlativamente, la revisión del estudio del discurso elaborado a partir de entonces, algunos de cuyos conceptos y de cuyas declaraciones han sido apresuradamente considerados como relacionados con la modernidad, o como referentes a los imaginarios políticos y sociales modernos. En este sentido, parecería sumamente oportuno concluir esta nota preliminar con estas palabras del historiador venezolano G. Morón, toma-

[58] Y para ciertos peninsulares que, como hemos visto, participaron en los primeros movimientos de la oposición que se produjeron en Caracas en 1808-1809.

dos de su Historia de Venezuela, que se editó por primera vez en 1971: «¿Fue la independencia una simple lucha entre criollos y peninsulares por el control del poder local? Aunque ese sentimiento haya servido de base para el golpe de Estado del 19 de abril, sería una cortedad de visión histórica reducir el complejo fenómeno a tales dimensiones. El fenómeno independentista se caracterizó por una búsqueda de libertad no sólo en el sentido filosófico planteado por los Derechos del Hombre [...] sino también en un sentido inmediato de reacción a la centralización del poder acentuada en la segunda mitad del siglo XVIII. El «nuevo régimen» implantado por los Borbones, con la eliminación de la libertad de las ciudades se convierte así en opresor, y es contra ese nuevo régimen, que en el siglo XIX se llamó «antiguo», contra el cual lucharon los hombres del año 10. El antiguo régimen verdadero, el del siglo XVI-VII, fue de libertades, y principalmente de justicia»[59]. Por ello, tomando en cuenta estos múltiples antagonismos y sus complejos perfiles, nos parece posible un acercamiento diferente al estudio que aquí nos proponemos, particularmente en cuanto a los años conflictivos de 1812 a 1823, que pueden aprehenderse así en tanto guerra civil de independencia.

---

[59] MORÓN, G.: *Historia de Venezuela, tomo IV: La formación del pueblo.* Caracas: Británica, 1987 (4ª ed.), pág. 467.

Primera parte

El acceso de una comunidad antigua al rango de nación civilizada (1810-1811)

Capítulo 1

El movimiento lealista en los pueblos: esbozo de una nueva comunidad política

Partiendo de este marco previo, nos parece posible aprehender los perfiles de la comunidad que a partir de entonces asumía teóricamente la soberanía, la cual, a su vez, debía redefinirse. Efectivamente, su representación política requería circunscribir su territorio y sus miembros. Para ello, conviene dar cuenta de la jornada del 19 de abril de 1810, significante en sí misma del contexto en el cual se disparó este proceso, así como de las contradicciones en las que los actores se vieron atrapados.

Tras el anuncio de la ocupación de Andalucía por las tropas napoleónicas, de la disolución de la Junta Central Suprema y de la formación de un Consejo de Regencia; en respuesta a su reconocimiento por parte de las provincias americanas; así como por presión de un grupo de «jóvenes criollos»[1], en la noche del 18 al 19 de abril de 1810 el alcalde de segunda elección Martín Tovar Ponte y el regidor Nicolás Anzola juzgaron oportuno reunir al Ayuntamiento de Caracas a fin de examinar las noticias llegadas de la Península. José de las Llamozas, en su calidad de vicepresidente, convocó una sesión extraordinaria del Ayuntamiento para el 19 de abril, con la presencia del capitán general Vicente Emparan, a quien se propuso que instaurara un gobierno provisional para velar por la seguridad de la provincia. Pero éste se rehusó, pues reconocía al Consejo de Regencia que, según él, representaba el único gobierno legítimo. A partir de ahí, bajo la presión de una minoría[2], los miembros del Ayuntamiento optaron por el rechazo a todo compromiso con Emparan y pidieron que fuera depuesto. Tras esta decisión, se creó un poder político inédito en el seno mismo del Ayuntamiento. Comprendía a cinco miembros exteriores al Cabildo, a

---

[1] Hemos tomado esta expresión utilizada por C. Parra Pérez. En este grupo figuraban M. Díaz Casado, Tomás y Mariano Montilla, Juan Sojo, José Félix Ribas, entre otros. PARRA PÉREZ, C.: *Historia de la primera República de Venezuela. Op. cit.* págs. 380-381.

[2] Efectivamente, había mucha gente apoyando la propuesta de Juan Germán Roscio y José Félix Sosa para establecer una Junta Suprema presidida por Emparan. En cuanto a esta minoría radical, encabezada por el canónigo José Cortés de Madariaga, rechazó esta opción, aduciendo poca confianza en el capitán general debido a su lealtad hacia la Regencia.

saber: «diputados»[3] del clero (el canónigo José Cortés de Madariaga, el presbítero Francisco José de Ribas), del pueblo (Juan Germán Roscio, José Félix Sosa), y del cuerpo de pardos (José Félix Ribas), todos los cuales participarán en el gobierno provisional formado el 25 de abril.

Tras esta primera fase, se dio lo que podemos considerar como el origen del proceso de legitimación de la Junta. Efectivamente, según el relato oficial de los acontecimientos, el propio Emparan habría decidido encomendarse a la decisión de la muchedumbre concentrada frente al Ayuntamiento, dirigiéndose a ella desde el balcón del edificio, según una escenificación de lo más teatral. Recordemos al respecto lo que José Gil Fortoul relataba acerca de los acontecimientos, con palabras muy significativas, a principios del siglo XX: «Emparán, sintiéndose perdido, sale al balcón y pregunta al pueblo amotinado en la plaza si está contento de su gobierno. A su espalda, Madariaga hace signos negativos, y al punto el Dr. D. Santiago Villareal grita desde la plaza; «¡No, no!»; grito que la muchedumbre repite en coro. Emparán exclama: «¡Pues yo tampoco quiero mando!» La revolución había triunfado»[4].

A través de este relato sobre la creación de la Junta, reconocemos parte de los elementos esenciales que permiten delimitar mejor el mecanismo de legitimación tal como se estaba instaurando en aquel entonces, y planteado ante todo en términos de confianza. Además, la creación de la Junta se había dado en el marco del Cabildo, disponiendo así de una tácita legitimidad puesto que se insertaba en el marco de una institución legal. De hecho, aparentemente Emparan aceptó presentar su renuncia —un tanto forzada, desde luego— sin mayor resistencia. El poder sucesor explotó esta situación ventajosamente, como garantía adicional de su legitimidad: no era fruto de un abuso de autoridad. Además, en este proceso de legitimación se dio un segundo factor determinante: la reacción de la muchedumbre, ante la cual el nuevo poder se esforzó en hacer comprender su iniciativa.

En este sentido, durante la jornada del 19 de abril surgieron sucesivamente diferentes actores que permitirían en adelante aprehender ese pueblo al cual se hacía tanta referencia. Primero, la iniciativa fue sólo de los miembros del Ayuntamiento quienes, al ver la situación en España, decidieron reunirse en sesión extraordinaria el 19 de abril. Los vecinos, el pueblo en el sentido noble del término, desde los mantuanos hasta los artesa-

---

[3] Este término debe entenderse aquí en su antigua acepción de representantes auto-proclamados de dichas categorías (clero, pueblo, pardos); no eran elegidos.

[4] Gil Fortoul, J.: *Historia constitucional de Venezuela. Op. cit.*, tomo 1, pág. 116.

nos y tenderos, no participaron en esta primera etapa. Para ello, hubiera sido necesario proceder a crear la Junta en el marco de un Cabildo abierto. Fue la «parte sana del pueblo» la que dio origen a esta revolución. Una vez cumplida este condición previa, y tácitamente aceptado por parte del capitán general Emparan el principio de un cambio de gobierno, se produjo la interpelación del pueblo reunido en la plaza, «amotinado», (para retomar el término utilizado por José Gil Fortoul). A partir de entonces, la renuncia pública de Emparan impulsó un proceso revolucionario recurriendo al apoyo de un pueblo-masa, físicamente presente y algo manipulado puesto que el motivo de esta presencia no era el acontecimiento del cual este mismo pueblo era el actor legitimador, sino la celebración del Jueves Santo. A esta presencia física del pueblo correspondía, en negativo, la partida de Emparan hacia España el 20 de abril, simbolizando la desaparición —también física— del representante de la autoridad de la Corona, sustituida por el pueblo y sus representantes. Por último, una tercera fase marcada por la presencia —oficial, esta vez— de vecinos que hasta entonces no habían participado activamente a la creación de la Junta. Esta oficialización de su posible participación se dio mediante la auto-proclamación de los diputados por parte de los miembros de la Junta. Gracias a la inclusión de estos «representantes», el Cabildo pudo proclamarse oficialmente como Junta Suprema Conservadora de los Derechos de Fernando VII, conforme al derecho natural de los pueblos y fundamentándose en el principio de la soberanía del pueblo. El texto encargado de anunciar la formación de un gobierno provisorio muestra este mecanismo, presentado desde la base hasta la cima, contrariamente a las realidades de aquella jornada:

> Tales han sido los principios que han dirigido la conducta de los vecinos de Caracas el día 19 de Abril en que por un impulso uniforme y simultáneo se oyó gritar a todos por un gobierno que velase sobre su seguridad y tranquilidad: formarse éste, cesar el antiguo, consolidarse el nuevo en veinticuatro horas, sin haberse notado más que una opinión, ni haber habido no sólo partidos o facciones, sino ni aun aquella licencia que adquiere la multitud para cometer toda clase de desórdenes al abrigo del bien general que dirige a la parte sana e ilustrada[5].

---

[5] «Manifiesto sobre la forma provisional del nuevo gobierno», *Actas del 19 de abril de 1810*. Caracas: 1960, pág. 86.

Enseguida después de celebrarse la creación de la Junta y de formarse el gobierno provisional, se planteó el problema del enunciado de esta situación inédita; de hecho, la transformación en curso, tanto a nivel de las ideas como de la coyuntura política, complicó cualquier intento satisfactorio de definición. Efectivamente, en este contexto se daba el surgimiento de términos y conceptos nuevos, con sus aferentes imperativos de definición a fin de que resultaran comprensibles para aquellos a quienes iban dirigidos. Los actores políticos recurrían a imágenes y símbolos con el fin de contrarrestar esa indefinición conceptual, lo cual es característico de esos procesos donde el afán de convencer resulta más necesario que nunca. Así, tal como lo recalca muy justamente B. Baczko, constatamos que en un período tan delicado «todo poder debe imponerse no sólo como poderoso sino también como legítimo. Ahora bien, en la legitimación de un poder, las circunstancias y los acontecimientos que lo generaron cuentan tanto como el imaginario que generan y del cual se rodea el poder establecido»[6]. Por consiguiente, la Junta de Caracas se vio confrontada con la necesidad de legitimarse para paliar el vacío jurídico en el que estaba envuelta su creación, y de responder —simbólicamente— a las solicitudes de la comunidad política a la que pretendía representar mientras su existencia no fuera ratificada por elecciones en todo el conjunto del territorio. Así, el reglamento electoral publicado a tal fin en junio de 1810 recuerda en su introducción este carácter restringido de la representatividad de la Junta de Caracas. Justificado por las circunstancias, no lograría mantenerse sin afectar la legitimidad de la cual se prevalecía la Junta. Para merecer su título de Junta Suprema de las Provincias de Venezuela, éstas debían estar oficialmente representadas.

1. Un proceso de legitimación fundado en la soberanía del pueblo

El recurso al principio de la soberanía se confirmó tan pronto como el proyecto de organización de una Junta quedó aceptado y ratificado por la aclamación del pueblo concentrado en la plaza. No obstante, primero se dio prioridad a la definición no tanto del pueblo mismo, sino más bien de las nociones correlativas y del modo en que éste quedaría representado. Ciertamente, el pueblo estaba presente en el objeto y los términos de muchos debates, pero la polisemia del término poco contribuía a la clarificación del concepto. Enseguida después de los primeros momentos de cele-

[6] Baczko, B.: *Les imaginaires sociaux*. Paris: 1984, pág. 33.

bración que legitimaban una iniciativa venida «de arriba», el término «pueblo» quedó asociado a las nociones de soberanía y voluntad general. Sin embargo, antes que fundar su legitimidad en la soberanía del pueblo, fue en nombre de la confianza tácitamente otorgada por éste que la Junta pudo aspirar a asumir la organización de un gobierno provisional. Asimismo, como en un juego de espejo, el impulso del 19 de abril fue imputado a la pérdida de confianza respecto al poder de la metrópoli y a las autoridades que lo representaban en América. «El tono que últimamente se habían arrogado en Caracas, las vejaciones sufridas no sólo por el Ayuntamiento, más aún por el Tribunal de la Real Audiencia, sus repetidos atentados contra las leyes, y la desconfianza general con que eran miradas, hacían urgente su deposición»[7].

a) ¿Quién es este pueblo soberano y súbdito del rey?

En mayo, el autor anónimo de un artículo sobre los peligros de división[8] reflexionaba acerca del espíritu de facción y enseguida advertía a sus lectores contra los argumentos de quienes trataban de apartar al pueblo del orden y la virtud; pero reconocía la necesidad de que, en ciertas circunstancias, ese mismo pueblo recobrara sus derechos con el fin de mejorar su constitución y de oponerse a los abusos que, según sus propias palabras, «siempre pesan sobre el mayor número»[9]. El pueblo fue declarado soberano y, por ende, todo gobierno, cualquiera fuera su forma, obtenía del pueblo su derecho a ejercer el poder. Por lo demás, se declaró roto el pacto que unía los pueblos del reino y su monarca (en tanto cabeza del cuerpo político de la Monarquía) en cuanto la Junta Central Suprema elegida en 1808 contravino al derecho al autorizar, sin consulta previa, la formación de la Regencia. Se planteó así inmediatamente una doble referencia a la noción de soberanía como principio legitimador. Por una parte, se concebía al pueblo soberano en tanto masa de población; por otra parte, se invocaba la soberanía de los pueblos del reino. Por consiguiente, éstos remitían a entidades territoriales, tal como lo define F.-X. Guerra cuando indica que «el otro significado, común a todas las lenguas latinas, es la que sirve para designar, sobre todo en plural, a las comunidades políticas estructuradas y completas del Antiguo Régimen. Los pueblos de España se refieren a las

[7] «Proclama», *Gazeta de Caracas,* 27 de abril de 1810.
[8] «Egoísmo o Espíritu de facción», *Gazeta de Caracas,* 11 de mayo de 1810.
[9] *Ibídem.*

comunidades que formaban la Monarquía hispánica: principalmente los reinos, pero también las provincias o las villas principales»[10]. Por añadidura, la Junta Central Suprema española contravino doblemente a este pacto recíproco. Contrariamente a los términos del contrato según los cuales había jurado dedicarse a la felicidad y la salvaguardia de la Patria, privilegió sus particulares intereses, y el pueblo mayoritario fue despojado de sus derechos por una minoría de individuos. Por otra parte, en vez de permitir a los pueblos[11] que recuperaran sus privilegios perdidos, entregó el poder a un cuerpo «pervertido», la Regencia. Así pues, el pueblo se reapropió de sus derechos ante todo por fidelidad a antiguos principios inscritos en las Leyes Fundamentales de la Monarquía —reiteradas en el Juramento de Aragón—, y por la persona del rey. Pero lo hizo también en virtud de la actitud adoptada, en España, por las ciudades que estaban en guerra contra el invasor francés y contra los que, entre sus propios dirigentes, habían abusado del rey y reducido el país a la esclavitud. La Península seguía siendo el modelo que favorecía la expresión de las provincias y, más allá, el de las capitales, el de los pueblos. Por consiguiente, los pueblos de las provincias de Venezuela «sólo tratan de mirar por su seguridad, y de hacer lo que todos los pueblos de España han puesto en práctica, esto es, formar un gobierno interino durante la ausencia del Monarca»[12]. Los hombres que habían decidido formar la Junta de Caracas no se planteaban disparar un proceso de separación política sino, por lo contrario, hacer que el cuerpo político quedara preservado, así fuera por iniciativa de cada una de sus partes, en referencia al derecho del pueblo soberano del que emana todo poder[13], tal como se enuncia en esta definición

---

[10] GUERRA, F.-X. «El pueblo soberano: incertidumbres y coyunturas del siglo XX», en *Modernidad e independencia.* Madrid: Mapfre, 1992, pág. 354.

[11] Entendidos aquí en sus sentidos geográfico y administrativo.

[12] «Reflexiones políticas», *Gazeta de Caracas,* martes 6 de noviembre de 1810. Nótese que este artículo de Blanco White, liberal exilado en Londres, fue publicado primero en *El Español*, dirigido por él.

[13] Lo cual, por cierto, viene a apoyar la tesis según la cual el surgimiento —simultáneo, por añadidura— de Juntas en toda América no fue en absoluto el resultado de un deseo independentista, sino una respuesta considerada entonces como la más adecuada a una coyuntura política determinada. Pero no es nuestro propósito negar la existencia —en esa mismo época— de movimientos de pensamiento favorables a una separación política. Citemos particularmente la Sociedad Patriótica de Caracas que, desde 1810 y con más fuerza tras el retorno de Miranda —quien la presidió a principios de 1811—, ejerció una fuerte presión para que tal decisión se tomara lo antes posible.

del papel del gobierno establecido por la Junta de Caracas: «[Ejerce] los derechos de la Soberanía que por el mismo hecho han recaído en el Pueblo, conforme a los mismos principios de la sabía Constitución primitiva de la España y a las máximas que ha enseñado y publicado en innumerables papeles la Junta Suprema extinguida»[14].

En este sentido, la sumisión a la autoridad de la Junta de Caracas era de la misma naturaleza que la autoridad que se debía al rey, siendo ambos la expresión de la voluntad general de los pueblos. En agosto de 1810, en un texto que definía las relaciones entre el rey y sus súbditos, se recordaba que: «[El Monarca] como executor de la voluntad general del Pueblo, está sujeto a las leyes, y debe reconocer que no hay cosa más digna de alabanza en esta línea que el vivir subordinado a la majestad de ellas»[15].

Pero el pueblo, aunque soberano en ausencia del rey (del soberano), seguía siendo súbdito de éste: todavía confiaba en él y ejerció sus derechos para evitar que el trono vacío cayera en manos de hombres pervertidos. Durante el tiempo que duró este retorno a las fuentes de la soberanía, el pueblo fue UNO, a imagen y semejanza del rey al que había sustituido provisionalmente. Representa al cuerpo de vasallos. Así, en un texto dirigido a los habitantes de Venezuela, los miembros de la Junta insisten en este aspecto de la unicidad del pueblo, ligada al afecto por quien se hallaba a la cabeza del Reino y que, en última instancia, seguía siendo Fernando VII: «... conoced que todos los vasallos del amado Fernando no pueden formar sino un mismo pueblo ligado por los intereses comunes de un rey y una patria; tiene en sí todos los elementos que los convidan a un gobierno general...»[16]

El hecho de rehusarse a esta fidelidad significaría romper la unicidad del reino y la exclusión del cuerpo de vasallos, «degradarse a la clase de ignorantes estúpidos» y «haber perdido el sentido común»[17]. Esta calidad de vasallos (y no de súbditos) confería una identidad fundada en la relación al rey; y las cualidades que él procuraba otorgaban a cada pueblo una dignidad propia; así, los habitantes de Caracas se consideraban como los

---

[14] «Extraordinario», en *Actas del 19 de abril de 1810.* Caracas: Consejo Municipal, 1960, vol. 1, pág. 46.

[15] «Criterio del verdadero amor y lealtad al desgraciado Fernando VII«, *Gazeta de Caracas,* 3 de agosto de 1810.

[16] José de las Llamozas, Martín Tovar Ponte, «Habitantes de Venezuela», *Gazeta de Caracas,* 13 de julio de 1810.

[17] «Manifiesto de la Junta Provincial de Mérida», *Gazeta de Caracas,* 27 de noviembre de 1810.

primeros y más dignos súbditos de Fernando VII. Pero, al mismo tiempo, esta cualidad adquiría en tales circunstancias una dimensión continental, pues el pacto había sido roto tras la creación de la regencia. Ciertamente, habían actuado en tanto súbditos del rey, pero también en tanto americanos y hombres libres. Los nuevos detentadores de la soberanía se reapropiaban así del estatus de súbditos.

El reconocimiento, por parte de las demás provincias de la Capitanía General, del proceso inaugurado en Caracas creó una dinámica en el «cuerpo» de vasallos y, finalmente, una metamorfosis corporal. Así, se decía que los habitantes de Trujillo, con su adhesión, pusieron en movimiento sus «miembros dormidos». Aún más ampliamente, cuando Caracas denunciaba a los miembros de la regencia, se dirigía a «los Pueblos del continente Americano que no (habían) renunciado a su dignidad política y al honroso carácter de vasallos de Fernando VII...»[18]

Partiendo de esto, el pueblo surgía como una figura-enlace entre el rey y los nuevos detentadores del poder; por su intermedio, esta «regencia» se hizo posible (en la teoría si no en los hechos), y por su voluntad se constituyó la Junta. Aunque se trataba de una acción meramente ficticia (pues la Junta se creó posteriormente), su creación, fruto de un compromiso político, era anterior a las manifestaciones callejeras, a las aclamaciones —según la expresión más comúnmente utilizada—, a los votos —según una expresión más ambigua— del pueblo de Caracas (de la ciudad-capital) por la salida del capitán general y la celebración de la creación de la Junta y del gobierno provisorio. Sus miembros se encomendaron entonces a esa legitimidad de facto, fundada en la autoridad de un cuerpo abstracto que permitía dirigirse a las provincias de Venezuela en su conjunto, en virtud de la autoridad que les había sido otorgada por «este pueblo patriótico e ilustrado»[19]. Más allá de esto, fue la ciudad de Caracas la que adquirió esta autoridad que le daba derecho a prevalerse de la calidad de depositario de la legitimidad ante el resto del país: «Habitantes de Venezuela, éste es el voto de Caracas. Todas sus primeras autoridades lo han reconocido solemnemente, aceptando y jurando la obediencia debida a las decisiones del Pueblo. Nosotros en cumplimiento del sagrado deber que éste nos ha impuesto, lo ponemos en vuestra noticia...»[20]

---

[18] «Vicios legales de la regencia deducidos del acta de su instalación el 29 de enero en la Isla de León», *Gazeta de Caracas,* 29 de junio de 1810.

[19] «Noticias de España», *Gazeta de Caracas,* 24 de agosto de 1810.

[20] «Proclama», *Gazeta de Caracas,* 27 de abril de 1810.

A partir de la voluntad, del voto emitido por el pueblo presente en la plaza de la ciudad-capital el 19 de abril, también se instauró toda una cadena de representación. Esto queda claramente en evidencia en el fragmento de esta proclama, pues el Ayuntamiento —representante del pueblo— y Caracas —en tanto ciudad-capital y sede del nuevo gobierno— adquirieron en virtud de tal título el derecho de dirigirse a todas las demás provincias y a sus habitantes, pero sobre todo en nombre de la soberanía de ese pueblo que los ha aclamado. Los habitantes de Venezuela, así como —implícitamente— las autoridades que a ejemplo de Caracas se constituyeron en Junta de gobierno, debían someterse a la autoridad de la Junta de Caracas en virtud del juramento de obediencia que sus miembros hicieron ante el pueblo soberano. Partiendo de esta estructura piramidal de obediencia y representación, Caracas jugó un papel de interfaz entre el pueblo de la ciudad y los habitantes del territorio de la Capitanía General en su totalidad. A partir de entonces, la «Revolución de Caracas» se convirtió en la de Venezuela, así como todas las acciones emprendidas por los nuevos detentadores del poder. De ahí en adelante, al hablar de o a nombre de Caracas, se estará hablando implícitamente de Venezuela, o por lo menos de las ciudades más fieles a la obra acometida. El paralelo que en esa oportunidad estableció Blanco White entre la Revolución de Caracas y la Revolución francesa, daba fe de ese proceso de transferencia. Efectivamente, tras haber recordado que la de Caracas no fue producto de «un movimiento tumultuoso y pasajero», declaraba: «Si vieramos empezar aquella Revolución proclamando principios exagerados de libertad, teorías impracticables de igualdad como las de la Revolución francesa, desconfiaríamos de las rectas intenciones de los promovedores, y creeríamos el movimiento efecto de un partido, y no del convencimiento práctico de todo el pueblo sobre la necesidad de una mudanza política»[21].

El pueblo, así definido y ubicado en el origen de este proceso, debía ser obedecido como un monarca de derecho divino (en tanto soberano «colectivo») y, como tal, su adhesión era supuesta —antes que real— y, a ejemplo del pueblo de Caracas, aderezada de virtudes y poderes que se mantenían en estado de virtualidad y que eran, también, deseados más que constatados. Al integrar así al pueblo en el proceso emprendido, se establecía una continuidad entre esos dos polos de la sociedad que eran el pueblo real y las élites que habían asumido el poder. Por ende, gracias a la

---

[21] «Reflexiones políticas», *Gazeta de Caracas,* 6 de noviembre de 1810.

elección quedaba efectivamente asociado a la iniciativa del Ayuntamiento, de los «diputados del pueblo» que debían tener en su seno «voz y voto en todos los negocios»[22].

b) El pueblo, una entidad geográfica: el pueblo-ciudad

Desde el principio, Caracas remite al concepto de pueblo-ciudad, en su significación administrativa y en tanto reunión de sus habitantes, de los cuales son voceros sus órganos de gobierno. Fue el pueblo de Caracas, primera entidad, quien tomó la iniciativa de romper con los hombres de la Regencia. En virtud de mecanismos idénticos a los expuestos anteriormente, fue a nombre del carácter soberano del pueblo de Caracas que se tomó la decisión de formar una Junta. Y fue a partir de la expresión de la voluntad de este pueblo que se hizo posible extender, desde el punto de vista tanto geográfico como político, el movimiento así iniciado. Ante la violación de principios y leyes, sólo la unanimidad del pueblo de Caracas permitía resguardarse del despotismo de las autoridades peninsulares: «... es precisamente lo más justo, lo más necesario, y lo que ha hecho con más dignidad el Pueblo de Caracas...»[23]

Estamos realmente en presencia de un pueblo actuante que creaba la historia, o mejor dicho, que hacía historia, tal como se menciona en esta cita. Pero siempre se trataba de un pueblo en singular, aunque nunca singularizado cuando se planteaba su papel legitimador. En este sentido, se hablaba o bien de «Caracas», o bien del «pueblo de Caracas», o bien de «esta capital». Entró en la Historia en calidad de tal, dotado de cualidades particulares. Creó la historia, la impulsó; fue el primero que decidió constituir una Junta independiente y soberana.

Caracas no solamente proclamó «a la faz del universo cuya censura no temía»[24] su voluntad de arrogarse el título de nuevo imperio (por defecto) —tan fuerte era su convicción de que su gobierno había tomado «los caminos de la obscuridad»[25]—, sino que afirmó retrospectivamente, en noviembre: «Nos parece ver en el movimiento de Caracas los primeros pasos»[26] de la li-

---

[22] «Extraordinario: establecimiento de un nuevo gobierno en esta capital, 19 de abril de 1810», en *Actas del 19 de abril de 1810. Op. cit.*, pág. 49.

[23] «Continuación de la refutación de los delirios políticos de Coro», *Gazeta de Caracas,* 24 de agosto de 1810.

[24] «Concluye la refutación de los delirios políticos de Coro», *Gazeta de Caracas,* 24 de agosto de 1810.

[25] *Ibídem.*

[26] «Reflexiones políticas», *Gazeta de Caracas,* 6 de noviembre de 1810.

beración del continente. En cambio, cuando se tomó en cuenta la acción política propiamente dicha, hubo grupos bien caracterizados, incluso personas con funciones precisas, que se desmarcaron del pueblo.

Primero, el gobierno. Era él quien decidía las opciones políticas, pero también pretendía ser la expresión de la voluntad del pueblo unánime. En calidad de tal, deseaba mostrarse digno de las tareas que le habían sido confiadas por el pueblo de la capital. Pese a todo, esta distinción marcaba una distancia entre el pueblo en su sentido genérico, y aquel gobierno que declaraba mantener con él «relaciones paternales». Sólo emergían del pueblo las personas presentes en el seno del gobierno, o que participaban en el proceso político con su mente esclarecida. Y esta distinción/oposición se dio desde abril de 1810, tal como lo demuestra esta observación publicada en la *Gazeta de Caracas*:

> Todo llevó el carácter de la beneficencia y la generosidad el dia 19 de Abril, y si en las calles no se oyó una sóla voz que no fuese súplica sumisa, pretensión justa, recompensa debida, vivas y aclamaciones; tampoco amaneció el dia 20 sin que de la Sala Capitular saliesen decretos muy propios de un Gobierno paternal y dignos de un Pueblo acreedor de tal gobierno...[27]

Dos momentos, pues, simbolizados por dos días y que indicaban desde el principio la existencia de relaciones ambiguas entre el pueblo de Caracas, declarado como soberano, y el gobierno, que lo representaba en virtud de la acogida unánime que aquél le había dado a éste. De hecho, es a los vecinos de la capital a quienes hay que atribuir el haber devuelto a la provincia su dignidad política; vecinos en el sentido de quien no sólo vive en la ciudad sino que además ha obtenido sus derechos propios de vecindad y participa como tal en su organización. Así, aunque los pueblos apoyaban a la Junta, ésta estaba dirigida por «las luces de los sabios»[28]. En este sentido, el gobierno podía declarar y demostrar a España que Caracas, por su acción, daba fe de la existencia de una alternativa posible al naufragio político de España en el continente americano[29]. Y, más aún, era capaz de dar su apoyo a sus compatriotas europeos: «... hubo un Pueblo en América

---

[27] *Gazeta de Caracas,* 27 de abril de 1810.

[28] «Venezuela: Manifiesto de la Junta de la Provincia de Mérida», *Gazeta de Caracas,* 27 de noviembre de 1810.

[29] «Manifiesto sobre la forma provisional de gobierno», en *Actas del 19 de abril. Op. cit.*, pág. 90.

que, atento a vuestros males, previó su término con una imparcialidad patriótica...»[30]

Esta particular capacidad se basaba además en la teoría de la legitimación del poder, en virtud de la cual un poder no podía considerarse como tiránico o ilegítimo si provenía de grandes familias (y así volvían las élites que constituían el segundo grupo desmarcado de los demás habitantes). Este poder no estaba vinculado a un suelo determinado, muy por lo contrario: «... toda autoridad, toda Potencia, o potestad lexítima, sigue constantemente los pasos de los Pueblos, los acompaña perpetuamente, emigrando con la mayor y más sana parte de ellos...»[31]

Tenemos dos contra-ejemplos que ilustran bien esta distinción. En el código electoral, al mencionar los acontecimientos políticos que se habían producido en la Península, Juan Germán Roscio señalaba:

> ... no se ha visto en la serie de ocurrencias memorables que han señalado la lucha de la España contra su bárbaro enemigo[32], sino un contraste palpable entre el [...] Pueblo y las autoridades que le acaudillaban, en que al paso que multiplicaba el uno los sacrificios y las heroicidades, todo quanto se observaba por parte de las otras parecía subordinarse al designio principal de eternizar el poder en sus manos, grangeándose el aura[33].

También estaba el caso de Coro, pues su fidelidad a la Regencia española amenazaba directamente la unidad de la provincia, deseada por Caracas. Se trataba entonces de «los esfuerzos de un Xefe ambicioso que abusa de la voluntad de un Pueblo sencillo pero fiel y generoso»[34]. La acusación resulta aún más grave cuando se traduce en términos de representación: «La ciudad de Coro aparece entre las demás de Venezuela, aislada y separada de los intereses generales contra el voto sincero y unánime de sus vecinos»[35].

Así pues, había realmente dos niveles de aprehensión: el pueblo sencillo y engañado, y los vecinos despojados de sus intereses expresados uná-

---

[30] «Conclusión de los vicios de la Regencia», *Gazeta de Caracas,* 6 de julio de 1810.

[31] «Continúa la refutación de los delirios políticos de Coro», *Gazeta de Caracas,* 31 de agosto de 1810.

[32] Las tropas napoleónicas.

[33] «Habitantes de Venezuela», *Gazeta de Caracas,* 15 de junio de 1810.

[34] «Concluye la refutación de los delirios políticos de Coro», *Gazeta de Caracas,* 7 de setiembre de 1810.

[35] «Refutación de los delirios políticos de Coro», *Gazeta de Caracas,* 10 de agosto de 1810.

nimemente. No obstante, en esta primera etapa de la conformación de un poder autónomo, el rasgo dominante seguía siendo la unidad del pueblo de Caracas (y luego de los pueblos que se adhirieron a su iniciativa). Su «parte sana» sólo se diferenciaba en la medida en que guiaba a este pueblo en sus opciones. Pero no existía conflicto, pues el resto del pueblo estaba considerado como naturalmente bueno y dispuesto a escoger lo que mejor podía salvaguardar al monarca demostrándole así su fidelidad[36]. Además, aunque tácito y formal, su acuerdo se hacía necesario ya que las nuevas autoridades sólo tenían una legitimidad de facto, teóricamente basada en la soberanía del pueblo. Por esta razón, el ardiente patriotismo de los vecinos también formaba parte de los atributos del pueblo de Caracas en su globalidad. Por ello, también podía ser calificado de pueblo patriótico, esclarecido, leal y generoso. Pero el movimiento popular quedó relegado en cuanto el poder se dirigió a las élites provinciales, y ya no a los habitantes en su conjunto[37].

Estaban los que tomaban en sus manos las riendas del poder, y los que por tácita aprobación, de tipo afectivo, apoyaban las acciones de los hombres esclarecidos, sin participar en ellas. La exhortación a la unión, no sólo de las demás ciudades de provincias sino de toda América, formaba parte de esta misma lógica, y también se expresó inicialmente en términos de confianza y fidelidad, puesto que la proclama del 27 de abril instaba a que sus «amigos» confiaran en las sinceras intenciones de los miembros de la Junta de Caracas, y agregaba: «... apresuraos a reunir vuestros sentimientos y vuestros afectos con los del pueblo de esta capital»[38].

Caracas se convirtió en el núcleo federador, en el polo de atracción hacia el que debía converger los intereses comunes. Por cierto, si Caracas había dado origen a este movimiento se debía a sus cualidades naturales, y además a su posición geográfica privilegiada que le permitió ser la primera informada de los acontecimientos de España. Era su deber reaccionar, para ella misma y en nombre de los demás pueblos de la provincia. Así, la exhortación a la unión ratificó una decisión unilateral dictada por

---

[36] Ya veremos que cuando en el Congreso se abrieron los debates sobre la independencia, esta capacidad quedó sumamente cuestionado. Ver más adelante, «El imposible recurso a la consulta».

[37] «Manifiesto sobre la forma provisional de gobierno». *Op. cit.*, págs. 89-90. «A los Cabildos de las capitales de América. La comunidad de intereses los invita a defender los mismos principios que serán base de una confederación de la América española. 27 de abril de 1810», en *Actas del 19 de abril. Op. cit.*, pág. 93.

[38] «Proclama», *Gazeta de Caracas,* 27 de abril de 1810.

las circunstancias, y también producto de una voluntad política: «... instruido del mal estado de la guerra en España por los últimos buques españoles llegados a nuestras costas, deliberó constituir una Soberanía provisional en esta capital, por ella y los demás Pueblos de esta Provincia que se le unan con su acostumbrada fidelidad al Señor Don Fernando Séptimo»[39].

Más aún, en el transcurso de los meses, la Junta aportó con su conducta «pruebas incontextables de sus intenciones benéficas, de su propensión a dexar satisfechos a los que [...] aspiraban al premio de sus servicios, y de conciliar por las vías de la dulzura la paz, la unión y la tranquilidad permanente que debía reinar entre todos los habitantes de esta capital y demás pueblos de la Provincia»[40].

Semejante aspiración confirmaba a la vez la oscilación entre la definición del pueblo como entidad geográfica y administrativa, y la definición que remitía a los habitantes, o a la definición del pueblo soberano, figura aún más abstracta pero cuán necesaria. Así pues, se hizo una exhortación a los pueblos, pero ésta enseguida quedó limitada a un entendimiento más restringido entre Cabildos y vecinos, detentadores de la autoridad. El pueblo encarnaba ante todo la entidad administrativa y sus representantes; el pueblo en tanto comunidad de individuos era una figura tutelar que avalaba con sus aclamaciones lo bien fundado de los compromisos políticos. Semejante juego lingüístico[41] permitía considerar en su justo valor esta aparente contradicción constatada en la proclamación de la Junta de Caracas. Efectivamente, en dos textos[42] publicados cuando se constituyó, ciertamente se hablaba del deseo de conformarse a la voluntad general, pero en el primer texto se trataba del pueblo, y en el segundo, de los pueblos. Ahora bien, este segundo texto, publicado en La Gazeta de Caracas, estaba destinado a ser leído por la mayoría. Caracas absorbía en su acto a la provincia en su conjunto, suponiendo que contaba con la fidelidad de ciudades y pueblos.

---

[39] *Ibídem.*

[40] «Edicto», *Gazeta de Caracas,* 3 de agosto de 1810.

[41] Efectivamente, es innegable que los interlocutores, aunque a veces podían estar equivocados, jugaban a sabiendas con la polisemia de la palabra «pueblo». Ver más adelante, Parte IV, Cap. 1, La voluntad de clarificación y de definición que se dio a partir de 1828 para acabar con esta confusión.

[42] «Extraordinario» en *Actas del 19 de abril. Op. cit.*, págs. 45-52. «Proclama», *Gazeta de Caracas,* 27 de abril de 1810.

2. Del principio de participación: ¿el pueblo o los pueblos?

Hemos visto que el concepto de pueblo es ambivalente, por las acepciones lingüísticas y los componentes humanos que su polisemia autoriza. Y cuando lo que se plantea es proceder a su representación política, se refiere a la entidad territorial como interlocutor privilegiado. Efectivamente, la exhortación a movilizarse para las elecciones iba dirigida ante todo a los pueblos de Venezuela, comunidades políticas heredadas de la Monarquía. La representación política se elaboraba por ende a partir de estos pueblos, cuyos pactos con el monarca se habían declarado rotos tan pronto como Fernando VII había renunciado al poder en beneficio de una autoridad ilegítima. Al mismo tiempo, cuando se anunciaron públicamente las elecciones, salió a la luz la desconfianza hacia el pueblo real, mucho más difícil de aprehender y controlar en sus reacciones que ese otro pueblo de acentos universalistas, proclamado como soberano, de quien dependía la legitimidad política pero que era imposible encarnar.

Sin embargo, el recurso a las urnas se planteó enseguida como una necesidad y, al mismo tiempo, como un orgullo para Caracas, que demostraría con esto su afán de conformarse a la voluntad general y de laborar por el bien de todos; los miembros de la Junta aportaban así la prueba de su capacidad para llevar a buen término un proceso político emprendido bajo el auspicio de la razón. La Junta de Caracas, órgano provisional y restringido constituido el 25 de abril de 1810, tenía que recurrir a la consulta con las provincias en su conjunto para poder instaurar un Congreso constituyente representativo. Esta necesidad de legitimación resultaba imperativa para los dirigentes no sólo en lo interior, tal como acabamos de ver, sino también respecto de la Regencia. En un texto dirigido a la Junta, José de las Llamozas y Martín Tovar Ponte comentaban lo fácilmente que pudo la Regencia rehusarse a reconocer la Junta de Caracas, la cual no tenía más legitimidad que el apoyo tácito del pueblo: «Es muy fácil equivocar el sentido de nuestros procedimientos y dar a una conmoción producida solamente por la lealtad y por el sentimiento de nuestros derechos, el carácter de una insurrección antinacional. Pero apelamos a la voz de la razón y de la justicia: apelamos al voto de los otros pueblos...»[43].

La utilización del verbo «apelar», que en español conserva una acepción jurídica, demuestra la necesidad de la ratificación por medio de las

---

[43] «A la Regencia de España, 3 de mayo de 1810», en *Actas del 19 de abril. Op. cit.*, pág. 99.

urnas. El equívoco en torno a la palabra «voto» se hace entonces imposible, pues está utilizado conjuntamente con la voz de la razón, la cual remite al acto reflexivo de las elecciones en oposición a las reacciones espontáneas de la muchedumbre del 19 de abril. El juicio emitido acerca de las elecciones de junio muestra la distinción así establecida entre la aclamación y el voto. «Quatro meses sólo han pasado desde que (Venezuela) resolvió existir por sí, hasta que ha constituido una representación nacional, legítima, general, y qual conviene a un Pueblo libre e ilustrado»[44].

Cada término remite aquí a una dimensión que rebasaba enseguida el estrecho marco de la ciudad y la provincia; el acto electivo adquiría de inmediato un carácter nacional. Al mismo tiempo, el pueblo se convertía en pueblo-nación, aunque conservara en esta fase un carácter abstracto y genérico, carente de toda reivindicación «nacional», que lo opondría a España en términos de identidad, pues el carácter nacional conferido a la representación debe entenderse aquí en el sentido de comunidad auto-gobernada. Eran las provincias las llamadas a asegurar, con este acto, su representación en el Congreso. La unidad debía realizarse a partir de éstas, y también de las ciudades y los pueblos, tal como quedaba precisado en la exhortación a los habitantes de Venezuela que acompañaba el código electoral.

> Veía la Junta que antes de la reunión de los diputados provinciales sólo incluía la representación del pueblo de la capital, y que aún después de admitidos en su seno los de Cumaná, Barcelona y Margarita, quedaban sin voz alguna representativa las ciudades y los pueblos del interior, tanto de ésta como de las otras provincias; veía que la proporción en que se hallaba el número de los delegados de Caracas con los del resto de la Capitanía General no se arreglaba, como lo exige la naturaleza de tales delegaciones, al número de los comitentes[45].

La concepción del espacio territorial por aglomeración de las provincias y los pueblos antes que —incluso en vez de— por aglomeración de los individuos que las componían, resulta sumamente explícita. Los diputados eran «provinciales-nacionales» pero también representantes del pueblo, a

---

[44] *Gazeta de Caracas,* 17 de agosto de 1810.

[45] «Reglamento de Diputados para la elección y reunión de diputados que han de componer el Cuerpo Conservador de los derechos del Señor Don Fernando VII en las Provincias de Venezuela, Caracas 11 de junio de 1810», en *Constituciones de Venezuela.* Madrid: Cultura Hispánica, 1975, pág. 161.

ejemplo de los de Caracas a los cuales debían unirse. Esta complejidad aparece en filigrana en el título que Juan Germán Roscio le puso a su alocución: al dirigirse a los habitantes de Caracas, de alguna manera hacía la síntesis entre la dimensión espacial y la dimensión humana de la representación. Los habitantes de Venezuela, dotados de las mismas características y cualidades que las del pueblo de Caracas que hasta entonces los representaba, remiten a la imagen de unidad y unanimidad de éste para la creación de la Junta. Los intereses en juego en la convocatoria a elecciones se ubicaban a ese nivel. Si se concretaba la unidad, entonces la representación «nacional» adquiría una realidad política; por ende, quedaba legitimada.

Gracias a la unidad recuperada, era posible pasar a otra etapa, y lo que se planteaba ahora era, para unos, rematar la revolución del 19 de abril, y para otros, más modestamente, completar la obra emprendida. Además, se confirmaba ese deslizamiento de la iniciativa que se había producido al concluir esta consulta: del pueblo, se pasaba a la Junta y sus representantes. El proceso perdió su carácter emocional y «popular» y se hizo político y racional. ¿Cuál era entonces el puesto del pueblo durante esta fase-bisagra de la instauración del Congreso que, al fin y al cabo, había recibido corno misión la de elaborar, según los propios términos de sus miembros, un plan de administración y de gobierno conforme a la voluntad general de «esos pueblos»? Efectivamente, la representatividad de la Junta de Caracas seguía siendo limitada ya que sólo habían sido contactados los pueblos principales para que se adhirieran al movimiento de Caracas. Para ello, se enviaron emisarios a Cumaná, Barcelona, Barinas y Maracaibo[46]. Excepto Maracaibo, Coro y Guayana, todas las provincias siguieron el ejemplo que Caracas dio y formaron Juntas de gobierno[47]. Pero en el seno mismo de la Junta de Caracas, además de los delegados de la ciudad, sólo figuraron —hasta las elecciones de noviembre— los «diputados» designados por las Juntas de Cumaná, Barcelona y Margarita. A esos diferentes grados de representación territorial, desde el pueblo hasta la provincia, se agregaron las modalidades de participación de la propia población, y con-

---

[46] Debido a que esta ciudad, capital de provincia, se negó a reconocer la Junta de Caracas, también se enviaron emisarios a Mérida y Trujillo, que dependían de la jurisdicción de Maracaibo.

[47] Las ciudades y provincias proclamaron una adhesión en las fechas siguientes: Barcelona el 27 de abril, Cumaná el 30 de abril, Margarita el 4 de mayo, Barinas el 5 de mayo, Guayana el 11 de mayo, Mérida el 16 de septiembre, Trujillo el 9 de octubre.

viene entonces determinar quién estaría autorizado a participar en las elecciones. Se instalaban las bases de la ciudadanía. ¿A qué «pueblo» se dirigieron las élites el 19 de abril, en cuya base asentaron su legitimidad y que, al mismo tiempo, se reveló enseguida como una entidad abstracta, temible y, por ende, peligrosa para la continuación de la obra emprendida?

Ahora bien, es precisamente la referencia a los pueblos lo que introduce el cambio. Efectivamente, llama la atención el surgimiento inmediato de un doble lenguaje, según se tratara de los pueblos o del pueblo, de los habitantes de las provincias. Se pasaba así de la noción de soberanía del pueblo a la de representación de los pueblos. La noción de representación seguía asociada a éstos cuando había que anunciar la realización de elecciones y explicar su significación. Más precisamente, eran los pueblos de Venezuela los llamados a expresarse. En todo caso, tal fue el objetivo asignado a la consulta por el reglamento electoral publicado en la Gazeta de Caracas, que indicaba en su editorial: «... sale de la prensa el Reglamento anunciado para la Representación legítima y universal de todos los Pueblos de la Confederación de Venezuela»[48].

La opción de una Confederación demuestra la prevalencia de la representación de las provincias, que eran la condición misma de su existencia. Fue en virtud de este principio que los diputados de Barinas respondieron favorablemente a la exhortación de Caracas:

> ... manifestarán los Diputados de Barinas de un modo claro y metódico la conducta leal, sincera y patriótica de los barineses, que no se opondrán jamás a la concentración de la autoridad para la alta representación de los pueblos de Venezuela, sin perjuicio de los particulares de cada Provincia ni de la concurrencia a las Cortes Generales de la nación entera, siempre que se convoquen con aquella justicia y equidad de que es acreedora la América que forma la mayor parte de los Dominios del deseado y perseguido Rey de España[49].

Se trata pues de representar a los pueblos de Venezuela, entendiéndose éstos como entidad intermedia entre ellos y la gran nación española, una parte del conjunto americano, o sea el equivalente de un reino. La legitimidad del gobierno sólo era válida en la medida en que no perseguía otro

---

[48] *Gazeta de Caracas*, 15 de junio de 1810.

[49] «Fernández, Mendoza: Noticias de Venezuela», *Gazeta de Caracas,* 27 de julio de 1810.

fin que, aparte de garantizar sus derechos y la preservación del respeto al poder que le fue conferido por el pueblo soberano, garantizaba ante todo los derechos del rey. Se esgrimía este argumento con el objetivo principal de obtener la adhesión de los pueblos rebeldes, tales como Coro, a través de la voz de los Cabildos del departamento. «... adherid a los sanos principios que ha pronunciado Caracas! Trasmitidle vuestros sufragios con la dignidad y franqueza que convienen a los Pueblos virtuosos: ella no tiene más pretensión que la de uniros, constituyendo por el voto general un Gobierno legítimo, representante y conservador de los derechos de nuestro augusto Soberano...»[50]

Detrás de la exhortación a la unión de las provincias se asomaba el temor de que lo que triunfara fuera, en vez de la ansiada legitimidad, la legitimación de la existencia de una voluntad general venezolana y, por ende, la invalidación de las tesis que habían dado lugar a la creación de la Junta.

> ... la tierna inquietud de esta Junta Suprema por la suerte de las Provincias que temporalmente se han sometido a su dirección, le obliga a repetir que sin una favorable predisposición por parte de toda la comunidad, sin un ardiente deseo del bien general, sin moderación, sin desinterés y, en una palabra, sin espíritu público, de nada servirán las mejores disposiciones, y que quanto más francos y libres sean los reglamentos que gobiernan a un Pueblo son tantos más necesarios el patriotismo y la virtud[51].

Juan Germán Roscio revela en este texto una muy fuerte conciencia del desfase —y por ende de la posible desviación— entre el discurso político y su puesta en práctica. Ahora bien, Juan Germán Roscio se dirigía aquí a un personal político-administrativo, supuestamente esclarecido. ¿Qué ocurría entonces con la actitud y los sentimientos de esa élite criolla —a la que él pertenecía— hacia el pueblo considerado ahora en su acepción de comunidad de individuos?

---

[50] «Alocución a las Autoridades y vecinos de los Distritos comarcanos de la ciudad de Coro, 22 de mayo de 1810», en *Actas del 19 de abril de 1810. Op. cit.*, págs. 110-111.

[51] «Reglamento de Diputados (continuación)», *Gazeta de Caracas (suplemento),* 6 de julio de 1810.

3. Los miembros del cuerpo político

El imperativo de la representación adquiere otra significación cuando se trata de proceder a la consulta propiamente dicha y, por consiguiente, de encomendarse al pueblo en virtud del principio proclamado de su soberanía. Por una parte estaba este imperativo de proceder a elecciones; por otra parte, el temor al pueblo real y los riesgos —también inevitables— de permitirle entrar efectivamente en esta participación inédita. Así, este período electoral era también la oportunidad de llamar a la unidad del pueblo. De ello da fe la abundante utilización de expresiones tales como «consulta general», «consulta universal», y hasta de la palabra «unión». En su mensaje a los habitantes de Venezuela, Juan Germán Roscio consideraba que esta consulta sería efectivamente la oportunidad de crear o por lo menos de consolidar esta unidad a la que aspiraba: «... creo con todo la Suprema Junta que no está de más qualquiera providencia dirigida a consolidar vuestra unión y a sofocar los gérmenes de discordia, si por desgracia existiesen algunos»[52].

Una proclama de agosto de 1810, publicada con motivo de estas elecciones, enumeraba con la mayor precisión esta nueva familia de patriotas-ciudadanos, entre los cuales figuraban en buen lugar los militares:

> Pueblo, Militares, Clero, Negociantes, Artesanos, Clases diversas del Estado, por fin, un mismo objeto nos reune. Nada es más importante y glorioso que la defensa de nuestros derechos. Unión, unión, amados Conciudadanos. ¡Viva la Patria que nos ha alimentado en su seno! Deséchense vanas rencillas, y el santo y sagrado objeto que nos guía colmará nuestros votos[53].

La mención del pueblo y «las clases diversas» junto a los cuerpos claramente designados, confirma la dificultad de calificar a quienes no están comprendidos en la categoría de «ciudadanos útiles» mencionados en el código electoral, es decir: quienes ejercían una actividad reconocida como tal. El pueblo es un colectivo, tal como lo define G. Fritz, y ello sobre todo cuando designa al pueblo en tanto «clase»: «El pueblo es lo que queda cuando se ha quitado todo lo que se distingue con algún privilegio, alguna calidad, algún merito. Es la masa homogénea y anónima, la multitud. La polisemia de la palabra —designa a la vez la multitud y las clases bajas—

[52] «Habitantes de Venezuela». *Op. cit.*

[53] *Proclama*, agosto de 1810. AGI: Sección V. Caracas, legajo 437ª.

aquí también resulta significativa. Pertenecer al pueblo es ser sólo del pueblo; es fundirse en un conjunto hasta desaparecer en él como individuo; es existir sólo colectivamente»[54]. Esta parte baja de la sociedad no tenía identidad precisa, no se la designaba por temor a darle cuerpo y realidad, colocándola entonces en el mismo plano que los demás cuerpos que constituían el patriciado y, más restringidamente, la parte sana de la entidad pueblo-nación/patria. Esto equivaldría por ende a reconocerle el derecho —también real— a la participación política que, pese al carácter aparentemente universal del código electoral, estaba fuertemente restringida, estaba bloqueada.

a) La multitud peligrosa

Cuando se planteaba el peligro inherente a la consulta electoral, se hacía implícitamente referencia al pueblo-masa susceptible de irrumpir en el escenario político. Representaba una amenaza debido a sus reacciones imprevistas y su receptividad a las manipulaciones y actuaciones subterráneas de quienes, por fidelidad a la Regencia, actuaban como agentes del despotismo y la corrupción. Y es que este pueblo, al que por lo demás se alababa, venía directamente de lo más profundo y oscuro de ese despotismo instalado desde hacía tres siglos. La exclusión de la representación apuntaba tanto a las clases sospechosas como a los individuos y provincias rebeldes, al requerirles pruebas de patriotismo y adhesión a la causa patriótica. Este imperativo de fidelidad se consideraba incluso más importante que el de residir en el lugar de la elección. Efectivamente, el reglamento de los diputados estipulaba: «No será condición precisa para ser elegido diputado el estar avencidado en el respectivo partido capitular; bastará ser vecino de cualquiera otro de los comprendidos en las provincias de Venezuela que hayan seguido la justa causa de Caracas»[55].

El estatus de vasallos reconocido a los pueblos y a los miembros del cuerpo social, presentaba un aspecto negativo y hasta peligroso puesto que esta condición suponía la ausencia de autonomía de juicio en esa parte del

---

[54] Fritz, G.: *L'idée de peuple en France du XVIIIe au XIXe siècle.* Strasbourg: Presses Universitaires de Strasbourg, 1988, pág. 2. Por su parte, G. Fritz utiliza la expresión «pueblo-clase» pero preferimos la de «pueblo-masa». Nos parece que el término «clase» se refiere a un modo de distinción que aquí resulta anacrónico.

[55] «Reglamento de Diputados, 11 de junio de 1810. Cap. II, art. 4», en *Constituciones de Venezuela. Op. cit.*, pág. 167.

pueblo aunque éstos, de derecho, en tanto soberano potencial, tuvieran el poder de hacer respetar la ley. Por consiguiente, devolverles su autonomía por intermedio de la consulta electoral significaba al mismo tiempo correr el riesgo de que se convirtieran en «vasallos» de los enemigos del orden y la unidad. Así, el autor de un artículo sobre el peligro de disolución del cuerpo social afirmaba su convicción en cuanto a la necesidad de permitir que el pueblo hiciera uso de sus derechos, y al mismo tiempo también advertía contra el peligro de desbordamiento, cuidando entonces de disociar del pueblo a la multitud aquí incriminada:

> ... también es cierto que estos momentos son los más terribles, como que la multitud aunque movida por un instinto de sus verdaderos intereses, no está siempre al alcance de los medios más conducentes por conseguirlos, porque el despotismo, la concusión y la venalidad han seguido en sus operaciones unos caminos subterráneos y tórtuos para minar el Estado, sembrando la desconfianza...[56]

La multitud estaba dotada de una fuerte capacidad de movilización, motivada por un instinto de supervivencia y conservación, pero sus decisiones no estaban dictadas por la razón. El instinto se transformaba entonces en fuerza de disolución, convirtiéndose en una arma en manos de sus enemigos. Por consiguiente, la multitud remitía bien a esas clases indefinidas e indefinibles, que estaban incluidas en el pueblo pero que carecían de rostro. Había dos muchedumbres: una sediciosa, identificada a la multitud, esa masa incontrolable; y la muchedumbre jubilosa que vino a manifestar su apoyo y cuyo modelo fue la del 19 de abril. Por su volumen, ésta confirmaba la legitimidad política en tanto emanación de la voluntad general. Pero en ambos casos, su carácter movedizo invadía las calles cual oleada, y luego las urnas, sin que los hombres esclarecidos estuvieran seguros de poder controlar sus impulsos y errores. «Los gritos penetrantes de la patria resuenan por todas partes confundidos con los de las pasiones que dan impulso a la audacia; y el pueblo agitado por mil huracanes opuestos se vuelve un mar tempestuoso [...]. Pero su furia aterra a los hombres experimentados en la tranquilidad de los calabozos, no tienen ya valor para arrojarse al piélago embravecido y conducir el baxel del Estado expuesto a zozobrar a cada paso»[57].

---

[56] «Egoísmo o espíritu de facción». *Op. cit.*

[57] *Ibídem.*

Este análisis se basaba en hechos concretos —sobre todo en la muchedumbre del 19 de abril—, aunque éstos no se hubieran transformado en «tumultos». Efectivamente, el día en que se constituyó la Junta, la muchedumbre no se hallaba en la plaza pública por iniciativa de los miembros del Ayuntamiento, sino que se había concentrado con motivo de la celebración del Jueves Santo. Se necesitó además la manipulación de Cortés de Madariaga para «orientar» su respuesta a la pregunta de Emparan. Así, esta descripción refleja muy bien el peligro de que ese primer impulso espontáneo se transformara en mil pasiones incontrolables; deja entrever el miedo suscitado por una eventual participación política del pueblo —inconsecuente e inmaduro en sus reacciones— para designar a quienes tendrán que tomar las riendas del poder. Se habla de un pueblo alucinado y de la necesidad de edificar «una valla impenetrable entre el Estado y la multitud»[58], barrera que será erigida con la ayuda de la virtud y las luces.

Se planteaba entonces el problema de saber hasta dónde llegar para poner freno a las tempestades de esta multitud alucinada, sin por ello desechar ese apoyo indispensable para lograr una legitimidad de facto, frente a las presiones cada día más fuertes de la Regencia. Incluso después de las elecciones, en noviembre de 1810, el problema seguía planteándose, sobre todo porque al poco tiempo, el 7 de diciembre, llegó un emisario de la Regencia, Don Antonio Ignacio de Cortabarría, para exigir a los ayuntamientos de Venezuela que prestaran juramento de fidelidad a las Cortes. Pero por muy bien planteados que hubieran quedado los riesgos de desviación, y también los medios para tratar de ponerle coto, ese miedo no tenía rostro: podía asimilarse a un miedo reflejo, de principio. Por ello, tan pronto como se dieron las elecciones, el pueblo fue rehabilitado. Tal como lo habíamos sugerido, la esperanza se fundamentaba en la actitud que se observó —o se celebró— en el pueblo el 19 de abril de 1810. Esperanza a la que suscribía Juan Germán Roscio, tras haber prevenido contra la existencia de un peligro de desbordamiento, característico de los países sometidos a la opresión y que de repente recobraban su libertad. Pero, refiriéndose esta vez al caso particular de Caracas en tanto ejemplo que debía ser seguido por toda Venezuela, indicaba que «no es inminente este riesgo [de facciones y reuniones tumultuosas] en un Pueblo que tanto ha dado a conocer su modestia y sus otras virtudes en las ocurrencias del 19 de Abril y en otras consiguientes»[59].

---

[58] *Ibídem.*

[59] «Habitantes de Venezuela». *Op. cit.*

> Encontramos esta referencia al 19 de abril en todos los textos publicados en noviembre y diciembre sobre la relativa confianza que el pueblo volvía a inspirar a las élites políticas. El término «revolución» fue utilizado varias veces para calificar este acto fundacional, pero ahora sin connotación negativa. Así, en el artículo titulado Reflexiones políticas, que por cierto condenaba los excesos de la Revolución francesa, Blanco White disociaba el caso de Caracas, haciendo hincapié en su carácter moderado: «Podemos calcular que por lo que hemos visto acerca de la revolución de Caracas, no es un movimiento tumultuario y pasajero como el de aquellos pueblos, sino una determinación tomada con madurez y conocimiento, y puesta en práctica bajo los mayores auspicios de la moderación y la beneficencia»[60].

Sin embargo, esta confianza compartida por las élites criollas es muy relativa puesto que, una vez más, se celebra a los pueblos en cuanto había que tomar en cuenta ya no sólo a Caracas y sus hombres ilustrados del 19 de abril, sino a las provincias en su conjunto. Ahora bien, sabemos que algunas de estas provincias eran reticentes para seguir el ejemplo de la capital, amenazando con romper la unidad. Sólo el carácter espontáneo de este voto permitía pensar que el pueblo volvía a ser invocado. Efectivamente, esta cualidad remitía al movimiento masivo del 19 de abril que brotó en las calles de Caracas para aclamar a las nuevas autoridades, pero también, y sobre todo, remitía a la voz de esa multitud, ella también espontánea, que exigió la renuncia del capitán general Emparan. A partir de ahí, es posible circunscribir con mayor precisión la vía estrecha que el pueblo podía tomar para dejar oír su voz: la vía del apoyo formal al poder instaurado. Si su presencia era incuestionable, es solamente en tanto supremo legitimador. Sin ese apoyo, la acción se desnaturalizaba y la situación se hallaba de nuevo a merced de las facciones y las fuerzas soterradas del despotismo. Este apoyo encarnaba «la tácita vigilancia o, de alguna manera, el censor popular, permitiendo al mismo tiempo circunscribir dentro de límites estrechos el recurso constitucional de la representación legislativa y las necesidades de delegación para el Poder Ejecutivo»[61].

---

[60] *Ibídem.*

[61] Furet, F.: *Penser la Révolution française.* Paris: Gallimard, 1978, pág. 48.

Ciertamente, el temor hacia el pueblo existía, pero ese pueblo-masa no intervenía directamente en el marco político. Además, no hay que perder de vista que las elecciones para diputados, en noviembre de 1810, se desarrollaron en el marco de la Monarquía y con el objetivo de suplir momentáneamente la ausencia del rey con la designación de representantes legítimos. También existía un margen de maniobra suficiente para permitir que ese acontecimiento fundacional que significaba publicar el código electoral fuera, en realidad, una oportunidad de dar rienda suelta a las convicciones políticas en su forma más teórica —y hasta utópica— y, además, conforme a la visión ideal del funcionamiento de una sociedad política moderna.

Verdadero laboratorio del modo de acceso a la ciudadanía y a la práctica política para esta nación por venir, este código electoral permite captar el desfase existente entre tal veleidad política y su puesta en práctica. Esto resulta aún más fácil porque, siendo que Venezuela pertenecía todavía al imperio, la legitimidad atribuida a la Junta significaba oficialmente un apoyo al rey depuesto, al padre —título que, a su imagen y semejanza, también se arrogó el nuevo gobierno—; ahora bien, en realidad la población estaba apegada a la persona del rey. Por consiguiente, y paradójicamente, los hombres de Caracas temían mucho más a las provincias que apoyaban la Regencia y que conocían los intereses subyacentes en el proceso en curso. El pueblo, por su parte, en tanto pueblo-masa, era crédulo, y así lo calificaban las élites. Hasta cierto punto, era posible lograr su apoyo obrando para la Constitución española so pretexto de legalidad. Por ello, parece incluso que no se dio mucho crédito a los resultados de las urnas: aunque la necesidad de esta práctica así como su importancia teórica seguían siendo indiscutibles, cuando se trataba de demostrar el apoyo popular se prefería la expresión oral y el apoyo afectivo. Desde este punto de vista, resultaba significativa una acusación levantada contra los diputados de las Cortes, que tenía que ver con la ilegitimidad de su elección: «... ni siquiera tiene para garantizar su conducta anterior la salvaguardia de un nombramiento popular, tan fácil de ganar en un país donde la opinión pública se halló entre las bayonetas de Bonaparte y el despotismo de la Regencia, cosas muy parecidas entre sí»[62].

Este juicio implicaba cierto desprecio, pero el principio mismo del acto electoral adquiría, al mismo tiempo, una importancia y una significación

[62] «Cortes en España», *Gazeta de Caracas,* 25 de diciembre de 1810.

evidentes. No es al pueblo al que había que excluir sino al despotismo y, más aún, a quienes lo encarnaban y lo representaban, a falta de representar al pueblo mismo.

Este difícil —y hasta inalcanzable— equilibrio entre el pueblo, ente abstracto e ideal, y el pueblo real, era todavía posible en esa época, pues el tiempo de las muchedumbres fraternas y unánimes de abril de 1810 seguía presente en la memoria, conservando una importante fuerza de persuasión, éstas aún no habían sido sustituidas por las muchedumbres necesarias y a la vez peligrosas de los hombres de armas. Tal como lo señala François Furet, «existe un espacio de equivalencia espontáneo, anterior a todo razonamiento, entre los valores de la conciencia revolucionaria, la libertad, la igualdad, la nación que los encarna, y los individuos encargados de realizar o defender estos valores. Incluso, esta equivalencia transforma *ipso facto* a esos mismos individuos aislados en un ser colectivo, el pueblo, erigido al mismo tiempo en suprema legitimidad y en único actor imaginario de la revolución. De ahí la necesidad de su constante presencia...»[63] y hasta de su constante invocación que, a cambio, legitimaba las decisiones tomadas en su nombre y para su felicidad. Y de hecho, fueron ante todo los actores privilegiados quienes se veían aquí llamados a apoyar y/o participar en el poder. Ellos debían contribuir a la unión con miras a formar «una sola familia», como se decía tan a menudo, encargándose además de asumir la defensa de la patria en el sentido más amplio. Efectivamente, este proceso se insertaba en el marco de la gran patria española, y el llamado incluía de hecho a quienes habían emprendido una lucha de igual naturaleza en el otro continente. Previamente, cuando se anunció la formación de la Junta, se hizo una exhortación para que el conjunto de «autoridades y cuerpos que no tuvieron parte en el acta primitivo»[64] prestaran espontáneo juramento ante el gobierno provisional. En última instancia, sería esta comunidad privilegiada la que permitiría que el movimiento del 19 de abril no se convirtiera en motín. Así pues, el pueblo que presenció los acontecimientos era realmente una fuerza peligrosa. Con la convicción retrospectiva de haber logrado mantenerlo a raya y hacerle aprobar las opciones adoptadas por la parte sana de la sociedad, se multiplicaron los epítetos laudatorios para los vecinos honestos.

---

[63] Furet, F.: *Penser la Révolution française. Op. cit.*, pág. 48.

[64] *Gazeta de Caracas,* 27 de abril de 1810.

b) La «parte sana» del pueblo

Esta parte sana del pueblo se erigió enseguida como vocero y detentador de los valores y la voluntad general, y también como muro de contención frente a los posibles desbordamientos de la multitud, lo que constituía un corolario lógico de su primera función. Sin embargo, esta vanguardia seguía siendo frágil; cuando en Caracas se produjeron los disturbios del 22 de octubre de 1810, se quedó espantada ante la amenaza proferida por José Félix Ribas, «diputado» de los pardos, de movilizar al pueblo en reacción a la masacre de los revolucionarios de Quito perpetrada por los españoles el 2 de agosto de 1810. Así lo demostraba la voluntad de la Junta de evitar un encontrón con la población, aplicando sanciones contra los responsables de aquella agitación, pero también de tranquilizar a «la parte sana» del pueblo, los vecinos de Caracas que, a su vez, necesitaban un guía, un protector, encarnado en el gobierno y en la autoridad legislativa. El presidente y el vicepresidente, Martín Tovar Ponte e Isodoro Antonio López Méndez, describieron la reacción de estos vecinos en un artículo que, por cierto, llevaba el título revelador de Ilustres y pacíficos caraqueños: «... [hemos] visto venir despavorida la parte sana de Caracas, a refugiarse baxo las alas paternales del Gobierno, y a pedirle que se asegure su tranquilidad, que se sostenga nuestra justa causa, y que no se desacredite la ilustre y patriótica Confederación de Venezuela por los esfuerzos de las pasiones que debemos lamentar»[65].

La fractura de la sociedad se hace aquí evidente así como, por ende, el peligro de dividirla en dos partes irreconciliables. Tal como lo recalca el historiador José Gil Fortoul en su comentario acerca de estos acontecimientos, la Junta tenía que satisfacer a ambas partes para evitar que se salieran del carril. Se tomó entonces la decisión, por una parte, de expulsar a José Félix Ribas de la Junta de Gobierno y, por otra parte, «para dar satisfacción a los sentimientos populares»[66], de ordenar la celebración, el 15 de noviembre, de suntuosos funerales en homenaje a las víctimas de Quito, en un lugar de lo más simbólico: el templo de Altagracia, parroquia de los pardos. Asimismo, la virulencia con la que los responsables de aquella masacre fueron fustigados en un texto dirigido por las autoridades políticas a los caraqueños, dio fe de la voluntad —casi expiatoria— de contrarrestar de alguna manera con la violencia de las palabras, la violencia —peligrosa— de la venganza de los hombres:

---

[65] *Gazeta de Caracas,* 30 de octubre de 1810.

[66] GIL FORTOUL, J.: *Historia constitucional de Venezuela. Op. cit.,* tomo 1, pág. 127.

> Los caníbales que el dulce habitador de Quito abrigaba en su seno han llevado sus manos empapadas y goteando de sangre inocente a sus bocas impuras. ¡Y cómo aquellos bárbaros han bebido esta sangre de nuestros hermanos sin desalterarse! Sentados sobre la presa, como lobos sanguinarios, han visto palpitar las entrañas de las víctimas con la ferocidad que les es característica. No ha perdonado su brutalidad medio alguno de saciar su sed de sangre americana. Jamás Nerón presentó una escena de horror semejante a la que el jefe de los bárbaros vándalos que desoló a Quito acaba de dar al Universo[67].

Estas autoridades se consideraban, contrariamente a las criticadas implícitamente en este documento, como el Genio Tutelar de Venezuela. Por lo demás, tal prerrogativa había sido proclamada desde abril, cuando se pidió que todos actuaran conforme a los deberes de su incumbencia, dejando para el gobierno, en contrapartida, «la dirección del impulso general de la máquina política. Este es el orden que distingue las transformaciones formadas por el bien, conseguidas sin haber manchado con sangre nuestras operaciones, ni haber deshonrado nuestra causa con excesos criminales»[68].

Conviene entonces reflexionar acerca de la identidad de este sector de la población que componía «la parte sana» de Caracas y, más allá, de las ciudades que se adherían al movimiento impulsado por ella. Señalemos primero que tales menciones, dispersas en las fuentes, se presentaban bajo dos formas, a saber: clasificaciones por grupos, y clasificaciones que distinguían a las personas en función de sus cualidades particulares. El término más utilizado con respecto a los grupos era el de «clase», asociado a adjetivos que determinaban sus cualidades, morales ante todo, y el término «cuerpo». En un artículo en el que se pedía a los habitantes de Caracas que confiaran en el Estado, éstos eran interpelados en términos que ilustran perfectamente esto: «¡Clases honradas y numerosas, tan útiles al Estado que os protege, que vuestra sencillez no entre jamás en el calculo de la ambición!»[69]

Aquí volvemos a encontrar no sólo las cualidades morales sino también la noción de utilidad que se refería al ejercicio de alguna actividad y, además, a una función útil para la sociedad y que contribuye con su riqueza,

---

[67] «Caraqueños, 1810», en *Textos oficiales de la primera República de Venezuela. Op. cit.*, vol. 2, pág. 14.

[68] «Sin virtud, no hay felicidad pública ni individual», *Gazeta de Caracas,* 27 de abril de 1810.

[69] «Ilustres y pacíficos caraquenos», *Gazeta de Caracas,* 30 de octubre de 1810.

en virtud el principio de utilidad en términos de capacidad —y por ende de derecho— de expresar, sobre todo por intermedio del voto, una opinión sobre los asuntos políticos. En este contexto, la cantidad era más una fuerza que un peligro, respondía, oponiéndose, a la multitud. Así, los militares eran mencionados como «clase distinguida e importante del Estado»[70], en el seno de la cual éste tenía la misión de restablecer el «espíritu patriótico» que, aquí también, iba acampanado de la adhesión al proyecto político. En cuanto a las categorías particulares, éstas también remitían a las nociones de utilidad, por una parte, y por otra, de cualidades morales. A estas clases honestas correspondían categorías de índole económica a las que se asociaban cualidades morales. En función de esta doble pertenencia, aquí también se adquiría el derecho a expresarse. Se evidencia en esta enumeración: «El hombre de bien, el padre de una honrada familia, el útil artesano, el íntegro ministro, el labrador sencillo, y el sacerdote fervoroso, no necesitan de un talento audaz para expresar al Gobierno sus sentimientos y contribuir con ellos al bien de la Patria»[71].

Mucho más que el talento, cuyo carácter superficial era de temer, lo que se honraba era la utilidad y el patriotismo, que eran los criterios para la clasificación de las gentes honestas, de los vecinos. En ese mismo sentido, se preveía efectuar previamente un censo general de la población, para el cual los criterios escogidos para caracterizar a los habitantes seguían la misma lógica. Efectivamente, se estipulaba que: «En este censo se especificará la calidad de cada individuo, su edad, estado, patria, vecindad, oficio, condición, y si es o no propietario de bienes raíces o muebles»[72].

Estos datos determinantes, escogidos con miras a la incorporación de los individuos dentro del cuerpo social, también servían para la integración en la comunidad política, puesto que el código electoral de junio de 1810 privaba de ese derecho a quienes eran considerados como «inútiles» o inmorales, además de los incapacitados por razones de edad o de lugar de residencia. Así, quedaban excluidos del «deber»[73] del voto para la elección de los «electores parroquiales»:

---

[70] «Organización militar», *Gazeta de Caracas,* 18 de mayo de 1810.

[71] «Ilustres y pacíficos caraqueños». *Op. cit.*

[72] «Reglamento de Diputados, 11 de junio de 1810, Cap. I, Art. 3». *Op. cit.*, pág. 165.

[73] Es en efecto en términos de deber que el voto es enunciado en el reglamento; lo que revela una concepción de la participación política como un privilegio otorgado por el poder, no pudiendo por consiguiente ser el objeto de una reivindicación basada sobre un derecho fundamental.

> ... las mujeres, los menores de veinticinco años, a menos que estén casados y velados, los dementes, los sordomudos, los que tuvieren causa criminal abierta, los fallidos, los deudores a caudales públicos, los extranjeros, los transeúntes, los vagos públicos y notorios, los que hayan sufrido pena corporal, aflictiva o infamatoria, y todos los que no tuvieren casa abierta o poblada, esto es, que vivan en la de otro vecino particular a su salario y expensas, o en actual servicio suyo, a menos que, según la opinión común del vecindario, sean propietarios por lo menos de dos mil pesos en bienes muebles o raíces libres[74].

Y si bien el personal doméstico se mencionaba aquí entre los excluidos, en cambio había una parte de la población que ni siquiera se mencionaba: eran los esclavos. El texto insistía también en la necesidad de elegir personas «idóneas, de bastante patriotismo y luces, buena opinión y fama». La importancia atribuida a las cualidades morales de los individuos quedaba, aquí también, claramente enunciada; se confirmaba además que los ciudadanos que participaban activamente en el proceso electoral eran ante todo los vecinos. Pero estas exigencias morales se reiteraban con más fuerza aún para los futuros diputados. En este sentido, el artículo sobre las asambleas de electores parroquiales que estaban encargadas de la designación de los diputados, estipulaba que:

> ... deberán tener los electores la mayor escrupulosidad en atender a las circunstancias de buena educación, acreditada conducta, talento, amor patriótico, conocimiento local del país, notorio concepto y aceptación pública, y demás cualidades necesarias para sostener con decoro la diputación y ejercer las altas facultades de su instituto con el mayor honor y pureza[75].

Partiendo de estos criterios de selección sancionados por el código electoral, era posible percibir los perfiles de la comunidad a la que se hacía referencia, es decir a la unión de todos los grupos que contribuían con la realización del objetivo buscado y, más allá, a la de los patriotas. Por cierto que este término remitía a un imperativo de misma índole, también exigido para obtener el título de elector y, de hecho, lo convertía en verdadero título honorífico, y así lo sugería esta definición, una de las primeras

---

[74] «Reglamento de Diputados, 11 de junio de 1810, Cap. I, Art.4». *Op. cit.,* pág. 165.
[75] *Ibídem,* Cap. 1, Art. 4. *Op. cit.*, pág. 167.

que hayamos encontrado en nuestras fuentes: «La augusta prerrogativa de patriota pertenece sólo a los que prefieren la salud pública a su interés particular»[76].

Así como la participación al voto era considerada como un deber, la cualidad de patriota era un título que había que merecer; ni uno ni otro constituían un derecho o una conquista. Esa época marcaba así el advenimiento de un nuevo tipo de práctica patriótica, dotada enseguida de una fuerte carga moral y afectiva. Obligaba a la vez al compromiso personal y al olvido de las preocupaciones individuales, asimiladas de ahí en adelante al egoísmo: el individuo no podía ser uno sin poner en peligro la unidad del cuerpo social; ello en la medida en que se integraba a la comunidad política mediante el acto electivo al cual, en tanto tal, era convidado, convirtiéndose en ciudadano. Esos patriotas tenían en común la voluntad de erigir un gobierno libre, deslastrado de todo compromiso con la Regencia, y cuyo principal objetivo era la defensa de sus derechos y de los de su rey. El patriota era el hombre que se ponía al servicio de la libertad, de la patria. Patria y libertad estaban íntimamente ligadas, hasta tal punto que el patriota no podía existir sin libertad y hallaba sus fuerzas en ella: «El aura vivificadora de la libertad reanimó los espíritus, y todos los que respiraron corrieron a echarse en los brazos del Genio Tutelar de Venezuela...»[77]

Asistimos aquí al renacimiento del patriotismo bajo el impulso de la libertad y, por ende, al renacimiento del patriota. Esta idea de renacimiento también estaba presente en las referencias al patriotismo, según un conjunto de imágenes tomadas del campo lexical del cuerpo y la biología. Así, el patriotismo empezó a fluir en las venas, los espíritus se reanimaban, los miembros hasta entonces paralizados recobraban, bajo el impulso de la libertad, la suya propia; hasta el corazón quedaba «purificado por el santo fuego de la virtud en el crisol del patriotismo»[78]. En fin, «como un conductor eléctrico, produxo [...] una comunión general en todas las clases»[79]. Paradójicamente, el patriotismo y sus modelos quedan expuestos con la mayor precisión en una crítica hecha en contra de quienes eran sospechosos de no estar ganados para esta búsqueda de la libertad: «Desgraciado el hombre que en aquellas circunstancias que comprometen esencialmente la felicidad del género humano, no siente circular por sus venas el santo fer-

---

[76] «Sin virtud, no hay felicidad pública ni individual». *Op. cit.*
[77] *Gazeta de Caracas,* 27 de abril de 1810.
[78] «Sin virtud, no hay felicidad pública ni individual». *Op. cit.*
[79] *Gazeta de Caracas,* 27 de abril de 1810.

vor del patriotismo; cae en un desaliento que lo aisla y lo inutiliza para el bien general»[80].

Aquí encontramos la confirmación de que el título de patriota era algo que había que merecer. Más allá de una mera opción, de una voluntad de participar a la causa común, era necesario no sólo ser digno de este título sino también dar prueba de la utilidad de las acciones acometidas para ello, condición esencial de la participación política.

4. La nueva familia de los patriotas

Simultáneamente, queda claro que la obra así realizada se hacía en nombre de un objetivo más amplio que daba cuenta de la existencia de una comunidad de individuos que rebasaba los límites de Venezuela. Efectivamente, desde el 19 de abril se llamaba a la unión con miras a asegurar la permanencia de la patria española. Para ello, la unión se encarnaba en una comunidad formada por patriotas, dentro de la cual los vínculos afectivos eran determinantes puesto que remitían al apego al padre de esta patria, el rey, y en su ausencia, al «Genio Tutelar de Venezuela»[81], a saber: la Junta de Caracas y su gobierno. Por este motivo: «La revolución de Caracas hará época en los fastos de todas las del mundo, por la moderación y filantropía con qué se abrazaban todos para formar una sóla familia reunida por los intereses de una Patria...»[82]

Por consiguiente, esta familia original reconstituida a partir de Caracas y sus patriotas se extendió en función de las alianzas pactadas puesto que, con motivo del proyecto de Confederación formulado en septiembre con miras a unirse al Virreinato de Nueva Granada, se utilizó la misma expresión, con límites territoriales extendidos y explicados con precisión: «... podemos esperar para esta hora, que desde el Orinoco hasta el Magdalena y desde Caracas hasta Quito, no haya más que una sóla familia reunida por los intereses de una Patria, para conservar los derechos de un sólo Rey, contra los cinco[83] que quisieron arrogarse su Soberanía»[84].

Si bien Caracas se erigía así como un ejemplo a partir del cual las demás ciudades y provincias de la Capitanía General, y toda América también, asumían la salvaguardia de la Monarquía y de los derechos del mo-

---

[80] «Sin virtud, no hay felicidad pública ni individual». *Op. cit.*

[81] *Gazeta de Caracas,* 27 de abril de 1810.

[82] «Manifiesto sobre la forma provisional del nuevo gobierno». *Op. cit.,* pág. 86.

[83] El Consejo de Regencia.

[84] *Gazeta Extraordinaria de Caracas,* 22 de setiembre de 1810.

narca, hemos visto que este movimiento lealista adquirió su legitimidad también en referencia a los pueblos y patriotas de la Península sublevados contra el invasor francés. Reconstituida en nombre de la defensa de la gran patria, esta nueva familia de patriotas, que representaba a las villas lealistas en su conjunto, se hallaba por ende en condiciones y en el deber de acoger en su seno a quienes, del otro lado del océano, también llevaban a cabo este combate por la libertad y, al mismo tiempo, de trazar las nuevas fronteras de la exclusión en nombre de estos mismos criterios.

a) El deber de acoger a los hermanos peninsulares

En virtud de esta concepción del patriota que, al fin y al cabo, remite a la doble pertenencia a la patria americana y a la madre-patria española, era entonces posible incluir a una parte de los españoles de la Península. Además del hecho de que la Junta tenía como misión principal la de apoyar y conservar los derechos de Fernando VII, incorporaba entre sus deberes el ofrecer un asilo a sus hermanos españoles y ayudar a los que estaban en España, utilizando aquí también la metáfora familiar. Así, siempre encontramos las expresiones «nuestros hermanos de España» o «nuestros queridos hermanos de España», cuando había que nombrar a aquellos que compartían sus creencias, que rehusaban someterse a la Regencia, y que habían emprendido un combate similar. Al respecto, el texto de la proclama de abril de 1810 era claro: «Que los españoles europeos sean tratados por todas partes con el mismo afecto y consideración que nosotros mismos, como que son nuestros hermanos y que, cordial y sinceramente, están unidos a nuestra causa...»[85]

Según este compromiso, se esbozaron tres líneas de conducta: la acogida y la ayuda, tal como hemos visto, pero también la subsistencia en suelo americano de los españoles que se pasaban a las filas de los patriotas. La unión y la fraternidad así profesadas autorizaban este deber de ayuda, confiriendo a su acción una fuerza aún mayor: «De este modo nuestro triunfo será completo, seremos felices, renacerá nuestra gloria, los españoles que gimen bajo la opresión del tirano tendrán en nuestro suelo un seguro asilo, y la hospitalidad más generosa...»[86]

Pero, mucho más que un simple asilo, lo que se ofrecía a los «hermanos españoles» era «una nueva Patria común en lugar de la que hubiesen

[85] «Proclama», *Gazeta de Caracas,* 27 de abril de 1810.

[86] «El Incógnito a los Patriotas», *Gazeta de Caracas,* 10 de agosto de 1810.

perdido en la Europa...»[87] La acción acometida por Caracas adquiría así una legitimidad acrecentada por la reafirmación de los principios sobre los cuales se fundaban la creación de un gobierno provisorio y su voluntad no de romper con la monarquía, sino más bien de protegerse contra quienes se habían arrogado su representación. La huida de los españoles europeos era una prueba más de la necesidad de proteger el propio territorio, lo que permitiría ofrecer, llegado el caso, una nueva patria a quienes lo desearan. En cuanto a la ayuda dada a quienes luchaban en España, se trataba ante todo de un apoyo moral y, en caso de necesidad, también financiero. Pero, en uno u otro caso, las palabras eran siempre enfáticas. En su comunicación dirigida a la Regencia, José de las Llamozas y Martín Tovar Ponte hablaban así de la «santa lucha» emprendida por los españoles, y Juan Germán Roscio, en una carta dirigida a John Thomas Layard[88], reafirmaba la voluntad de Venezuela de ayudar «los esfuerzos heroicos de los españoles»[89]. Con todo, si su lucha resultaba condenada al fracaso, entonces Venezuela tendría también el deber de acogerlos. Al mismo tiempo, el acercamiento que así se producía entre patriotas de ambas partes del imperio permitía que los americanos establecieran una igualdad de fuerzas y, por ende, de derecho; ésta les había sido negada en las elecciones para la Junta Central Suprema. La reivindicaron una vez más, en nombre de los nuevos vínculos de fraternidad que los unía. «[Los habitantes del Nuevo Mundo] deben colocarse sobre un pie respetable de unión y fuerza para reclamar a nombre de la justicia y la razón aquella inestimable fraternidad con nuestros conciudadanos de Europa, que nunca ha existido sino en el nombre, y que jamás podrá consolidarse sobre otra base que la igualdad de derechos»[90].

De hecho, los emigrados se vieron integrados en la comunidad de patriotas y reconocidos como compatriotas. En este punto se desprende de los textos una forma de integración y pertenencia basada no en el suelo de nacimiento sino, una vez más, en la adhesión a valores comunes y en nombre de una comunidad de cultura. Así, cuando había que distinguir al español

---

[87] «A la Junta Superior del Gobierno de Cádiz, 3 de mayo de 1810», *Actas del 19 de abril de 1810. Op. cit.*, págs. 104.

[88] En 1809 J. T. Layard estaba encargado de la gobernación de Curazao.

[89] «J. G. Roscio a J. T. Layard, 4 de septiembre de 1810», en *Escritos representativos.* Caracas: ed. de la Presidencia, 1971, pág. 36.

[90] «A los Cabildos de las Capitales de América. Por una Confederación, 27 de abril de 1810», en *Actas del 19 de abril de 1810. Op. cit.*, pág. 92.

pacífico del español criminal, se hacía referencia a los «compatriotas de educación»[91], a individuos miembros de una misma familia y vasallos de un mismo rey, «adoradores de una misma deydad, profesores de un mismo culto»[92]; por consiguiente: «Ninguna preocupación aparece entonces más ridícula que la que distingue a los hombres, no por el talento o la virtud ni por los vicios y desordenes personales, sino por el suelo en que nacieron, o por el influxo del clima donde lograron su primera existencia»[93].

Esta identidad, que se mencionaba en diversos textos, fundamentada en valores comunes y al mismo tiempo en la voluntad y el compromiso personal en pro de objetivos idénticos, especialmente el de contribuir junto a los venezolanos —y, más aún, a los caraqueños— a la regeneración de la patria, también revelaba la identidad reivindicada por los interlocutores y por quienes, de alguna manera, eran sus voceros. Efectivamente, considerar que quienes contribuían a su regeneración eran hermanos, cualquiera fuera su origen, equivalía en verdad a ofrecer un refugio a los peninsulares y garantizar la continuidad política en el suelo americano. Pero, al mismo tiempo, lo que estaba planteado era también —y quizás, sobre todo— no romper con sus raíces. En este sentido, la definición del patriota de alguna manera disimulaba la voluntad primordial de no disociarse de la madre-patria, que seguía siendo un polo de identidad referencial. Al respecto, Juan Germán Roscio tenía un discurso sin ambigüedades cuando escribía, en septiembre de 1810, que no sólo no había que poner en duda la lealtad de sus compatriotas, sino que «nuestras relaciones con la Madre Patria no han sido un momento interrumpidas»[94]. Efectivamente, la mayoría de los patriotas eran hijos de españoles y, además, en sus filas contaban con miembros del personal administrativo de la Corona. Esos vínculos que así los unían, en nombre de la regeneración de la patria, se expresaban claramente en un proyecto de ley sobre la emigración de los españoles publicado en Santa Fe, en noviembre de 1810, apelando en esas circunstancias a los americanos en su conjunto. En él percibimos el dilema que se planteaba para las élites entre la voluntad de asumir por sí solas la defensa de sus intereses, por una parte, y por otra, la conciencia de que tal decisión provocaría una ruptura en el seno mismo de su comunidad debido a su doble pertenencia; más allá de la exclusión del enemigo, significaría poner

---

[91] *Gazeta de Caracas,* 20 de noviembre de 1810.

[92] *Gazeta de Caracas,* 13 de julio de 1810.

[93] *Ibídem.*

[94] «J. G. Roscio a J. T. Layard, 4 de setiembre de 1810». *Op. cit.,* pág. 36.

en tela de juicio su propia legitimidad de ciudadanos americanos: «Volved, americanos, los ojos sobre la Capital, contad las familias que tienen padres europeos, contad los hijos que ya son nuestros conciudadanos y que sirven con gloria y con honor a la Patria, contad bien, y hallareis que era preciso hacer emigrar los tres quartos de Santa Fe»[95].

Además, existían vínculos entre las grandes familias criollas y los españoles oriundos de la Península. Obligarlas a emigrar también equivaldría a poner en tela de juicio una comunidad de intereses en cuyo seno hallaban su fuerza y también la legitimidad de un movimiento de oposición a la Regencia. Por lo contrario, conservar el apoyo de quienes debían ser expulsados del continente americano debido a su lugar de nacimiento, sería la prueba de que había valores universales por defender, más allá de otras consideraciones. Por lo demás, estos valores universales eran los que permitían integrar a todos los que los compartían y estaban dispuestos a defenderlos. Pero, disimulando de alguna manera las diferencias de cada una de las partes, esta referencia a lo universal disolvía así la especificidad de la futura nación.

b) Los mecanismos de la exclusión

Al ser la patria sinónimo de libertad, y al identificarse el patriota con el que laboraba para su defensa, se planteaba otro imperativo para la élite política: excluir a quienes amenazaban con hacer fracasar esta empresa. Además, a su nivel, este proceso contribuía a definir el cuerpo social.

La estrategia adoptada para tal fin tenía la misma lógica que la que se había puesto en práctica con el objetivo de integrar a los compatriotas de la Península. Así, el hecho de haber nacido en suelo venezolano no acarreaba *ipso facto* la obtención del título de patriota, otorgado únicamente a quienes habían demostrado su voluntad de adherir a la causa que se defendía. Vemos entonces esbozarse una línea de demarcación que permitía excluir del cuerpo social a los traidores y adversarios. Además de criticar a los hombres pertenecientes al entorno directo del rey, responsabilizándolos de la situación pasada y presente, ahora también se incriminaba a quienes habían tomado el relevo en suelo americano. Por consiguiente, la atención se focalizaba hacia el otro extremo del escenario político: efectivamente, no era al pueblo en tanto multitud incontrolable —de hecho, excluido de toda participación— a quien se incriminaba aquí, sino, al con-

---

[95] *Gazeta de Caracas,* 20 de noviembre de 1810.

trario, a los individuos que por su poder en tanto patricios se habían colocado del lado de la Regencia y sus turiferarios, traicionando así la causa defendida por sus pares. Eran peligrosos —eran facciosos— porque amenazaban la cohesión del cuerpo social y, más aún, porque estaban considerados como potenciales manipuladores de una multitud sin rostro. Por ende, con sus manejos, se presentaban como enemigos del pueblo soberano; y aquí llegamos a una definición del pueblo como el conjunto de quienes participaban efectivamente en la vida política, la parte sana de la ciudad llamada a participar en las elecciones de junio, y no como los habitantes en su conjunto. Al atribuírsele la soberanía al pueblo, éste quedaba realmente creado, en la medida en que la soberanía excluía a quienes eran declarados indignos porque no se preocupaban en absoluto por el interés general que fundamentaba y justificaba el otorgamiento del carácter soberano.

Podemos decir, retomando aquí también la distinción adoptada por el historiador francés G. Fritz, que se trataba de un nuevo pueblo-masa que se anexaba así la soberanía para reconstituir la unidad del cuerpo político en nombre del «pueblo-nación»[96]. Quedaba entonces establecido el vínculo entre la pertenencia al pueblo así definido y la participación política. Quedaba además confirmado durante el período electoral, de junio a noviembre de 1810, cuando más se hablaba de la existencia de estos enemigos internos y la imperiosa necesidad de excluirlos[97].

Efectivamente, el patriota era sólo aquél a quien se le reconocía el derecho a participar en el sufragio y, por ende, a ejercer la función de ciudadano. La patria que defendían era, pues, «el bien más preciado de los ciudadanos más conscientes de sus derechos y deberes»[98]. Partiendo de la prioridad otorgada al bien común, se operaba el proceso de exclusión; sólo el pueblo «útil» se preocupaba por el interés general, y por eso también era declarado soberano.

---

[96] FRITZ, G.: *L'idée de peuple en France du XVIIe au XIXème siècle. Op. cit.*, pág. 5.

[97] Señalemos además que en el mes de octubre, ya se habían producido disturbios, sobre todo en Aragua, y se descubrió un complot contra-revolucionario en Caracas, fomentado por los hermanos González de Linares, con el objetivo de derrocar al gobierno; complot que incitó a los más empecinados partidarios de la «revolución» a exigir la expulsión de todos los españoles. Ver PARRA PÉREZ, C.: *Historia de la primera República de Venezuela. Op. cit.*, vol. 1, págs. 467 y sg.

[98] PÉREZ, J.: «Les mouvements précurseurs de l'épopée bolivarienne», en *Cahiers des Amériques latines*, n.° 29-30, enero-diciembre de 1984, pág. 92.

Señalemos que además de las menciones existentes en los textos, en aquel año de 1810 se publicaron artículos que trataban principalmente este tema, y cuyos títulos eran de por sí significativos en cuanto a las preocupaciones de los actores políticos durante esta primera fase de organización de los poderes: «Egoísmo o espíritu de facción», «Sin virtud, no hay felicidad pública ni individual...» Además, a partir del mes de junio, los representantes de las autoridades instauradas pasaban de la reflexión a la acción, bajo el efecto conjugado de las elecciones y la actitud opositora de las provincias rebeldes de Coro y Maracaibo. Finalmente, tras los disturbios ocurridos en Caracas el 22 de octubre, el peligro tomó cuerpo, encarnándose en individuos reales. El Poder Ejecutivo decidió entonces acabar con esos disturbios y castigar a los responsables: los «honestos e ilustres caraqueños» se encomendaban así a la justicia. En la medida en que el título de patriota presuponía el compromiso con la defensa de la patria, enarbolando la bandera de la libertad, la distinción entre los hombres se haría en adelante en función de su incorporación a la patria, tal como lo estipulaba un texto dirigidos a los «incrédulos», que confirmaba así el carácter voluntario de esta adhesión:

> Entended generalmente por la Patria el domicilio que habeis escogido y en cuya sociedad estais incorporados como miembros de ella para amarla y servirla con fidelidad, y no oponeros ni aun indirectamente al voto común de los que claman por la libertad que debe haceros felices; al contrario huid, detestad a aquellos que abusando de la confianza de sus Ciudadanos son ingratos, pues que violando las obligaciones más sagradas abandonan y tratan como enemigos a los que esperan de ellos socorros y servicios[99].

La distinción ya había quedado bien establecida entre, por una parte, la presencia en el suelo y, por otra parte, la incorporación al cuerpo político, en la que sólo se escogía a quienes eran fieles y útiles para la dirección de los asuntos públicos, y bajo cuya protección se colocaba el resto de la población —los incrédulos— susceptible en todo momento de ser víctima de las maniobras de los traidores. Estos facciosos fueron de hecho acusados de obrar en pro de la disolución del cuerpo social, haciéndole así el juego al enemigo y, por ende, de Napoleón y sus partidarios. A partir de enton-

---

[99] «Segundo papel del Incógnito de Cumaná. A los incrédulos», *Gazeta de Caracas,* 17 de agosto de 1810.

ces, se instauró un proceso de identificación del enemigo interno con el externo: el mismo método, el mismo objetivo de sometimiento. Un proceso que permitía dar peso adicional a las acusaciones, puesto que la creación de la Junta fue presentada a la población como una medida destinada a paliar la ausencia de autoridad legal en España: los facciosos, al ser asimilados a ésta, se convertían en sus partidarios implícitos. «... se siembra la discordia por medio de las más negras imposturas, de un modo semejante al que practican los emisarios de Napoleón por favorecer sus designios, con las facciones y partidos...»[100]

Y de hecho, la denuncia contra «facciones» y «partidos», aunque nunca se les imputara proyectos concretos salvo el de la fidelidad más o menos tácita a la Regencia, los presentaba como una nueva manifestación de despotismo; a falta de suficientes hombres esclarecidos y virtuosos, el país podía así resultar presa del espíritu de facción, del cual se decía «que es el inmediato sucesor de la opresión»[101]. Asimismo, para contrarrestar esta amenaza, después de los disturbios de octubre, sobre todo los de Caracas, el gobierno llamó a la unión para salvar a la patria: «Que la salud de la Patria sea la divisa de los buenos, y que todos los que desean se reúnan baxo las banderas del Gobierno, para que seamos inexpugnables al despotismo que hemos sacudido y a las facciones que quieren renovarlo»[102].

Juan Germán Roscio, en el discurso con el que acompañó la publicación del código electoral, concretó la asimilación de las facciones al despotismo español designándolas explícitamente como tales: «[La ley] sóla os puede garantizar contra el despotismo interno y salvaros del enemigo exterior»[103].

Algunos consideraban que la amenaza interna era más peligrosa aún para el devenir del país, y llegaban hasta creer que las amenazas provenientes de España eran preferibles, por ser una respuesta a las reivindicaciones de Caracas de preservar la legitimidad política en su suelo; esto fue una de las motivaciones para la creación del tribunal de seguridad pública, en junio: «...cuando, por preservarla [la Monarquía] estamos resueltos a

---

[100] «Edicto», *Gazeta de Caracas*, 11 de mayo de 1810.

[101] «Egoísmo o Espíritu de facción», *Gazeta de Caracas*, 11 de mayo de 1810. Ver Hébrard, V.: «El concepto partido/facción. Venezuela, 1770-1870», in *Diccionario político y social del mundo iberoamericano. La era de las revoluciones, 1770-1870.* Madrid: vol. II (en prensa).

[102] «Ilustres y pacíficos caraqueños». *Op. cit.*

[103] «Habitantes de Venezuela», *Gazeta de Caracas,* 5 de junio de 1810.

ser víctimas de la atroz política del otro hemisferio, no debemos exponernos a ser destruidos inútilmente por la formidable lidia de la división intestina»[104].

Asimismo, los hombres acusados de haber generado facciones y, por ende, de haber encendido la discordia interna, nunca eran identificados, con la notoria excepción del comandante interino de Coro quien, durante los meses de junio a diciembre, se presentó como el arquetipo del enemigo interno.

Incluso cuando sólo se trataba de peligros potenciales o de desórdenes que podrían darse en Caracas durante las elecciones, se le ponía como ejemplo para ilustrar las amenazas que semejantes individuos representaban para la paz civil: «... la anarquía, la confusión y el oprobio que necesariamente deberían resultar, si hubiese entre nosotros muchos genios tan funestos y subversivos como el del Comandante interino de Coro»[105].

Si no, cuando se hablaba de los manejos de los enemigos internos, lo que se tomaba en cuenta era, por una parte, su comportamiento individualista, contrario al interés general y, por otra parte, sus fallas morales. Por su actitud, esos hombres representaban todos los vicios del despotismo; los disturbios que intentaban introducir en el cuerpo social para preservar sus intereses no tenían más fin que el de reproducir las divisiones de la sociedad generadas por este tipo de gobierno: «... el despotismo, la concusión y la venalidad han seguido en sus operaciones unos caminos subterráneos y tórtuos para ruinar al Estado, sembrando la desconfianza, el odio y la más insultante diferencia entre los malvados que lo poseen todo, y los virtuosos que no cuentan otra propiedad que sus existencia»[106].

Así, este enemigo interior se presentaba como un verdadero retrato en negativo del patriota y del hombre virtuoso; se definía en función de criterios que no tenían otra función sino la de satanizarlo. Era un faccioso, un agitador de pasiones, el hombre de los disturbios y las manipulaciones soterradas, nunca nombrado explícitamente sino mencionado con expresiones tales como «esta clase», «una porción de hombres». Paradójicamente, volvemos a encontrarnos aquí con el mismo mecanismo que el que se aplicaba para excluir del pueblo a sus clases bajas. Estos hombres eran siempre

---

[104] J. Tomás, «Establecimiento de un Tribunal de Seguridad Pública», *Gazeta de Caracas,* 22 de junio de 1810.

[105] «Continúa la refutación a los delirios políticos de Coro», *Gazeta de Caracas,* 17 de agosto de 1810.

[106] «Egoísmo o Espíritu de facción». *Op. cit.*

fuerzas anónimas y casi incontrolables, surgidos de la sombra, amenazando con reavivar la discordia, incluso desviando la causa patriótica de su cauce natural. Las dos fuerzas opuestas que eran el patriotismo y los agentes de la disolución libraban una verdadera lucha telúrica, encarnada por la oposición entre Caracas y Coro: «En Caracas ha ocupado el sagrado fuego del patriotismo, todos los corazones, de un modo tal que no puede prender ya el de la discordia que quiere soplar en vano el Comandante interino de Coro...»[107]

Con motivo de esta denuncia contra el egoísmo, la unión de la comunidad volvía a darse según un movimiento que, esta vez, se producía desde abajo. Efectivamente, aquí se excluía a quienes no contribuían con el bien común y preferían dedicarse a sus propios intereses en perjuicio de la felicidad de todos. Según esta lógica, los más necesitados encarnaban entonces las virtudes de la gente sencilla, escarnecidas por el egoísmo de algunos. No faltaban los epítetos para alimentar la crítica. Efectivamente, esos hombres corrompidos y ávidos eran calificados de «egoístas perversos» a los que había que considerar con horror, ya que su única preocupación consistía en «perpetuar su fortuna a expensas de la razón y la justicia»[108], tomando en cuenta ante todo sus intereses particulares y no «el bien de la Patria y el de vuestros hermanos»[109].

En esta concentración de críticas, volvemos a encontrar todos los temas característicos del mito del complot, entre otros el mecanismo que consistía en excluir al enemigo y a la vez integrar al pueblo bueno, so pretexto de igualdad, a fin de recuperar el poder. Con respecto al complot aristocrático, François Furet afirmaba que «constituye así la poderosa palanca de una ideología igualitaria, a la vez basada en la exclusión y fuertemente integradora. Aquí también, ambos símbolos son complementarios: por la acción de los patriotas, la nación no se constituía sino contra sus adversarios, manipulados en secreto por los aristócratas»[110]. Por consiguiente, el patriotismo constituía una verdadera muralla contra la disolución y contra la destrucción, y gracias al carácter sagrado —y además, en este caso, purificador—

---

[107] «Egoísmo o Espíritu de facción». *Op. cit.*

[108] «Manifiesto de la Junta Provincial de Mérida», *Gazeta de Caracas,* 27 de noviembre de 1810.

[109] «Segundo papel del Incógnito de Cumaná. A los incrédulos», *Gazeta de Caracas,* 17 de agosto de 1810.

[110] Furet, F.: *Penser la Révolution française. Op. cit.*, pág. 80. Ver también Girardet, R.: *Mythes et mythologies politiques.* Paris: Le Seuil, 1986, quien, retomando el análisis propuesto por Furet, también muestra cómo la «mitología de la Conspiración tiende al mismo

de sus manifestaciones, pudo preservar a la ciudad-madre de la revolución. Esta se convirtió así en símbolo de la resistencia contra toda tentativa de fragmentación y subversión. Esta convicción, que al fin y al cabo revelaba una situación conforme a la realidad, permite sin embargo captar mejor la dureza de las sanciones aplicadas contra las facciones y los múltiples enemigos que amenazaban a la patria, así como las advertencias dirigidas a la población. Efectivamente, existía otro tipo de individuos peligrosos para las élites dirigentes, los débiles y los neutrales, que no se comprometían en la defensa de los intereses generales, aunque estuvieran dotados de las competencias necesarias y, por ende, útiles para la patria; 'en pocas palabras: hombres de gabinete y no de acción. Debido a esta actitud pasiva, contraria a la energía conferida por «el sagrado fuego del patriotismo», eran potenciales excluidos del cuerpo patriótico: «... y si su imaginación exaltada con este quadro de miseria y desolación no lo saca de la apatía en que está sumergido y le hace tomar el lugar que le corresponde en los intereses generales, crea que no merece tener patria, ni contarse en el número de los hombres que quieren morir antes que perderla...»[111]

Además, estos hombres representaban un peligro porque eran susceptibles de someterse a los manejos de los facciosos, y hasta de producir «un frenesí revolucionario»[112] antes de volver a sumirse en su «apatía original»[113]. Algunos, aún más incontrolables que los enemigos declarados, llegaban hasta excluirlos también de la comunidad de los hombres civilizados, igual que al vulgo: «Coloca la sumisión en privarse de la facultad de pensar, en reducirse a la condición de los brutos, que no son más hombres [...], cerrando los ojos a las vexaciones más opresivas, ocupándose en prostrarse ante las sanguijuelas que se alimentan de su sangre»[114].

En semejante situación y ante los peligros que significaba, la ley y la justicia tenían la palabra.

---

tiempo a presentarse como la proyección negativa de aspiraciones tácitas, la expresión invertida de deseos más o menos conscientes pero nunca saciados» (pág. 61). Y sobre todo como el poder atribuido al enemigo, así como su capacidad de control social y de manipulación de las mentes, que también los patriotas deseaban instaurar.

[111] «Egoísmo o Espíritu de facción». *Op. cit.*

[112] «Sin virtud, no hay felicidad pública ni individual». *Op. cit.*

[113] *Ibídem.*

[114] «Criterio del verdadero amor y lealtad al desgraciado Fernando VII», *Gazeta de Caracas,* 3 de agosto de 1810.

c) El establecimiento del aparato judicial

Muchas disposiciones legislativas confirman esta voluntad judicial de responder a las amenazadas así definidas. Desde el 22 de junio de 1810 se instauró un Tribunal de Seguridad Pública. Isodoro Antonio López Méndez fue designado presidente de este tribunal compuesto por cinco miembros, encargado de perseguir a los conspiradores y de informar a los ciudadanos acerca de los verdaderos objetivos de la revolución. Tenía como primera finalidad contrariar las actuaciones del comandante de Coro, que trataba de atraer en sus filas no sólo las ciudades cercanas sino también otras provincias. Además, la situación era tanto más crítica cuanto que se insertaba en una coyuntura políticamente peligrosa, puesto que el tribunal se creó cuando se impulsaba el proceso electoral. Ahora bien, en ese período de junio a noviembre, a pesar de las esperanzas suscitadas proclamadas durante los acontecimientos del 19 de abril y cuando se publicó el código electoral, siempre estaba presente el miedo a la dislocación del cuerpo social. Al margen de los riesgos inherentes a la consulta en sí misma, estaba la influencia que emanaba de las ciudades disidentes que, aunque excluidas de la consulta, no dejaban de ser una realidad tal como lo confirmó la retractación, en junio, de los patriotas que habían jurado fidelidad a la Junta de Caracas y a las tentativas del comandante interino de Coro con miras a lograr que las ciudades cercanas y Maracaibo se unieran a su causa. Dos textos dan fe de ello, publicados al mismo tiempo que el código electoral, uno dirigido a los habitantes de los distritos vecinos de Coro[115], otro al gobernador de Maracaibo, don Fernando Mirayes[116].

En cada uno, se mencionaba no sólo la traición del juramento por parte de los miembros del Cabildo de Coro que no había tomado en cuenta la voluntad general del pueblo de Coro, sino también los riesgos de división que tales actuaciones podían acarrear en las demás provincias. Con respecto a la ruptura entre Caracas y Coro, se hablaba incluso de los riesgos de una verdadera guerra civil: «... la ruina de aquella Provincia y los horrores de una guerra civil y destructora, es lo que pretende promover el Cabildo de Coro»[117].

---

[115] «La Suprema Junta de Venezuela a los habitantes de los distritos comarcanos de Coro», *Gazeta de Caracas,* 22 de junio de 1810.

[116] «Al gobernador de Maracaybo, don Fernando Mirayes, 22 de junio de 1810», *Actas del 19 de abril de 1810, op. cit.*, págs. 176-186.

[117] «Refutación a los delirios políticos en que ha incurrido el Cabildo de Coro», *Gazeta de Caracas,* 10 de agosto de 1810.

El Cabildo de Coro estaba acusado de mantenerse fiel a la Regencia y de querer perpetuar el despotismo en el continente. Fue para luchar contra tal amenaza que la Junta se dirigió al gobernador de Maracaibo, proponiéndole ayuda y aporte de sus talentos a fin «... de ver si podemos desarraigarlo [el despotismo] de Maracaybo, y que la segur del patriotismo abata de una vez el arbol parásito de la opresión»[118]. Pero, al parecer, esas advertencias fueron insuficientes; y «el segur» de la justicia tuvo que sustituir —o por lo menos ayudar— al «segur» del patriotismo para llevar a cabo esta empresa. Si bien entre las razones que se dieron a favor de la decisión de crear ese tribunal se mencionaba la defensa de los ciudadanos, lo cierto es que lo que se planteaba en el continente era preservar ante todo el símbolo de la legitimidad restaurada, a saber Caracas, en la medida en que ésta constituía una muralla contra el despotismo y detentaba, además, el patrimonio común. Por consiguiente, cuestionar su legitimidad, cuando hasta entonces remitía a las leyes de la Constitución española, equivalía a poner en tela de juicio una acción política y, más allá, los fundamentos mismos de su identidad, debido al juramento hecho a la Junta «ante el Dios de nuestros Padres, ante el Rey que defendamos y ante la Patria que conservamos...»[119] Así pues, quienes quebrantaban este juramento eran perjuros. En definitiva, el campo de acción de este tribunal se circunscribía tácitamente sólo a la ciudad de Caracas; en virtud de lo que ésta representaba, había que preservar ante todo su integridad moral, garantía de la del continente, cuyo vocero y modelo pretendía ser.

> ... para cortarle quantas cabezas le haga brotar el sistema que se han propuesto los que nos calumnian; para vendicar nuestro honor vulnerado, por medio de la convicción pública; para defender los derechos de Fernando VII; para conservar nuestra tranquilidad; y para poner a los Ciudadanos a cubierto de las calumnias que sufre el Gobierno, y hacer sentir [...] todo el rigor de las leyes a los que prostituyan el nombre de caraqueños[120].

En la medida en que, por su decisión del 19 de abril, Caracas había comprometido el porvenir del continente en su conjunto, así como la dignidad

---

[118] «Al gobernador de Maracaybo Don Fernando Miyares, 22 de junio de 1810», *Actas del 19 de abril de 1810. Op. cit.*, págs. 176-186.

[119] «La Suprema Junta de Venezuela a los habitantes de los distritos comarcanos de Coro», *op. cit.*

[120] «Establecimiento de un Tribunal de Seguridad Pública», *op. cit.*

del trono español, los ataques que se hicieron en su contra afectaban sobre todo los tres espacios así designados.

Las amenazas contra la integridad de Caracas y de lo que representaba políticamente se hicieron más precisas en los meses que siguieron, con la agitación que se produjo entonces en Caracas y que culminó en octubre. Además, el haber descubierto un complot contra-revolucionario y el anuncio de que los revolucionarios de Quito habían sido ejecutados por los españoles el 2 de agosto, afectaron la cohesión misma de la Junta. Pero, aunque tal complot fue efectivamente descubierto ello de octubre, era innegable que mucho antes de esa fecha ya había un clima de tensión: para convencerse de ello, basta fijarse en el tono de los artículos de la *Gazeta de Caracas*. Por ello, la voluntad de dotarse de los medios para sancionar tales acciones era anterior al descubrimiento del complot. En un edicto fechado el 3 de agosto, en que se lee una verdadera definición del enemigo, se estipulaba que:

> Todo individuo que vertiese expresiones contrarias al orden, sediciosas, y que sea convencido de complot o intriga contra el sistema actual, será castigado de muerte conforme a la legislación española, y toda expresión que propenda a sembrar la división y desconfianza entre individuos que deberían mirarse como hermanos, será castigada con la mayor severidad y a discreción de la Suprema Junta, acomodándose siempre a las leyes del Reyno cuya obediencia ha jurado[121].

Tal decisión judicial, que constituía una verdadera declaración de guerra contra los oponentes reales o potenciales, respondía además a la incapacidad de yugular esta oposición por medio de la palabra y la persuasión. Efectivamente, este edicto había sido precedido por numerosas afirmaciones que confirmaban la voluntad de pasar del dicho a la acción en materia de represión. Así como se resolvió enviar tropas a Coro después de haber enviado un emisario de paz, así mismo en Caracas, después del diálogo se blandió el hacha de la justicia y se amenazó de muerte a cualquiera que estuviera en desacuerdo con el gobierno. Tal como lo recalca muy justamente Luis Castro Leiva, distinguiendo la «elocuencia de la conmocionalidad» que caracterizaba la fase pre-constitucional, y la «elocuencia persuasiva», «la primera vía puede ser —fue— principalmente exhortati-

---

[121] «Edicto», *Gazeta de Caracas,* 3 de agosto de 1810.

va, imprecatoria y, teniendo en cuenta sus posibles contextos, una «emisión» condensada por la fuerza de sus convenciones constitutivas originales»[122]; y lo cierto es que ante el peligro real, esta fuerza de la palabra no fue lo suficiente efectiva para convencer al enemigo. En su lugar debía obrar la justicia y sus condenas concretas. Y así, también en julio, la Junta de Caracas confiaba plenamente en su propia capacidad para convencer a los rebeldes: «La Suprema Junta esperaba que sus paternales exhortaciones extinguiesen este frenético germen de división que nos envilece. Pero ve con dolor, que no cesa el desorden y que se la forzará al triste expediente de recurrir a la venganza que decretan las leyes»[123].

Pese a sus reticencias para concretar tales amenazas, su ejecución fue pronunciada, creando así una ruptura con el período anterior; el futuro promisorio en el que se proyectaba la élite política dio paso a las realidades del presente y a la acción inmediata: «Si hasta ahora el Supremo Gobierno lo ha sido solamente de gracias y de recompensas a los que ha considerado dignos de ellas, desde ahora el malvado va a sentir todo el peso de la justicia y la energia de sus providencias a conseguir la seguridad y felicidad públicas»[124].

Este enemigo era definido como un perturbador del orden público, el malvado que engendra al genio del mal y al que sólo la ley permitiría descubrir —y excluir— entre los pacíficos e instruidos habitantes de este suelo[125]. Ciertamente, la tensión aumentó en octubre, con el descubrimiento del complot, pero fue sobre todo la repercusión que tuvo el anuncio de la ejecución de los quiteños lo que generó una fractura dentro de la Junta, revelando, so pretexto de una divergencia de índole estrictamente política, una división social y étnica entre sus miembros. Efectivamente, esta ejecución, llevada a cabo por españoles lealistas, planteó con crudeza el problema de los vínculos que hasta entonces se mantenían con ellos. La división se produjo, o mejor dicho quedó revelada, con motivo de este acontecimiento, por la discrepancia que los miembros de la Junta expresaron contra uno de ellos, José Félix Ribas, quien representaba a los pardos desde el 19 de abril, y era él mismo un pardo. Efectivamente, al éste exi-

---

[122] Castro Leiva, L.: «La elocuencia de la libertad», en *De la patria boba a la teología bolivariana.* Caracas: Monte Ávila Editores, 1987, pág. 24.

[123] «J. de las Llamozas, M. Tovar Ponte, ciudadanos», *Gazeta de Caracas,* 18 de junio de 1810.

[124] «Edicto». *Op. cit.*

[125] *Ibídem.*

gir que se expulsara en represalia a todos los españoles nacidos en la Península y en las islas Canarias, se produjo una inmediata reacción de rechazo contra José Félix Ribas. Los demás miembros de la Junta y del gobierno no podían adherirse a tal propuesta que, ya lo hemos señalado, equivalía a separar y romper con una parte de las familias a las que estaban vinculados y de las que algunos eran miembros. Al expulsar a José Félix Ribas de la Junta, así como a su auxiliar José María Gallegos, sus miembros reconstituyeron un frente de unión sobre la base, no confesa, de la limpieza de la sangre y no de los principios de igualdad preconizados desde abril. Por ello, la parte sana de Caracas se vio amputada de una parte de sus miembros, aunque las razones invocadas públicamente fueran de índole estrictamente moral.

El articulo «Ilustres y pacíficos caraqueños» publicado de inmediato por el presidente de la Junta en la *Gazeta de Caracas*, revela un espanto matizado de desdén ante esta «porción de hombres engañados» que, además de prevalerse del título de patriotas, habían dejado escandalizada a la «parte sana» de Caracas. Nunca mencionados como tales, los pardos eran más bien asimilados a las «gentes de baja condición», mucho más cercanos al vulgo que a los patricios y, más aún, susceptibles de perturbar el orden social[126].

Con este acontecimiento y la amplitud de la reacción que suscitó, siendo que la amenaza de sublevación esgrimida por José Félix Ribas no pudo concretarse, apareció uno de los primeros fallos entre el principio de igualdad planteado teóricamente desde abril y la realidad de una sociedad petrificada en una estructura compartimentada en función de criterios sociales y raciales. Por ello, la omnipotencia otorgada a la ley hizo las veces de instrumento abstracto de regulación de lo social, ya que no apuntaba tanto a integrar sino a excluir, instaurando una frontera entre patriotas, ciudadanos e individuos indeseables. La ley electoral de junio de 1810 ya había enunciado esta dialéctica de la exclusión al instaurar una frontera entre «barbarie y civilización», petrificando el arquetipo del ciudadano en una urdimbre universalista que reconstituía artificialmente la unidad del cuerpo político. La lucha así iniciada puso en presencia no tanto a individuos sino a conceptos, en los cuales se articulaban ignorancia-ilustración, libertad-despotismo y esclavitud, razón-pasión, civismo-perfidia. Así, después de realizadas las elecciones, quienes mantenían su fidelidad a la Regencia

[126] «Ilustres y pacíficos caraqueños». *Op. cit.*

fueron acusados de ser «degradados a la clase de ignorantes estúpidos»[127], mientras que el apoyo obtenido por los ilustres patriotas era considerado como una prueba de virtud cívica. La edificación, según tal ordenamiento, de principios erigidos en textos de leyes —judiciales y electorales— fue muy perceptible durante los meses de junio a diciembre. Así, en su presentación del código electoral, Juan Germán Roscio se proyectaba hacia el futuro al considerar que, según el comportamiento de los individuos, la elección de los diputados: «... va a ratificar o las esperanzas de los buenos Ciudadanos o el injurioso concepto de los bárbaros que os creían nacidos para la esclavitud; ella sóla puede ser el áncora de las prerrogativas civiles, el vínculo de la unión, la salvaguardia del orden público, la fuente provisoria de la ley...»[128]

Semejante peligro resultaba fundado si se considera que antes de las elecciones al país se le había asignado entre otras tareas la «... de anudar o estrechar de nuevo los vínculos de la civilización rotos o floxos en el anterior sistema»[129]. Una vez cumplidas las elecciones, la frontera que permitirá asegurar la salvaguardia de los ideales preconizados, a falta de ser efectiva, al menos quedará establecida: «Al acercarse el día feliz de vuestra regeneración política, quando instalado el Cuerpo Conservador van a cerrarse para siempre las puertas al despotismo, a la ambición y a la intriga»[130].

Pero enseguida se agregaba: «El Gobierno Supremo de estas Provincias ve con el más íntimo sentimiento que la opinión pública aún es combatida por los indignos tiros del egoísta, del ambicioso, del maligno y del ignorante»[131].

La reserva así emitida en cuanto al cierre hermético de esas puertas —retomando la imagen utilizada en las fuentes— remitía a la definición de la elección propuesta por Juan Germán Roscio: la consideraba como la fuente provisional de la ley, encargando así a la futura Constitución de fijar oficialmente los derechos y deberes de los miembros de la comunidad. Por consiguiente, es con la creencia, una vez más, en el gran poder de la justicia, la única capaz de reforzar este tabique indispensable para terminar la obra em-

---

[127] «Manifiesto de la Junta Provincial de Mérida», *Gazeta de Caracas,* 27 de noviembre de 1810.

[128] «Habitantes de Venezuela», *Gazeta de Caracas,* 15 de junio de 1810.

[129] «Egoísmo ó espíritu de facción». *Op. cit.*

[130] «A los habitantes de Venezuela, 8 de noviembre de 1810», *Actas del 19 de abril de 1810. Op. cit.,* pág. 206.

[131] *Ibídem.*

prendida el 19 de abril, que se concluyen los meses de preparativos para la instalación del Congreso constituyente: «Los detestables proyectos de los traidores van a escollarse contra el muro inexpugnable de nuestra ilustración, fidelidad y energía, mientras tanto que se ocupan en indagar los culpables para entregarlos a la espada vengadora de la justicia»[132].

Volvemos a encontrar aquí los tres criterios del mecanismo de inclusión-exclusión junto con los binomios ilustración-ignorancia, fidelidad-traición, y la energía contra la sumisión y la apatía. Habiendo logrado entonces definir los límites de una comunidad por lo demás impalpable, los actores políticos vieron en la posibilidad de elegir a los diputados y de que éstos se reunieran en un Congreso constituyente para redactar esa ley suprema que era la Constitución, un salvoconducto para el porvenir del país. Esto representa una especificidad de Venezuela que, una vez más, asumió la misión de abrir camino para todo el continente. No obstante, en este intento de circunscribir la comunidad que debía ser gobernada, nunca se hizo referencia a alguna identidad cultural de la «nación» venezolana, anterior o independiente de los referentes españoles. Venezuela (y más aún Caracas) expresó el derecho de suplir el poder vacante en España y, luego, de separarse de él, actuando más bien como una parte —ciertamente la más ilustre— de la gran nación española. Estas élites reivindicaron con fuerza la asimilación a lo que constituía la especificidad española. Las condenas pronunciadas contra los habitantes de Coro en mayo de 1810, da fe de esta identidad que fundaba la unión de las partes constitutivas de Venezuela y de la nación española:

> Cree S. A. que la intriga y el egoísmo torciendo la opinión pública, y el abandono de la autoridad confiada por desgracia a manos incapaces o corrompidas, han dado un impulso siniestro al vecindario de Coro, que de otra manera no podía olvidar los vínculos de la Nación, Religión, Fraternidad y la comunidad de intereses que le unen con los otros distritos de Venezuela, ni exponerse a quebrantar las leyes fundamentales del Reino que prescriben el modo con qué ha de ser gobernado en los interregnos, y en el presente caso de su horfandad...[133]

---

[132] «Habitantes de Venezuela», *Gazeta de Caracas,* 28 de diciembre de 1810.

[133] «Alocución a las Autoridades y vecinos de los distritos comarcanos de la Ciudad de Coro, 22 de mayo de 1810», en *Actas del 19 de abril de 1810. Op. cit.,* pág. 110.

Conservadora de los derechos del monarca, Caracas confirmaba así la distinción que había adquirido al haberse adelantado a las demás ciudades. Como tal, reivindicaba el estatus de nuevo centro político, soberano y legítimo, a partir del cual era posible que la nación española se reconstituyera. Lo cual justificaba, por una parte, el invitar a sus hermanos de la Península a venir físicamente al lugar mismo de la legitimidad o a llevar a cabo esa lucha en territorio español; y por otra parte, el exhortar a las demás provincias de Venezuela y al conjunto de los pueblos de América, confirmando al mismo tiempo la legitimidad de la acción emprendida por Caracas. El autor de un texto sobre la independencia, publicado en marzo de 1811 en *El Mercurio Venezolano,* hablando de esas acciones llevadas adelante en otras partes del continente, reivindicaba para Caracas la paternidad de este proceso de reconquista de sus derechos y de la libertad, emprendido por los patriotas americanos. Tras referirse a un «poder invisible e inmenso que combate a favor de la Independencia de las Naciones»[134], señalaba que: «... a él se deben las saludables conmociones que, *desde Caracas*, han producido una explosión maravillosa al Oriente, al Occidente y al Mediodía de Venezuela, han puesto en contacto sus principios con los de Buenos Ayres, Santa Fe, Chile, Guatemala, México, la Florida, y empiezan a despejar el horizonte político del resto del continente americano»[135].

El ordenamiento de los lugares así abarcados por ese poder invisible ponía perfectamente en evidencia la existencia de un centro, Caracas; una primera esfera de influencia, que fueron las demás provincias de Venezuela; una segunda, en los puntos de contacto inmediato con su territorio o su espacio de comunicación; y por último, el resto del continente. Pero Caracas, Venezuela, América, se disputaban el honor de ocupar ese lugar eminente, que equivalía a figurar entre las naciones civilizadas.

---

[134] «Independencia», *Mercurio Venezolano III,* marzo de 1811, pág. 1.

[135] *Ibídem,* pág. 2. El subrayado es nuestro.

Capítulo 2

Del autogobierno de los pueblos al principio moderno de representación

1. De la ruptura del pacto social al nuevo contrato

Tras la celebración de las elecciones, en noviembre de 1810, el gobierno anunció la reunión del primer Congreso constituyente venezolano para el 2 de marzo de 1811, en el que estaban representadas las provincias de Margarita, Cumaná, Barinas, Barcelona, Mérida, Trujillo y Caracas[1]. Felipe Fermín (Coto) Paúl fue designado presidente de la asamblea; Mariano de la Cova, vicepresidente; Miguel José Sanz y Antonio Nicolás Briceño, secretarios[2]. El día de la inauguración del Congreso se solicitó a los diputados que prestaran juramento. Ahora bien, al parecer, el texto de aquel juramento planteaba explícitamente el principio de la independencia y la constitución de un Estado, reafirmando a la vez la defensa de los derechos de Fernando VII:

> ¿Juráis a Dios por los Sagrados Evangelios que vais a tocar, y prometéis a la Patria conservar y defender sus derechos y los del señor Don Fernando VII, sin la menor relación o influjo de la Francia, independientes de toda forma de Gobierno de la Península de España y sin otra representación que la que reside en el Congreso General de Venezuela; oponeros a toda otra dominación que pretendiera ejercer soberanía en estos países, o impedir su absoluta o legítima independencia cuando la Confederación de sus provincias la juzgue conveniente; mantener pura, ilesa e inviolable nuestra sagrada religión, y defender el misterio de la Concepción Inmaculada de María, Nuestra Señora; promover directa o indirectamente los intereses generales de la Confederación de que sois parte, y los particulares del Distrito que os ha constituido; respetar y obedecer las leyes y disposiciones que este

---

[1] Recordemos que Maracaibo, Coro y Guayana no tenían representantes, pues no habían reconocido a las nuevas autoridades erigido en Caracas desde abril de 1810.

[2] El nuevo gobierno se constituyó el 28 de marzo de 1811 bajo forma de triunvirato, cuyos miembros (Cristóbal Mendoza, Baltazar Padrón y Juan de Escalona) se alternarían en la presidencia semanalmente.

> Congreso sancione y haga promulgar; sujetaros al régimen económico que él establezca para su interior gobierno y cumplir bien y exactamente los deberes de la diputación?[3]

El principio de independencia sólo se planteaba respecto del gobierno español. ¿Cómo conciliar entonces la programación de los debates conjuntamente con la reafirmación de la fidelidad a Fernando VII?

a) Nuevos espacios de soberanía

Los debates se programaron partiendo de esta problemática pero, apoyándose en argumentos jurídicos, se desechó el segundo término de la alternativa, lo cual permitió emprender la marcha hacia la independencia efectiva y reorganizar las provincias de Venezuela. No obstante, la unanimidad con la que los treinta diputados aceptaron prestar juramento no debe hacer olvidar que muchos de ellos seguían reticentes para considerar el tema de la independencia, sobre todo los diputados de las provincias[4] que se oponían a la hegemonía ejercida por Caracas y temían la reacción de las potencias extranjeras, en particular la de Inglaterra[5]. También invocaron la ilegalidad de proceder a esta proclamación puesto que ésta no figuraba en las instrucciones que habían recibido de sus electores, y entraba en contradicción con la fidelidad al rey.

En definitiva, el debate sobre la independencia, la cual fue proclamada el 5 de julio de 1811, se llevó a cabo bajo la presión de la Sociedad Patriótica de Caracas y del periódico que publicaba, *El Patriota de Venezuela;* presión que, sin embargo, no dejaba de ser ambigua puesto que ciertos diputados de Caracas eran miembros de esta Sociedad Patriótica. Además, y pese a las reacciones hostiles de ciertos diputados contra esta presión «exterior», no cabía duda de que semejante distribución de los papeles, por decirlo de alguna manera, quedaba implícitamente aceptada. Ahora bien, no hay que confundir esta Sociedad Patriótica que, de hecho,

---

[3] *Libro de Actas del Supremo Congreso de Venezuela, 1811-1812.* Caracas: Biblioteca de la Academia Nacional de la Historia, 1960, vol. 1, pág. 93.

[4] Entre éstos estaban el padre Manuel Vicente Maya, diputado de La Grita, quien no firmará el Acta de Independencia, Felipe Fermín (Coto) Paúl, Ramón Ignacio Méndez, Luis José Cazorla, Nicolás de Castro, Ignacio Fernández, Juan Bermúdez de Castro, Salvador Delgado.

[5] Fue especialmente el caso de los representantes de la provincia de Cumaná pues, debido a la cercanía de la isla de Trinidad, temían convertirse en blanco de Inglaterra, en la hipótesis de que fuera hostil a esa declaración.

era un club político de tendencia radical, con otras que pudieron haber existido en la misma época[6], especialmente la Sociedad Patriótica de Agricultura y Economía, creada por iniciativa de la Junta de Caracas el 14 de agosto de 1810, con el objetivo principal de promover y sostener el desarrollo del país, y cuyo decreto de creación precisaba sus atribuciones en los siguientes términos:

> Para que se fomente quanto es posible la agricultura del país, se adelanten las artes más compatibles con nuestras necesidades actuales, progrese el comercio, se generalice y perfeccione la educación pública de la juventud de ambos sexos, y toquen mejor el objeto de su destino los establecimientos de beneficencia que tenemos, o se promuevan otros en alivio de la humanidad, ha determinado la Suprema Junta que se forme y establezca una Sociedad Patriótica de Agricultura y Economía que, teniendo por fin principal de su instituto el adelantamiento de todos los ramos de industria rural de que es susceptible el clima de Venezuela, se extienda también en sus investigaciones a quanto pueda ser objeto de un honrado, celoso y bien entendido patriotismo[7].

Mostrando las reticencias existentes respecto de la Sociedad Patriótica de Miranda y Bolívar, las afirmaciones de Juan Germán Roscio en una carta a Andrés Bello de junio de 1810, confirmaban de algún modo la «distribución» de los papeles entre el Congreso y la Sociedad Patriótica, así como las ambiciones políticas:

> Tolerada por el gobierno la tertulia patriótica, con el deseo de que trabajase algunos planes de Constitución, de confederación

---

[6] Durante esa época funcionaron tres sociedades patrióticas en Caracas: la primera, la Junta o Sociedad Patriótica del Consulado databa del siglo anterior; la segunda fue la Sociedad Patriótica de Agricultura y Economía, creada por la Junta Conservadora de los Derechos de Fernando VII en agosto de 1810; y la tercera fue la que por primera vez apareció públicamente en marzo de 1811. Esta fue creada por Miranda y Bolívar y publicaba un periódico, El Patriota de Venezuela. Ahora bien, la mayoría de los autores han confundido estas dos últimas. Así, confundiendo él también a ambas sociedades, R. Díaz Sánchez en su estudio preliminar del *Libro de Actas del Supremo Congreso de Venezuela, 1811-1812. Op. cit.*, vol. 1, pág. 76, afirmaba que la Sociedad Patriótica de Agricultura y Economía había sido deliberadamente creada por la Junta para difundir la propaganda independentista, y que había adoptado ese nombre para disimular sus verdaderos objetivos.

[7] Roscio, J. G.:«Por la Secretaría de Estado se ha expedido el Decreto siguiente», *Gazeta de Caracas,* 24 de agosto de 1810.

> o de otro objeto importante para Caracas y Venezuela, tomó algún cuerpo y degeneró en un mimo del Gobierno, o un censor de sus operaciones. Pero este exceso nació de algunos miembros del Congreso, que lo eran también de la tertulia, y que, resentidos de no haber prevalecido su opinión en el cuerpo legislativo, la reproducían en aquella sociedad, hallaban apoyadores...[8]

Por cierto, las investigaciones de Carole Leal Curiel y los documentos que sacó a la luz confirman que existieron dos sociedades patrióticas diferentes. Aunque no se sabe a ciencia cierta cuál fue la fecha de fundación de la que lleva el simple nombre de Sociedad Patriótica, es probable que haya surgido entre fines de 1810 y principios de 1811, con la llegada de Bolívar y Miranda a Caracas[9], aunque las informaciones sean divergentes en cuanto a la «paternidad» de su creación (¿Miranda o Bolívar?). En cambio, lo que sí es seguro es el modo en que marcó el imaginario de sus contemporáneos, y hasta de ciertos historiadores, debido a lo radical de sus posiciones y a su modo de funcionamiento, considerado todo ello como demasiado democrático; algunos llegaron a calificarla de «reunión de jacobinos», y sobre todo le reprocharon, a ejemplo de lo que afirmaba Juan Germán Roscio, que pretendía erigirse en censor de las actividades del gobierno[10]. Y sigo presente en el escenario «público» gracias a su órgano de prensa, *El Patriota de Venezuela,* y a sus connotadas manifestaciones públicas[11], la

---

[8] J. G. Roscio a A. Bello, 9 de junio de 1811, en *Escritos representativos. Op. cit.,* pág. 54.

[9] Ver el artículo «Sociedad Patriótica», en *Diccionario de Historia de Venezuela,* tomo 111, págs. 608-610.

[10] Carole Leal Curiel es la primera en señalar la confusión que hubo entre las diferentes «sociedades». De hecho, son 3 sociedades patrióticas que funcionaron en Caracas durante esa época: la primera data del siglo pasado y es la Junta o Sociedad Patriótica del Consulado; la segunda es la Sociedad Patriótica de Agricultura que crea la Junta Conservadora en 1810 y la tercera es la que aparece públicamente por primera vez entre enero y marzo de 1811. Esta última, se dice que es creación de Miranda y de Bolívar y es esta la que publica el periódico titulado *El Patriota de Venezuela.* Para los detalles de sus posiciones políticas y su funcionamiento, ver Leal Curiel, C.: «Tertulias de dos ciudades: modernismo tardío y formas de sociabilidad política en la provincia de Venezuela», en Guerra, F.-X., Lempériere, A. (dir.): *Los espacios públicos en el mundo iberoamericano, ambigüedades y problemas. Siglo XVIII-XIX.* México: FCE-CEMCA, 1998, págs. 183-195.

[11] Sobre todo cuando se abrieron las sesiones del Congreso, en marzo de 1811, con motivo de la conmemoración del 19 de abril.

Sociedad Patriótica practicaba la nueva forma de sociabilidad que surgió en el año de 1811. Por una parte, la Sociedad Patriótica e Caracas «nació con el fin de discutir y opinar sobre materias políticas, y sus filiales asumieron, en el mismo orden, la función didáctica de ser escuelas de patriotismo»; por otra parte, actuó como un verdadero grupo de opinión «de cuyo *esprit jacobin* no sólo parecen testimoniarlo las acusaciones que le hacen sus contrarios sino, sobre todo y en especial, su manera de actuar, verbigracia presentarse ante el Congreso el 4 de julio de 1811, «exigiendo la declaración inmediata de la Independencia Absoluta como opinión de esa Sociedad»[12], pero también de vigilar los excesos o errores del gobierno[13].

En este contexto, lo que se planteaba en primer lugar era determinar las modalidades institucionales a partir de las cuales las diferentes provincias de Venezuela, reunidas en representación nacional, subvendrían al gobierno. Aunque en la abertura de las sesiones no se planteó oficialmente romper todo vínculo con España sino únicamente con su gobierno, considerado como ilegítimo, el centro de los debates ya era antes de abril la hipótesis de una ruptura total. En la prensa, además de recordar los antecedentes de Gual y España en 1797 y de los proyectos de Miranda en enero de 1811, se publicaban artículos que mostraban la voluntad de una parte de las élites para proclamar la independencia, y acceder al rango de nación, en tanto comunidad auto-gobernada. En este sentido, en un texto oficial del 25 de enero de 1811 dirigido a los ciudadanos, dejando ver los objetivos perseguidos por los representantes recién elegidos, se declaraba:

> Alerta ciudadanos: vosotros vais a ver la instalación del Supremo Gobierno que votasteis libre y espontáneamente. Este espectáculo augusto, esta soberana Asamblea confundirá a los tiranos, trastornará sus planes, desvanecerá sus intrigas; y con vuestro patriótico esfuerzo, Venezuela sera elevada al alto rango de una nación libre e independiente[14].

---

[12] «Discurso redirigido por un miembro de la Sociedad Patriótica y leído en el Supremo Congreso el día 4 de julio de 1811», *El Patriota de Venezuela*, n.° 2, en *Testimonios de la época de la emancipación de Caracas*. Caracas: Academia Nacional de la Historia, 1961, págs. 313-324.

[13] Leal Curiel, C.: «El árbol de la discordia», *El Bolivarium*, Año VI, n.° 6, 1997, pág. 161-162.

[14] «Ciudadanos, 25 de enero de 1811», en *Textos oficiales de la primera República de Venezuela,* Biblioteca de la Academia Nacional de la Historia, vol. 2, pág. 17.

Pero las más precoces proclamaciones a favor de la independencia y, sobre todo, del acceso del país al tan codiciado rango de nación fueron —además de las posiciones de la Sociedad Patriótica— las del *Mercurio Venezolano.* En el número de febrero de 1811, Ramón García de Sena, al refutar las declaraciones del ex-capitán general Emparan, llamaba a los pueblos de Venezuela a «... erigirse en modelo para el resto de América, aportando así la prueba al Viejo Mundo de que en las regiones de Colón triunfa ya para siempre el amor de la Patria contra el poder injusto de la Tirania»[15].

Ahora bien, ese triunfo del amor a la patria ya se diferenciaba del amor y el apoyo a la gran patria española, que hasta entonces se había mantenido junto a la defensa de los derechos de Fernando VII y de la religión católica heredada de los antepasados. Así, Ramón García de Sena agregaba: «Ya es tiempo de hacer ver al universo que sois dignos de ocupar en el globo el rango de una Nación ilustrada»[16].

Por lo demás, se estableció la distinción entre la conformación de una nación en Venezuela así como en el resto de América, bajo su impulso y su ejemplo, y la patria en tanto concepto concreto, objeto de amor, que se refería tanto a la madre patria española como a la «parte sana» del imperio, sede de la libertad, representada por la América dotada de juntas de gobierno. Por consiguiente, la patria se presentaba como el cimiento a partir del cual la nación se hacía plausible como principio político. Tal articulación quedó bien señalada con la instalación del primer Congreso en marzo de 1811, más allá de lo ambiguo del juramento que sellaba la unión de sus miembros y la fidelidad a su compromiso. Efectivamente, en un artículo del Mercurio Venezolano del mismo mes se mencionaba que toda América se había elevado al «rango de patria», logro que se arraigaba en el amor que todo individuo sentía por ella en cuanto existió:

> Por do quiera que exista una patria, debe existir en el alma de cada ciudadano una fuerza de expansión incapaz de ceder a los esfuerzos con que la tiranía procura anonadarla y extinguirla. Es incalculable su efecto en circunstancias ordinarias: todos amamos nuestra Patria; pero ninguno sabe hasta dónde nos conduce este amor, sino quando ha llegado a mirar como tal el

---

[15] Ramón García de Sena, «Refutación a la proclama del ex-capitán general», *Mercurio Venezolano II,* febrero de 1811, pág. 29.

[16] *Ibídem.*

> suelo que lo vio nacer, o lo adoptó: entonces es que conocemos quánto somos capaces de hacer, quándo el grito penetrante de esta madre despierta en nosotros el instinto filial adormecido por el mortífero veleño de la opresión[17].

Pero en ese mismo ejemplar de marzo de 1811, con motivo de la instalación del Congreso, se proclamaba: «¡Que dulce complacencia, pues, la de nuestros corazones al ver ya instalado con tan lisongeros presagios el Senado que ha de consolidar las dichas y las glorias de esta nueva Nación!»[18].

Así pues, al abrirse las sesiones del Congreso, primero se planteó debatir sobre el tema de la representación de las entidades que formaban este conjunto, ya se tratara de los individuos o de los conjuntos territoriales (provincias, municipalidades, pueblos). Y el debate se inició sobre el tema de los conjuntos territoriales pues enseguida se vio cuán tenues eran los vínculos que unían a las diferentes provincias de la Capitanía General de Venezuela, impregnados de la hostilidad de las capitales de provincia hacia Caracas, cuestionando su preeminencia.

Este debate constituyó el inevitable preámbulo de la independencia, en la medida en que sobreentendía la definición de un nuevo pacto político para confirmar la ruptura y también evitar la disolución del cuerpo social. Este peligro existía realmente puesto que Venezuela, al proclamar su independencia, perdió todo vínculo político institucional no sólo con la Monarquía sino también con lo que E. Marienstras llama, al hablar de la independencia de las colonias americanas, su «asociación nacional»[19] con los españoles. Los actores de la «revolución» debían suplir la pertenencia a la gran nación española con el establecimiento de un nuevo contrato político y, al mismo tiempo, evitar que la disolución del *pactus translationis* con España acarreará la disolución de la sociedad. Ahora bien, en aquel principio del siglo XIX, en el caso particular de la sociedad venezolana la heterogeneidad étnica y social hacía aún más urgente esta reconstitución.

---

17 «Independencia», *Mercurio Venezolano III,* marzo de 1811.

18 «Descripción de los adornos, monumentos y jeroglíficos erigidos por los varios Cuerpos, Tribunales y Empleados de Caracas con el plausible motivo de la instalación del Congreso General de Venezuela, verificada el 2 de marzo», *Mercurio Venezolano III,* marzo de 1811, pág. 29.

19 MARIENSTRAS, E.: *Nous, le peuple. Les origines du nationalisme américain.* Paris: Gallimard, 1988, pág. 232, que retoma las categorías lockianas de «asociación libre de familias» para designar a la sociedad, a la nación.

Estas discusiones también reflejaban el temor de que la disolución casi necesaria del *pactus translationis* «contaminara» al *pactus societatis* que unía entre sí a los miembros de la sociedad, constituyendo una muralla contra el retorno al estado de naturaleza. Aquí percibimos la conciencia de los actores, así como su falta de capacidad para superar la distorsión existente entre las clases dirigentes —las élites— y el resto de la población. Se daba una fuerte dicotomía entre las declaraciones principistas y lo inadaptadas que resultaban en cuanto al estado real de la sociedad que estas élites se encargaban de dirigir; debido a lo tenue de los vínculos entre los miembros del cuerpo social, no era posible el retorno a un estado de naturaleza ideal, necesariamente teórico. Así mismo, el principio de la soberanía del pueblo no podía ir más allá de un discurso de legitimación coyuntural. La «revolución» del 19 de abril, justificada por el derecho a la insurrección que tenía el pueblo, permitió por ello crear la unión del cuerpo político y reafirmar la omnipotencia del pueblo soberano como principio de legitimación suprema. Por consiguiente, al abrirse los debates del Congreso, la legitimación de la Junta de Caracas era considerada como el acto mediante el cual sus autores —el pueblo— pudieron descubrir la realidad de un país, hasta entonces ocultada por las prácticas despóticas de sus «dueños». Era un país —una Patria— nuevo y desconocido el que surgía de las brumas del pasado, mostrando en su suelo una comunidad reconstituida por el acto mismo que la hizo renacer. En el artículo ya citado de marzo de 1811 titulado «Independencia», donde se procedía al análisis detallado de todo el proceso que desembocó en la formación de la Junta, se mostraba claramente el carácter universal de los principios sobre los cuales se había fundado esta Junta, y sobre todo el derecho de los pueblos a modificar sus instituciones. Una revolución podía ser calificada de legítima sólo a condición de que procediera de la voluntad del pueblo. Fue el amor a la libertad y la independencia lo que orientó la revolución que se dio Venezuela, a ejemplo de otras revoluciones a las que se hacía referencia —las de Suiza, Holanda y Estados Unidos—, y no el deseo disimulado de perpetuar el despotismo, tal como se había producido particularmente en Francia: «La revolución de la América no debe compararse con las que han producido la ambicion o el fanatismo: el deseo de elevar al augusto rango de Patria un pais usurpado y convertido hace tres siglos en la heredad de propietarios distantes y corrompidos, no debe confundirse con los incendiarios conatos de los usurpadores, de los tiranos o de los conquistadores»[20].

---

[20] «Independencia». *Op. cit.,* págs. 4-5.

Con la legitimidad que se le reconoció al pueblo para hacer uso de sus derechos, las sociedades podían salir del abatimiento al que las habían reducido los gobiernos despóticos y, por ende, podían devolver al hombre su dignidad original. Efectivamente, se trataba para el autor de ese artículo, reconocer, «honrar la especie privilegiada»[21] a la que pertenecían los americanos y a la que tres siglos de despotismo habían tratado de destruir. Atribuía la iniciativa de la lucha por la reconquista de esa «identidad» perdida a Caracas, que «desde hace trescientos años [...] lucha contra los obstáculos de una política exterminadora de todo elemento de racionalidad»[22], de lo cual estarían dotados los americanos, y agregaba que:

> ... agotadas sus potencias intelectuales en unas instituciones rutinarias, [los Americanos] se han nutrido de un alimento suministrado por la tiranía para debilitar y hacer enfermizo su temperamento moral. Tal era la constitución facticia que la opresión había dado a los americanos; pero ellos han sabido demostrar que no habian sido criados para una degradación eterna: que sus órganos eran susceptibles de las más sublimes impresiones: que sabían aspirar, y dirigirse a los excelsos fines a que la Providencia destinó a los seres racionales[23].

Por ello, y para los efectos de su demostración, invertía el orden de los valores, en el sentido en que el retorno a esta anterioridad idealizada, virgen de toda institución, evidenciaba que los americanos eran naturalmente racionales. En virtud del presupuesto según el cual el retorno a cierto estado de naturaleza era considerado como positivo, necesario, al menos idealmente. De hecho, partiendo de esa pureza recobrada, se reconstituía el cuerpo político:

> ... no hay rivalidades que incomuniquen entre si las partes que componen nuestro cuerpo politico [...]. Una admirable unanimidad de sentimientos produce y sostiene una firme y no interrumpida cooperación a favor de la causa común, en todos y en cada uno de los que la han proclamado; el todo y cada una de sus partes participan del mismo impulso y obedecen a la primitiva dirección que se dio el 19 de Abril al orden civil de Venezuela: la Constitución politica, las instituciones sociales,

---

[21] *Ibídem,* pág. 3.

[22] *Ibídem,* pág. 2.

[23] «Independencia». *Op. cit.*, pág. 2-3.

> las clases, las familias, y individuos, forman un cuerpo orgánico vivificado y robustecido por el espiritu de una independencia calculada, y apoyada sobre los intereses de todos[24].

Dos niveles de organización se articulan y se completan en este texto: por una parte el cuerpo político como reunión de individuos agrupados en su adhesión a un proyecto político, y co-responsables de su destino; por otra parte, el cuerpo orgánico que cimienta una comunidad heterogénea y define los vínculos de subordinación de individuos y cuerpos a sus autoridades. S610 esta subordinación, cuya naturaleza orgánica que describe las relaciones políticas confirma este imperativo de unión, puede sacar al hombre de su condición de individuo aislado, para ponerlo a participar en la causa común. Pero, por ello, la perspectiva de la independencia tal como era definida al abrirse las sesiones del Congreso, aunque considerada por algunos como ya realizada desde abril de 1810 según este principio, abrió un peligroso vacío institucional tan pronto como se proclamó la independencia en tanto ruptura política con España, y ya no sólo con su gobierno. Implícitamente, se planteaba así el problema de lo que debía suceder con el pacto que hasta entonces unía la colonia a la metrópoli. La controversia suscitada entre 105 miembros del Congreso, además de revelar los intereses en juego a nivel del poder de las provincias, permitía delimitar la naturaleza del nuevo contrato que iba a establecerse, bajo qué forma debía formularse y con quién.

b) La redefinición de los límites provinciales

En su calidad de representantes de las provincias que se habían adherido a los principios de la Junta, a saber: Margarita, Cumaná, Barinas, Barcelona, Mérida, Trujillo y Caracas, los diputados iniciaron la discusión sobre el porvenir de Venezuela y, en primer término, sobre la forma política que debía adoptarse, así como la base sobre la cual se iba a considerar la independencia, y planteando de inmediato el tema de los nexos con España y de la herencia administrativa aferente. Efectivamente, este último aspecto representaba directamente la primera manzana de la discordia, pues lo que se planteaba era un cuestionamiento del principio del voto adoptado por provincia, lo cual confirmaba la desigualdad existente entre las provincias, ya que, por su cantidad de habitantes, algunas disponían de un número in-

---

[24] *Ibídem,* pág. 4.

ferior de votos. La oportunidad fue favorable para esta reivindicación puesto que, de acuerdo con la teoría de Locke formulada en su Tratado del gobierno civil[25], Fernando Peñalver, diputado de Valencia, consideraba que la instalación en España de un poder juzgado ilegítimo rompió, de hecho, los vínculos del pacto social entre el rey y sus colonias. Que esa ruptura hubiera sido ocasionada por su encarcelamiento, tal como creían Fernando Peñalver y Francisco Javier Yanes, o más bien por su renuncia al trono, interpretada por Juan Germán Roscio como la invalidación de toda la dinastía de los Borbones, lo cierto es que unánimemente se reconocía que, con esta ruptura, los derechos de la soberanía se revertían al pueblo, en el cual residían originalmente. Juan Germán Roscio ha resumido este mecanismo de reversión del poder al pueblo, que era su depositario, en estos términos:

> Inícuo sería un contrato en que, comprometida una de las partes a perder la vida, llegase el caso de verificarla para que el otro la vendiese a un tirano cuando más contaba con su protección: tal fue el caso en que se vieron los españoles de ambos mundos, y por el que entraron en posesión absoluta de sus derechos e independencia política[26].

En definitiva, Francisco Javier Yanes concluye este tema de los orígenes de la ruptura del contrato, haciendo una síntesis entre el cautiverio del rey y sus consecuencias. Este cautiverio, de por sí, no autorizaba la instauración automática de un gobierno provisorio, previsto solamente en caso de minoría o de demencia del soberano. En la medida en que el cautiverio de Fernando VII no entraba, de hecho, en esas categorías previstas por las Leyes Fundamentales del Reino, la soberanía debía regresar al pueblo. A propósito de las consecuencias inducidas por este cautiverio, considerado por cierto como una traición, Francisco Javier Yanes agregaba:

> ... porque la opinión de haber dejado acéfalo al cuerpo político, se siguió de ella una invasión de los enemigos, la cual puso a

---

25 Locke, J.: *Traité du gouvernement civil [1796]*. Paris: Flammarion, 1992. Hay que señalar además que su Ensayo sobre el entendimiento humano fue traducido y publicado en aquel mismo año de 1811 por Andrés Bello (o su hermano). Esta traducción es mencionada en Drenikoff, L.: *Impresos venezolanos del siglo xix*. Caracas: Instituto autónomo, Biblioteca Nacional y de servicios de bibliotecas, 1984, pág. 125.

26 Sesión del 25 de junio, *Libro de Actas del Supremo Congreso de Venezuela, 1811-1812. Op. cit.*, vol. 1, pág. 106.

> los pueblos en la necesidad de formar un gobierno adecuado para repeler a los enemigos y establecer su felicidad, que son los objetos de las asociaciones políticas. De donde concluyó que la prisión por sí y por sus consecuencias fueron los principios que disolvieron el Estado y la asociación política, y los que sancionaron nuestra libertad e independencia[27].

Ahora bien, el debate sobre la división de las provincias se justificaba por la ruptura del pacto con España, tal como lo afirmaba Fernando Peñalver, basando su propuesta de división de la provincia de Caracas sobre la disolución del pacto asociativo. El secretario del Congreso registró esta intervención, así como la reacción de Juan Germán Roscio, en términos significativos en cuanto a la correlación entre ambos elementos:

> Enseguida se leyó un papel presentado por el señor Peñalver, con el fin de desenvolver los principios políticos y morales que le dirigían para ser uno de los partidarios de la división de Caracas, y evitar cualquiera siniestra interpretación que pudiera darse a sus designios; y como fuese una de las razones que sentaba el señor Peñalver en su introducción, la disolución de los pactos entre el pueblo español y el monarca, la prisión de Fernando VII en Bayona, creyó el señor Roscio muy diminuta esta razón, y la amplió...[28]

A partir de ahí, había que dilucidar si la reorganización de las provincias no iba en contra de los objetivos de esas reformas definidos por los diputados, sobre todo la reforma que permitiría la definición de la forma de gobierno, la conducción del país hacia la independencia y, por último, la definición de un nuevo contrato. Efectivamente, como lo afirmaba José Gabriel Alcalá, diputado de Cumaná, los acontecimientos de la Península «han debido dar impulso a los americanos para usar de sus derechos y erigir sus respectivas provincias en soberanías independientes en virtud de la rotura de los vínculos sociales, que antes ligaban a éstos con la casa de Borbón...»[29] Con todo, estas soberanías provinciales no dejaban de crear problemas en el seno del Congreso, en la medida en que la ruptura del

---

[27] *Ibídem,* pág. 109.
[28] *Ibídem,* pág. 105.
[29] Sesión del 25 de junio, *Libro de Actas del Supremo Congreso de Venezuela, 1811-1812. Op. cit.,* vol. 1, pág. 112.

pacto acarreó teóricamente la desaparición de los antiguos límites de las provincias, tal como lo recalcaba Fernando Peñalver:

> Los pueblos de América desde el momento que depusieron sus despóticos Gobernadores, repeliendo la fuerza con la fuerza, quedaron dueños de sí mismos para ligarse de nuevo como quisieran. Desde este punto, las Ciudades Capitales de las que antes eran Provincias dexaron de serlo, y entraron como uno de los Pueblos que recobraban su libertad a formar el nuevo contrato que había de unirlos a una Sociedad Común[30].

Si bien, tal como lo sugiere C. Parra Pérez, «el examen de la cuestión territorial que agitaba los ánimos, provocando interminables disputas, sirvió también de derivativo y retardó durante algunos días la consideración del principal asunto»[31], lo cierto es que la polémica suscitada por este asunto también puso en evidencia la dificultad, para los diputados, de considerar a Venezuela como un todo homogéneo. Efectivamente, a través de los argumentos utilizados por partidarios y adversarios de, la división de la provincia de Caracas, lo que se planteaba era el tema central de la representación. Más allá de la controversia acerca de la excesiva preponderancia de Caracas, tanto política como económica, lo que aquí resultaba revelador eran los diferentes niveles de representación que entraban en conflicto en el interior mismo de la provincia y en el conjunto de las provincias representadas ante el Congreso. En un nivel inferior, los derechos de todos los pueblos a expresar su voluntad de seguir o no agregados a Caracas se topaban con los representantes de las ciudades principales de la provincia, que sí eran favorables a la división y negaban a los primeros la capacidad de juzgar en este asunto.

Por lo demás, el peso considerable que tenía Caracas desde un punto de vista administrativo y territorial se veía reforzado, debido al papel motor que jugaba en el proceso político de separación del poder español. El temor de que esta hegemonía política perdurara en detrimento de las demás capitales de provincia llevó a ciertos diputados a exigir su división, también para reequilibrar la representación de las demás provincias. Y, al fundarse en la situación política en España —a cuyos representantes la Junta de Caracas se había negado a reconocer oficialmente desde el 25 de diciembre de 1810—, ciertos diputados iban hasta plantear la necesidad de

---

30 Sesión del 18 de junio, *El Publicista de Caracas,* n.° 2, 11 de julio de 1811.

31 C. Parra Pérez, *Historia de la primera República de Venezuela. Op. cit.,* vol. II, pág. 45.

una reforma de los límites del conjunto de provincias. Aquí también, la argumentación teórica que apuntalaba los debates dejaba entrever un necesario retorno al estado original, por cierto nunca precisado; tabla rasa ideal, remataría el retorno del individuo a su dignidad primitiva, tal como se efectuó a través del acto fundacional del 19 de abril. Fernando Peñalver, resuelto partidario de la división[32], consideró la hipótesis de tal reforma de límites durante la sesión del 12 de junio: «La naturaleza del Contrato que va a celebrar reclama la igualdad y el equilibrio de las fuerzas de todos los contratantes, y para esto se necesita arreglar los límites de la Provincias, lo que toca exclusivamente a la Confederación»[33].

Efectivamente, no bastaba que al respecto se pronunciaran sólo los representantes de Caracas, tal como lo señalaba Felipe Fermín (Coto) Paúl, diputado de San Sebastián (provincia de Caracas), pues todos los constituyentes tenían que ver con ello ya que la justificación de esta exigencia se basaba en la voluntad de limitar la preponderancia de Caracas, pero también la de paliar la ineficacia de su administración de los pueblos del interior, debido a la excesiva lejanía de la capital. Lo mismo ocurría con respecto al futuro mismo del país. «Inútil la regeneración que hemos adquirido si la preponderancia política de Caracas, concentrándola en sí misma, deja a los demás Pueblos en la ignorancia, apatía y miseria en que los tenía el anterior despotismo, y expuestos a ser dominados despóticamente por una sóla Provincia, o más bien por una sóla Ciudad»[34].

Se planteaba entonces el doble problema suscitado por la ruptura del pacto con España, a saber: los límites de las fronteras provinciales pero también, y sobre todo, el peso desigual de las ciudades-capitales, particularmente el de Caracas. Para reducir esta contradicción, algunos diputados propusieron entonces la formación de pequeños Estados que aseguraran un perfecto equilibrio e impidieran toda tentativa de dominación por parte de quienes tuvieran recursos más importantes. Tal reforma debería emprenderse de acuerdo con el futuro gobierno pero también según la conveniencia de los pueblos y sus diputados quienes, tal como lo recalcaba Fernando Peñalver, representaban «... no solamente a la porción que los eligió sino también a toda la Confederación»[35], en la medida en que cada uno de ellos, según los términos del código electoral, en vez de dedicarse a sus intere-

---

[32] Recordemos que Fernando Peñalver era diputado de la provincia de Valencia.

[33] «Sesión del 12 de junio de 1811», *El Publicista de Venezuela,* 4 de julio de 1811.

[34] *Ibídem.*

[35] *Ibídem.*

ses particulares tenían que ocuparse prioritariamente del bien general y común. Esta propuesta, que era una manera indirecta de contrarrestar la influencia de Caracas sobre las demás ciudades, especialmente sobre Valencia, también estaba orientada a permitir un voto más representativo. Efectivamente, Fernando Peñalver estaba opuesto al principio de un voto por provincia que, según él, favorecía a Caracas e iba además en contra del voto individual de los diputados en su calidad de representantes de una ciudad particular. Lo que reivindicaba este diputado era un verdadero funcionamiento confederativo que permitía a las ciudades recobrar la igualdad gracias a la revisión de los límites provinciales heredadas de la Monarquía. La mayoría de los diputados deseaban ante todo que el Congreso, en su funcionamiento, consagrara la victoria —la revancha— de los pueblos sobre las ciudades-capitales, acabando con la supremacía de Caracas. En este punto, desde la sesión del 20 de junio, Fernando Peñalver se expresó sin ninguna ambigüedad:

> El Congreso de Venezuela se supone indebidamente la reunión de muchos Estados constituidos, quando en mi sentir sólo representa Pueblos amorfos, sin ninguna constitución, que se juntan para formarla, disueltos los pactos anteriores: baxo este principio, Caracas no es ya una Provincia constituida, y por consiguiente no tiene derecho para reclamar los limites de su anterior constitución: ella y las demás son unos Pueblos políticamente amorfos, hasta que por medio de sus apoderados reunidos en Caracas se constituyan como convengan entre sí; y por consiguiente no existe ya la anterior diferencia de Provincias, reducida la población a una masa indivisa...[36]

En definitiva, partidarios y opositores de la división no lograron entenderse en cuanto a la designación de los que deben pronunciarse sobre este asunto. Miranda es él que intenta el más precisamente posible articular los diferentes tipos de representación:

> Es innegable que ésta es una materia que debe decidirla la pluralidad o mayoría de los pueblos de Caracas; y la representación de una u otra ciudad, como Valencia o San Carlos, no puede mirarse como tal. A la Diputación de Caracas toca sólo examinar y decidir la conveniencia o inconveniencia de la división: preséntense, pues, a ella las razones en que se fundan

---

[36] «Sesión del 20 de julio de 1811», *El Publicista de Venezuela,* n.° 4, 25 de julio de 1811.

> los que la pretenden, y discutidas y analizadas que sean por los que tienen sólo la facultad de hacerlo, se presentará el resultado a la Diputación General y ella resolverá en consecuencia. Sin esto no puede consultarse ni saberse La voluntad general, y por consiguiente no puede decirse si consiste o no en la división la felicidad común[37].

Las ciudades más importantes estaban reticentes para reconocer a los pueblos del interior el derecho de opinar en este asunto de la división —desfavorable en el caso de Puerto Cabello, Turmero y Maracay—, que fueron acusados entonces de estar manipulados por algunos de sus miembros, tal como lo denunciaba Antonio Nicolás Briceño: «... esos tenientes, comandantes de armas y demás empleados del Estado, toman indebidamente la voz de los pueblos, presentando a éstos de distinto modo de pensar al que en realidad tienen»[38].

Esta actitud revelaba además que la representación de los diputados no emanaba de la entidad provincial, sino de las municipalidades más importantes. Por consiguiente, demostraba la dificultad de concebir el Congreso como la reunión no de pueblos amorfos y sin constitución, sino de Estados constituidos. En cuanto al tema preciso de la división de la provincia de Caracas, Miranda confirmaba esta importancia de la opinión municipal. Efectivamente, tras recordar que todas las ciudades tenían el derecho de expresarse, cualquiera fuera su tamaño, estableció inmediatamente la distinción entre las poblaciones, que no estaban muy al tanto de los intereses en juego, y sus representantes, que eran los cuerpos municipales y los diputados del Congreso:

> Para desmentir e invalidar los reclamos que han enviado los pueblos, deben los diputados oponer actas legítimas y generales de sus partidos comitentes, en que libre y espontáneamente expresen su voluntad los propietarios, padres de familia y naturales arraigados en el país. Hasta ahora es un absurdo llamar a la división, que sólo quieren algunos, como la voz general de los pueblos: éstos, habituados a sus anteriores relaciones, ignoran aún los bienes de un trastorno que no conocen, y mientras

[37] «Sesión del 27 de junio de 1811», *Libro de Actas del Supremo Congreso de Venezuela, 1811-1812. Op. cit.*, vol. 1, pág. 120.

[38] «Sesión del 25 de junio de 1811», *Libro de Actas del Supremo Congreso de Venezuela, 1811-1812. Op. cit.*, vol. 1, pág. 113.

> que llegan a este estado sin el cual no pueden tener voluntad, son los cabildos o municipalidades sus órganos inmediatos, como que ellos conocen quizás mejor que los mismos diputados (que algunos no han visto el país que representan) los verdaderos intereses de sus habitantes. Concluyo, pues, que deben tenerse en consideración y deben ser dignas de fe las representaciones que han los Ayuntamientos[39].

En virtud de esta concepción, a la que Miranda estaba particularmente apegado, lo conveniente era escuchar la voluntad del conjunto de ciudades y pueblos del interior de la provincia. En cambio, si el Congreso era considerado como la reunión de provincias, cada una debía tener un sólo voto, tal como lo recordaba Antonio Nicolás Briceño en respuesta a las interrogantes del diputado Manuel Vicente Maya al respecto: «Cuando el Congreso ha sancionado que cada provincia tenga un sólo voto en los asuntos generales, desde luego ha supuesto inexistente el principio de asociación amorfa e indivisa»[40].

Tal redistribución de los poderes en detrimento de las provincias tenía su importancia en los conflictos que, en 1811, oponían a los diputados cuando definían los nuevos vínculos que debían unir a esas provincias, en la medida en que su existencia como tal seguía siendo legítima. Pues era efectivamente en torno a esta hipótesis que se centraba la polémica. Si los límites internos eran considerados como caducos, en adelante le tocaba a los pueblos de Venezuela, en igualdad de condición, decidir los términos del nuevo contrato que debía reunirlos en Estados confederados, según los nuevos límites establecidos, y permitir luego abrir el debate sobre la Constitución. Los diputados opuestos a la proposición de Fernando Peñalver basaban su argumentación en dos puntos. Por una parte, consideraban que al no figurar el principio de la división en el código electoral, no podía ser presentado como previo a la Confederación. Por otra parte, nada permitía alegar que la creación de la Junta había causado la disolución de las provincias. Muy por lo contrario, José de Sata y Bussy, diputado de Barinas, consideraba que «Hay por el contrario, actos muy positivos de la Soberanía de los Pueblos, quando enviaron en uso de ella a sus

---

[39] «Sesión del 27 de junio de 1811», *Libro de Actas del Supremo Congreso de Venezuela, 1811-1812. Op. cit.*, vol. 1, pág. 123.

[40] «Sesión del 25 de junio de 1811», *Libro de Actas del Supremo Congreso de Venezuela, 1811-1812. Op. cit.*, vol. 1, pág. 114.

Representantes a confederarse con los límites y las fuerzas con que se hallaban: los Pueblos respetaron, conocieron, y sancionaron la inviolabilidad del principio de statu quo con esta conducta»[41].

Se trataba de pueblos-ciudades que, en última instancia, eran considerados como soberanos. Además, poseían identidad y garantizaban la prosperidad local, argumento adicional en pro de una división del territorio que respetara estas pequeñas entidades. Efectivamente, además de asegurar así la libertad y la igualdad a cada uno de los pueblos en el debate político, la división permitiría una administración adaptada a sus particularidades, «la única apta para mejorar los recursos de su territorio en cuanto a agricultura, industria, educación, buenas costumbres, administración de justicia, y leyes convenientes al local»[42], para elaborar leyes adecuadas. Con esta enumeración percibimos cuán fuerte era la expresión de los «particularismos» que, por lo demás, demostraban una concepción fragmentada de la representación, así como de la dificultad para aceptar una autoridad central sin enseguida ver en ello una merma de la soberanía de los representantes de esas provincias (y más aún de los de las ciudades). Efectivamente, lo que aquí estaba en juego tenía que ver con el *pactus societatis* que unía a los ciudadanos entre sí, y cuya ruptura se hacía imposible en cuanto se admitía la del contrato entre las provincias y la Monarquía. Pero, en este caso, la disolución del cuerpo social sería automática. Ahora bien, Juan Germán Roscio distinguía claramente ambos contratos puesto que, según él, la ilegitimidad del gobierno de la Península generaba de hecho la disolución del pacto de las grandes corporaciones que disfrutaban de una representación territorial, y no el de las «Municipalidades que permanecieron ligadas a sus respectivas cabezas de Provincias. Pretender otra cosa sería destruir toda relación social, anular la dependencia del hijo al padre, del inferior al superior, del soldado al jefe, del esclavo al Señor; y venir a parar en la anarquía»[43].

Semejante análisis, así como el debate en el que Juan Germán Roscio se oponía a los partidarios de la división y la redefinición eventual de los límites provinciales, de alguna manera eran el eco de la controversia entre Hobbes y Locke. Efectivamente, según éste último, la disolución del cuer-

---

[41] «Sesión del 20 de junio de 1811», *El Publicista de Venezuela,* n.° 4, 25 de julio de 1811.

[42] «Sesión del 18 de junio de 1811», *El Publicista de Venezuela,* n.° 2, jueves 11 de julio de 1811.

[43] «Sesión del 18 de junio de 1811», *El Publicista de Venezuela,* n.° 1, jueves 4 de julio de 1811.

po político no perjudicaba en nada la existencia del cuerpo social. En cambio, rompía los nexos de sujeción y devolvía a los vasallos su voluntad propia. Por consiguiente, igual que Hobbes, Juan Germán Roscio distinguía claramente sociedad y cuerpo político, y los dos contratos correspondientes: el *pactus societatis* que funda la sociedad al salir de su estado de naturaleza, y el *pactus traslationis* con el que se reconoce al gobierno, al poder político. Pero no por ello concluía (como lo hacía Hobbes) que la disolución del pacto de sujeción incidía en el devenir del *pactus societatis*. Por, consiguiente, podía darse una disolución del poder político y de los vínculos que unían los vasallos al soberano, caducos en cuanto el poder ya no respondía a las finalidades para las que se había instaurado, mientras que la organización social sí perduraba. De tal modo que, según la teoría lockiana a la cual se referían implícitamente los partidarios de la división, no podía haber «más poder soberano que el que concurre a sus fines [los del *pactus societatis*], tiene sus límites en la ley natural y conserva la forma definida por la convención política inicial»[44]. Por añadidura, este cuerpo social no podía existir sin los nexos que unen a los individuos en función del estatus que tienen en la sociedad. Nexos paténtales, jerárquicos, sociales, en una sociedad de corporaciones, en el seno de la cual el individuo en tanto actor individual, voluntad actuante, no actúa como generador de vínculo social.

Es más bien asimilado al ser aislado y, por definición, incontrolable —a ejemplo de la multitud, su contrario—, que no tiene conciencia de ser miembro de la asociación política. Esto quedaba aún más claro en el análisis de Juan Germán Roscio cuando mencionaba a los esclavos, que no disfrutaban de ningún reconocimiento jurídico y no disponían de ninguna autonomía; por este doble motivo, no eran hombres libres.

Pero, al mismo tiempo, el temor a esta disolución remitía a la especificidad geográfica de Venezuela. Vasto territorio compuesto de regiones donde la densidad de población era muy baja, y por consiguiente con nexos muy flojos tanto entre sus miembros como con el poder, incluso local; verdadera población fronteriza, el retorno al estado de naturaleza, temido como consecuencia de la destrucción de los vínculos primarios, corresponde aquí a una casi-realidad[45]. Pero una realidad negativa que los

---

[44] Gouemot, J. M.: «Les fondements de la pensée politique moderne: de Hobbes a Locke», en Ory. P. (dir.), *Nouvelle histoire des idées politiques*. Paris: Hachette, 1987, pág. 46.

[45] Ver el análisis de E. Marienstras sobre la realidad de este estado de naturaleza en el caso norteamericano, planteado allí de manera positiva debido al fuerte carácter «pastoral»

hombres esclarecidos no asimilaban con el estado de naturaleza ideal ya mencionado, en el que reinaba la ley homónima, dotando a los hombres de derechos inalienables. Este estado no tenía realidad alguna, seguid siendo un principio de filosofía política con vocación legitimadora. El nuevo contrato debía surgir de un estado de naturaleza de principio, a falta de ser el resultado de un proceso histórico.

Las municipalidades aseguraban la permanencia de tal pirámide de interdependencia, estructurando este conjunto de relaciones y confiriendo a la entidad pueblo su omnipotencia soberana. Por ende, el acceso de Venezuela al rango de nación moderna, tal como lo anunciaron ciertos autores en enero de 1811, se topaba con una concepción antigua del cuerpo social. La supresión de los cuerpos no podía considerarse sin que surgiera el temor a la anarquía. Y aun cuando la Declaración de los Derechos publicada el 1° de julio de 1811 otorgara un importante lugar a los derechos y deberes del hombre en sociedad, con atención particular al individuo, lo cierto es que el titulo se refería a los Derechos de los Pueblos y no a los del Pueblo.

En ese debate, la primacía del pueblo, de la ciudad, obstaculizaba una concepción moderna de la nación, compuesta por individuos autónomos y representados como tales. F.-X. Guerra recalca que la aspiración de las ciudades-capitales a ejercer su soberanía explicaba en parte «las dificultades para la formación de la Nación, como consecuencia directa de esta configuración política multi-secular»[46]. Los diputados debían plegarse a la voluntad de los pueblos, eran sus representantes ya que habían recibido de los electores un mandato al cual, en principio, tenían que conformarse. Aun cuando el Congreso debía privilegiar una representación global del país, el objetivo de Fernando Peñalver consistía en elaborar una nueva división del territorio en pequeños Estados soberanos, iguales en términos de población, riqueza y superficie. El conflicto oponía a ciudades que luchaban por el reconocimiento de su igualdad. Al respecto, resultaba significativo que las expresiones utilizadas tanto por los partidarios como por los adversarios de la división para designar al territorio privado de sus antiguos límites provinciales remitieran a imágenes que, en definitiva, eran negativas. Así, entre los adversarios se hablaba de «masa inconstitucio-

---

de la nación, en *Les mythes fondateurs de la nation américaine.* Paris: Editions Complexe, 1992, pág. 137 y sg.

[46] GUERRA, F.-X.: «La ciudad americana, unidad política de base», en *Modernidad e independencias.* Madrid: Mapfre, 1992, pág. 72.

nal»[47], «asociación amorfa e indivisa»[48]; y Manuel Vicente Maya hablaba del peligro de considerar a las provincias de Venezuela «una masa ruda e indigesta»[49]. También los partidarios de la división recurrían a las nociones de masa, asociaciones amorfas, inconstitucionales. Esta terminología no deja de recordar el retorno al estado de naturaleza, también calificado de amorfo y, más aún, incontrolable, que amenaza el cuerpo social garante del mantenimiento de la civilización.

Pero, al mismo tiempo, volvemos a encontrar el enfoque desarrollado por los doctrinarios franceses acerca de la sociedad post-revolucionaria, en su intento de paliar los riesgos de disolución social la cual, según ellos, no podría considerarse como un simple retorno a la anarquía sino, muy por lo contrario, como la base de la reconstitución de la sociedad. Guizot dijo al respecto: «Espero, señores, que no se hagan ilusiones con esas palabras de sociedad disuelta, sociedad que perece, y que discernirán su verdadero significado; se trata de una labor oculta que tiende a separar los elementos para hacerlos entrar en nuevas combinaciones»[50].

La dialéctica salvaje/civilizado seguía una lógica idéntica a la evocada anteriormente acerca de la libertad, entendida no como el reino de las pasiones sino más bien como símbolo de una sociedad organizada y razonable. En este sentido, don Francisco Espejo, presidente de la Alta Corte de Justicia, en un discurso pronunciado con motivo de su juramentación ante el Congreso, definió la expresión «somos libres» estableciendo un paralelo con la asociación de los individuos: «... se ha fundamentado aquella encantadora asociación en que se defiende y protege con toda la fuerza común la persona y los bienes de cada asociado; en que cada asociado, unido a todos los demás, se obedece a sí mismo y queda tan libre como si se hallaba en el estado de naturaleza»[51].

---

[47] «Sesión del 20 de junio de 1811», en *El Publicista de Venezuela,* n° 4, 25 de julio de 1811.

[48] Antonio Nicolás Briceño, diputado de Mérida, «Sesión del 25 de junio de 1811», en *Libro de Actas del Supremo Congreso de Venezuela. 1811-1812. Op. cit.,* vol. 1, pág. 114

[49] Diputado de San Felipe, provincia de Caracas, «Sesión del 25 de junio», en *Libro de Actas del Supremo Congreso de Venezuela. 1811-1812. Op. cit.,* vol. 1, pág. 114-115

[50] *Civilisation en France,* tomo I, pág. 251. Citado por Rosanvallon, P.: *Le moment Guizot.* Paris: Gallimard, 1985, pág. 78.

[51] «Discurso pronunciado por el Señor Don Francisco Espejo, presidente de la Alta Corte de Justicia, al acto de prestar éste el juramento ante el Supremo Congreso de Diputación de Venezuela, 15 de junio», *El Publicista de Venezuela,* n.° 5, 25 de julio de 1811.

Pero esta estado natural roussoniano tampoco debía confundirse con el estado salvaje mencionado, en eco, por la Constitución en el capítulo VIII acerca de los Derechos del Hombre:

> Después de constituidos los hombres en sociedad, han renunciado a aquella libertad ilimitada y licenciosa a que fácilmente los conducían sus pasiones, propias sólo del estado salvaje. El establecimiento de la sociedad presupone la renuncia de estos derechos funestos, la adquisición de otros más dulces y pacíficos, y la sujeción a ciertos derechos mutuos[52].

c) El pacto federativo

La libertad así entendida debía regir no sólo la asociación de individuos sino, al mismo tiempo, el funcionamiento del nuevo gobierno. Ahora bien, en esto también la preponderancia de Caracas era considerada como una traba al proceso. Efectivamente, la confederación a la que aspiraba la mayoría de los diputados no podía resultar operativa si una de las partes, por su importancia, tenía el poder de romper el pacto así establecido, mientras que las demás no tenían la posibilidad de obligarla a honrar sus compromisos. En este sentido, el sistema confederal se definía como una extensión, a nivel territorial, del *pactus societatis* acordado entre los individuos al salir del estado de naturaleza. José Luis Cabrera Charbonier, diputado de Guanarito (provincia de Barinas), demostró claramente este paralelo:

> ... las provincias en su estado actual se hallaban lo mismo que el hombre antes de entrar en sociedad: que para ello era menester formar pactos y estipular condiciones [...]. La Confederación no siendo otra cosa que una sociedad de Provincias, debían haberse establecido y sancionado las bases federativas antes de proceder a qualquiera otra cosa...[53]

El contrato federal tenía que anteceder entonces a la formación del gobierno, que emanaba del contrato entre los individuos. En esto radicaba su legitimidad, puesto que se fundaba en los derechos naturales que le con-

---

[52] *Constitución federal para los Estados de Venezuela, de 1811,* capítulo VIII, sección primera, en *Constituciones de Venezuela. Op. cit.*, pág. 196.

[53] Sesión del 14 de octubre de 1811, *El Publicista de Venezuela,* n° 21, 21 de noviembre de 1811.

cedían la libertad, la igualdad y la soberanía, igual que a los individuos. «Primero deben ser libres, soberanos e independientes los Estados de Venezuela para entrar a celebrar aquel pacto general y decirse después unidos o confederados. Esto no puede verificarse de otro modo que declarando su absoluta independencia de la monarquía y dominación española...»[54]

Un procedimiento distinto, contrario a la naturaleza de las cosas y sobre todo a la razón, invalidaría la formación de la asociación política de los Estados.

Hasta entonces, sólo se había declarado la ruptura de los vínculos del *pactus translationis,* como consecuencia de la incapacidad del rey para gobernar y de su sustitución por un poder ilegítimo en la Península. La fidelidad al monarca[55] constituía el último vínculo entre las provincias y la madre patria. Pero cuando quedó confirmado que la independencia era indispensable para la formación del nuevo contrato, se convirtió en un obstáculo para el ejercicio de su plena soberanía.

En una nutrida intervención, Juan Germán Roscio desmontó esta lógica del contrato entre el monarca y sus vasallos hasta su último punto, que otorgaba a éstos el derecho de proceder a su ruptura. Aunque teóricas —pero por otra parte condenadas y temidas—, la denuncia del contrato y la invocación del derecho a la insurrección para asegurar el retorno de la soberanía a manos del pueblo eran el centro de su argumentación. El juramento al monarca no era incondicional puesto que éste, en definitiva, era sólo un intermediario entre Dios y los vasallos. En la sesión del 5 de julio de 1811, dedicada a la independencia, aludiendo a la teoría del derecho divino y, más particularmente, a las corrientes que se desarrollaron en los siglos XVII y XVIII en cuanto al origen del poder de los reyes, Juan Germán Roscio declaraba:

> Es verdad que el juramento [de fidelidad a Fernando VII] es lo que menos se ha discutido; pero también lo es que, anulado como lo está el contrato de que él es sólo un vínculo accesorio, debe quedar anulado el juramento. Sabido es que aún en los responsables jurados no vale el juramento, anulado que sea el contrato por mutación substancial. Para nuestro bien y no para nuestra ruina, invocamos a Dios en nuestros contratos por

---

[54] Sesión del 3 de julio de 1811, *Libro de Actas del Supremo Congreso de Venezuela, 1811-1812. Op. cit.,* vol. 1, pág. 158.

[55] Expresada en el juramento de fidelidad en abril de 1810, y ratificada con motivo de la instalación del Congreso en marzo de 1811.

> medio del juramento, y cuando éste es un vínculo de iniquidad o de daño, queda disuelto, como el contrato mismo, sin necesidad de pedir dispensaciones. Menos lo necesita el que ahora se controvierte, pues fue condicional y su efecto quedó sometido al Congreso...[56]

Efectivamente, si se aceptaba que Dios era la fuente divina de todo poder, había que aclarar si esta transmisión era mediata o inmediata. Ahora bien, uno de estos intermediarios era el pueblo quien, gracias a la intervención divina en los asuntos humanos, podría ser la fuente inmediata de la autoridad real[57]. Si bien el rey disponía de un poder absoluto y del derecho de legislar, seguía siendo responsable de sus actos ante Dios. Así como sus vasallos estaban ligados al monarca, éste se había comprometido, en el juramento prestado con motivo de su coronación, a asegurar la felicidad política del Estado que le había sido dado dirigir y a respetar los bienes y la libertad de sus vasallos. Una vez roto el contrato, este juramento ya no tenía validez. Menos aún cuando, por sus actos, el monarca contribuía a esta ruptura, puesto que así traicionaba el poder que les había sido conferido por Dios, no siendo el rey sino el intérprete de la voluntad divina. Juan Germán Roscio insistía en este punto: los individuos, pero también los Estados vinculados hasta entonces a la Corona española, tenían el derecho de reasumir su soberanía.

Tratando igualmente de definir la situación de la comunidad tras la constitución de un cuerpo político legítimamente elegido, Francisco Espejo establecía de entrada una distinción entre la libertad tal como se practicaba en el estado de naturaleza, y la libertad ordenada por el principio superior que era la Ley. Y, ya lo hemos observado para 1810 tras la formación de la Junta, el necesario retorno a ese estado de naturaleza con miras a crear un hombre nuevo, lavado de los ultrajes de la conquista y del

---

[56] Sesión del 5 de julio de 1811, *Libro de Actas del Supremo Congreso de Venezuela, 1811-1812. Op. cit.*, vol. 1, pág. 197.

[57] No podemos pretender desarrollar esta problemática que permitiría un acercamiento más estrecho al discurso que estudiamos. Al respecto, ver en particular Barbey, J.: *Etre roi. Le roi et son gouvernement en France, de Clovis a Louis XVI.* Paris: 1992, pág. 573; Guerra, F.-X.: «Révolution française et Révolution hispanique», en *Problèmes d'Amérique Latine.* Paris: La Documentation française n.° 94, 4ème trimestre, 1989, págs. 3-26; Sánchez-Agesta, L.: *El pensamiento político del despotismo ilustrado.* Madrid: Instituto de Estudios Políticos, 1953; Sarrailh, J.: *L'Espagne éclairée de la seconde moitié du XVIIIeme siècle.* Paris: Librairie C. Klincksieck, 1964.

despotismo español, se concebía ante todo como un retorno al orden de la naturaleza. El hombre recobraba así su dignidad, volvía a ser tal como Dios lo había creado. El estatus al que escapaba era el del «salvaje» que, paradójicamente, le había sido impuesto por un poder político y no deseado por la naturaleza que, al contrario, dotaba a los hombres de los derechos inalienables de libertad, igualdad y justicia. Por consiguiente, gracias a la reconquista de esos derechos: «... se han sobrepuesto al abjecto estado de semihombres o semibestias a que los tenia condenados el bárbaro sistema colonial, adoptado por la ambiciosa y avara Corte española desde el descubrimiento de esta nobilísima parte del mundo»[58].

Con esta ruptura, el pueblo volvía a ser soberano y dueño de su destino; gracias a las elecciones, confiaba libremente a sus representantes la tarea de acatar fielmente su voluntad. Así, en estos representantes se operaba una transformación sustancial que confirmaba, además, la permanencia a la cabeza del poder de parte de los hombres que ya mandaban durante la Monarquía. Una observación de Francisco Espejo permite percibir esto cuando, siguiendo con su discurso, declaraba que la expresión «somos libres» también significaba «que el Pueblo antes menospreciado, abatido y conculcado, es ya el Soberano árbitro de su suerte; que sus Representantes conducidos ayer por el impulso de sus caprichos son hoy los exactos executores de su voluntad pronunciada por el organo de la ley» y la ley misma se veía afectada por esta transformación: «... ésta no es ya la regla que se dictaba para felicitar la España y esclavizar la América, sino para centralizar en ella su propia prosperidad del modo que lo mande y quiera el mismo Pueblo, como fuente original de la potestad legislativa ...»[59]

Un pueblo libre constituía la condición sine qua non del acceso a la independencia. Obra de su propia voluntad, este postulado de principio eliminaba todas las dudas en cuanto a la culminación del proceso iniciado. Nada podía ya detener la fuerza de esta voluntad, colocada además bajo el auspicio de lo divino: «No es posible oponerse más tiempo a los decretos de la omnipotencia ni a la voluntad general de hombres dignos de serlo»[60].

---

[58] «Discurso pronunciado por el Señor Don Francisco Espejo, presidente de la Alta Corte de Justicia, al acto de prestar éste el juramento ante el Supremo Congreso de Diputación de Venezuela, 15 de junio», *El Publicista de Venezuela,* n.° 5, 25 de julio de 1811.

[59] *Ibídem.*

[60] Manuel Palacio Fajardo, diputado de Mijagual, provincia de Barinas, Sesión del 5 de julio de 1811, *Libro de Actas del Supremo Congreso de Venezuela, 1811-1812. Op. cit.*, vol. 1, pág. 179.

Nada igualaba al impulso de la libertad y a la fuerza de los hombres ganados a ella, sólo su dignidad. Venezuela, capaz ya de superar todas las contingencias que podían convertirse en obstáculos, estaba en condiciones de lograr su independencia, aunque todavía no dispusiera de todas las ventajas necesarias. Sin embargo, hay que señalar que los análisis sobre el proceso que debía llevar a la independencia divergían según sus actores. Al respecto, los dos autores más significativos fueron Juan. Germán Roscio y Manuel Palacio Fajardo. El primero se expresaba con motivo de un intercambio de correspondencia con Andrés Bello, y el segundo en el Congreso. Ambos se referían a los precedentes revolucionarios registrados en el exterior, cada cual trataba aspectos diferentes y sacaban una enseñanza divergente. Para Manuel Palacio Fajardo, la prueba de que Venezuela podía y debía ser independiente partía de la constatación según la cual Roma, antes de formar un vasto imperio, sólo era una simple villa, y Gran Bretaña una pequeña isla sin recursos; pero, lejos de comparar el estado de su país con estos dos ejemplos, consideraba que la extensión del territorio era conforme a los criterios requeridos para acceder al rango de nación, y que además estaba dotado de ventajas más considerables. Y definía Venezuela como sigue: «Un terreno dilatado y feraz, poblado de hombres ilustrados y fuertes, es bien acreedor de elevarse al rango de nación»[61].

Por consiguiente, estos ejemplos probaban que, al revés, no cabía duda acerca del éxito del proceso iniciado. Juan Germán Roscio, mucho más pragmático en su análisis, convencido del excito de la revolución en curso, partía al mismo tiempo de la constatación contraria con el fin de, primero, relativizar los errores cometidos. Países como los Estados Unidos y Francia también habían tenido que romper con un régimen de opresión para realizar su revolución pero, a diferencia de Venezuela, tenían los conocimientos necesarios para guiarlos en sus decisiones. Ahora bien, constataba Juan Germán Roscio, —aún así— habían evitado los extravíos: prueba de ello, la necesidad en que se vieron de reformar reiteradas veces sus tratados de confederación y su Constitución. Incluso Francia, que se había beneficiado de las enseñanzas de Voltaire y Rousseau, también había cometido graves errores. Por consiguiente, los errores comoditos en Venezuela no eran tan condenables como podía parecer a primera vista. Juan Germán Roscio estimaba que, al contrario, lo que se había logrado hasta entonces era inesperado tomando en cuenta los impedimentos iniciales.

---

[61] *Ibídem,* pág. 180.

> A pesar de nuestras errores y de nuestra ignorancia, yo admiro los progresos del sistema, y los comparo con los de otras naciones que ya eran ilustradas cuando [...] reformaron su gobierno, y cuando se hicieron independientes eran ricas y pobladas. Pero nosotros, sin población, sin riquezas, sin armas y sin ilustración, hemos llegado milagrosamente al estado en que nos hallamos, y progresamos porque nuestra independencia y libertad es obra divina...[62]

Mientras que Manuel Palacio Fajardo forzaba un tanto la realidad a fin de demostrar lo importante y lo ineludible de la revolución, Juan Germán Roscio, por su parte, prefería conformarse a ella y hasta criticarla para poner en relieve las acciones y, a la vez, legitimar las decisiones tomadas así como los errores que entrañaban. Pero, para estos dos hombres que revelaban así su visión providencialista de la Historia, no cabía duda de que existía una fuerza superior, Dios, que impulsaba los principios de libertad y omnipotencia divina, expresados por el pueblo soberano que adquiría así un carácter sagrado a través de esos principios que le llevaban a la acción.

A este primer argumento se agregaban las características propias del subcontinente americano: «colonias» alejadas y superiores en términos de población y territorio, que reivindicaban el derecho de gobernarse por sí mismas al haber salido de la infancia para acceder al rango de nación. Sin embargo, el gobierno interior se piensa a nivel de las provincias y, en su seno, de las ciudades, tal como lo podemos leer en esta definición de la confederación propuesta por Francisco Javier Yanes:

> Yo entiendo que Confederación no es otra cosa que la asociación de varios Estados libres, soberanos e independientes que, queriendo conservarse en libertad de gobernarse cada uno por sus propias leyes, y no teniendo bastante fuerza para resistir los insultos de sus enemigos, se unen por medio de un pacto general y perpetuo para ver si encuentran en esta unión las fuerzas necesarias a mantener su seguridad, cediendo cada confederado una parte de la soberanía para constituir un jefe común; de suerte que no parezca más que un sólo cuerpo, al paso que cada Estado conserve su soberanía para los asuntos de su gobierno interior[63].

---

[62] «J. G. Roscio a A. Bello, 9 de junio de 1811», en *Escritos representativos.* Caracas: ed. de la Presidencia, 1971, pág. 55.

[63] Sesión del 3 de julio de 1811, *Libro de Actas del Supremo Congreso de Venezuela, 1811-1812. Op. cit.*, vol. 1, pág. 158.

La unión era dictada esencialmente por una necesidad de orden externo, y no tanto por el deseo de lograr una legislación común, la única apta para fundar un cuerpo político homogéneo, una nación. La soberanía era única cuando se consideraba las relaciones con el exterior, pero era múltiple para todo lo que tenía que ver con la administración interna. Sólo ésta les parecía capaz de suscitar la adhesión de comunidades apegadas ante todo a su provincia, a su villa, primera etapa hacia un más amplio sentimiento de pertenencia.

2. La participación política sometida a la prueba de los hechos: el «pueblo» y la independencia

Si bien la puesta en práctica del proceso electoral desde junio de 1810, y luego la instalación del Congreso constituyente, marcaron la primacía de la soberanía de los pueblos en detrimento del pueblo cuya capacidad racional para elegir en función de la felicidad general se ponía en duda, lo cierto es que un nuevo actor hizo irrupción en el campo político: el individuo-ciudadano.

Refiriéndose al principio del Pueblo Soberano, el recurso a la consulta por las urnas se hallaba, de hecho, en el centro mismo del dispositivo político y como tal se presentaría en la Constitución ratificada en diciembre de 1811. No obstante, quedaban confirmadas unas condiciones precisas para adquirir este derecho a la participación:

> El derecho del pueblo para participar en la legislatura es la mejor seguridad y el más firme fundamento de un Gobierno libre; por tanto, es preciso que las elecciones sean libres y frecuentes, y que los ciudadanos en quienes concurren las calificaciones de moderadas y demás que procuran un mayor interés a la comunidad, tengan derecho para sufragar y elegir los miembros de la legislatura...[64]

Sin embargo, cuando se pasó de esta teorización de la acción a la realidad de la consulta de los miembros de la comunidad, fue un pueblo muy diferente el que surgió, mucho más peligroso que el que había sido idealizado por las élites al poder. Su ignorancia ya no lucía apta para sostener, milagrosamente, acciones nacidas de la sana razón. Su ansia de libertad sólo

---

[64] *Constitución federal para los Estados de Venezuela de 1811,* capítulo 8, sección segunda, artículo 182, en *Constituciones de Venezuela. Op. cit.*, pág. 199.

fue dictada por las pasiones que lo agitaban, y la fuerza de la elocuencia ya no bastaba para contenerlo.

a) El imposible recurso a la consulta

Los debates que jalonaron el año de 1811 dan fe del carácter tangible de esta división entre la élite instalada en el poder —legítimamente desde noviembre de 1810— y aquellos que, virtualmente dotados de la calidad de ciudadanos, constituían no obstante una parte de la población a la cual sus representantes pretendían apartar de la vida política. Sólo la garantía del modo de elección de segundo grado adoptado por la Constitución, así como las limitaciones para ejercer el derecho al voto, permitieron posteriormente que figurara en la Constitución un artículo al respecto, puesto que previamente se había trazado la frontera entre los ciudadanos-electores y los demás.

Pese a todas estas precauciones, tanto oratorias como legislativas, el problema de la participación política y de sus peligros quedó planteado desde las sesiones de julio, en cuanto a lo oportuno de promover el proceso que debía llevar a la independencia. El debate tenía que ver precisamente con la necesidad o no de consultar a la población pues, según algunos, los diputados sólo habían sido elegidos para proceder a una revisión constitucional. Por ende, no podían pronunciarse sobre la independencia sin extralimitarse en cuanto a los derechos otorgados por el mandato que habían recibido de los electores.

Uno de los diputados, Francisco Javier Yanes, iba más lejos aún en este análisis, al referirse directamente a los individuos y no a los pueblos. La soberanía adquirida teóricamente desde 1810 era esencialmente delegada al pueblo por el Verbo. Pero en cuanto a dejar que interviniera para manifestar claramente su voluntad, había un paso que muy pocos deseaban dar.

Las razones invocadas en contra de la consulta a los pueblos (y pocas veces al pueblo), debatidas esencialmente durante las sesiones del 3 y el 5 de julio, eran ante todo de orden institucional[65]. José Angel Alamo, diputado de Barquisimeto (provincia de Caracas), recordaba que el reglamento de las elecciones de junio de 1810, en virtud del cual habían sido elegidos, les confería el derecho de proceder a toda reforma considerada como favorable para la comunidad. La independencia entraba perfectamente en

---

[65] Al igual que el debate sobre el otorgamiento de derechos para los pardos, los temas relativos a los problemas sociales quedaron ocultados en los debates por una argumentación constitucional y jurídica.

esta definición, en la medida en que permitía que el país y sus habitantes ejercieran plenamente sus derechos y apuntaba a mejorar la situación del pueblo. Así pues, se pronunció a favor de su inmediata proclamación, sin consulta previa.

Antonio Nicolás Briceño, en esta misma lógica, se declaró «convencido de que todos ellos [los pueblos] saben que hacia ella [la independencia] nos dirigimos desde que reasumimos nuestros derechos...»[66] El recurso a la definición administrativa y territorial del pueblo permitía obviar la ignorancia del pueblo, enarbolada en otras oportunidades.

En cuanto a los argumentos de Francisco Javier Yanes, eran inequívocos. Contrariamente a los demás diputados, rehusó consultar a los individuos. Consideraba que los elegidos tenían el deber de forzar, de alguna manera, el curso de la Historia, en la medida en que sus «luces» les permitían distinguir el bien común mejor que el resto de la población. Basaba su argumentación, por una parte, en una hipótesis teórica: la unanimidad no podía darse ni siquiera en los asuntos tocantes a la felicidad común y, por ende, eran los representantes quienes debían pronunciarse directamente, sin consultar a los electores: «Los asuntos de esta naturaleza [la independencia] jamás deben depender del capricho de cada individuo, porque no todos tienen igual interés en ellos, ni un mismo deseo de la felicidad común»[67].

Y, por otra parte, también basaba su argumentación en el análisis histórico del 19 de abril de 1810:

> Si Caracas hubiera emprendido consultar a los Pueblos para la deliberación del 19 de Abril, ciertamente estaríamos todavía baxo la tiranía del Gobierno europeo porque cada uno hubiera reputado por imposible la empresa, y ninguno se hubiera resuelto a tomar parte en ella. [...] y si las circunstancias son distintas, no por eso dejan de ser bien críticas las presentes, que no permiten inquirir la voluntad de todos y cado uno en particular sin exponernos a un sacrificio, o que se cubra de dudas y dificultades un negocio tan importante[68].

---

[66] Sesión del 5 de julio, *Libro de Actas del Supremo Congreso de Venezuela, 1811-1812. Op. cit.*, vol. 1, pág. 179.

[67] Sesión del 3 de julio, *El Publicista de Venezuela,* n.° 12 de septiembre de 1811. Hemos utilizado aquí la relación de los debates publicada en *El Publicista de Venezuela,* pues esta intervención de Francisco Javier Yanes no figura en el *Libro de Actas del Supremo Congreso de Venezuela.*

[68] *Ibídem.*

Moderno en su aprehensión de la consulta basada en la expresión de cada individuo y su capacidad de emitir una opinión particular, el análisis de Francisco Javier Yanes también mostraba que había captado inmediatamente sus riesgos en el contexto propio del país y con respecto a los intereses que la declaración de independencia ponía en juego.

b) La presión de la opinión

Hay que hacer la correlación entre esta advertencia de Francisco Javier Yanes y el tema de la opinión pública, largamente debatido durante la sesión del 2 de julio. Ciertos diputados así lo expresaron, para escapar a la influencia que la opinión pública podía ejercer en sus decisiones. En el centro de esta polémica había tres motivos.

Por una parte, el problema de la influencia de la Sociedad Patriótica de Caracas, presidida por Miranda, que representaba una corriente de pensamiento mucho más radical que el de la mayoría del Congreso, independientemente de que algunos diputados fueran miembros de esta Sociedad, tal como ya hemos visto. Partidarios de una independencia inmediata, asustaban a los más moderados, tanto más cuanto que la Sociedad Patriótica acogía en su seno una importante cantidad de pardos y hasta de esclavos. Además, era sospechosa de haber provocado las manifestaciones populares que se habían dado en la ciudad. En el seno del Congreso se temía particularmente la influencia de Miranda, y este recelo se percibía en la reticencia con que se le daba la palabra, y hasta se le negaba. Así, el secretario encargado de transcribir los debates señalaba que lo largo de sus intervenciones no le permitía registrarlas integralmente[69]...

Juan Germán Roscio, en una carta dirigida a Andrés Bello criticaba fuertemente las actuaciones de Miranda —según él imputables, en parte, a su amargura por no haber sido elegido jefe del Ejecutivo— y establecía un nexo directo entre éstas y los disturbios urbanos:

---

[69] Lo que escribió en la sesión del 3 de julio fue lo siguiente: «El señor Miranda cuyo discurso no pudo tomarse literalmente por un accidente imprevisto, sostuvo la necesidad de la Independencia con razones muy sólidas, que formaron un enérgico y largo discurso». Sesión del 5 de julio de 1811, *Libro de Actas del Supremo Congreso de Venezuela. 1811-1812. Op. cit.*, vol. 1, pág. 155. En otra oportunidad, se le reprochará el haber tomado ya la palabra y su solicitud de intervenir será rechazada.

> Malcontento con los vocales que no le dieron su sufragio en la elección de empleos de primer orden, y con otros innumerables, no ha dejado desde entonces de sembrar la discordia y el chisme en este vecindario. Jamás trata de conciliación entre los malavenidos. Por el contrario, fomenta las desavenencias, y ahora aspira a sacar de ellos y de la gente de color, su partido. Cesaron los rumores de los españoles europeos descontentos con nuestro gobierno. Cesaron las fábulas con que frecuentemente procuraban turbar nuestro nuevo orden de cosa, y recuperar el mando y preponderancia antigua. Pero sucedieron en su lugar los chismes, cuentecillos y pasos indiscretos de nuestro paisano con respecto a la gente de color, demasiado lisonjeado con sus visitas, conversaciones y palabras significativas de ideas liberalísimas[70].

Aunque la influencia de la Sociedad Patriótica no se abordaba directamente, el temor en algunos diputados de verse rebasados por sus miembros —de ideas demasiado liberales— se dejaba sentir en el contenido de los discursos, en los cuales se establecía un paralelo entre la situación del Congreso y la de la Convención francesa, que había tenido que padecer la tiranía de los clubes revolucionarios por intermedio de Robespierre. No obstante, a algunos de sus miembros, deseosos de dar cuenta de sus actividades en el seno de la sociedad y de hacer pública su voluntad de declarar inmediatamente la independencia, les fue acordado participar en la sesión del 4 de julio.

Este conflicto de alguna manera materializaba la existencia, en el seno mismo de la élite política, de tensiones difícilmente conciliables en materia de participación. Se trataba, por una parte, del principio de participación directa, tal como lo planteaba la Sociedad Patriótica, que reivindicaba el derecho de intervención en el debate político, y por añadidura dentro del Congreso —el lugar mismo de la representación—, demostrando así que existía el embrión de una modernidad política. Y por otra parte, se trataba de la participación por delegación, tal como estaba previsto en los textos electorales que reservaban su ejercicio para sus miembros más dignos,

---

[70] J. G. Roscio a A. Bello, 9 de junio de 1811, en *Escritos representativos. Op. cit.*, pág. 54. Esta contradicción entre la animosidad de los políticos respecto de Miranda y el fervor popular del que éste gozaba, ha sido señalada por Salcedo Bastardo, J. L.: *Historia Fundamental de Venezuela.* Caracas: Instituto de Previsión Social de las Fuerzas Armadas, 1972, pág. 284-285.

colocando así el poder en manos de grupos restringidos, incluso de unas pocas familias.

Otro interés en juego en este debate también tenía que ver con la influencia de Caracas y su peso excesivo, con relación al de las demás provincias, en términos de decisiones. Los diputados de las ciudades del interior temían sobre todo que las orientaciones del Congreso no fueran dictadas sólo por su voluntad. Además de los argumentos esgrimidos para la división de esta provincia, aquí se trataba de Caracas en tanto sede del poder y de la presión de su opinión pública en el Congreso. Antonio Nicolás Briceño consideraba incluso que el rechazo de Cumaná a reconocer el Poder Ejecutivo era directamente imputable a esta preponderancia de Caracas, que pretendía representar por sí sola a la opinión de toda Venezuela. Ahora bien, el simple hecho de que esta ciudad contara en su seno con hombres esclarecidos, lo que Briceño llamaba «la opinión general de la parte sana de Caracas»[71], no le daba el monopolio de la expresión. Evidentemente, los hombres que compartían este análisis no lograban concebir la expresión de una opinión diferente —la de los hombres esclarecidos de Caracas— que no estuviera automáticamente dirigida en contra de los particularismos regionales y, por ende, no podían poner en tela de juicio la existencia de estas entidades, así como los poderes que emanaban de ellas. Briceño hacía así una correlación entre opinión y soberanía, confirmándonos que la tan ansiada nación era ante todo una yuxtaposición de provincias sin identidad común, o por lo menos que sus élites no eran capaces de concebirla: «...todas [las provincias] tienen su soberanía particular, sus peculiares intereses, y, por consiguiente, su opinión pública, sobre la cual no influiría nunca la de Caracas»[72].

Más allá de esto, era la expresión individual la que estaba considerada como una amenaza contra un Congreso que se definía ante todo como una confederación de Estados independientes y soberanos, cuyos diputados eran sus fieles representantes. Valiéndose de este principio, sus miembros se convencieron de que había que evitar los errores cometidos por la Convención, cuyo despotismo fue imputable no tanto al cuerpo legislativo sino más bien a los abusos de un hombre, Robespierre, y de sus sectadores que se habían arrogado la opinión pública a través de sus clubes. Lo que Fernando Peñalver temía era esa tiranía que la opinión pública pudie-

---

[71] Sesión del 2 de julio, *Libro de Actas del Supremo Congreso de Venezuela, 1811-1812. Op. cit.*, vol. 1, pág. 138.

[72] *Ibídem.*

ra ejercer en el Congreso, mientras que para los miembros de la Sociedad Patriótica, al contrario, la opinión tenía como misión evitar que «el Congreso se convirtiera en déspota»[73]: «... No puedo permitir que se diga que es imposible que 40 hombres no puedan abusar de la autoridad»[74].

Refiriéndose a los antecedentes de Grecia, Francia e Inglaterra, donde la tiranía de las asambleas había sumido esos países en luchas sanguinarias, concluía con la necesidad de tener presente esos ejemplos: «Esta ignorancia de la Historia no puede ser muy ventajosa a un legislador, y si se oyese mejor la opinión pública y se atendiese a la de esa Sociedad Patriótica, tan injustamente denigrada, se vería que no se incurría allí en semejantes errores»[75].

Briceño refutaba ese análisis, persuadido de que la garantía de un Congreso no despótico no se basaba en la vigilancia de la opinión, sino más bien en el carácter colegiado de su dirección, así como en la cantidad de diputados, que permitía de por sí la expresión de una pluralidad de opinión, ofreciendo una muralla suficiente contra los peligros de monopolización del poder por parte de un sólo hombre. Fernando Rodríguez, marqués del Toro, diputado de Caracas, consideraba que era necesario aislar a los diputados del «resto del pueblo» para elaborar las leyes y la Constitución en condiciones satisfactorias. Las acusaciones de tiranía no le parecían fundadas, en la medida en que los diputados habían sido legítimamente elegidos, lo cual constituía para él una garantía suficiente de su buena fe, a lo que se agregaba el fervor patriótico que habían demostrado desde entonces. Aun cuando no quería desentenderse de las desviaciones en las que pudieran incurrir los elegidos, el análisis del marqués del Toro pretendía ante todo ser legitimista. Sin llamarse a engaño, consideraba que esa muestra de confianza a priori era indispensable para seguir adelante con la labor legislativa. Tanto más cuanto que estaba consciente de que a la mayoría de los diputados les faltaba experiencia en la materia. Por ello, afirmaba: «Jamás he querido divinizar a los diputados, ni probar que son incapaces de errar»[76].

---

[73] *Ibídem,* pág. 137.

[74] Sesión del 2 de julio, *Libro de Actas del Supremo Congreso de Venezuela, 1811-1812. Op. cit.*, vol. 1, pág. 138.

[75] *Ibídem,* pág. 139.

[76] Sesión del 2 de julio, *Libro de Actas del Supremo Congreso de Venezuela, 1811-1812. Op. cit.*, vol. 1, pág. 136-137.

Sin embargo, los partidarios de mantener el Congreso en Caracas también aducían la inexperiencia de los diputados. En la capital, la presencia de una opinión pública esclarecida, capaz de contribuir con el Congreso, no podía sino ser favorable, sin peligro de afectar su calidad de representante de la voluntad general y el carácter independiente de sus decisiones, más 'bien al revés. Ante esta constatación, José de Sata y Bussy se convirtió en el más ardiente defensor del mantenimiento en Caracas, así como del papel positivo de una opinión pública esclarecida que tuviera derecho a tomar la palabra en las asambleas. Sin embargo, al leer cuidadosamente sus intervenciones, parece que su juicio estaba también dictado por el temor a los desbordamientos de otra opinión, la del pueblo real que dominaba en el resto del país, tercer interés en juego en este debate. Aunque, teóricamente no se mostrara de ahí en adelante opuesto a la instalación del Congreso fuera de la capital, agregaba con respecto a la situación presente del país:

> Somos ahora hombres nuevos en la ocupación en que estamos, y nadie podrá negar que necesitamos de algunas luces más que las nuestras, y éstas están en la opinión pública. Sin ella, en un desierto, lejos de toda comunicación con la capital y con el resto del universo, no sería muy raro que errásemos o cayésemos en parcialidad, por no tener a la vista la brújula de la opinión pública[77].

Tras establecer una comparación entre el presente y un indeterminado porvenir en el que los hombres ya habrían ampliado sus conocimientos gracias a estas experiencias y a la ayuda de la opinión pública, su conclusión era la siguiente: «No será, entonces, los inconvenientes de esa fermentación popular que tanto se teme, lo que hará útil la traslación del Congreso, sino las ventajas de una situación más central; fija ya y propagada universalmente la opinión pública, éste podrá trasladarse a cualquier parte...»[78]

La omnipotencia de la razón versus la multitud ignorante: tal parecía ser el lema de los diputados, aunque algunos no podían estar de acuerdo cuando había que defender los intereses de su provincia, con quienes consideraban que «las luces» se localizaban solamente en las ciudades, y sobre todo en Caracas. Por consiguiente, el pueblo era soberano pero le tocaba a la parte sana, esclarecida y urbana, así como a sus elegidos, tomar las decisiones capaces de asegurar su felicidad, tal como lo proclamaba el diputado José de Sata y Bussy:

---

[77] *Ibídem,* pág. 135.

[78] *Ibídem.*

> La opinión pública no es el poder, es sólo la suma de todas las opiniones y estas opiniones no pueden formarse sin conocimientos; y ¿podrán hallarse éstos en los pastores, en los labradores o en los campesinos que ignoran hasta los nombres de los que gobiernan? La opinión pública, en materia de gobierno, reside sólo en las grandes ciudades y no en las aldeas ni en las cabañas, y mucho menos en América, donde el gobierno anterior tuvo siempre cubiertos de una bayeta negra hasta los vecinos de las capitales...[79]

Siempre según José de Sata y Bussy, si bien se podía considerar que ciudades como Cumaná y Caracas escapaban en cierta medida a esta pesada rémora, era sobre todo en Caracas donde se hallaban concentrados algunos hombres esclarecidos de los que podía vanagloriarse el país. Al mismo tiempo, los diputados debían dedicarse, entre otras tareas, a combatir esas opiniones erradas que circulaban entre los ciudadanos, y generaban manipulaciones hacia ellos por parte de ciertos electores que, en las provincias, se habían atribuido un derecho de representación, siendo que sus funciones hubieran debido cesar con la elección de los diputados. Tal desviación de la representación demostraba los peligros de la irrupción de esa otra opinión, la que escapaba de alguna manera a las autoridades, y que era rápidamente asimilada a las facciones, por una parte, y a las pasiones populares, por otra.

Para obtener el derecho a la expresión había que tener los conocimientos suficientes, de los que precisamente carecían las villas y los pueblos del interior. Debido a la ignorancia de la población, los riesgos se deslizaban al plano de las luchas que los caciques locales libraban contra los representantes de una entidad pretendidamente nacional pero que seguía siendo en realidad una yuxtaposición de provincias; en ambos sectores, esos hombres defendían intereses locales, a veces opuestos a los proyectos de independencia. Representaban una amenaza porque se habían apoderado del espacio político por medio de las prácticas electorales modernas inauguradas en 1810, evidenciando las tentativas por parte de estas antiguas oligarquías de utilizar su influencia tradicional y el poder de las redes que manejaban, para conservar el control de las Municipalidades y, a la vez, ocupar un escaño en el Congreso. Los electores así señalados eran califi-

---

[79] Sesión del 2 de julio, *Libro de Actas del Supremo Congreso de Venezuela, 1811-1812. Op. cit.*, vol. 1, pág. 142.

cados de egoístas y facciosos que abusaban de la credulidad de sus conciudadanos. Francisco Javier Yanes, defensor de la autoridad del Congreso en su calidad de presidente, consideraba que sólo la independencia haría cesar sus acciones, demostrando así la ruptura total del país con el rey y con España:

> Estoy persuadido de que la Independencia disipará estas cábalas e intrigas, pues con el sólo hecho de publicarse cesarán las imputaciones que nos hacen los enemigos de nuestra felicidad, con las cuales forman sus partidos, y se desengañarán de que nosotros estamos resueltos a morir antes con las armas en las manos que entregarnos como esclavos a los antiguos mandones[80].

Si bien hasta entonces el carácter indefinido del sistema adoptado, así como la ambigüedad de la posición del nuevo poder respecto de España, podían dar argumentos a los enemigos internos, favoreciendo la eclosión de «tantas opiniones como individuos existentes», la independencia iba a permitir establecer una confederación dotada de una Constitución garante de la estabilidad política contra la confusión de ideas, asegurando así la victoria de los representantes contra las maniobras y lo arbitrario de los facciosos que se aprovecharon del estado de ignorancia de la población.

El estudio de los documentos que enmarcan cronológicamente la independencia revela que ésta, por encima de las justificaciones externas vinculadas a un análisis más político de la situación del país con respecto al resto del mundo y a la evolución de la coyuntura de la Península, primero se vio retrasada y luego proclamada precisamente debido a la ignorancia del pueblo. Se utilizaron entonces los términos más duros para designar a esa parte de la población menos ilustrada. En este contexto, la palabra «pueblo» no abarcaba al conjunto de los ciudadanos del país sino más bien a la plebe, a la multitud proclive a las turbulencias y las pasiones, en oposición al patricio. El apego del pueblo a «su» rey constituía el principal obstáculo invocado para justificar el aplazamiento de la independencia, apego que tenía que ver, según las élites, con la superstición y hasta con el fanatismo. ¿Cómo, entonces, proclamar la ruptura con Fernando VII sin correr el riesgo de provocar perturbaciones dentro de una población carente de los conocimientos necesarios para comprender el verdadero alcance de tal decisión? Todos invocaron entonces la necesidad de enseñar-

---

[80] Sesión del 3 de julio, *Libro de Actas del Supremo Congreso de Venezuela, 1811-1812. Op. cit.,* vol. 1, pág. 160.

le sus derechos. En mayo, Juan Germán Roscio declaró que se necesitaría tiempo para llenar tales lagunas, asignando esta función, también, a los elegidos: «Es necesario que los encargados del Gobierno naciente sean los primeros que con la palabra y con las obras enseñen la fraternidad»[81].

Con motivo del debate sobre la declaración de la independencia, José María Ramírez, diputado de Aragua de Barcelona (provincia de Barcelona), justificaba las decisiones tomadas al crearse la Junta en abril de 1810, afirmando que el nombre de Fernando había servido de garantía para no poner a la población en estado de alarma. Según él, el momento era tan crítico que se hacía necesario «economizar las innovaciones»[82] y conservar el nombre del rey aunque, por su parte, los hombres esclarecidos ya se habían convencidos de que no éste era sino «un rey imaginario, de burla y de farsa»[83], mientras que «el vulgo [seguía creyendo] que los reyes vienen de Dios»[84]. Juan Germán Roscio también recalcaba esta diferencia entre el hombre esclarecido y el hombre vulgar:

> Dos juramentos habíamos prestado a Fernando cuando se instaló el Congreso, uno en 15 de julio de 1808 y otro en 19 de abril de 1810; pero el primero lo arrancó la fuerza, y el segundo la ignorancia y la necesidad de no alarmar a los pueblos; los hombres ilustrados sabían todo lo que saben ahora, pero el despotismo había embrutecido de tal manera a la multitud que fue prudencia no chocar abiertamente con ella[85].

No es nuestro propósito insistir en el tema de la sinceridad de estos argumentos y saber si la élite que participó en la formación de la Junta en abril de 1810 ya deseaba declarar la independencia del país. Lo que más importa es ver que en su discurso existía también la aguda percepción del hiato que separaba a las élites, con sus ideales, del resto de la población, así como la creencia casi vana en la omnipotencia de las palabras y en su capacidad

---

[81] J. G. Roscio a D. González, 6 de mayo de 1811, Archivos FBC.

[82] Sesión del 3 de julio, *Libro de Actas del Supremo Congreso de Venezuela, 1811-1812. Op. cit.*, vol. 1, pág. 154.

[83] J. G. Roscio a D. González, 15 de febrero de 1812, Archivos FBC.

[84] Francisco Hernández, diputado de San Carlos, provincia de Caracas, Sesión del 3 de julio, *Libro de Actas del Supremo Congreso de Venezuela, 1811-1812. Op. cit.*, vol. 1, pág. 153.

[85] Sesión del 5 de julio, *Libro de Actas del Supremo Congreso de Venezuela, 1811-1812. Op. cit.*, vol. 1, pág. 183.

de influir en la política y en las mentalidades, sobre todo para lograr la unidad de la comunidad en torno a un proyecto que se definía como nacional. La sacralidad revestida por los dos actos fundacionales como expresión de la palabra republicana en cuanto a la declaración de la independencia y, para retomar la distinción propuesta por Luis Castro Leiva, como «resurrección de la libertad del habla a través de la sacralidad de su textualismo»[86], en cuanto a la Constitución, daba fe de este procedimiento discursivo, cuyos objetivos eran didácticos, y donde la elocuencia jugaba un papel fundamental. Dentro de ese dispositivo, la Constitución tenía la misión de pautar derechos y deberes una vez lograda la independencia, y de exponer los límites de esta libertad recobrada por un pueblo que la descubría al mismo tiempo que la proclamaba, en tanto soberano teórico.

3. Ciudadanía y participación política en la Constitución de 1811

Desde el principio de la independencia ratificada por el Congreso, y hasta la ruptura ocasionada por la llegada de las tropas españolas en febrero de 1812, modificando así las prioridades, con repercusiones importantes en cuanto a los actores señalados por el discurso, el ciudadano en el sentido lato del término[87] se presentaba como la figura central. Por los derechos aferentes de este estatus que señalaba al hombre libre, este ciudadano encarnaba la modernidad política ya que disfrutaba de los derechos civiles, en oposición a los vasallos. Ese paso del estado de vasallo al de ciudadano implicaba teóricamente la transformación del hombre políticamente inmaduro en un ser dotado de razón y, por ende, apto para integrar los conceptos modernos. Verdadera «generación espontánea», su aparición era

---

[86] Castro Leiva, L.: «La elocuencia de la libertad», en *De la patria boba a la teología bolivariana*. Caracas: Monte Ávila Editores, 1991, pág. 27. En el sentido de libertad del lenguaje, de la palabra, al servicio de la persuasión.

[87] Efectivamente, conviene recalcar la ambivalencia del término, que sirve para designar a los venezolanos en su conjunto, libres e iguales ante la ley, pero también a los «ciudadanos» que tenían la capacidad de ejercer derechos políticos. Con respecto a esta indefinición del lenguaje (entre las palabras «venezolanos», «ciudadanos», «ciudadano activo») que también se registró en la Francia revolucionaria, dentro del discurso tanto político como constitucional, ver Nicolet, C.: «Citoyenneté française et citoyenneté romaine. Essai de mise en perspective», en *La nozione di «romano» tra cittadinanza e universalitá, Actas del 11 Seminario internacional de estudios históricos «Da Roma alla terza Roma», 21 al 23 de abril de 1982.* Roma: Edizioni Scientifiche Italiane, Co. Documenti e Studi, 1982, págs. 145-173.

consustancial con la accesión del país a la independencia, estaba totalmente orientada hacia el porvenir y deslastrada de todo compromiso con el pasado. Rompía así con los vicios ligados al sistema político que lo caracterizaba. Si creemos lo dicho por el marqués del Toro en vísperas de la declaración de independencia, ni siquiera hacía falta la educación política de este ciudadano:

> Tal vez algunos de mis condiputados se habrán propuesto el digno objeto de hacer entender al pueblo lo que es independencia; pero yo estoy seguro de que todos conocen la significación de esta palabra y que nadie confundirá con la licencia y el libertinaje, porque si las Monarquías se sostienen y apoyan en los vicios y la corrupción de los vasallos, las Repúblicas fundan su existencia en las virtudes de los ciudadanos[88].

Así, tan pronto como se dio la independencia, la unión estaba supuestamente lograda y la opinión resultaba unánime. Además, la independencia confería a todos los miembros de la comunidad política el título ya no de ciudadanos sino el de ciudadanos venezolanos, incluso para todos aquellos que habían escogido voluntariamente a este país como patria. Partiendo de ahí, el gobierno surgido de la independencia estaba llamado a ser «productivo [...] de la concordia y unión que reinará generalmente entre hermanos de una propia familia sin acordarse de los lugares de su nacimiento. Quiero decir: venezolanos todos por consideración privada y recíproca y por estrechos vínculos sociales; venezolanos todos por el espíritu público de amor y de respeto hacia el Gobierno; y todos, en fin, fieles súbditos del Estado de Venezuela, resueltos a conservarlo, mantenerlo y morir antes que permitir su destrucción»[89]. Pero, tal como se estipulaba en este decreto, además de su calidad de ciudadanos venezolanos —lo cual ciertamente les confería derechos pero sobre todo deberes respecto del gobierno y de su patria—, los individuos eran declarados «súbditos del Estado», una expresión de fuertes reminiscencias monárquicas. El vínculo se restableció de alguna manera entre la cabeza del cuerpo político y sus miembros, colmando el vacío generado por la ruptura con el rey. Según esta lógica, a la Constitución se le asignaba la misión de resolver esas relaciones para proteger a la patria contra las amenazas de disolución que pesaban sobre

---

[88] Sesión del 5 de julio de 1811, *Libro de Actas del Supremo Congreso de Venezuela, 1811-1812. Op. cit.*, vol. 1, pág. 193-194.

[89] Decreto del 8 de julio de 1811, *Gazeta de Caracas,* 13 de julio de 1811.

ella, y para lograr crear ese espíritu público del que carecía, sin el cual el futuro del país quedaba comprometido. La población debía adquirir la conciencia de que, en adelante, tenía que asumir la supervivencia de su patria. «El Gobierno ha hecho presente más de una vez que la Patria está en peligro, que no hay orden ni espíritu público, y que el único medio que puede ponernos a salvo es la Constitución...»[90]

Aquí también, ciertamente, estaba presente el ciudadano en tanto actor, pero más a menudo como simple testigo de lo que iba a desarrollarse, confirmando con esto la división planteada por la adopción de un modo de sufragio casi universal en su principio, pero que con la instauración de las elecciones de segundo grado, descartaba de hecho a una gran cantidad de ciudadanos para provecho de una minoría que determinaba la representación en la cima del poder. En este caso, volvemos a encontrar la primacía otorgada a la parte sana del pueblo desde la formación de la Junta, el 19 de abril. Efectivamente, si bien se invocaba al pueblo, éste no «actuaba» sino a través de sus representantes. En cuanto a los ciudadanos en su conjunto, a saber: todos los hombres libres que disfrutaban de sus derechos cívicos, testigos y actores fuera del ámbito del «hacer», aderezados con todas las virtudes y considerados como la encarnación de la unidad y la adhesión voluntaria a los nuevos valores, éstos fueron invocados y llamados, al cabo del período de elaboración institucional, a prestar juramento de fidelidad al texto constitucional. Juramento cívico que consagraba al individuo en tanto ciudadano y constituía el pacto que ligaba los Estados confederados con los individuos residentes en ellos.

Por lo demás, los momentos de intensificación del empleo del término «ciudadano» coincidían con las realizaciones políticas que consagraban al individuo como tal, y las que lo ligaban al gobierno, oficializando ese título. Aunque era interpelado con ese «título» desde enero de 1811 para asumir el papel de testigo vigilante de la labor que los elegidos iban a cumplir y a los que él había contribuido a elegir, los actos con los cuales los ciudadanos irrumpieron realmente en el discurso político —y, por ende, en su elaboración— fueron la Declaración de Independencia y la Constitución. El texto leído por Cristóbal Mendoza, presidente del gobierno, para anunciar la declaración de independencia, señalaba: «... han obtenido las habitantes de estas provincias sus confederadas, la digna y honro-

[90] F. J. Yanes, Sesión del 3 de julio, *El Publicista de Venezuela,* n.° 11, 12 de septiembre de 1811.

sa vestidura de ciudadanos libres, que es lo más apreciable de la Sociedad, el verdadero título del hombre racional, el terror de los ambiciosos tiranos, y el respeto y consideración de las naciones cultas...»[91]

No se eliminaba la ambigüedad en cuanto al grado de inclusión sugerido en esta definición del ciudadano. A primera vista, se trataba de los habitantes de las provincias, pero los criterios requeridos de racionalidad e instrucción que se preveían parecían restringir, de hecho, su ámbito de aplicación solamente a los habitantes esclarecidos de las ciudades, a los vecinos. El buen ciudadano era el hombre que vivía en sociedad y que, como buen patriota, estaba dispuesto a defender su patria. Además, esta definición coincidía con los términos utilizados durante el debate sobre la opinión pública, en el que se oponían los habitantes de las ciudades a los campesinos, pastores y trabajadores agrícolas de los territorios remotos. De hecho todos eran reconocidos como la opinión pública, ver ciudadanos, pero sólo una minoría era considerada como realmente útil en términos de contribución a la prosperidad y la felicidad de Venezuela, y disponía de los correspondientes derechos políticos. Al mismo tiempo, la adhesión voluntaria de todos era indispensable para que las decisiones tomadas fueran legítimas y adecuadas a los principios de soberanía del pueblo en los que se fundaba la acción de sus representantes. Tal discurso apuntaba obviamente a crear la realidad profesada por éstos y a la cual aspiraban, suponiéndola lograda pero estando conscientes de que no se había realizado (y tal vez no era realizable). Ese dispositivo discursivo estaba destinado tanto a convencer a sus interlocutores como a convencerse a sí mismos, y hasta a tranquilizarse en cuanto al desenlace del proceso iniciado. En este punto, existía una perfecta coincidencia de tono y análisis entre el discurso público y los debates en la asamblea. Las divisiones se hicieron mucho más evidentes cuando esta realidad surgió de manera violenta en el escenario político, amenazando a la que había sido «creada» por los hombres encargados de los destinos del país. Una vez la independencia proclamada de acuerdo con la voluntad general del pueblo, de nuevo considerado como detentador de sus derechos, le tocaba al conjunto de los ciudadanos dar la prueba de su apoyo:

> ... es la primera y más sagrada obligación de todos los ciudadanos presentar ante esta misma soberana autoridad sus votos sinceros de reconocimiento, de total adhesión y de una ilimitada

[91] «Bando», *Gazeta de Caracas,* 16 de julio de 1811.

> fidelidad, acomodándose a la práctica común recibida en todas las naciones de hacer este manifestación de sentimientos por la solemne, augusta y religiosa ceremonia del juramento...[92]

La prestación del juramento obedecía a la doble necesidad de conformarse a las prácticas vigentes en otras naciones —en cuyo rango Venezuela deseaba figurar—, pero también de crear un nuevo vínculo, cívico, entre los «súbditos» y el «soberano», en referencia al juramento al rey vigente hasta entonces. Al mismo tiempo; este juramento representaba el acto fundacional de la ciudadanía: «... este juramento será el acto característico de su naturalización y calidad de ciudadano, como también de la obligación en que quedará el Estado a proteger su honor, persona y bienes, sentando en un libro esta operación que deben firmar los juramentados, si supieren firmar, o en su defecto otro [ciudadano] a su ruego»[93].

Esta última precisión confirmaba la muy amplia aceptación de la ciudadanía en referencia a la pertenencia a la nación y no ¡exclusivamente ligada al voto, pues el mencionado decreto del 8 de julio precisaba que todos los ciudadanos mayores de quince años tenían la obligación, de ir a prestar juramento. De hecho, el criterio de la edad, inferior a los veintiún años requeridos para ser elector en primer grado, correspondía a las disposiciones adoptadas para enrolarse en la milicia: de quince a sesenta años.

El nuevo contrato concluido por la voluntad de los individuos confería al ciudadano venezolano, elogiado con motivo de la Declaración de Independencia, una dimensión universal, a ejemplo de los derechos y deberes que le eran inherentes. Esto constituyó el fundamento de la nacionalidad venezolana, consagrando al mismo tiempo la independencia de un territorio con límites internos indefinidos pero con fronteras externas determinadas. Según los nuevos dirigentes, la existencia de una entidad coherente era imperativa para la imagen que Venezuela deseaba presentar ante sus miembros y, sobre todo, ante las otras naciones; el principio confederal adoptado para permitir que las provincias conservaran su soberanía no debía prevalecer en las relaciones con el exterior. Así, la definición del ciudadano adoptada por la Constitución privilegiaba ese espíritu unitario del edificio, en detrimento de los particularismos provinciales[94]:

---

[92] Decreto del 8 de julio de 1811, *Gazeta de Caracas,* 12 de julio de 1811.

[93] Cristóbal Mendoza, «Bando», *Gazeta de Caracas,* 16 de julio de 1811.

[94] Sin embargo, conviene señalar que esta definición unitaria figuraba —igual que los artículos referidos a las poblaciones «problemáticas»— al final de la Constitución, en el capítulo de las «Disposiciones generales».

«Nadie tendrá en la Confederación de Venezuela otro título ni tratamiento público que el de ciudadano, única denominación de todos los hombres libres que componen la Nación...»[95]

a) Una ciudadanía ambigua

El hecho de establecer una correlación entre la condición de hombre libre y el título de ciudadano confirma la exclusión de los individuos carentes de esta libertad, en particular la de los esclavos, quienes se hallaban apartados de toda participación en la vida política al no ser considerados como individuos dotados de autonomía jurídica. Por consiguiente, fue dentro del cuerpo mismo de los ciudadanos donde se registraron las distinciones que permitirían mantener por encima de todo las antiguas solidaridades, y asegurar a las élites el pleno control del ejercicio del poder. En cuanto al grado de responsabilidad política, una diferenciación quedó así establecida en ese mismo capítulo IX de la Constitución. Efectivamente, según el lugar ocupado en el seno mismo del cuerpo social, la Constitución confería una respetabilidad superior y, por ende, un mayor reconocimiento. «... a las Cámaras representativas, al Poder Ejecutivo y a la Suprema Corte de Justicia, se dará por parte de todos los ciudadanos el mismo tratamiento con la adición de honorable para las primeras, respetable para el segundo y recto para la tercera»[96].

Con la adopción de una modalidad de elecciones en dos grados, los representantes, elegidos entre los elegidos, constituían una vanguardia ciudadana que disfrutaba de títulos particulares, lo cual no dejaba de recordar los privilegios otorgados a ciertos cuerpos y que habían sido abolidos por esa misma Constitución[97].

El modo de participación en el sufragio reflejaba, tanto en su principio como en la argumentación que le servía de base, la voluntad deliberada de mantener alejada a una parte de los ciudadanos, ello pese a la ampliación de su participación de hecho, y de la proclamada unión de todos bajo esta bandera, en nombre de la adhesión voluntaria a los principios de independencia y construcción nacionales mediante la adopción de una Constitución. Así,

---

[95] *Constitución federal para los Estados de Venezuela de 1811,* Cap. IX: Disposiciones generales, art. 201, en *Constituciones de Venezuela. Op. cit.*, pág. 203.

[96] *Ibídem.*

[97] Sin embargo, hay que señalar que sólo se logró al cabo de un agitado debate en el Congreso, y que ese artículo fue el único en el que ocho de los treinta y ocho diputados firmantes salvaron su voto para aprobar la Constitución.

tan pronto como se declaró la independencia, se dio la prioridad a la instrumentación de medidas que buscaban asegurar la defensa y conservación de la Patria, considerada ya oficialmente como el más preciado bien de los ciudadanos. Encarnaba las ideas de libertad, felicidad y virtud que la nación, en tanto poder constituyente, tenía la misión de institucionalizar[98]. El vocabulario utilizado a tal fin demostraba la voluntad de que este apego a la patria quedara realmente arraigado, enunciado en términos bastante inequívocos. Efectivamente, ésta se asimilaba a un «sagrado nombre que, estampado en los corazones de todos los ciudadanos de Venezuela, nos ofrece la dulce esperanza de mantener la Independencia Absoluta que hemos proclamado, asegurándola para nuestros hijos y descendientes!»[99]. Esta voluntad se traducía en términos simbólicos con la creación de una escarapela que todos debían lucir. Aunque las distinciones ya no se practicaban, el hecho de que fuera necesario reafirmarlo resultaba de por sí significativo. «Por la declaración de Independencia, los habitantes de Venezuela [...] deben sostener a toda costa esta dignidad [de ciudadanos libres] sacrificando sus pasiones a la razón y a la justicia, uniéndose afectuosa y recíprocamente, y procurando conservar entre sí la paz, fraternidad y confianza...»[100]

La prueba de la adhesión y del apego a la patria, aportada por el juramento de fidelidad que le confería toda su solemnidad, reforzaba la garantía del compromiso de todos en la preservación de la unidad; al mismo tiempo, los habitantes demostraban que eran dignos de acceder al rango de ciudadanos. En el caso contrario, el gobierno se reservaba el derecho de someter a las penas más duras a quienes se mostraran indignos de los derechos reconquistados por la independencia, perjudicando así a la patria. Efectivamente, el primer deber de todos consistía en una imperativa sumisión a las leyes, y ello cualquiera fuera su condición: «Desde el primer habitante hasta el último, desde el primer Magistrado, el primer empleado en

---

[98] Lo cual correspondía al segundo de los tres sentidos de la nación tal como la define P. Rosanvallon, o sea, el sentido social: un cuerpo de ciudadanos iguales ante la ley; el sentido jurídico: el poder constituyente respecto del poder constituido; el sentido histórico: un colectivo de hombres unidos por la continuidad, un pasado y un porvenir. ROSANVALLON, P.: «Nation», en FURET, F. et OZOUF, M.: *Dictionnaire critique de la Révolution française. Idées*. Paris: Flammarion, 1992, pág. 339.

[99] «El Supremo Poder Ejecutivo de Venezuela a los habitantes de esta Capital, 13 de julio de 1810», en *Textos oficiales de la primera República de Venezuela. Op. cit.*, vol. 2, pág. 41.

[100] «Bando», *Gazeta de Caracas,* 16 de julio de 1811.

qualquier ramo de la administración pública, hasta el último ciudadano, todos estamos sujetos al imperio irresistible de la ley»[101].

El respeto de este principio, mencionado varias veces en la Constitución, aportaba la prueba de que se era digno de figurar entre los hombres de bien y los buenos ciudadanos. La observancia de las leyes, condición de la respetabilidad, se colocaba así en el mismo plano que la necesidad de demostrar que se era un buen hijo, hermano, amigo, esposo y padre de familia[102]. Pero la sumisión a las leyes y el reconocimiento de los principios de defensa y lealtad hacia la patria, no otorgaban el derecho para todos de participar a la elaboración de estas leyes. Al contrario, este criterio servía de base para la división de los ciudadanos. Efectivamente, en la Declaración de los Derechos del Pueblo del 1er de julio de 1811 encontramos una definición del ciudadano en ese sentido, parcialmente reproducida en la Constitución: la distinción se hacía según el otorgamiento o no del derecho de voto. Primero se recordaba que todos los ciudadanos no podían participar en la elaboración de las leyes, en la medida en que sólo parte de ellos contribuía a la conservación del Estado, a su seguridad y a la tranquilidad de la sociedad: eran los hombres útiles. De este postulado de base se desprendían los artículos 8, 9 y 10 del capítulo dedicado a los derechos del hombre en sociedad, que indicaban:

> 8. Los ciudadanos se dividirán en dos clases: unos con derecho a sufragio, y otros sin él.
>
> 9. Los sufragantes son los que están establecidos en Venezuela, sean de la nación que fueren: éstos sólos forman el soberano.
>
> 10. Los que no tienen derecho a sufragio, son los transeúntes y los que no tengan la propiedad que establece la Constitución; éstos gozarán de los beneficios de la ley sin tomar parte en su institución[103].

---

[101] «Discurso pronunciado por el Señor Don Antonio Nicolás Briceño, a consecuencia del juramento cívico que prestó el Ilustrísimo Señor Arzobispo de esta Metrópoli ante el Supremo Congreso, el día 15 de junio», *El Publicista de Venezuela,* n.° 6, 8 de agosto de 1811.

[102] *Constitución federal para los Estados de Venezuela de 1811*. Cap. VIII: Deberes del hombre en Sociedad, art. 195, en Constituciones de Venezuela. *Op. cit.*

[103] *Declaración de los Derechos del Pueblo, 1 de julio de 1811, Derechos del Hombre en Sociedad*, art. 9, en *Textos oficiales de la primera República de Venezuela. Op. cit.*, vol. 2, pág. 96.

De hecho, el apego afectivo a la patria, implícito en la adopción de símbolos comunes así como en el compromiso de defenderla, suplía la no participación efectiva. Y, por consiguiente, esta participación era presentada no tanto como una voluntad discriminatoria sin fundamento, sino más bien como el resultado de una comprensión unitaria del funcionamiento de la sociedad. Si todos eran ciudadanos debido a su condición de hombres libres y a su voluntad «expresada» de pertenecer a una misma comunidad, su papel y su lugar dentro de ella condicionaban su participación efectiva en la cosa pública, y particularmente en la elección de quienes tendrían la misión de representarlos. Por consiguiente, la igualdad de todos ante la ley no se cuestionaba, pero la elaboración de ésta estaba reservada sólo a una parte de los ciudadanos; ciudadanos que, además, no eran elegidos por todos, debido a la incapacidad moral y/o social de muchos. Al respecto, señalemos que las restricciones del derecho al voto eran más importantes en el texto constitucional que las restricciones adoptadas en el código electoral de 1810; se hacía hincapié en la incapacidad de índole económica más que moral.

La posesión de alguna propiedad, que constituía explícitamente el valor discriminatorio, era necesaria para ser elector tanto de primero como de segundo grado. Para ser elegido a la diputación ya no bastaba aportar pruebas de patriotismo; en adelante, era obligatorio poseer una propiedad cuyo valor era fijado por la Constitución, lo que bien correspondía al imperativo de utilidad. A falta de ello, la posesión de una fortuna libre también podía ser tomada en cuenta. Su monto se fijaba en función de dos parámetros: el lugar de residencia y el estatus matrimonial. El artículo 26 de la Constitución estipulaba que:

> Todo hombre tendrá derecho de sufragio en las Congregaciones Parroquiales, si a esta calidad añade la de ser ciudadano de Venezuela, residente en la Parroquia o Pueblo donde sufraga; si fuera mayor de veintiún años, siendo soltero, o menor siendo casado, y velado, y si poseyere un caudal libre del valor de 600 pesos en las Capitales de Provincia, siendo soltero, y de 400, siendo casado, aunque pertenezcan a la mujer, o de 400 en las demás poblaciones en el primer caso, y 200 en el segundo, o si fuere propietario o arrendador de tierras para sementeras o ganado, con tal que sus productos sean los asignados para los respectivos casos de soltero o casado[104].

[104] *Constitución federal para los Estados de Venezuela de 1811*, capítulo VIII, sección primera, en *Constituciones de Venezuela. Op. cit.*, pág. 184.

En cuanto a las exclusiones que tenían que ver con el estatus social y a la situación respecto de la ley, no diferían de las que estaban previstas en el código electoral de junio de 1810. Sin embargo, hay que señalar que en este reglamento desaparecía la mención de las mujeres, la domesticidad y las personas a las que se hubiera infligido penas corporales: al parecer, ninguna de éstas podía formar parte de los ciudadanos que disfrutaban del derecho al voto, ni tampoco los esclavos, considerados de hecho como pertenecientes a sus amos en la misma calidad que los demás bienes. A estas exclusiones se agregaban las que se basaban en la residencia, para obtener el derecho al voto de segundo grado: había que vivir en el territorio del Cabildo y poseer una propiedad libre, pero en este caso sin la alternativa arrendataria:

> Además de las cualidades referidas para los sufragantes parroquiales, deben, los que han de tener voto en las Congregaciones electorales, ser vecinos del partido Capitular donde votasen, y poseer una propiedad libre de 6 000 pesos en la Capital de Caracas, siendo soltero, y de 4 000 siendo casado, cuya propiedad será en las demás Capitales, Ciudades y Villas de 4 000 siendo soltero y 3 000 siendo casado[105].

La relación del 1 al 10 es reveladora en cuanto al filtro «natural», de un cierto modo, que se aplicaba con sólo el criterio de propiedad, ya que por otra parte no se preveía ninguna interdicción para las personas que no supieran leer y escribir. Se adoptaba la misma lógica para el otorgamiento de la ciudadanía y el derecho al voto para los extranjeros que, al comprometerse a renunciar a la ciudadanía de la que disfrutaban en su país de origen, hacían acto de adhesión voluntaria al país en que habían escogido vivir. En este caso, estableciendo una clara escala de derechos que iba desde la simple ciudadanía hasta el derecho a la participación efectiva en los asuntos de Estado, la Constitución mencionaba al respecto:

> Mientras el Congreso no determinare una fórmula permanente de naturalización para los extranjeros, adquirirán éstos el derecho de ciudadanos y aptitud para votar, elegir y tomar asiento en la Representación nacional si, habiendo declarado su intención de establecerse en el país ante una Municipalidad, héchose inscribir en el Registro civil de ella y renunciando al derecho

[105] *Ibídem,* art. 28.

> de ciudadano en su patria, adquirieren un domicilio y residencia en el territorio del Estado por el tiempo de siete años, y llenaren las demás condiciones prescritas en la Constitución para ejercer las funciones referidas[106].

La residencia y la propiedad constituían aquí también los dos principios esenciales para otorgar el derecho a voto. En virtud del primer principio, se podía descartar a los extranjeros que, por ser recién llegados, no tuvieran un interés suficiente para la prosperidad de su lugar de residencia; en cuanto al «deber» de propiedad, permitía excluir a las personas que no contribuían a las rentas del Estado, necesarias para su desarrollo. Estas cláusulas discriminatorias, claramente definidas en el proyecto para la Confederación y los gobiernos provinciales establecidos en julio de 1811, se reproducían en la Constitución, pero de manera menos explícita en cuanto a las razones que rigieron para estas decisiones: «... la residencia y establecimiento de cierto número de años en el país, y las propiedades de cualquiera suerte, servirán de bases para la calificación de sufragante elector...»[107]

Por último, la propiedad figuraba entre los cuatro derechos fundamentales garantizados por la Constitución, junto con la libertad, la igualdad ante la ley sin distingos de nacimiento —además de la interdicción del principio hereditario del poder— y la seguridad. Esta última consistía en la garantía y protección para todos los miembros de la sociedad en cuanto a la conservación de su persona, sus derechos y sus propiedades. Por consiguiente, los criterios escogidos en la Constitución de 1811 para otorgar el derecho a voto, ponían la propiedad como garantía de la capacidad de juzgar, ya que era discriminatoria para acceder a ese derecho.

No obstante, más allá de las situaciones individuales que determinaban el otorgamiento o no del derecho al sufragio, existían grupos de población cuyo estatus jurídico y/o étnico resultaba determinante, en este punto, debido al temor de los criollos a perder su influencia tanto en materia de representación política —desproporcionada respecto de su importancia numérica— como de control de los cargos administrativos.

---

[106] *Ibídem,* Cap. IX: Disposiciones generales, art. 222, pág. 203.

[107] «Proyecto para la Confederación y los gobiernos provinciales de Venezuela», *Gazeta de Caracas,* 26 de julio de 1811.

b) Una ciudadanía cuestionada. El caso de los pardos

Durante los debates del Congreso, a los pardos les fue inicialmente negada la posibilidad de ejercer los derechos a los cuales podían aspirar gracias a su estatus de hombres libres y, por ende, de ciudadanos. Efectivamente, a menudo se les negaba incluso esa condición para evitar que salieran electos, pues la situación económica de algunos de ellos hacía posible tal hipótesis. La dificultad de los diputados para resolver este espinoso tema durante el debate que se le dedicó el 31 de julio de 1811, revela los intereses políticos y económicos que estaban en juego en tal decisión. Además, permite aprehender la singular concepción del espacio nación que prevalecía en la mayoría de los diputados presentes.

La inserción de este problema —cuán sensible— en una problemática constitucional relacionada con la competencia de las provincias en materia de legislación, así como la forma —federal o central— que había que dar al nuevo Estado, demuestra hasta qué punto el otorgamiento de la igualdad política a los pardos chocaba no tanto contra concepciones políticas, que eran modernas, sino contra el hecho de que las élites en el poder estaban compuestas por hombres con mentalidad tradicional, que tenían una visión compartimentada de la sociedad. Estos, tal como ya lo habían mostrado sus reacciones durante la Monarquía cuando los pardos obtuvieron, a cambio de dinero, la posibilidad de adquirir títulos de limpieza de sangre, no lograban concebir que hombres de sangre mezclada pudieran considerarse como sus iguales. De hecho, esto les hubiera permitido acceder, por añadidura, a funciones políticas, reforzando así un poder económico que muchos de ellos ya habían logrado. Pero los principios en cuyo nombre una élite mayoritariamente criolla había emprendido el proceso de independencia, llevaban inevitablemente a adoptar esta igualdad, ya que los miembros de este grupo disfrutaban de las condiciones requeridas para ejercer los derechos que se desprendían de ello.

El debate del 31 de julio se dio no tanto por iniciativa directa de los diputados, sino más bien bajo la presión de los acontecimientos de Valencia en los que habían participado muchos pardos, reivindicando su derecho a la igualdad con los criollos. Ahora bien, de nuevo, más que en el principio del reconocimiento de estos derechos, las divergencias más importantes se dieron acerca de cuál era la autoridad competente en la materia: las provincias o el Congreso. Uno de los diputados de Cumaná estimaba, por su parte, que la particular situación de su provincia clamaba por una decisión a nivel provincial, por afán de conformarse a las situaciones particulares. Por lo demás, mientras que Fernando Peñalver, en su calidad de representante de Valencia, negociaba para obtener la división de la provincia de Caracas, los acontecimientos de julio venían a apuntalar la tesis de una disparidad de las situaciones locales demasiado grande para permitir un reglamente general. Fernando Peñalver defendía este punto de vista pese a su ya constatado apego al principio de un Congreso que representara no a las provincias sino a los pueblos en su conjunto, en tanto masa amorfa e inconstitucional. Sus precauciones oratorias, que precedieron su declaración a favor de atribuir competencias sólo a las provincias para otorgar derechos a los pardos, son muy significativas:

> Son notorias las ventajas de la uniformidad [del sistema], pero ésta tiene a veces obstáculos insuperables. Si Caracas ha desterrado sus preocupaciones, Cumaná quizá no está en este caso; habrá incompatibilidad en la ley general, y de aquí los choques y la discordia. Déjese esta materia a cada provincia, que es la que conoce su situación y sus verdaderos intereses, y hágalo Caracas sin promover la discordia entre las demás[108].

De esta intervención se desprendía claramente que las rivalidades políticas tenían una incidencia determinante en las opciones escogidas. Así, Fernando Peñalver se expresaba aquí ante todo como representante de la ciudad que rivalizaba con Caracas en la hegemonía política. Y, de hecho, gracias a su audaz iniciativa en materia de derechos del hombre, una vez más se atribuyó a Caracas el título de modelo de justicia y equidad, de ejemplo, a imagen y semejanza de las grandes naciones. De esta justicia, nacida de las luces, ampliamente difundida por Caracas, sólo podía generarse el reconocimiento y, por ende, la paz social. Así, las conmociones sólo resultaban de las prácticas despóticas, y las reivindicaciones eran la expresión de hombres que ya habían recibido los beneficios de la ilustración, y que estaban entonces informados acerca de sus derechos. Francisco Javier Yanes, por su parte, estaba convencido de que se había dado un paso irreversible hacia la civilización —contra el despotismo— gracias al reconocimiento de la igualdad de todos en materia de derechos:

> Cuando deben temerse conmociones es en el caso de tratarles [a los pardos] con desprecio o indiferencia, pues entonces la justicia dará un impulso irresistible a esta clase, que es mucho

---

[108] Sesión del 31 de julio de 1811, *Libro de Actas del Supremo Congreso de Venezuela, 1811-1812. Op. cit.*, vol. 1, pág. 257.

> mayor que la nuestra. Se han rasgado ya los velos misteriosos con que el despotismo tenía cubiertos y ahogados los sacrosantos derechos del hombre, y la ilustración ha disipado las densas tinieblas de la ignorancia[109].

Los partidarios de una decisión a nivel del Congreso percibían mejor los riesgos que corría la estabilidad del país en caso de que cada provincia quedara libre de legislar en esta materia. Cualquiera fuera su provincia de origen, ellos temían la ruptura del equilibrio demográfico si alguna provincia, a ejemplo de Caracas, otorgaba la igualdad para los pardos, atrayendo a quienes residían en las demás provincias. De ello resultaría una crisis, para unas y otras, debido al peso que tenía esta parte de la población en el sector económico. José Angel Alamo, diputado de Barquisimeto (provincia de Caracas), estaba convencido de que ésta sería la lógica de los acontecimientos en caso de una legislación a nivel de las provincias:

> Los pardos, iguales aquí [en Caracas] en un todo, gozando de sus legítimos derechos que allí se les negaban, ¿no emigrarían en un número considerable y capaz de causar un perjuicio directo en su agricultura, en sus artes, en su fuerza armada? y la provincia de Caracas recibiendo en su seno un número de individuos también capaz de destruir el equilibrio de sus habitantes con respecto a las propiedades, a las costumbres, abusos y demás, ¿no se vería expuesta a ser exclusivamente dominada por el más fuerte?[110]

A esto se agregaba el peligro de que los pardos tomaran las armas para obtener por la fuerza un derecho adquirido por sus semejantes en otras provincias, y que de todos modos les correspondía, ya que en la Declaración de los Derechos del Pueblo del 1° de julio se reconocía que la Ley debía ser igual para todos, sin distingos de nacimiento. Antonio Nicolás Briceño, diputado de la provincia de Mérida, llegó a poner en duda la legalidad de las autoridades criollas en ciertas provincias, acusándolas de no tener otras preocupaciones que las que les eran dictadas por sus «ideas aristocráticas y nobiliarias»[111], obviando la aplicación del derecho de todos los hombres a ser libres

---

[109] *Ibídem,* pág. 259.

[110] *Ibídem,* pág. 255.

[111] Sesión del 31 de julio de 1811, *Libro de Actas del Supremo Congreso de Venezuela, 1811-1812. Op. cit.*, vol. 1, pág. 258.

e iguales. Por consiguiente, le tocaba legislar a la Confederación y no a cada provincia en particular, con el fin de evitar que los intereses particulares pasaran al primer plano de las preocupaciones, en detrimento del interés general y de la unidad del país, de lo cual sólo el Congreso general era garante legítimo. En este sentido, Francisco Javier Yanes exhortaba a la unión entre las provincias: «Abjuremos preocupaciones, renunciemos a todo espíritu de singularidad, y conozcamos la necesidad en que nos hallamos de establecer un gobierno general y uniforme en todas las provincias»[112].

De parte y parte, una vez más se trataba ante todo de evitar la dislocación del cuerpo social. Este se fundamentaba en un equilibrio precario donde el grupo humano que se hallaba en el centro de los debates, además de ser numéricamente mayoritario, disponía de los medios económicos e intelectuales para sumir al país en el caos si se le negaba la igualdad jurídica. Tal peligro social estaba presente en ciertas intervenciones durante el debate, por cierto muy técnico. Así, en su intervención en calidad de presidente del Congreso y con la intención de defender las prerrogativas de éste, Francisco Javier Yanes denunciaba todo falso pretexto en la materia:

> Los pardos están instruidos, conocen sus derechos, saben que por el nacimiento, por la propiedad, por el matrimonio y por todas las demás razones, son hijos del país; que tienen una Patria a quien están obligados a defender, y de quien deben esperar el premio cuando sus obras lo merecieren. Alterar estos principios y negar a los pardos la igualdad de derechos es una injusticia manifiesta, una usurpación y una política insana, que nos conducirá a nuestra ruina. Yo creo que la revolución y desgracia de Valencia no conocen otro origen que éste ...[113]

De hecho, si al peligro de división social se hubiera agregado una división regional en materia legislativa, todo el edificio de la confederación se habría visto amenazado de implosión. Ubicándose precisamente en el terreno constitucional, por encima de los intereses eventualmente divergentes de las provincias en cuanto a la oportunidad de reconocer la plena ciudadanía a los pardos, Francisco Javier Yanes alegaba que esta ley debía ser sancionada por todos los pueblos representados, en la medida en que se la debía considerar como una Ley Fundamental, igual que los asuntos tocan-

---

[112] *Ibídem.*

[113] *Ibídem,* pág. 259-260.

tes a la forma de gobierno, a la división del Estado, y a los derechos y deberes de los ciudadanos. Además, una decisión tomada a ese nivel reduciría el riesgo de ver surgir un cuerpo heterogéneo en lugar de una confederación armónica. En el caso contrario, Francisco Javier Yanes consideraba el futuro de la manera más pesimista:

> ¿No sería dar un paso a la anarquía el que, por ejemplo, Barinas estableciese una monarquía, Mérida la oligarquía, Trujillo la teocracia, Cumaná la aristocracia y Caracas la democracia? ¿No sería una confusión, un desorden que el Estado se clasificase de distinto modo en cada una de esas partes, y que los ciudadanos tuviesen diversos derechos y deberes en cada Estado de la Confederación? La uniformidad del sistema es la base de la unión individual, y en ésta consiste nuestra felicidad[114].

No obstante, si bien el reconocimiento efectivo de la igualdad de derechos para los pardos figuraba en la Constitución de 1811, durante los debates los diputados no habían logrado fijar una posición común. El artículo dedicado a este tema mencionaba que:

> ... quedan revocadas y anuladas en todas sus partes las leyes antiguas que imponían degradación civil a una parte de la población libre de Venezuela conocida hasta ahora bajo la denominación de pardos; éstos quedan en posesión de su estimación natural y civil, y restituidos a los imprescriptibles derechos que les corresponden como a los demás ciudadanos[115].

Así definida, la igualdad de los pardos era ante todo una decisión circunstancial (las diferentes revueltas contra la declaración de independencia en las que participaron los pardos amenazaban el orden social) y de oportunidad política, puesto que el no reconocer este derecho iba en contra de los principios de igualdad, proclamados por otra parte. En cambio, en ningún momento se consideró los trastornos que esta accesión a la igualdad generaría, no tanto en términos de violencia como de transformación radical de los equilibrios fundamentales de una sociedad regida, hasta entonces, por códigos de referencia muy diferentes, de estados y de castas. Al contrario,

---

[114] Sesión del 31 de julio de 1811, *Libro de Actas del Supremo Congreso de Venezuela, 1811-1812. Op. cit.*, vol. 1, pág. 256-257.

[115] *Constitución federal para los Estados de Venezuela de 1811,* Capítulo IX: Disposiciones generales, art. 222, en *Constituciones de Venezuela. Op. cit.*, pág. 201.

hasta se veía en ello un remedio para los disturbios a los que se asistía, incluso una prueba adicional de que el país era digno de acceder al rango de nación civilizada, adoptando derechos universalmente reconocidos, a falta de ser universalmente aplicables y, por añadidura, a costa de crear una fractura en aquella sociedad cuyo equilibrio se debía a las barreras casi infranqueables erigidas entre esas castas yesos estados. Sin embargo, y paradójicamente, el mantenimiento de la paz social representaba una prioridad ineludible; conceder esos derechos a los pardos era anticipar una generalización de los antecedentes de Valencia, el 13 de julio de 1811, y de Cumaná. La voluntad de ruptura afirmada desde julio por el presidente del Congreso, Francisco Javier Yanes, quedó confirmada aquí. La adopción de ciertos principios universales llevaba inevitablemente a tal decisión, aun cuando los debates no habían permitido definir una clara voluntad en la materia, pues toda concesión en contra del estatuto de los criollos daba satisfacción a los grupos beneficiarios a la vez que contribuía a destruir las barreras erigidas para protegerse de ellos. Ahora bien, esas barreras aseguraban la hegemonía política y honorífica de los criollos, pese a su inferioridad numérica.

Pero, por otra parte, estaban perfectamente conscientes de que el rechazo a ese derecho entraba en contradicción con el estatus de hombres libres del que disfrutaban los pardos. Por ello, el temor, incluso el pavor, suscitado en algunos por la irrupción de la «cantidad» en el escenario político (más aún, en este caso preciso: de un grupo de población con sangre negra, estigma de la esclavitud), se proyectaba hacia una entidad más amplia y sobre todo más abstracta, el pueblo, utilizado según las circunstancias como apoyo necesario o como argumento para refutar las hipótesis más audaces en el plano democrático. En ese período de elaboración constitucional, lo que solía predominar era el temor; se le retiraba la palabra al pueblo para devolvérsela sólo en el momento de proclamar la Constitución, elaborada lejos de las pasiones. Así pues, le tocó al pueblo el honor de tutelar su presentación, colocada bajo el auspicio de Dios Todopoderoso: «Nos, el pueblo de los Estados Unidos de Venezuela, usando de nuestra soberanía...»[116]

---

116 *Constitución federal para los Estados de Venezuela de 1811*, en *Constituciones de Venezuela. Op. cit.*, pág. 181.

c) El ciudadano en armas

Sin embargo, el anuncio de los disturbios «anti-patrióticos» así como el debate suscitado por la cuestión del estatus de los pardos, con la intención de evitar que el descontento producido en éstos por haber sido apartados de la ciudadanía condujera a un levantamiento social, contribuyeron a la intrusión de los hombres de armas en el ámbito político.

Es significativo que la victoria sobre los perturbadores coincidiera con la aplicación de las primeras medidas que apuntaban a recompensar a los ilustres soldados que, poniendo sus vidas en peligro, se habían alistados para asegurar la defensa de la Patria. Efectivamente, tan pronto como se había proclamado la Declaración de Independencia, el 11 de julio varios canarios encabezados por Juan Díaz Flores, también canario, y José María Sánchez, venezolano, se congregaron en las puertas de Caracas con la intención de fomentar disturbios, dando gritos de «¡Mueran los traidores, rebeldes y heréticos!» Los disturbios quedaron rápidamente sofocados y, el 15 de julio, fueron fusilados dieciséis de los conspiradores, y sus cabezas expuestas en la plaza de Caracas. Pero una segunda agresión contra el orden establecido se produjo aquel mismo 11 de julio en Valencia, donde españoles y venezolanos organizaron una rebelión, sostenida por muchos eclesiásticos. Al ver los peligros que se corrían, el 13 de julio el Congreso otorgó plenos poderes al Ejecutivo y se enviaron tropas dirigidas por los marqueses del Toro, Francisco y Fernando. Pero, insuficientes y, sobre todo, mal organizadas, fueron derrotadas. La dirección de las tropas quedó entonces encomendada a Miranda quien, al cabo de un mes de combates y con numerosas bajas, logró vencer a los rebeldes el 13 de agosto; al regresar a Caracas en noviembre, Miranda y sus soldados fueron recibidos en triunfo.

Con estas primeras pruebas, tomó cuerpo el voto emitido al declararse la independencia de que la patria fuera considerada por los ciudadanos como el bien más preciado, hasta el punto de aceptar morir por ella. Un vínculo quedó deliberadamente establecido entre la acción política y la acción militar, la segunda defendiendo a la primera la cual, a cambio, se comprometía a recompensar a quienes se habían alistado al servicio del país. Por una parte, lo político aseguraba el reconocimiento de lo militar, y por otra parte, le daba prueba de la eficacia de ese apoyo presentando las decisiones políticas como directamente ligadas a las militares. Así, la Constitución no hubiera sido posible sin la efectividad de esta simbiosis. Además, a través de ésta, una porción más importante de ciudadanos adquiría una función participativa sin por ello amenazar la cohesión política en la cima del edificio social, y por ende político. Efectivamente, al promulgarse la Constitución, la diferencia establecida entre los distintos grupos de actores demostraba los nexos de interdependencia que regían las relaciones entre ellos. Interdependencia que se insertaba también en el tiempo transcurrido desde el 19 de abril; cada «orden» nuevo se veía asignado un papel particular que contribuía, a su manera, a edificar una nueva patria, y los ciudadanos quedaban colocados en la cúspide de esa pirámide que marcaba cronológicamente el fin de la revolución con la celebración del nuevo contrato.

> Patriotas del 19 de abril, que habéis permanecido incontrastables en los reveses de la fortuna e inaccesibles a los choques de las acciones; Guerreros generosos, que habéis derramado vuestra sangre por la Patria; Ciudadanos que amáis el orden y la tranquilidad, aceptad como prueba de tantos bienes el Gobierno que os ofrecen vuestros Representantes[117].

Y fue entre estos representantes que se estableció el vínculo emocionalmente más fuerte entre las esferas de lo político y de lo militar. Al alistarse al servicio de la patria para liberar Valencia, habían mostrado su voluntad de sostener a los soldados patriotas, listos a «trocar la toga de la Magistratura por la espada de la libertad»[118]. Cuando las tropas regresaron a Caracas en noviembre, al rendirles los honores, el pesar más hondo de los diputados fue no poder ofrecerles un texto constitucional acabado, el cual habían reconocido anticipadamente al socorrer a los patriotas de Valencia, incluso arriesgando sus vidas: «... os anticipais a sellarla [la Constitución] con vuestra preciosa sangre»[119].

Al mismo tiempo, se apeló a su concurso para finiquitar la redacción del texto constitucional, pero esta vez como legistas esclarecidos e instruidos, cuya ausencia en el seno del Congreso había frenado la elaboración de dicho texto. En cambio, fue como militares dignos de los honores de la Patria que fueron llamados a sancionar la Constitución que iba a conferir a la patria, así como a sus miembros, los ciudadanos venezolanos, el reconocimiento del exterior: «El Supremo Congreso, lleno de gloria por

---

117 «Alocución del Congreso federal de Venezuela al presentar a los pueblos la Constitución de 1811, 23 de diciembre de 1811», en *Textos oficiales de la primera República de Venezuela. Op. cit.*, vol. 2, pág. 141.

118 «Proclama», *El Publicista de Venezuela,* n.° 22, 21 de noviembre de 1811.

119 *Ibídem.*

vuestro triunfo, os considera los instrumentos inmediatos del acierto: os declara hijos beneméritos de la Patria, y concibe la más segura esperanza de hacer con vuestro auxilio que las naciones conozcan el respeto que merece el ciudadano venezolano»[120].

La Constitución consagró la existencia del ciudadano al que la función de soldado confería una identidad propia ante los ojos de todos, por su victoria contra los insurrectos de Valencia. Con esta fusión, se convertía en ciudadano venezolano de una patria independiente, cuyos miembros habían dado pruebas de que estaban dispuestos a perecer y a desplegar sus virtudes para salvaguardarla. Lo cual no significaba que sus representantes estuvieran dispuestos a darles una real participación en materia política. No obstante, los soldados que serán movilizados en febrero de 1812, en tanto miembros de esa confederación a la que habían prestado juramento, quedarán advertidos de las penas a las que se exponían en caso de deserción: «El que quebranta un contrato es un malvado porque destruye la fe pública y privada, que son la base de la unión social. El ciudadano alistado que deserta quebranta el contrato tanto más sagrado cuanto que no está en su mano el negarse a él, mientras es miembro de aquella comunidad»[121].

Como la defensa de la patria formaba parte de los deberes del ciudadano, la deserción equivalía a una ruptura de contrato y acarreaba el ser excluido de la comunidad de ciudadanos. En el caso particular de los ciudadanos en armas, la traición sería doble puesto que, además de su estatus de ciudadanos, pertenecían a un cuerpo armado y, por consiguiente, estaban encargados de defender a la patria. «... el individuo militar que deserta de cualquier modo que sea es un ciudadano que, si no directamente al menos indirectamente, atenta contra su Patria, abandonándola y quebrantando el contrato sagrado que ha hecho con ella, con el Gobierno que la representa, y con el Cuerpo en que se ha alistado...»[122]

Por lo demás, este texto confirma el predominio de la sociedad de cuerpo y, más aún, de orden militar, regida por una estricta jerarquía. Ciertamente, sus miembros eran reconocidos como individuos, pero más aún como «individuos militares». Por consiguiente, la ruptura del contra-

---

[120] «Proclama del Supremo Congreso Ejecutivo, 29 de octubre de 1811», en *Textos oficiales de la primera República de Venezuela. Op. cit.*, vol. 2, pág. 47.

[121] «Ley penal para castigar el delito de deserción en todos los casos y circunstancias en que puede ser cometido por la tropa de línea y de milicias, febrero de 1812», *Libro de Actas del Supremo Congreso de Venezuela, 1811-1812. Op. cit.*, vol. 2, pág. 329.

[122] *Ibídem,* pág. 330.

to perjudicaba no sólo a la «patria» —así como a sus representantes— sino también al cuerpo armado. Además, la utilización del término «patria» en este caso preciso no era fortuita. Efectivamente, este término remite al carácter emocional del amor al país, pero también a los vínculos existentes entre las nociones de «patria» y de «religión», que determinaban una defensa común contra el enemigo externo[123].

Igualmente, la figura del patriota encarnaba esta defensa, en oposición al ciudadano dotado de un significante más político; y el nuevo «pueblo soberano» representaba la síntesis de ambas facetas.

No obstante, a través de este análisis de la participación política tal como se definió durante los debates en el Congreso y quedó sancionada en la Constitución, se ponía de manifiesto que el pueblo debía ante todo encomendarse exclusivamente a sus representantes, y ejercer, sólo en última instancia, el derecho a «sancionar» los actos de éstos, aportando así tácitamente la prueba de su sabiduría y su confianza. «Pueblo soberano, oye la voz de tus mandatarios: el proyecto del contrato social que ellos te ofrecen fue sugerido sólo por el deseo de tu felicidad: tú sólo debes sancionarlo: colócate antes entre el pasado y lo futuro, consulta tu interés y tu gloria, y la patria quedará salvada»[124].

Además, en ese mismo texto se precisaba que sólo al gobierno correspondía definir los derechos y deberes capaces de asegurar para todos «la garantía social» y la libertad, y ello de acuerdo con los principios «de independencia política y de felicidad social» reivindicados por los pueblos representados en el Congreso del 5 de julio de 1811. Sin embargo, el otorgamiento de algunos de esos derechos demostraba, si hubiera que hacerlo, la desconfianza en cuanto a la necesidad de atenerse a los principios universales. En este sentido, la separación entre los ciudadanos no dejó de tener repercusiones en las demás formas de participación en la vida política. Efectivamente, mientras que a las legislaturas provinciales se les reconocía el derecho de petición al Congreso, y que los habitantes tenían el derecho de reunirse en sus parroquias con la autorización de la Municipalidad, las juntas reunidas a tal efecto sólo aceptaban en su seno a ciudadanos-electores. Al respecto, el proyecto constitucional de julio de

---

123 Tal como lo estipulaban explícitamente los términos del juramento aceptados el 2 de marzo de 1811.

124 «Alocución del Congreso federal de Venezuela al presentar a los pueblos la Constitución de 1811, 23 de diciembre de 1811», en *Textos oficiales de la primera República. Op. cit.*, vol. 2, pág. 142.

1811 resultaba muy revelador puesto que proponía una definición de los residentes y los propietarios, los únicos que podían participar en los asuntos de Estado. Definición conforme, según sus autores, con las prácticas vigentes en otros países, incluyendo a los que habían adoptado las constituciones civiles más abiertas. En estos países y, siguiendo su ejemplo, en Venezuela: «... a nadie excluyen de participar en el ejercicio de la suprema autoridad, desde que el amor al trabajo, a la sobriedad, a la industria, a la economía, y demás virtudes domésticas abren un camino que permanece cerrado para los vicios y la inutilidad, inseparables compañeros de la anonadación natural y política»[125].

El texto constitucional resultará mucho menos elocuente en su acepción del ciudadano útil cuya participación en la elaboración de un proyecto «nacional» era admitida. Pero en ambos casos, era obviamente la actividad económica la que determinaba en primer lugar la utilidad política. Este enfoque recordaba en algo los argumentos de Sieyés en su teoría del ciudadano-propietario, para quien la participación en los asuntos públicos se basaba en la posesión de un bien —la propiedad, principalmente— que se deseaba conservar o desarrollar. Encontramos de nuevo la misma lógica para la autorización de las reuniones públicas, debatida en la sesión del 27 de septiembre de 1811:

> ... resolvió Su Magestad se le hiciese entender al mismo Francisco Espejo que no fue otra la mente de Su Magestad que precaver el mal uso de un derecho que, aunque imprescriptible de los pueblos, estaba sujeto a mil inconvenientes, principalmente en aquellos en que empezaba a nacer la libertad, en cuya virtud se dejaba a su prudencia y discernamiento el cumplimiento de dicho artículo[126].

De hecho, la Constitución ordenaba y regulaba el cuerpo social que se estaba formando y daba cuerpo a la «nación». Sin esta muralla, podría ocurrir una verdadera tormenta política después de los primeros impulsos generosos y espontáneos —que lo eran—, sumiendo una vez más al país en la anarquía. Y es que para apoyar los cambios esta energía del pueblo, tan elogiada, debía canalizarse y convertirse en una voluntad general de vivir

---

[125] «Proyectos para la Confederación y los gobiernos provinciales de Venezuela», *Gazeta de Caracas,* 26 de julio de 1811.

[126] Sesión del 27 de setiembre de 1811, *Libros de Actas del Supremo Congreso de Venezuela, 1811-1812. Op. cit.,* vol. 1, pág. 55-56.

en comunidad según las reglas establecidas. Ahora bien, el análisis del discurso emitido en esa oportunidad demostraba, una vez más, esta relación ambigua con el pueblo soberano, y con el pueblo. Según las circunstancias o la naturaleza de los intereses en juego, este pueblo era una multitud peligrosa o un apoyo indispensable. En este último caso, se le identificaba entonces con el ciudadano o con el soldado-patriota. Pero lo que suscitaba esas vacilaciones —por no decir esas contradicciones— era precisamente esta frontera mal definida y la dificultad existente para dotarla de una sólida identidad.

Miranda expresaba claramente este conflicto que se dará a menudo entre la necesidad de adoptar valores universales para llevar la nación a figurar en el mismo rango de las naciones adoptadas como modelo, y la no menos necesaria consideración de una realidad que iba en contra de esos ideales. Tras criticar el mal equilibrio de los poderes, así como la falta de claridad en la estructura y la organización general de la Constitución, agregaba: «... que no está ajustada con la población, los usos y costumbres de esos países, de que puede resultar que en lugar de reunirnos en una masa general o cuerpo social, nos divida y separe en perjuicio de la seguridad común y de nuestra independencia...»[127]

Cuando Miranda se expresaba así, nos parece estar oyendo las palabras de Montesquieu, quien consideraba que no podía bastar un gobierno, ni siquiera una Constitución, para asegurar la unión de los miembros de una misma comunidad; concluía diciendo: «Tal vez sea más necesaria dejarle (a la Nación) sus costumbres porque un pueblo siempre conoce, ama y defiende sus costumbres más que leyes»[128]; sobre todo si éstas no se adaptaban a la población a la cual están destinadas, pero cuya identidad nunca se define por no poder lograrse. Efectivamente, ¿cómo podría ese pueblo defender y amar lo que no conocía y que sus dirigentes no lograban definir? En esta materia predominaba la incertidumbre; ya en 1811, en el artículo Independencia ya citado, la energía de la población que había contribuido a la creación de la Junta era atribuida por el autor a un poder superior que confería a los americanos la intrepidez de Alejandro Magno y la fuerza de Alcides. Poder superior que comparaba con un Genio Tutelar que comba-

---

[127] Sesión del 21 de diciembre de 1811, *Libros de Actas del Supremo Congreso de Venezuela, 1811-1812. Op. cit.*, vol. 1, pág. 221.

[128] MONTESQUIEU: *L'Esprit des Lois, Livre 2°: De lois dans les rapports qu'elles ont avec la force offensive,* capítulo XI, en *Œuvres Complètes.* Paris: Gallimard, 1951, vol. 2, pág. 385.

tía a favor de la independencia de la nación, permitiendo así su triunfo sobre el despotismo. Aplicaba este análisis a la acción de los habitantes de Caracas, indicando: «Aquí es donde se han visto por primera vez sus fenómenos en el Nuevo Mundo: parece que el orden político del otro hemisferio no ha hecho más que estar acumulando en tres siglos de monopolio, de arriendo, y de privaciones de toda especie, una enorme masa de este principio volátil en los corazones de los venezolanos...»[129]

En esta imposibilidad de definir las motivaciones que animaban a esos hombres y que los unirían en torno a un objetivo común y a la defensa de una identidad, Juan Germán Roscio, más realista, veía la causa de los errores cometidos hasta entonces. Comparando esta experiencia con la Revolución francesa y la norteamericana, recalcaba que además de sus conocimientos superiores, éstas disponían no sólo de una Constitución de calidad sino también, y sobre todo, de una «imagen suya»[130]. Más allá de los temores y las críticas así formuladas, se dio la fusión entre el Pueblo, cuyas fronteras fueron implícitamente establecidas, y el ciudadano, cuyo juramento de fidelidad a la Constitución consagraba su reconocimiento en tanto actor eminentemente político. En el discurso dirigido al pueblo de Caracas con motivo de la separación del Congreso en febrero de 1812, se celebraba de nuevo al ciudadano como emanación del pueblo: «¡Salud e independencia! ¡Pueblo virtuoso y patriota! Mil veces salud e independencia os desean los primeros representantes de vuestros derechos, que van a celebrar el último acto de su institución, para volver a abrazaros como ciudadanos...»[131]

Desde estos presupuestos, la relación con el pueblo pasó por tres fases entre marzo de 1811 y febrero de 1812, período durante el cual sesionó el Congreso constituyente.

Inmediatamente después de su instalación, los diputados, impregnados aún del entusiasmo suscitado por las elecciones, celebraron al pueblo, adornándolo con todas las virtudes. Sin embargo, a medida que se imponía la independencia como una necesidad ineludible, tanto desde un punto de vista interno como para obtener el reconocimiento de las naciones extranjeras con el fin de entablar los contactos económicos indispensables para la

---

129 «Independencia», *El Mercurio Venezolano III,* marzo de 1811, pág. 3.

130 J. G. Roscio a D. González, 6 de mayo de 1811. Archivos FBC.

131 «Alocución del Congreso federal de Venezuela al presentar a los pueblos la Constitución de 1811, 23 de diciembre de 1811», en *Textos oficiales de la primera República de Venezuela. Op. cit.*, vol. 2, pág. 140.

existencia del país, el tono iba cambiando. El pueblo se presentaba de nuevo como una fuerza incontrolable e inculta; análisis que comprometía fuertemente la posibilidad de atenerse a los principios sobre los que se erigía el edificio político, a saber: la obligación de consultar a dicho pueblo. Un filtro se estableció entre esos principios y la realidad con la que los representantes se veían confrontados; se temía al pueblo, a sus reacciones, y para protegerse de él se le sustituía —en el discurso— por el pueblo en tanto unidad administrativa como fundamento de la soberanía. Durante ese segundo período, dominado por la sesión del 2 de julio que examinó la oportunidad de transferir el Congreso fuera de Caracas, afloró el tema del pueblo en el marco del debate que se abrió entonces acerca del poder de la opinión pública. Durante la tercera fase, una vez que la independencia quedó adquirida y el proceso constitucional emprendido, el pueblo volvió a hacerse presente en el discurso, y de manera más positiva. Recobró su poder de legitimación con la cualidad de ciudadano libre otorgada a una parte de sus miembros. De nuevo era posible proclamar la unión de todos para la felicidad de la patria, de la cual era el artesano voluntario.

Conclusión. Una relación ambivalente con el pasado

Entre la condena y el olvido

Si bien desde el 19 de abril de 1810 quedó formulada la voluntad de redefinir parcialmente los términos del contrato con la metrópoli, fue el 5 de julio de 1811, al declararse la independencia (tras abandonar toda veleidad de salvaguardar los derechos —usurpados— de Fernando VII), cuando adquirió todo su vigor. Públicamente preconizada desde noviembre de 1810, la independencia ofrecía entonces la posibilidad de considerar un futuro más felíz, y la atención se concentró enseguida en el hecho de que la «regeneración» del país sólo podía emprenderse a condición de borrar «los vestigios de la antigua tiranía»[1]. Para ello, se pidió a los venezolanos que «echaran un velo» sobre todo el período anterior a esa «augusta» época.

No obstante, la denuncia contra esos tres siglos transcurridos en esclavitud extraviaba la voluntad de no olvidar lo que se había padecido, no sólo como ejemplo o advertencia, sino también porque perduraban aquellas prácticas que encarnaban al orden antiguo tal como reinaba al otro lado del océano así como en el suelo americano. Además, decían los insurgentes, no había que confundir los acontecimientos que tenían lugar en Venezuela, y sobre todo en Caracas, con las que habían sido provocadas por el fanatismo y la ambición que inspiraron la empresa de los conquistadores y la de los tiranos españoles. Se trataba de una acción que no estaba motivada por alguna voluntad de dominación sino por la aspiración a liberar Venezuela, incluso todo el continente. Era necesario legitimar la acción emprendida; al ensombrecer el retrato del enemigo y la memoria del gobierno del imperio español, el poder que se instalaba se valorizaba.

Aunque la independencia liberó a Venezuela de la tutela española, no representaba sino una de las condiciones necesarias para una verdadera autonomía. Tenía que adquirir los medios políticos para esa ruptura, los cuales garantizarían además la solidez de esa edificación. La Constitución y las leyes subsecuentes contribuyeron a ello de alguna manera, en la medida en que rompían con los precedentes, reconociendo a los venezolanos el derecho de gobernarse por sí mismos según los principios adoptados por las «naciones civilizadas». Mientras que los daños que afectaron a los americanos se atribuían a la «constitución facticia que la opresión había

[1] «Proclama del Poder Ejecutivo, 11 de julio de 1811», en *Textos oficiales de la primera República de Venezuela. Op. cit.*, vol. 2, pág. 31.

dado a los americanos»[2], la primera Constitución de Venezuela era «una muralla indestructible» entre el pasado y el futuro: «El término de la revolución se acerca: apresuraos a llegar a él por medio de la Constitución que os ofrecemos, si quereis sumir en la nada los proyectos de nuestros enemigos, y apartar para siempre de nosotros los males que ellos nos han causado»[3].

La pertenencia a una misma comunidad de cultura

Más allá de esa condena dirigida ante todo contra un sistema político, había porciones completas del pasado colonial que la élite criolla pretendía conservar porque eran o bien constitutivas de la identidad del país, o bien indispensables para la culminación de la obra emprendida. Pero en este último caso, ese apego dictado por la coyuntura se desgastaba a medida que el nuevo poder iba adquiriendo más fuerza y que su legitimidad se iba afirmando. El 5 de julio de 1811 la independencia marcó el fin oficial de la fidelidad al monarca, presentado retrospectivamente como un rey fantoche al que se había sostenido sólo por razones políticas y de coyuntura.

Lo que así se condenaba era todo un sistema de gobierno. Lo cual explicaba el apoyo a los hombres que también habían empezado a rebelarse en España contra ese gobierno. Eran semejantes, hermanos de sangre y de religión, y podían ser acogidos en este suelo y considerados como compatriotas si así lo deseaban. Más allá de lo cual, al dárseles tal apoyo y reconocer la similitud de los combates que tenían lugar a ambos lados del océano, se reafirmaba el sentimiento de pertenencia a una misma comunidad: la gran nación española, la madre patria. Los americanos habían heredado de ella una lengua, unas tradiciones y, sobre todo, una religión, lo cual había que conservar y defender contra los abusos de poder. En este sentido, en mayo de 1810 se declaró que: «Toda nuestra gloria está cifrada en mantener, con la dignidad que nos pertenece, los vinculas de sangre, de Religion y de idioma que nos unen con la noble y generosa España, y que no es posible romper sin causar heridas peligrosas y sensibles a nuestro sistema nervioso...»[4]

---

[2] *Mercurio Venezolano III, op. cit.*

[3] «Alocución del Congreso federal de Venezuela al presentar a los pueblos la Constitución de 1811, 23 de diciembre de 1811», en *Textos oficiales de la primera República de Venezuela. Op. cit.*, vol. 2, págs. 141-142.

[4] *Gazeta de Caracas,* 4 de mayo de 1810.

La religión se colocaba siempre como el primero de los bienes que había que defender mediante la creación de un gobierno legítimo de este lado del océano. Así, en la proclama del 19 de abril de 1810, con respecto a los objetivos de las Cortes de Cádiz, se decía: «¿Se perpetuaría así en estos hermosos países la augusta y santa religión que hemos recibido de nuestros mayores? No, amados Compatriotas: y el Pueblo de Caracas ha conocido bien la necesidad que tenemos de agitar nuestra causa con vigor y energía si queremos conservar tantos y tan amados intereses»[5].

Además, se consideraba la religión como el nexo más sólido entre los patriotas, pues ya se había pronunciado la ruptura con las autoridades españolas, y los patriotas sólo podían contar con sus propias fuerzas y su voluntad para llevar a cabo tal empresa: «Que la Religión santa que hemos heredado de nuestros Padres sea siempre para nosotros y para nuestros descendientes el primer objeto de nuestro aprecio, y el lazo que más eficazmente puede acercar nuestras voluntades»[6].

A tal fin, la utilización de la trilogía *Religión, Rey, Patria* que figuraba sobre todo en los juramentos, a ejemplo de España mucho antes de 1808[7], era característica de esa voluntad de unión a partir del referente religión[8], el cual confería además a la patria una dimensión sagrada, ligada a la dificultad de definir ese concepto fuera de la cristiandad a la que pertenecía. Un vínculo entre la patria y la religión recordaba los orígenes de la nación francesa en su formación durante la Edad Media, cuando, como señala C. Beaune, «la nación Francia es una categoría nueva del pensamiento a cuyo lento surgimiento se asistió en la Edad Media. La nación tardó siglos para ubicarse en su justo lugar, para erigir el particularismo frente a lo universal. Sin embargo, Francia nació no por una ruptura con el orden cristiano sino en el interior mismo de éste»[9]. Imperativo tanto más reafirmado en el caso de Venezuela donde la religión católica constituía la base de su identidad y, por encima de los compartimentos muy estancos que caracteriza-

---

[5] «Proclama», *Gazeta de Caracas,* viernes 27 de abril de 1810.

[6] *Ibídem.*

[7] Al respecto, ver VILAR, P.: «Patria y nación en el vocabulario de la guerra de independencia español», en VILAR, P.: *Hidalgos, amotinados y guerrilleros. Pueblo y poderes en la historia de España.* Barcelona: Crítica, 1982, págs. 211-252; HOCQUELLET, R.: *Résistance et révolution durant l'occupation napoléonienne en Espagne, 1808-1812.* Paris: La Boutique de l'Histoire Éditions, 2001.

[8] Cuya fuerza veremos con el llamamiento de la patria en peligro, en 1812.

[9] BEAUNE, C.: «La notion de nation en France au moyen Age», *Communications n.° 45. Eléments pour une théorie de la nation,* 1987, pág. 102.

ba a esta sociedad, oficialmente practicada por todos. Así, en el juramento al gobierno provisorio prestado por el personal político, se mencionaba:

> ... prometiendo en él guardar, cumplir, y executar, y hacer que se guarden, cumplen y executen todas y qualesquiera órdenes que se den por esta Suprema Autoridad Soberana de estas Provincias a nombre de nuestro Rey y Señor Don Fernando Séptimo, que Dios guarde, injustamente cautivo, por la traidora nación francesa, sosteniendo los derechos de la Patría, del Rey y la Religión...[10]

Asimismo, en junio de 1810, el Reglamento de Diputados ordenaba proteger el culto, mientras que en todos los demás ámbitos mencionados lo que se planteaba era «reformar» (la viciosa administración), «desarrollar» (la industria)[11]. En este sentido, refiriéndose a los habitantes de Coro después de que algunos de ellos habían negado su apoyo a Caracas, la Junta declaraba: «... juraron ante el Dios de nuestros Padres, ante el Rey que defendemos, y ante la Patria que conservamos, esa unión y fidelidad que ahora insultan y destruyen...»[12]

Esta voluntad persistía para diciembre de 1811, cuando se daba la discusión de las Leyes de Iglesia en el Congreso. El diputado Juan Antonio Díaz Argote explicaba a sus colegas que no habían sacudido el yugo de la Iglesia sino, en realidad, el que había sido impuesto por los reyes que se sucedieron a la cabeza del Imperio. Una de las razones que llevaron al país a separarse de España fue «el deseo de conservar pura e ilesa la Religión que ha recibido de sus mayores»[13]. Esta representaba el único apoyo para el hombre libre y virtuoso, en ella se debía basar ese heroísmo que permitirá salvar y conservar la patria. Era mediante la preservación de ese «carácter español»[14] (la religión, la lengua) que la nueva comunidad política postulada (la nación) podía proyectarse hacia el porvenir y verse dotada de toda clase de perfecciones ideales.

---

[10] «Extraordinario. Continuación del anterior acuerdo y juramento de los empleados extinguidos y nuevamente establecidos», *Actas del 19 de abril de 1810. Op. cit.*, pág. 53-54.

[11] «Reglamento de Diputados», *Gazeta de Caracas,* 22 de junio de 1810.

[12] «La Suprema Junta de Venezuela a los habitantes de los distritos comarcanos de Coro», *Gazeta de Caracas,* 22 de junio de 1810.

[13] Sesión del 21 de diciembre de 1811, *Libros de Actas del Supremo Congreso de Venezuela, 1811-1812. Op. cit.,* vol. 1, pág. 221.

[14] «Vicios legales de la regencia deducidos del acta de su instalación el 29 de enero en la Isla de León», *Gazeta de Caracas,* 29 de junio de 1810.

«La entrada en la Historia»

El establecimiento del proceso electoral permitió seleccionar a los buenos y excluir —real o verbalmente— a los malos patriotas, abriendo así una primera página de la historia de Venezuela. Se consolidó y legitimó las opciones políticas aplicadas desde abril. De hecho, desde su creación, la Junta estaba arraigada en un proceso histórico, y la posibilidad de que figurara en los anales de la historia se vinculaba a la capacidad de sus dirigentes y de los actores políticos en su conjunto para poner en práctica los objetivos que se habían fijado. Abría el amplio campo de lo posible, propio de los actos fundacionales y que confería al discurso acentos proféticos en cuanto a las perspectivas para el porvenir de la patria. Así, se menciona en varias oportunidades que la «revolución» de Caracas haría época, entendiéndose entonces la palabra «revolución» en el sentido de retorno a un origen idealizado, utilizándola como sinónimo de regeneración, y colocándola además bajo el auspicio de la divina providencia: «El cielo ha protegido la empresa en términos que hará época en la historia del tiempo, y con especialidad en la del continente americano que nos alimenta»[15].

Juan Germán Roscio, por su parte, veía en la creación de la Junta el resultado de una decisión heroica tomada por Caracas, que sacaba su legitimidad de las perspectivas prometedoras que abría para el porvenir. Y fue saludada como tal, según sus fundadores, tanto en el exterior como en el continente americano.

> Esta acción brillante, aplaudida de las vecinas naciones extranjeras y de todos los hombres a quienes el hábito de la esclavitud no ha despojado de los sentimientos más conformes a la naturaleza, será el principio de las que han de consolidar la independencia y la libertad de la América española contra los ataques capciosos de la tiranía y de la opresión que gravitan sobre la desgraciada Europa[16].

No obstante, ese primer paso hacia la libertad tenía que afianzarse en una práctica política, en la medida en que los actores tenían conciencia de la debilidad de las bases del edificio en construcción, tanto más cuanto que

---

[15] «Al brigadier Fernando Toro sobre destitución de las Autoridades realistas y constitución del nuevo Gobierno, 20 de abril de 1810», *Actas del 19 de abril de 1810. Op. cit.*, pág. 81.

[16] «Instrucciones, 25 de abril de 1810», *Actas del 19 de abril de 1810. Op. cit.*, pág. 113.

la Junta era ante todo una respuesta, un acto defensivo frente a los acontecimientos de la Península. Aun cuando los representantes enseguida habían invocado perspectivas a más largo plazo, lo cierto es que esta fundación se había visto signada por la improvisación. Y aunque los miembros de la Junta y sus allegados disponían del aparato conceptual para legitimar su iniciativa, su fragilidad era real. Cuando pasó el primer momento de entusiasmo, se acentuó la oscilación entre, una vez más, el temor y la esperanza, entre la voluntad de seguir adelante y la conciencia de una realidad que no era fácil adaptar a las exigencias teóricas. Mientras que inicialmente se consideró la virtud como el apoyo indispensable y suficiente para evitar los obstáculos y «los precipicios de una carrera tan peligrosa como la que debemos andar para llegar al santuario de la paz y de la felicidad»[17], las cosas cambiaron a partir del mes de mayo, cuando se confirmó la oposición de las provincias de Maracaibo y Coro. En este sentido, el autor del artículo *Egoísmo o Espíritu de facción* advertía contra el peligro del incumplimiento a la subordinación patriótica en «un país que empieza a dar los primeros pasos hacia su existencia política; que va a formar su gobierno; que no tiene otro apoyo que sus virtudes y el santo entusiasmo que le inspira su resolución»[18].

De hecho, ya no bastaba la virtud y el entusiasmo propios del heroísmo del 19 de abril, pues lo que se planteaba ahora era garantizar la perennidad de la Junta y, por ende, la credibilidad del proceso emprendido. Efectivamente, se trataba de fundamentos demasiado abstractos para obtener la adhesión de una población heterogénea en el plano tanto étnico como cultural, y para permitir que quienes evolucionaban al margen de cierta modernidad —tal como la reivindicada por las élites— se identificaran con el proyecto propuesto. De ahí el recurso, en definitiva, a aquella ficción democrática de las elecciones, pues creaban un polo oficial de agrupación que permitiría, precisamente, entrar en la Historia. Por ello, la fase de preparación electoral se presentaba como el verdadero medio para hacer que el país tuviera existencia en el escenario de las naciones —siempre en nombre de la conservación de los derechos del rey— y, por consiguiente, conferir a los meses transcurridos una dimensión histórica. Así, fue de manera retrospectiva que el 19 de abril se consideró como un acto memorable, una vez puesto en marcha el proceso de legitimación por

---

[17] «Sin virtud, no hay felicidad pública ni individual». *Op. cit.*

[18] «Egoísmo o Espíritu de facción». *Op. cit.*

medio de las urnas. Efectivamente, durante los meses de junio a noviembre de 1810, se percibía con claridad esta integración progresiva al proceso histórico, proceso que triunfó con la reunión de los diputados, en noviembre, para preparar el Congreso constituyente, anunciado ya en abril con motivo de la presentación del gobierno provisorio, en los términos siguientes:

> ... va a darse al nuevo Gobierno la forma provisional que debe tener, mientras que una Constitución aprobada por la representación nacional legítimamente constituida, sanciona, consolida y presenta con dignidad politica a la faz del universo la Provincia de Venezuela, organizada y gobernada de un modo e ha a felices a sus habitantes...[19]

Asimismo, en el texto de Juan Germán Roscio, en junio, las elecciones estaban llamadas a ser consideradas como el momento más memorable vivido por el país desde su descubrimiento por parte de los españoles. Más aún, sus repercusiones tenían que ver con el destino de las futuras generaciones, además del de sus contemporáneos. Tres características recurrentes insertan este acontecimiento en el «tiempo largo»; confiriéndole todo su valor: el recuerdo necesario de la situación anterior, en comparación con la cual el voto de los hombres libres se consideraría como «el acto positivo más sublime de la regeneración americana»[20]; la preocupación por la posteridad para la cual obraban y que daba al presente el sello de la inmortalidad; enfin, entre estos dos polos, el presente que se distinguía por su carácter inédito, nuevo, y hasta sorprendente, pero sobre todo por su moderación. Ahora bien, esta última cualidad confirmaba la capacidad de Caracas y, por ende, de las ciudades y provincias que siguieron su ejemplo, para reivindicar la transferencia de la legitimidad hecha por iniciativa suya en pro de salvaguardar la Patria española. Además, el manifiesto de la Junta de Mérida constituía, más que una declaración de apoyo, una denuncia sin concesión de la Junta Central Suprema y de la Regencia, así como un cuestionamiento de su legitimidad:

---

[19] «Manifiesto sobre la forma del nuevo gobierno», *Actas del 19 de abril de 1810. Op. cit.*, pág. 89.

[20] *Gazeta extraordinaria de Caracas,* sábado 13 de noviembre de 1810. Por cierto, el presidente de la congregación electoral repite esta frase de manera idéntica, reemplazando no obstante la expresión «regeneración americana» por la de «regeneración política», en «Señores Electores», *Gazeta de Caracas,* 7 de diciembre de 1810.

> Fue reconocida y obedecida por toda la América solamente por que creyó que por su medio se conseguiria la salvación de la Patria. De otra suerte no la habria reconocida, por los palpables vicios de nulidad que tenia a causa de haberse formada por sólo el voto de los españoles europeos que componen diez millones de almas, sin contar con el voto de los españoles americanos que son por lo menos diez y seis[21].

La Regencia, surgida de la voluntad arbitraria de los hombres de la Junta Central Suprema declarada ilegítima, no podía recibir el apoyo de los americanos. En ausencia de todo poder soberano legítimo, la decisión de Caracas de reasumir la autoridad soberana se consideraba entonces conforme con la razón y los principios del derecho de la gente. Así, las elecciones adquirieron enseguida ese carácter memorable, y representaron el acontecimiento político más importante en los últimos tres siglos; lavaban la afrenta recibida en las elecciones de la Junta Central Suprema. Por primera vez, los americanos disponían de representantes legítimamente elegidos, respondiendo así al deseo emitido desde abril de dar a la nación española un gobierno provisorio, y volviendo caducas las acusaciones hechas por insurgentes y rebeldes contra Caracas y sus nuevas autoridades. Esta ruptura con la Regencia, ratificada en diciembre, consagró la irrupción de la historia en el escenario político, bajo los auspicios de la libertad. Después de las elecciones se dio el triunfo de la libertad civil, colocadas bajo el auspicio del Todopoderoso. Así, en Caracas, la celebración de las elecciones concluyó con la reunión de doscientos treinta representantes en el Convento de San Francisco, el 2 de noviembre, para elegir a sus seis diputados tras haber implorado la ayuda divina. Por lo demás, esos diputados se proponían inaugurar el proceso constitucional como hombres libres: hombres libres en el sentido de hombres civilizados. Se trataba de la libertad otorgada por la ley y no por las pasiones revolucionarias, era consustancial con la ley. Sin ésta, el patriotismo, forma suprema de la libertad civil en tanto manifestación del amor a la patria, también se quedaría en la fase de las conmociones pasionales.

La elección de los diputados, primer acto político y fruto de una ley —el código electoral—, consagró la victoria de esa libertad razonada. Permitía el retorno a la civilización; Venezuela y, por intermedio suyo, el continente vol-

[21] «Manifiesto de la Junta Provincial de Mérida», *Gazeta de Caracas,* 27 de noviembre de 1810.

vían a formar parte de la Historia al actuar no por un movimiento tumultuario sino como resultado de una decisión tomada con madurez y distanciamiento. De nuevo encontramos aquí las dos facetas de la libertad definida por los primeros patriotas y que, debido a su interdependencia, hacían necesaria la fuerza de persuasión (y hasta de presión) para que triunfara la libertad civil. Ésta última, tal como lo define Luis Castro Leiva, era el resultado de una doble negación: «Primero, [...] de la bestialidad, es decir, como producto de la ley; segundo, y más propiamente, como la expansión de la humanidad recuperada dentro del ámbito de lo no prohibido por la ley»[22].

En este marco, podía exaltarse la pasión patriótica sin el riesgo inherente a tal ejercicio de estilo, pese al peligro de que esta pasión recobrara sus acentos salvajes, en un contexto de conmociones como las que sobrevinieron con la guerra de indcpendencia, y que se moviera nuevamente fuera de los límites impuestos por la ley y la razón. No obstante, sólo esta energía era capaz de hacer que la libertad triunfara sobre el despotismo; virtud, patriotismo y ley estaban intrínsecamente ligados, tal como lo ilustraba la utilización de la imagen del segur, el hacha, para simbolizar la separación entre pasión y razón, libertad y despotismo, facciones y lealismo, de las que estaban dotados el patriotismo y la ley. Al cuestionar el hecho de que la Regencia pretendiera considerarse como la representante del gobierno soberano, los autores del manifiesto de la Junta de Mérida se referían precisamente a la ruptura efectuada gracias a esta herramienta simbólica puesta en manos del patriotismo, al servicio de la libertad: «¿Podrá usar de él [el título de Gobierno Soberano] con lexitimidad después que la parte libre de la nación española le había despojado solemnemente de la Soberanía, después que la segur del patriotismo y de la fidelidad más acendrada había cortado de raíz este arbol infundífero y que sólo daba frutos de muerte?»[23]

La respuesta fue dada por Caracas el 30 de noviembre, demostrando la imperiosa necesidad de la libertad como fundamento de la existencia política y, a la vez, de la capacidad de los americanos para lograrla, en el sentido en que la libertad así comprendida se consideraba como innata en este continente y en sus habitantes. Los editores de la Gazeta de Caracas lo entendían así al declarar, con motivo de la publicación del manifiesto de la Junta de Mérida: «... la ilustrada Ciudad de Mérida ha acreditado que la

---

[22] Castro Leiva, L.: «Elocuencia de la libertad». *Op. cit.*, pág. 22.

[23] «Manifiesto de la Junta Provincial de Mérida». *Op. cit.*

idea de la libertad es tan innata en los americanos como lo es la de la felicidad, moderación y subordinación civil a las leyes, al soberano legítimo y a la representación nacional legalmente constituida»[24].

Semejante fe en el sentido innato de la libertad que tenían los americanos permitía —una vez realizadas las elecciones y tomadas las primeras medidas judiciales contra los enemigos internos— no hacer caso de los temores inspirados por éste y su propensión a provocar desbordamientos populares, de tan poderosa que volvía a ser la creencia en la fuerza de persuasión del verbo y de la ley para conformar la realidad a los proyectos, y hacer así que triunfara la sola voluntad política. Por lo demás, el carácter fundacional otorgado a las elecciones se reflejaba en los electores —y futuros elegidos—, cuya misión revestía, en tal perspectiva teórica, un carácter casi-sagrado. Estos electores hacían las veces de primera encarnación del hombre civilizado, arquetipo del ciudadano-patriota que representaba, por defecto, la matriz de identidad de esta parte de la nación española, la cual aspiraba a tomar la riendas de su destino.

> Al pronunciar, al escribir el nombre de los que han de arreglar los destinos de la Patria, invoquemos su dulce nombre [del Disponedor del género humano], recordemos nuestra situación anterior, fixemos nuestros ojos en la posteridad para quien trabajamos, y poseídos de tan grandes objetos, sean ellos los que muevan nuestro corazón, abran nuestros labios, o dirijan nuestra pluma[25].

El triunfo de lo político y de la razón hecha ley garantizaba el futuro del país, que ya estaba en manos de los diputados, cuya tarea inmediata, a fin de concretar su entrada en la Historia, era redactar una Constitución, ley suprema sin la cual el orden no podía prevalecer. El presidente de la congregación electoral lo recordaba claramente con motivo de la reunión de los electores: «La suerte de quantos individuos habitan este Pais está en nuestras manos, como la de todos aquellos que formarán después nuestra amada y numerosa descendencia»[26].

---

[24] *Gazeta de Caracas,* 30 de noviembre de 1810.

[25] «Caracas, 14 de agosto de 1810», *Gazeta de Caracas,* 17 de agosto de 1810. Las dos maneras de votar se refieren al otorgamiento del derecho del voto a las personas que no saben escribir, y que cumplirán su deber de ciudadanos en voz alta, bajo la vigilancia de dos testigos juramentados.

[26] «Señores Electores». *Op. cit.*

Era el porvenir del país lo que estaba en juego, y aunque la pertenencia a la gran nación española no estaba oficialmente puesta en tela de juicio, la ruptura con la Regencia quedó consumada aquel mismo mes de noviembre, y ratificada el 25 de diciembre con la negativa a prestar juramento de fidelidad, solicitado por ella a través de sus dos emisarios enviados a Caracas. Como representantes legítimamente elegidos, los diputados ya luchaban en igualdad de condiciones con la Regencia. El hecho de haber logrado organizar y llevar a cabo un proceso electoral confirmaba lo justo de su determinación. En adelante, lo que se planteaba era ocuparse en prioridad de la preservación de sus propios derechos y reclamar la unión de las provincias de Venezuela. «... estamos [determinados] a conservar mientras debamos nuestra fidelidad al rey Fernando libre de la influencia francesa, por nosotros mismos y sin necesidad de otra representación que la libre, espontánea y legal que va a instalarse en Venezuela»[27].

Efectivamente, la elección de los diputados condujo a las autoridades de Caracas a lanzar un nuevo llamamiento a la unión, fustigar el enemigo interno y, al mismo tiempo, consagrar lo irreversible de la acción emprendida. Al establecer un paralelo estricto entre ambas fechas —19 de abril y 2 de noviembre—, dando sin embargo al 2 de noviembre la fuerza y la legalidad impartidas a un acto político de tanta importancia, el presidente de la congregación electoral expresaba de manera muy explícita esa casi-relectura de su corta historia. Primero insistía en la similitud entre ambas fechas en cuanto al valor simbólico,. independientemente de su significado político: «La imparcialidad más severa no puede resistirse a hacer el elogio de este acto tan pacífico corno importante a la suerte del Nuevo Mundo; pero nada puede decirse más digno de él, sino que el día 2 de Noviembre fue igual al 19 de Abril»[28].

Después, hacía una comparación entre estos dos momentos esenciales por la prontitud de su realización, señalando al mismo tiempo su complementariedad en términos de significación: «Veinte y quatro horas bastaron para salir pacíficamente de la opresión a la libertad, y en veinte y quatro horas se vieron constituidos legalmente los primeros representantes de la América meridional, y los verdaderos conservadores de los derechos de Fernando VII en el nuevo mundo»[29].

---

[27] *Gazeta de Caracas,* 18 de diciembre de 1810.

[28] «Presidente de la Congregación electoral, señores Electores», *Gazeta Extraordinaria de Caracas,* 3 de noviembre de 1810.

[29] *Ibídem.*

Por medio de esta jerarquización de los hechos, se esbozaba además el perfil de un particularismo fundado en un tipo de comportamiento que pretendía estar acorde con el hombre esclarecido, leal y virtuoso, contrariamente a los enemigos del orden, que eran los representantes ilegítimos del poder en España, así como sus aliados de facto dentro de Venezuela. Los que habían sido escogidos entre los mejores eran quienes tenían que institucionalizar estas prácticas. Al mismo tiempo, se procedía a una primera reconstitución histórica. Según un proceso idéntico al que había sido utilizado al culminar las elecciones en noviembre de 1810, la Junta era elogiada en estos términos con motivo de la presentación de la Constitución en diciembre de 1811: «Esta Constitución] ha venido a abrir la marcha pacífica y moderada que emprendisteis el memorable 19 de Abril de 1810 [...] sin los horrores de la anarquía ni los crímenes de las pasiones revolucionarias»[30].

La Declaración de Independencia, el 5 de julio de 1811, se hacía eco del 19 de abril de 1810 en términos de significación. Cerraba un primer ciclo, en el sentido en que consagraba oficialmente la ruptura con España así como la recuperación de los derechos, entre los cuales el derecho a la libertad con el cual el Todopoderoso había dotado a todos los hombres en el momento de su creación. Adquirió «un renombre inmortal» en la historia y confería a todos los habitantes del país una gloria reconocida en el mundo entero; estaba considerada como «el acto más memorable que nuestros anales transmiten a la posteridad»[31].

---

[30] «Alocución del Congreso federal de Venezuela al presentar a los pueblos la Constitución de 1811, 23 de diciembre de 1811», en *Textos oficiales de la primera República de Venezuela. Op. cit.*, vol. 2, pág. 140.

[31] «Contestación del Señor Presidente del Congreso, Don Juan Antonio Rodríguez Domínguez al juramento de Francisco Espejo», *El Publicista de Venezuela,* n.° 5, 25 de julio de 1811.

Segunda parte

La política sometida a la prueba de la guerra (1812-1819)

Aunque este segundo período se justifique cronológicamente por el desembarco de tropas españolas en las costas americanas en enero de 1812, lo cual marcó el inicio de la guerra civil de independencia y produjo una ruptura tanto en las relaciones con la Península como en el funcionamiento político del país (y del discurso que lo apoyaba), no aplicamos la periodización tradicionalmente admitida para el polo terminal de esta fase, con la liberación de Puerto Cabello en 1823, que puso fin a la Guerra de Independencia.

Para proseguir nuestro análisis del proceso de elaboración del proyecto de edificación de una nación venezolana —y de una correspondiente identidad—, queremos hacer hincapié en el impacto que tuvo el conflicto armado en este proceso y su traducción constitucional. Así, el año de 1812 fue también el de la suspensión del proceso político inaugurado en 1810 y sancionado por la Constitución de 1811. Suspensión que, a pesar del abortado intento de Bolívar para restaurar la República en 1816, perduró hasta la reunión del segundo Congreso de Venezuela en 1819, en Angostura, aunque nunca haya sido aplicada como tal, puesto que la liberación de Nueva Granada, y luego la de Quito, permitió la creación de la República de Colombia. No obstante, esta segunda Constitución de Venezuela estaba influida por la guerra y los efectos que ésta produjo en las élites que asumían el poder, en cuanto a su concepción de nación como comunidad de individuos, a los que supuestamente representaban. Además, el hecho de sustituir a esta nación venezolana, a la cual decían aspirar, una nación colombiana que tomó cuerpo con la Ley Fundamental del 17 de diciembre de 1819, puso en evidencia la fragilidad de este concepto en cuanto a su contenido identitario. A saber: en su sentido histórico de una colectividad de hombres unidos por la continuidad, un pasado y un porvenir comunes.

Capítulo 1

La patria en peligro: un llamado a la movilización

Antes de que se creara la República de Colombia, la invasión española —más allá de su significación política— se produjo en un momento coyuntural esencial para la vida política y constitucional de Venezuela. Efectivamente, mientras que el país festejaba la proclamación de la Constitución que abría camino a su acceso al rango de nación y consagraba al ciudadano como actor de la vida política, el anuncio del desembarco de tropas españolas en Puerto Rico en enero de 1812, y de la marcha de Domingo de Monteverde sobre Caracas en marzo del mismo año, confrontó con la realidad ciertos principios inherentes a la obtención de la independencia y de los derechos que la Constitución reconocía al pueblo.

Por ello, resulta indispensable hacer el análisis según dos ángulos, organizándolo por una parte en torno a una idea de defensa de la patria, con lo que ello implicaba desde el punto de vista de la adhesión de la comunidad a los valores de libertad y unión representados por esta idea; por otra parte, y simultáneamente, en torno a la elaboración de una reflexión acerca de la identidad de esta comunidad, que permita percibir una toma de conciencia por parte de las élites acerca del déficit de identidad, ciertamente peligroso pero necesario en alguna medida para la voluntad de destruir a la «raza» española como encarnación del enemigo y de la ruptura con la metrópoli.

1. La primacía a la guerra

A partir del mes de enero de 1812 y con el anuncio de la llegada a Puerto Rico de 4 000 hombres enviados por España, los debates en el Congreso tuvieron como principal preocupación no sólo la de llamar a la movilización en caso de que se precisara el peligro, sino también la de tomar las medidas políticas necesarias para precaverse contra cualquier eventual invasión española en suelo venezolano. En este sentido, el diputado Juan Rodríguez del Toro insistía en el hecho de que la defensa de la patria no podía basarse sólo en las tropas de veteranos, y que también era conveniente reagrupar los Poderes Ejecutivo y Legislativo[1]. Entonces, cuando el

---

[1] Sesión del 21 de enero de 1812, *Libro de Actas del Supremo Congreso de Venezuela, 1811-1812*. Caracas: Biblioteca de la Academia Nacional de la Historia, 1960, vol. 2, pág. 280.

4 de abril de 1812 el Congreso concedió facultades extraordinarias al Poder Ejecutivo, que siguió así en manos de las autoridades civiles, y cuando el 26 de abril, antes de disolverse, nombró a Francisco de Miranda Generalísimo, Juan Rodríguez del Toro, ferviente republicano, manifestó su oposición contra esta última medida, que equivalía a instaurar una dictadura militar. En consecuencia, se negó a servir bajo sus órdenes.

De hecho, hasta la huida y/o encarcelamiento de las autoridades políticas de la primera República, la legitimidad política y la influencia de sus representantes se consideraron insuficientes para proceder a la movilización. Desde este punto de vista, la sustitución de estas autoridades por una legitimidad carismática —para utilizar las categorías propuestas por M. Weber[2]— encarnada por los jefes militares, marcó una ruptura, aunque esos dos tipos de legitimidad seguirán enfrentándose durante el conflicto. Efectivamente, en ese contexto de disolución del orden social generado por la guerra, se reconocía de manera implícita que sólo los militares disponían de los medios para asegurar un embrión de unidad. Hasta la firma del armisticio con el jefe español Pablo Morillo, el 25 de noviembre de 1820, en Trujillo, patria estuvo realmente en peligro en la medida en que, añadidura, el orden constitucional no estaba oficialmente restablecido. Y a partir de 1819 la reunión del Congreso de Angostura contribuyó a este restablecimiento, los imperativos militares seguían omnipresentes. Sólo fue a fines de diciembre de 1820, con la proclamación de la Ley Fundamental de Colombia, cuando se restableció cierto equilibrio entre las esferas política y la militar, tanto en los hechos como en el discurso.

a) La huella de lo religioso

Antes de analizar la noción de «patria en peligro» tal como la elaboraron los actores durante el período que aquí estudiamos, hay que considerar los motivos de tal proclamación, en la medida en que suponía la existencia misma de una patria.

Dos textos plantean el problema de una manera clara y muy representativa, pues sus autores, así como el contexto de la publicación, resultaban altamente significativos. El primero fue redactado por el arzobispo de Caracas, Narciso Coll y Pratt, en nombre del clero, para protestar contra la abolición de los fueros personales, incluyendo los del clero[3]. Este texto es-

---

[2] WEBER, M.: *Le savant et la politique [1919]*. Paris: Plon, 1959, pág. 102.

[3] *Exposición que hace el Clero de Caracas al Supremo Congreso de Venezuela*. Caracas: 10 de marzo de 1812, 33 págs. FBC/Archivos de la Gran Colombia.

taba dirigido al Congreso Venezolano y fue publicado el de marzo de 1812, cuando Domingo de Monteverde salió de Coro a la cabeza de 500 hombres para marchar sobre la provincia de Caracas. Exponía los principios según los cuales la Iglesia, declarada como parte integrante de la Nación, no podía ser despojada de sus derechos y privilegios sin afectar así el Derecho de las Gentes. Refiriéndose explícitamente a los privilegios que disfrutaba en virtud del artículo 180 de la Constitución, basaba una parte de su crítica en la teoría de Wolf sobre el Derecho de las Gentes: «... a la manera que segun Wolf una nación nada pierde de su soberanía por estar baxo el auxilio de un Estado más poderoso, la potestad espiritual en nada deroga a su poder soberano e independiente por haberse puesto baxo la protección de la civil»[4].

Soberana e independiente, a ejemplo del poder civil, la autoridad eclesiástica consideraba que esos dos poderes contribuían a la formación de la sociedad. Así, Manuel Vicente Maya, miembro del Clero, declaraba en la sesión del Congreso del 21 de diciembre de 1811, durante el debate sobre la abolición de los fueros:

> Los ministros de la Iglesia [...] en el desempeño de sus altas funciones enseñan al pueblo cristiano la obediencia y subordinación que deben a las leyes, a los magistrados y a las potestades legítimamente constituidas, no sólo por el temor de la pena sino también por un principio de conciencia, según la doctrina del Apóstol, habiendo acreditado la experiencia que cuando el rigor de la espada no ha alcanzado a vencer muchas turbaciones funestas y muchas rebeldías perniciosas, se han visto allanadas felízmente con la dulzura de la voz evangélica y con la eficacia de la palabra santa...[5]

Además, los partidarios de mantener los fueros eclesiásticos alegaban que éstos, contrariamente a los otros fueros, en nada podían asimilarse a los títulos de nobleza y hereditarios. Por consiguiente, no iban en contra del espíritu democrático de la Constitución:

---

[4] *Ibidem,* pág. 14. La referencia a Wolf en este texto es la siguiente: *Derecho de las Gentes,* libro 1, cap. 16, párr. 192.

[5] Sesión del 21 de diciembre de 1811, *Libro de Actas del Supremo Congreso de Venezuela, 1811-1812. Op. cit.*, vol. 1, pág. 222.

> Según estos principios inconcusos[6], ni la consideración de haberse reconocido una nueva soberanía en Venezuela, ni la de que son incompatibles estos privilegios con el sistema de su gobierno democrático, como han dicho algunos señores diputados[7], pueden [los legisladores] eludir la fuerza de las razones anteriormente expuestas, porque habiendo declarado desde el momento de su Independencia y ahora en su Constitución Federal que la religión católica es la única y exclusiva del Estado, no está ya en su arbitrio el dejar de conformarse con las reglas de la disciplina de la Iglesia observada en todos los Estados católicos, mucho menos cuando las exenciones del Clero en ninguna manera pugnan ni se oponen a la liberalidad de los principios democráticos, porque no son unos privilegios hereditarios o de nobleza; nacen, sí, de un sentimiento íntimo de veneración y de respeto a la Iglesia y a sus ministros[8].

Los poderes civiles y religiosos tenían, pues, que ayudarse y apoyarse recíprocamente. En este sentido, la abolición de los privilegios eclesiásticos equivalía a una violación de su soberanía y, por ende, de quien la originaba: Dios mismo. Además, el clero de Caracas consideraba que esa capacidad desplegada entonces por el poder civil para elevar el país al rango de nación civilizada tenía su origen en los propios ministros de la Iglesia: Venezuela existía sólo gracias a la misión de evangelización emprendida desde la

---

[6] El papel de la Iglesia en la enseñanza de la ley y el mantenimiento del orden social.

[7] Manuel Vicente Maya se refería aquí implícitamente a la intervención de José María Ramírez quien, durante la sesión del 5 de diciembre, introdujo el debate sobre la abolición de los fueros, registrada por el secretario del Congreso como sigue: «En virtud de una moción previa del señor Ramírez, apoyada suficientemente, sobre determinar cuándo llegaría esta oportunidad, cómo se sabría y quién lo decidiría, se pasó a discutir sobre esto y, en consecuencia, quedó acordado que, quedando el artículo donde y como se halla en el capítulo de la Constitución, se pusiese al fin de ésta una nota sobre él, en la cual se expresase que el Congreso, a pesar de conocer la justicia que había para abolir todo fuero contrario al espíritu de democracia en que está apoyada la Constitución, creía que sería inoportuno la abolición de ellos en estos momentos hasta consultar, por medio de la Constitución, la voluntad general de los pueblos sobre este punto». Sesión del 5 de diciembre de 1811, *Libro de Actas del Supremo Congreso de Venezuela, 1811-1812. Op. cit.*, vol. 1, pág. 191.

[8] Sesión del 21 de diciembre de 1811, *Libro de Actas del Supremo Congreso de Venezuela, 1811-1812. Op. cit.*, vol. 1, pág. 222-223.

Conquista por la Iglesia que, además, había contribuido a la rectificación de los errores y excesos cometidos entonces:

> Sin ellos [los Ministros de la Iglesia], ¿qué sería hoy de Venezuela? El indio salvaje ceñido de plumas habitaría todavía entre los bosques y fangales; si las armas de los conquistadores pudieron sojuzgarla, la Religión sólo es quien la ha domesticado, pulido y conservado; y si, violados los cánones sagrados y abolida la disciplina, la Iglesia hubiera apartado su mano, ciertamente Venezuela no estaría hoy en estado de figurar en el orbe civilizado[9].

Así, a la hora de defender la patria, el clero podía vanagloriarse de ser el origen de la existencia de esta patria. De hecho, en virtud de los principios enunciados por la Constitución al reconocer los privilegios de quienes habían mostrado su afán de apoyar a los patriotas, el clero figuraba en primera fila entre aquellos que debían conservar los derechos de los que habían disfrutado, o a quienes había que conceder nuevos derechos. «Existe Venezuela desde que en ella existió la fe católica y ocupa en un nuevo sistema el mismo lugar que en otro antiguo: su sabia y sagrada Constitución se acomoda a todos los gobiernos, y aunque ella está en el Estado, las alteraciones políticas de éste no deben influir contra aquélla»[10].

Sin la obra de la Iglesia, Venezuela no existiría. Su Constitución —de valor universal, como el de la Iglesia— no hacía sino garantizar su permanencia; permanencia a la que la Iglesia pretendía contribuir en nombre de esta anterioridad, comprometiéndose a defenderla y obrar para su seguridad interna.

El segundo texto emanaba del Congreso y, de alguna manera, se hacía eco del texto redactado por el arzobispo de Caracas. Publicado inmediatamente después del terremoto del 16 de marzo de 1812 y dirigido a la población, trataba de atajar los más extravagantes rumores que circulaban en cuanto al origen «divino» de aquel fenómeno natural. Lo que sus autores se planteaban, en la medida en que estas especulaciones atentaban contra la legitimidad del poder vigente y además abusaban de la credibilidad pública, era acabar con ellas. Ahora bien, haciendo una distinción entre la superstición y la verdadera fe, ellos también llegaron a esta concepción del

---

[9] *Exposición que hace el Clero de Caracas al Supremo Congreso de Venezuela. Op. cit.*, pág. 25.

[10] *Ibídem,* pág. 29.

origen de la patria fundada en la unión de sus miembros, forjada por la identidad religiosa que les daba la fuerza —la fe— de levantarse en su defensa.

> La religión, único apoyo del hombre libre y virtuoso, debe ser el recurso de todos los corazones venezolanos; pero sin que la superstición, el fanatismo o la ignorancia atribuyan los efectos naturales de la creación a las opiniones políticas, que no atacan la integridad de la fe, ni la pureza del dogma. En estos principios debe fundarse el heroísmo que nos ha de hacer superar los sentimientos naturales de dolor y la ternura, para no atender más que a salvar la Patria, único objeto de nuestros votos...[11]

En su nombre, se movilizaba a los hombres para asumir la defensa del devenir político de Venezuela. Tanto en su origen como en la perennidad de su destino, ambas fuerzas eran indisociables ya que la religión confería carácter sagrado al suelo que había que defender. Por lo demás, la Ley Marcial proclamada el 19 de junio recordaba este carácter sagrado. Efectivamente, fue ante todo porque «el territorio había sido invadido y profanado por sus enemigos exteriores e interiores» que se decidió tal medida, así como la de proceder a armar masivamente a la población. Al respecto, este título estipulaba: «Este es el deber más *sagrado* que la Patria y la Religión nos imponen. El hombre ha nacido con la obligación de defender los derechos imprescindibles con que le dotó el autor de la Naturaleza. Sería un crimen el abandonarlos y dejar de tomar las armas para repararlos y sostenerlos»[12].

Había que defender la patria, salvarla ciertamente en nombre de las conquistas políticas que le permitían existir por sí misma y ante el mundo, pero también en nombre de la fidelidad a los principios eternos de la religión y del derecho natural. La Ley Suprema era «la salvación del pueblo» y, aquí también, la referencia religiosa era tajante. Superaba a todas las demás en nombre de la salvaguardia de la Patria, que era expresión del pueblo. Pero en cuanto a las demás, ¿acaso no bastaban las leyes políticas para asegurar la salvaguardia del país? No cabe la menor duda de que la política quedó descartada tan pronto como se proclamó la ley marcial, que

---

[11] «El Congreso a todos los pueblos de Venezuela, 30 de marzo de 1812», en *Textos oficiales de la primera República de Venezuela. Op. cit.*, pág. 225.

[12] «Ley Marcial, 19 de junio de 1812», en *Textos oficiales de la primera República de Venezuela. Op. cit.*, vol. 2, pág. 231. La cursiva es nuestra.

se agregaba a los plenos poderes otorgados a Miranda. Ya se imponía el imperativo unitario, y la religión era una de las palancas esenciales —en tanto elemento de identidad compartido por la mayoría— para obtener la adhesión de la población y su respuesta positiva al reclutamiento masivo. Así, antes de que la campaña de abril se pusiera en marcha, Bolívar se dirigió a los soldados calificándolos de fieles republicanos y asignándoles una misión que casi se asimilaba a una guerra santa: «... marchareis a redimir la cuna de la Independencia colombiana como los cruzados libertaron a Jerusalén, cuna del Cristianismo»[13].

Además del objetivo militar, percibimos aquí la función conferida al referente religioso, produciendo enseguida la identificación del enemigo con un verdadero profanador del suelo venezolano que abrigaba en su seno a la religión católica. Efectivamente, después de que la legitimidad de la creación en 1810 de la Junta de Caracas se fundamentó en el derecho (y la obligación) de construir un gobierno ahí donde la parte sana de la comunidad era llamada a desplazarse para cumplir con la misión de asegurar la libertad, los hombres que quedaron encargados de la defensa de ese territorio tenían que pasar a la ofensiva para preservar no sólo las conquistas políticas, sino también la religión que los reunía por encima de todas las diferencias. Ahora bien, en este sentido el decreto votado el 4 de abril de 1812, que otorgaba los plenos poderes al Ejecutivo, estipulaba que el ejercicio de esas facultades extraordinarias debía tener como primer objetivo la salvación de la patria. Esta implicaba su defensa con el fin de asegurar su seguridad, o sea, tal como lo recalcaba Francisco Javier de Ustáriz en 1813, «la entera y completa expulsión de los enemigos que pretenden subyugarlo por diferentes puntos de su territorio»[14]. Este objetivo militar debía prevalecer por encima de cualquier reorganización política, que Francisco Javier de Ustáriz consideraba como inoportuna.

---

[13] «Simón Bolívar a los soldados del Ejército de Cartagena y de la Unión, Cuartel General de San Antonio de Venezuela, 1º de marzo de 1813», en *Obras*. México: Cumbre, 1976, pág. 112.

[14] «Contestación oficial de F. J. de Ustáriz al general en jefe del Ejército de Libertadores, 18 de agosto de 1813», en *Pensamiento constitucional hispano-americano hasta 1830*. Caracas: Biblioteca de la Academia Nacional de la Historia, 1961, vol. 5, pág. 125-126.

b) La defensa del territorio: un espacio con límites extensivos

Si bien el objetivo declarado era sin duda la defensa y la liberación del territorio venezolano (declarado independiente y constituido) mediante la expulsión de los enemigos, se producía una doble extensión aguas arriba yaguas abajo de ese eje central. Ésta revelaba, por una parte, la fragilidad de su aprehensión de lo nacional en el sentido en que la nación era consustancial con la existencia de las instituciones, y hasta con su eficiencia. Por otra parte, aguas abajo —o, para ser más preciso, a nivel infra-nacional—, en el llamamiento a defender la patria, esta defensa quedó inmediatamente asociada a la de los bienes particulares, sobre todo la propiedad. La identificación resultaba más fácil en ese «terreno» que en el de las instituciones y, mayormente, el de la nación, más teórico y abstracto. Lo que se planteaba entonces para asegurar la supervivencia de la patria era preservar sobre todo los bienes y no los valores. Y será sobre esta base que se verificará una transferencia de la fidelidad en beneficio de los valores y principios políticos de una nación de por sí proteiforme.

Efectivamente, la libertad adquirida mediante la independencia consagraba el derecho de Venezuela a erigirse en nación y elaborar para ello su propia Constitución. Pero aunque ésta ratificaba su concepción de libertad como sometida a las leyes, también daba un amplio espacio a la libertad individual del ciudadano propietario y empresario. No olvidemos 'que una de las razones invocadas a favor de la declaración de independencia tenía que ver con el necesario reconocimiento de las naciones extranjeras, a fin de reconducir los tratados comerciales y evitar el aislamiento económico. Si Venezuela, igual que los demás países en vías de emancipación, deseaba acceder al rango de nación, tenía que ser al mismo tiempo económicamente libre.

Vemos en este doble desafío de la empresa política —luego en su defensa— el principio que caracteriza la libertad en su acepción moderna, tal como la defendió Benjamin Constant quien, en una nota dedicada al patriotismo, establecía un vínculo entre libertad y patria: «Lo que amamos tanto en la patria como en la libertad, es la propiedad de nuestros bienes, la seguridad, la posibilidad del reposo, la actividad, la gloria, mil géneros de dicha. La palabra patria recuerda en nuestro pensamiento más la reunión de estos bienes que la idea topográfica de un país particular»[15]. El ca-

[15] CONSTANT, B.: *De l'esprit de conquête et de l'usurpation dans leurs rapports avec la civilisation européenne* (1a ed. 1814). Paris: Flammarion, 1986, Capítulo XIX, pág. 224.

rácter secundario del apego al país se juntaba aquí, internamente, con las dificultades que tenían las élites dirigentes para concebir una forma unitaria de gobierno sin perder la identidad provincial.

En el otro extremo, la defensa del territorio venezolano encarnó muy pronto la lucha —y por ende, la defensa— de todo el continente. Venezuela representaba el punto de partida de la liberación, y era donde debía empezar el combate. Por consiguiente, la victoria del país no podía culminar, ni siquiera legitimarse, si sus soldados no se metían de lleno en esa lucha que, según Bolívar, debía llevar hacia la construcción de una gran nación americana. Esta voluntad continental se afianzó con cada victoria y culminó en 1818. Pero ya en 1812, en su respuesta oficial a Bolívar, Francisco Javier de Ustáriz asignó a las primeras campañas militares esa vocación de simbolizar el arranque fundacional del despertar americano, recurriendo a la historia del continente:

> Un continente vasto y fértil, llevado poco al conocimiento del mundo antiguo, arrebatado a la barbarie y rusticidad de sus primitivos habitantes, y conservado estrechamente bajo la entera dependencia del interés exclusivo de una parte de Europa, no había podido manifestar todo el poder y extensión de los recursos y medios que le prodigó la Naturaleza para el bien de la humanidad; y en este momento se mueve, se esfuerza en ejecutarlo por todas partes[16].

En el reglamento redactado para la convocatoria al Congreso de Angostura en octubre de 1818, se indicaba claramente que había que aportar la libertad a todo el continente, en cuanto pudiera restablecerse el proceso político. De manera significativa, el continente se identificaba con el «hemisferio colombiano» y sobre todo con Río de la Plata, Chile, Nueva Granada, Nueva España. La causa de estas colonias se combinaba con la de Venezuela, cuyos límites territoriales ya estaban entonces claramente definidos. La precisa tarea de contribuir a realizar estos vastos designios quedó así asignada a Venezuela.

> Nosotros no debemos contentarnos con libertar al país comprendido entre las aguas del Orinoco y la Guajira, y entre los límites de las posesiones portuguesas, Río Negro y la Nueva

[16] «Contestación oficial de F. J. de Ustáriz al general en jefe de los Ejércitos Libertadores, 18 de agosto de 1813». *Op. cit.*, pág. 124.

> Esparta; poco habríamos hecho si, reconquistada la Independencia venezolana, nos circunscribiésemos a los términos de estas provincias y no aspirásemos a la emancipación de todo el hemisferio Colombiano[17].

Esta extensión del proyecto de emancipación contribuiría además a demostrar la victoria de las armas en el territorio venezolano. Así, entre 1813 y 1818, período en que se intensificó la guerra contra los españoles, observamos en los textos el desarrollo de un sentimiento de apropiación del territorio recorrido por los ejércitos patriotas. A diferencia de los dos años anteriores, durante los cuales la prioridad dada a la edificación política había consagrado la preeminencia de una aprehensión mucho más teórica y, a la vez, más idealizada del espacio reconquistado, la necesidad de defenderlo con las armas generó un sentimiento de apego que tenía que ver mucho más con lo afectivo. Se caracterizaba por la frecuencia del sustantivo «Venezuela» y la utilización del pronombre personal «nosotros» para hablar de su comunidad y como expresión del nuevo vínculo surgido por el peligro que la amenazaba. En un plan de liberación elaborado en 1813, Antonio Nicolás Briceño fijaba como objetivo liberar a «mi país» y «nuestra patria» del infame yugo que la oprimía[18]. En cambio, cuando se mencionaba a la nación venezolana, además de que esto no era tan frecuente[19], casi siempre —en el conjunto de textos que disponemos acerca de este período— era Bolívar quien casi siempre lo hacía. Desde 1813, cuando se dirigió a la Municipalidad de Caracas que acababa de otorgarle el título de Libertador de Venezuela, mencionó el lugar que él ocupaba entre «los ciu-

---

[17] «Reglamento para elecciones de Representantes al segundo Congreso de Venezuela de 1818. Cartagena de Indias, 24 de octubre de 1818», en *Constituciones de Venezuela. Op. cit.*, pág. 233-234.

[18] BRICEÑO, A. N.: *Plan para liberar a Venezuela.* Cartagena de Indias: 16 de enero de 1813; en Rodulfo Cortes, Santos (comp.): *Antología documental de Venezuela: 1492-1900: Materiales para la enseñanza de la historia de Venezuela.* Caracas: impr. Santa Rosa, 1960, pág. 202.

[19] Según el registro manual que hicimos a partir de las fuentes examinadas para el período de 1812 a 1819, encontramos quince menciones de la nación venezolana (generalmente en futuro), una de las cuales integra a Nueva Granada. Una precisión importante: no hay ninguna mención de la nación venezolana entre 1814 y 1817. En cuanto al sustantivo «patria», aparece cincuenta y tres veces en el mismo período, lo cual relativiza las menciones, de por sí escasas, de la «nación». Lo que prevalece es el antiguo apego, evidenciando al mismo tiempo la prioridad otorgada a la defensa de esta entidad.

dadanos de *nuestra* nación»[20]. Y sobre todo en un discurso de agosto de 1813 dirigido a los habitantes de Caracas después de su liberación, mencionó «el magnánimo carácter de [vuestra] nación» y, tras haber mencionado la ayuda de Nueva Granada en la expulsión de los «bárbaros», concluyó con estos términos: «...los Estados soberanos de Venezuela [...] existen nuevamente, libres e independientes, y colocados de nuevo al rango de Nación»[21].

Pero aquí también vemos que se planteaba la nación como equivalente del Estado independiente y soberano. Además, la consigna seguía siendo la defensa y la liberación del país. Las declaraciones políticas de los miembros de la élite que se vieron en la obligación de suspender los proyectos políticos que habían forjado para la nación por venir, apelaban a este sentimiento, casi religioso también. En 1817 Juan Germán Roscio, cuya moderación y distancia en los debates más fuertes ya hemos constatado, llamaba a un verdadero arranque patriótico:

> Copiosa es la remuneración que nos espera en la patria, y muy satisfactorio el placer de quien se emplea en la obra más digna y meritoria que se conoce debajo del firmamento: ¡Obra divina y excelsa, que demanda con justicia nuestros sacrificios! Si fuere menester que por ella sacrifiquemos también nuestra vida, el santo amor de la patria nos animará, y moriremos con la muerte de los justos, diciendo: «dulce et decorum est pro patria moriré»[22].

Por lo demás, hizo suya esa famosa frase de Cicerón que, en el texto del cual la había tomado distinguía, no lo olvidemos, dos formas de patria: el lugar de nacimiento y la res pública. Respecto a ésta precisaba: «Por ella debemos saber morir todos. Todo lo que es nuestro le pertenece, hay que sacrificárselo todo». Ahora bien, no cabe duda de que a esto aludía Juan Germán Roscio en su texto, conforme a la definición adoptada oficialmente para el juramento de fidelidad al Congreso, decretado el 8 de julio de 1811, que estipulaba:

---

[20] «Respuesta de Simón Bolívar a la decisión de la Municipalidad de Caracas de nombrarlo Libertador de Venezuela, el 14 de octubre de 1814», en *Documentos que hicieron historia.* Caracas: Presidencia de la República, 1962, vol. 1, pág. 146. ELa cursiva es nuestra.

[21] «Simón Bolívar a los caraqueños, Cuartel General de Caracas, 8 de agosto de 1813», en *Obras. Op. cit.*, pág. 122.

[22] Roscio, J. G.: *El triunfo de la libertad sobre el despotismo.* Filadelfia: Impr. de Thomas H. Palmer, 1817, pág. VIII. BNV/LR.

> [El gobierno] es productivo [...] de la concordia y la unión que reinarán generalmente como entre hermanos de una propia familia sin acordarse de los lugares de su nacimiento. Quiere decir: venezolanos todos por consideración privada y recíproca y por estrechos vínculos sociales; venezolanos todos por el espíritu público de amor y respeto hacia el gobierno, y todos, enfin, fieles súbditos del Estado de Venezuela, resueltos a conservarlo, mantenerlo y morir antes que permitir su destrucción[23].

c) Las ambigüedades de la patria

Para las élites, eminentes ciudadanos propietarios, lo difícil era que las necesidades impuestas por el ejercicio de esa libertad concordaran con las propensiones de una población a la que se suponía fácilmente pervertida por las pasiones, y cuyos intereses inmediatos distaban de adecuarse a los de sus representantes. Ciertamente, las élites hallarían un derivativo en la guerra, pues el llamado a movilizarse les aseguraba un hipotético apoyo y, al mismo tiempo, permitía encauzar esa temible masa. Pero, además de que su fuerza de acción estaba limitada en el tiempo, pronto se vio que su impacto resultó ser de escasa incidencia en la población, más dispuesta a luchar por las banderas de quienes representaban a su rey que —aunque lejano y, más aún, ausente del poder— seguía siendo la encarnación del poder soberano.

Con la existencia de un gobierno de facto bajo la autoridad de Bolívar, y también de proyectos para la instauración de un gobierno provisorio, sobre todo por iniciativa de Miguel José Sanz y Fernando Peñalver, en adelante la prioridad sería la expulsión de los extranjeros. Después de que Miranda y Monteverde firmaron la capitulación de San Mateo, el 24 de julio de 1812, dando carácter definitivo a las derrotas de las tropas de Miranda en Valencia, Maracay y La Victoria, y las de Bolívar en Puerto Cabello, desapareció la fe en la capacidad de lo político para enderezar la situación y salvar a la patria del caos. Y, sobre todo, los disturbios que sacudían a las provincias confirmaban que la población distaba de hallarse unida en defensa de la patria y estaba manipulada por el enemigo. Antes de considerar la restauración del proceso político mediante la designación de un gobierno y la elección de representantes, convenía entonces formar

---

[23] «Decretos del 8 de julio de 1811», en *Textos oficiales de la primera República de Venezuela. Op. cit.*, vol. 1, pág. 104.

soldados dignos de ese nombre. De hecho, la voluntad de movilización debía ir precedida por la movilización de las voluntades, pero nada garantizaba, ni mucho menos, su evaluación cabal y su control. Basta analizar las críticas formuladas por los jefes políticos contra la población y su incapacidad de acceder a una forma ideal de gobierno, por culpa de la herencia del despotismo español. Críticas que ya se hacían antes de iniciarse la guerra, y que ésta ratificó y agudizó simultáneamente. Así, C. Parra Pérez relata que cuando se le confirió a Miranda los plenos poderes el 4 de abril de 1812, Miguel José Sanz le aconsejó: «No confíe en éstas [las tropas] ni aventure operaciones antes de formar un verdadero espíritu militar en los soldados»[24]. Asimismo, enseguida después de la conferencia de Tapatapa, que reunió a Francisco de Miranda, Juan Germán Roscio, Francisco Talavera y José Vicente Mercader, el 19 de mayo de 1812, durante la cual se discutió acerca de la manera de asumir la defensa nacional, y cuyo resultado fue la ratificación de los poderes de Miranda en materia militar y la suspensión de la Constitución, Miguel José Sanz escribía: «Mucho tiene que hacer el general Miranda empeñado en formar una nación: población, armas, justicia, buena fe y costumbres»[25].

Miranda aceptó, podría decirse que paradójicamente, el reto de Miguel José Sanz al instaurar la Orden Colombiana al Valor para los militares, y la Orden Colombiana al Mérito para los civiles. Además, ofreció la libertad a los esclavos que se alistaran en el ejército y sirvieran durante diez años.

No obstante, antes de que se suspendiera el proceso político y repitiendo, de alguna manera, la crítica formulada por Miranda al ratificarse la Constitución en diciembre de 1811 los miembros de la élite política en 1812-1813 tenían tradiciones y costumbres de una población y la naturaleza de esas leyes e instituciones[26]. Entre ellos, Juan Germán Roscio fue el

---

[24] PARRA PÉREZ, C.: *Historia de la primera República de Venezuela*. Caracas: Academia Nacional de la Historia, 1959, vol. 2, pág. 267.

[25] *Ibídem*, pág. 302.

[26] Al respecto, la experiencia francesa de Miranda, a saber, su frecuentación de los salones girondinos y, sobre todo, su participación efectiva en los debates y los acontecimientos revolucionarios como ciudadano francés y jefe de ejército, ya le habían permitido ver no sólo la distancia entre la realidad y la voluntad de los políticos, sino también las desviaciones a las que podían llevar las ideas por sí solas. Tal como lo señala F.-X. Guerra: «la experiencia del terror coloca a Miranda, a partir de Thermidor, en la corriente constitucionalista. Es partidario de un régimen donde el respeto de las leyes hacen compatibles

primero en plantear este asunto, en términos que lo distinguían de los demás autores que se expresaron sobre todo a partir de 1818[27]. Sus propuestas y sus juicios de valor revelaban la mentalidad de parte de esa élite tanto más cuanto que provenían de cartas a otros diputados. Juan Germán Roscio reconocía que la población tenía prácticas, costumbres y referencias que le eran propias, pero que éstas presentaban el inconveniente de ser hijas del despotismo: la población ya las había endosado en tiempos de la Conquista. Por consiguiente, no era posible construir un edificio constitucional sobre tales bases, corriendo el riesgo de que sólo desaparecieran los tiranos y no el terreno favorable a su existencia. Llamaba entonces a hacer verdaderamente tabula rasa, a retornar al hombre hecho a imagen y semejanza de Dios, y a emprender la instrucción de los individuos así regenerados. Esto, desde luego, no mediante la instauración de un proyecto educativo sino inculcando, inicialmente, las ventajas y lo bien fundado de la libertad y la independencia. Este imperativo formaba parte de la lógica de esa aspiración a la libertad y la independencia absolutas esbozada a partir de la ruptura oficial con España.

Como tal, Juan Germán Roscio ya preconizaba una revisión constitucional que tomara en cuenta esos datos fundamentales. No se trataba de acomodarse con el legado de la Conquista sino, muy por lo contrario, de recuperar y hasta de crear puramente un hombre nuevo cuya sola identidad sería su similitud con el Autor de la Naturaleza. Así, la Constitución por venir tendría la misión de perfeccionar esta obra de la libertad y resguardar a la población de los nuevos tiranos, destruyendo todo lo que pudiera favorecer su resurgimiento: «Debemos hacer una Constitución que destruya los usos y costumbres serviles; una forma de gobierno que aniquile hasta las reliquias de tales abusos y corruptelas; unas leyes cardinales que jamás permitirá n (el recurso) a los tiranos ni a la tiranía»[28].

El «genio» de un pueblo no podía surgir sino retornando a los orígenes; sólo la fe en la omnipotencia de la voluntad política permitía escapar al vacío de identidad surgido con la ruptura, y superar las contradicciones inherentes a semejante argumentación. Muy especialmente cuando la situa-

---

el orden y la libertad». Guerra, F.-X.: «Préface», en Parra Pérez, C.: *Miranda et la Révolution française.* Caracas: Ediciones culturales del Banco del Caribe, 1989, pág. 6.

[27] Ver más adelante, cap. 2, nuestro análisis sobre las intervenciones de F. Peñalver e I. L. Méndez en el Congreso.

[28] J. G. Roscio a D. González, Caracas, 15 de febrero de 1812. FBC/Archivos de la Gran Colombia.

ción requería la movilización de ese mismo pueblo para socorrer a la patria. Ahora bien, ¿cuál era la carga afectiva que entrañaba la patria, una vez destruidas las pasadas costumbres y suspendido el proceso político teóricamente encargado de crear las que debían sustituirlas? En vez de preocuparse por ello, Juan Germán Roscio iba aún más allá al definir la fase que debía seguir a la erradicación de ese pasado: «Hecho esto, tendrá entonces lugar [...] la regla de acomodarse o haberse de acomodar las leyes al genio, a las costumbres y usos»[29].

Pero nunca se precisaba qué representaban esos usos y costumbres, sobre todo los que debían adquirirse. No se lograba determinar qué los distinguiría entonces de las demás naciones, colocando a la sociedad en un nivel de civilización equivalente al darle el derecho de adoptar instituciones similares. Así, en la mencionada carta de Juan Germán Roscio, encontramos por una parte una larga lista de los elementos de la herencia que debía ser destruida, constituyendo de alguna manera una identidad en negativo; pero en cuanto a las características del hombre nuevo, en esto también sólo se hacía referencia a criterios de orden universal que constituía, por así decirlo, el bien común de la humanidad civilizada.

> Los usos y costumbres de estos pueblos que han vivido 300 años sin libertad, sin gobierno legítimo y justo, sin Constitución, sin artes, sin ciencias, sin conocimientos de sus derechos, son usos y costumbres serviles, perniciosos y dignos de corregirse [...] por medios contrarios a su esclavitud, abatimiento y degradación. El genio es aquella segunda naturaleza que ha resultado del hábito de la esclavitud por 3 siglos: genio servil, apocado y casi anonadado, que es necesario elevar y restituir al grado de originalidad que les concedió el Autor de la Naturaleza[30].

Además, hay que señalar que este asunto se trataba a nivel continental. Venezuela pertenecía a un todo del cual, en este punto, no se distinguía. Tampoco mencionaba en ningún momento la naturaleza de esos usos y costumbres indispensables para la instauración de nuevas instituciones. Este vacío, no explicitado y sin embargo omnipresente, se veía parcialmente colmado por la irrupción de los españoles señalados como respon-

---

[29] *Ibídem.*

[30] *Ibídem.*

sables de semejante degradación de la población americana. Frente a este Otro, la unión se hacía posible al hallar su justificación en un elemento externo. Paliaba la ausencia, adentro, de una real voluntad de pertenencia que ya no era aprehendida entonces como un obstáculo insuperable. Prueba de ello es que, si bien se había descartado inicialmente el recurso a los ciudadanos-soldados en vista de los disturbios que surgían en las provincias, fue en definitiva a través de la lucha contra ese Otro, a través de la movilización contra los españoles convertidos en «la raza que había que destruir», que se forjó el crisol de una nueva comunidad. Incluso, en un primer momento, se descartaba que los españoles residentes en territorio venezolano formaran parte de la primera expedición organizada contra los españoles, aunque resultaran buenos y patriotas. A partir de 1813 Antonio Nicolás Briceño llamó explícitamente a esa lucha abierta contra los españoles como tales: «... esta guerra se dirige en su primer y principal fin a destruir en Venezuela la raza maldita de los españoles europeos, incluso los insulares...»[31]

El debate sobre las posibilidades reales de lograr la movilización de la población en defensa del territorio, debate abierto con la llegada de las tropas españolas y el trauma producido por el terremoto —así como las polémicas acerca de su origen divino—, se agravó con la multiplicación de los disturbios en los que una parte de los pueblos se ponía a favor de los españoles, confirmando muchas de las hipótesis sobre la situación política y cultural del pueblo. Pero, ante la realidad de la amenaza, este haz de presunciones negativas se focalizaba cada día más hacia el ámbito militar al plantearse la organización de la defensa de la patria. Por consiguiente, se conjugaban las amenazas externas e internas para justificar la suspensión del proceso político.

d) La impotencia de lo político

Efectivamente, además de la necesaria movilización militar, el contexto dictaba el aplazamiento de las elecciones y la restricción de la participación (bastante teórica, por cierto) del pueblo en el poder, puesto que este poder quedó de hecho suspendido en su modo de funcionamiento «democrático», pues los plenos poderes estaban en manos del Ejecutivo y la ley marcial era efectiva.

---

[31] Briceño, A. N.: *Plan para libertar a Venezuela. Op. cit.*, pág. 202. Lo que aquí se entiende por «insulares» eran las personas oriundas de las islas Canarias.

Durante los últimos debates que se dieron en el Congreso en 1812, se habló en varias oportunidades de lo imperativo del combate que ya había que dar en los dos frentes, interno y externo, y se mencionó también insurrecciones. Ahora bien, podemos observar que, una vez más, nunca se mencionaba claramente a sus responsables. Se hablaba de disturbios, insurrecciones, manipulaciones y, en cuanto a sus autores, de facciosos y sembradores de la discordia.

Esta dificultad para designar e identificar al enemigo interno era inherente a la transformación política que se había operado, destruyendo los referentes tradicionales de clasificación de la comunidad en distintos órdenes. Con respecto a estas distinciones, tal como lo recalca P. Rétat al analizar sus designantes en la prensa revolucionaria francesa de 1789, «una vez abolidas, [...] empezaron a ceder su lugar a otras, cuya designación se hacía difícil y no se imponía ante toda la opinión, ni mucho menos [...]. La indigencia del vocabulario político era flagrante: había un enfrentamiento permanente entre los ciudadanos, la nación, los malintencionados, los enemigos nuestros»[32], esos facciosos inasibles, que siempre generaban intrigas y se dedicaban a manipular al pueblo y a la multitud ignorante. Así, el decreto del 16 de abril de 1812 «contra los traidores, alevosos y opositores a nuestro gobierno» estipulaba en cuanto a los delitos:

> Los de aquellas personas que tratan de formar partido contra nuestro sistema, con obras, atacándonos directamente o prestando auxilio a nuestros enemigos, o con palabras, seduciendo las gentes incautas, animándolas para que se reúnan contra nosotros o se pasen al enemigo o lo reciban con gusto [...]. Los que incurran en este crimen serán pasados por las armas[33].

Además, en 1813 Miguel José Sanz mencionaba una insurrección que se había producido en Curiepe el año anterior, así como unos disturbios en los

---

[32] RÉTAT, P.: «Partis et factions en 1789: émergeance des désignants politiques», *Mots,* n.° 16. *Langage, langue de la Révolution française*, 1988, pág. 85. Ver, para Venezuela, MÉDINA, M.: «Caudillos y partidos en la historia de Colombia y Venezuela», en *Cátedras de integración Andrés Bello 4, Convenio Andrés Bello.* Bogotá: 2008, págs. 393-430; HÉBRARD, V.: «El concepto partido/facción. Venezuela, 1770-1870», en *Diccionario político y social del mundo iberoamericano. La era de las revoluciones, 1770-1870.* Madrid: vol. II, (en prensa).

[33] «Decreto penal contra los traidores, los faccioneros y desafectados a nuestro gobierno, 16 de abril de 1812», en *Textos oficiales de la primera República de Venezuela. Op. cit.,* vol. 2, pág. 57.

valles aledaños, prueba adicional, para él, de la absoluta necesidad de instaurar un gobierno dictatorial:

> Hallándome en el pueblo de Guatire en la comisión que me confirió el mismo General para averiguar los autores y cómplices principales de la insurrección de Curiepe en 1812, escribí al Comandante General de la provincia, ciudadano J. F. Ribas, con fecha 3 de este mes, lo que yo había comenzado a observar en aquellos valles, y la absoluta necesidad de que el Estado se gobernase dictatorialmente mientras durase la guerra[34].

Ahora bien, la villa de Curiepe estaba mayoritariamente poblada por esclavos y, por añadidura, en abril de 1810 el comandante general de la provincia, José Félix Ribas, había sido designado representante de los pardos en el seno de la Junta, hasta que fue separado de ella en octubre de 1810, después de haber convocado manifestaciones en Caracas a favor de la expulsión de los españoles, tras la ejecución de los patriotas de Quito en julio del mismo año. Esto es un ejemplo de por sí significativo en cuanto a la muy particular cautela de la Junta ante el peligro de que los esclavos se levantaran, y al temor a que fueran manipulados por enemigos de los dos frentes, exterior e interior.

Miguel José Sanz, en una reflexión sobre los principios de un gobierno provisional, utilizó este mismo argumento, haciéndolo extensivo a toda la población y concluyendo que era imposible establecer este tipo de gobierno pues, de hecho, tendría que recurrir a elecciones. Ahora bien, tal eventualidad le parecía impensable debido a esta posibilidad de manipulación, tanto más vigente debido al desorden y a la dificultad de controlar todo el país. Ya en septiembre le manifestado esta convicción al propio José Félix Ribas: «... manifestándole que era el error más peligroso en que podía incurrirse, pensar ahora en concurrencias populares»[35].

Y esta argumentación se precisó aún mejor en su plan de gobierno, al analizar los peligros de semejante consulta a escala de todo el país. Consideraba prioritario expulsar a los enemigos externos y aniquilar los

---

[34] «Miguel José Sanz, Bases para un gobierno provisional en Venezuela, Caracas, J. Baillío, 1813 (22 de octubre)», en *Pensamiento constitucional hispano-americano hasta 1830. Op. cit.*, pág. 135-136.

[35] «Opinión dirigida al ciudadano Antonio Muñoz Tébar, secretario de Estado y Relaciones Exteriores, 26 de septiembre de 1813», *Gazeta de Caracas,* n.° 28, 28 de octubre de 1813.

enemigos internos mediante «la actividad y la celeridad de las armas». En realidad, este plan era un auténtico plan de guerra en ambos frentes. Además, para restablecer un Congreso constitucional y un gobierno representativo, ponía como condición previa no sólo el retorno a la paz sino también una población más esclarecida y, por ende, convencida de los beneficios y las ventajas del «sistema de la independencia». Aquí se refería, desde luego, a los peligros de manipulación que justificaban este temor social a la consulta, pero también a los disturbios y manejos generados por el terremoto de Caracas, en marzo de 1812, lo cual había permitido de alguna manera que Monteverde se apoderara de la capital en julio. El fragmento del documento en el que Miguel José Sanz sintetizaba su demostración evidencia la preeminencia de los acontecimientos sobre los principios proclamados:

> ¿Cómo exponerse al resultado de ocurrencias populares en un país infestado de enemigos declarados y ocultos, que por todas partes promueven insurrecciones insensatas para que se derrame la sangre americana? ¿Cómo entregarse sin desconfianza y temor al influjo de los que sordamente minan el sistema, haciendo concebir al pueblo vanas y lisonjeras esperanzas de imaginarios beneficios? ¿Cómo debilitar con importunos recursos la autoridad depositada en sus manos? ¿Cómo suspender la actividad y celeridad de las armas con las intrigas de semejantes concursos, más inextricables en la situación presente? ¿Cómo, enfin, abandonar el principal y único objeto de expeler a los enemigos de la Patría, por ocurrir a la reposición dudosa de autoridades que contribuyeron, miraron con indiferencia, o no pudieron impedir el exterminio de la libertad?[36]

En esta lucha que oponía los binomios pasiones-razón, vicios-virtudes, principales criterios en esta percepción política que no reconocía sino al individuo y a su comunidad, y en la cual los primeros elementos de ambos binomios parecían prevalecer, en tan turbio contexto, todas las maniobras imputadas a esos enemigos ocultos resultaban, de hecho, una amenaza para la existencia misma de la patria. Las afirmaciones de Francisco Javier de Ustáriz, en agosto de 1813, confirman este análisis de las fuerzas en presencia: «... si prevalece el espíritu de partido, de ambición y otras bajas

[36] «Miguel José Sanz, Bases para un gobierno provisional en Venezuela, Caracas, Juan Baillío, 1813 (22 de octubre)». *Op. cit.*, pág. 142.

pasiones, sobre los avisos de la sana razón, [...] corre peligro de verse borrado otra vez de la lista de los pueblos...»[37]

En octubre de 1813 Miguel José Sanz reiteró su advertencia, declarándose de nuevo a favor de suspender las elecciones en semejante período de «disturbios y anarquía», para no exponer «las elecciones a la desconfianza del acierto, en un tiempo en que más que nunca tendría lugar la intriga, el interés, la parcialidad y las pasiones por la repentina mudanza de sistema e influjo de nuestros enemigos, aún no bien descubiertos»[38].

Continuamente se observa este doble enfoque de la realidad, en parte reflejo de un análisis relativamente exacto de la situación y, además, de respuestas que parecían obviar las consecuencias que ellas mismas podían generar en cuanto a otorgar el derecho a la ciudadanía activa a individuos de los cuales, por lo demás, se decía que no tenían las facultades para cumplir a cabalidad con este deber, independientemente de los efectos positivos inmediatos para el equilibrio de la sociedad. Ya el decreto adoptado en abril de 1812[39], enseguida después del terremoto, para castigar a los desertores —que iban en aumento— confirmaba esta voluntad de excluir de la comunidad de ciudadanos a los traidores, no sólo acusándolos de infamia al asimilar sus fechorías a la deshonra, sino también castigándolos con la desaparición física: «Soldados delincuentes, temblad: el arma misma que se os ha entregado para que defendáis la Patria va a vengarla de vuestra ingratitud e infidelidad; la pólvora y el plomo descargados sobre vuestro corazón serán los instrumentos de su terrible justicia; enmendaos o pereced»[40].

Los individuos que estaban en la mira eran, por una parte, los eclesiásticos que atribuían esta catástrofe a la ira de Dios, señal de desaprobación del Todopoderoso ante la independencia proclamada por Venezuela gracias al esfuerzo de sus hijos; por otra parte, los facciosos y los promotores de disturbios. Pero en ambos casos tales decretos condenaban —además de los delitos cometidos— el hecho de que los individuos incriminados se

---

[37] «Contestación oficial de F. J. de Ustáriz al General en Jefe del Ejército Libertador, 18 de agosto de 1813», en *Pensamiento constitucional hispanoamericano hasta 1830. Op. cit.*, pág. 124.

[38] Sanz, M. J.: «Opinión dirigida al ciudadano Antonio Muñoz Tébar, secretario de Estado y Relaciones Exteriores, 26 de septiembre de 1813». *Op. cit.*

[39] «Decreto penal para castigar la deserción en estas circunstancias, 16 de abril de 1812» en *Textos oficiales de la primera República de Venezuela. Op. cit.*, vol. 2, págs. 55-59.

[40] *Ibidem*, pág. 51.

aprovecharan de la ingenuidad y las supersticiones de la población. Así, se mencionaba a los «magnates y notables» que habían sometido a los crédulos, y a ciertos eclesiásticos que se aprovechaban de la superstición para perjudicar la labor de los patriotas. Así pues, la lista de los enemigos ya estaba hecha:

> El Gobierno de la Unión, revestido de facultades amplias y dictatoriales, va a darlo [el remedio]; pero tan terrible, que haga temblar hasta en los últimos confines de la Confederación de Venezuela a los pérfidos que atacan su libertad, a los cobardes que lo abandonan, a los fanáticos e ilusos que predican la servidumbre a ese despreciable Fernando, cuyo nombre solo mancha los labios de un republicano...[41]

El ámbito de aplicación de condenas conferido a tal decreto mostraba también, por la manera en que se anunció esta decisión, el temor de que surgieran movimientos de oposición en las provincias remotas, regiones fronterizas muy difíciles de controlar. Esta constatación presagiaba las críticas de los propios diputados y de Bolívar, ya en ese mismo año, contra el sistema federal.

Según la gravedad de los hechos reprochados, sus autores eran condenados a ser pasados por las armas o azotados en público[42]. La primera sanción apuntaba a «aquellas personas que tratan de formar partido contra nuestro sistema, con obras, atacándonos directamente o prestando auxilio a nuestros enemigos, o con palabras, seduciendo las gentes incautas, animándolas para que se reunan contra nosotros o se pasen al enemigo»[43]. Se establecía aquí una clara distinción entre las personas letradas y el pueblo seducido por el discurso. La clasificación de la población según su adhesión a la patria respondía a criterios de orden moral, pero era sobre todo el resultado de una mayor o menor instrucción. La sociedad no se fracturaba por motivaciones de índole ideológica sino más bien por falta de «luces», pues las facciones reiteradamente denunciadas se aprovechaban de esa debilidad para reclutar a la gente y contribuir así a la ruina del proceso iniciado.

---

[41] *Ibídem,* pág. 56.

[42] Al respecto, observemos que se estipulaba que: «sólo en caso de que sean personas de representación o influencia, no se les aplicará esta pena sino que se les aprehenderá y remitirá con el sumario a esta Capital», *ibídem,* pág. 58.

[43] *Ibídem,* pág. 57.

Hasta los propios representantes políticos se veían incapacitados para asumir la defensa de la patria con medios políticos. Las armas eran el único recurso al que se daba crédito. Aquí vemos, aunque reportada a plazos más lejanos, esta necesidad de que los principios constitucionales se correspondieran con la población y el territorio en el que debían aplicarse. Cuando los representantes del cuerpo político, a ejemplo de Miguel José Sanz, ponían la instrucción de la población como condición previa para restablecer un gobierno civil y recurrir a las urnas, coincidían con la tesis de Juan Germán Roscio, declarándose ciertamente favorables a esa ineludible adecuación, siempre y cuando los usos y costumbres considerados no fueran los que se habían heredado del pasado.

Entonces, y puesto que sólo el recurso de las armas y la instauración de un régimen de excepción parecían capaces de rechazar al enemigo y hacer que la sociedad accediera a cierta cohesión, lo que se planteaba era la participación militar de ese pueblo, por lo demás sospechoso de frialdad hacia la independencia. Aquí también, los primeros textos de leyes dictados en 1812 se hacían eco de los acontecimientos. Así, la ley penal según la cual todo ciudadano era un potencial ciudadano-soldado, conforme a los principios políticos enunciados en la Constitución, cuidaba de amenazar con la inhabilitación de dicha ciudadanía al soldado que cometiera un acto de traición o desertara. Más aún, éste, además de ser denunciado como el peor de los ciudadanos por haber mancillado ese título conferido sólo a los hombres libres dotados de razón, se veía despojado de tal cualidad:

> El que se niega a la defensa de su Patria es el más detestable de los hombres y el peor de los ciudadanos. Si un hombre tal la abandona en el momento que ella se empeña en sostener su libertad usurpada por un gobierno tiránico e injusto es un monstruo desnaturalizado, es un traidor. Tal es la mancha horrorosa de que se cubre el soldado infiel que deserte en las actuales circunstancias[44].

Esta acusación era, además, idéntica a la que sancionaba a los individuos que, siendo súbditos del rey en 1810, no habían apoyado para entonces la creación de la Junta de Caracas. Y, sobre todo, los términos del decreto

---

[44] «Ley penal para castigar el delito de deserción en todos los casos y circunstancias en que puede ser cometido por la tropa de línea y de milicias, febrero de 1812», *Libros de Actas del Supremo Congreso de Venezuela, 1811-1812. Op. cit.*, vol. 2, pág. 329.

anulaban la naturalización adquirida con el juramento prestado a la Constitución, en 1811, que convertía en ciudadanos integrales a quienes habían cumplido con este deber. Ambas funciones eran indisociables, y en situación de guerra se invertían los dos términos de la identidad de los miembros del cuerpo social. De ciudadanos-soldados pasaban a ser soldados-ciudadanos, y su conducta como soldado determinaría en el futuro la conservación y hasta la adquisición de la ciudadanía. No obstante, ¿cómo pretender realizar una consulta electoral, en este contexto, para formar un gobierno provisional? Menos aún cuando la mayoría de los hombres ilustrados se habían visto obligados a huir o estaban encarcelados, siendo que constituían el único muro de contención para el buen desenvolvimiento de esta consulta. La población, sola ante los enemigos, no estaba en capacidad de llevar a cabo un acto que requería un juicio razonado y razonable, así como un perfecto conocimiento de las ventajas del sistema adoptado.

La fuerza de seducción de los españoles, que ya era efectiva cuando «hombres ilustrados, animados de espíritu patriótico, se dedicaban a infundir estas luces en el pueblo para que viese y conociese las utilidades y ventajas del nuevo sistema»[45], aumentaba aún más con la partida de esos patriotas.

Por ello, también había que castigar con la pena de muerte a los hombres que habían caído en esa seducción, aunque ya hubieran sido despojados de su ciudadanía por haber faltado al deber de fidelidad «que les impuso [la] naturaleza, y prescribe el interés de una sociedad civil»[46]. En adelante, la ciudadanía quedaba reservada sólo para los patriotas. Por añadidura, el país se hallaba desorganizado debido la huida de una parte de la población ante el avance de las tropas de Monteverde, y a las divisiones surgidas en el seno mismo de las familias, con lo cual se veía amenazada la existencia del pacto que ligaba a los individuos entre sí, y cuyos peligros habían sido claramente enunciados por Juan Germán Roscio en 1811, en el debate sobre la reorganización de las provincias. En definitiva, el legalismo ya no constituía una garantía de «confianza» para encomendarse al voto, pues hacían mucha falta los hombres de bien, ausentes. Y, al respecto, Miguel José Sanz concluía: «¿Podrá haber libertad, desinterés, con-

---

[45] «M. J. Sanz, Bases para un gobierno provisional en Venezuela, 29 de octubre de 1813». *Op. cit.*, pág. 140.

[46] «Simón Bolívar, Cuartel General de Puerto Cabello, 6 de septiembre de 1813», *Gazeta de Caracas*, 23 de septiembre de 1813.

fianza, acierto y seguridad para unas elecciones populares, justas y convenientes, en juntas concurridas de semejantes electores? No es posible»[47].

Podría decirse que quedaba así cerrado el círculo, y el pueblo se vio apartado de toda acción política; en adelante, su participación se limitaba al campo militar. Los políticos parecían haber bajado la guardia ante el enemigo. Tal como lo dijo, de nuevo, Miguel José Sanz:

> Era desigual la lucha porque la luz no podía, sino despacio y con mucho trabajo, romper y disipar la espesa niebla de los hábitos, las preocupaciones y falsas ideas, endurecidas con tantos años de esclavitud, en que se había estudiado el modo de embotar el talento de los americanos para mantenerlos en tan oscura y desgradante opresión[48].

Esta constatación mermaba la esperanza de poder erigir una sociedad basada en la razón y la voluntad de sus miembros. Ya en 1812, Juan Germán Roscio establecía una distinción entre la actitud patriótica de los individuos y su expresión en una práctica política efectiva, y ésta dependía de su capacidad para ejercerla: «Qualquier individuo que ama la independencia y libertad de la América, es para mí de mucho precio, aunque por su falta de luces y conocimientos políticos no puede contribuir a ella sino pasivamente o con hechos de poca monta»[49].

Semejante desconfianza respecto de los soldados y la población tenía como corolario la revisión de la organización, militar, con la creación de un ejército de veteranos para I paliar esta incertidumbre en cuanto a la adhesión del pueblo armado a los principios que estaba llamado a defender luchando contra las tropas lealistas. Ahora bien, también en este punto, los argumentos utilizados en el análisis se basaban en los usos y costumbres de quienes carecían de una identidad propia, capaz de fomentar esta adhesión, a no ser su «naturalización» como ciudadano (para retomar los términos del juramento prestado en 1811). En diciembre de 1812 Bolívar se comprometió a demostrar, con un ejemplo histórico, la veracidad de esta constatación. Todos los ciudadanos podían ser soldados, a ejemplo de lo que se practicó en Roma o en Grecia, siempre y cuando hubieran adquirido las cualidades de virtud y cultura que evitan la disociación entre el ofi-

---

[47] «M. J. Sanz, Bases para un gobierno provisional en Venezuela, 29 de octubre de 1813». *Op. cit.*, pág. 143.

[48] *Ibídem,* pág. 140.

[49] J. G. Roscio, Caracas, 7 de diciembre de 1812, FBC/Archivos de la Gran Colombia.

cio de las armas y el «oficio de ciudadano»[50]. En Roma, este vínculo era tan fuerte que la decisión del emperador Augusto de abrir el ejército a los más pobres y darles un sueldo, tuvo el efecto inverso. Profesionalizado, el soldado imperial fue percibido inicialmente como un mercenario poco digno de fe y cuyo patriotismo era dudoso, y hasta resultaba una carga para la sociedad durante los períodos en que no tenía que luchar[51].

Sólo el ciudadano, cuyo patriotismo no se ponía en duda debido a su implicación y sus intereses en la vida de la ciudad, podía ser digno de ejercer tal función.

Por ello, los militares venezolanos encargados de la organización de las tropas consideraron inicialmente que con las tropas de mercenarios no se corría el riesgo de que apoyaran a los partidarios del retorno al despotismo, sino, al contrario, con una recluta masiva de ciudadanos «incultos», «simples». Los militares veían con reticencia, por lo poco confiable, que cada ciudadano pudiera ser efectivamente un soldado. Si bien hasta entonces las Repúblicas del continente americano no habían pagado ningún ejército permanente, ello se debía al hecho de que habían querido imitar el ideal de la antigua República, y no porque podían prescindir de ello. «... en la Antigüedad no los había, y sólo confiaban la salvación y la gloria de los Estados en sus virtudes políticas, costumbres severas y carácter militar, cualidades que nosotros estamos muy distantes de poseer»[52].

Esta organización con miras a la defensa de la patria y de las conquistas políticas que, al encarnar la ruptura con España, le permitían figurar en el rango de las naciones, también tomaba en cuenta el territorio y la particular ubicación de Venezuela. Además de la falta de cohesión, en parte ligada a la ausencia de valores comunes capaces de crearla, se planteaba el problema de

---

[50] Tomamos esta expresión del libro de NICOLET, C.: *Le métier de citoyen dans la Rome Antique.* Paris: Seuil, 1989 (2ª ed.).

[51] Al respecto, ver el artículo de J.-M. Carrié, muy innovador por las pistas de investigación que propone para el estudio de la sociabilidad y las prácticas de esta parte de la población. CARRIÉ, J. M.: «Le soldat», en GIARDINA, A. (dir.): *L'homme romain.* Paris: Seuil, 1992, págs. 127-173. En cuanto a esta adecuación de las funciones, señala en particular: «Instrumento de un destino histórico excepcional, durante mucho tiempo el ejército romano sacó sus fuerzas de la perfecta identidad entre la estructura política y la estructura militar de la ciudad-estado. Los recursos del individuo determinaban a la vez su responsabilidad política y su participación militar que, mucho más que un deber, era un derecho y hasta un privilegio», pág. 128-129.

[52] «Simón Bolívar, Memoria dirigida a los ciudadanos de la Nueva Granada por un caraqueño, Cartagena de Indias, 15 de diciembre de 1812», en *Obras. Op. cit.*, pág. 100.

la defensa de las costas, que representaban una parte importante de las fronteras del país y eran también un elemento clave de la actividad económica. Para llevar a bien semejante empresa, era indispensable un ejército profesional. Comparando esta situación con la de los Estados Unidos, Bolívar concluía: «... estando en paz con todo el mundo y guarnecido por el mar, no ha tenido por conveniente sostener en estos últimos años el completo de tropas veteranas que necesita para la defensa de sus fronteras y plazas»[53].

Para él también, el imperativo del estado de emergencia presentaba dos aspectos: la pacificación de las provincias a fin de dirigir luego las armas contra el enemigo exterior y formar soldados y oficiales para que fueran dignos de llevar el título de «columnas de la Patria»[54]. Pero mientras que las dificultades encontradas tanto para la movilización de ciudadanos como para la organización misma del ejército eran importantes y gravaban la eficacia de la respuesta a las tropas españolas, fue paradójicamente a partir de ese impulso virtual que se definieron y circunscribieron los primeros perfiles de una identidad interna, basada no en la oposición a los españoles —que seguían siendo los enemigos a los que había que combatir, lo cual permitía esta evolución— sino más bien en la diferenciación establecida entre el traidor y el patriota. Se utilizaban los mismos arquetipos binarios pero, esta vez, dentro del campo delimitado por la oposición contra los españoles europeos.

2. El nacimiento de una «raza nueva»

a) Rechazo al español

No obstante la sospecha que pesaba sobre parte de los ciudadanos en cuanto a su patriotismo, la patria se presentaba unida frente al enemigo externo común. Así, con motivo de la preparación de la expedición de 1813, Antonio Nicolás Briceño hizo una lista de las reglas que debían pautar su formación, estableciendo una distinción entre los individuos dignos de formar parte de ella, en términos no sólo de adhesión «ideológica» sino también de origen geográfico, lo cual ratificaba la ruptura con la madre-patria. En un primer momento fue la pertenencia geográfica lo que determinó la exclusión; se abandonó la distinción entre españoles buenos y malos, que se hacía desde 1810, y todos los españoles europeos quedaron excluidos de la expedición, cualquiera fuera su sentimiento respecto de la causa pa-

[53] *Ibídem.*
[54] *Ibídem.*

triótica; más aún, se llamó a destruirlos. Así como se decretó la destrucción física de los traidores y desertores, se proclamó la guerra a muerte contra los españoles europeos, pues encarnaban a esa potencia que había generado los desórdenes y los defectos que le eran reprochados al pueblo venezolano. Más aún, la ejecución de esta orden de destrucción determinó una promoción en la jerarquía militar. Efectivamente, una de las condiciones puestas por Briceño en su plan tenía que ver con la cantidad de españoles que el aspirante podía jactarse de haber matado. Para ello, tras el enunciado general del principio, Briceño hacía una lista macabra del número de trofeos necesarios según el grado al que se aspirara: «Se considera mérito suficiente para ser premiado y obtener grados en el ejército, presentar un número de cabezas de españoles europeos, incluso los isleños, y así el soldado que presentase 20 será ascendido a alférez vivo y efectivo; el que presentase 30, a teniente; el que 50, a capitán; etc...»[55]

Este texto, redactado poco tiempo antes de que Bolívar declarara la guerra a muerte, iba más allá de la condena a los españoles como encarnación del enemigo, y hasta del pasado. Efectivamente, Bolívar consideraba la posibilidad de que los españoles que expresaran el deseo de unirse a la causa patriótica participaran en los combates. Pero no por ello se mostraba menos firme acerca de las sanciones que se aplicaban a los refractarios. Quien fuera objeto de tal acusación sería «tenido por enemigo y castigado como traidor a la patria y, por consecuencia, irremisiblemente pasado por las armas»[56].

Los americanos culpables del mismo delito eran igualmente merecedores de esta pena, pero les daba el plazo de un mes de reflexión para escoger su campo. En caso de que se unieran al enemigo, quedaban definitivamente abandonados a la venganza de la ley. Con la posibilidad que ofrecía así a los españoles europeos de unirse a la causa patriótica, Bolívar hacía suya la noción de acción conjunta de los patriotas en ambas partes de la nación española, proclamada en 1810, y de esa segunda patria que Venezuela deseaba ser, para acoger a sus hermanos que sostenían el mismo combate en España. Estos españoles buenos, con su dignidad así restablecida, podían ser considerados como «hijos de Colombia»[57] y tratados

---

[55] BRICEÑO, A. N.: *Plan para libertar a Venezuela. Op. cit.*, pág. 203.

[56] «Simón Bolívar, Decreto de guerra a muerte, 15 de junio de 1813», en *Documentos que hicieron historia. Op. cit.*, vol. 1, pág. 141.

[57] «Simón Bolívar a los españoles y canarios, Cuartel General de San Carlos, 28 de julio de 1813», en *Obras. Op. cit.*, pág. 120.

como americanos. En cuanto a aquellos americanos que se pasaran a las filas enemigas, aunque se preveía ofrecerles la posibilidad de reintegrarse al bando de los patriotas, eran desechados de la humanidad, desnaturalizados, asimilados a monstruos indignos[58]; esa sanción se hacía pública y se ponía de ejemplo: «... más notorio será el horror y oprobio que cubrirá a estos infames y viles desnaturalizados hijos que posponen el bien y felicidad general a la baja adulación de sus primeros opresores»[59].

La naturaleza de las condenas pronunciadas contra los traidores internos confirmaba la voluntad de distinguir entre ciudadanos teóricamente encargados de atender a la defensa de la patria. Por ende, no todos serían considerados como aptos para usar las armas y convertirse en verdaderos ciudadanos-soldados. Más aún, mientras que los traidores eran considerados «como asesinos de sus conciudadanos, los españoles que se unieran a la causa patriótica vendrían a prestar sus auxilios a los *buenos* ciudadanos que se están esforzando por sacudir el yugo de la tiranía»[60].

No era una lucha de ideas lo que libraban los actores, sino una lucha que oponía no sólo a hombres pertenecientes a ambas patrias, las cuales eran ya distintas, sino sobre todo a clases diferentes de poblaciones más o menos —y más bien menos— informadas de sus derechos, y que no todas habían captado los intereses que estaban en juego. Éstas, de alguna manera fieles a su identidad original, a su pertenencia tradicional a la madre-patria, se colocaban al lado de los representantes de su rey. Efectivamente, si observamos los años posteriores en los que la guerra se hizo más dura, constatamos que la manera en que fueron enmendados quienes inicialmente se equivocaron de bando, concuerda a la perfección con la definición de ciudadano[61]. Esto se ilustra con dos reflexiones. Una, de 1815, dirigidas a los hombres de color y que era, además, una de las pocas que se refería explícitamente a los llaneros. Otra, de 1820, emanada de la Presidencia del Congreso en la época en que las negociaciones con Pablo

---

[58] Simón Bolívar, Libertador de Venezuela y General en Jefe de sus Ejércitos, valencia, imprenta de gobierno, 7 de febrero de 1813, tercero de la República y primero de la Guerra a Muerte.

[59] «Simón Bolívar, Cuartel General de Puerto Cabello, 6 de septiembre de 1813», *Gazeta de Caracas,* 23 de septiembre de 1813.

[60] «Simón Bolívar, decreto de Guerra a Muerte». *Op. cit.*, pág. 141. La cursiva es nuestra.

[61] Definición que tendrá su traducción en la Constitución de 1819, con la distinción entre ciudadanos activos y ciudadanos pasivos. Efectivamente, ésta ilustraba ese temor social que formaba parte invariable del discurso.

Morillo iban tomando cuerpo, y que consideraba en su conjunto a quienes se habían pasado al bando enemigo. En uno y otro caso, fue la ignorancia de sus derechos y el desconocimiento de las verdaderas motivaciones de los españoles y sus aliados americanos lo que llevó a los más simples a creer que todos ellos eran sinceros al afirmar que luchaban por la libertad. Desde este punto de vista, Morillo traicionó a los llaneros reclutados en sus tropas; pero tuvieron que ser decapitados centenares de sus compañeros en Caracas, por deserción o «causa frívola», para que tomaran conciencia de ello y se unieran «espontáneamente» a los patriotas, sus verdaderos defensores. Este cambio se produjo en 1815, más por reacción que por convicción:

> [Un] castigo horrendo y atroz con que hizo que los demás se uniesen a los patriotas de aquel país, y volviendo sus armas contra el ingrato que así les recompensaba, lo obligasen a salir de él y venir aquí. No lo dudeis: mientras os necesitaban para haceros los instrumentos de sus proyectos de destrucción, ellos alhagaban vuestros deseos con promesas que no pensaban cumplir; pero apenas se han creído señores del país con el refuerzo de tropas españolas que han llegado, ellos os han comprendido en sus designios de aniquilar la raza americana[62].

Posteriormente, en los hechos relatados en 1820, ante las atrocidades cometidas por los españoles contra los llaneros, se dio el mismo proceso espontáneo en aquel pueblo obnubilado por la ignorancia:

> En el principio de la gloriosa lucha, la parte sana del Pueblo menos ilustrada temía ofender al Cielo si combatía por su libertad. La depravada conducta de los españoles les obligó a pensar sobre sus derechos y los de España, y los mismos que fueron entonces, por ignorancia, traidores a la Patria, son ahora por convencimiento sus más firmes tenedores[63].

La adhesión se daba o bien por defección, o bien por obligación; raramente se trataba de un acto de reflexión o de compromiso deliberado[64]. En el

---

[62] Bermúdez, J. F.: *Proclama. Op. cit.*

[63] Fernando Peñalver, presidente del Congreso, «Manifiesto a los Pueblos de Colombia», en *Correo del Orinoco,* n.° 77, 26 de agosto de 1820.

[64] Sobre este tema del compromiso ver: Hébrard, V.: «La participación popular en la guerra de independencia en Venezuela: la otra cara de la guerra civil (1812-1818)», en

segundo texto, sólo la distancia respecto de los acontecimientos permitía que su autor considerara, retrospectivamente, que la convicción era el criterio que explicaba el cambio de actitud. Asimismo, la fuerza del carácter unitario de los hombres de armas (milicia o ejército) consistía en denigrar al otro y luego, a partir de 1818, en celebrar a esos hombres que se habían elevado al rango de héroes.

b) Celebración del soldado y renacimiento de lo político

Podemos hablar de celebración en el sentido en que era siempre en virtud de las acciones pasadas que se hablaba de la importancia de los soldados y/o los militares en la proclamación de la existencia de Venezuela como nación. Las hazañas realizadas por aquellos hombres en los campos de batalla daban la medida de los sacrificios que los hijos de Venezuela y, más ampliamente, del continente americano, estaban dispuestos a hacer para que se les reconociera su derecho a la independencia, así como la capacidad de sus miembros para mantener y hasta restaurar las instituciones republicanas.

La celebración de aquel conjunto de hombres de armas se inicia con la victoria de Boyacá, el 7 de agosto de 1819, casi simultáneamente con el reinicio del proceso político y el anuncio de la convocatoria de un Congreso constituyente en Angostura para enero de 1819. Tal simultaneidad no dejaba de tener importancia, en la medida en que el elemento militar resultaba determinante para la redefinición de la sociedad a la cual daba lugar la elaboración de una nueva Constitución, tras esos años de conflicto durante los cuales el poder civil había quedado suspendido.

Efectivamente, mientras que la liberación total del país sólo se logró en 1823 —con la reconquista de Puerto Cabello—, ya desde 1818 y con el anuncio del Congreso de Angostura se consideró que la guerra había terminado, en el sentido en que las plazas fuertes habían sido reconquistadas. A partir de entonces, el papel de los soldados-patriotas y sus jefes se evaluaba según el apoyo que eran capaces de aportar al reinicio del proceso constitucional. Papel efectivo, puesto que la guerra proseguía, pero también simbólico, como garante de la adhesión a los principios. A partir de entonces los hombres de armas fueron celebrados como héroes de la patria. Además, la independencia reconquistada en los campos de batalla ya

Cardozo Galue, G. y Urdaneta Quintero, A. (comp.), *Colectivos sociales y participacioìn en la independencia hispanoamericana.* Maracaibo: Universidad de Zulia, 2005, págs. 211-226.

autorizaba a emprender la lucha política para lograr la libertad civil, definida de la siguiente manera: «No someterse a una ley que no sea la obra del consentimiento general del Pueblo, no depender de una autoridad que no sea derivada del mismo origen, es el carácter de la libertad civil a que aspiramos»[65].

Para ello, había que elaborar una nueva Constitución, que tomara en cuenta los avances y las victorias logradas con las armas en el campo de batalla. Efectivamente, los límites de la nación se iban modificando a medida que se propagaba la libertad gracias al avance de las tropas patriotas. Pero ahora eran los ciudadanos «pacíficos» los que llevaban a cabo la lucha, incluso —y sobre todo— los hombres más esclarecidos, algunos de los cuales eran también militares. Bolívar estableció una distinción basada no en la competencia de los individuos para dirigir el país, sino más bien en las aptitudes desplegadas en el combate.

> Por ardua que parezca esta impresa, no deben detenernos los obstáculos; otros infinitamente mayores hemos superado, y nada parece imposible para hombres que lo han sacrificado todo por conseguir la libertad. En tanto que nuestros guerreros combaten, que nuestros Ciudadanos pacíficos exercen las augustas funciones de la soberanía...[66]

Así, la celebración de los valerosos guerreros iba a la par con el restablecimiento del orden político que, de alguna manera, neutralizaba la influencia de éstos, acantonándola teóricamente en el bando del patriotismo. La adhesión de las tropas era necesaria, pero no por ello debía tener una influencia desmedida en la esfera de la gestión política, la cual estaba en manos de muchos jefes de ejército.

Si bien la liberación de los territorios bajo control español seguía siendo un imperativo, sin embargo la reconquista de esta independencia no podía bastar para lograr el reconocimiento del país por parte de las demás naciones, de la cual dependía por igual su porvenir. A partir de septiembre de 1817 Bolívar promulgó decretos que favorecían el comercio con el exterior y para aumentar las rentas públicas, especialmente la libertad de navegación en el Orinoco. Al mismo tiempo, con la reconquista de Guayana

---

[65] «Reglamento para elecciones de representantes al segundo Congreso de Venezuela de 1818, Cartagena de Indias, 24 de octubre de 1818». *Op. cit.*, pág. 229.

[66] «Sesión del Consejo de Estado del ler de octubre», *Correo del Orinoco*, n.° 12, 10 de octubre de 1818.

y de la región del Orinoco aumentaba el interés de los Estados Unidos y de Gran Bretaña por la causa de la Independencia. En julio de 1818 los Estados Unidos otorgaron fondos a Venezuela a fin de sostener su política de defensa. Además, y sobre todo, Luis López Méndez, quien residía en Londres desde 1810, logró organizar expediciones de voluntarios, contratar empréstitos, y enviar pertrechos a Venezuela[67]. En adelante, al depender de este apoyo, fue necesario convertir el gobierno de facto establecido en Angostura en un régimen constitucional reconocido como tal. Se comprende entonces el tono adoptado por Bolívar en su discurso del 1er de octubre de 1818 con miras a reunir el Congreso cuando, tras haber reafirmado la gloria de los guerreros, definió los objetivos militares y políticos, dando a los representantes políticos la misión de completar la revolución iniciada con las armas, y transformar las victorias militares en conquistas políticas: «No basta que nuestros ejércitos sean victoriosos; no basta que los enemigos desaparezcan de nuestro territorio, ni que el mundo entero reconozca nuestra independencia; necesitamos aún más, ser libres baxo los auspicios liberales, emanados de la fuente más sagrada, que es la voluntad del Pueblo»[68].

Observamos aquí una total inversión de los parámetros respecto de 1812 cuando, con motivo de la declaración de emergencia, sólo la defensa del territorio con las armas parecía capaz de asegurar el porvenir, incluso político, del país. Y Juan Germán Roscio, quien formaba parte de la comisión creada el 1° de octubre de 1818[69] para la organización del próximo Congreso y la preparación de las elecciones, se adhirió a las palabras de Bolívar al indicar en el reglamento electoral publicado el 24 de octubre, tras reconocer «el coraje heroico de los bravos defensores de Colombia»: «Pero si al beneficio de la emancipación no añadiésemos el de la libertad

---

[67] Respecto a las negociaciones diplomáticas y los intereses financieros que estaban en juego con la guerra, durante este período, ver CARL, G.: *First among equals: Great Britain and Venezuela 1810-1910*. Michigan: Dept. of Geography, Syracuse University, University Microfilms International, 1980; FRANKEL, B.: *Venezuela y los Estados Unidos, 1810-1888*. Caracas: Ediciones de la Fundación John Boulton, 1977.

[68] «Sesión del Consejo de Estado del 1º de octubre». *Op. cit.*

[69] Los demás miembros, cuya mayoría eran diputados en el Congreso de 1811, eran: Fernando Peñalver, Juan Martínez Alemán, Ramón García Cádiz, Luis Tomás Peraza y Diego Bautista Urbaneja. Además, con estos hombres Bolívar fundó el *Correo del Orinoco,* que fue (retomando las palabras de José Gil Fortoul) «el pedestal intelectual de la empresa libertadora», en *Historia constitucional de Venezuela. Op. cit.,* vol. 1, pág. 375.

civil bien constituida, poco habríamos adelantado en la carrera de nuestra regeneración política»[70].

Vemos aquí confirmado el hecho de que la restauración de esta libertad, cuyos límites estaban por cierto bien definidos puesto que debía ser civil y constitucional, era la que permitía la celebración de los militares. Así, el 10 de febrero de 1819, en su Discurso de Angostura, Bolívar anunció la creación del título de Libertador, ciertamente para recompensar los actos heroicos ejecutados por sus valerosos guerreros, y también en desagravio por los sacrificios y sufrimientos padecidos, pero además y sobre todo para consagrar esta lucha librada en nombre de la libertad, origen de la existencia de la patria reintegrada en el concierto de las naciones libres.

> Representaros la historia militar de Venezuela sería recordaros la historia del heroismo republicano entre los Antiguos: sería deciros que Venezuela ha entrado en el gran quadro de los Sacrificios hechos sobre el Altar de la Libertad. Nada ha podido llenar los nobles pechos de nuestros generosos guerreros, sino los honores sublimes que se tributan a los bienhechores del género humano[71].

Con todo, eran reconocidos no como defensores sino más bien como creadores de la República, puesto que «los Libertadores de Venezuela son acreedores a ocupar siempre un alto rango en la República que les debe su existencia»[72]. Un doble movimiento de creación se produjo así debido a la guerra. Los hombres de armas contribuyeron a crear la República agradecida; los títulos conferidos a cambio aseguraban la posteridad del país. Al mismo tiempo, forjaba elementos para su memoria. En este sentido, la guerra había generado una nueva «raza» de hombres, cuyas características tenían que ver con su compromiso como hombres de armas. «... es del interés público, es de la gratitud de Venezuela, es del honor Nacional, conservar con gloria hasta la última posteridad una raza de hombres virtuosos, prudentes y esforzados que, superando todos los obstáculos, han fundado la República a costa de los más heroicos sacrificios»[73].

---

[70] «Reglamento para la elección de representantes al segundo Congreso de Venezuela de 1818, 17 de octubre de 1818», en *Constituciones de Venezuela. Op. cit.,* pág. 229.

[71] «Instalación del Congreso General de Venezuela», *Correo del Orinoco,* n.° 19, 20 de febrero de 1819.

[72] *Ibídem.*

[73] «Discurso pronunciado por el general Simón Bolívar al Congreso General de Venezuela en el acto de su instalación», *Correo del Orinoco,* n.° 19, 20 de febrero de 1819.

De hecho, fueron los sacrificios aceptados para la defensa del territorio los que concurrieron a fundar esta «raza» nueva e insertarla en la historia, puesto que estaba llamada a quedar para la posteridad al permitir el renacer de la República en el plano político. Por lo demás, hay que considerar esta expresión en su sentido literal; esta «raza nueva» sustituía simbólicamente a la «raza» española, cuya destrucción había sido proclamada por Antonio Nicolás Briceño desde el inicio de la guerra, y luego en el Decreto de Guerra a Muerte de Bolívar. Además, las cualidades de virtud, valor y abnegación que tenían esos hombres formaron parte, en adelante, del patrimonio genético que les confería su identidad y se transmitiría de padres a hijos. Era otra manera simbólica de acabar con el carácter circunstancial de los impulsos patrióticos.

A partir de 1818 el reconocimiento de los militares, esta vez en el plano político, permitió transferir de la esfera de lo militar a la esfera de lo político los deberes que les eran inherentes. Hasta entonces defensores de la independencia de la patria, tendrían en adelante la obligación de sostener el poder político recién instaurado, que encarnaba la libertad civil. Páez expresaba claramente ese deseo con motivo del anuncio de la convocatoria del Congreso de Angostura para febrero de 1819: «... los hijos de Venezuela, combatiendo hasta ahora contra los tiranos, sin gobierno que les dirigiese, sus esfuerzos en adelante se redoblarán y sabrán sostener la dignidad y leyes que V. M. les dicte»[74].

Al reanudarse el proceso político, la única certidumbre en materia de adhesión residía en el soldado-ciudadano. No obstante, paralelamente a la celebración de éste, se mantenían las dudas en cuanto a la actitud del pueblo venezolano. Por ello, se le pidió que reconociera a sus defensores en su justo valor y en proporciones y razones idénticas a las otorgadas por el poder político, es decir por sus representantes. Si no, quedaría en tela de juicio el derecho del pueblo a disfrutar esta libertad reconquistada: «Y si el Pueblo de Venezuela no aplaude la elevación de sus bienhechores, es indigno de ser libre, y no lo será jamás»[75].

Ahora bien, lo que se observa era precisamente esa duda acerca de la capacidad para unirse por la edificación de un país independiente y libre, de tanto que las divisiones en el terreno militar y en el seno de la pobla-

---

[74] «Carta del general José Antonio Páez al soberano Congreso de Venezuela, 26 de febrero de 1819», *Correo del Orinoco,* n.° 26, 27 de marzo de 1819.

[75] «Discurso pronunciado por el general Simón Bolívar al Congreso General de Venezuela en el acto de su instalación». *Op. cit.*

ción, durante los años de conflicto, contradecían las declaraciones de principio por parte de las élites políticas y de los militares que asumían la dirección de los combates. La amenaza que aquí se blandía era de alguna manera un signo precursor de las limitaciones puestas por la Constitución al ejercicio de los derechos políticos, y que encontramos también en los debates que precedían a su elaboración. Tal como veremos, sólo con la proclamación de la Ley Fundamental del 17 de diciembre de 1819, que selló la unión de Nueva Granada y de Venezuela, se logró reactivar la esperanza de una unidad gracias al surgimiento de un nuevo pueblo en un nuevo espacio. Esperanza favorecida, además, por la coincidencia de fechas, puesto que el año 1820 marcaba la realización de esta unión, las primeras negociaciones de paz con España, así como la celebración de los diez años de lucha de Venezuela por su independencia. Al igual que durante la declaración de emergencia en 1812 —sobre todo con los problemas planteados por la organización militar—, lo que estaba en el centro de los debates que resurgían al restaurarse las instituciones era el tema de la identidad de ese pueblo. Las victorias logradas y sus héroes debidamente glorificados y celebrados no resolvían esa interrogante; acompañaban y reactivaban la polémica, pero las pasiones justamente exaltadas para beneficio de la causa patriótica no podían servir para la reconquista de la libertad civil y constitucional. Esta exigía, al contrario, la templanza conferida por la razón y el conocimiento, cualidades de las que carecían la mayoría de los miembros de esta comunidad que debía acceder al rango de nación. Por ello, en octubre de 1818, en su discurso de convocación al Congreso, Bolívar planteaba este imperativo en futuro, sobre todo en un fragmento en el que se dirigía precisamente a los venezolanos: «... pensad sólo en lo que vais a hacer; y penetraos bien de que sois todos venezolanos, hijos de una misma patria, miembros de una misma sociedad, y ciudadanos de una misma República. El clamor de Venezuela es libertad y paz: nuestras armas conquistarán la paz, y vuestra sabiduría nos dará la libertad»[76].

La fuerza de persuasión necesaria para adquirir la conciencia de ser venezolano se hacía eco de las mismas razones que habían suscitado la adhesión de algunos a favor de los españoles. Estaba presente la noción de voluntad, pero dictada por una necesidad superior que la hacía casi inevitable. Vemos en la espontaneidad de los patriotas, así como en el tono imperativo de este texto, el carácter aleatorio de la adhesión y la dificultad de

---

[76] «Simón Bolívar a los venezolanos, convocando el Congreso de Venezuela, Angostura, 22 de octubre de 1812», en *Obras. Op. cit.*, pág. 22.

los actores para captar las reacciones del pueblo y, por ende, anticiparse a ellas para controlarlas. La libertad tan codiciada, dictada para y por la «fría razón» no era simplemente la oposición a su vertiente pasional; implicaba la prioridad a la sumisión a las leyes. Tal como lo señala Luis Castro Leiva, «el querer primigenio —hijo de las pasiones— es transmutado en el deber ser de la humanidad que se juega, a través de la ejecución de la ley, su nueva y propia historia moral»[77].

Dos hitos emergen de aquellos años, verdaderos indicadores del pensamiento de esos hombres que trataban de remodelar su país, conmocionado por la invasión española, justo cuando acababa de fundar su primera Constitución. Por una parte, la afirmación de un vacío de identidad que impulsaba a los individuos hacia la otra libertad, es decir: la anarquía; por otra parte, la regeneración que produjo la lucha misma en cuanto el proceso político parecía de nuevo posible. Esta división se dio en primer lugar en el comportamiento mismo de los individuos.

c) El vacío de identidad

El análisis sobre la identidad americana hecho por Bolívar en su Discurso de Angostura, por muy simbólico que sea y por mucho que se haya desgastado de tanto haber sido mencionado, hasta el punto de perder su alcance, nos parece que es un polo de reflexión a partir del cual podemos dar cuenta de la percepción de los actores que han meditado al respecto. Citemos primero esta frase, fundamental para nuestro propósito:

> Tengamos presente que nuestro pueblo no es el europeo ni el americano del Norte, que más bien es un compuesto de Africa y de América que una emanación de la Europa. [...] es imposible asignar con propiedad a qué familia humana pertenecemos. La mayor parte del indígena se ha aniquilado, el europeo se ha mezclado con el americano y con el africano, y éste se ha mezclado con el indio y con el europeo[78].

La afirmación de esta multiplicidad étnica, que tenía como corolario la ausencia de origen y, por ende, de identidad claramente definida, resulta

[77] Castro Leiva, L.: «La elocuencia de la Libertad», en *De la patria boba a la teología bolivariana. Ensayos de historia intelectual.* Caracas: Monte Ávila Editores, 1987, pág. 51.

[78] «Continuación del discurso del general Simón Bolívar al Congreso el día de su instalación», *Correo del Orinoco,* n.° 20, 27 de febrero de 1819.

sumamente apropiada para el caso particular de Venezuela. Tanto más cuanto que el país se enfrentaba no sólo a las consecuencias de la ruptura con España y al necesario cuestionamiento acerca de la reivindicación/reapropiación de la herencia de esa misma España, sino también al problema ligado a la ausencia de algún prestigioso pasado precolombino al cual referirse, por una parte, y por otra parte, a una población multiétnica y compartimentada principalmente según el color de piel de los individuos. En la voluntad —proclamada en 1813— de destruir la «raza» española se hallaba en cierne ese vacío de identidad, que iba afirmándose a medida que la restauración política se hacía de nuevo posible. De hecho, la ruptura con España confrontaba al país, y más aún a su élite dirigente, con su propia realidad, la de una «raza» intermedia, difícil de definir. Bolívar, refiriéndose al precedente del Imperio romano, hacía la siguiente comparación:

> Al desprenderse la América de la Monarquía española, se ha encontrado semejante al Imperio romano quando aquella enorme masa cayó dispersa en medio del antiguo mundo. Cada desmembración formó entonces una Nación independiente conforme a su situación o a sus interes; pero con la diferencia de que aquellos miembros volvían a restablecer sus primeras asociaciones. Nosotros ni aun conservamos los vestigios de lo que fue en otros tiempos, no somos europeos, no somos indios, sino una especie media entre los aborígenes y los españoles[79].

El «nosotros» utilizado aquí no debe llamar a engaño. Se refiere a quienes pertenecían a la élite criolla, segura de su ascendencia europea hasta entonces reivindicada y hasta envidiada, lo cual no dejaba de plantear otro tipo de problemas ya que se trataba de romper públicamente con ella. Sin embargo, aunque la toma de conciencia acerca del carácter heterogéneo de la sociedad venezolana se dio desde el inicio del proceso de emancipación, pues se translucía en los debates del primer Congreso, en 1811, sobre la necesidad de preparar a la población para la vida política moderna, quedó revelada sobre todo con la irrupción de la guerra. Efectivamente, en esa oportunidad las divisiones pusieron en evidencia la fragilidad de los vínculos que supuestamente unían esa población heterogénea por sus orígenes y su nivel de cultura. Diversidad que cayó en la confusión y la anarquía, arrastrada por los acontecimientos y la influencia de los enemigos que explotaban esas debili-

[79] *Ibídem.*

dades a fin de incorporar en sus filas a los grupos más influenciables de la población. En 1818, en la convocatoria al Congreso, el siguiente interdicto iba dirigido a la sociedad en su conjunto, de tanto que se había desestructurado con el retorno de la opresión española:

> Al romper los Pueblos la ligadura que los forzaba a estar y pasar por una ley que no era el producto de la voluntad general ni de la mayoria de sus miembros, no les es dado ejercer desde el momento todas las funciones de su Soberania. Ni puede ser unánime desde luego la opinión, ni simultáneo el sacudimiento de todas las partes de una sociedad oprimida[80].

La referencia a los Pueblos y a la imposible unidad de su opinión remitía también al problema de la forma constitucional de la que debía dotarse el país. Lo que se ponía en tela de juicio y se reconsideraba, además de la incapacidad de participación política y su traducción jurídica, era toda la organización política. Así, durante ese periodo en el cual el imperativo militar convivió de alguna manera con la reorganización de las fuerzas políticas —igual de imperativa y peligrosa—, se efectuó una reformulación de los objetivos de independencia y libertad, así como de los términos utilizados para caracterizarlos.

Con respecto al enemigo externo, la libertad de guerra representaba más o menos la nueva libertad interna. De manera cada vez más tangible, el valor semántico de los sustantivos «libertad» e «independencia» se veía así modificado. Ya no era posible utilizar uno en lugar del otro. En 1812 la declaración de emergencia y el llamamiento a las armas se hizo en nombre de la reconquista de la independencia y de la reconquista de la libertad, pero en 1818 el tema de la libertad tenía que ver de nuevo con el poder político. Colocada bajo la protección de las leyes, de las cuales dependía su existencia misma, la libertad seria en adelante civil y razonada. En este sentido, la Constitución de 1819, en el capítulo de los derechos y deberes del hombre y el ciudadano, estipulaba que: «La libertad es la facultad que tiene cada hombre de hacer cuanto no esté prohibido por la ley. La ley es la única regla a que debe conformar su conducta»[81].

---

[80] «Reglamento para la elección de representantes al segundo Congreso de Venezuela de 1818, 17 de octubre de 1818», en *Constituciones de Venezuela. Op. cit.*, pág. 229.

[81] «Constitución de 1819, titulo 1, sección la, art. 2», en *Constituciones de Venezuela. Op. cit.*, pág. 247.

Lo que las armas, en parte, habían reconquistado se llamaba independencia y ya no libertad. Las armas devolvieron su independencia a la patria y, por ende, hicieron posible el retorno de lo político. Pero, contrariamente a los apasionados impulsos de los patriotas en defensa de la patria, el amor por la libertad no era espontáneo. Se adquiría con la educación y gracias a los usos y costumbres civilizados, cosa que los venezolanos distaban de tener.

> Nadie podrá negar que la generalidad de los venezolanos ama la Independencia porque conocen los bienes que de ella aguardan, y les es indiferente la Libertad porque no comprenden quáles son sus derechos, y quáles las ventajas que les ofrece el uso de ellos [...]. Los venezolanos que en general no poseen la ilustración y las costumbres que deben tener los pueblos libres, no sostendrán sus libertades como defienden la Independencia, porque no pueden amar lo que no conocen, ni defender lo que no aman[82].

La libertad, asociada al conocimiento y al ejercicio de los derechos que beneficiaban a los pueblos esclarecidos, sólo remitía ya a los principios constitucionales, los cuales pautaban los marcos y los limites para su ejercicio. Así, la definición de la libertad de expresión adoptada por la Constitución de 1819 resultaba significativa, por los términos utilizados, en cuanto a los límites constitucionales y morales que enmarcaban ese derecho:

> El derecho de expresar sus pensamientos y opiniones de palabra, por escrito o de cualquier otro modo, es el primero y más inestimable bien del hombre en sociedad. La ley misma no puede prohibirlo, pero debe señalarle justos términos haciendo a cada uno responsable de sus escritos y palabras, y aplicando penas proporcionadas a los que lo ejercieren licenciosamente en perjuicio de la tranquilidad pública, buenas costumbres, vida, honor, estimación y propiedad individual[83].

---

[82] «Discurso del señor Peñalver en la discusión del Congreso sobre la naturaleza del Senado Constitucional», *Correo del Orinoco,* n.° 34, 24 de julio de 1819.

[83] «Constitución de 1819, título 1, sección la, art. 4». *Op. cit.*, pág. 247.

Lo mismo ocurría con el derecho de asociación, definido en el artículo 5:

> A ningún ciudadano en particular puede privársele de la libertad de reclamar sus derechos, con tal que lo haga individualmente, siendo un atentado contra la seguridad pública toda asociación en negocio personal; pero en negocios comunes a muchos individuos o de interés general, se puede representar en cuerpo siempre que sea por escrito[84].

Tal voluntad de limitar el derecho a la expresión colectiva de una opinión diferente revelaba la dificultad de concebir la coexistencia —confrontación— de varias opiniones de un modo que no fuera conflictivo. Por añadidura, tal corno lo sugería ese artículo de la Constitución, no se podía confiar a individuos ignorantes el poder de elegir a quienes se encargarían de elaborar las leyes, y mucho menos dejar que participaran en ello. Al caracterizar esta ignorancia en relación con los peligros de manipulación que ella permitía, Bolívar hablaba de hombres «ajenos a todo conocimiento político, económico y civil»[85].

d) El ostensible paternalismo de los hombres esclarecidos

Era, en definitiva, el conocimiento de sus derechos y la participación en las actividades del país lo que determinaba la integración de los individuos en la esfera política. «La sociedad desconoce al que no procura la felicidad general, al que no se ocupa en aumentar con su trabajo, talentos o industria las riquezas o comodidades propias que colectivamente forman la prosperidad nacional»[86].

En la Constitución de 1819 volvemos a encontrar este principio de exclusión en la lógica que regía la división de los ciudadanos entre activos y pasivos, y que consagraba la preeminencia de los hombres esclarecidos que en adelante actuarían en nombre de «la generalidad de los venezolanos» y procederían a definir los nuevos marcos institucionales favorables al florecimiento de la libertad y los principios aferentes. Por consiguiente, esta Constitución también se encargaría, al menos en principio, de atender a la educación del resto de la población. Sin embargo, entre el reconocimiento

---

[84] *Ibídem.*

[85] «Continuación del discurso del general Simón Bolívar al Congreso el día de su instalación», *Correo del Orinoco,* n.° 20, 27 de febrero de 1819.

[86] «Constitución de 1819, título 1, Sección 2ª, art. 6». *Op. cit.*, pág. 248.

del principio de igualdad política para los ciudadanos venezolanos en su conjunto —principio en el que se basaba este enfoque, pues dicha igualdad era otorgada por la Constitución, fiel intérprete de la naturaleza—, y su realización, había mucho trecho. Al respecto, reafirmando la primacía de las leyes, las únicas capaces de garantizar la libertad de los individuos en sociedad y de limitar su ejercicio, Bolívar señalaba: «La naturaleza hace a los hombres desiguales en genio, temperamento, fuerzas y carácteres. Las leyes corrigen esta diferencia porque colocan al individuo en sociedad para que la educación, la industria, las artes, los servicios, las virtudes, les den una igualdad fictiva, propiamente llamada política y social»[87].

Volvemos a encontrar aquí la idea de civilidad, de civilización, ligada a la de libertad, opuesta al estado de naturaleza donde el hombre aislado se hallaba no solamente desprovisto de los medios capaces de mejorarlo, sino además sometido a la fuerza de las pasiones, sin muro de contención. La sociedad civil presuponía, por consiguiente, que sus miembros hubieran renunciado a esa «libertad» original —a menudo sinónimo de anarquía— a cambio de la libertad civil. Para ello, se requería la transformación del hombre natural en ciudadano, es decir: «la sustitución de la desigualdad natural por la igualdad convencional»[88], la única garante del cumplimiento de las leyes. Ahora bien, la sociedad tal como se veía en la época en que se abrieron los debates sobre el restablecimiento del orden constitucional, no estaba demasiado alejada del estado de naturaleza así definido, pues los excesos y la destrucción del vínculo social que unía a los individuos se asimilaban al estado de anarquía. Así pues, en un primer momento eran sólo los hombres esclarecidos los que podían acabar con esta situación y contribuir a que cesara la confusión entre independencia y libertad, libertad y viles pasiones. Después, le tocaría al legislador hacer su labor. Conforme a esta lógica, Fernando Peñalver también recurría a clasificar a los individuos en dos categorías, pero buscando quitar toda iniciativa al pueblo. Su posición a favor de suprimir la elección de diputados, la instauración de un Senado perpetuo y hasta de una Monarquía constitucional, traducía al plano político esta visión dual de la sociedad que predominaba en los representantes, en 1819.

---

[87] «Continuación del discurso del general Simón Bolívar al Congreso el día de su instalación». *Op. cit.*

[88] STRAUSS, L.: *Droit naturel et histoire.* Paris: Flammarion, 1986, págs. 224-225.

> Venezuela tan supersticiosa y ciega como España, y más despotizada que ella, ha sacudido y sacude aún el yugo con que la ha oprimido trescientos años su cruel y orgullosa Madrastra, no porque conociese el mayor número de los venezolanos su humillada servidumbre, sino por los esfuerzos de unos pocos más ilustrados y de algunos que, dotados por la naturaleza de espíritus fuertes, arrastraron con extraordinaria entereza el poder y la fuerza de las preocupaciones[89].

Sólo estos hombres eran considerados como ciudadanos que, con sus talentos, se ganaban la confianza de sus compatriotas. Por consiguiente, les tocaba enseñar la libertad dando «el ejemplo del respeto y la obediencia a las leyes...»[90] Al mismo tiempo, este papel de educador remitía a los vínculos de tipo paternal establecidos entre el gobierno y sus «vasallos» que no podían adquirir su independencia de acción sin antes salirse de la fase infantil que los caracterizaba. Adaptando este principio a los patriotas, en 1820 se decía que: «El patriota mira al pueblo como un padre a sus hijos engañados y capaces de errar por los impulsos de una pasión generosa o turbulenta; y él les impide que arengas populares los conduzcan hasta el exceso»[91].

La aprobación de la Constitución permitía, sin embargo, volver a colocar, una vez más, al pueblo en el primer plano del escenario político, pero sólo como principio abstracto y símbolo de la soberanía nacional. Permitía también su reconocimiento en nombre de las victorias logradas gracias al patriotismo de sus soldados. Esta posición era tanto más significativa porque quien la asumía con más vehemencia no era ni más ni menos que Fernando Peñalver, cuya firmeza ya habíamos constatado cuando exigía que el pueblo quedara apartado en tanto actor político, y cuya intervención durante estos debates sería tan virulenta como entonces. Pero este reconocimiento, que iba a la par con la proclamación del surgimiento de una «raza» nueva tras diez años de lucha contra los españoles, se produjo en el contexto de la celebración de la unión entre Venezuela y Nueva Granada, del nacimiento de la República de Colombia, que absorbía así todo parti-

---

[89] «Discurso del señor Peñalver en la discusión del Congreso sobre la naturaleza del Senado constitucional», *Correo del Orinoco,* n.° 34, 24 de julio de 1819.

[90] *Ibídem.*

[91] «Diferencia entre el demagogo y el patriota (continuación)», *Correo del Orinoco,* n.° 68, 24 de junio de 1820.

cularismo venezolano. El hombre nuevo, el ciudadano potencial era ante todo y desde entonces colombiano. Además, esta celebración del pueblo-ciudadano se hacía posible sólo gracias a las barreras constitucionales que ahora existían para impedir que el pueblo se inmiscuyera en el aparato político. Aquí, esta segunda Constitución venezolana producía una ruptura respecto de la de 1811 puesto que celebraba al pueblo soberano y, a la vez, enunciaba la exclusión del pueblo, ahora explícita, del pleno ejercicio de sus derechos políticos.

Capítulo 2

La Constitución de Angostura: puesta en práctica política de la experiencia militar

Los debates que tuvieron lugar en febrero de 1819, en el marco de la discusión del proyecto de Constitución presentado a los diputados por Bolívar en enero, ratificaron la voluntad de las élites de que sólo los hombres ilustrados participaran en la «construcción de la sociedad» y en su dirección política. Tanto en la forma constitucional adoptada como en las disposiciones aprobadas en materia de derecho electoral, era manifiesta la voluntad de apartar al pueblo real de la administración del país. Por lo demás, esta nueva etapa confirmaba la influencia de los militares en la sociedad y en las altas funciones políticas. Presencia que no dejaba de tener repercusiones en la concepción y la definición de la ciudadanía.

1. Instituciones y sociedad: una relación reexaminada

Aún antes de que se iniciara la discusión sobre la organización del país en una federación o según un modo centralizado de gobierno, lo que se examinó fue la naturaleza del poder como tal. ¿Cuál era la forma que éste debía tener en una sociedad conmocionada por varios años de guerra, poco al tanto de las prácticas políticas, y presa de divisiones? ¿Era posible mantener un sistema considerado como demasiado democrático para esa fragilidad y esa falta de preparación?

Tales son las interrogantes que encontramos en los discursos pronunciados en el Congreso durante este período pre-constitucional. La Constitución, piedra angular de una sociedad por reconstruirse, era entonces la oportunidad para una nueva reflexión en cuanto a su función verdadera, a la manera en que los poderes debían distribuirse y con qué modalidades. Enfin, los legisladores recurrían a los antecedentes en esta materia que pudieran guiarlos en sus decisiones. Más aún después de la desestructuración producida por la guerra a todos los niveles, la restauración constitucional permitía proyectar en el futuro la nación a la que aspiraban, y actuar para él. Pero como al mismo tiempo los habitantes carecían de la más elemental cultura política, convenía elaborar textos de leyes adecuados tanto a las instituciones como a la participación política de los ciudadanos. Acerca de las tareas que debían asumir los nuevos diputados, tomando en cuenta la situación de la sociedad al finalizar la guerra, Bolívar afirmaba: «Vuestras funciones [consisten en] la creación de un cuerpo político y, aún se podría decir, la creación de una sociedad entera, rodeada de todos los inconvenientes que presenta una situación la más singular y difícil...»[1]

Aquí encontramos de nuevo la argumentación que prevalecía desde 1810, pero sobre todo a partir de 1812 debido al inicio de las hostilidades, en cuanto a la situación de este país que las élites aspiraban elevar al rango de nación. Por ello, tanto para Bolívar como para ciertos políticos —sobre todo Fernando Peñalver[2]—, ya no se trataba de crear instituciones que obligaran a los individuos a deshacerse de las costumbres y los defectos heredados de la dominación española, sino más bien de respetárselo al máximo a fin de evitar los desbordamientos que surgirían de una incompatibilidad entre los principios y la realidad. Según ellos, convenía trabajar desde adentro para erradicar estas prácticas erróneas y nefastas, con el fin de dar a todos un papel, una función apropiada, en el devenir del país[3]. Por ello, la misión confiada a los diputados ya no era sólo política sino también social, puesto que les tocaba crear una nueva sociedad. Convenía entonces adaptar las instituciones y las leyes al estado de civilización del país, pues éste era el único procedimiento capaz de favorecer la adquisición no solamente de la emancipación sino sobre todo de la libertad civil, que era su complemento necesario e indispensable. En ese mismo discurso pronunciado durante la instalación del Congreso en enero de 1819, Bolívar señalaba la necesaria correlación entre ambos principios, poniéndolos como condición para la cohesión social:

> Los venezolanos aman la Patria pero no aman sus Leyes porque éstas han sido nocivas y eran la fuente del mal; tampoco han podido amar a sus Magistrados porque eran inícuos, y los nuevos apenas son conocidos en la carrera en que han entrado. Si no hay un respeto sagrado por la Patria, por las Leyes, y por las Autoridades, la sociedad es una confusión, un abismo...[4]

---

[1] «Discurso pronunciado por el general Simón Bolívar al Congreso General de Venezuela en el acto de su instalación», *Correo del Orinoco,* n.° 19, 20 de febrero de 1819.

[2] Además de su cargo de diputado, Peñalver formaba parte del triunvirato encargado del gobierno elegido en marzo de 1811. Sus discursos sobre la división de las provincias y la definición del mandato de los diputados en el seno de un congreso «nacional» no carecían ni de mordacidad ni de realismo.

[3] Esta proyección en el futuro se hacía presente sobre todo en las disposiciones electorales de 1818 y 1819, que fijaban límites en el tiempo para que todos accedieran a un conocimiento elemental.

[4] «Conclusión del discurso del general Simón Bolívar al Congreso el día de su instalación», *Correo del Orinoco,* n.° 22, 13 de marzo de 1819.

Así, las condiciones necesarias para la existencia de esta libertad civil no parecían cumplirse, puesto que no se había logrado la adhesión a las leyes, tal como lo requería el reglamento para la convocatoria del Congreso, publicado en 1818.

Nuestro propósito no es juzgar aquí lo bien fundado y la validez de un tipo de régimen en comparación con otro. Se trata más bien de descubrir, dentro de esas decisiones políticas y de la argumentación en la que se basaban, cómo los hombres que participaron más o menos directamente en el restablecimiento del proceso político trataban de hacer compatibles los principios políticos que deseaban mantener en el plano constitucional con la realidad social tal como la percibían y la aprehendían. Este movimiento dialéctico se expresó ante todo en el mantenimiento de una parte de la sociedad fuera del juego político. Las modificaciones constitucionales a las que se procedió aparecían entonces como el resultado de un compromiso más que como el fruto de convicciones ideológicas afirmadas, pues eran los acontecimientos los que dictaban las decisiones, o por lo menos los que influían en ellas. El diputado Isodoro Antonio López Méndez justificaba estas nuevas orientaciones refiriéndose a la necesaria adaptación de las instituciones al país al cual estaban destinadas. En su análisis del nuevo régimen propuesto por Bolívar en su proyecto de Constitución, quedaba claramente explicado que en estas adaptaciones los derechos del hombre figuraban en un primer lugar: «... en él, descubro y entreveo todos los ventajas de un gobierno duradero con el goze de los derechos del hombre en sociedad, modificados aun tanto para su misma conservación»[5].

a) La crítica del régimen federal de 1811

Aunque las críticas formuladas para apuntalar las propuestas constitucionales iban dirigidas ante todo contra la adopción de principios demasiado democráticos, lo que se sometía a revisión no era los capítulos sobre los derechos del hombre sino más bien la naturaleza misma del régimen anterior. La recuperación del control político se dio a partir de 1817 con la organización de un Consejo de Estado provisorio, el 30 de octubre de 1817 en Angostura, por iniciativa de Bolívar, y de un Consejo de Gobierno, el 5 de noviembre. Este restablecimiento de las autoridades civiles se basaba en el rechazo del federalismo que simbolizaba una experiencia política

---

[5] «Discurso del honorable diputado López Méndez en la discusión del Congreso sobre la naturaleza del Senado», *Correo del Orinoco,* n.° 36, 7 de agosto de 1819.

cercana pero ya rechazada, para provecho de un poder centralizado con facultades estables. No obstante, tanto los argumentos de los partidarios de un sistema federal como los de un poder centralizado se apoyaban en criterios que tenían que ver con los grados de civilización de la población. En ambos campos, estos argumentos demostraban la validez de las tesis sobre la cultura política de sus conciudadanos y su falta de práctica en cuanto al ejercicio de sus derechos políticos. Ahora bien, en una carta de febrero de 1812, Juan Germán Roscio se pronunciaba por su parte contra la permanencia de la Monarquía en Brasil y preconizaba, al contrario, una lógica de ruptura con el sistema anterior. Ni monarquía, ni centralismo, sino una federación, sin dejar de reconocer los riesgos que implicaba el tomar dicho camino:

> Unas pequeñas soberanías no son un obstáculo para conceder a los pueblos el mejor gobierno. Serán débiles en sus principios como lo son todas las obras humanas en este período [...]. Decir que las leyes deben ser acomodadas al genio, al clima y a los usos y costumbres de los pueblos, es decir una verdad fuera de caso, y no es aplicable a unas gentes que aspiran a su libertad e independencia absoluta, que han roto las primeras cadenas y proclamado sus derechos tanto tiempo usurpados; y que suspiran por una Constitución que acabe por perfeccionar la obra de su libertad, y la ponga a cubierto de nuevos usurpadores. Lo demás sería quitar tiranos y conservar tiranía[6].

Este análisis, que se hizo justo antes de que llegaran las tropas españolas, retomaba los términos del debate que se había suscitado con motivo de la redacción de la Constitución de 1811, durante el cual se planteó como alternativa la adaptación de las instituciones a las costumbres o la necesaria ruptura para «librar de ellas» a los pueblos, pues eran el legado de tres siglos de despotismo y, por ende, no eran adecuadas para llevarlos a abrazar la causa de la libertad. No obstante, pese a los temores en cuanto a la capacidad real del pueblo para participar en la edificación de esta nueva sociedad/este pueblo, como entidad abstracta, conservaba su poder de legitimación, y los políticos se expresaban en su nombre. Como la ruptura seguía siendo posible pues todavía no se había confrontado con la práctica política —y militar, en términos de defensa de la patria—, los políticos

---

[6] J. G. Roscio a D. González, Caracas, 15 de febrero de 1812. FBC/Archivos de la Gran Colombia.

podían permitirse plantear el rechazo a los tres siglos de dominación española y, a la vez, el retorno a una anterioridad indeterminada para ir a la reconquista de los derechos usurpados. Por ello, Juan Germán Roscio incluía las fortalezas y debilidades de esta empresa de ruptura en la marcha natural y universal de las empresas humanas, comparándolas muy oportunamente con las de la naturaleza.

Pero, con el inicio de la guerra y la toma de conciencia acerca de la extrema fragilidad del apoyo popular, prevaleció la imperiosa necesidad, para restaurar el proceso constitucional, de canalizar las fuerzas centrípetas y desintegradoras que, frente al peligro, se habían ubicado bajo la bandera realista. A partir de entonces se agudizó la crítica al federalismo y, en enero de 1819, cuando se abrieron las sesiones del Congreso, con muchos diputados participantes en el de 1811, la adopción de un sistema centralizado —incluso monárquico— no generó oposición, a no ser acerca de la forma. Ciertamente, si bien las motivaciones eran sobre todo de índole defensiva y obedecían a un afán de eficacia militar, lo cierto es que la tesis de Juan Germán Roscio de 1812 quedó totalmente invertida. En las fuentes de las que disponemos, sólo Cristóbal Mendoza defendió una opinión contraria a las de Fernando Peñalver e Isodoro Antonio López Méndez, en una serie de cartas publicadas en 1819, en las cuales adoptaba una actitud más comedida y seguía preconizando para el país el sistema republicano:

> La extensión del territorio era un gran obstáculo a la permanencia de las Repúblicas de la antigüedad; pero el nuevo descubrimiento del sistema representativo ha disminuido infinito, si no ha removido enteramente este obstáculo. La distancia en que la América se halla de las otras partes del mundo que pudieran conspirar a sofocar sus Repúblicas, es otra razón particular que excluye las opiniones de los políticos del otro continente. Cuando leas a Maquiavelo, ten siempre presente que escribió en Italia, cuyas Repúblicas estaban rodeadas de Monarquías colosales y que el mismo Maquiavelo no conoció el sistema representativo[7].

Siempre acerca de la viabilidad de las Repúblicas, en el mismo período Fernando Peñalver, criticado (sin ser nombrado) por Cristóbal Mendoza en

[7] Mendoza, C.: «Cartas de un patriota», en Blanco, J. F. y Azpúrua, R.: *Documentos para la historia de la vida pública del Libertador.* Caracas: impr. de «la Opinion nacional», 1876 (reimpr. Caracas, 1978), tomo IV, «Carta segunda», pág. 123.

sus cartas, declaraba que: «A una República indivisible y de un territorio tan vasto y tan desplomado como el de Venezuela, y en donde son pocos los ciudadanos que saben leer, no puede convenirles, mientras exista en este estado, sino una forma de gobierno tan vigoroso como la de una Monarquía»[8].

Podemos observar que en estas dos posiciones enfrentadas operaba la misma lógica, el imperativo de un término medio entre los dos estados extremos que siempre amenazan a las sociedades: la anarquía que surge cuando individuos que no están preparados para ello adquieren el derecho a regirse por sí mismos, lo que Rousseau llamaba «la más austera democracia»[9]; y el poder despótico de un sólo hombre. El debate sobre la forma que había que dar a la maquinaria del poder se articulaba totalmente en torno a esta problemática. Se trataba de intentar una síntesis entre el principio monárquico que, al dejar el poder bajo la responsabilidad de uno sólo, garantizaba el orden social, y el mantenimiento de una ficción democrática, que asumía la perennidad de los derechos inalienables del hombre. Fue en el marco de estas reflexiones que se publicó la primera Ley Fundamental de la República de Colombia. Elaborada durante las sesiones del Congreso de Angostura, quedó refrendada el 17 de diciembre de 1819[10] y ratificada por la Ley Fundamental de la Unión de los Pueblos de Colombia, el 12 de julio de 1821. Esta primera ley selló oficialmente la unión de Venezuela y Nueva Granada, y anunció la formación constitucional de Colombia, que se dio en 1821[11] con la Constitución de Cúcuta.

Esta Ley Fundamental consagraba la muerte del federalismo como término medie entre la monarquía/poder central y la anarquía. Durante la sesión extraordinaria del 17 de diciembre de 1819, Bolívar presentó ese nuevo texto y precisó: «[Doy] gracias al Todopoderoso de que los Pueblos comenzasen enfin a reconocer la necesidad y el precio de su reunión en grandes masas, conforme a su situación y relaciones naturales, deponien-

---

[8] «Discurso del señor Peñalver en la discusión del Congreso sobre la naturaleza del Senado constitucional», *Correo del Orinoco,* n.° 34, 24 de julio de 1819.

[9] Utiliza esta expresión en una carta dirigida a Mirabeau (padre) el 26 de julio de 1767 en *Correspondance générale.* Paris: 1932, tomo XVII, pág. 157. Citado por Furet, F.: *Penser la Révolution Française.* Paris: Gallimard, 1978, pág. 51.

[10] «Ley Fundamental de la República de Colombia, 17 de diciembre de 1819», en *Constituciones de Venezuela. Op. cit.*, pág. 269-270.

[11] «Ley Fundamental de la Unión de los Pueblos de Colombia, Congreso de Cúcuta, 12 de julio de 1821», en *Constituciones de Venezuela. Op. cit.*, pág. 271-272.

do ese pequeño y funesto espíritu de provincia, desorganizador de toda sociedad»[12].

A esta entidad más grande, la futura Colombia, se le aplicaban ahora los mismos términos y, por ende, las mismas justificaciones en cuanto a la decisión de fundar una gran república dotada de poderes fuertes y centralizados. Y Francisco Antonio Zea iba más allá en ese proceso de legitimación, haciendo de la nueva República un producto de la voluntad de los pueblos que la conformaban, aunque toda la lógica aplicada para su elaboración se fundamentaba, precisamente, en la incapacidad de esos mismos pueblos para asumir su destino.

> La sanción de la Ley, verificada del modo más auténtico y solemne por una aclamación universal que acredite la unanimidad de principios y de sentimientos, es el sólo paso que necesitais para entrar en el Mundo político. Las Naciones existen de hecho y se reconocen, digámoslo así, por su volumen, designando por esta voz el conjunto de territorio, población y recurso. Voluntad bien manifiesta y un volumen considerable son los dos únicos títulos que se pueden exigir de un *Pueblo nuevo* para ser admitido a la gran sociedad de las Naciones[13].

Esta definición de Colombia se basaba en una concepción «liberal» de la nación, en virtud de la cual ésta «debía ser lo suficientemente extendida para formar una unidad de desarrollo viable. Si caía por debajo de cierto umbral, ya no tenía justificación histórica»[14]. No obstante, si bien los hombres en el poder conferían así a la nueva República un agregado de legitimidad, este proceso no hacía sino desplazar el debate hacia el tema de la adaptación de las instituciones a los países a los que estaban destinadas, sin resolverlo. Efectivamente, ¿cómo considerar de manera positiva la reunión de pueblos cuyos dirigentes afirmaban el carácter natural de los vínculos que los unían, siendo que dicho carácter, cuando se trataba de Venezuela, era denigrado como una supervivencia del despotismo? Además, lo remoto de la sede del poder no podía sino contribuir a aumentar la indiferencia del pueblo hacia

---

[12] «Sesión extraordinaria del 17 de diciembre», *Correo del Orinoco,* n.° 47, 18 de diciembre de 1819.

[13] «F. A. Zea, Manifiesto: ¡Pueblos de Colombia!, 13 de enero de 1820», *Correo del Orinoco,* n.° 50, 29 de enero de 1820. La cursiva es nuestra.

[14] HOBSBAWN, E.: *Nations et nationalismes depuis 1870. Programme, mythe, réalité.* Paris: Gallimard, 1992, pág. 45.

los asuntos públicos y hacia la libertad civil definida como la obediencia a las leyes y, por ende, como muro de contención contra la anarquía hacia la que llevaba la degradación de sus usos y costumbres. Tanto más cuando una de las condiciones de la viabilidad de las naciones dependía también de la facilidad de comunicaciones, lo cual, para la fecha, distaba de ser el caso de Venezuela y más aún de Colombia. ¿No era acaso lo que esos mismos hombres le reprochaban a la Monarquía española, alejada de América y separada de sus vasallos por un océano de desprecio; y también a Caracas, capital abstracta y de poca ayuda para los habitantes de los pueblos del interior y las demás provincias, haciendo así imposible una buena administración y, por ende, una comunicación satisfactoria, en términos de confianza recíproca, con la sociedad en su conjunto? Ahora bien, eran esas relaciones de confianza las que estructuraban esa sociedad tradicional, más dispuesta a ser fiel a quien para ella representaba la autoridad que a un poder remoto y desconocido. Al fin y al cabo, semejante relación con la autoridad era característica de este tipo de sociedad en la cual, según los clásicos, sólo puede obtenerse el orden (y, por ende, la felicidad y la plenitud de sus miembros) cuando está cimentada por la confianza mutua, confianza que reina tanto más si los individuos se conocen. Al respecto, el análisis de L. Strauss acerca de los pensadores clásicos es sumamente esclarecedor en cuanto a la cuestión planteada por el debate suscitado durante esta sesión constitucional de 1819. Efectivamente, indica que para los clásicos «sin ella [la confianza], no puede haber libertad, pues frente a esta sociedad civil, ciudad o federaciones de ciudades, sólo eran posibles dos otras soluciones: el imperio despótico, preferiblemente encarnado en la persona de un jefe divinizado, o un estado cercano a la anarquía»[15]. Entonces, y sobre todo cuando la sociedad era frágil, los estados de pequeña dimensión podían responder a esta exigencia. Sin embargo, y al contrario, lo que se produjo con la reforma constitucional fue un proceso de alejamiento, al acabar con el federalismo y reemplazarlo por un sistema centralizado de gobierno. Así, la República fue declarada «una e indivisible»[16], y el Congreso tuvo como objetivo proceder a la uniformización de la moneda y de los pesos y medidas en todo el territorio[17]. Además, esas reformas se llevaban a cabo en plena guerra, y los debates en el Congreso se vieron perturbados por una nueva ofensiva de las

---

[15] STRAUSS, L.: *Droit naturel et histoire. Op. cit.,* pág. 124.

[16] «Constitución de 1819, título 2, sección la, art. 1». *Op. cit.*, pág. 249.

[17] «Constitución de 1819, título 6, sección 2 a, art. 4 y 5». *Op. cit.*, pág. 254.

tropas españolas en el frente oriental, en agosto y septiembre de 1819, planteando de nuevo —y esta vez de manera concreta— el problema del control —militar— de las tropas y de sus jefes. A través de esta situación de crisis surgida en medio de los debates, se hacía patente el carácter casi inevitable de la alternativa estado de derecho/estado de hecho. La reacción de ciertos diputados y las soluciones que proponían para paliar las deserciones, las traiciones y la desorganización de las tropas, lo demuestran claramente. Así fue cuando, el 7 de septiembre, el diputado Domingo Alzurú se dirigió al Congreso: «... muchas medidas podrían tomarse a su logro [de la defensa contra el enemigo] pero [...] desgraciadamente a todas se presentaba inconveniente, no siendo efecto sino la falta de hombre de recursos en los casos más apurados, que estuviese a la cabeza del gobierno...»[18]

Ante el peligro con el que se hallaba confrontada la República, un diputado propuso incluso una nueva magistratura dotada de facultades extraordinarias similares a las de los dictadores romanos[19]. Ahora bien, esta hipótesis no fue adoptada precisamente porque ponía en tela de juicio la naturaleza republicana del gobierno. En este sentido, Tomás Montilla, apoyado por Diego Bautista Urbaneja, respondió oponiéndose vehementemente al proyecto. El secretario del Congreso registró sus palabras de la manera siguiente: «... dijo el señor Montilla que no era de los de la opinión de quienes querían el mando dictatorial, y que hablar de dictador y ley marcial era destruir la República...»[20].

Por añadidura, era como república que el país disfrutaba de «una gran consideración en Europa»[21]. Y este visto bueno no era de poca monta a la hora en que las necesidades de pertrechos y medios financieros obligaban a los legisladores a recurrir con apremio al viejo continente. Efectivamente, pese a esas críticas, seguían afirmando que el sistema republicano, y además bajo forma federal, era el medio más justo de gobernar. Pero, precisamente debido a la libertad que éste otorgaba tanto a los individuos como a quienes estaban encargados de gobernarlos, no podía adoptarse mientras la población no alcanzara no sólo un cierto grado de civilización sino también un hábito de la práctica política y de la libertad. La división de las Repúblicas en federaciones representaba incluso, para Fernando Peñalver, el sistema polí-

---

[18] «Acta 157 del 7 de septiembre de 1819», en *Actas del Congreso de Angostura.* Bogotá: 1988, pág. 200.

[19] Propuesta de Ramón García Cádiz durante esa misma sesión.

[20] «Acta 159 del 8 de septiembre de 1819». *Op. cit.*, pág. 203.

[21] «Acta 157». *Op. cit.,* pág. 201.

tico más cabal en el sentido en que aliaba la autonomía interna de los Estados y la defensa frente al exterior, mediante la confederación. Pero de inmediato agregaba: «Repúblicas tan perfectas no son propias para pueblos que están en la infancia de la libertad, empapados de los vicios de la esclavitud y sin las costumbres, la virtudes y la civilización que ellas exigen»[22].

Y, en nombre del realismo, Fernando Peñalver apoyado en esto por Isodoro Antonio López Méndez, justificaba la adopción, temporal, de una Constitución con la que se estableciera un Poder Legislativo ciertamente representativo, pero apartado, resguardado del pueblo y de sus pasiones que tanto se temían. En este punto, la convicción de Fernando Peñalver era tajante:

> Bien pueden ser ilusiones y sueños mis ideas políticas con respeto a Venezuela, bien pueden ser exagerados mis conceptos sobre el estado de ilustración del mayor número de los venezolanos y de su indiferencia por la libertad; pero mi conciencia no me los sugiere como tales; son realidades en su dictamen. Así me los han persuadido mis meditaciones sobre el estado moral de mis conciudadanos[23].

Justificando sus opciones para una búsqueda del mejor régimen posible, independientemente del nombre que pudiera dársele, los legisladores podían entonces conciliar su apego al principio republicano con la necesaria instauración de instituciones que, a primera vista, lo negaban puesto que no eran propiamente representativas. Una vez más, a ejemplo de la doctrina clásica del derecho natural, la prudencia debía predominar sobre el consentimiento. Y la instauración de un Senado perpetuo confirmaba el papel primordial reconocido a esos sabios encargados de velar sobre la justicia de las leyes y su cumplimiento por parte de los ciudadanos. Inglaterra representaba entonces el modelo más acabado de ese régimen mixto tal como lo habían pensado los clásicos que «imaginaron y recomendaron diferentes instituciones para favorecer el gobierno de los mejores. La más duradera de esas sugerencias fue probablemente la de un régimen mixto en el que se mezclaran monarquía, aristocracia y democracia. La aristocracia —la autoridad senatorial— ocupaba en él la posición intermedia, es decir:

---

[22] «Discurso del señor Peñalver en la discusión del Congreso sobre la naturaleza del Senado constitucional», *Correo del Orinoco,* n.° 34, 24 de julio de 1819.

[23] *Ibídem.*

la posición clave»[24]. Bolívar insistía muy particularmente en la distinción entre principio y régimen republicano, refiriéndose precisamente al ejemplo inglés, digno de reflexión pero no de imitación servil. «Quando hablo del Gobierno Británico sólo me refiero a lo que tiene de republicano, y a la verdad: ¿puede llamarse Monarquía un sistema en el qual se reconoce la soberanía popular, la división y el equilibrio de los poderes, la libertad civil, de conciencia, de imprenta, y quando es sublime en la política?»[25]

Por su parte, Fernando Peñalver consideraba que recurrir con demasiada frecuencia a las elecciones sería el peor de los males al que podía quedar expuesto el país, tanto debido a los riesgos de desbordamiento que éstas pudieran suscitar entre los ciudadanos, como a la carencia de hombres suficientemente esclarecidos para asumir funciones de diputado. Como sólo el tiempo y la educación permitirían paliar esas dificultades, sugería que la renovación de la Cámara se efectuara sólo cada siete años y ya no cada cuatro años[26]. Para ello, además de esta cámara elegida para siete años, proponía un Poder Ejecutivo vitalicio y un Senado con cargos perpetuos. Las ventajas que veía en la adopción de tales instituciones eran dobles. El Senado tendría una mayor independencia respecto del Ejecutivo, ya que sus miembros serían elegidos inicialmente por los representantes y un número equivalente de notables. En cuanto a los cargos vacantes y adicionales, la Cámara y el Senado asumirían esta responsabilidad. La segunda ventaja tenía que ver con el Ejecutivo, que sería elegido originalmente por el pueblo, la Cámara y el Senado. Siempre según Fernando Peñalver, este procedimiento «evitaría las freqüentes elecciones de una Magistratura, que tiene tantos atractivos para los ambiciosos y que, por la falta de civilización y la diseminación en que está la población, será muy dificil reunir la opinión en favor de un individuo, y muy fácil los intrigantes turbar la tranquilidad del Estado, tantas veces como freqüentes sean las elecciones»[27].

---

[24] STRAUSS, L.: *Droit naturel et histoire. Op. cit.*, pág. 133. El paralelo con las soluciones aportadas por los legisladores es muy significativo, pues acerca de esta aristocracia L. Strauss precisa que ella se distinguía por ser de origen terrateniente, pero además por su manera de vivir urbana que hacía que, en cuanto a sus referencias y valores, se confundía con el patriciado.

[25] «Continuación del discurso del general Simón Bolívar al Congreso el día de su instalación», *Correo del Orinoco,* n.° 20, 27 de febrero de 1819.

[26] Pese a esta sugerencia, la Constitución mantuvo la renovación cada cuatro años.

[27] «Discurso del señor Peñalver en la discusión del Congreso sobre la naturaleza del Senado constitucional». *Op. cit.*

Aunque admitía lo bien fundado de las objeciones en cuanto a la posible desviación que convertiría los cargos perpetuos en cargos hereditarios, consideraba esto como un mal menor porque sólo esa medida era capaz de disminuir la frecuencia de las elecciones, manteniendo al mismo tiempo la fidelidad a los principios republicanos.

> ... señalando la Constitución de Venezuela cuatro años de duración al Primer Magistrado, será débil, incapaz de detener la anarquía de que serían causas las frecuentes elecciones, de las que padecerían disturbios que impedirían la consolidación del gobierno y su permanencia, y de aquí la necesidad del poder absoluto para restablecer la armonía y la paz, y sería menos malo correr el riesgo de caer en una Monarquía moderada y constitucional que en el poder arbitrario de uno sólo que, después de la anarquía, es el peor de los males[28].

Isodoro Antonio López Méndez era el único que defendía el principio de los cargos hereditarios para los senadores, considerando que no eran en absoluto sinónimo de privilegios inicuos para quienes los detentaran. Al contrario, insistía en que este sistema ofrecía la posibilidad de conciliar los derechos del hombre con los de la sociedad. Efectivamente, al renunciar parcialmente a los primeros, la sociedad resultaba más apta para conservar los otros gracias a la estabilidad y la permanencia que se lograría con la instauración de un Senado hereditario y perpetuo. Por lo tanto, Luis López Méndez veía en ese proyecto el único medio de paliar los dos peligros que acechaban a toda república y la caracterizaban pese a las cualidades que le eran propias, a saber: «Desenfreno y licencia de parte del pueblo que se ha constituido según sus maximas y miras ambiciosas de parte del que lleva las riendas del gobierno»[29]. Estimando que las repúblicas evolucionaban según un ciclo ternario, esos dos peligros se ubicaban al principio y al final de su existencia, cuando eran muy jóvenes para contener sus pasiones, y cuando la costumbre hacia que sus miembros estuvieran menos vigilantes, autorizando así tácitamente la instalación de algún tirano. Con el fin de evitar estas dos peligrosas situaciones que son la anarquía y el despotismo, Luis López Méndez también aconsejaba con-

---

[28] *Ibídem.*

[29] «Continuación del discurso del señor Méndez sobre la naturaleza del Senado constitucional», *Correo del Orinoco,* n.° 37, 21 de agosto de 1819.

ferir a un Senado fuerte y perpetuo una función contemporizadora, en el marco de una Constitución rigurosa[30].

Así, rechazaba las críticas formuladas contra un Senado de este tipo, y preveía un mecanismo paralelo de designación que garantizara el reconocimiento del mérito, la virtud y el talento. Este mecanismo intervendría, por una parte, al ajustar el número de senadores al de los diputados, y por otra parte, al designar el descendiente del senador fallecido. En ambos casos, las personas merecedoras podrían ser recompensadas con estas designaciones, independientemente de la filiación natural practicada en otras instancias: «... el proyecto no propone que se siga ciegamente el orden natural de las sucesiones, de suerte que esta dignidad sea rigurosamente hereditaria»[31].

Con la misma intención, Luis López Méndez sugería la instalación de un sistema de educación especial para los hijos de senadores, a fin de capacitarlos para las funciones que estaban llamados a ejercer.

Pero los principios de organización y delegación de los poderes adoptados en el texto constitucional de 1819 no tomaron en cuenta todas las proposiciones radicales emitidas durante los debates. Por una parte, una Cámara de Representantes elegidos cada cuatro años; por otra parte, poderes inamovibles o que podían considerarse como tales (Senado vitalicio); tales eran las principales disposiciones adoptadas en la Constitución de 1819. Los senadores, cuyo número debía ser equivalente al de los diputados, eran elegidos por el Congreso entre «los ciudadanos más honestos de la República»[32]; asimismo:

> Cuando un senador muere o es destituido, la cámara de Representantes elige con pluralidad de votos tres candidatos entre los ciudadanos más beneméritos por sus servicios a la República, por su sabiduría y virtudes, y los presenta al Senado. El Senado escoge unos entre estos tres candidatos, y quedará legítimamente nombrado el que haya obtenido la mayoría...[33]

Pero lo cierto es que los debates, así como este texto constitucional, revelaban ambos la voluntad de los representantes de asegurar una gran estabilidad a las instituciones. Prueba de ello: la propuesta de espaciar los pla-

---

[30] *Ibídem.*

[31] *Ibídem.*

[32] «Constitución de 1819, Título 6. Sección 3a. Art. 3». *Op. cit.*, pág. 254.

[33] *Ibídem,* art. 4, pág. 254.

zos electorales al máximo; y también, el hecho de pensar en otorgar a los senadores cargos hereditarios podía ser considerado como un medio indirecto de asegurar la permanencia de la élite criolla en el poder.

b) ¿Cuál modelo político?

Toda la argumentación que buscaba así legitimar la instauración de un régimen fuerte, en el cual se redujera fuertemente el aspecto representativo, encontraba su justificación en la necesidad de adoptar instituciones apropiadas «a la naturaleza y al carácter de la nación»[34].

Bolívar insistía en que debía elaborarse «un código de leyes venezolano»[35]. Aquí volvemos a encontrar el deseo expresado por Fernando Peñalver de hacer un balance previo para conocer el estado moral de los venezolanos y legislar en consecuencia. La afirmación de tal especificidad, por lo demás negativa, resultaba paradójica en un período en que el objetivo a mediano plazo seguía siendo la unión de Venezuela y Nueva Granada a fin de crear la República de Colombia. Sin embargo, el rechazo a imitar «servilmente» —tal como fue varias veces señalado— las instituciones de países tales como Suiza, Holanda y Estados Unidos, en nombre de la particular situación de Venezuela, no introducía una actitud positiva de afirmación de una conciencia nacional por preservar. Contrariamente a los que señala François Furet acerca del contenido de los folletos pre-revolucionarios, observamos aquí una denigración del pasado, considerado como nefasto en términos de civilización y tradiciones, y la utilización de ejemplos extranjeros como una invitación a seguir adelante. Se afirmaba que era imposible aplicar esos modelos, pero no porque el país tuviera unas tradiciones y una identidad que había que preservar, ni mucho menos. Por consiguiente, inspirarse en esos modelos sólo podía llevar a la anarquía y no a la libertad esperada. Mecanismo considerado, por lo demás, como una característica de los pueblos que no estaban acostumbrados a practicar esta libertad. No obstante, a diferencia del caso francés, estas referencias a modelos históricos y/o extranjeros eran frecuentes. Si bien se consideraba, a ejemplo de los franceses, que «las instituciones inglesas, suizas u holandesas son inaplicables [...], tomando en cuenta los particularismos de los países (dimensión de la población, extensión del territorio)»[36], en cambio el esquema difería en cuanto se

---

[34] «Continuación del discurso del general Simón Bolívar al Congreso el día de su instalación». *Op. cit.*

[35] *Ibídem.*

[36] Furet, F.: *Penser la Révolution française. Op. cit.*, págs. 53-54.

abordaba el capítulo de las tradiciones, pues era también en nombre de las tradiciones particulares que los textos pre-revolucionarios franceses rechazaban la imitación. Esta fractura ponía en evidencia la dificultad de las élites venezolanas para concebir la nación como «un conjunto homogéneo y unánime de ciudadanos que han recuperado sus derechos»[37], y ello a pesar de las declaraciones principistas que apuntaban a legitimar las decisiones tomadas.

Existía ciertamente una nación mítica que remitía a un período indeterminado anterior a la colonización, y permitía precisamente asentar esta legitimidad y proseguir la lucha contra los españoles en nombre de la reconquista de aquellos derechos perdidos en el origen de las «sociedades». Pero no existía memoria, conciencia colectiva de ese mito. La definición de Fernando Peñalver de una buena Constitución para Venezuela revelaba ese hiato. Además, ilustraba la diferencia con Francia en cuanto a las relaciones mantenidas con los modelos extranjeros. Francia declaraba que no los necesitaba, mientras que Venezuela deseaba igualarlos pero esto sólo podía considerarlo en un futuro indeterminado. Esa definición es fundamental para entender la aprehensión de la entidad nacional que existía en el momento en que —no lo desestímenos— seguía en pie el proyecto de fusión de esa entidad en una mayor (la República de Colombia); tras recordar que la libertad no puede existir efectivamente sino en un régimen de igualdad republicana, a ejemplo de los Estados Unidos, agregaba:

> ... pero quisiera que Venezuela tuviese su Constitución propia, y no copiada de las de otros países que en nada se le parecen, y que sus leyes fuesen calculadas sobre el genio y carácter de sus habitantes; sobre las impresiones que dexaron en ellos los vicios del gobierno español; sobre las que han recibido de la revolución[38], sobre la influencia de la Religión; sobre la fuerza de la superstición y las preocupaciones; sobre la libertad que se ha

---

[37] *Ibídem,* pág. 53.

[38] Esta mención sugiere de por sí un logro que era reciente, fruto de la acción emprendida por los patriotas desde 1810, pero en otra parte afirmaba con un sentido ambiguo: «El termómetro de la libertad son la civilización y las costumbres; al paso que se mejoran éstas y se adelanta aquélla, la libertad progresa en la misma razón. Empeñarse en gobernar una nación con principios que no convienen a sus costumbres, a sus luces, y que no podrían convenirle antes de que pasaran muchos años, es querer exponer la República a la confusión y la anarquía». «Discurso del señor Peñalver en la discusión del Congreso sobre la naturaleza del Senado constitucional». *Op. cit.*

> dado a los esclavos; sobre el influjo de ciertas personas; sobre el poder que han adquirido otras; y *principalmente* sobre las costumbres y las inclinaciones de su heterogénea población, el atrasado estado de su civilización, y la grande extensión de su despoblado territorio[39].

Semejante enfoque basado en una enumeración tan larga y detallada, revelaba mucho más una indispensable adaptación a los acontecimientos y al contexto que una verdadera filosofía política. Por consiguiente, lo que había que poner en duda no era tanto un cierto realismo sino más bien la inadaptación de las medidas propuestas o puestas en prácticas para paliar esos impedimentos tantas veces denunciados, tal como la adopción de un sistema de gobierno fuertemente centralizado, acarreando una supresión de los poderes intermedios que sólo podía crear un vacío tanto institucional como de identidad. Efectivamente, esos circuitos de poder en los que eran importantes los vínculos personales, permitían crear intermediarios durante ese período de cambios políticos que, tras la declaración de independencia y sobre todo tras la ruptura con el sistema monárquico, convertía la cabeza del cuerpo político en algo abstracto. Por lo demás, no por negar el papel político de esas instituciones provinciales dejaban éstas de existir realmente. Las élites que encabezaban las ciudades o los pueblos, y más aún los jefes militares —muchos de los cuales habían impuesto su autoridad en parte del territorio—, se mantenían. Pero unas y otros escapaban entonces al poder legal, ahora centralizado, aumentando así el peligro de que surgieran poderes personales a nivel local, con los riesgos de manipulación de la población, tan denunciados y temidos por las élites políticas.

Sin embargo, un diputado, José María Vergara, propuso un término medio entre el federalismo y la adopción de un sistema de gobierno centralizado que tomara en cuenta esta necesidad de intermediación entre la población y el gobierno. El hecho de que se otorgara, dentro de este dispositivo provisorio, un papel preponderante a los jefes militares no dejaba de denotar, aquí también, cierto pragmatismo en el análisis de la situación. Así, tras haber admitido el carácter prematuro del tipo de Constitución adoptado en 1811, José María Vergara sugería establecer un reglamento provisional de gobierno previo a la reorganización constitucional de Venezuela y su reunión ulterior con Nueva Granada. Tal disposición permitiría no sólo aguardar a que todas las provincias quedaran liberadas y así

---

[39] *Ibídem*. La cursiva es nuestra.

lograr que todos los pueblos estuvieran representados en el Congreso, sino también disponer del tiempo necesario para informar acerca del contenido del texto constitucional. Además de dicho reglamento, este diputado propuso conferir a los jefes militares poderes especiales hasta la reunión de los representantes de todas las provincias:

> Es menester que a los jefes destinados al mando de las tropas que deben libertar a los territorios ocupados por el enemigo, se les prescriba la conducta política, fraternal y generosa con que tanto ellos como sus oficiales y tropas deben conducirse con sus hermanos libertados, y que repongan provisionalmente los gobiernos provinciales[40].

Al margen de esta sugerencia aislada, en los textos y discursos que jalonaban los preparativos de la Constitución nunca se mencionaba los medios concretos que había que poner en práctica para que esta población adquiriera la civilización, las costumbres, la virtud, enfin todo ese conocimiento que se le exigía a fin de «merecer» instituciones liberales y la instauración del régimen más perfecto. Efectivamente, durante los debates igual que en los textos, fueron muy escasas las referencias que tenían que ver con la educación. Se hicieron propuestas, ciertamente, pero eran como deseos piadosos y, debido a las circunstancias, fueron consideradas como inaplicables, al igual que la liberalización de las instituciones[41]. Así, el 2 de abril de 1819, el diputado Cristóbal Mendoza propuso que «fundándose en varias razones de conveniencia a la utilidad pública, que se establezca aqui (en Angostura) cuanto antes una escuela de primeras letras para la instrucción de los niños[42]». Durante esa misma sesión obtuvo oficialmente el res-

---

[40] «Discurso del señor Vergara en el Congreso, 12 de julio de 1819», *Correo del Orinoco,* n.° 34, 24 de julio de 1819.

[41] De hecho, las preocupaciones de los representantes elegidos eran de muy distinta índole: ante todo políticas, pero más aún militares y económicas. En las sesiones se discutía a menudo sobre los problemas materiales que tenían los diputados en sus provincias, sobre todo individualmente. Muchos solicitaban autorizaciones para ausentarse por causas financieras: se veían obligados a regresar a casa porque no podían mantenerse en Angostura por falta de fondos. Por ello, más de uno sugirió que se les otorgara alguna indemnización. Estas solicitudes eran tan numerosas que el Congreso votó un decreto que rebajó aún más el quórum necesario para abrir las sesiones. Finalmente, durante agosto y septiembre de 1819 las ofensivas españolas agudizaron las dificultades, obligando a numerosos diputados a regresar a sus mandos militares.

[42] «Acta 149 del 2 de abril de 1819», en *Actas del Congreso de Angostura. Op. cit.*, pág. 50.

tablecimiento de la escuela que existía en Angostura. Pero además de que no se trataba de un proyecto global de educación pública, la decisión no se aplicó. El 22 de julio, Ramón García Cádiz así se lo señaló a la asamblea y, al mismo tiempo y por primera vez, solicitó un proyecto de educación. Pero los términos que utilizó entonces resultaban significativos, pues el secretario de la sesión anotó lo siguiente: «... pidió que se hable en la Constitución de la instrucción pública. Apoyaron los señores Basalo y Guevara, y se acordó que quedase anotado en las observaciones este punto interesante a la salud de la patria»[43].

El único proyecto que dedicaba un lugar importante a este tema, el Poder Moral propuesto por Bolívar, no figuraba como tal en la Constitución debido no solamente a la oposición de ciertos diputados, que veían en su principio una forma de inquisición moral, sino también a que fue juzgado como imposible de realizar por causa de las circunstancias y de su carácter prematuro. Ahora bien, una de las Cámaras de este areópago estaba dedicada a la educación. Efectivamente, el decreto que al respecto figuraba al final de la Constitución estipulaba que: «Prevaleció después de largos debates el parecer de que, en la infancia de nuestra política y tratándose de objetos tan interesantes al Estado y aún a la humanidad, no debíamos fiarnos de nuestras teorías y raciocinios en pro ni en contra del proyecto»[44].

Encontramos el mismo esquema respecto a la liberación de los esclavos y la educación que sería necesario darles, pero los plazos pautados para la aplicación de esas medidas siempre eran sumamente imprecisos, así como la adquisición misma de ese conocimiento. Al parecer, también aquí habría de llegar un tiempo en el que estas nuevas prácticas y exigencias ya penetraran en la sociedad, la cual quedaría así preparada para un régimen más liberal. En este sentido, de nuevo Fernando Peñalver observaba: «A paso que el orden se vaya restableciendo, que las luces se vayan propagando, y las costumbres mejorándose, las instrucciones podrán también irse haciendo más liberales»[45].

Desde luego, en la continuación de su ponencia Fernando Peñalver estableció una planificación de esta liberalización pero, una vez más, sin enunciar los medios concretos para lograrlo. Así, aunque convino el tiem-

---

[43] «Acta 124 del 22 de julio de 1819». *Op. cit.*, pág. 132.

[44] «Constitución de 1819, Apéndice a la Constitución relativo al Poder Moral». *Op. cit.*, pág. 263.

[45] «Discurso del señor Peñalver en la discusión del Congreso sobre la naturaleza del Senado constitucional». *Op. cit.*

po necesario para esta propagación de las luces y de las costumbres civilizadas, estableció su cálculo a escala de la vida de los primeros magistrados, cuyo cargo era perpetuo. Al cabo de esta primera etapa, habría que hacer entonces un balance de los progresos logrados y juzgar si sería posible recortar la duración de los mandatos y restablecer un Poder Ejecutivo elegido. En ese caso, el sucesor del primer magistrado, tras el fallecimiento de éste, sería elegido por diez años y, al término de esta segunda etapa, se haría un nuevo balance que Fernando Peñalver describía así:

> Si al terminar los diez años, la experiencia indicase la conveniencia de acertar más el tiempo, se fixará entonces por otra nueva convención, formada del mismo modo que la anterior, el término que tienen en el Norte el presidente y los senadores, a cuya Constitución deseamos acercar la nuestra en lo posible, pero lenta y progresivamente[46].

La única crítica explícita contra las proposiciones de Fernando Peñalver e Isodoro Antonio López Méndez de la que disponemos fue emitida por Cristóbal Mendoza, que no era diputado del Congreso de Angostura. Desarrolló su controversia en una serie de cinco cartas anónimas firmadas por «Un patriota», publicadas en el muy oficial *Correo del Orinoco* en 1819. Él también se basaba en los conceptos de civilización, anarquía, costumbres y virtudes para afirmar que de ninguna manera se podía acusar al pueblo venezolano de ser incapaz de vivir en un régimen liberal, y hasta de gobernarse por sí mismo. Prueba de ello, según Cristóbal Mendoza, es que a pesar de la invasión española sus dirigentes intentaron por todos los medios asegurar el mantenimiento de la República. Pero —cosa que nos parece aún más significativa— no se conformaba con considerar al pueblo como una totalidad. Aunque presentaba la existencia de la Constitución como «la prueba de la voluntad y la capacidad del pueblo para establecer una República»[47], previamente precisaba lo que él entendía con este término: «... los partidarios de las luces, si deben llamarse así los que niegan el sistema republicano a la América, parece que requieren que una República para ser bien constituida se componga enteramente de Filósofos, Matemáticos, Políticos etc., etc. Yo creo bastante que el Pueblo en general sabe lo que le conviene...»[48]

---

[46] *Ibídem.*

[47] MENDOZA, C.: «Cartas de un patriota», en BLANCO, J. F. y AZPÚRUA, R.: *Documentos para la historia de la vida pública del Libertador. Op. cit.*, tomo VI, «Carta quinta», pág. 126.

[48] *Ibídem.*

Esta precisión mostraba que lo que se reconocía no era la participación política del pueblo, sino más bien su fuerza de apoyo indispensable para sostener las instituciones políticas y sus representantes. El pueblo, en tanto actor, participaba alistándose (y hasta sacrificándose) en defensa de la patria, y daba prueba de su virtud obedeciendo a las Leyes. Pero era sobre todo con su crítica directa contra Fernando Peñalver que Mendoza demostraba lo erróneo de la oposición civilización/anarquía utilizada por aquél para justificar la adopción de un régimen que se pareciera más a una Monarquía que a una República. Efectivamente, retomaba los conceptos utilizados por Fernando Peñalver y Luis López Méndez para redefinirlos y luego refutar las conclusiones a las que llegaban con respecto a la imposibilidad y la inadaptación de un sistema republicano representativo en Venezuela. ¿Acaso se acusaba a los americanos de falta de civilización? Según Mendoza, este reproche resultaba demasiado severo. Prueba de ello era que los venezolanos, pese a las dificultades que enfrentaban, habían dado muestras de su capacidad para gerenciar el país durante los años de conflicto. Pese a los obstáculos, nunca habían fallado en su apoyo al gobierno instaurado en 1810. El final del párrafo señalaba la parte de la población incluida en ese grupo de americanos «civilizados» que habían sido fieles a la causa republicana: «... la República de Venezuela en particular supo conservar su existencia, ¡ya a bordo de un buque, ya en los desiertos del Pao y del Apure!»[49].

Refiriéndose principalmente a las acciones militares victoriosas, establecía un nexo ambiguo entre la defensa de la patria y la adhesión política al poder, y a su defensa. Ahora bien, esa transferencia no se operaba «automáticamente», pues la nación representaba una entidad abstracta, mucho menos familiar y conocida que el territorio defendido —por añadidura— en nombre de principios ambiguos, a los cuales no era seguro, ni mucho menos, que la población se hubiera adherido[50].

---

[49] *Ibídem,* «Carta segunda», pág. 123.

[50] Aunque aplicada a España entre los años de 1808 y 1814, nos parece que esta observación de P. Vilar refleja ese desfase entre las aspiraciones de una élite esclarecida (aquí, se trata de Antonio de Capmany) y el pueblo español luchando en la guerra contra las tropas napoleónicas: «... si es lícito señalar a Capmany como un innegable téorico de la palabra «nación» (y no son muchos), sería peligroso dejar que, al adoptar sus fórmulas demasiado exclusivamente, se creyera que entre 1808 y 1814 el español medio sabía de manera perfectamente clara por qué luchaba, y que el español «esclarecido», o el encarnecido defensor de la Inquisición, momentáneamente unidos en la defensa de la «Nación»

Asimismo, Cristóbal Mendoza también ponía en duda la acusación de predisposición a la anarquía hecha en contra del pueblo, puesto que enseguida después de la caída de la primera República, en julio de 1812, los patriotas habían hecho lo imposible para asegurar la permanencia política. Siempre utilizando los mismos ejemplos, identificaba a los hombres que habían asumido esa empresa, dando así un indicio acerca de los venezolanos que no podían ser sospechosos de falta de civilización, y por ende, de falta de interés por la causa de la República. «... apenas se juntaron algunos miembros del gran cuerpo político, fuese en un desierto o un pais extraño, procedieron a darse un jefe que los mandase a nombre de la Patria: tal fue la instalación de los generales Arismendi, Monagas, Cedeño, Zaraza, Páez y Bolívar»[51].

Partiendo de su análisis del comportamiento de los americanos, y sobre todo de los venezolanos, la acusación de carencia de virtudes resultaba infundada. Si se definía la virtud como la sumisión a las Leyes y al que gobierna en su nombre, el amor a la libertad, y el signo de un patriotismo sin fallas, decía Cristóbal Mendoza, los americanos eran entonces «virtuosos a un nivel eminente»[52]. Sin embargo, ¿no era acaso gracias a una acepción no totalizante del pueblo que Cristóbal Mendoza podía oponerse a la tesis de Fernando Peñalver?

Efectivamente, declaraba que el pueblo era civilizado e incapaz de caer en la anarquía, aunque ponía como prueba de ello la calidad de las instituciones adoptadas por los venezolanos, citando además entre los defensores ilustres de la patria a hombres que, de hecho, pertenecían a la élite y no al pueblo. Pero pese a sus declaraciones anteriores en cuanto al origen «popular» de esta Constitución, en su contenido elogiaba —a ejemplo de Fernando Peñalver— las disposiciones que ciertamente contribuirían a la felicidad de la población, pero evitando los excesos y en términos que eliminaban toda ambigüedad acerca de sus intenciones: «... la obra de los venezolanos (...) será bastante para hacerlos felices: ella tempera las ideas extremas de democracia, aleja el sanculotismo y despotismo, establecien-

---

y de la «Patria» españolas, eran todos capaces de practicar esa gimnasia mental con la que Capmany quería combinar tradición y revolución, provincialisno y unitarismo...», en VILAR, P.: «Patrie et nation dans le vocabulaire de la guerre d'indépendance espagnole», en VILAR, P.: *Hidalgos, amotinados y guerrilleros. Pueblo y poderes en la historia de España.* Barcelona: Crítica, 1982, pág. 170.

[51] MENDOZA, C.: «Cartas de un patriota». *Op. cit.* «Carta tercera», pág. 123.

[52] *Ibídem,* «Carta tercera», pág. 124.

do un medio prudente sin ofensa de la libertad civil ni de los otros derechos inenajenables del hombre en sociedad»[53].

Aquí encontramos de nuevo el principio del equilibrio preconizado por Luis López Méndez en su discurso sobre el Senado perpetuo, así como el rechazo de los principios exagerados de democracia tan desacreditados por Fernando Peñalver, y cuyas posiciones desdeñosas en demasía respecto del pueblo eran criticadas por Mendoza. Por lo demás, todos ellos tomaban en cuenta el papel preponderante conferido ante todo a los elegidos, puesto que asumían la conducción del pueblo hacia un grado de civilización compatible con los principios liberales de gobierno.

2. El papel de los elegidos

Después de la disolución del primer Congreso constituyente, en julio de 1812, Bolívar otorgó a los diputados una importancia que iba mucho más allá de su mera función de legisladores: asumían la permanencia de la institución. Por ello, tras haber recordado que el cuerpo legislativo era la expresión de la soberanía del pueblo cuyos derechos defendía, Bolívar declaró: «Los legisladores son los padres del pueblo, puesto que establecen los fundamentos sobre los cuales se erigen las naciones hasta su grandeza máxima y por eso de ellos dependen la prosperidad y la gloria»[54].

a) ¿Padres del pueblo o representantes de los ciudadanos?

Aunque la propuesta de Fernando Peñalver a favor de una asamblea elegida cada siete años no quedó en la Constitución de 1819, de todos modos el prestigio conferido a los representantes se vio acrecentado con el establecimiento de un Senado perpetuo que requería para sus miembros una edad respetable, reforzándose así esa imagen paterna utilizada por Bolívar. Imagen a la que se agregaba la de una gran familia unida para designar a la sociedad. En fin, la adopción de la Constitución sancionaba la entrada en vigencia de un principio que se hallaba en el centro mismo de las preocupaciones de los diputados: la disminución de la frecuencia de las elecciones y, por ende, de la acción directa de los ciudadanos. Medida que demostraba la intención de apartarlos en provecho de los más esclarecidos y los más aptos para decidir sobre el buen gobierno en pro de esa sociedad que se hallaba todavía en la

---

[53] *Ibídem,* «Carta quinta», pág. 126.

[54] «Simón Bolívar, Discurso de Tenerife del Magdalena, 24 de diciembre de 1812», *Gazeta de Caracas,* 9 de mayo de 1814, en *Obras. Op. cit.*, pág. 110.

infancia de la política. Al mismo tiempo, se veía reforzado el grado de confianza dado a esos protectores de las instituciones y a esos educadores del pueblo. El reglamento para las elecciones de 1818 ya insistía en este punto: «Reunidos legalmente los Representantes de Venezuela, son ellos los que deben dictar, no recibir, reglas para sí y para los demás...»[55].

Aunque elegidos por el «pueblo» según un sistema de elección de segundo grado[56] lo cierto es que ellos seguían siendo los únicos aptos para lograr que el pueblo accediera al de civilización y de virtud necesario a su más amplia participación política. Con motivo de la instalación del Congreso, en su discurso de inauguración Bolívar insistió en recordarles: «Legisladores, vuestra empresa es tanto más ímproba, quanto que teneis que constituir a hombres pervertidos por las ilusiones del error...»[57].

Además, si bien la confianza que otorgaban al pueblo soberano seguía siendo teórica, en cambio insistían en la confianza que éste debía otorgar a los legisladores. Efectivamente, su labor constitucional mostraba que se habían forjado la meta de elevar el país y sus habitantes al rango de nación y, más aún, de nación reconocida como tal por las demás naciones.

Según el mismo proceso retroactivo evidenciado en el primer período constitucional, el pueblo sólo recuperaba su dignidad y, por ende, su poder, después de proclamada la Constitución. Y, como si quisiera reducir la distancia que ésta establecía entre los ciudadanos y sus representantes, Fernando Peñalver remataba el anuncio de tal proclamación con estas palabras que parecían anticiparse a eventuales críticas: «Vuestros Diputados no han desconocido vuestra soberanía y están íntimamente convencidos de que toda autoridad que no se deriva del pueblo es tiránica e ilegítima»[58].

b) La nación versus los pueblos

La función así conferida a los elegidos, consecutiva al juicio emitido acerca de la comunidad a la que estaban encargados de constituir, también tomaba en cuenta las modificaciones territoriales que se habían verificado en el mismo período. Eran producto, por una parte, de las circunstancia militares, que habían impuesto nuevas circunscripciones electorales para las

---

[55] «Reglamento para la elección de representantes al segundo Congreso de Venezuela de 1818, 17 de octubre de 1818». *Op. cit.*, pág. 237.

[56] Ver más adelante, «Un nuevo enfoque de la ciudadanía».

[57] «Discurso pronunciado por el general Simón Bolívar al Congreso General de Venezuela en el acto de su instalación», *Correo del Orinoco,* n.° 19, 2 de febrero de 1819.

[58] «Congreso de Venezuela», *Correo del Orinoco,* n.° 37, 21 de agosto de 1819.

elecciones de 1818, y por otra parte, de la voluntad centralizadora puesta en práctica por la Constitución de 1819. Aquí también, vemos el deseo de hacer tabla rasa en materia territorial. Igual que en 1811, mediante la redefinición de los espacios se operaba la transformación en materia de representación, y se percibía un acercamiento al conjunto nacional en términos diferentes. En 1818 y 1819 se hacía hincapié en el carácter «nacional» y ya no provincial del mandato de los diputados. Se especificaba que representaban a la nación y no estaban ligados a su territorio de elección, y esto ya figuraba en el reglamento de 1818 para la elección de los diputados que, aquí también, se hacía eco de los debates de 1811 acerca de su espacio de representación.

> A la unidad e indivisibilidad de la República importa la unidad de sus Diputados. Consérvese para otros fines la División topográfica de parroquias, departamentos capitulares y provinciales; pero despréndanse los Diputados del espíritu de Provincia, y considérense como Representantes de todos y cada uno de los distritos de Venezuela[59].

En cuanto a la Constitución de 1819, en este punto se estipulaba que: «Los representantes tienen este carácter por la nación y no por el departamento que los nombra. Ellos no pueden recibir órdenes ni instrucciones particulares de las asambleas electorales, que sólo podrán presentarles peticiones»[60].

La concepción moderna de la representación se veía así ratificada por la Constitución. En adelante, los diputados ya no serían oficialmente delegados de grupos, de pueblos, sino representantes del pueblo soberano, de la nación. Tal como lo recalca F.-X. Guerra, «el paso a la noción moderna de representación, con su rechazo al mandato imperativo, reemplaza la antigua representación-misión por una representación-ficción, y la reduce a un ámbito solamente político: servir de fundamento a la legitimidad de los gobernantes»[61]. Pero, además de las circunstancias que dictaron inicialmente tales disposiciones, se observa la voluntad de acceder, mediante la

---

[59] «Reglamento para la elección de representantes al segundo Congreso de Venezuela de 1818, 17 de octubre de 1818». *Op. cit.*, pág. 233.

[60] «Constitución de 1819, título 6, sección 2 a, art. 8». *Op. cit.*, pág. 254.

[61] GUERRA, F.-X.: «Les avatars de la représentación au XIXe siècle», en COUFFIGNAL, G. (dir.): *Réinventer la démocratie: le défi latino-américain.* Paris: Presses de la Fondation Nationale des Sciences Politiques, 1992, pág. 77.

supresión de las fronteras que también obstaculizaban de alguna manera esta transformación política, a una identidad común definida como sigue:

> Individuos de una misma familia, Ciudadanos de un mismo pueblo, nos degradamos cuando vulneramos esta unidad con la idea de límites divisorios. Clasificar al hombre por su situación geográfica, caracterizar su espíritu por las líneas que tira la imaginación o la mano del Matemático, establecer sobre ellas privilegios odiosos a la fraternidad, es una de las extravagancias del entendimiento humano, origen de muchas guerras y desastres de rivalidades y celos. Supla pues la razón o la filosofía al defecto de aquella feliz revolución en que el ángulo del Ecuador sobre el plano de la eclíptica llegase a desaparecer enteramente[62].

Al preconizar con esta afirmación la idea de una nación surgida de la decisión deliberada de sus miembros, fuera de toda consideración de índole cultural, el contrato que los futuros representantes debían sellar no provendría de una entidad ya constituida sino que, al contrario, agruparía a los miembros de esa misma gran familia llamados a convertirse en colombianos. Más aún, no se establecía ningún límite para la libre escogencia de los contratantes puesto que el reglamento indicaba más adelante que «Venezuela no podía conformarse con liberar al país situado entre las aguas del Orinoco y la Guajira, y entre los límites de las posesiones de Portuguesa, Río Negro y la Nueva Esparta»[63]. Era todo «el hemisferio colombiano» el que debía beneficiarse con las victorias logradas gracias a su patriotismo.

Esta identidad de perfiles imprecisos permitía, al mismo tiempo, postular la extensión de las fronteras más allá de Venezuela para edificar la República de Colombia. Se observaba en esta declaración un intento de superar, en provecho de la nación, el apego a lo que podría llamarse «la patriecita». Pero, en vez de llevar a cabo esta transformación mediante la afirmación de una identidad correspondiente, se hizo destruyendo las identidades primarias (provinciales y hasta municipales), por cierto a ejemplo del centralismo jacobino al que se condenaban. Efectivamente, en esas identidades los legisladores veían divisiones en potencia y un marco pri-

---

[62] «Reglamento para la elección de representantes al segundo Congreso de Venezuela de 1818, 17 de octubre de 1818». *Op. cit.,* pág. 233.

[63] *Ibíden,* págs. 233-234.

vilegiado para el surgimiento de facciones. En virtud de este principio, y aun cuando el arraigo del ciudadano en su territorio resultara fundamental para adquirir el derecho al voto, los textos permitían pensar que podría ser distinto para los diputados. Y es que mientras en el artículo 16 del reglamento electoral de 1818[64] se estipulaba que para ser elegibles, los diputados debían poseer una propiedad en alguna de las provincias de Venezuela y residir en una de éstas en el momento de las elecciones, el articulo 38 aclaraba que: «Si resultare nombrado un mismo Diputado por algunas o muchas provincias y divisiones, lo será de la más distante[65], se le avisará a la más próxima para que venga en su lugar la persona que haya reunido más votos después del primero»[66].

Por último, acerca de la significación del voto, se recordaba a los electores que: «... que del acierto o desacierto en la elección depende la dicha o desdicha del pais, y de que la Diputación, cualquiera que sea el lugar y cuerpo de donde ella resulte, no es para ninguno en particular, sino para toda la extensión de Venezuela»[67].

El debate quedaba así teóricamente concluido en cuanto a saber qué entidad representaban los diputados —una provincia (y hasta un pueblo) o la nación—, al declararse en la sesión que «los diputados en su nombramiento son departamentales y en su representación nacionales...»[68] y la Constitución confirmaba la distinción introducida entre el lugar de residencia y el cargo representativo. «Los representantes tienen este carácter por la nación y no por el departamento que los nombra. Ellos no pueden recibir órdenes ni instrucciones particulares de las asambleas electorales, que sólo podrán presentarles peticiones»[69].

En cambio, el reglamento sobre el tema de las fronteras fue diferido de diez años, periodo al cabo del cual se efectuaría una «división más natural del territorio en departamentos, distritos y partidos»[70]. Y, paradójicamente, mientras se fijaran estos nuevos límites, se mantendrían vigentes los de la Constitución federal.

---

[64] *Ibídem,* pág. 236.

[65] ¿Distante de dónde? El texto no lo mencionaba.

[66] «Reglamento para la elección de representantes al segundo Congreso de Venezuela de 1818, 17 de octubre de 1818». *Op. cit.*, pág. 237.

[67] *Ibídem,* pág. 235-236.

[68] «Acta 31 del 22 de marzo de 1819». *Op. cit.*, pág. 41.

[69] «Constitución de 1819, titulo 6, sección 2ª, art. 8». *Op. cit.,* pág. 254.

[70] «Constitución de 1819, título 2, sección lª, art. 3». *Op. cit.,* pág. 249.

3. Un nuevo enfoque de la ciudadanía

Con la redefinición de los marcos institucionales, que jugaba a favor de un poder centralizado, se trastocó toda la concepción de los individuos como miembros de la sociedad: no sólo el conjunto de ciudadanos como entidad potencialmente actuante, sino también el individuo en su papel de ciudadano, en su capacidad[71] para convertirse en ello, y según criterios determinados. Tras «diez años de lucha» (retomando la expresión utilizada en los textos de este período) y bajo esta influencia directa, el elemento predominante en materia de ciudadanía terminaba siendo el militar, tanto por su función principal de defensa del territorio como debido a su interferencia —y hasta su intromisión— en el campo de lo político y, más estrictamente aún, del poder político. Aquí también, el texto constitucional y los reglamentos confirmaban —y a veces, incluso, anticipaban— este nuevo elemento. Siendo parte integrante de la vida política, el elemento militar moldeó la sociedad tan pronto como en marcha la maquinaria política volvió a entrar en funcionamiento y, por ende, determinó las nuevas fronteras en materia de ciudadanía.

a) El principio de participación

Durante esta fase de reelaboración de las reglas políticas, la participación popular y la adopción de un tipo de organización política se hallaban íntimamente vinculadas. El problema mismo de la participación popular en la elección de sus representantes estaba sometido a discusión —y hasta puesto en tela de juicio—, pues de ello dependía la naturaleza misma del nuevo edificio. Durante los debates de enero a agosto de 1819 acerca de la Constitución sometida por Bolívar al examen de los diputados, algunos llegaron a considerar, como ya lo hemos visto, que las consultas electorales quedaran reducidas a lo mínimo, y con esto lo que se afectaba era precisamente la evolución hacia la modernidad política. Efectivamente, ésta se caracterizaba por una concepción contractual del poder y el reconocimiento de la inalienabilidad de la soberanía del pueblo, que no podía ser reducida para limitar su expresión mediante la representación. Ni siquiera

---

[71] Utilizamos este término intencionalmente, en el sentido en que una de las orientaciones adoptadas por el reglamento electoral de 1818 y la Constitución de 1819 tenía que ver con la extensión del derecho al voto en función de la utilidad de los ciudadanos dentro de la sociedad, ya no sólo en función de la posesión de tierras, sino también de un conocimiento técnico o intelectual.

con disposiciones de carácter transitorio, justificadas por las circunstancias (la guerra prosiguió y se intensificó durante el debate de agosto), y el grado de madurez del pueblo. Por consiguiente, a pesar del apego teórico a las reglas modernas de la vida política, percibimos una incapacidad política para dirigir este tránsito de una concepción tradicional del poder a un reconocimiento efectivo de la soberanía del pueblo.

Pero regresemos al momento de la ruptura política iniciada por la disolución del Congreso en julio de 1812, para aprehender mejor las condiciones de elaboración de este discurso, en el cual la forma de gobierno, las circunstancias militares y las prácticas electorales estaban íntimamente ligadas. En diciembre de 1812, en un texto dirigido a los habitantes de Nueva Granada, Bolívar fustigaba las elecciones que se habían llevado a cabo en Venezuela, así como el comportamiento de los futuros elegidos que, según él, corroboraban lo inadaptado del sistema federal en un país desprovisto de cultura en materia de prácticas políticas. Se expresaba entonces en términos desprovistos de ambigüedad:

> Las elecciones populares hechas por los rústicos del campo y por los intrigantes moradores de las ciudades añaden un obstáculo más a la práctica de la Federación entre nosotros; porque los unos son tan ignorantes que hacen sus votaciones maquinalmente, y los otros tan ambiciosos que todo lo convierten en facción; por lo que jámas se vio en Venezuela una votación libre y acertada; lo que ponía el gobierno en manos de hombres ya desafectados a la causa, ya ineptos, ya inmorales. El espíritu de partido decidía en todo y por consiguiente, nos desorganizó más de lo que las circunstancias hicieron[72].

Hay que considerar varios elementos en este texto. Se mencionaba, por una parte, el carácter «mecánico» del voto ejercido por una población poco conocedora de esta práctica; y por otra parte, los criterios morales: se trataba o bien de «rústicos», o bien de elegidos que aprovechaban las escasas luces de la población para utilizar ventajosamente los sufragios. Además, esta práctica resultaba tanto más fácil en una estructura federal que abría el camino, según Bolívar, a la impunidad de las élites locales y, por ende, a las «facciones» o al «espíritu de partido». Finalmente, el tercer criterio utilizado en esta crítica era el elemento territorial que determinaba una di-

---

[72] «Simón Bolívar, Memoria dirigida a los ciudadanos de la Nueva Granada por un caraqueño, Cartagena de Indias, 15 de diciembre de 1812». *Op. cit.*, pág. 134.

visión cultural y hasta «civilizacional», con la oposición ciudades/campos. Aquí volvemos a encontrar los términos del debate de 1811 en el que los diputados se enfrentaron acerca de la oportunidad de proceder a modificar las circunscripciones electorales de las provincias. Efectivamente, uno de los argumentos que entonces se alegaba contra esta hipótesis era el peligro de que surgieran provincias que no tuvieran un centro de difusión de las «luces» a ejemplo de la provincia de Caracas, con una ciudad lo suficientemente importante para asumir su administración, pese a los riesgos aferentes en cuanto a las posibilidades de manipulación de la población durante las elecciones. Aquí también se planteaba el problema del control de los pueblos rurales, en el sentido en que las autonomías comunales hacían resurgir las posibilidades de conflictos entre ciudades a fin de asegurar la lealtad de dichos pueblos.

En ambos casos, el sistema federal estaba considerado como causa principal de la caída de la primera República en 1812, en la medida en que habría permitido —y hasta agudizado— las luchas de poder a nivel local, colocando a la cabeza del Estado hombres poco aptos para estas funciones. Según este análisis, la disolución del Congreso, consecutiva a la capitulación de San Mateo el 24 de julio de 1812 —ratificando la victoria de Domingo Monteverde, que entró en Caracas el 30— demostró así la debilidad del sistema político más que la de los ejércitos en lucha contra los españoles. Bolívar lo proclamo sin rodeos: «Nuestra decisión [de adoptar un régimen federal], y no las armas españoles, [fue lo que] nos tornó a la esclavitud»[73].

Semejante punto de vista, que Bolívar no era el único en defender y que tendía a culpar a la opción constitucional, resultaba algo paradójico. Efectivamente, la Constitución de 1811, ciertamente federal en su principio, no podía entrar en vigencia en la época en que se dieron esas acusaciones, y ello por motivos de tiempo y de coyuntura. Entonces, lo que aquí se incriminaba so pretexto de cuestionar una Constitución que tenía fallas, ya no era la consolidación de las autonomías provinciales. Al respecto, la denuncia contra las facciones y los partidos no dejaba lugar a dudas. Efectivamente, durante las elecciones de 1810 las élites locales, sobre todo en el seno de las asambleas parroquiales, habían tratado de asentar su poder local políticamente y a nivel nacional, incluso manteniendo estas asambleas más allá del plazo reglamentario. Por ello, la valorización de los ejércitos, además de responder a la necesidad de movilización y de moti-

---

[73] *Ibídem,* pág. 102.

vación, vino a suplir la quiebra y la desaparición de las instituciones. En este sentido, el otorgamiento de los plenos poderes a Bolívar, tal como lo consideraba Miguel José Sanz en su proyecto de gobierno de octubre de 1813, retomaba los tres criterios que acabamos de definir, para justificar esta propuesta. Esta medida de excepción debía durar «hasta que pacificadas las Provincias, esparcidas y afianzadas las verdaderas ideas, extirpadas las falsas, y los pueblos instruidos, nombren sus Representantes en concurrencias libres y legítimas...»[74]

Sólo fue en 1818 cuando el proceso político volvió a ponerse en marcha, mal que bien, y ello pese a que varias provincias se mantenían bajo control español. Así pues, las garantías de libertad distaban de cumplirse, y no era en la escuela de la guerra donde los hombres podían aprender su oficio de ciudadanos. Sin embargo, las elecciones previstas para la designación de los diputados del segundo Congreso constituyente que debía reunirse a partir de enero de 1819, se desenvolvieron en un marco administrativo militar. Y —cosa que era un indicio determinante para la concepción de la ciudadanía— el reglamento electoral redactado en esta oportunidad mostraba hasta qué punto el ejército, a falta de ser una escuela de ciudadanía, ya estaba considerado como una escuela de patriotismo, y el alistamiento en las filas patrióticas —por muy aleatorio y frágil que resultara desde que se habían iniciado las hostilidades— como un pasaporte para la adquisición de la ciudadanía activa.

Se redactaron dos textos sobre las elecciones, además de las menciones dispersas en los textos anteriores a 1818: el *Reglamento para las elecciones de representantes al segundo Congreso de Venezuela de 1818* y los capítulos dedicados a los derechos y deberes de los ciudadanos, así como al desarrollo de las elecciones, incluidos en la Constitución de 1819. Textos a los cuales conviene agregar las tomas de posición que rigieron la redacción final de la Constitución durante las sesiones del Congreso, hasta agosto.

Ya lo hemos señalado, el principio de las elecciones era objeto de controversias desde 1812. Pero, sobre todo en los argumentos esgrimidos por Fernando Peñalver, en las presentes circunstancias ya no se trataba de suspender por un tiempo la consulta electoral en vista de la falta de preparación de una mayoría de la población para ejercer este derecho, sino, mucho más, de institucionalizar esta limitación del recurso a las urnas, y de adap-

---

[74] «M. J. Sanz, Bases para un gobierno provisional en Venezuela, Caracas, Juan Baillío, 1813 (22 de octubre)», en *Pensamiento constitucional hispano-americano hasta 1830.* Caracas: Academia Nacional de la Historia, 1961, pág. 145.

tar un sistema de organización de los poderes que pudiera funcionar independientemente de toda consulta popular, o haciendo que ésta interviniera lo menos posible. El pueblo seguía siendo soberano, desde luego, pero al limitar la expresión de esta soberanía[75], el contrato con sus representantes revestía un carácter definitivo, no susceptible de ser confirmado —o revocado— por la voz de las urnas. Los individuos delegaban su soberanía de una vez por todas, para que los elegidos decidieran luego el devenir del país y de sus miembros. Semejante opción no dejaba de recordar el principio antiguo del *pactus translationis,* confirmando así la imbricación de los dos registros de referencia en la concepción del poder político que prevalecía entre las élites.

El examen paralelo de estos dos textos que respondían a objetivos diferentes, ilustra el deslizamiento que se registraba no hacia la supresión sino hacia una restricción, en el campo de la sociedad civil[76], del derecho al voto, tanto por la frecuencia como por los criterios adoptados para la obtención de ese derecho. Según las fuentes anteriores a 1818 de las que disponemos, no parece haber existido oposición en cuanto a la oportunidad o no de elegir a los nuevos representantes mediante elecciones populares. Más aún, mientras que Bolívar se hallaba en conflicto con varios jefes patriotas que trataban de reforzar su poder personal en la dirección de sus tropas, los miembros del Consejo de Estado provisorio creado el 30 de octubre de 1817 en Angostura para encargarse de los asuntos administrativos, y los del Consejo de Gobierno constituido el 5 de noviembre[77], hacían hincapié en la necesidad de esta consulta, pese a la situación militar y a la ocupación de varias provincias por las tropas realistas. Necesidad teórica, ciertamente, pero también voluntad por parte de los patriotas de demostrar a las naciones extranjeras —sobre todo a Inglaterra y Estados Unidos (que habían recibido positivamente la reconquista de

[75] De nuevo encontramos aquí el argumento de Hobbes que preconizaba, como paliativo al carácter naturalmente ilimitado del poder, la limitación de la soberanía popular, lo cual equivalía desde un punto de vista conceptual a confundir dos registros puesto que, según los propios términos del pacto moderno, el pueblo siempre era soberano.

[76] Aquí hablamos de la sociedad civil en el sentido en que también se ampliaba el campo de la ciudadanía al tomar en consideración la actividad militar como criterio de adquisición del derecho al voto.

[77] Bolívar había delegado parte de sus poderes a los miembros de ese Consejo, para poder emprender su campaña militar en los llanos de Calabozo contra las tropas españolas de Pablo Morillo y Miguel de La Torre.

Guayana y del Orinoco[78])— que les era posible pasar de un gobierno de facto a la reorganización de un régimen constitucional y, por ende, traducir políticamente las victorias militares. En cambio, ¿cómo no interrogarse acerca de la validez de estas consultas, tomando en cuenta las condiciones en las que fue disuelto el Congreso, en julio de 1812? Pero los miembros del Consejo consideraban que la suspensión del proceso político había dejado caduco el mandato de los diputados elegidos sólo para cuatro años con renovación de la mitad de ellos cada dos años. Además, muchos de ellos no estaban presentes en la parte liberada del territorio, por haber fallecido, o haber sido capturados por las tropas españolas, o haber emigrado al exterior. Resultaba legal proceder a una nueva consulta, en virtud de la negativa a reconocer el gobierno español y de la expiración del mandato de los diputados elegidos en 1810.

En la introducción del reglamento de 1818 había un resumen histórico desde 1810, además de una redefinición del voto, así como un recordatorio de la frecuencia más satisfactoria de este recurso según el contexto, precisamente, en el que debía darse. Así, el acceso a este derecho para toda la población se consideraba como inconcebible en los primeros momentos de una «revolución»[79] que apuntaba a la ruptura con un sistema de gobierno donde los miembros de la sociedad se veían obligados a acatar leyes que no emanaban de la voluntad general, ni siquiera de la parte más ilustrada. Por ello, una vez que se llevó a cabo la revolución, sólo sus actores más dignos —y por ende, los más dignos de confianza— quedaron habilitados para tomar las primeras iniciativas en materia legislativa. La necesidad de esta fase intermedia se justificaba igualmente por el desfase existente entre la masa de la sociedad y sus representantes naturales: «[No] puede ser unánime desde luego la opinión, ni simultáneo el sacudimiento de todas las partes de una sociedad oprimida. Por una voluntad *presunta y natural*[80], habilitados están para obrar extraordinariamente en su favor los que tuvieron la fortuna de ser los primeros invasores de la tiranía»[81].

[78] Debido ante todo a la decisión de Bolívar de liberar la navegación en el Orinoco para todos los países, a fin de favorecer el comercio con el exterior.

[79] A saber: los acontecimientos de 1810.

[80] La cursiva es nuestra. Al parecer, esta presunta voluntad suplía cómodamente la voluntad general.

[81] «Reglamento para la elección de representantes al segundo Congreso de Venezuela de 1818, 17 de octubre de 1818». *Op. cit.*, pág. 229.

Sólo en una segunda etapa —las elecciones de junio de 1810— se consideraba posible una consulta a la población en su conjunto. «Será, pues, de las primeras miras de sus libertadores abrirle el camino para la práctica de este sagrado derecho. Tal fue el proceder de la primera junta de Caracas»[82].

Por consiguiente, más que confiar a futuros elegidos un mandato que incluía un proyecto de gobierno, las elecciones ratificaban decisiones y disposiciones ya aplicadas. Ahora bien, tal como lo recalca P. Rosanvallon al evocar la ambigüedad del voto en tanto acto concreto, según se estuviera o no en una perspectiva de tipo antiguo, en la que estaba ausente la noción de soberanía del pueblo. «Consentir y escoger no son actos de misma índole pues, además, las modalidades de cada cual podían variar»[83]. Así, durante los preparativos del segundo Congreso constituyente, se volvía a tomar en cuenta parte de los principios inaugurados por la primera República de Venezuela. La restauración de una legalidad política duradera no podía considerarse al margen del restablecimiento de los derechos que iban a la par, sobre todo el derecho de elegir a quienes tendrían la misión de proceder a este restablecimiento. Bolívar se expresaba en este sentido ante el Consejo de Estado ello de octubre de 1818, al anunciar su decisión de convocar al Congreso lo antes posible. Efectivamente, solicitaba a los miembros del Consejo de Estado instalado el 30 de octubre de 1817 que se nombrara una comisión especial encargada de redactar un proyecto para realizar «elecciones populares». Además, el secretario del Consejo, Ramón García Cádiz señalaba que: «Para organizar las asambleas populares, el Jefe Supremo indicó de nuevo la urgencia de una Comisión Especial para formar el proyecto del reglamento que debe regir las elecciones que han de preceder a la convocación del Congreso»[84].

El principio de esta comisión fue aceptado por los miembros del Consejo durante esa misma sesión, quienes nombraron a seis personas encargadas de proceder a la redacción del reglamento electoral. Todos eran miembros del Consejo de Estado: Juan Germán Roscio, director de rentas, quien era el presidente; Fernando Peñalver, intendente del ejército; Juan

---

[82] *Ibídem.*

[83] ROSANVALLON, P.: *Le sacre du citoyen. Histoire du suffrage universel en France.* Paris: Gallimard, 1992, pág. 22.

[84] «Bolívar a la sesión del Consejo de Estado del 1° de octubre de 1818», en BLANCO, J. F. y AZPÚRUA, R.: *Documentos para la vida pública del Libertador. Op. cit.*, tomo VI, pág. 471.

Martínez Alemán, presidente de la Alta Corte de Justicia; Ramón García Cádiz, procurador de la Alta Corte; Luís Tomás Peraza, ministro; Diego Bautista Urbaneja, auditor de guerra[85]. La presencia de Juan Germán Roscio en esta comisión —y además en calidad de presidente— no deja de tener su importancia para el análisis de este reglamento, puesto que en 1810 ya había sido encargado de proceder a redactar el código electoral para la elección de diputados en el primer Congreso de 1811.

b) Una ciudadanía circunstancial

Es el acontecimiento, más que las convicciones filosóficas, lo que dicta las decisiones políticas. El texto definitivo del código electoral, redactado con urgencia puesto que el primer esbozo tenía fecha de ese mismo 10 de octubre, fue examinado durante las sesiones del 18 y el 19 y, tras su aprobación, publicado el 24. Los criterios adoptados para el otorgamiento del derecho al voto no habían sido modificados fundamentalmente en los principios que regían su definición. En cambio, debido al contexto en el que tendrían lugar esas elecciones, se modificó de manera significativa la organización del sufragio, sobre todo con respecto a las circunscripciones electorales para la distribución territorial del número de diputados, y a los lugares escogidos para el acto de votación:

> Omitida en nuestro caso la elección de sufragantes secundarios, solamente tendrá por ahora lugar la de Representantes que han de componer el Congreso de Venezuela. Su número será el de treinta, cuya votación se distribuirá entre las divisiones militares de cada Provincia y las Parroquias libres; pero de la manera que ninguno de los que resulten nombrados ha de ceñir sus ideas ni su representación al distrito de su nombramiento ni a cualquiera otro en particular, sino generalmente a todas y cada una de las porciones de Venezuela[86].

Por otra parte, debido a que la mayoría de los electores se encontraba movilizados, podrían votar en el lugar de su acantonamiento, a saber: las pla-

[85] Tres de estos personajes encargados de redactar el código electoral habían sido diputados en el Congreso de 1811 (Roscio, Peñalver y Urbaneja), y todos serian elegidos en el Congreso de 1819.

[86] «Reglamento para la elección de representantes al segundo Congreso de Venezuela de 1818, 17 de octubre de 1818». *Op. cit.,* pág. 233.

zas fuertes, los campamentos, y todas las posiciones militares. Sin embargo, se especificaba que: «... no dejará de hacerse en las Parroquias libres, a fin de que no sean defraudados de este derechos los Ciudadanos que en ellas residan y sean capaces de elegir»[87].

Sin embargo, esta distribución, así como el voto directo, no podía constituir una regla para el futuro, tal como lo estipulaba claramente el reglamento:

> Las espinosas circunstancias que nos rodean están diciéndonos que por esta vez es preciso renunciar el método acostumbrado en semejantes elecciones. No existe el censo civil que se hizo para la nominación de Electores Parroquiales y Diputados Provinciales en 1810. Hacer otro en la presente ocasión sería cosa árdua y dilatada. Sin este paso anticipado, no es posible determinar el número de sufragantes secundarios que haya de nombrar cada parroquia[88].

A pesar de todo, la argumentación desarrollada tanto para esta disposición como para la determinación —casi arbitraria— del número de diputados, no deja de suministrar indicios significativos en cuanto a la manera en que las élites dirigentes aprehendían la representación. Al invocar las posibilidades de proceder a un censo de la población, se nota que al fin y al cabo los principios modernos aplicados en 1810 no habían sido abandonados sino suspendidos temporalmente. Con la desaparición del censo de 1810 —que, de todos modos, habría caducado debido a las perturbaciones demográficas consecutivas al terremoto y a la guerra—, ya no había referencias que permitieran establecer una evaluación, aun precaria, de la población. Por otra parte, también se señalaba la falta de registro para los electores parroquiales. Por consiguiente, a fin de que esas elecciones tuvieran lugar, se imponía recurrir a las elecciones directas de los diputados. Los términos utilizados en esta oportunidad resultaban significativos en cuanto a la situación de los miembros del Consejo de Estado y las dificultades con las que se topaban. Efectivamente, el texto del reglamento señalaba que

[87] *Ibídem.*
[88] *Ibídem,* pág. 232.

> Si existiese el registro de los Electores parroquiales, podríamos deducir de su número el de los habitantes de cada parroquia en aquel tiempo. Pero aun averiguada la suma que entonces resultó, ya no sería adaptable al estado presente de la población, disminuida con el terremoto y la emigración y sobre todo con la guerra de exterminio introducida por los católicos de España: ¿qué remedio, pues, en tal conflicto? Simplificar la elección, aproximándola a su estado primitivo[89].

El voto directo era el que consideraban —teóricamente— como el mejor de todos, por acercarse más al ideal democrático tal como funcionaba en las repúblicas antiguas y como se practicaba en Gran Bretaña, dando así prueba de superioridad en materia de libertad. Pero, en las presentes circunstancias, fue más bien por porfía que Juan Germán Roscio y sus colegas lo adoptaron para las elecciones de 1818, pues la ya señalada desconfianza respecto del pueblo seguía siendo tan fuerte. Así, en el artículo 14 del reglamento se recordaba que «Cada sufragante ha de estar bien advertido de que viene a elegir por sí mismo, y no por medio de otros Electores, al Diputado o Diputados que tocaren a su División»[90].

A pesar de esta decisión, la adopción definitiva del voto directo, «el más conforme al derecho natural, y más expresivo del voto general de la comunidad»[91] seguía subordinado a la adquisición de las luces y la instrucción necesarias para ejercer tal prerrogativa. Así se estipulaba en la Constitución de 1819, que restablecía además el voto de segundo grado: «Pasados diez años, las elecciones se harán inmediatamente por el pueblo, y no por medio de electores»[92].

Al mismo tiempo, demostrando así la correlación entre ambos parámetros, podemos leer en la sección dedicada a la definición de la ciudadanía activa, la condición siguiente: «Saber leer y escribir, pero esta condición no tendrá lugar hasta el año de 1830»[93].

Por consiguiente, se trataba del mismo plazo de diez años, suponiendo así que los progresos hechos en materia de educación habrían sido tales

---

[89] «Reglamento para la elección de representantes al segundo Congreso de Venezuela de 1818, 17 de octubre de 1818». *Op. cit.*, pág. 232.

[90] *Ibídem,* pág. 235.

[91] *Ibídem,* pág. 233.

[92] «Constitución de 1819, título 4, sección 2ª, art. 8», en *Constituciones de Venezuela. Op. cit.*, pág. 251.

[93] *Ibídem,* «título 3, sección la, art. 3», pág. 249.

que permitirían, por una parte, la exigencia de saber leer y escribir para obtener el derecho Y al voto y, por otra parte, la autorización a quienes supieran hacerlo para elegir directamente a sus representantes. Mediante este punto en particular, vemos cómo iba precisándose la diferencia entre las declaraciones principistas, que prevalecían, y su puesta en aplicación, diferencia que obedecía al temor profundamente arraigado de que el Estado y quedara rebasado por el pueblo a través de la consulta. Pero aunque las condiciones adoptadas pudieran llevar a ello, el reglamento de 1818 no dejaba ver la realidad según la cual eran sobre todo los militares quienes, de hecho, procedían a la elección de los diputados. Y ello, ya lo hemos visto, tanto más cuanto que existía otro imperativo, además de la necesaria legitimidad del Estado otorgada por las elecciones: su permanencia a fin de poner en práctica las reformas necesarias. Así lo mencionaba el secretario del Consejo de Estado, refiriéndose al discurso pronunciado por Bolívar: «El Jefe Supremo concluyó su discurso manifestando la necesidad y la importancia de la creación de un Cuerpo constituyente que dé al Gobierno una forma y un carácter de legalidad y permanencia»[94].

Entre la proclamación del derecho sagrado del voto y su inclusión como tal en la Constitución, había un paso que nadie deseaba dar sin que se colocaran algunos muros de contención. Esto con el fin de apartar a la población considerada como la menos capaz de pronunciarse, por una parte, y por otra, de asegurar la estabilidad que el país requería para llevar a cabo las reformas necesarias para su reconstrucción. En oposición a los argumentos de Bolívar, quien consideraba en 1818 que el recurrir frecuentemente a la consulta popular era una garantía de credibilidad para los hombres encargados del poder —y, por ende, para la estabilidad del país—, los discursos pronunciados por Fernando Peñalver e Isodoro Antonio López Méndez en el Congreso en 1819, acerca de la posible instauración de un Senado vitalicio y/o hereditario, condicionaban la estabilidad a la suspensión de la elección popular de los miembros del Poder Legislativo, y hasta del presidente.

Efectivamente, en la apertura del Congreso, en enero de 1819, Bolívar todavía se declaraba convencido de que: «La continuación de la autoridad en un mismo individuo frequentemente ha sido el término de los Gobiernos Democráticos. Las repetidas elecciones son esenciales en los

---

[94] «Bolívar en la sesión del Consejo de Estado del 10 de octubre de 1818», en BLANCO, J. F. y AZPÚRUA, R.: *Documentos para la historia de la vida pública del Libertador. Op. cit.*, tomo VI, pág. 471.

sistemas populares, porque nada es tan peligroso como dejar permanecer largo tiempo a un mismo Ciudadano en el Poder»[95].

Ahora bien, Fernando Peñalver estimaba que la consulta debía reducirse a su más simple expresión y, en última instancia, debía considerarse como un principio legitimador mínimo. Para ello, además de sus otras propuestas referidas a los poderes legislativos, consideraba la adopción de un Poder Ejecutivo vitalicio:

> Poder Ejecutivo vitalicio, Senado vitalicio, y una Cámara de Representantes elegida por siete años, son, en mi concepto, las instituciones análogas al estado de civilizacion y de las costumbres de los venezolanos[96], porque son las que más se acercan al Gobierno Monárquico a que estaban acostumbrados, sin separarse del Republicano que quieren adoptar. La duración de las funciones de estos Magistrados dará la permanencia, el vigor y la fuerza que necesita un Gobierno naciente para consolidarse[97].

Lo que no deja de sorprender, en ambas declaraciones, era el hecho de que la justificación utilizada resultaba idéntica: la estabilidad así como el fracaso de las veleidades de por parte de los elegidos. Podría decirse que el problema central era, en definitiva, la importancia dada a la consulta en el régimen político que sería adoptado. La reflexión de Fernando Peñalver acerca de la alternativa gobierno monárquico/gobierno republicano mostraba hasta qué punto lo que prevalecía no era el apego a un tipo particular de gobierno, sino más bien las posibilidades que ese gobierno ofrecía para controlar, para dominar al pueblo. Aceptaba el régimen republicano, siempre y cuando mantuviera a la soberanía popular bajo vigilancia, igual que en una Monarquía. De ahí que la opción favorable al cargo vitalicio o hereditario no planteara ningún problema de legalidad. Era una medida de realismo, de sana política. Motivado por las dificultades para aplicar los

---

95 «Discurso pronunciado por el general Simón Bolívar al Congreso General de Venezuela en el acto de su instalación». *Op. cit.*

96 Hay que observar que cuando Venezuela proyectaba crear la república de Colombia, ciertos miembros de la élite insistían en el «particularismo» de los venezolanos, y hasta de Venezuela; particularismo que volverá a ser reivindicado en 1826 por la oposición valenciana y caraqueña que llevará al proceso de disolución de la República de Colombia.

97 «Discurso del senador Peñalver en la discusión del Congreso sobre la naturaleza del Senado constitucional», *Correo del Orinoco,* n.° 34, 24 de julio de 1819.

principios políticos modernos de la ciudadanía, este debate sobre la naturaleza de los cargos tenía que ver directamente con las elecciones. Por ello, conviene revisar los argumentos esgrimidos por Fernando Peñalver y Luis López Méndez en los discursos que pronunciaron en el Congreso en esa oportunidad. Señalemos primero la recurrencia de tres palabras esenciales en el desarrollo de estos discursos, a saber «civilización», «costumbres», «libertad», así como su interdependencia. No es que la mención de estos conceptos fuera propia de este momento pues ya los habíamos observado con motivo de la creación de la Junta en 1810, y se hallaban en el centro de los debates durante el primer Congreso constituyente de 1811. Además, pese a las importantes bajas y al exilio de muchos patriotas que habían sido miembros del primer Congreso, los miembros de las instancias de gobierno instauradas en 1817 provenían de esa primera generación —por llamarla de alguna manera— de la élite política, sobre todo Juan Germán Roscio y Fernando Peñalver, y éste último había sido uno de los presidentes del Congreso en 1811. Pero, en cambio, en esta segunda etapa constitucional, las huellas de la guerra y la caída de la primera República estaban omnipresentes. Así, contrariamente a la tesis desarrollada por Juan Germán Roscio en 1811, que no preconizaba adaptar las instituciones a los usos y costumbres de los habitantes, herencia de tres siglos de dominación española, sino adoptar nuevas instituciones que permitieran destruir estos usos y costumbres y, al mismo tiempo, adquirir gradualmente las reglas de la civilización, en 1819 los diputados pedían que no se actuara con precipitación para adoptar unas instituciones demasiado «civilizadas». Efectivamente, temían que el desfase así creado con el nivel de cultura de la mayoría de la población llevara no a la libertad sino a la anarquía. En esta misma lógica, Fernando Peñalver sugería adoptar reglas que hicieran el régimen republicano lo más parecido posible a la Monarquía a la que la población estaba acostumbrada. Asimismo, las razones que dieron lugar a la propuesta de un poder vitalicio para ciertos cargos, pese a las consecuencias implicadas en materia legislativa, revelaban una visión en definitiva más «realista» de esa comunidad de individuos a la que se referían los diputados.

La Constitución seguía siendo el instrumento por medio del cual esa comunidad se proyectaba hacia el futuro, tal como lo muestran los plazos fijados para la liberalización del modo de elecciones y para la suspensión progresiva de los cargos vitalicios. Pero la organización de los poderes, así como las prerrogativas que se les otorgaba, reflejaban ante todo la voluntad de los diputados ya no de romper radicalmente con el orden antiguo, sino de adaptarse a las nuevas circunstancias y a los principios que ellos preconizaban, sobre todo con respecto a los derechos y deberes de los nuevos ciudadanos.

El temor que sentían de ver el país presa de la anarquía los obligaba a reconsiderar ese pueblo que aspiraban dirigir. Independientemente de la respuesta dada en materia constitucional, las limitaciones y modificaciones electorales ocasionadas por esta revisión dejaban ver que tenían cierto grado de conciencia acerca de la falta de preparación de la mayoría de la población para integrar los nuevos principios de la participación política a la que espiraban los dirigentes y, a la vez, la fragilidad conceptual por parte de esas mismas élites en materia de ciudadanía. Efectivamente, al analizar en les dos textos mencionados cómo se otorgaba el voto, se ve que pese a las reservas emitidas existía la disposición, por motivos de coyuntura y de intereses —mayoritariamente militares—, a otorgar el título de ciudadano a individuos cuyas «capacidades» (para retomar los criterios utilizados) no eran más evidentes que las de los excluidos del proceso. Así, en los discursos de Luis López Méndez y Fernando Peñalver podemos ver cómo se alternan fuertes advertencias contra la aplicación demasiado rápida de los principios liberales y la fe casi crédula de que esas trabas se resolverían en pocos años. Las palabras de Luis López Méndez eran ilustrativas de esta paradoja, cuando criticaba las rupturas políticas demasiado brutales, tomando como ejemplo el caso de la Revolución francesa que no supo evitar los excesos pese a la presencia en su suelo de numerosos hombres esclarecidos:

> De aquí debemos inferir cuán peligroso es el tránsito de la servidumbre a la libertad, cuán expuestos están aquellos Estados que intentan remontarse a estos extremos [...]. El medio entre los extremos es el que nos puede salvar: los cuerpos políticos, lo mismo que los débiles, deben alimentarse paulatinamente para que no sean destruidos. Las águilas, aunque acostumbradas a ver la claridad del Sol, si se acercan demasiado a este planeta, su luz las deslumbra y ellas caen precipitadamente en tierra: luego, más es de temerse en los Estados nacientes si se les da a beber de una vez la copa encantadora de la libertad[98].

---

[98] «Continuación el discurso del señor Méndez sobre la naturaleza del Senado constitucional», *Correo del Orinoco,* n.° 37, 21 de agosto de 1819.

Pese a estas advertencias, no había disposiciones precisas en contra de ello, a no ser la adopción de un sistema político fuerte y centralizado que llevara a cabo esta educación necesaria de la población, con el fin de hacerla apta para apreciar los frutos de la libertad. No obstante, se consideraba con igual convicción la oportunidad de pasar a un régimen republicano integral, a ejemplo del que se había adoptado en Norteamérica, en la medida en que la Constitución adoptada tomara en cuenta las fortalezas y las debilidades del país, sus características y costumbres propias, y su pasado; y siempre y cuando el modelo americano se instaurara progresivamente y con precaución. Aquí también, había que evitar la ruptura a toda costa: «El tránsito repentino del Gobierno despótico al de una República filosófica es posible. La sangre que derramaron los franceses por haber querido saltar de los profundas mazmorras de la Bastilla a una libertad impracticable en Francia, debe hacernos cautos y prudentes»[99].

Fernando Peñalver creía en la posibilidad de iniciar reformas constitucionales, pero sólo tomando en cuenta todas esas precauciones: «Abrazando todas estas circunstancias, parece que deben meditarse las leyes para la organización de la Constitución de Venezuela, cuya sabiduria y fuerza sea bastante para conservar la unión, la libertad, la igualdad, la permanencia del Estado, su grandeza y gloria futura»[100].

Pero ¿cómo plantear la conservación de una libertad y una igualdad cuya inexistencia, y hasta la imposibilidad de realizarla, reafirmaban en otra parte?

c) Una concepción dual de la ciudadanía: activos contra pasivos

Ante los límites para la aplicación de un régimen político donde no se restringiera el principio de la soberanía del pueblo, hay que ver quién disponía en definitiva del derecho al voto y quién podía ser elegido. En sus principios generales, los criterios para la adquisición del derecho a voto que figuran en la Constitución de 1819 difieren poco de los criterios adoptados en 1810. Los criterios de edad, de propiedad (y sus equivalentes, tales como el arrendamiento de la tierra, la ganadería), y de moralidad, seguían siendo la base de la clasificación. Lo mismo ocurría con el condicionamiento de la ciudadanía al domicilio lo cual, por una parte, implicaba la

---

[99] «Discurso del señor Peñalver en la discusión del Congreso sobre la naturaleza del Senado constitucional». *Op. cit.*

[100] *Ibídem.*

obligación de residencia, y variaba en cuanto a la duración exigida según se tratara o no de un extranjero y, para los elegidos, según el cargo postulado; y por otra parte, excluía de la ciudadanía a vagabundos comprobados y a errantes notorios. Finalmente, la incapacidad física (sobre todo los sordomudos y los locos) seguía constituyendo uno de los primeros motivos de exclusión. Sin embargo, aunque estos criterios se habían mantenido, en las disposiciones electorales de 1818 y 1819 se verificaba un cambio importante en lo referente a la aprehensión no sólo de la práctica electoral, como ya lo hemos señalado, sino también a las nuevas condiciones para adquirir la ciudadanía.

En cuanto al primer punto, al estudiar los debates constitucionales sobre la modificación de los cargos legislativos y ejecutivos, ya hemos visto cómo, en la práctica, el alcance de las elecciones quedaba reducido a lo mínimo. El cambio residía principalmente en la efectividad del acto electoral en su práctica política. Se mantenía el carácter «sagrado» de ese derecho, pero tanto por su menor frecuencia como por las dudas emitidas en cuanto a la oportunidad de su recurso, su influencia sobre las orientaciones decididas y la escogencia de los dirigentes se veía disminuida, y hasta neutralizada. El voto perdía así toda realidad, pues para los electores ya no se trataba de escoger sino más bien de consentir, de ratificar, a semejanza del antiguo acto de celebración vigente bajo la Monarquía. Tal como lo señala al respecto Pierre Rosanvallon, «la existencia de elecciones y la afirmación de la soberanía del pueblo no conducían automáticamente a la consagración del individuo-elector que conocemos»[101].

Independientemente del restablecimiento del voto de segundo grado, que significaba un retorno a la situación de 1810, la Constitución de 1819 instauraba la distinción entre ciudadano activo y ciudadano pasivo. Bolívar justificaba esta disposición por motivos esencialmente utilitaristas, distinguiendo a los individuos según su capacidad para contribuir con la prosperidad del país. «Al proponeros la división de los Ciudadanos en activos y pasivos, he pretendido excitar la prosperidad nacional por las dos más grandes palancas de la industria: el trabajo y el saber. Estimulando estos dos poderosos resortes de la sociedad, se alcanza lo más difícil entre los hombres: hacerlos honrados y felices»[102].

---

[101] ROSANVALLON, P.: *Le sacre du citoyen. Histoire du suffrage universel en France. Op. cit.*, pág. 22.

[102] BOLÍVAR, S., «Discurso pronunciado por el general Simón Bolívar al Congreso General de Venezuela en el acto de su instalación». *Op. cit.*

En cuanto al texto constitucional, definía estos dos grupos, primero sucintamente, precisando en los artículos siguientes las condiciones necesarias para adquirir el título de ciudadano activo:

> Art. 1: Los ciudadanos se dividen en activos y pasivos.
>
> Art. 2: Es ciudadano activo el que goza del derecho de sufragio y ejerce por medio de él la soberanía nacional, nombrando a sus representantes.
>
> Art. 3: Ciudadano pasivo se llama aquél que, estando bajo la protección de la ley, no tiene parte en su formación, no ejerce la soberanía nacional ni goza del derecho de sufragio[103].

Si bien la adopción de este principio no introducía ningún «cambio de categoría» para los individuos que hasta entonces disfrutaban del derecho al sufragio, en cambio su enunciado inducía una concepción restrictiva de la soberanía. No se trataba de una soberanía popular sino más bien nacional, y no todos la ejercían; acepción que se contradecía con la definición de la soberanía incluida en el capítulo 5 del mismo texto, donde se mencionaba: «Art. 1: La soberanía de la nación reside en *la universalidad* de los ciudadanos. Es imprescriptible e inseparable del pueblo»[104].

Además, el ejercicio de la soberanía por parte del pueblo se limitaba al derecho a designar sus representantes: «Art. 2: El pueblo de Venezuela no puede ejercer por sí otras atribuciones de la soberanía que la de las elecciones, ni puede depositarla toda en unas solas manos. El Poder soberano estará dividido para su ejercicio en Legislativo, Ejecutivo y Judicial»[105].

Vemos aquí confirmada esa voluntad de limitación de la soberanía, tal como se expresaba en los debates dedicados a la ratificación de la Constitución, tanto en su definición como en lo concerniente a los individuos autorizados a participar en su ejercicio. Así, Luis López Méndez insistía largamente en las modalidades del ejercicio de la soberanía del hombre en sociedad. Libre por naturaleza y soberano en la tierra, debía ceder parte de sus derechos para no poner en peligro el estado de asociación en el que se hallaba. Definía esta delegación de la manera siguiente, hablando del «hombre naturalmente libre»:

---

[103] «Constitución de 1819, título 3°, sección la». *Op. cit.*, pág. 249.

[104] *Ibídem,* «título 5», pág. 251. La cursiva es nuestra.

[105] *Ibídem.*

> ... social por conveniencia y necesidad, tiene que dimitir ciertas timbres de su soberanía que lo harían en la sociedad insoportable a los demás: obligado, pues a ceder de sus derechos porque no puede exercerlos todos en el estado de asociación, retiene solamente aquellos que son compatibles con tal estado; él dexa en manos de la comunidad los unos para que ésta le dexe disfrutar tranquilmente de los otros; *él exerce en cierto modo su soberanía dándose leyes por medio de sus Representantes, haciéndolas cumplir por el Poder Executivo y aplicar por medio de los Magistrados destinados a la administración de la Justicia*[106].

Llegaba hasta considerar esta delegación parcial de los derechos propios a los individuos como una condición de funcionamiento legal de las instituciones. Efectivamente, más adelante en su discurso agregaba:

> ... mezquindad y ruindad: he aquí los dos polos funestos a estas instituciones, si una temprana previsión no combina con delicadeza y sabiduria los absolutos derechos del hombre con el uso moderado y prudente que de ellas se debe hacer en el estado de asociación, desprendiéndonos de unos y reteniendo los otros...[107]

Tal concepción de la soberanía tenía que ver implícitamente con el ejercicio del derecho al voto; de hecho, excluía a una parte de la comunidad. El pueblo no comprendía a todos los miembros de esta asociación. En esta frase sacada de un artículo fechado en marzo de 1819, mientras los debates en el Congreso se referían a los derechos del ciudadano, volvemos a encontrar el mismo vínculo entre soberanía y ciudadanía:

> Si del pueblo es la autoridad y el poder, con la misma mano con que él disuelve un sistema de opresión y tiranía, puede plantar el de la libertad y su bienestar; no teniendo que recurrir al cielo en busca de la Soberanía que existe en el seno mismo de la na-

---

[106] «Discurso del honorable diputado D. López Méndez en la discusión del Congreso sobre la naturaleza del Senado constitucional», *Correo del Orinoco,* n°. 37, 21 de agosto de 1819. El subrayado es nuestro.

[107] «Continuación del discurso del señor López Méndez sobre la naturaleza del Senado constitucional», *Correo del Orinoco,* n.° 37, 21 de agosto de 1819.

> ción, fácilmente deposita el exercicio de ella en los ciudadanos más beneméritos[108].

En realidad, la selección entre pasivos y activos era de índole tanto social, y hasta moral, como económica. Efectivamente, los primeros excluidos eran los marginales, los vagabundos y las gentes sin fe ni ley, las personas condenadas a penas infamantes. Sólo los más útiles y los más merecedores, una vez más, obtenían el derecho de ejercer la soberanía y, para algunos, de postularse a cargos de representantes.

La distinción entre ciudadanos activos y ciudadanos pasivos no modificaba la división tácita que prevalecía desde 1811 ya que, de hecho, las condiciones requeridas para obtener el derecho a voto en el seno de las asambleas parroquiales ya excluían a la mayoría de quienes eran designados, en este texto, como ciudadanos pasivos. En cambio, creaba un espacio más tangible entre, por una parte, los electores (en primero y segundo grado) y los elegidos, y por otra parte, los que no tenían derecho al voto. El código de 1818 señalaba muy bien aquéllos en quienes recaía la exclusión de la ciudadanía:

> *Están excluidos de voz activa y pasiva*[109] los dementes, los sordomudos, los fallidos, los deudores a caudales públicos con plazo cumplido, los extranjeros sin carta de naturaleza, a menos que estén alistados en las banderas de la República o hayan merecido de ella otro empleo o encargo público, los vagos habidos y reputados notoriamente por tales, los tachados con la nota de deserción, los infamados con infamia no purgada por la Ley, los procesados con causa criminal abierta y de gravedad, los que solicitaren votos para sí o para otros, y los casados que sin razón legal vivan separados de sus mujeres[110].

Si bien esta doble exclusión no figuraba en la Constitución de 1819, lo cierto es que el estudio de esos dos textos parecía confirmar la hipótesis que ya formulábamos para el primer período constitucional, a saber: que el pueblo sólo incluía a las personas que participaban en la vida política, y

---

[108] «Conclusión de la refutación del Correo Brazilense», *Correo del Orinoco,* n.° 22, 13 de marzo de 1819.

[109] Lo cual significa aquí «elector» y «elegible». La cursiva es nuestra.

[110] «Reglamento para la elección de representantes al segundo Congreso de Venezuela de 1818, 17 de octubre de 1818». *Op. cit.,* pág. 235.

no al conjunto de individuos que formaban la nación, ejerciendo en ella los derechos políticos correspondientes a los ciudadanos. Por ello, podía proclamarse en otra parte la soberanía de ese pueblo, después de haber vinculado el ejercicio de ésta a la condición de ciudadano activo y pasivo. Este pueblo político era «oficialmente» abstracto pues, mediante esta concepción dual de la ciudadanía —sin contar la categoría de los excluidos de la ciudadanía—, servía ante todo de fundamento a la legitimidad. No era una entidad englobadora sino más bien excluyente dentro de la ciudadanía y fuera de ésta.

En 1819 esos mismos individuos (agrupados en un número menos importante de categorías) entraban en el caso de suspensión de la ciudadanía activa. Enfin, la Constitución preveía la pérdida de esa ciudadanía en los casos de no haber estado residenciado en el territorio durante cuatro años consecutivos, a menos de haber sido enviado en misión para la República, o de haber obtenido una licencia del gobierno; y en los casos de las personas sancionadas con una pena infamante —y ello hasta su rehabilitación—, o condenadas por haber comprado o vendido su voto por cuenta propia o para beneficio de terceros. Todos esos grupos condenados a ser despojados de sus derechos o a ser excluidos de la ciudadanía activa, ya figuraban en la ley electoral de 1810 en calidad de casos de prohibición del derecho al sufragio. Sin embargo, había una excepción: el despojo de los derechos por compra o venta del voto. Así quedaba enunciado en la Constitución, en el capítulo sobre las asambleas electorales y departamentales: «Ni antes ni después de las elecciones podrá ocuparse de otros objetos que los que le previene la presente Constitución. Cualquier otro acto es un atentado contra la seguridad pública, y es nulo»[111].

Al parecer, su introducción en los textos de 1818 y 1819 era producto de las enseñanzas dejadas por la experiencia de 1810, y tomaba en cuenta las críticas formuladas sobre todo por Juan Germán Roscio desde 1812 acerca del comportamiento de los electores de segundo grado. Este comportamiento había influido en el voto de los electores de ciertas provincias para las asambleas parroquiales, y éstos, extralimitándose en sus derechos, no habían disuelto las asambleas electorales tras la elección de los diputados, utilizando esta instancia para su provecho. Semejante práctica podía asimilarse a una suerte de Cabildo abierto permanente, incluso al movimiento parisino seccionario, de ésos que se dieron durante la

[111] «Constitución de 1819, título 4, sección 2a, art. 2». *Op. cit.*, pág. 251.

Revolución francesa[112]. Además, confirmaba las sospechas en cuanto a la capacidad de la población para emitir, con toda razón, un juicio sobre los hombres encargados de representarlos y que Juan Germán Roscio ponía en duda en su proyecto de gobierno publicado en 1813. Se trataba de problemas de fraude electoral y de desvío del voto. Esta introducción resulta tanto más significativa porque, contrariamente a los demás casos, estaba directamente vinculada al ejercicio del derecho al sufragio. Aquí ya no era el caso de una exclusión basada en criterios de pertenencia social, sino en un comportamiento político que tenía que ver con el ejercicio mismo del oficio de ciudadano. Así, podía ser considerada como la introducción de cierta modernidad política en la legislación, sin por ello omitir que la práctica del fraude electoral era ante todo el resultado del choque entre dos tradiciones en materia de representación. Se constataba entonces una multiplicación de las advertencias acerca de las sanciones en caso de tales prácticas. En la Constitución de 1811, este tema sólo figuraba en el capítulo de las «Disposiciones generales» y no acarreaba la pérdida de la ciudadanía sino la «exclusión por veinte años de las asambleas y del ejercicio de toda función pública»[113]. En caso de reincidir, la exclusión era perpetua e iba a la par con una proclamación pública de la sentencia. En 1818 esta infracción acarreaba la pérdida de la ciudadanía, pero era enunciada dentro del conjunto de casos de suspensión, enseguida después de la exclusión por vida marital ilegalmente disuelta. En cambio, en la Constitución de 1819 era objeto de una cláusula particular que precisaba que la sanción se aplicaba si se cometía el delito en una asamblea tanto primaria como electoral[114]. Observemos, por lo demás, que el temor a los fraudes y las manipulaciones en las asambleas primarias figuraba entre las razones invocadas por Bolívar a favor de la distinción entre ciudadanos pasivo y ciudadanos activos:

> Poniendo restricciones justas y prudentes en las Asambleas Primarias y Electorales, ponemos el primer dique a la licencia popular, evitando la concurrencia tumultuaria y ciega que en

---

[112] El movimiento de secciones parisinas, ya evocado en 1811 con respecto a las prácticas de la Sociedad Patriótica, se criticará de nuevo con fuerza en una publicación de 1827: *Fe política de un colombiano, o tres cuestiones, importantes para la política del día.* Bogotá: impr. Salazar, 1827, 20 págs. ANH: Foll. 1827 (1123).

[113] «Constitución federal para los Estados de Venezuela de 1811, capitulo IX, art, 212», en *Constituciones de Venezuela. Op. cit.*, pág. 202.

[114] «Constitución de 1819, título 3, sección 1ª, art. 8, parágrafo tercero», pág. 249.

> todos tiempos han imprimido el desacierto en las Elecciones y han ligado, por consiguiente, el desacierto a los Magistrados y a la marcha del Gobierno...[115]

Además, la introducción de la noción de fraude electoral como motivo de exclusión significaba un cambio en cuanto a la naturaleza de los parámetros que se tomaban en cuenta para definir —y por ende otorgar— la ciudadanía. Efectivamente, además de su dimensión social y del imperativo de residencia, con el que la pertenencia a la nación tenía como base el establecimiento en su territorio y no únicamente en el criterio de nacimiento, la ciudadanía adquiría una dimensión cívica. En adelante, la fidelidad a los principios de la república, así como la participación activa en su defensa, eran elementos determinantes de primera importancia. Así, a pesar del carácter más estricto de la legislación, daba la ciudadanía a individuos que no la poseían hasta entonces, o al menos no como tal. Efectivamente, los dos principales beneficiarios de esta apertura eran los militares y los extranjeros, a quienes se otorgaba efectivamente, bajo ciertas condiciones y gracias a exenciones importantes, el título de ciudadano activo.

d) El ideal del ciudadano-propietario

Pese a que en los textos legislativos se ampliaba el concepto de ciudadanía, cuya ambivalencia ya hemos percibido en términos de significación, la posesión de bienes raíces seguía siendo la referencia básica para otorgar esta ciudadanía y para el acceso a los cargos de representantes. A la importancia de las responsabilidades correspondía, además de la condición de la edad, que quedó aumentada, un incremento de exigencias con respecto al valor de la propiedad así como del tiempo de residencia en el territorio de la República.

Así, se observa que eran las circunstancias mucho más que decisiones dictadas por las convicciones doctrinales lo que llevaba a los legisladores a tomar medidas, no para permitir que un mayor número accedieran al fin a esta ciudadanía, sino más bien para evitar que se excluyera a quienes hasta entonces se beneficiaban de ella gracias a la propiedad de bienes raíces. Y ello más aún cuando podía deberse al alistamiento en los servicios del ejército, o a la pérdida de sus bienes tras la oleada de emigración que

[115] Simón Bolívar, «Discurso pronunciado por el general Simón Bolívar al Congreso general de Venezuela en el acto de su instalación». *Op. cit.*

se produjo al caer la primera República, o a haber sido capturados por las tropas enemigas. En este último punto, el código de 1818 estipulaba que: «No perderán el concepto de propietarios y poseedores, para sufragar, las personas cuyas propiedades estuvieren en poder del enemigo»[116].

Así, en una circular que Bolívar dirigió al general Pedro Zaraza, fechada el 11 de octubre, en la cual informaba, entre otras cosas, la publicación de la ley sobre el reparto de los bienes nacionales entre «los beneméritos al servicio de la República de Venezuela», también justificaba esta medida, además de la justa recompensa para los hombres que se habían alistado en las tropas patrióticas, de la manera siguiente: «Esta ley, justa y necesaria, asegura a los defensores de la patria una fortuna sobre qué contar, una recompensa de sus pérdidas y sus valerosos esfuerzos, y hace de *cada servidor un ciudadano propietario*»[117].

Para ese período, este texto es el único que menciona la expresión ciudadano-propietario como referencia en materia de derecho político. Independientemente de una real aplicación de este reparto de los bienes confiscados a los realistas españoles y americanos[118], aquí volvemos a encontrar la voluntad ya señalada de que los individuos más fieles a la causa de los patriotas —o cuya fidelidad los jefes políticos deseaban obtener— se sujetaran al territorio que defendían con las armas. Sin embargo, no dejemos de señalar que el principal imperativo seguía siendo el problema de la tierra, de su liberación, y sobre todo de su re-explotación para asegurar al país los recursos de los que carecían en grado sumo. Así, dependiendo de los individuos o grupos, el otorgamiento de la tierra no tenía que ver obligatoriamente con el arquetipo del ciudadano-propietario. Es más: la voluntad de paliar la merma de población que el país padecía desde 1812

[116] «Reglamento para la elección de representantes al segundo Congreso de Venezuela de 1818, 17 de octubre de 1818», *Documentos para la historia de la vida pública del Libertador. Op. cit.*, pág. 235.

[117] «Oficio de Bolívar para Zaraza, Angostura, 11 de octubre de 1817», en Blanco, J. F. y Azpúrua, R.: *Op. cit.*, vol VI, pág. 82. La cursiva es nuestra.

[118] Ya veremos que esta redistribución fue muy relativa cuando, en 1825, para las elecciones de presidente y vicepresidente de la República de Colombia, y sobre todo en 1829 con motivo de los debates para la elaboración de la Constitución de 1830, se decidió negar el derecho al voto para los hombres de tropa. Éstos reaccionaron argumentando sobre todo que, despojados de este derecho que tenían en virtud de su función militar, ya no podrían votar si no respondían a las requeridas condiciones de propiedad. La misma reivindicación se repitió en 1830, cuando se planteó la desmovilización de los soldados. Ver más adelante, parte IV, cap. 3.

invertía, en ciertos casos, la correlación tierra-ciudadanía. Según la misma lógica aplicada para los extranjeros alistados en el ejército, la instalación en Venezuela para trabajar la tierra iba a la par con la adquisición de la ciudadanía. Antes que entregar tierras a los extranjeros tal como lo preconizaba Fernando Peñalver en un proyecto de poblamiento con europeos, el diputado Domingo Alzurú estimaba que era preferible dedicarse a redactar una ley agraria para beneficio de los venezolanos, prioridad que él justificaba de la manera siguiente: «Antes de entrar en el repartimiento de tierras a extranjeros, [...] se debia formar una ley agraria en favor de los venezolanos, pues que los más de ellos carecian de una propiedad raiz que les exige la Constitución como una de las cualidades precisas para ser ciudadano»[119].

No obstante, a partir de ese mismo mes de abril se dedicaron varias sesiones del Congreso al repoblamiento de la provincia de Guayana, y se aceptó encargar a los extranjeros de la reconstrucción de los pueblos[120]. El diputado Nicolás Pumar dijo al respecto: «[Es] una fortuna encontrar quien reedificara la iglesia y casas ruinosas, y formase un pueblo en circunstancias que nuestra población se ve tan disminuida y debemos aumentarla»[121].

Ahora bien, el principio de la generalización del recibimiento de extranjeros había sido adoptado el 25 de mayo en estos términos: «Se continuó la discusión pendiente en sesión del 22 del corriente acerca de las propuestas de los extranjeros [...] para el establecimiento de una colonia en un espacio de terreno sobre el río Orinoco, y después de largas conferencias y debates, se acordó que se admitan poblaciones extranjeras en el territorio de la República de Venezuela...»[122].

Finalmente, un decreto emitido durante la sesión del 10 de junio de 1819 acerca del establecimiento de esta colonia en el Orinoco, para contribuir al repoblamiento de la provincia de Guayana —y cuyo principio se consideraba como válido para todas las demás provincias libres del país—, ratificó el carácter honorífico del título de ciudadano, tal vez a falta de un carácter

---

[119] «Acta 60 del 28 de abril de 1819», en Actas del Congreso de Angostura. *Op. cit.*, pág. 67.

[120] Después de los debates, «el extranjero Santacruz», tal como se le designaba en el texto, obtuvo la concesión de un terreno para reconstruir la iglesia de la misión del Caroni. «Acta 90 del 8 de junio de 1819». *Op. cit.*, pág. 86.

[121] *Ibídem*, pág. 99.

[122] «Acta 80 del 25 de mayo de 1819». *Op. cit.*, pág. 87.

efectivo anteriormente señalado. Efectivamente, este decreto estipulaba en su artículo 5: «Los pobladores, padres de familia, desde el momento mismo en que principien sus establecimientos, gozarán de los derechos de ciudadanos de Venezuela y de los demás, conforme a la Constitución»[123].

Estas dos declaraciones que ligan explícitamente la ciudadanía con la posesión de tierras y, en el caso del recibimiento de los extranjeros, con la revalorización de las tierras y la reconstrucción de los pueblos, confirmaban la concepción utilitarista del concepto de ciudadano-propietario. El aspecto económico tenía que ver no con el tamaño de la propiedad que se poseía, aunque su valor era una condición para adquirir la ciudadanía activa, sino más bien con la participación de los individuos en el desarrollo, y más específicamente en la reconstrucción del país.

En cambio, no es seguro que las razones invocadas para ratificar la ley sobre la libertad de los esclavos —a saber: que pudieran cultivar las tierras— implicaran, para sus redactores, un reconocimiento de su plena ciudadanía. Se admitía ciertamente que éstos pudieran acceder al estatus de hombres libres, siempre y cuando se tomaran ciertas precauciones. Pero en cuanto a otorgarles el de ciudadano activo, nunca se habló de esto en los debates que acompañaron la publicación de esta ley. Así, Fernando Peñalver justificaba en parte su solicitud de aplicar la liberación de los esclavos en las provincias liberadas por los ejércitos republicanos —o que pronto lo serían—, con la necesidad de revivir la agricultura de la provincia de Caracas, a punto de ser liberada por esos ejércitos. El secretario de la sesión, el diputado D. de Vallenilla, registraba esa intervención de la manera siguiente:

> El Señor Peñalver hizó la moción de que el Congreso tome en consideración todas las leyes que dictó el Presidente del Estado en el tiempo que fue jefe supremo de la República [...] y, con especialidad, la que por una proclama se hizo en favor de la libertad de los esclavos; y estimándola como urgente, pidió que se discutiese en la primera sesión, dando por razón de la urgencia la posibilidad de ocupar nuestras armas la provincia de Caracas, cuyas riquezas y recursos que ofrece consisten en la agricultura, y la continuación de ésta depende de los esclavos a quienes se ha dado la libertad que pidió al Congreso se ratifi-

[123] «Acta 84 del 1º de junio de 1819». *Op. cit.*, pág. 92.

> case; pero que no se pusiese en ejecución mientras no se diesen por el Congreso los reglamentos que determinasen el modo con que habían de usar de la libertad los que no están acostumbrados a ella[124].

El tercer término de la correlación no se daba para esos seres aparte que eran los esclavos. Se hacía la relación entre libertad y explotación de una tierra, pero se mantenía la separación entre ese trabajo —aunque, por cierto, se reconocía su necesidad para sacar al país de la miseria— y el estatus de ciudadano. Así, en el decreto sobre la libertad de los esclavos promulgado el 11 de enero de 1820[125], se establecía esta distinción sin ambigüedades: «Es preciso, en el estado de ignorancia y degradación moral a que esta porción desgraciada de la humanidad se halla reducida [...], hacer hombres antes de hacer ciudadanos»[126].

Esta distinción entre el hombre y el ciudadano confirmaba, por cierto, la existencia de un espacio de no ciudadanía por debajo del grupo de ciudadanos pasivo, y daba fe de la severidad de las condenas que, en el reglamento de 1818, implicaban la prohibición de voz activa y pasiva.

e) El voto de los militares: la legalización del ciudadano-soldado

En los reglamentos electorales, la distinción de los hombres de armas como entidad particular confirmaba, más que otra, la verdadera puesta en práctica de las modificaciones introducidas por la guerra, desde un punto de vista tanto político como sociológico. Habría que tomar en cuenta varios parámetros para poder evaluar la influencia adquirida por los miembros de este grupo. Ante todo, se hizo una distinción para otorgar a los militares el título de ciudadano activo según el carácter profesional o no de la función ejercida dentro del ejército.

Siendo que la adquisición de la ciudadanía siempre estaba ligada a los criterios de residencia y moralidad, así como de edad, y a la posesión de un título de propiedad, cierta categoría de militares se vio exenta de esta obligación debido al rango que ocupaban en el ejército. En este sentido, el grado en la jerarquía militar suplía la no posesión de tierras, igual que el

---

[124] «Acta 14 del 2 de marzo de 1819». *Op. cit.*, pág. 22-23.

[125] Decreto cuya aplicación fue además aplazada hasta el año siguiente debido, precisamente, a la dificultad para crear las instituciones y los establecimientos —y reunir los fondos necesarios para su funcionamiento— encargados de educar a los esclavos.

[126] «Acta 252 del 11 de enero de 1820». *Op. cit.*, pág. 321.

ejercicio de una ciencia o de un arte liberal o mecánico. Así, el artículo 8 del reglamento de 1818 mencionaba: «Todos los Oficiales, Sargentos y Cabos, aunque carezcan de los fondos raíces o equivalentes, designados en esta instrucción, gozarán del derecho de sufragio»[127].

Lo mismo ocurría con los militares que disponían de por lo menos trescientos pesos; el texto indicaba que esta suma —en efectivo o no[128]— entraba en la categoría de propiedad para la adquisición del derecho a voto; así pues, se trataba sobre todo, en este caso preciso, de militares graduados. Se admitía el derecho a voto de toda la tropa pero, aquí también, las condiciones en las que habían tenido que efectuarse las elecciones acarreaban, de hecho, la no participación de los simples soldados. Y esta situación quedaba claramente enunciada en el reglamento: «Comprendidos están los venezolanos dedicados al servicio de las armas Republicanas; pero por abreviar el acto de la elección sin atraso del servicio, no sufragará toda la tropa...»[129]

Seguía la lista de personas que podían efectivamente acudir a las urnas. Pero aquí también los criterios de selección revelaban una concepción de la ciudadanía que consagraba ante todo las virtudes morales y la posesión de bienes. No eran las facilidades prácticas lo que se adoptaba para permitir que los hombres de tropa votaran. Todos tenían ese derecho, pero por este medio sólo lo ejercían quienes eran considerados como aptos para ello, independientemente de su patriotismo. La integración de la tropa en su conjunto era un mero formulismo; parecía más bien destinada a halagar a esos hombres. Pero entre ese reconocimiento y su traducción a la gesta política había un paso que los autores del texto no dieron. No «todos» podrían participar en las elecciones, sólo «... aquellos individuos de ella que sean padres de familia propietarios de bienes raíces o arrendadores de tierra para el sembrado o crías de ganado o traficante con el capital declarado en la Regla 3 [300 pesos mínimo por año], y habilitados por los demás

---

127 «Reglamento para la elección de representantes al segundo Congreso de Venezuela de 1818, 17 de octubre de 1818». *Op. cit.*, pág. 235.

128 El carácter no efectivo de las retribuciones tenía que ver con la imposibilidad, durante el período anterior, de remunerar esos cargos. Así, se adoptaron varios decretos en 1819 para fijar los montos de los sueldos de cargos militares y civiles (sobre todo la retribución de los diputados y del personal que trabajaba en el Congreso) y que eran retroactivos.

129 «Reglamento para la elección de representantes al segundo Congreso de Venezuela de 1818, 17 de octubre de 1818». *Op. cit.*, pág. 235.

capítulos expresados...»[130] En cambio, jurídicamente hablando, la Constitución de 1819 se interesó más detalladamente por ese conjunto de hombres de armas quienes, de hecho, estaban admitidos en el cuerpo de ciudadanos activos. No se tomó en cuenta, entonces, ningún requisito de grado ni de propiedad, de rentas o riquezas. Efectivamente, el sólo hecho de haber participado en la guerra independentista suplía todas las condiciones impuestas al resto de la comunidad. Ya se tratara de la obligación de haber nacido en el territorio, de residir en el, de tener edad y propiedad, nada obstaculizaba ese derecho a la ciudadanía activa para quienes hubieran contribuido por las armas, «activamente», a la recuperación del país, a su defensa y, por ende, al renacer del proceso político y constitucional. En virtud de su compromiso con la patria, habían dado la prueba de su apego a la res pública. Por consiguiente, la calidad de activos que se les reconocía en el terreno militar, se veía transferida al ámbito político mediante la adquisición del título de ciudadano activo. «Poseer una propiedad raíz de valor de quinientos pesos en cualquier parte de Venezuela: suplirá la falta de esta propiedad el tener algún grado o aprobación pública en una ciencia o arte liberal o mecánica; el gozar de un grado militar vivo y efectivo o de algún empleo con renta de trescientos pesos por año»[131].

Con la extensión del derecho al sufragio para los militares que tenían un grado en el ejército (y ya hemos visto que podía obtenerse fácilmente, sobre todo matando a un español y presentando su «trofeo»), el surgimiento del soldado-ciudadano desde las primeras campañas contra los ejércitos realistas, se veía así confirmado. La defensa exterior había alistado a todos los miembros de la «nación» más allá de las divisiones habitualmente vigentes —por lo menos en el discurso y para las necesidades en hombres—, la función militar adquiría una utilidad social que se traducía políticamente por el otorgamiento de la ciudadanía. Lo que permitía acceder a este rango era la función en el ejército, y ya no únicamente la condición de ciudadano con la que se obligaba a estar dispuesto a servir a la patria.

En adelante, había dos figuras jurídicas bien distintas: por una parte, el ciudadano-soldado que era, por su naturaleza, además de un contribuyente, un elector y eventualmente un candidato a ciertas funciones, un soldado mobilizable[132]; y por otra parte, el soldado-ciudadano. La coexistencia

---

[130] *Ibídem.*

[131] «Constitución de 1819. Título 3, sección primera, art. 4». *Op. cit.,* pág. 249.

[132] Tomamos parcialmente esta definición de J.M. Carrié, en su artículo dedicado al soldado romano «Le soldat». *Op. cit.,* págs. 127-173.

de ambos «personajes» contribuía a una adecuación teórica entre los ciudadanos activos y el cuerpo social en su conjunto, integrando un número más importante de individuos, aunque no se suprimieran los principios de exclusión para otras categorías de la población, al contrario. Además, este reconocimiento de la equivalencia de los servicios prestados en el terreno militar introdujo, por una parte, pero únicamente en el texto de 1818, la mención de la pérdida de la ciudadanía en caso de deserción; por otra parte, y con respecto entonces al ciudadano civil, encontramos unos imperativos que tenían que ver con el pasado militar de los individuos, imperativos que confirmaban al mismo tiempo la distinción entre ciudadano-soldado y soldado-ciudadano. Ese pasado se consideraba como determinante no para la obtención de la ciudadanía, sino más bien para poder postularse al cargo de diputado y, en 1819, para obtener el derecho de convertirse en miembro del Senado. Así, en 1818, para ser diputado, además de los requisitos habituales, convenía haber desplegado un patriotismo a toda prueba; y los candidatos al Senado tenían que haber participado en la campaña de 1816 y haber prestado sus servicios hasta la fecha de la elección[133].

Sin embargo, tan rápido reconocimiento político de los servicios armados prestados a la patria no iba sin plantear dudas en cuanto a las motivaciones reales de los jefes políticos. Efectivamente, este reconocimiento parecía tener dos facetas opuestas desde el punto de vista no sólo de las opiniones que podemos evidenciar en cuanto a la forma que había que dar a las instituciones y que apuntaban en parte a reducir el alcance y la incidencia de las elecciones, sino también de las dificultades surgidas desde 1812 dentro del ejército en cuanto a la fidelidad de las tropas, y a veces de sus jefes. El otorgamiento de la ciudadanía, igual que los reconocimientos honoríficos emitidos paralelamente a los decretos contra los desertores y los traidores, podría entonces constituir un instrumento de sensibilización, de fidelización de los hombres a la causa que debían defender. Así, se trataba mucho más de un medio de integración en el cuerpo político. Si bien en los hechos no se podía considerar que la incorporación a este ejército —que no estaba preparado para enfrentar semejante ofensiva y no disponía de una organización adaptada, moderna[134]— pudiera constituir una escuela de ciudadanía, lo cierto es

[133] «Constitución de 1819, título 6, sección tercera, art. 6». *Op. cit.*, pág. 255.

[134] Así, describiendo la organización del ejército al iniciarse las hostilidades, el observador inglés Semple señalaba: «... los dirigentes no preven nada. Se efectúan reclutamientos y se llevan a los hombres amarrados al ejército para que luchen por la libertad, como antes lo hacían por la gloria de España y su rey», citado por PARRA PÉREZ, C.:

que los dirigentes forjaban un primer crisol identitario en torno a los individuos que la componían. Y si bien el reconocimiento de los derechos políticos para los militares ciertamente podía interpretarse como un modo de mantener en su bando a los hombres más aptos para encargarse de la seguridad interna[135], y de controlar una parte importante de la población más fluctuante, el crisol de identidad constituido por el ejército y sus hombres encontraba aquí una traducción política que no dejaba de tener sus repercusiones en la concepción de la nación tal como se perfilaba cuando se ratificó esta segunda Constitución. Aunque nunca haya sido aplicada, el hecho es que los representantes de 1819, encargados por cierto de elaborar la nueva Constitución y, por ende, de esbozar el perfil del cuerpo social, fueron elegidos por los militares, y éstos se convirtieron así en el soporte de la representación y en los voceros de toda la nación. Tal influencia resultaba aún más significativa porque este reconocimiento político fue acompañado con la celebración intensificada de actos de guerra y de guerreros durante el mes de agosto, en el período mismo en que la situación militar de los patriotas se estaba deteriorando.

Así pues, había una verdadera voluntad de olvidar los fracasos sufridos debido al comportamiento de las tropas —y, en ciertos casos, de sus jefes— muchas de los cuales, ante el avance de los españoles, se pasaron a sus filas. No obstante, Bolívar quiso que esos hechos quedaran en el olvido y, respondiendo a su solicitud, todos los jefes de armas (que también eran jefes políticos) se apresuraron a celebrar las virtudes de sus ejércitos. Así, en abril de 1819 el general Francisco de Paula Santander propuso honrar con el título de «Libertador» a cada uno de los miembros de un destacamento de caballería:

> Deseando dar un testimonio de la consideración y aprecio que merecen los Bravos del Exército que en el combate de las Queseras del Medio han manifestado su valor verdaderamente heroico, he decretado el siguiente:
>
> 1. Todos los jefes, oficiales, sargentos, cabos, y soldados que componían el Destacamento de Caballería que combatió ayer

---

Historia de la primera República de Venezuela. Op. cit., vol. 1, pág. 238. Sobre este aspecto, ver THIBAUD, C.: *Repúblicas en armas. Los ejércitos bolivarianos en la guerra de Independencia en Venezuela y Colombia.* Bogotá: Planeta-IFEA, 2003.

[135] Veremos que ocurría lo mismo con la interpretación que podía darse a la integración de los extranjeros, la mayoría de los cuales estaban, además, alistados en el ejército.

> contra todo el Ejército español y derrotó a toda la Caballería enemiga, serán desde hoy miembros del Orden de los Libertadores, y usarán de la venera en virtud de este Decreto.
>
> 2. El Señor General de División José Antonio Páez, que mandó en persona este Destacamento, pasará a la Secretaría de Guerra una lista de todos los que lo componían para que sus nombres [queden inscritos] en los registros de los Miembros del Orden, se les libren los Despachos correspondientes, y se impriman y publiquen como Beneméritos de la Patria[136].

Con la creación de este título, los guerreros quedaron revestidos de todas las virtudes correspondientes a sus funciones y sus hazañas; en tanto tal, fueron llamados a dar su contribución para el restablecimiento y el funcionamiento de las instituciones. Serían ciudadanos y, al mismo tiempo, el brazo armado del poder. El otorgamiento de la ciudadanía era la consagración lógica de tal reconocimiento. Es más, respondía al imperativo de unidad que estaba planteado para el país. Así, al instalarse el Congreso en enero de 1819, Bolívar se dirigió a los legisladores, proclamando acerca de «los valerosos guerreros»: «No combatiendo por el poder, ni por la fortuna, ni aun por la gloria, sino tan sólo por la Libertad, títulos de Libertadores de la República son sus dignos galardones. Yo, pues, fundando una sociedad sagrada con estos ínclitos varones, he instituido el orden de los Libertadores de Venezuela»[137].

Ahora bien, en 1818, con motivo de la presentación de su proyecto de Constitución, Bolívar afirmaba que la sociedad toda todavía estaba por crearse, antes incluso de pensar en restablecer el proceso político. Los hombres a los que eligió entonces para llevar a cabo esta empresa fueron los que se habían distinguido por su patriotismo, combatiendo por la libertad del país, cualidad que constituiría en adelante el signo distintivo de los buenos patriotas, y que sería exigida a quienes aspiraran a los más altos cargos del Estado.

Esos hombres, que eran combatientes todos ellos, (y por ende ciudadanos, puesto que ese título les era otorgado en recompensa de su participación en la defensa de la patria), encarnaban el coraje, el heroísmo, la tenacidad, y serían inmortales en la medida en que la obtención de estos títulos estaba

---

[136] *Correo del Orinoco,* n.° 28, sábado 24 de abril de 1819.

[137] «Simón Bolívar, Discurso pronunciado por el general Simón Bolívar al Congreso General de Venezuela en el acto de su instalación». *Op. cit.*

asociada a acontecimientos llamados a figurar en los anales de la Historia. Fueron erigidos en modelos con los que el resto de la población podía identificarse, por ser poseedores de virtudes constantemente alabadas por los hombres que los gobernaban, y formaban, por así decirlo, una «reserva» de valores comunes. Pero aunque signos y símbolos pretendían ser nacionales, venezolanos, en realidad estas virtudes glorificadas eran las virtudes universales de las Repúblicas. A falta de una identidad común, los nuevos ciudadanos demostraban que un pueblo por mucho tiempo sojuzgado por el peso del despotismo, unido por un mismo deseo de libertad, había sabido responder a las exhortaciones de sus dirigentes. En este sentido, jugaron un importante papel de conservación y transmisión de valores.

Esta labor de transmisión se efectuaba de dos maneras diferentes pero complementarias. Gracias a la lucha que mantuvieron, los combatientes heroicos demostraron que en cada uno de ellos había un «poder superior» capaz de conducirlos hacia la victoria. En contraparte, el gobierno surgido de esta victoria se comprometía a garantizarles su agradecimiento, otorgándoles el «sello de la inmortalidad»[138] y serían así un testimonio para las futuras generaciones. Al finalizar la lucha contra los ejércitos españoles, la memoria de los héroes representaría la única historia —militar— del país. No obstante, se consideraba que el éxito era comprensible y posible sólo debido a ese instinto filial que lleva a los individuos a amar a su patria, y que hace que, espontáneamente, unos combatan para defenderlo y otros se levanten para aclamar a éstos.

El despertar de esta predisposición natural, adormecida durante tres siglos, fue lo que permitió una respuesta tan rápida ante la llamada de la Patria. Se entiende entonces que los fundadores hayan incluido las virtudes de sus héroes en su patrimonio «genético». Efectivamente, es de notar que los héroes celebrados eran casi siempre «hijos» que habían respondido, de manera casi instintiva, a la llamada de su «madre» —de su patria— doblegada por el yugo del despotismo.

Al haber nacido en este suelo —de esta «madre»— que ellos acababan de liberar, eran patriotas por naturaleza. Por consiguiente, la sangre de esos hombres ilustres también circularía en las venas de sus hijos y, así como existían templos dedicados a los héroes, habría que venerar a los hijos en tanto reencarnación de los padres. La cadena de transmisión generacional

---

[138] «Manifiesto sobre la forma provisional del nuevo gobierno», *Actas del 19 de abril de 1810. Op. cit.*, pág. 86.

así constituida aseguraría la perennidad de esas acciones, confiriéndoles ulteriormente la solemnidad de la que habían carecido. De alguna manera, se ocultaba la memoria individual para beneficio de otra, uniformizada, que representaba una identidad nueva mucho más fácil de asimilar, según ellos, porque era «hereditaria»[139]. En este sentido declaraba Pedro Briceño Méndez, ministro de Guerra y Marina en 1819, refiriéndose a la Historia santa:

> Yo estoy persuadido de que ningún establecimiento político, por más democrático que sea, puede hacer que no se respete en los hijos la sangre ilustre que heredaron de los héroes que les dieron el ser; y tanto más me confirmo en este pensamiento, quanto que veo en los libros sagrados que no forman el elogio de algunos santos, cuyo mérito quieren realzar, sin remontarse a encarecernos las glorias de aquellos dichosos troncos de quienes descienden, como para hacernos ver que los han heredado[140].

La historia que se estaba forjando era ante todo militar. Así, las victorias logradas después de haberse creado el título de Libertadores estaban llamadas a figurar en los anales del país. En febrero de 1819 Bolívar consideraba la Historia militar de Venezuela como equivalente a «la Historia del heroísmo republicano de los Antiguos»[141]. Y utilizaba términos similares para celebrar a los soldados que habían vencido a Morillo en la campaña de Apure, en abril del mismo año: «¡Soldados! ¡Acabais de executar la proeza más extraordinaria que puede celebrar la historia militar de las Naciones [...]!»[142]

Era tan predominante la identificación de la virtud con las hazañas de los hombres de armas, que éstos representaban el modelo que había que alcanzar en adelante, el centro en torno al cual todos por fin se reunían con un objetivo común. La nación, comunidad voluntaria de individuos, se forjaba en el crisol de una identidad militar. No se trataba prioritariamente de

---

[139] «Continuación del discurso del señor Briceño Méndez sobre la naturaleza del senado constitucional», *Correo del Orinoco,* n.° 38, 28 de agosto de 1819.

[140] «Continuación del discurso del señor Briceño Méndez sobre la naturaleza del Senado constitucional», *Correo del Orinoco,* n.° 37, 21 de agosto de 1819.

[141] «Discurso pronunciado por el general Simón Bolívar al Congreso de Venezuela en el acto de su instalación». *Op. cit.*

[142] «Simón Bolívar a los bravos del ejército de Apure», *Correo del Orinoco,* n.° 28, 4 de abril de 1819.

una nacionalidad fundada en el suelo o en la sangre, sino más bien en la apreciación de los valores universales que tutelaban su nacimiento, la única fuerza en torno a la cual era posible lograr un amplio apoyo sin que por ello se adquirieran los derechos políticos correspondientes, puesto que en la Constitución de 1819 era únicamente el título militar lo que autorizaba el paso de la condición de ciudadano pasivo a la de ciudadano activo: «Los militares, sean naturales o extranjeros, que han combatido por la libertad e independencia de la patria en la presente guerra, gozarán del derecho de ciudadanos activos, aun cuando no tengan las cualidades exigidas en los artículos 4, 5 Y 6 de este título»[143].

f) El derecho a la participación política para los extranjeros

El voto otorgado a los extranjeros remitía a la misma voluntad de consagrar a los hombres que habían servido al país en guerra, puesto que en la mayoría de los casos era en tanto militares como quedaban integrados en el cuerpo de ciudadanos activos. Efectivamente, las equivalencias y exenciones con las que se beneficiaban por los servicios prestados a la patria eran de la misma naturaleza que las que se otorgaban a los militares nacidos en suelo venezolano. Por consiguiente, el derecho a participar otorgado a los extranjeros confirmaba el eminente lugar ocupado por el soldado-ciudadano.

La Constitución, de manera mucho más explícita y detallada que el reglamento de 1818, reconocía la adquisición de la ciudadanía para los extranjeros. En este reglamento sólo se dedicaba un artículo al respecto, y tenía que ver únicamente con las condiciones necesarias no para ser electores sino para ser elegidos: «Los extranjeros que al tiempo de la elección aún no tuviesen carta de naturaleza, podrán ser elegidos, siempre que hayan seguido constantemente la causa de la República en cualquier servicio activo, y continuado desde el principio de cualquiera de las épocas de su gloriosa insurrección»[144].

Así como la celebración de los héroes militares forjaba la imagen del suelo fecundado con la sangre de los próceres, quedando así los hombres y su descendencia apegados a la patria que habían contribuido a salvar, así

---

[143] Constitución de 1819, título 3, sección primera: De los ciudadanos, art. 7, en Constituciones de Venezuela. *Op. cit.*, pág. 249.

[144] «Reglamento para la elección de representantes al segundo Congreso de Venezuela de 1818, 17 de octubre de 1818». *Op. cit.*, pág. 236.

también la defensa de esta tierra desde el inicio de la «insurrección» sustituía la obligación de nacimiento y residencia en suelo venezolano. Más que la nacionalidad de los individuos, lo que fundaba realmente la pertenencia a la nación era el patriotismo. Esta preferencia se explicaba fácilmente debido a la importancia de la adhesión a la bandera española por parte de la población desde 1812, adhesión que Miguel José Sanz y Juan Germán Roscio denunciaban, precisamente porque en ella veían uno de los obstáculos esenciales para la creación de una nación. El texto constitucional reafirmaba el vínculo extranjero-hombre de armas mediante el acceso a la ciudadanía activa, y estipulaba que los servicios prestados a la República constituían uno de los modos de adquisición de la nacionalidad. Los extranjeros podían entonces ser ciudadanos activos, si cumplían con las condiciones de edad requeridas para los venezolanos y si sabían leer y escribir. Este imperativo era el único que tenía que ver directamente con ellos, pues su aplicación para los venezolanos fue aplazada hasta 1830. Cabe preguntarse si esta disposición excluía o no a una importante cantidad de extranjeros o si reflejaba su nivel social. No disponemos hoy de una documentación que nos permita estudiar la formación y el origen social de los extranjeros incorporados a la causa patriota durante ese período En su *Historia fundamental de Venezuela,* J. L. Salcedo Bastardo establece una lista de extranjeros que vinieron a Venezuela y se integraron al ejército, pero no suministra indicaciones al respecto[145]. Sin embargo, nos parece que sería posible formular una hipótesis basada en la concepción que tenían los legisladores de la propiedad como criterio discriminatorio para acceder a la ciudadanía y al ejercicio de ciertos cargos. Efectivamente, ya lo hemos recalcado, el apego a la propiedad no remitía al modelo de ciudadano-propietario como entidad económica tal como fue definido en el siglo XVIII, sino que constituía más bien una prueba de integración social y de moralidad. Así, a falta de esta garantía de educación y buena vida conferida por la propiedad, se exigía a los extranjeros un conocimiento básico. En cuando al interés en la cosa pública por parte de quien tenía alguna posesión propia, quedaba suficientemente suplantado por la adhesión voluntaria a la defensa de un país del que no se era oriundo, en nombre de las ideas universales heredadas del ideal revolucionario. Prueba de ello es que

---

[145] J. L. Salcedo Bastardo establece una lista de extranjeros que vinieron a Venezuela y se integraron al ejército, pero no suministra indicaciones al respecto. *Historia fundamental de Venezuela.* Caracas: Instituto de previsión social de las Fuerzas Armadas, 3ª ed. 1972.

la incorporación activa en el ejército —independientemente de los criterios de nacionalidad— dispensaba de esta obligación, así como de todas las demás condiciones exigidas para los oriundos de Venezuela[146].

Además, se ponían condiciones relativas al estatus de extranjero y que tenían que ver con la necesaria posesión de un bien que contribuyera a la prosperidad del país y, más aún, diera fe de su arraigo en la patria adoptiva. Así, se exigía que los extranjeros —que tenían el beneficio del derecho al voto aunque no tuvieran carta de naturaleza— supieran necesariamente leer y escribir. Además de esta condición, debían haber vivido en el territorio durante un año ininterrumpido y estar domiciliados en alguna parroquia; o en su defecto, debían haber manifestado su intención de establecerse en Venezuela a través del matrimonio con una venezolana o de la instalación de la propia familia en el territorio, o debían poseer alguna propiedad, o debían ejercer un oficio libre o mecánico equivalente. El apego al territorio constituía realmente una prueba de apego a la patria, y hasta de arraigo, confirmada en contrario por la exclusión de la ciudadanía para los vagabundos y errantes.

> Art. 5: Los extranjeros que hayan alcanzado carta de naturaleza en recompensa de algún servicio importante hecho a la República serán también ciudadanos activos, si tuvieren la edad exigida a los naturales y si supieren leer y escribir.
>
> Art. 6: Sin la carta de naturaleza gozarán del mismo derecho los extranjeros: —Primero: que teniendo veintiún años cumplidos sepan leer y escribir.
>
> —Segundo: que hayan residido en el territorio de la República un año continuo y estén domiciliados en alguna parroquia.
>
> —Tercero: que hayan manifestado su intención de establecerse en la República, casándose con una venezolana o trayendo su familia a Venezuela.
>
> —Cuarto: y que posean una propiedad raíz de valor de quinientos pesos, o ejerzan alguna ciencia, arte liberal o mecánica[147].

Por consiguiente, esta posesión recuperaba aquí su carácter económico y, para los legisladores, constituía ante todo una garantía de independencia

[146] «Constitución de 1819, título 3, sección primera, artículo 7». *Op. cit.,* pág. 249.
[147] *Ibídem,* «art. 5 y 6», pág. 249.

financiera, que era un elemento importante en razón de la situación económica del país. No podía entonces bastar para garantizar ese otro arraigo representado por el patriotismo y el interés por los asuntos públicos anteriormente mencionados. Pues, en última instancia, la manera en que se entendía el caso de los extranjeros confirmaba un concepto de la ciudadanía que estaba vinculado al domicilio. Tal como lo señala Pierre Rosanvallon con respecto a la Francia revolucionaria, «nunca se ha definido en este sentido al ciudadano como el puro individuo-elector, sujeto jurídico abstracto poseedor de la nacionalidad: siempre es un hombre implicado, arraigado, insertado en el gran movimiento de la interacción social»[148]. Para los extranjeros, en caso de no poseer la carta de naturaleza, esta no-abstracción se veía reforzada por la exigencia de casarse con una venezolana, lo cual suponía la instalación en el territorio, por una parte y, por otra, la esperanza de tener descendencia, o sea una nueva forma de arraigo.

Sin embargo, ni todos los criterios escogidos para la definición de la ciudadanía y, por ende, la instauración de límites para la exclusión, ni la adopción en la Constitución de 1819 del principio de ciudadanía pasiva/ciudadanía activa, lograban clarificar la formulación de los derechos políticos independientemente de consideraciones de orden social y moral. Para acceder a sus plenos derechos, el ciudadano seguía dependiendo de su integración en la sociedad civil. Así, el hecho de integrar a los extranjeros en el cuerpo político, como un reconocimiento de su incorporación en las tropas patriotas, revelaba en primer término una concepción vaga de la ciudadanía, que acarreaba una fluctuación de los límites de la integración. Esta indeterminación, con la que «se acomodaban», tal como lo recalca Pierre Rosanvallon respecto a los hombres de 1789, «tenían su fuente en la indeterminación de sus representaciones sociales, mucho más que en una ausencia de voluntad política (por ejemplo, los diferentes sentidos del término «ciudadano» —el nacional, el elector, el hombre implicado— nunca se jerarquizaban claramente)»[149]. Al respecto, la exhortación de Francisco Antonio Zea a los pueblos colombianos con motivo de celebrarse la creación de la República de Colombia, adquiere una significación que ilustra muy bien esto:

---

[148] ROSANVALLON, P.: *Le sacre du citoyen. Histoire du suffrage universel en France. Op. cit.*, pág. 77-78.

[149] *Ibídem,* pág. 81.

> En la impotencia reconocida a que está reducida España, ese dia será el último de la guerra y el primero de nuestro engrandecimiento y prosperidad. Colombia recibe en él una nueva existencia, y el mundo industrioso y comerciante hace la adquisición de un opulente imperio. Nuestras puertas se abren a todas las naciones; nuestro territorio, entredicho por más de tres siglos a todos los pueblos, admite a todos los hombres como amigos o como ciudadanos, como traficantes o como propietarios[150].

Además, esta imprecisión era innegable en cuanto a las muchas excepciones previstas por la Constitución, la cual sin embargo admitía el principio de la doble ciudadanía. Y es que, efectivamente, la movilización contra el enemigo había hecho caducar —incluso antes de oficializarse— la exclusión de quienes, pese a su estatus de ciudadanos pasivos, contribuían a la defensa de la patria. Al estar la ciudadanía vinculada a criterios tanto morales como políticos, y al implicar por ende una relación de confianza entre el individuo y la sociedad, ¿cómo no traducir entonces políticamente ese patriotismo, más allá de una simple celebración honorífica? Ya se tratara de militares o de extranjeros, hemos visto por cuáles cauces jurídicos se reincorporaron muchos de ellos al grupo de ciudadanos activos[151]. Debido a los años de guerra que precedieron a la restauración de las instituciones políticas, la ciudadanía se había manifestado ante todo mediante la participación en los combates, más que con la práctica política, a la vez suspendida y temida.

---

[150] Zea, F. A.: *¡Pueblos de Colombia!,* 13 de enero de 1820. BNV/LR.

[151] Aunque esta distinción entre pasivo y activo ya no está vigente, nunca hay que sobrestimar el alcance de esta supresión, ante todo teórica.

Conclusión

Ruptura con la madre patria, fusión en la nación colombiana

Con motivo del restablecimiento de los organismos gubernativos, y como reacción contra el impacto producido por la llegada de las tropas realistas a Venezuela, en 1812, y también por los combates que se produjeron de manera intensa hasta 1819, fue elaborándose una red de referencias comunes destinada a unificar a la población y a reunirla primero en torno al proyecto de defensa, y luego al de reconstrucción del país. Además, las divisiones internas surgidas de los combates llevaron a los jefes políticos y militares a tomar conciencia no sólo de la heterogeneidad étnica y social de la sociedad venezolana, sino también de los perjuicios causados, según ellos, por el dominio español en términos de memoria política y democrática. Así, el pueblo al que se hacía entonces referencia no poseía ninguna experiencia de libertad, y tampoco ningún derecho a aspirar a ella. Por ello, desde las victorias iniciales de 1813 y el efímero restablecimiento de la República, los primeros próceres fueron objeto de celebraciones y homenajes. Sobre todo Atanasio Girardot, a quien Bolívar consideraba como uno de los restauradores de la República; esto quedó particularmente demostrado con dos artículos, entre otras disposiciones de una ley dictada en 1813 con el fin de honrar su memoria:

> 3. Su corazón será llevado en triunfo a la capital de Caracas, donde se le hará la recepción de los Libertadores y se le depositará en un mausoleo que se erigirá en la Catedral Metropolitana [...]
> 6. El nombre de este benemérito ciudadano se inscribirá en todos los registros públicos de las Municipalidades de Venezuela, como el primer bienhechor de la Patria[1].

Se llevó a cabo entonces una primera labor de memoria, con la intención de celebrar estos héroes (prestigiosos o anónimos) y erigir monumentos conmemorativos, consagrando también los lugares donde se ellos habían distinguido. Así, se propuso la edificación de verdaderos «lugares de me-

---

[1] «Simón Bolívar, Ley de la República de Venezuela para honrar la memoria del coronel A. Girardot», *Gazeta de Caracas,* 7 de octubre de 1813.

moria»[2] con el fin de transmitir a las generaciones futuras un recuerdo imperecedero de esos años fundacionales, pues los nombres de estos próceres debían quedar grabados en el «templo de la memoria»[3]. En marzo de 1818 José Cortés de Madariaga declaraba:

> La capital de la antigua Cundinamarca ha grabado en bronce la execración de los verdugos: de una en otra generacion se propagará el odio que engendró vuestra ferocidad en la jornada de 1816; Cartagena conservará el depósito incorruptible de las cenizas que esparció en su recinto el desenfreno sanguinario de los caudillos de Fernando; y el panteón de Bocachira servirá de Monumento eterno, que testifique haberse embotado vuestros puñales hasta en los cuerpos vírgenes de los párvulos que no pecaron...[4]

Tan pronto como se anunció la reunión del Congreso constituyente en 1818, y mientras se proseguía con la guerra en el frente oriental del país, se intentó sacar provecho de la experiencia adquirida en los combates por los soldados, para dar a la población un conjunto de referencias comunes, arraigando los recuerdos correspondientes:

> Venid vosotros, corazones sensibles; venid todos los paises cultos [...] y vosotros, admiradores de Atenas y de Esparta y de Roma, venid a ver el más bello espectáculo y el más digno de vuestra existencia: la muerte de los justos por la libertad. No, Españoles, vosotros no lograreis jamás arrancillar su fama. Sus nombres inscritos en el templo de la Memoria serán venerados por todos los hombres sensibles al mérito y a la virtud sublime: sus hijos los llevarán con gloria, y la Patria los señalará con orgullo a todos los Pueblos[5].

---

[2] Retomamos la expresión utilizada por P. Nora en la serie de trabajos que dirigió a partir de este campo de problemática. NORA, P. (dir.): *Les lieux de mémoire*. Paris: Gallimard, 1997, 3 vols.

[3] «Continuación de la exposición sobre la mediación entre España y América», *Correo del Orinoco*, n.° 13, 17 de octubre de 1818.

[4] *Respuesta del ciudadano D. J. Cortés de Madariaga*, 17 de marzo de 1818, pág. 12-13. ANH/folletos.

[5] «Continuación de la exposición sobre la mediación entre España y América». *Op. cit.*

También se afirmaba, tras la llegada de las tropas realistas a Venezuela, que España traicionó. Efectivamente, los criollos se consideraban como hijos de Cristóbal Colón y veían en los métodos utilizados por España una triste reminiscencia de la Conquista. Pero ahora sus propios hermanos venían a exterminarlos; los hombres que eran víctimas de esta invasión se consideraban como españoles, por la sangre y la cultura; nada tenían en común con las poblaciones indígenas conquistadas tres siglos atrás. Por consiguiente, España asesinaba a sus propios hijos:

> Extrangeros, gentiles y desconocidos eran para la España, los inocentes pueblos inválidos, despojados y destrozados por los verdugos de Isabel la Católica; de raza española, de una misma religión, de una misma lengua, de una misma ley, de unos mismos usos y costumbres son los pueblos que ahora sufren de Fernando y sus satélites los mismos males que sufrieron de los Corteses, Almagros, Pizzaros, Belzares y Bobadillas[6].

Fue una gran desgarradura, lo cual demostraba que el apego de las élites criollas a su identidad (y ascendencia) española iba más allá de las declaraciones principistas. La traición de los metropolitanos marcó una ruptura entre la España que encarnaba la permanencia de las práctica tiránicas y la Venezuela que afirmaba su voluntad de construir una sociedad nueva, fundada en la libertad y el reconocimiento de los derechos del individuo. Se había dado un paso irreversible, convalidando las acusaciones anteriores: «Quando ya el tiempo, consolador del Mundo, derramaba sobre mis heridas el balsamo del olvido, he aquí otra vez la misma carnicería por los mismos verdugos o por los mismos Diablos, como no dudó en llamarlos el venerable filántropo Las Casas»[7].

Pero aunque la ruptura con la historia de la Colonia se hacía necesaria, convenía no obstante conservar de ella un exacto recuerdo. Así, cuando llegó la hora de la victoria una de las tareas prioritarias consistió en encargar a un historiador la redacción de «las Revoluciones y la Independencia de América del Sur», una historia cuyo carácter general se esbozaba en un artículo publicado en 1818: «Quando haya terminado la larga relación de barbarie, de asesinatos y de traiciones, acabará probablemente esta sangrienta narración diciendo: asi cayó el monumento del

[6] «Emigración», *Correo del Orinoco,* n.° 45, 27 de octubre de 1819.

[7] «Continuación de la exposición sobre la mediación entre España y América». *Op. cit.*

Despotismo Español en América, en medio de los gritos de gozo de millones de seres emancipados y de la admiración del mundo»[8].

Si bien los excesos pasados y los sufrimientos de la guerra podían olvidarse, en cambio el enemigo seguía siendo objeto de odio: «No echeis la vista sobre los sucesos pasados sino para horrorizaros de los escollos que os han destrozado: apartad vuestros ojos de los monumentos dolorosos que os recuerdan vuestras crueles pérdidas»[9].

Pero, en la retórica de la élite criolla, esta sociedad traicionada era, además y pese a todo, una sociedad sin memoria. Deliberadamente, el poder español había dejado en la ignorancia al pueblo, cuyos únicos recuerdos tenían que ver con la arbitrariedad de los hombres y de las leyes con las cuales éste había sido gobernado hasta entonces. Así, la tarea emprendida se volvía aún más aleatoria y peligrosa. Sólo una ruptura con España podía efectivamente permitir que se liberara al pueblo de los males que hasta entonces lo habían mantenido bajo la dependencia del despotismo, tal como lo recalcaba Fernando Peñalver:

> Nuestras fuerzas son más que suficientes para defender nuestros derechos; amémonos todos y resistamos al desprecio, la tiranía y la codicia; establezcamos en nuestro país la justicia y la igualdad entre los hombres; no reconozcamos otra soberanía sino la de nuestra voluntad, dictada por la pluralidad de nuestros votos; seamos hombres libres y dexemos de ser esclavos del español supersticioso, cruel, desconfiado e inhumano; no pertenezcamos más a una nacion que ha consentido y sufrido un tribunal que persigue la razón y la libertad[10].

Esta ruptura, que justificó la adopción de instituciones «fuertes» y por medio de la cual se atribuían al Otro las debilidades y los defectos constatados en la población, volviéndose así ella misma Otra y ya no la imagen de esta Otra, de alguna manera fue facilitada por la guerra. Resultaba además mucho más simbólica porque permitía identificar y circunscribir al enemigo que, en el terreno de las armas, resultaba plural e inasible, pues

---

[8] «Relaciones de la América del Norte y la del Sur», *Correo del Orinoco,* n.° 6, 1º de agosto de 1818.

[9] Simón Bolívar, «A los pueblos de Venezuela. Proclama, 22 de octubre», *Correo del Orinoco,* n.° 14, 24 de octubre de 1818.

[10] «Discurso del señor Peñalver en la discusión del Congreso sobre la naturaleza del Senado constitucional», *Correo del Orinoco,* n.° 34, 24 de julio de 1819.

la lealtad a las tropas realistas por parte de muchos combatientes seguía siendo fuerte, tal como quedará demostrado —dos meses después de esta declaración de Fernando Peñalver— por las numerosas deserciones y traiciones durante la ofensiva española en el frente oriental.

A cada paso, los jefes debían ser capaces de convencer a los venezolanos de lo bien fundado de sus decisiones y de la lealtad de sus representantes que, contrariamente a sus predecesores españoles, no «han hollado la dignidad del hombre ni usurpado sus derechos. No son ellos los que, dando coloridos divinos a esta usurpación, se han fingido semidioses para disponer a su arbitrio de la vida y propiedad de sus semejantes»[11]. Semejante auto-justificación que, sin embargo, debido al canal por el cual se expresaba, no tocaba directamente a aquellos a quienes iba dirigida; era una señal adicional de la distancia existente entre la élite que había iniciado el proceso de independencia respecto de España, y el resto de la población. Bolívar y Fernando Peñalver adoptaban esta posición al concluir que sólo una Constitución y leyes adecuadas podían atenuar las disparidades étnicas de la población, pues crearían una igualdad «ficticia»[12], es decir política y social. Ya lo hemos visto, la igualdad republicana se fundaba en este axioma que, paradójicamente para los legisladores, imponía en este caso que no se olvidara «el genio y el carácter de los habitantes» para quienes elaboraban esta nueva Constitución y a quienes invitaban, por otra parte, a olvidar y renegar de esos mismos «usos y costumbres». Pero, al mismo tiempo, se hacía omnipresente el peligro de disolución interna, En reacción, se fustigaba también al enemigo interior en nombre, ahora, de una unidad cultural con España.

Así, la ruptura formulada desde 1811 quedaba consumada en su aspecto más radical. Efectivamente, percibimos el esbozo de un esfuerzo para construir una «nación» sobre la base de un rechazo a los pasados, a saber: la negación de la memoria precolombina y colonial, pues la memoria precolombina remitía al recuerdo de un hombre salvaje, sin cultura, pagano, y no a una cultura prestigiosa —como en Perú y México— que hubiera podido eventualmente ser reivindicada por las élites. Pero éstas no se preocupaban por un pasado que también pertenecía al pueblo al cual representaban, y que quizás no daba la misma importancia a esas raíces españolas

---

[11] «Congreso de Venezuela», *Correo del Orinoco,* n.° 37, 21 de agosto de 1819.

[12] Expresión utilizada por Bolívar en su Discurso de Angostura. «Continuación del discurso del general Simón Bolívar al Congreso el día de su instalación», *Correo del Orinoco,* n.° 20, 27 de febrero de 1819.

por las que tanto apego sentían los criollos, pese a todo lo que profesaran públicamente[13]. Cuando el pueblo tomó las armas, fue primero en defensa de la patria antigua, la del rey y de la Iglesia a los que había prestado juramento en 1811 como ciudadanos, pero también en defensa de la «patria chica». Un indicador de ello lo constituye la incorporación de muchos hombres del pueblo a las tropas españolas.

Una vez más, en esta dialéctica de la memoria y el olvido, el hecho político y militar ocupaba el primer lugar. En última instancia, convenía fustigar el comportamiento bárbaro mostrado por los españoles en contra de «sus hijos» durante la guerra. Parecía entonces que, de nuevo, las élites debían exagerar la nota para convencer de que la execración del otro estaba bien fundada. La fuerza de esta voluntad era sumamente perceptible en esta exhortación lanzada con motivo del intento de reconciliación propuesto por España en 1818:

> Es imposible formarse fuera de nuestro territorio una idea, no digo ya del odio, sino del furor y de la rabia que anima a los americanos contra los españoles. Esta animosidad domina todas las pasiones, subyuga todos los intereses, prevalece sobre el sentimiento mismo de libertad y de independencia. El

[13] Este tema, fundamental para analizar la elaboración del proyecto nacional concebido por estas élites criollas, sigue siendo difícil de circunscribir, tal como lo menciona con mucha justeza E. Hobsbawn, aunque sea a veces de manera maniquea: «Sabemos demasiado poco acerca de lo que ocurría [...] en la mente de esa mayoría de mujeres y hombres escasamente evolucionados, para poder decir con certeza qué pensaban y sentían respecto de las nacionalidades y los estados-naciones que les reclamaban lealtad. Por este motivo, las verdaderas relaciones entre la identificación protonacional y el patriotismo nacional [...] suelen quedar en la oscuridad», Hobsbawm, E.: *Nations et nationalismes depuis 1870. Programme, mythe, réalité. Op. cit.* págs. 102-103. Sin embargo, con el recurso a fuentes tales los archivos judiciales es posible «entender» de manera más satisfactoria la «recepción» de los acontencimientos vinculados a proceso de ruptura y luego de guerra. Ver Hébrard, V.: «La participación popular en la guerra de independencia en Venezuela: la otra cara de la guerra civil (1812-1818)». *Op. cit.*; con Santiago, J. P.: «La nación, la ciudad y los conflictos: una aproximación por las márgenes (Venezuela y Brasil en el siglo xix)», en *Espiral, Estudios sobre Estado y Sociedad,* n.° 20, vol. VI, enero 2001, Universidad de Guadalajara/Centro Universitario de Ciencias Sociales y Humanidades, págs. 161-186. Ver también, Quintero, I. *et alii: Más allá de la Guerra. Venezuela en Tiempos de la Independencia.* Caracas: Fundacioìn Bigott, 2008; libro que insiste en la dimensión estrictamente cotidiana del conflicto.

> Atlántico que separa los dos mundos no es tan extenso como el odio que separa a los dos pueblos[14].

Hazañas militares y construcción política estaban estrechamente ligadas, lo cual permitía proclamar, a falta de realizarla, la unión de la «nación» a la que las élites aspiraban: «Pensad sólo en lo que vais a hacer; y penetraos bien de que sois todos venezolanos, hijos de una misma Patria, miembros de una misma Sociedad, y Ciudadanos de una misma República»[15].

Pero este proyecto, este «sueño» se vio inmediatamente condenado a disolverse en otro sueño, en otra «ilusión» (para retomar la expresión utilizada por Luis Castro Leiva[16]), el de la Colombia imaginada por Bolívar quien, no obstante, en noviembre de 1818 dirigía esta declaración a las autoridades españolas:

> [El Gobierno de Venezuela] desea la mediación de las potencias extranjeras para que interpongan sus buenos oficios en favor de la humanidad, invitando a España a ajustar y concluir un tratado de paz y amistad con la nación venezolana, reconociéndola y tratándola como una nación libre, independiente y soberana[17].

---

[14] «Continuación de la exposición sobre la mediación entre España y América». *Op. cit.*

[15] *Ibídem.*

[16] Castro Leiva, L.: *La Gran Colombia. Una ilusión ilustrada.* Caracas: Monte Ávila Editores, 1985.

[17] «Simón Bolívar, Declaración de la República de Venezuela, Angostura, 20 de noviembre de 1818», en *Documentos que hicieron historia.* Caracas: Presidencia de la República, 1962, vol. 1, pág. 209.

Tercera parte

La república de Colombia o el aprendizaje de la nación (1820-1825)

La ruptura con España, vivida a través de la confrontación armada y proclamada luego por el verbo, sobre todo en noviembre de 1818 con motivo del intento de conciliación, condujo al mismo tiempo a reafirmar la existencia de Venezuela como nación libre, independiente y soberana.

Pero la primera Ley Fundamental de la República de Colombia, publicada en diciembre de 1819, introdujo otra ruptura en este proceso al proclamar el nacimiento de la República colombiana, reuniendo los territorios del antiguo virreinato de Nueva Granada en su extensión original[1].

Ruptura aceptada, podría decirse, ya que el paso de Venezuela del estatus de nación soberana tal como se mencionaba en la Constitución de Angostura, al de departamento, se dio en el discurso oficial de las élites venezolanas sin aparente fractura, en cuanto a la identificación con el espacio nacional.

Al contrario, asistimos aquí a una exaltación de esa gran nación que habría de ser Colombia, y ello en la continuidad del rechazo al federalismo en pro de un sistema centralizado de gobierno, en un gran territorio que contaba con una gran población de tres millones de habitantes. El discurso pronunciado por el vicepresidente Francisco Antonio Zea, en enero de 1820, con motivo de la proclamación de la Ley Fundamental de Unión de Nueva Granada y Venezuela, ilustra de manera particularmente elocuente esta aceptación, tan repentina como radical, de una lealtad hacia una entidad aún más abstracta que Venezuela[2] pues, al fin y al cabo, Colombia sólo representaba la reunión de tres entidades, y además una reunión hipotética para entonces. En este momento, el vínculo que las

---

[1] Evitamos aquí expresamente el término «Gran Colombia», que fue utilizado posteriormente por la historiografía a fin de evitar toda confusión con la Colombia que correspondía a la Nueva Granada de la época.

[2] Zea, F. A.: *¡Pueblos de Colombia!,* 13 de enero de 1820, BNV/LR.

unía no era sino, una vez más, la defensa de un territorio, pues la constitucionalización de esta nueva entidad dependía de su liberación. Ahora bien, este proceso último ya llevaba el germen de la ruptura política de la «Antigua Venezuela»[3] en 1829.

[3] Nombre dado por los actores venezolanos. En virtud de la división territorial adoptada por la Constitución de la República de Colombia, el término Venezuela designaba uno de los doce departamentos que, a su vez, se dividían en provincias. Los departamentos de la antigua Venezuela eran: Orinoco, compuesto por las provincias de Guayana, Cumaná, Barcelona, Margarita; Venezuela, con las de Caracas y Barinas; Zulia, con las de Coro, Trujillo, Mérida, Maracaibo y Boyacá.

Capítulo 1

De una nación a otra

El paso de la existencia de tres entidades (Capitanía General de Venezuela, Virreinato de Nueva Granada, Audiencia de Quito) hasta entonces distintas aunque unidas en la voluntad de liberarse del yugo español, a una gran nación llamada Colombia se tradujo por una verdadera transferencia de las lealtades y del significante de los conceptos de nación y patria. Siguiendo con nuestro análisis de los perfiles políticos y territoriales del conjunto —incluso de los conjuntos— llamado nación y/o república, la etapa colombiana revela así, desde el punto de vista venezolano, en qué medida los actores utilizaban la nación como instrumento de legitimación de sus acciones. Y ello respecto tanto del pueblo, al que también se atribuía ocasionalmente esta función, como del exterior, ya se tratara de las demás naciones con las cuales los actores se comparaban o que tomaban como modelo y con las que resultaba vital restablecer contactos políticos y económicos, ya se tratara de España. Ésta encarnaba al enemigo y fungía de contra-ejemplo en materia de libertad y hasta de civilización. Pese a las declaraciones principistas, la nación no remitía a una entidad particular. Desde el punto de vista de estos actores, la doble aceptación que implicaba durante este período, a saber Colombia y/luego Venezuela cuando ésta afirmó su oposición al poder instalado en Bogotá, no resultaba contradictoria. En uno y otro caso, la nación seguía siendo una alianza de provincias, incluso de pueblos, que podía fluctuar en función de las lealtades políticas. Por ende, la identidad se presentaba como una construcción, un artefacto adherido a los territorios así designados, tal como lo revelaba la similitud de las referencias utilizadas para caracterizarlos.

1. El proceso de transferencia

Al abrirse el Congreso de Angostura, donde estaba omnipresente el afán de dotar a Venezuela con una Constitución susceptible de acabar con el vacío político existente desde 1812[1] coexistían los dos niveles de referen-

[1] Anotemos que este «vacío» remite a la caída de la primera república. En los hechos, desde la toma de Caracas por Monteverde, se procedió bajo su mando a una vasta empresa de «pacificación» por las armas sin duda, pero que va acompañada del restablecimiento de los órganos de gobierno que existían hasta 1810 (en particular el *Real Consulado*) y

cia a la nación, aunque sólo fuera debido a la unión de Venezuela y Nueva Granada que formaba parte de los proyectos a mediano plazo, una vez que se lograra la liberación de las provincias. No obstante, el texto constitucional de 1819 se refería a la República de Venezuela, cuyo territorio estaba dividido en diez provincias. Y si bien durante los debates se mencionó la creación de la futura República de Colombia, ésta todavía parte del proyecto americanista para liberar del yugo español al continente; lo que sí se daba entonces era sobre todo el sentimiento patriótico común que unía a los ilustres soldados.

Fue realmente la publicación de la Ley Fundamental de la República de Colombia, sancionada por el Congreso de Angostura en la sesión del 17 de diciembre de 1819, lo que marcó el punto de ruptura discursivo y la transferencia de los conceptos y valores de Venezuela a esa República de Colombia. Y más que esta Ley Fundamental —que no era sino un documento jurídico—, lo que inauguró eso que podíamos llamar, en vista de los cambios que entonces se produjeron en los textos, el nacimiento de esta era nueva, fue el discurso dirigido por Francisco Antonio Zea a los pueblos de Colombia, el 13 de enero de 1820, para anunciarles la ratificación de esta ley. Por consiguiente, la Constitución de Cúcuta, sancionada el 30 de agosto de 1821, de alguna manera sólo confirmaba una transferencia que ya se había dado por lo menos en el plano del discurso, pues el proyecto de creación de la República de Colombia ya estaba enunciado en las dos Leyes Fundamentales de 1819 y 1821. En abril de 1821, en una Carta idéntica a las publicadas por Cristóbal Mendoza en 1819[2], al reflexionar sobre la naturaleza de las reformas constitucionales que debían efectuarse, el autor utilizaba una cita de Bolívar acerca de la necesidad de adaptar las constituciones a los países a los cuales estaban destinadas; pero le agregaba una mención significativa: «Colombianos, creed a vuestro Libertador: «un Gobierno Republicano, os ha dicho él, ha sido, es y debe ser el de Venezuela». Yo diré hoy: el de Colombia»[3].

---

de la instalación, durante 1813, de ayuntamientos constitucionales. Para una visión más detallada de esta aplicación de las instituciones gaditanas en Venezuela, ver: QUINTERO. I. y ALMARAZA, A. R.: «Autoridad militar *vs.* legalidad constitucional. El debate en torno a la constitución de Cádiz», *Revista de Indias,* vol. LXVIII, n.° 242, 2008, págs. 181-206.

[2] «Cartas de un patriota», en BLANCO, J. F. y AZPÚRUA, R.: *Documentos para la historia de la vida pública del Libertador. Op. cit.,* tomo VI. Cristóbal Mendoza, además de publicarlas, era al parecer su autor.

[3] «Cartas de un patriota. Sobre la reforma de la Constitución de Venezuela», *Correo del Orinoco,* n.° 100, 7 de abril de 1821.

La introducción de esta equivalencia muestra bien la transferencia que se daba a nivel de los marcos constitucionales y de los propios habitantes quienes, enseguida después de proclamada la Ley Fundamental, de venezolanos pasaron a ser colombianos, hijos de Colombia... En adelante, al igual que los demás grupos de población de Colombia, cuando sean mencionados como venezolanos será en tanto habitantes de un departamento. Por ello, más que en 1811 y 1819, aquí lo que hacía la Ley, más que ratificar la existencia de la nación, era crearla. Una prueba de este aspecto mecánico será la sucesión de dos Constituciones con pocos meses de intervalo, una para Venezuela, otra para Colombia, ambas designadas como naciones. Igualmente, se asistía a la transferencia de las temáticas y las problemáticas de un conjunto constitucional a otro, sin modificación sustancial de su contenido. Ahora bien, debido a la proximidad geográfica y a la similitud de la lucha en defensa de su libertad, existía ciertamente una influencia del destino de una sobre el de otra, y una historia común; pero la unión de tres entidades en un sólo «Cuerpo de Nación», como quedó designado, no era evidente, pese a las declaraciones de sus partidarios más fervientes para entonces. Tal como lo señala con justeza G. Soriano en un libro dedicado al estudio de los intereses sociales y políticos que estaban en juego en aquel período: «... el establecimiento formal de la Unión Colombiana realizado en Cúcuta en 1821 no parecía una creación, ni súbita ni improvisada. Había sido más bien experimentada por la circunstancias, aunque se pudiera dudar de su efectiva viabilidad»[4].

Efectivamente, aunque Bolívar consideraba que desde 1819, con su acción de Boyacá, había dado cuerpo a la traducción política de ese destino «común», o por lo menos paralelo, varios obstáculos se oponían a ello. Ante todo, las propias dimensiones de esta República no contribuían —ni mucho menos— a resolver el problema que se plantearía de manera cada vez más grave durante ese período, a saber: la confusión entre las funciones político-administrativas y militares, lo cual no dejaba de tener repercusiones en la construcción de una identidad común. Esta confusión se debía parcialmente a la voluntad de las élites de convertir al hombre de armas en el arquetipo del héroe nacional, del buen ciudadano; pero se daba también de manera soterrada, en el sentido en que la identificación con el hombre de armas ocultaba la ausencia de otros valores comunes necesarios para construir una verdadera comunidad nacional.

---

[4] SORIANO DE GARCÍA PELAYO, G.: *Venezuela 1810-1830: aspectos desatendidos de dos décadas*. Caracas: Cuadernos Lagoven, Serie Cuatro repúblicas, 1988, pág. 114.

Por lo demás, semejante confusión entre los poderes se insertaba en el marco de un sistema de comunicaciones lleno de fallas entre el centro y las otras partes de este vasto conjunto político; esto era la mejor prueba de la inadecuación entre una forma de gobierno centralizado y los medios necesarios —o siquiera los medios técnicos— para su puesta en práctica.

Finalmente, las provincias de Venezuela en su conjunto distaban de adherir totalmente a este proyecto. La proximidad geográfica, y por ende la proximidad de destino, no tenía efecto en las partes orientales del territorio. Además, las élites que en 1811 habían obrado para la edificación de la Venezuela libre e independiente se referían a principios políticos y constitucionales diferentes. En adelante, al llegar la hora de las oposiciones, se les hará más fácil no reconocer al nuevo régimen. Por añadidura, invocarán el hecho de no haber podido participar en la ratificación de la Constitución de Cúcuta, pues la provincia de Caracas —todavía en manos de los españoles— no disponía de representantes en el Congreso.

a) Irrupción de la novedad y nuevo marco nacional

Desde que la Ley Fundamental fue publicada en diciembre de 1819 y presentada por Francisco Antonio Zea a los colombianos en enero del año siguiente, ya se esbozaba no una voluntad de ruptura institucional[5], sino más bien la certeza de que el nacimiento de Colombia abría caminos para una era nueva. Todos los fundamentos de esta nueva entidad también recibían el calificativo de nuevos. El campo semántico de la novedad se hacía omnipresente; una nueva Constitución se estaba preparando para un pueblo nuevo, regenerado. Los obstáculos aducidos hasta entonces, sobre todo durante los meses dedicados a la elaboración de este texto, quedaron entonces barridos del campo político, el cual recuperaba la iniciativa, mientras la guerra contra los españoles prosiguió hasta 1823, cuando se liberó Puerto Cabello, último sitio importante que todavía se hallaba en su poder[6]. Con unas pocas excepciones, se calificaba como nuevo todo lo que tuviera que ver con la entidad que agrupaba a Nueva Granada y Venezuela, y luego Quito, ya se tratara del período en general, que marcaba un nuevo inicio en la historia del continente, rompiendo con el período precedente

---

[5] Contrariamente a lo que vamos a constatar en otros ámbitos, sobre todo para lo concerniente a la relación con el pasado y la revisión de su propia historia.

[6] Liberación que, además, marcaba el retorno del problema militar al primer plano de las preocupaciones.

(aunque sólo fuera porque el objetivo era sustituir la vía de las armas y de las pasiones descontroladas por la vía de la política y la razón), ya se tratara de los métodos sugeridos para revisar la Constitución, y de los términos utilizados para designar las leyes del país, sus riquezas y sus ventajas. Por añadidura, también se calificaba como nuevo al pueblo, pero había una diferencia fundamental en cuanto a las razones que autorizaban la utilización de tal calificativo: en este caso, efectivamente, no se hacía en ruptura con los anteriores años de guerra, sino más bien en relación directa con ellos. El pueblo halló en la lucha el origen de su propia novedad, que quedaba entonces asimilada más a una regeneración, a la fuente misma donde le había sido posible distinguirse. Nacido de las armas, el pueblo seguía siendo tal en los albores del nuevo proceso, y esto era lo que deploraba José Félix Roscio (eclesiástico y hermano de Juan Germán Roscio), en una oración fúnebre que, en 1825 conmemoraba precisamente a los héroes de Carabobo[7]. Si bien esta victoria se analizó como la confirmación del «nacimiento político de la República de Colombia»[8], lo cierto es que estos soldados, por muy patrióticos que fueran, no tenían más formación que la de las armas y la violencia. Se comprenderá entonces mejor la permanencia de las disposiciones legales que iban en contra de la real participación política de éstos, así como la afirmación de una voluntad de educar al pueblo para prevenir todo retorno de la anarquía y prepararlo a asumir su papel de ciudadano. Francisco de Paula Santander, vicepresidente de la República afirmó incluso, en octubre de 1821, que no se sentía capaz de introducirlos en el mundo civil y político:

> Además, Señor, ensayar, ejecutar, cumplir la Ley Fundamental del Estado, dar a Colombia una existencia legal, constituir el reino de las leyes, hacer sumir en el seno de la obediencia hombres erguidos por la victoria y antes combatidos por las pasiones serviles, llenar, en fin, la intención de V. M., y el voto de todos los Colombianos por el triunfo de la libertad y de la igualdad, no es, Señor, la obra del Vice Presidente que habeis nombrado[9].

Sin embargo, existía un común denominador entre esos elementos considerados como nuevos: la grandeza. Cuando Francisco Antonio Zea enun-

---

[7] Roscio, J. F.: *Oración fúnebre.* Caracas: 27 de julio de 1825, pág. 5-6, BNV/LR.

[8] «Batalla de», *El Correo Nacional,* n.° 22, 27 de octubre de 1821.

[9] «Discurso de Su Excelencia, general Francisco de Paula Santander, 3 de octubre», *El Correo del Orinoco,* n.° 22, 27 de octubre de 1821.

ciaba las características que distinguían a las naciones dignas de ese nombre, o sea el territorio, la población y los recursos, enseguida precisaba que este conjunto debía representar además un gran volumen, indivisible por naturaleza, a imagen y semejanza del poder encargado de gobernarlo. La fuerza de la nación y su capacidad para imponer su soberanía, objetivos planteados en el preámbulo de la Ley Fundamental, se evaluarían en adelante según su volumen más que por la adecuación de sus fronteras a la nación, considerada entonces como una comunidad de cultura y de identidad histórica. Era la única garantía de su permanencia y de su arraigo en el mundo, y había por parte de sus locutores una firme voluntad de cuantificación —a falta de delimitación— de las entidades así distinguidas:

> Una masa de más de tres millones y medios de hombres, un territorio de más de cien mil leguas cuadradas, una posición eminamente comercial, un mayorazgo inmenso en minas de oro y plata, en los frutos más estimados, y en las producciones naturales más preciosas, he aquí un Estado de enorme volumen que no necesita más que presentarse para ser reconocido. Vuestra unanimidad y firme resolución le darán a un tiempo la existencia y la duración[10].

Se trataba efectivamente de un Estado que, por voluntad de sus dirigentes, generó la existencia de un espacio para cuya fuerza parecían bastar sus dimensiones y la masa de la población. La otra voluntad, la de los habitantes, de participar en su surgimiento y su permanencia, intervino posteriormente. Además, paralelamente a la imagen de las tropas que recorrían todo el territorio para liberarlo, obviando las fronteras, la nación era una masa que se imponía por su tamaño y su fuerza casi física. Llevado por su entusiasmo, Francisco Antonio Zea llegó hasta comparar el poder adquirido por la nueva República de Colombia con los imperios de la Antigüedad, concluyendo que era superior.

Efectivamente, tras haber reafirmado que pese a sus respectivas potencialidades ninguno de los tres departamentos que formaban la República podía erigirse en potencia soberana, reconocida como tal, concluía:

> Pero reunidos ¡Gran Dios!, ni el imperio de los Medos, ni el de los Asirios, ni el de Augusto, ni el de Alejandro pudiera jamás compararse con esa colosal República que, un pie sobre el

[10] ZEA, F. A.: *¡Pueblos de Colombia! Op. cit.*

> Atlántico y otro sobre el Pacífico, verá la Europa y la Asia multiplicar las producciones del genio y de las Artes, y poblar de bajeles ambos mares para permutarlos por los metales y las piedras preciosas de sus minas, y por los frutos aún más preciosos de sus fecundos valles y selvas. No hay ciertamente situación mejor proporcionada que la suya para el comercio de toda la tierra[11].

Sin embargo, tomando en cuenta la situación económica y las bajas demográficas consecutivas al conflicto, podría parecer un poco irrealista fundar el poderío de la nación sobre semejantes criterios. Además, al leer las actas de las sesiones del Congreso, se puede notar, en los debates, la omnipresencia de la situación económica y la falta de recursos monetarios que afectaban al país.

b) El peso de los factores económicos

Aunque no podemos aspirar a presentar en el marco de este trabajo un análisis detallado de las medidas económicas programadas durante este período[12], sin embargo conviene señalar ciertos puntos que muestran el impacto que éstas tuvieron en la definición del espacio nacional. Así, cuando conforme a las garantías dadas por el Reglamento Electoral de 1818, volvió a estar vigente el principio de la proporcionalidad de los diputados a la cantidad de habitantes, demostrando el carácter provisional de esta medida, se evidenció una inflexión en las razones que suscitaron este restablecimiento. Efectivamente, además de que éste se conformaba a los principios políticos adoptados, se precisaba que razones económicas imponían que así se procediera, colocándolas en un primer plano de prioridades:

---

[11] *Ibídem.*

[12] Acerca de estos asuntos, consúltese: Brito Figueroa, F.: *Historia económica y social de Venezuela.* Caracas: 1966, ed., 1975, 2 vol; Banko, C.: «La fundación de los primeros institutos bancarios en Venezuela. Siglo xix», en *Estudios de historia social y económica de América, Revista de la Universidad de Alcalá,* n.° 10-11, octubre de 1993, págs. 245-255; Carrillo Batalla, T. E.: *Historia de las finanzas públicas en Venezuela.* Caracas: 1969; *Política y economía en Venezuela (1810-1976).* Caracas: Fundación John Boulton, 1976; Lucena Salmoral, M.: «El colapso económico de la primera República de Venezuela», en *America Latina: dallo stato coloniale allo stato nazione (1750-1940), VII Congreso de la Asociación de Historiadores Latinoamericanistas Europeos, Florencia, 15-18 de mayo de 1985.* Milano: Franco Angeli Libri, 1987, vol. 1, págs. 163-186.

> ... y aún quando este interés [del censo de la población] no se hiciese necesario conocerlo, inducirían a ellos [los representantes] otros muchos motivos de no menor importancia. Nunca puede la economía del Gobierno hacer los progresos que debería, si no hay tablas estadísticas exactas que manifiesten la población e industria del pais, y que prueben igualmente las medras de todo género que tiene la nación, y con ellas la idoneidad de los Gobernantes[13].

No obstante, debido a la presente situación, deplorada, por lo demás, y de la que se culpaba tanto a la guerra como a las autoridades españolas (debido a la ignorancia y la pobreza en las que habían dejado al país), aquí también había que dar pruebas de capacidad para asegurar su prosperidad. Los representantes tenían que mostrarse dignos del mandato que se les había dado, y que en adelante comportaría un importante aspecto económico. Después de la independencia lograda por las armas, había que conquistar otra independencia: la autonomía económica. En 1820, en un texto dirigido a los pueblos, inmediatamente anterior a las negociaciones de paz entre España y Colombia, Fernando Peñalver, presidente del Congreso, ilustraba la alteración que se produjo en el discurso de legitimación. Refiriéndose al derecho a la insurrección, le confería una dimensión económica:

> Todos los Pueblos tienen el derecho a procurarse su bienestar, y si para lograrlo les es necesario separarse del cuerpo político al que están unidos, deben hacerlo siempre que se hallen en estado de ser más libres y felices, repeliendo por la fuerza el yugo opresor, pueden levantarse contra los tiranos y la tiranía. Y ¿qué Pueblo ha existido en el mundo que con tanta justicia se haya desprendido del cuerpo político al que estaba unido, como lo ha hecho el pueblo colombiano? Por trescientos años los colombianos han sido esclavos y no hermanos de los españoles; trescientos años ha existido Colombia siendo el patrimonio de la España que les hacía sufrir el monopolio del comercio, de los empleos, y toda especie de monopolio, teniéndolos al mismo tiempo privados de instruirse en las ciencias, las artes, la navegación y el comercio, y también incomunicados con los demás hombres del mundo[14].

---

[13] *Correo del Orinoco,* n.° 56, 25 de marzo de 1820.

[14] «Manifiesto a los pueblos de Colombia, F. Peñalver (presidente del Congreso)», *Correo del Orinoco,* n.° 77, 26 de agosto de 1820.

Señalemos también el papel unificador asumido por la economía, pues formaba parte de los bienes que los pueblos de Colombia tenían en común. En nombre de este patrimonio, la transformación de Venezuela y de Nueva Granada en un sólo cuerpo de naciones se efectuó aún más fácilmente, así como la fusión de sus respectivos pueblos en un pueblo nuevo. Tal como lo indicaba Tomás Lander, la asociación de los miembros de la comunidad con miras a formar una patria (y por ende, un pueblo y una nación planteados como equivalentes en su libro publicado en 1825[15]) obedecía, ciertamente, a vínculos fraternos, pero también a imperativos económicos. Estos últimos, al mismo tiempo que introducían una voluntad de comunicación con las demás naciones, inducían una estrategia de repliegue sobre sí mismo, de preservación respecto de ese exterior indispensable pero al fin y al cabo peligroso. Así, en 1821, un decreto prohibió la importación de productos extranjeros para beneficio de la circulación de los productos colombianos. Además de los artículos que enunciaban estas disposiciones, había un preámbulo que daba la medida exacta de la importancia que tenía el tamaño del territorio para la prosperidad de la nación:

> El Congreso General, considerando:
>
> 1°: que el permitir indistintamente la introducción de varios frutos y efectos extranjeros de comercio por los puertos de la República, cedería en notable perjuicio de la industria y agricultura del pais;
>
> 2°: que el cambio recíproco de los productos naturales de la agricultura debe aumentar la riqueza pública;
>
> 3°: que este cambio recíproco y la frecuencia de relaciones de comercio entre los ciudadanos de las diferentes provincias de Colombia debe contribuir poderosamente a cimentar la unión, a promover eficazmente sus intereses propios y el aumento de las rentas públicas; ha venido en decretar y decreta...[16]

---

[15] «T. Lander, Manual del colombiano o Explicación de la ley natural. Van añadidos deberes y derechos de la Nación y del ciudadano, Caracas, 1825», en *Pensamiento político venezolano del siglo XIX. Op. cit.,* vol. 4, págs. 53-99.

[16] «Ley sobre prohibición de importar varios artículos y arreglos de comercio de un puerto a otro de la República», *El Correo Nacional,* n.° 24, 10 de noviembre de 1821.

Seguían disposiciones que apuntaban a prohibir estas importaciones. La circulación de las mercancías, y consecutivamente la de los hombres, debía contribuir a la unión, como si al obligar a los individuos a recorrer el territorio de parte a parte, el comercio contribuía a tomar el relevo de los ciudadanos en armas que, al recorrer también ese mismo territorio con miras a su liberación, fueron el origen de esa reunión en un sólo cuerpo de nación. Al mismo tiempo, este desarrollo económico conducía a tomar conciencia de las dimensiones del territorio, por lo demás muy elogiadas como símbolo de poder y de existencia frente al resto del mundo. Efectivamente, la comunicación entre las provincias preconizada en el decreto de 1821 distaba de ser una realidad. Para convencerse de ello, no hay más que leer las propuestas que se hicieron en 1823 en materia de fomento de los recursos del territorio. Aquí también, las consideraciones preliminares planteadas están repletas de informaciones para nuestra demostración, empezando por los calificativos utilizados, que confieren al texto su particular énfasis:

> Considerando:
>
> 1°: que la facilidad de las comunicaciones interiores del pais tiene una influencia suprema en la prosperidad y civilización de sus pueblos;
>
> 2°: que las fuentes de la riqueza nacional, por varias y abundantes que sean en Colombia, nunca podrán nivelarse con las de otras naciones cultas, mientras carezca la República de las ventajas de un sistema de comunicaciones interiores que ellas disfruten con más o menos extensión;
>
> 3°: que estas comunicaciones en el dilatado territorio de la República, se hallan generalmente en el mismo estado que la naturaleza les ha ofrecido a sus habitantes, por haberlas descuidado absolutamente y a veces impedido su composición, y mejora el gobierno español que antes oprimía estas regiones opulentas [...]; decretamos...[17]

La prosperidad así postulada pertenecía al futuro y, por ende, resultaba imperativo llamar a la movilización de las energías y la voluntad de los habitantes, porque representaba uno de los fundamentos de la existencia de la nación y, más allá, del acceso de su población a la unión, incluso a la ci-

---

[17] *Primer Congreso Constitucional de la República de Colombia. Decreto sobre Comunicaciones.* Cúcuta, 28 de julio de 1823, hs BNV/LR.

vilización. Además, esta movilización estaba basada en la sacralización de ese territorio liberado, reunido en una masa poderosa, cuyas riquezas convenía evaluar científicamente. Así como la sangre derramada era la prueba de que había surgido una nueva «raza» de individuos y que las futuras generaciones llevarían su marca, la tierra así fecundada podría de nuevo ofrecer todos sus frutos. La conjugación de estos dos fertilizantes constituía la palanca para el renacimiento económico y, en recompensa al sacrificio consentido, el pueblo nuevo adquiría teóricamente el derecho de asumir su gobierno. La lucha le había hecho virtualmente digno de gobernarse por sí mismo. Sin embargo, la libertad así obtenida era ante todo la libertad de tratar y comerciar con las demás naciones, más que la libertad de los individuos a hacerse realmente cargo de sí mismos.

c) La nación colombiana: una fusión de dos patrias

La nación se definía aquí esencialmente por su territorio y su población, cuya extensión, riqueza e importancia numérica se valora. En cambio, no se hacía mención de una identidad común a ambos pueblos así reunidos. La voluntad de vivir juntos, si es que existía o que sus miembros la habían expresado, sólo podía realizarse a través de la unión para la independencia y la libertad[18]. Por consiguiente, al igual que en 1810, durante todo el período de la guerra, aunque marcado por el rechazo a la «raza» española europea, se acogía a los hermanos españoles que libraban la misma lucha, reafirmándose esta confraternidad. Los reglamentos electorales de 1818 y 1819 insistían en el hecho de que los vínculos que unían a Venezuela y Nueva Granada eran producto de esta lucha. Así, en 1818 la Venezuela liberada se ofreció como una segunda patria para los combatientes de Nueva Granada, a ejemplo del refugio que también los venezolanos hallaron ahí tras la caída de la primera República:

[18] Tomás Lander propuso la siguiente definición de la patria: «Pregunta: ¿qué es lo que llamais patria? Respuesta: se llama así la comunidad de ciudadanos que, reunidos por sentimientos fraternales y necesidad recíproca, ponen sus respectivas fuerzas en común, cuya reacción sobre cada uno de ellos toma el carácter conservador y benéfico de la paternidad. En la sociedad, los ciudadanos vienen a formar como un establecimiento de banco de comercio; es la patria una familia reunida por los más dulces lazos de afecto, es decir por el amor a sus semejantes extendido a toda una nación». *Manual del colombiano o Explicación de la Ley natural. Van añadidos los Deberes y Derechos de la nación y del ciudadano.* Caracas: Tomás Antero, 1825, pág. 86. BNV/LR.

> Es en sus mismas desgracias y calamidades que estos dos países han aprendido las secretas relaciones que existían entre los dos. Venezuela se ve oprimida a un tiempo por los estragos de la naturaleza, por las maquinaciones del fanatismo, y por los esfuerzos de un enemigo que sabe aprovecharse de tal oportunidad, y sus hijos hallan un asilo en sus vecinos y hermanos de la Nueva Granada. Las tropas de ésta van a libertarlos, corren a auxiliar sus esfuerzos: siempre el venezolano halla un pais hospitalario, una segunda Patria en Granada. Esta pierde su libertad, experimentó tres años los horrores de una subyugación feroz, y sin los esfuerzos heroicos de sus ilustres hermanos de Venezuela, sus males tal vez hubieran sido eternos[19].

En cambio, los vínculos mantenidos hasta entonces en nombre de esa «consanguinidad» con los españoles, fueron indiscutiblemente rechazados. Así, en un artículo publicado al iniciarse las negociaciones entre Bolívar y Pablo Morillo, en 1820, en respuesta a los votos emitidos por éste último para reunir a «los padres y los hijos» y a «1os hijos entre si», se proclamaba: «¡Inhumano! Y ¿no habeis descubierto hasta ahora que vuestra inicua guerra, sobre ser feroz, rompia los lazos que la naturaleza hizo indisolubles? ¿No habeis descubierto hasta ahora que oponia el hijo al padre, el hermano al hermano, y el amigo a su amigo?»[20]

Sin embargo, este fenómeno de rechazo no suscitaba el surgimiento de una nueva comunidad orgánica en Colombia. Muy por lo contrario, la unión confirmaba el nacimiento de una nueva «raza» de hombres, nacida de la lucha común y que definía los campos únicamente en términos de enemigos o amigos. El pueblo así reunido había nacido en la guerra. Por consiguiente, ésta constituía el crisol de su identidad, a falta de otro. La guerra, además de conferir gloria a los héroes y a las virtudes que ellos encarnaban, también se fundaba en una concepción muy poco positiva, siendo que estos héroes la presentaban como el fundamento de una memoria común. Por una parte, ellos evocaban una identidad (española) y, por otra, planteaban la reivindicación de un apego a principios y la lucha librada para reconquistarlos.

---

[19] «República de Colombia. Unión de Venezuela y Nueva Granada», *Correo del Orinoco,* n.° 60, 29 de abril de 1820.

[20] «Comentario del pliego de Morillo», *Correo del Orinoco,* n.° 71, 15 de julio de 1820.

El 5 de julio de 1820 la conmemoración de la Independencia de Venezuela ofreció una oportunidad privilegiada para verificar la efectividad de estos principios. Efectivamente, el autor de un artículo enviado al *Correo del Orinoco* reprochaba a las autoridades el no haber dado suficiente importancia a los españoles que habían luchado junto a ellas. Aludiendo a un texto que criticaba las palabras de Pablo Morillo durante la firma del tratado de paz, justificaba su estupor en estos términos:

> Permitame Ud decirle, sin embargo, que el brindis que se dió en favor de los españoles que han combatido por nosotros y caído a nuestro lado, probaría a lo menos la estima en que los tenemos y publicarlo sería manifestar que nos unen los principios y no el origen y que aunque no pertenecemos, como supone Morillo, a la familia española, nos honramos de llamar hermanos a los que, desnudándose de rancias preocupaciones, reconocen en nosotros derechos iguales, justicia en nuestro intento, y gloria en promoverlo[21].

Sin embargo, el *Correo Nacional* publicado en Maracaibo —ciudad de la cual se conocía la resistencia a reconocer la Junta de Caracas de 1810, y el apoyo hasta 1821 a las fuerzas españolas— matizaba de manera significativa estas palabras algo radicales, dictadas por las circunstancias. Efectivamente, un artículo publicado en un suplemento de este periódico, en septiembre del mismo año, acerca del apoyo y la actitud comprensiva de la opinión española ante la independencia, indicaba y confirmaba así el peso de las circunstancias sobre el carácter radical del discurso oficial:

> [Estos españoles] comprenden las ventajas de la paz con unos pueblos cuyas relaciones vinculadas en la sangre, en el idioma, en las costumbres, no han sido todavía destruidas absolutamente. Ellos perciben que, en el estado de hostilidad actual, la América contrae obligaciones derivadas del interés, de la política y de la gratitud, que deben estrecharla en amistad con otras naciones, y que la perduración de la guerra la robustecerá y aumentará al mismo tiempo que, con igual proporción, la España llegará a perder hasta la esperanza de la más insignificante consideración para nosotros[22].

[21] «Brindis del 5 de julio», *Correo del Orinoco,* n.° 71, 15 de julio de 1820.

[22] «Paz en América», *Suplemento al Correo Nacional,* n.° 17, 26 de septiembre de 1821.

Esta convicción de que el poder de la voluntad suscitaba la existencia de la nación colombiana y de sus miembros, dotados así de una nueva identidad, se confrontó con la prueba de los hechos desde antes de haberse proclamado la Constitución, que se limitaría así a constatar una realidad ya incuestionable. Efectivamente, el anuncio del restablecimiento de la Constitución española de 1812 y, luego, de su aplicación en América el 6 de junio de 1820, provocó una oposición muy fuerte en el plano estrictamente político, y confirió a la proclamación del nacimiento de Colombia una intensidad aún más fuerte. Por encima de las opciones institucionales, lo que se percibió como un ataque a la soberanía fue la decisión de aplicar la Constitución española en un país que acababa de proclamar su accesión al rango de nación, y que estaba a punto de dotarse de sus propias instituciones. Esta decisión era además una prueba adicional de la negación de las autoridades españolas a ratificar la declaración de independencia de su antigua colonia. No obstante, la legitimidad de la acción de los patriotas colombianos era tanto más firme cuanto que su independencia la habían logrado a costa del sacrificio de los hijos de la patria. Y, en este sentido, percibimos el estrecho vínculo que une la acción política a la lucha armada:

> Hemos renunciado a ellas [las instituciones españolas] y lo hemos hecho saber a V. E. en el campo de batalla. Gobiérnese como quiera la nación española: esto no nos incumbe. Mas no se mezcle en decirnos lo que nos convenga o no: tenemos también nuestras instituciones políticas, que diariamente mejoraremos en cuanto hallemos que sea conveniente[23].

Para la élite colombiana, la aplicación de las instrucciones decretadas por las Cortes españolas y anunciadas por Pablo Morillo, lejos de ser percibida como un acto previo a la paz con España, equivalía a una afrenta contra el restablecimiento político que estaba en curso en sus países, un ataque contra la dignidad de la nación. Lo que quedaba en entredicho con esta decisión era el derecho de Colombia como nación soberana a hacer tratos de igual a igual con los demás países. Los mismos argumentos son dirigidos a Miguel de la Torre y Pando quien, tras la partida de Pablo Morillo, dirigía las tropas españolas cuando se reiniciaron los combates en el territorio de la provincia de Caracas en abril de 1821, y consideraba a los colombianos como «individuos de la nación española». La siguiente afirma-

---

[23] «Comentario al pliego de Morillo». *Op. cit.*

ción, publicada en el *Correo Nacional*, iba acompañada de notas de comentario, una de las cuales apuntaba precisamente a rechazar toda asimilación entre ambas naciones:

> Es cosa muy disonante que después de que los generales, y aun el mismo gobierno español, han tratado en sus comunicaciones y negociaciones al Gobierno de Colombia como una potencia separada y de igual a igual, como dijo el Sr. Moreno Guerra en las Cortes españolas, use el señor La Torre de este lenguage. Individuo de la nación española es el que voluntariamente ha consentido en su nueva Constitución; pero no los hombres y los pueblos que en uso de sus derechos han sacudido su yugo opresor, y se han reunido en un cuerpo de nación independiente y libre, rehusando constantemente pertenecer a la española, cualquiera que sea su forma de gobierno y sus leyes[24].

Puesto que ya se reconocía y se admitía que a los colombianos les bastaba emitir su voluntad de ser declarados como tales para que esto fuera un hecho, la existencia de una entidad previa a la ruptura de los nexos con la metrópoli, confirmada por la proclamación de la independencia, también se presentaba como el resultado de la voluntad, y ya no simplemente como una concatenación casi mecánica de circunstancias impuesta por las autoridades españolas. Estas sólo fueron un elemento desencadenante, un epifenómeno, y en ningún caso el origen de la nueva nación[25]. Así pues, se afirmaba una diferencia mediante el choque contra España y la más radical ruptura, que condujo al surgimiento de lo que podemos considerar como valores, pues éstos se presentaban como el bien común de los colombianos unidos en un destino común, en nombre de la lucha por la independencia y por el reconocimiento de sus derechos. Ahora bien, esto se producía en el momento mismo en que se daba la posibilidad de reconciliarse con la metrópoli, política y constitucionalmente. Tal como lo afirmaba Bolívar en vísperas de firmarse el armisticio:

---

[24] «Circular tomada de una Gaceta de Trinidad», *El Correo Nacional*, n.° 18, 29 de septiembre de 1821.

[25] E. Marienstras observa una idéntica toma de conciencia en los patriotas norteamericanos a principios del siglo XIX, en *Nous, le peuple. Les origines du nationalisme américain.* Paris: Gallimard, 1988, págs. 294-295.

> Se nos ha ofrecido Constitución y Paz; hemos respondido Paz e Independencia; [...] ¿Podríamos aceptar un código enemigo prostituyendo nuestras Leyes Patrias? ¿Podríamos quebrantar las Leyes de la Naturaleza salvando el océano para unir dos continente remotos? ¿Podríamos ligar nuestro interés a los intereses de una nación que es nuestro suplicio? ¡¡¡No, colombianos!!![26]

2. El triunfo de la Libertad y de la Ley

La elaboración, y luego la promulgación, de la Constitución de 1821, confirmaron la victoria de la libertad civil, hipotética hasta entonces. Aunque España aún no había reconocido la accesión de Colombia a la independencia, la victoria de Carabobo en junio de 1821 sobre las tropas españolas permitía hacer esta declaración. Mientras que en la instalación del Congreso de 1819 los hombres presentes en Angostura consideraban que la libertad, definida como obediencia a las leyes, era, citando a Rousseau, «difícil de digerir», y que convenía destilarla con parsimonia para que la población se acostumbrara a ella progresivamente, en cambio la creación de Colombia y de su Constitución se colocó bajo la égida de esta libertad reconquistada. Ello de agosto de 1820, cuando Bolívar salió de Caracas, donde residía desde la victoria de Carabobo, se dirigió a la población para confirmar este advenimiento:

> ¡Caraqueños! Una victoria final ha terminado la guerra de Venezuela. Sólo una plaza fuerte nos queda que rendir. Pero la paz, más gloriosa que la victoria, debe ponernos en posesión de esta plaza y de los corazones de nuestros enemigos. Todo se ha hecho para adquirir la libertad, la gloria y el reposo; y todo lo tendremos en el curso del año.
>
> ¡Caraqueños! El Congreso General, con su sabiduría, os ha dado leyes capaces de hacer vuestra dicha. El Ejército Libertador, con su virtud militar, os ha vuelto a la patria. Ya, pues, sois libres[27].

---

[26] Bolívar, S.: «Proclama», *Correo del Orinoco,* n.° 86, 25 de noviembre de 1820.

[27] Citado por O'Leary, D. F.: *Gran Colombia y España (1819-1821).* Madrid: Editorial América, 1919, pág. 166.

En un primer momento, los documentos jurídicos que sellaban la unión de Venezuela y Nueva Granada y echaban las bases de su futura organización, se presentaban como la ratificación de la obra cumplida en el terreno militar. Muchos textos así lo comentaban, distinguiendo dos fases sucesivas: una, de reconquista de la libertad por el pueblo; otra, de su ratificación y su garantía en lo político. En este sentido, los miembros del Congreso definían el mandato que habían recibido de sus conciudadanos:

> Después de once años de infinitas calamidades y convulsiones con que ha sido despedazada la Patria, disueltos casi los vínculos del orden social, desatendidas las artes de la paz por acudir al manejo de las armas, y cerrados los canales de la riqueza pública y privada, hubieran desesperado vuestros Representantes de corresponder a los deberes de su augusta misión, si no contaran con las disposiciones de un pueblo digno de ser libre, y sobre todo con el auxilio de aquella Providencia que se complace en hacer felices a los hombres. Penetrados de este sentimiento al comenzar el desempeño de sus tareas, se les presentó luego el examen de la Ley Fundamental, que debía fijar los destinos de esta nueva sociedad...[28]

No obstante, para ser llevada a buen término, la tarea que los representantes colombianos así asumían debía insertarse en un sistema unitario y centralizado.

a) El imperativo unitario

Más allá de la crítica del sistema federal que se daba en la continuidad de los debates inaugurados en 1818 con motivo de la redacción de la Constitución de Angostura, y más allá también del análisis de la situación surgida de la guerra, la afirmación del principio unitario revistió a partir de 1820 un aspecto que interesaba sobre manera a toda la sociedad. Efectivamente, lo que sufrió modificaciones no fueron los principios constitucionales escogidos, sino más bien el discurso que acompañaba la publicación del texto mismo, asignándole una función y una significación diferentes; así como el contexto político y militar en el que se proclamó.

---

[28] «El primer Congreso General de Colombia a todos los pueblos y tropas del mar y tierra de la República». *El Correo Nacional,* n.° 3, 23 de junio de 1821.

Al carácter centralizado del poder debía corresponder una sociedad uniforme que hallaba su justificación en el texto mismo. Por ello, lo que se produjo a ese nivel fue, más que una ruptura, un llamamiento al olvido del período de la primera República, que encarnaba la fragmentación de los poderes, de los territorios y, por ende, de la sociedad. Si hacemos una lectura retrospectiva de los acontecimientos, semejante situación no podía sino conducir a la ruina y la anarquía del Estado, de las costumbres y de la opinión. «Olvidaos, pues, colombianos, de esa Federación que no os conviene: sea uno el gobierno, una la República, una la legislación, una la fuerza para que, partiendo todas las medidas de un centro común, no haya embarazos que detengan al jefe del Estado, quien debe también ser uno, en la difícil carga de que se encarga»[29].

El cambio que así se dio a favor de un poder político centralizado no constituía sólo una ruptura a nivel institucional: al mismo tiempo se confirmaban la recuperación del control sobre la sociedad mediante lo político, así como la administración de lo conquistado en la guerra. Durante la última campaña militar llevada a cabo por iniciativa de Bolívar a partir de abril de 1821, la tarea de reconquistar la independencia y la libertad hasta entonces asignada a las fuerzas armadas quedaría, en adelante, a cargo de las autoridades políticas: «Colombia, en su actual crisis política necesita de un gobierno enérgico, fuerte y vigoroso, como el que acaban de sancionar sus Representantes que, al paso que reuna en sí toda la fuerza y actividad bastante para hacer la guerra y asegurar para siempre su independencia, proteja al mismo tiempo la libertad de los ciudadanos»[30].

b) La consagración de la libertad civil y constitucional

El momento a partir del cual se proclamó la correlación entre libertad y Constitución correspondió a la aceptación por parte de Bolívar de su cargo de presidente de la República de Colombia, en octubre de 1821. Así lo recalcó en el discurso pronunciado al prestar juramento:

> La gratitud que debo a los Representantes del Pueblo me impone además la agradable obligación de continuar mis servicios para defender con mis bienes, con mi sangre, y aun con mi honor, esta Constitución que encierra los derechos de dos pueblos her-

---

[29] «Carta de un patriota (continuación)», *Correo del Orinoco,* n.° 101, 14 de abril de 1821.

[30] «Congreso General de Colombia», *El Correo Nacional,* n.° 7, 24 de julio de 1821.

> manos, ligados por la libertad, por el bien y por la gloria. La Constitución de Colombia será, junto con la Independencia, la ara santa en la cual haré los sacrificios[31].

El papel de garante de la unidad y la libertad de esta sociedad nueva que así se confirió a la Constitución permitía dotar a esta sociedad de los atributos necesarios para que existiera como nación. Semejante cualidad, que le valió el calificativo de «código sagrado», contribuía a sacralizar esta Constitución, a compararla con el altar sobre el cual se efectuarían los sacrificios necesarios para su supervivencia. En el plano político, equivalía al suelo sagrado sobre el cual se había derramado la sangre de los próceres que se sacrificaron precisamente para reconquistar la independencia, precursora de esta libertad que ahora se celebraba. La respuesta de Fernando Peñalver, presidente del Congreso, a Bolívar confirmó la transformación que así se registraba: «Colombia [...] se ha dado ya una Constitución que asegure siempre esta misma libertad que V. E. le ha conquistado con tanta gloria. [...] será en todo tiempo (esta Constitución] el más seguro garante de los bienes que van a gozar los que tengan la dicha de pertenecer a este país afortunado»[32].

La libertad quedaba claramente diferenciada de la independencia, pues tenía que ver con el ámbito político y la libertad civil de los individuos. Así pues, ya no se la podía confundir con la licencia ni con la independencia; ésta última, necesaria para la existencia de la patria, funcionaba en otro plano y no podía asimilársele. En una obra anónima que llevaba el título significativo de *Libertad,* refiriéndose a la Constitución inglesa de 1668 a la cual Norteamérica debía conformarse, se indicaba que: «... la Constitución inglesa garantiza la libertad civil, individual y política de sus ciudadanos»[33]. La diferencia establecida entre libertad e independencia se reafirmó fuertemente en 1823, al cabo de la última campaña destinada a liberar Coro, Maracaibo y Puerto Cabello. Tras la derrota de los realistas en Maracaibo, el vicepresidente colombiano cuidó de recordar este principio, como si temiera que la victoria de las armas viniera a negar la supremacía recuperada por la fuerza política desde 1821:

---

[31] «Congreso General de la villa del Rosario de Cúcuta. Juramento de S.E. el Libertador en el acta de posesión de la Presidencia de la República, 4 de octubre de 1821», *El Correo Nacional,* n.° 22, 27 de octubre de 1821.

[32] «Contestación del presidente del Congreso al juramento de Simón Bolívar», *El Correo Nacional,* n.° 22, 27 de octubre de 1821.

[33] *Libertad.* Caracas: Devisme Hermanos, 1825, pág. 44, BNV/LR.

> ... [el código constitucional] es el que mantiene el órden público, el que os concede el ejercicio de vuestros derechos, el que protege nuestra sancta religión, y el que nos reune en una sóla familia, ligada por la libertad y por la gloria. La Constitución junto con la Independencia debe ser la ara santa en la cual debemos hacer nuestros sacrificios, a imitación del Padre de la República, el incomparable Bolívar[34].

Por ello, la proclamación de la Constitución permitía celebrar a un pueblo que, aunque abatido y agotado, era digno de ser libre, y también definir ese «texto sagrado» como el símbolo de la libertad recobrada. Pero con su accesión a la Presidencia, Bolívar aparecía como el verdadero iniciador de este proceso que ya era militar y también político. El encarnaba la unidad del país, su nacimiento y su liberación; se le consideraba como garante de la restauración de las instituciones políticas y de la viabilidad de la definitiva empresa libertadora de la nación. Ciertamente, Colombia se había quitado de encima el yugo que la mantenía en la esclavitud, pero sólo después de que Bolívar hubiera «despedazado las cadenas que le unían al triple carro de la ignominia, de la tirania y del fanatismo»[35]. Victoriosa en el terreno militar, la nación podía aspirar a iniciar su nueva carrera política ya no con las armas en la mano, sino blandiendo el arma de la libertad dada por Bolívar al sacar esta nación de la nada para llevarla al triunfo al que tenía derecho:

> Los trabajos de V. E. serán cumplidos si al terminar la guerra deja la República firmemente constituida. Entonces se dirá de Bolívar con más justicia que del fundador de la opulenta Roma: Bolívar fundó esta grande y vasta República, Bolívar la sacó de la nada, la sostuvo con su brazo, la vivificó con su aliento, y le conquistó su libertad e independencia, bienes inestimables que le ha dejado en dote, junto con la paz más inalterable de que es prenda la Constitución[36].

En adelante, dos figuras encarnarán la unidad y el centralismo así proclamados: Bolívar, quien representaba la unicidad del poder político; y

---

[34] *El vicepresidente de la República de Colombia a los pueblos*. Bogotá: 31 de agosto de 1823, hs, BNV/LR.

[35] «Contestación del presidente del Congreso al juramento de Simón Bolívar». *Op. cit.*

[36] *Ibídem.*

Bogotá, nueva sede del poder político. Al respecto, el propio Bolívar indicó: «Colombianos: el Congreso General ha dado a la Nación lo que ella necesitaba: una ley de unión, de igualdad, de libertad; ha formado de muchos pueblos una familia; [...] ha mudado, la residencia del Gobierno a Bogotá, donde puede ver de cerca todas las extremidades [del país]»[37].

El prestigio así conferido a Bolívar se reafirmó en 1825 con motivo de las elecciones para la Presidencia y la Vicepresidencia de la República. Con sólo la presencia de Bolívar, este pueblo menguado por la guerra pudo sin embargo preservar su capacidad de ser libre. Los redactores de un periódico de Puerto Cabello justificaban así su apoyo a la candidatura de Bolívar, en un texto-manifiesto de tono elocuente, en el cual declaraban, comparando el país con la Suiza de la época de Guillermo Tell:

> ... allí había una sóla pasión, y ésta era la libertad; allí bastaba un hombre esforzado a la cabeza de tantos virtuosos; mas en nuestro país, corrompido por el ejemplo y las lecciones del sistema anterior, con un sin número de necesidades facticias, en nuestro país lleno de encontradas pretensiones, necesitamos mucho más que un varón esforzado, necesitamos un genio, un nombre tan amalgamado con el de libertad que pueda confundirse; y este genio y ese nombre es el de Bolívar[38].

Se demostraba así que el pueblo necesitaba no sólo un poder fuerte y centralizado, sino también un hombre fuerte a su cabeza. Esta convicción se daba también entre los representantes, siempre considerados como los padres del pueblo, que tendrían como misión capacitar a este pueblo para la libertad y el ejercicio de los derechos políticos correspondientes.

c) La omnipotencia de las leyes

Colocada así bajo el auspicio de una Constitución y de un hombre que la encarnaba, la nación colombiana adquiría el derecho de afirmar su existencia ante el resto del mundo. Las decisiones tomadas conferían a la naturaleza misma del régimen adoptado una importancia relativa con res-

---

[37] Bolívar, S.: «Proclama», *El Correo Nacional,* n.° 22, 27 de octubre de 1821.

[38] «Candidatos», *El Vigía de Puerto Cabello,* n.° 1, 25 de abril de 1825. Los autores de este texto, presentado como el editorial de aquel primer número, concluían con estas palabras: «Nos complacemos en que sea éste el voto de los demás periodistas de la República, que sea éste el voto general de los ciudadanos a quienes nos unimos para proponerlo como presidente de la República».

pecto a este imperativo de libertad. Efectivamente, más aún que en 1819, al leer los textos publicados con motivo de la redacción de la Constitución de 1821, se esbozaba la voluntad de dar prioridad a las leyes encargadas de regir al país y conferirle su verdadera fisonomía. En este sentido, se produjo una doble relación con la ley, permitiendo que el gobierno se valiera de su papel de garante de la libertad del país y de sus miembros. En la definición de la sociedad libre propuesta en Libertad, se evidenciaba claramente este doble nivel. Por una parte, el principio de libertad estaba garantizado por la ley en nombre de la soberanía del pueblo; por otra parte, la libertad de cada quien podía o debía ser preservada pero sólo a condición de someterse a esas leyes:

> Las leyes son hechas para afianzar la libertad y demás derechos individuales, y para trazar a los hombres la ruta que debe conducirlos a su bien estar, sin perjuicio del de los otros. Un país verdaderamente libre será aquél en que cada ciudadano, protegido por las leyes, tenga la facultad de trabajar en su propio bienestar, es decir, en sus intereses particulares, y en donde no sea permitido a ninguno obrar contra el interés general, ni ofender el bienestar de sus conciudadanos. Una sociedad es libre cuando todos sus miembros, sin distinción, están sometidos a la ley y no a la voluntad de un hombre. La justa libertad no deja a cada uno sino la facultad de buscar su propia ventaja, sin perjuiciar la de los demás[39].

Así como una sociedad no puede ser libre si no está gobernada por leyes justas, así mismo todo individuo que contraviniera el principio de sumisión a las leyes y afectara la libertad de sus conciudadanos perdería su cualidad de hombre libre. «Ser libre es obedecer a la ley; y la libertad es un derecho inalienable de toda nación, por fundarse en él precisamente su conservación y prosperidad; pero sin virtudes no hay libertad, y sin libertad no hay grandeza de alma, honor, ni amor al bien público»[40].

En este texto, Tomás Lander se refiere a la libertad civil surgida del contrato que reúne a los individuos en sociedad, lo cual permite la transformación del hombre natural en ciudadano y, de hecho, supone la sumisión a las leyes. Por consiguiente, la libertad así comprendida implicaba que cada uno de sus miembros demostrara una virtud civil que sólo podía

---

[39] *Libertad. Op. cit.*, pág. 57.

[40] LANDER, T.: *Manual del colombiano o Explicación de la ley natural. Op. cit.*, pág. 92.

adquirirse con la educación, y que se basaba en las buenas costumbres. Así, indicaba además:

> El espíritu público de una nación es el que constituye su fuerza. Cuantos más ciudadanos haya decididos a concurrir con todas su facultades al bien común, tanto más poderoso será el Estado; pero esto sólo se consigue preparándolos por la educación, y labrando el gobierno su felicidad. Sin esto no hay población; ni felicidad sin libertad; ni libertad sin leyes; ni leyes sin costumbres y virtudes[41]

La virtud era primero cívica, política, pues contribuía a la felicidad de todos; la virtud del ciudadano presuponía una sociedad libre. Por consiguiente, no todos disponían de ella, tal como lo sugería Tomás Lander al señalar que la educación debía dotarlos de estas cualidades necesarias para contribuir a la felicidad de la patria, y sin las cuales no eran considerados como «hombres libres».

Ahora bien, el hombre al cual se condenaba en Libertad era precisamente el licencioso carente de toda moral, porque era potencialmente capaz de destruir la sociedad. Lander presentaba desde un punto de vista teórico el paralelo existente así entre los hombres y la organización de la sociedad y su funcionamiento: «El genero humano debe considerarse como una gran sociedad, a la cual la naturaleza impone unas mismas leyes, y en que cada pueblo es un individuo»[42].

Definición que coincidía con la que emitía el intendente de Venezuela en 1823:

> Formemos una sóla familia; reunámonos todos bajo el estandarte de la independencia de la República; acordes en estos principios fundamentales, depongamos los odios, los resentimientos, amados compatriotas, cuyos amargos frutos lamentamos, bien convencidos de que si alguno se emplease en establecerla, nada más hará que labrar su sóla ruina, y contribuyamos a llenar los deseos del Supremo Gobierno, dando al mundo el ejemplo de que 'Colombia no es una República de hombres sino de leyes[43].

---

[41] *Ibídem,* pág. 92.

[42] *Ibídem.*

[43] Rodríguez del Toro, R.: *28 de octubre de 1823,* hs, BNV/LR.

Las leyes adquirían entonces tal influencia en tanto principio de gobierno, de garantía jurídica de la libertad que, independientemente de la naturaleza del régimen, conferían al pueblo mismo su identidad en tanto miembro de la sociedad de naciones. Mientras que, en 1819, con respecto a la necesidad de adaptar las leyes al pueblo al cual debían regir, Fernando Peñalver consideraba que «el termómetro de la libertad son la civilización y las costumbres»[44], por su parte Antonio Leocadio Guzmán proclamaba en un opúsculo publicado en 1825:

> El barómetro de la civilización de un pueblo es el celo para la observancia de sus leyes, y la vida aislada del hombre en su estado primitivo es preferible aun a la de aquél que pertenece a una sociedad que no las tiene, o que habiéndolas formado no tiene virtud para cumplirlas. Ellas son el ser sagrado cuya voluntad es necesario obedecer so pena de infidelidad y turbación. No es para su sólo establecimiento sino para su mejor observancia que el soldado fía su vida a la voluntad del acaso, y que el político estudia en sus vigilias a los gobiernos, y el filósofo a los hombres. Para no cumplirlas vale más no tenerlas; para no tenerlas vale más no vivir en sociedad[45].

Y aquí volvemos a encontrar, casi literalmente, la definición de la virtud republicana propuesta por Montesquieu —citada en las fuentes[46]— como el amor a las leyes y a la patria que, de hecho, significaba la prioridad otorgada al interés público y no al interés individual[47]. En una sociedad tan or-

---

[44] «Discurso del Sr. Peñalver en la discusión del Congreso sobre la naturaleza del Senado Constitucional», *Correo del Orinoco,* n.° 34, 24 de julio de 1819.

[45] Guzmán, A. L.: *Ventilación de los derechos de un hombre libre.* Puerto Cabello: J. Jordín, 1825, pág. 1, FBC/Archivos de Gran Colombia.

[46] Sobre todo en *Libertad.* Caracas: Devisme Hermanos, 1825, pág. 60, ya citado, donde se hace referencia al *Espíritu de las Leyes* y al capítulo 4 de las Consideraciones sobre las causas de la grandeza de los romanos y de su decadencia, en los cuales Montesquieu insiste, entre otros temas, en la virtud republicana de los romanos, quienes la ponían como condición para el ejercicio de los cargos públicos.

[47] En su elogio a la virtud republicana, Montesquieu se refería a la definición romana de este concepto. Acerca de esta filiación, tanto más importante para nuestro propósito debido a la frecuencia del modelo romano como modo de organización del pueblo, ver el artículo de Manin, B.: «Montesquieu», en Furet, F.; Ozouf, A. L. *et alii: Dictionnaire critique de la Révolution française. Idées.* Paris: Flammarion, 1992, págs. 315-338. Al respecto, menciona: «Si se razona en términos de ideas e imágenes, no cabe duda de que

ganizada, a cada cual se le asignaba entonces un papel particular con el objetivo principal de velar por la observancia de las leyes sagradas. Incluso el soldado era llamado para intervenir como ciudadano, tras haber contribuido en el plano militar a que su patria accediera a la independencia. En virtud de esta lógica, más allá de la prueba dada por su existencia en cuanto al grado de civilización de la sociedad, la libertad se presentaba mucho más como un deber que cada ciudadano tenía que honrar para conservar ese título. Antonio Leocadio Guzmán vinculaba así la existencia de la nación a la legislación que ésta se daba. Legislación que, a su vez, era el reflejo exacto del estado de civilización no de quienes la decretaban, sino más bien de quienes debían respetarla en tanto expresión teórica de su voluntad. Por ende, si bien el gobierno de Colombia podía aspirar a la excelencia, esta convicción equivalía a reconocer que la nación, o sea los individuos que eran miembros de ella, tenía las cualidades que garantizaban que se elaborarían leyes justas. Así, éstas podían efectivamente ser consideradas como «el barómetro de la civilización» y, más aún, como la prueba de la existencia de un carácter propio de cada nación. No eran sino el reflejo de esa capacidad y esa singularidad que caracterizaban a los pueblos reunidos en sociedad. Por lo demás, al reafirmar que la libertad no podía depender de la naturaleza de un gobierno, sino de las leyes vigentes, el autor anónimo de este opúsculo sobre la libertad indicaba:

> ... creemos sin embargo que, en materia tan importante, debe tenerse muy presente la advertencia de Lord Russel [...]: La excelencia del gobierno inglés no consiste tanto en sus leyes como en el carácter y buen sentido de la nación[48], advertencia que ya había sido hecha por el famoso T. Payne en su discurso del sentido común, en donde asienta que si la corona no es tan opresiva en Inglaterra como en Francia, se debe esto a la constitución individual de aquellos naturales más bien que a la de su gobierno[49].

No obstante, si bien se proclamaba teóricamente la participación de todos en la elaboración de las leyes, así como la igualdad ante ellas, lo cierto es

---

Montesquieu haya jugado un papel en la admiración de los revolucionarios hacia Roma y la virtud republicana», pág. 320.

[48] Lord Russel: *Essai historique sur la Constitución et le gouvernement anglais*. Chez A. Chasseriau Libraire, 1821, capítulos 11 a 14 y 29.

[49] *Libertad. Op. cit.*, pág. 44.

que la reivindicación concreta de esos derechos por parte de grupos particulares de la sociedad era el resultado no de una acción sino de la reacción. Así, con motivo de haberse negado la inscripción de un alumno pardo en un colegio de Caracas, se redactó un texto de apoyo para protestar contra la violación, entre otros, del principio de igualdad garantizado por la Constitución. Principio de igualdad que los autores del texto asociaban, una vez más, a la virtud de los individuos, en la medida en que ésta era indisociable de la igualdad, o por lo menos del reconocimiento teórico de la igualdad. En este sentido, proclamaban:

> Colombia no conoce otras distinciones que las del mérito y la virtud. La justicia se dejó ver, la razón restauró su imperio. Perecieron los zambos y la canalla; y es preciso que confeseis la verdad, sólo amarga para vosotros, de que ya sois legalmente iguales al miserable negro que antes era vuestro esclavo y que ahora se os presenta con el honor de vencedor de los tiranos[50].

Así como se planteó, en reacción contra España, la afirmación de un particularismo que abría el derecho a la existencia en tanto nación[51], asimismo las proclamaciones de igualdad y ejercicio de los derechos políticos para todos eran una manera de oponerse a España y de afirmar su diferencia, para que los grupos e individuos concernidos se convencieran de que ellos eran parte integrante de la nación. Así, durante los combates que se dieron en Coro y Maracaibo, el indio Juan de los Reyes Vargas, antiguo jefe militar realista que se había pasado al campo de los patriotas, se dirigió a sus compañeros de armas negros y para exhortarlos a seguir su ejemplo. Para ello, argumentaba que no podían mantenerse fieles a un gobierno que no les reconocía la igualdad de derechos:

> Antiguos Compañeros de Armas, la Constitución española os excluye a los más de vosotros, a pretexto de africanos, de los legítimos goces que nos concede la Constitución de Colombia. Allá se nos trata como seres nulos en la sociedad. Acá como los primeros ciudadanos de la República. Creedme, amigos, nuestras armas se han empleado en nuestra daño; volvedlas a nues-

---

[50] «Unos patriotas pardos», *La humanidad ultrajada.* Caracas: de septiembre de 1825, hs, FBC/Archivos de Gran Colombia.

[51] Conviene señalar desde ahora que se observará el mismo proceso para Venezuela en su tentativa de separarse de Colombia.

> tra Patria legítima, que ella os acogerá con la misma indulgencia que a mí[52].

La oposición establecida entre el estatus de los africanos en la Constitución española y el que Colombia ofrecía confirmaba. al mismo tiempo la correlación entre la ciudadanía y el patriotismo. Más que la convicción filosófica de la igualdad de todos ante la ley y del ejercicio de los derechos políticos, lo que condicionaba la pertenencia efectiva a la nación en tanto ciudadano era la participación en la defensa de la patria, la búsqueda de la libertad por medio de las armas. Esta integración se consideraba, en definitiva, como el reconocimiento de un servicio prestado[53].

3. Una nueva Constitución para un pueblo nuevo

Con la preparación del Congreso de Cúcuta, cuya primera sesión tuvo lugar el 6 de mayo de 1821, se asistía a la puesta en práctica política de la celebración del pueblo tal como ya la vimos funcionar en el terreno militar a medida que avanzaba la lucha contra las tropas realistas. Esta dinámica de la celebración del pueblo como entidad abstracta, inaugurada desde la proclamación de la Constitución de Angostura en agosto de 1819, y sobre todo tras la promulgación de la Ley Fundamental el 17 de diciembre de 1819, que tenía la misma lógica que la aplicada en 1810 y 1811. A ejemplo de la proclamación de la Junta de abril de 1810, Francisco Antonio Zea asumió y presentó la Constitución de 1821 como un acto fundacional que celebraba al pueblo como la instancia suprema de legitimación, aunque su estatus estaba aquí impregnado por la experiencia militar y de los años transcurridos. Una vez apartado el peligro, real o teórico, del desbordamiento popular y de la anarquía, el pueblo quedaba rehabilitado en calidad de soberano. El autor de la Carta a un patriota pedía a los legisladores no sólo que dotaran a Colombia de una Constitución conforme a sus particularidades, sino que legitimaran las grandes opciones políticas y filosóficas que debían guiarlos en sus labores, a saber: la división de los poderes, la soberanía del pueblo, la abolición de la monarquía y de sus privilegios; lo hacía en estos términos: «Trabajad sobre estas bases y vuestro

---

[52] REYES VARGAS, J. de los: *A sus conciudadanos y antiguos compañeros de armas, hermanos y amigos,* diciembre de 1820, hs, BNV/LR.

[53] Con respecto a las repercusiones de esta correlación, ver más adelante, ¿Una nueva ciudadanía?

edificio será magnífico, cómodo, sólido y duradero, porque ésta es la opinión de *vuestro pueblo*»[54].

La definición y el campo de acción de la nueva libertad se hallaban intrínsecamente ligados al reconocimiento del pueblo, de su dignidad, de su derecho a ser libre y, por ende, a expresar su voluntad. La suerte del país parecía depender entonces de que las decisiones se adecuaran a las realidades y también a la voluntad del pueblo, cuyo derecho a tener una opinión se veía así reconocido.

En el debate sobre esta problemática constitucional, Cristóbal Mendoza resultaba un caso aparte. Era el único que se había opuesto en 1819 a la limitación de la representatividad de los poderes en nombre de la falta de civilización, de virtud, de práctica política por parte de la población, y de su supuesta predisposición a la anarquía[55]: el caos, al contrario, vendría de arriba en caso de no respetarse esas voluntades: «... pero si os desviais de ellas [las bases necesarias al establecimiento de un gobierno republicano], temed una pronta ruina y que, desplomándose sobre vosotros, quedeis sepultados en sus escombros e insultados por la crítica, justa pero amarga, del pasajero que dirá: Ellos empezaron a edificar y no supieron consumar su obra»[56].

No obstante, las reservas emitidas en cuanto a la participación efectiva del pueblo en la elaboración de las leyes confirmaban las limitaciones del concepto de soberanía. Se precisaba claramente que las leyes constituían, en primer término, una guía para los miembros de la sociedad; además, pese a ese derecho a la elaboración y revisión de las leyes, se precisaba que sólo algunos tenían la capacidad de hacerlo efectivamente.

a) La consagración del soldado y del hombre esclarecido

En realidad, al instalarse el Congreso, ese pueblo al que se celebraba había sido identificado con dos clases de personajes paradigmáticos a los que se rendía homenaje por haber contribuido, cada cual a su manera, a preparar

---

[54] «Carta de un patriota sobre la reforma de la Constitución de Venezuela», *Correo del Orinoco,* n.° 100, sábado 7 de Abril de 1821. La cursiva es nuestra.

[55] Ver anteriormente su respuesta a Peñalver, con respecto a los cargos vitalicios. Además, para legitimar sus propuestas, fue el primer en basar su argumentación sobre la historia de Venezuela —positiva, según él— desde 1810, y no en teorizando acerca del período anterior.

[56] *Ibídem.* Y, conjuntamente, volvemos a observar esa preocupación de no desmerecer ante el exterior.

esa «República naciente». Se trataba, por una parte, de los «sabios» que se habían elevado al rango de «mártires» y, por otra parte, de los «próceres» que habían honrado su tierra con la sangre derramada para defenderla[57]. Asimismo, en el texto ya citado de Antonio Leocadio Guzmán, se admitía que el respeto a las leyes era un criterio mediante el cual se evaluaba el grado de civilización de los pueblos, y para velar por la observancia de las mismas se contaba una vez más con determinadas categorías de la población, que correspondían a las que habían sido definidas por el Congreso: el soldado, el político y el filósofo. Por el prestigio adquirido con la victoria, el ciudadano-soldado encarnaba el modelo del hombre de armas. Las leyes eran el: producto de su lucha, la traducción política de ésta. Por lo demás, así lo consideraban los miembros del Congreso cuando, en 1821, exhortaron a Bolívar a que aceptara la Presidencia: Bolívar, el soldado por excelencia y que, en esas circunstancias, quedaba consagrado por lo político, que a su vez recibía como «legado», como «raíz», el pasado militar y patriótico de la patria.

> No puede recordar el Congreso sin una viva emoción de tierna gratitud que al constante valor y perseverancia de V.E., ayudada de las gloriosas victorias obtenidas por los dignos defensores de Colombia y de los generosos sacrificios de los pueblos, debe hoy la nación verse legalmente congregada y en aptitud de pronunciar solemnemente su voluntad. La memoria de V. E. irá siempre unida a la historia de la representación nacional, y sus leyes serán otros tantos recuerdos de los triunfos con que los valientes soldados de la República, acaudillados por V. E., hicieron cumplidos los votos de los pueblos y aseguraron la esperanza de su futura prosperidad[58].

Los soldados, con sus acciones, habían permitido que la nación lograra adquirir las sólidas bases necesarias para la construcción del nuevo edificio político, influyendo al mismo tiempo en las leyes con su impronta y sus cualidades. Por su parte, los políticos tenían el deber de obrar por su elaboración y conservación a fin de garantizar la validez de la obra em-

---

[57] «El primer Congreso General de Colombia a todos los pueblos y tropas de mar y tierra de la República», *El Correo Nacional,* n.° 3, 23 de junio de 1821. La clasificación de la sociedad en pueblos y tropas resulta por sí misma reveladora de esta dicotomía.

[58] «Contestación del Soberano Congreso al oficio del Excmo. Señor Libertador Presidente, Cúcuta, 10 de mayo», *El Correo Nacional,* n.° 7, 21 de julio de 1821.

prendida, pues la mejoría y la perennidad de las leyes y de los individuos estaban intrínsecamente ligadas, tal como se recordaba en 1823:

> Pero de nada servirían las mejores instituciones del mundo si faltasen hombres capaces de sostenerlas, y la sociedad a pesar de ellas se precipitaría a la ruina general. No basta pues, para ser buen Patriota, conocer la justicia, desearla íntimamente y observar por su parte las leyes, si se ve con indiferencia la violación de la ley en otros; es necesario además tener bastante fortaleza de ánimo para sostenerla y defenderla por los medios legales, sin detenerse en mesquinos temores ni en miramientos hacía las personas que las violan[59].

Las funciones de creadores y guardianes de la ley, así conferidas a los hombres más esclarecidos y a los soldados, nos introducen en otro registro, que contribuye a aprehender mejor la afirmación no de una identidad colombiana sino más bien de una visión nueva, en oposición a España, del hombre civilizado. Puesto que las leyes reflejaban el carácter de los pueblos, y sus fuentes se nutrían de las victorias logradas contra los españoles, era en el terreno militar donde se trastocaban los valores atribuidos a unos y otros. A la «raza» de hombres nuevos que acababa de nacer, se oponía un orden antiguo puesto en tela de juicio; a la civilización de la nación colombiana, la barbarie española. En lo concerniente al primer punto, además de las críticas recurrentes formuladas en contra de la legislación española, los autores[60] del folleto ya mencionado, publicado en 1823, hacían la apología de la jurisprudencia para legitimar los cambios decididos en materia legislativa, precisamente con el fin de suprimir toda huella de las leyes vigentes durante la dominación española. Tras haber recordado que las leyes recién promulgadas protegían la libertad, y que todo hombre dotado de su sano juicio y de todo su entendimiento así lo definiría, daban la palabra a los partidarios del antiguo régimen, en un diálogo ficticio pero revelador:

> ... con ayre desdeñoso, frente arrugada, y rostro ceñudo, exclaman: «Vosotros pretendeis entender las leyes, ¡temerarios!;

[59] LANDER, T.; CHÁVES, J. N. y DÍAZ, J. A.: *A sus conciudadanos y amigos*. Caracas: 24 de marzo de 1823, FBC/Archivos de Gran Colombia.

[60] Entre ellos figuraba Tomás Lander, quien publicó en 1825 su *Manual del colombiano o Explicación de la Ley Natural*. *Op. cit.*

> porque sabeis leer y escribir os atraveis a entrar al templo de Astrea y a profanar el santuario de la jurisprudencia. Nosotros encanecidos, amojamados, ¡qué digo!, disecados entre las hojas de los enormes libros de pergamino, no comprendemos con claridad esas modernas leyes que aún no han tenido comentadores. ¿Y vosotros? ¿Pretendeis entenderlas y explicarlas?» Así es cómo estos Señores se lamentan de las instituciones modernas que, sacando a la jurisprudencia del impenetrable caos en que yaciera, exponen de un modo claro y sencillo las obligaciones mutuas entre los hombres, y demarcan los deberes del Ciudadano y del Magistrado[61].

Las leyes antiguas que ellos se habían atrevido a someter al sano juicio de los ciudadanos para sustituirlas por otras que acabaran con la opresión, provenían de una mente desfasada, a imagen y semejanza de los hombres retratados aquí por estos autores. Además, esta nueva disposición mental, dispuesta a desplegar la energía y la audacia necesarias para revisar la legislación, a ejemplo de la pasión puesta en la conquista de la libertad y en la defensa de la patria, resultaba casi innata y así podría también transmitirse a las generaciones futuras, como un legado. Hablando de esos hombres que habían desafiado el tabú que significaba recurrir a la jurisprudencia, los autores del texto agregaban: «Tal es la fuerza de un hábito inveterado, que está en la médula de los huesos y circula con la sangre por las venas...»[62]

La necesaria adaptación de las leyes a los pueblos constituía entonces un argumento adicional para rechazar las leyes antiguas, puesto que el pueblo era un pueblo nuevo. Tal como Francisco Antonio Zea lo proclamaba desde 1820: «Se puede en nuestra edad ser libre como un inglés; pero no como un ateniense, muchos menos como un romano, mucho menos como un lacedemonio. Vivamos en nuestro siglo y existamos con nuestros contemporáneos»[63].

Al afán de «contemporaneidad» que, de hecho, consagraba la existencia de Colombia entre las demás naciones civilizadas, se agregaba la naturaleza misma de las leyes españolas que habían contribuido a la ruina del país. De manera radical, algunos llegaron hasta proclamar la necesidad de

[61] LANDER, T.; CHÁVES, J. N. y DÍAZ, J. A.: *A sus conciudadanos y amigos. Op. cit.*
[62] *Ibídem.*
[63] ZEA, F. A.: *¡Pueblos de Colombia! Op. cit.*

destruirlas. Así, acerca de la situación del país antes de su renacer, el autor de un artículo sobre el concepto de política iba más allá del enunciado teórico y declaraba, en 1821:

> Debe la razón actual corregir, mudar y aun destruir las instituciones antiguas, cuyos abusos, peligros e inutilidad nos ha dado a conocer la experiencia. La mayor parte de las naciones están tiranizadas por unas leyes viejas que luchan con su situación actual, y por unos usos y costumbres injustos, inventados por gentes bárbaras que subyugan todavía a pueblos civilizados[64].

Habiendo el pueblo recobrado su libertad, la dominación española, fundamentada en la explotación del fanatismo y de la ignorancia, ya no podía funcionar. Así, las prácticas «bárbaras y sanguinarias»[65] de los opresores perdían todo fundamento, debían desaparecer del territorio colombiano, igual que sus autores. En caso contrario, si bien «la barbarie de los opresores»[66] parecía querer resistir a los esfuerzos de los soldados patriotas, igual que las leyes antiguas promulgadas por su país, estos opresores estaban condenados a la destrucción. En los llanos, uno de los jefes militares se dirigía así a las tropas españolas: «Si vuestra ciega obstinación os hace arder en deseos de nuestra destrucción, tenedlo como un hecho seguro que este suelo profanado por los bárbaros será tambien sepulcro de vuestros odiosos cuerpos»[67].

En la situación así descrita, se confrontaban dos categorías de hombres, dos «naciones» cuyas fisonomías y cuyos principios se oponían en todos los sentidos. Pero fue sobre todo la transformación llevada a cabo en Colombia y la ruptura con el orden antiguo lo que precipitó a España en la barbarie que, hasta ese renacer, era atributo de su antigua colonia. Ésta, gracias al talento de sus hombres esclarecidos y al heroísmo de sus soldados, supo librarse de esta infamia y reanudar las relaciones con sus contemporáneos.

> Pero en medio de la indisposición de ánimo que naturalmente producen la injusticia y la arbitrariedad, no deja de ser un gran

---

[64] «Política en general», *El Correo Nacional,* n.° 4, 30 de junio de 1821.

[65] «El gobierno de Colombia a los habitantes del departamento de Venezuela», *Correo del Orinoco,* n.° 87, 2 de diciembre de 1820.

[66] «Contestación del presidente del Congreso al juramento de Simón Bolívar». *Op. cit.*

[67] «Llano bajo de Caracas, comandante de Calabozo, coronel Judas Piñango, 25 de julio de 1821», *El Correo Nacional,* n.° 24, 10 de noviembre de 1821.

> consuelo encontrar entre nosotros, hombres justos y bastantemente despejados, para no dejar esclavizar su entendimiento por la decrépita autoridad de aquellos que, encanecidos bajo las reformas antiguas, pretenden unir ahora en estrambótico maridaje las instituciones y leyes de los siglos tenebrosos y bárbaros con las ilustradas y benéficas del tiempo presente, adoptadas por el Gobierno de Colombia[68].

Pese al reconocimiento del carácter civilizado de la nación y, por ende, de sus leyes e instituciones, los colombianos, considerados aquí como una totalidad, eran ante todo espectadores de este surgimiento de la República y de la elaboración de sus nuevas instituciones; pero se recordaba que la Declaración de Unión expresaba la voluntad general, pronunciada por sus representantes legítimos[69]. Ahora bien, este territorio dotado de innegables cualidades naturales había recibido además una «santificación» por parte de sus hombres ilustres. Y, al respecto, establecían una distinción entre la Patria y la Nación favorecida por esta santificación: «Tal es la Patria, colombianos, que os habeis ganado por precio de vuestra constancia, de vuestras virtudes y vuestros sufrimientos. Tal es la Nación cuya existencia, encomendada a los auspicios de esta dia, caminará rápidamente por grados de gloria y prosperidad, que no es dado alcanzar a la humana previsión»[70].

Percibimos aquí un vuelco completo con respecto al discurso sobre los pueblos y sus virtudes que prevalecía en los debates de 1819, y que perduró hasta 1820 pese a la exaltación suscitada por la celebración de la Constitución. Parecía así que la adopción de un texto que se definía oficialmente como popular y representativo, permitía que sus representantes dotaran al pueblo así enmarcado con cualidades y virtudes que no le eran reconocidas, justificando la limitación de sus derechos precisamente en materia de representación. Los representantes celebraban aquí la victoria contra la anarquía que había surgido de esa ruptura con el orden social

---

[68] Lander, T.; Cháves, J. N. y Díaz, J. A.: *A sus conciudadanos y amigos*. *Op. cit.*

[69] «El primer Congreso General de Colombia a todos los pueblos y tropas de mar y tierra de la República». *Op. cit.*

[70] *Ibídem*. Esta distinción revela una simultaneidad en el nacimiento de ambas entidades, patria y nación. Al parecer, además de tener un poder de fecundación y de conferir a la patria una garantía de duración, la sangre derramada permitía la ruptura con la gran patria, por una parte, y por la otra, iba más allá del apego primario a la patria chica. Así, una nueva patria había surgido efectivamente: Colombia, coronada por un edificio político centralizado y republicano.

producida durante la guerra, al fundar un nuevo pacto social que ligaba a los hombres con un soberano dotado de poderes consolidados y centralizados. Este se presentaba a imagen y semejanza del hombre fuerte, ubicado por encima de las leyes y encargado de mantener la paz social. Tal principio quedaba proclamado sin rodeos en un artículo de 1821 dedicado, por cierto, a la soberanía del pueblo:

> Por consecuencia necesaria de aquel principio que declara la soberania del pueblo, se sigue: que le compete exclusivamente el derecho de establecer sus leyes y adoptar la forma de gobierno que más le acomode, porque siendo la ley una obligación que se extiende, comprende y abraza a todos los Ciudadanos, a toda la comunidad, a toda la nación, debe emanar de una autoridad superior a todo código y eminente sobre los mismos principios[71].

Además, los legisladores se colocaban bajo el auspicio de la divina providencia, que fungía así como un muro de contención adicional. Pero al hacerlo recurrían a la misma arma de la cual, por cierto, acusaban a los españoles de haber abusado a fin de seducir e inducir en error a una población crédula, llevándola así a adherirse a la causa realista.

b) La efectividad y la puesta en aplicación de los derechos

Una doble consideración respecto del pueblo se percibe con motivo de la instauración de las instituciones. Por una parte, una necesaria celebración, con motivo de haberse proclamado la ruptura con España, única nación que en adelante sería tachada de barbarie. Por otra parte, la duda en cuanto a la capacidad real —o por lo menos inmediata— de este pueblo para ejercer sus derechos. Pero, a diferencia de lo que se había producido en 1819, los dirigentes y las élites que se expresan acerca del tema exhiben ahora la voluntad —aunque fuera teórica— de darse medios educativos y espacios de sociabilidad para elevar a ese pueblo al nivel de conocimiento y razón que de él se exige[72]. El estudio de la Constitución y de los tex-

---

[71] «Continuación sobre la soberania del Pueblo», *El Correo Nacional,* n.° 6, 14 de julio de 1821.

[72] Sobre esta evolución ver Hébrard, V.: «Cités en guerre et sociabilité au Venezuela (1812-1830). Essai de problématisation», *Histoire et Sociétés de l'Amérique Latine,* n.° 8, Paris: Aleph, 2° semestre 1998, págs. 123-148.

tos sobre el derecho al voto aporta valiosos indicios acerca de esta relación ambivalente y hasta ambigua. Una de las consecuencias de proclamar la dignidad del pueblo fue el rechazo por parte de algunos diputados a toda necesidad de un modelo al cual referirse. En este sentido, el autor de «Carta de un patriota» reafirma la singularidad no sólo de Colombia sino también de sus dirigentes y, acerca de la atracción ejercida por el modelo norteamericano, declaraba:

> ... hombres teneis, luces teneis y por lo que hasta aqui habeis hecho, se conoce quanto sois capaces de hacer: la historia de los pueblos antiguos y modernos es una antorcha que os guía, presentandoos el cuadro de los aciertos y errores de nuestra frágil especie; pero sobre todo consultad con vosotros mismos, meditad, recapacitad quanto bien o quanto mal estais expuesto a causar al genero humano, no sólo a vosotros mismos sino a todos esos pueblos que os observan y que acechan el momento de aprovecharse de vuestro acierto o de vuestro descuido[73].

No obstante, la realidad norteamericana que aquí se reivindica, sólo toma en cuenta la parte esclarecida de la población, llamada a asumir los destinos de todos los miembros de la nueva nación. Y, una vez más, el pueblo o los pueblos eran testigos de la tarea emprendida; cuando había acción, ésta entroncaba más bien con la rebelión o a la anarquía, tal como lo sugería el final del texto anterior. Así, la liberación de los últimos territorios situados en el occidente del país, más allá de su significación principal (la unión definitiva y la aplicación de la Constitución) aportaba una prueba adicional de este desfase entre el discurso de celebración del pueblo y las decisiones políticas, así como del doble nivel de aprehensión de lo que era el pueblo, como una totalidad o como un principio teórico. Efectivamente, la liberación de Coro en mayo de 1823, de Maracaibo en agosto, y de Puerto Cabello en octubre, dio motivo para hacer un esfuerzo especial a fin de lograr una buena difusión de la Constitución de 1821 y, por ende, su aplicación. La adhesión de estas ciudades —por mucho tiempo refractarias a la causa patriota— al nuevo régimen constitucional venía a consolidar la República. En consecuencia, el Poder Ejecutivo solicitó al intendente de Venezuela, Francisco Rodríguez del Toro, que enviara un ejemplar de la Constitución a todas las parroquias y a otros lugares colocados bajo su mando, para que ésta fuera leída ante sus habitantes y expuesta en los lu-

---

[73] «Carta de un patriota (continuación)». *Op. cit.*

gares públicos. Y éste se dirigió a la población en estos términos: «Ved aquí, amados compatriotas, los nobles y filantrópicos sentimientos de un gobierno paternal. Ellos están modelados por la acrisolada política de las luces del siglo en que vivimos, base fundamental sobre la que cimentaron nuestros sabios legisladores el código que hemos jurado»[74].

Al expresar este mismo deseo de arraigo en el presente, ya proclamado por Francisco Antonio Zea en 1820, este texto y los calificativos utilizados conferían al gobierno una función que iba más allá de la mera gestión política del país. La Constitución, colocada bajo el auspicio de las luces del siglo, asumía así una función pedagógica y, a tal fin, debía ser «contemporánea» de la población a la cual iba destinada. Un artículo publicado al poco tiempo en Maracaibo confirmaba esta voluntad: «La Constitución de Colombia y su Cuerpo de Leyes son bien inteligibles porque sus conformadores convinieron muy bien el estado de sus subditos, que no eran muy cultos y de consiguiente menos motivados en su interpretación, lo que podía conducirlos a su infracción»[75].

4. La necesaria educación del pueblo nuevo

Más allá de los proyectos educativos —a veces ambiciosos— presentados durante este período, sobre todo por Bolívar, aquí queremos poner en evidencia la manera en que se articulan la proclamación del hombre nuevo, la limitación de sus derechos como ciudadano, y la voluntad de educación que

---

[74] Rodríguez del Toro, F.: Caracas, 28 de octubre de 1823, hs, FBC/Archivos de Gran Colombia.

[75] *El Delator,* Maracaibo, 30 de enero de 1824, ms, FBC/Archivos de Gran Colombia. Más adelante, confirmando también la función pedagógica de la Constitución, se señalaba: «Las virtudes sociales no pueden ser practicadas por los ciudadanos que ignoran la Constitución y las leyes que nos rigen, porque las primeras no son otra cosa que el exacto cumplimiento de las segundas: ¿cómo podrá un ciudadano ser útil a la sociedad cuando no conoce los deberes a los que está constituido por ella?» Virtudes sociales a las cuales T. Lander, en su *Manual del colombiano,* dedicaba un capítulo (el capítulo XII) y que definía por etapas. Indicaba que esas virtudes eran muchas, pero que todas se caracterizaban por su utilidad y se reducían a un sólo principio, la justicia, que es «la virtud fundamental porque abraza la práctica de todas las acciones que le son útiles; y porque todas las demás virtudes, conocidas con los nombres de humanidad, probidad, amor a la patria, sinceridad, generosidad, sencillez de costumbres, modestia, etc., no son más que otras tantas formas y aplicaciones diversas de aquel axioma: «No hagas a otro sino lo que quisieras que él te hiciese a ti», que es la definición de la justicia» (pág. 80). Y que Lander tomaba, una vez más, de Montesquieu.

iba surgiendo durante aquellos años. Efectivamente, muchos textos y artículos de prensa tenían como tema principal los problemas de la educación en la escuela propiamente dicha y también a través del desarrollo de la prensa, y de la utilización de los espacios de sociabilidad frecuentados por la población. Asimismo, había un particular interés hacia la opinión pública, considerada ante todo como expresión y producto de la unanimidad. Tanta importancia dada a este tema correspondía a la voluntad de las élites de proyectarse hacia el futuro, junto con la nación. Era como una manera de romper con el pasado y de construir un nuevo edificio apuntalado, a fin de cuentas, por la glorificación del pasado militar y de sus héroes.

Ante todo, ¿a quién había que educar? ¿Y quién debía ser educar? En esta voluntad de educación, encontramos de nuevo el proceso de transferencia, de relevo, de las fuerzas militares a las políticas. Aunque en esto también predominaba una actitud veleidosa, resulta significativo ver el espacio que unas y otras ocupaban en el marco de estos proyectos.

Primeramente, quedaba admitido que si el país podía renacer a la vida política, inaugurando así una nueva era, ello se debía a las luchas que se habían dado en el terreno militar. Pese a las/inmensas pérdidas tanto en hombres como en recursos, con esa lucha se había evitado al fin y al cabo que el país perdiera a todos los individuos capaces de asumir la reconstrucción política. Por otra parte, reveló indirectamente la «barbarie» de España, tal como lo demostraba además el caos político con el cual ahora había que confrontarse. Por consiguiente, el país había sacado un doble provecho de esta situación ambivalente que, inicialmente, tuvo una virtud pedagógica más o menos deliberada. A falta de tradiciones y de una instrucción previa que habrían contribuido a la unión cuando se inició la lucha contra España, la experiencia acumulada y su manejo para la buena causa aportaron un paliativo cuyos beneficios había que transferir ahora hacia un proyecto de educación para las futuras generaciones. En cuanto a los objetivos buscados, además de formar republicanos, ciudadanos esclarecidos que también fueran buenos padres de familia, buenos esposos, buenos hijos, hay que señalar que por primera vez se planteaba la necesidad de elaborar un conjunto de costumbres, de valores, con los cuales la población pudiera identificarse para asegurar su cohesión y distinguirse de las demás naciones. De manera significativa, los valores que encabezaban la lista y que los padres tenían que inculcar a los futuros patriotas, eran los ejemplos y acontecimientos militares de los años anteriores. En realidad, esto constituía el único reservorio de valores comunes positivos que diferenciaban a las nuevas naciones de España (y las oponían a ésta), justificándose aún más el hecho de que España reconociera la independencia de

Colombia. Tras promulgarse la Constitución en agosto de 1821, el gobierno hizo de la independencia la condición sine qua non de la eventual firma de tratados políticos y comerciales con España.

> Hemos recibido en esta ocasión varios papeles públicos de Cádiz. En todos ellos aparece el espíritu de confusión y anarquía en que se halla España. En ellos encontrarán los colombianos nuevos motivos para defender su independencia de una nación que está para precipitarse en un abismo espantoso por falta de la experiencia que ya nosotros hemos adquirido en la escuela de nuestros infortunios[76].

Con la celebración del nacimiento de la República de Colombia, en diciembre de 1821, se dio una nueva etapa en el discurso. A medida que el edificio constitucional iba tomando cuerpo, así como se celebraba al pueblo soberano, del mismo modo la significación de su participación patriótica adquiría un nuevo valor simbólico, civil, puesto que refluía directamente hacia el ámbito político, implicando un comportamiento político responsable. Un artículo, al hablar de este aniversario, evoca la transferencia que así se produció:

> Plegue al Cielo que los miembros de esta inmensa y poderosa familia jamás permitan arder en sus pechos otras pasiones que el santo amor de la Libertad y una viva emulación por los sacrificios heroicos: que sus virtudes sean las columnas del magnífico edificio que acaban de levantar, y que Colombia, sostenida sobre tan sólidas bases, pueda desafiar en duración al Tiempo[77].

El apoyo quedaba reafirmado, pero sustituía las columnas militares de la patria celebradas por Bolívar en 1818 al crearse el título de Libertadores de la Patria; éstas adquirían así una naturaleza y un significado diferentes, en los que la virtud predominaba sobre el heroísmo. Por lo demás, al definirse la sociedad como una gran familia, correspondía tanto a los pedagogos como a los padres asumir la educación de los niños quienes, a su vez, habrán de contribuir al desarrollo y a la felicidad de su patria, y someterse a las leyes promulgadas por los representantes del pueblo. Representantes que habían obtenido este derecho gracias, entre otras cosas, a su virtud republicana.

---

[76] *El Correo Nacional,* n.° 16, 22 de diciembre de 1821.

[77] «Colombia. Aniversario de la fundación de la República», *Correo del Orinoco,* n.° 91, 30 de diciembre de 1820.

a) La educación doméstica

En la medida en que —tal como ya lo mostramos— la accesión a la ciudadanía dependía de la utilidad de los individuos en la sociedad, pero también de su comportamiento moral y social, la educación de los niños tenia como objetivo, además de modelar ciudadanos esclarecidos, hacer de ellos hombres de buena moralidad, incluso en su vida cotidiana. Es en la primera edad cuando el ser humano está disponible para integrar esas cualidades, y «entonces es cuando importa mucho a la política formarse cooperadores»[78].

El patriotismo hallaba su fundamento en la práctica de la virtud dentro de la esfera privada. «El patriota aprende a amar a su país del canto de su madre, de la oración de su padre, del respeto y la ternura de su esposa, del amor y del candor de sus hijos. Difícilmente se imprimen en el hombre cualidades ni preceptos que no han sido instilados desde la infancia»[79].

Pero era también, y sobre todo, en nombre de la experiencia adquirida por los colombianos al haber reconquistado su independencia, que se solicitaba la participación de los padres en esta empresa. Verdadera educación moral y patriótica, los ejemplos preconizados a los padres para su hijos en un artículo dedicado a establecer lo bien fundado de esta educación, resultan altamente significativos en cuanto al arquetipo del ciudadano al que se aspiraba —y que, en última instancia, se basaba en el modelo del héroe militar—, siendo que la conducta que los padres debían contribuir a forjar habría de ponerse al servicio de lo político:

> Hablad a vuestros hijos de aquél que bebió la cicuta antes que dar ocasión a que se infringiese una ley de su país, y esto les indicará hasta qué punto deben observarse las leyes; hablad del otro que discurría tranquilamente sobre lo que era del interés general, al mismo tiempo que lo conducían al patíbulo, y el ejemplo les dará idea del empeño con que deberán anteponer el bien común a sufrimientos personales; recordadles al otro que, cierto de la muerte con que había de vengarse en él, inocente, un enemigo encarnizado, volvió a la prisión antes que faltarse a su palabra, y esto les persuadirá de la inviolabilidad con que

[78] «Continuación del artículo sobre la Política en general», *El Correo Nacional,* n.° 5, 7 de julio de 1821.

[79] «Diferencia entre el demagogo y el patriota», *Correo del Orinoco,* n.° 67, 17 de junio de 1820.

> ha de guardarse la fe; recordadles a aquel hombre justo que prefirió una muerte voluntaria a ser testigo de los triunfos de un partido ilegal, y esto les excitará a exponerlo todo por conservar el pacto social y el respeto a los Magistrados, que dió la ley. Así conseguireis formar ciudadanos celosos, buenos hijos, buenos padres, socios beneméritos, dignos Patriotas[80].

El carácter —incluso el poder— totalizador conferido a la pedagogía, esa capacidad que se le reconocía de contribuir a modelar esta «raza» nueva, cuya eclosión había sido fomentada por la guerra, iba acompañado desde el inicio hasta el final del proceso por otras prescripciones que la completaban y fortificaban. Todos los momentos de la vida del individuo se ponían así, teóricamente, al servicio de su educación y de su imperativa participación en el proyecto de edificación de la nueva «nación». Para ello, en lo que atañía a los ciudadanos, dentro de la educación de sus hijos se reservaba un espacio importante a su experiencia de colombianos; por consiguiente, las referencias de las que tenían que valerse pertenecían en su mayoría al ámbito militar:

> Vosotros, colombianos, vosotros que sois una de las raras excepciones a aquella máxima de moral[81] y que venciendo vuestras mismas preocupaciones, y los errores de una educación viciosa en que el opresor fundaba su poder, habeis sabido conquistar la dignidad de hombres; vosotros a cuyo cargo está formar la generación que os ha de suceder, y conservar los principios que a costa de tantos sacrificios hemos logrado enseñorear entre nosotros, presentad siempre a la imitación de vuestros hijos los ejemplos que han inmortalizado a nuestros héroes, y nunca permitais que se les recomiende sino lo que pudiera reproducir a estos[82].

La preocupación por lo concreto, por la educación mediante el ejemplo, eran las palabras clave en esta formación que debía iniciarse desde muy temprana edad con el fin de formar dignos cooperadores, ciertamente, pero también de facilitar el gobierno de la población.

---

[80] *Ibídem.*

[81] A saber: que el patriotismo debe inculcarse desde la infancia, un principio del que los padres no pudieron beneficiarse debido al régimen monárquico español.

[82] «Diferencia entre el demagogo y el patriota». *Op. cit.*

> En vez de las ideas abstractas y penosas con que se ocupan comúnmente los primeros años de la juventud, conviene derramar en sus almas el conocimiento tan simple de sus deberes naturales, las ideas de la justicia y de la sociabilidad, el amor a la Patria, el entusiasmo de la virtud, y la ambición de ser útiles, objetos mucho más interesantes, sin duda, que las especulaciones frívolas, y un tropel de conocimientos estériles [...]. Los hombres no son infelices, insociables y malvados, sino porque se descuida de instruirlos en sus verdaderos intereses[83].

b) La instrucción escolar

Semejante afán de controlar, de enmarcar a los individuos desde la infancia, iba acompañado de un aspecto pedagógico más estrictamente escolar. Aunque las primeras disposiciones puestas en vigencia sólo intervinieron después de 1825, a partir de 1821 se dictaron unos decretos que demostraban esta voluntad y las orientaciones tomadas para lograr forjar este hombre nuevo. Así, en el preámbulo de un decreto de agosto de 1821 sobre la creación de escuelas primarias según los métodos de Lancaster[84] o mutualistas en todas las ciudades, parroquias y pueblos de más de 100 habitantes, se indicaba:

> Considerando:
>
> 1°: que la educación que se da a los niños en las escuelas de primeras letras debe ser la más generalmente difundida, como que es la fuente y origen de todos los demás conocimientos humanos;

---

[83] «Continuación del artículo sobre la Política en general». *Op. cit.*

[84] Acerca de la influencia de Lancaster en los proyectos de educación de Bolívar (ambos se conocían desde 1810 y mantenían una correspondencia) así como en la mayoría de los países de América Latina en aquella época, ver particularmente: WEINBERG, G.: «Las ideas lancasterianas en Simón Bolívar y Simón Rodríguez», en *Nacionalismo, latinoamericanismo y universalismo en el pensamiento político latinoamericano: el problema de identidad nacional y regional y las tensiones entre lo universal y lo particular, Congreso sobre el pensamiento político latinoamericano.* Caracas: 26 de junio-2 de julio de 1983, pág. 13; WEINBERG, G.: *Modelos educativos en el desarrollo histórico de América latina.* Buenos Aires: Comision Económica para America Latina, 1981. Para una visión más global del tema, consúltese: NEWLAND, C.: «La educación elemental en Hispanoamérica: desde la independencia hasta la centralización de los sistemas educativos nacionales», en *The Hispanic American Historical Review,* vol. 71 (2), mayo de 1991, Duke University Press, 1991, págs. 335-364.

> 2°: que sin saber leer y escribir[85] los ciudadanos no pueden conocer fundamentalmente las sagradas obligaciones que les imponen la religión y la moral cristiana, como tampoco los derechos y deberes del hombre en sociedad para ejercer dignamente los primeros, y cumplir los últimos con exactitud; se decreta lo siguiente...[86]

Para ello, además de la lectura, la escritura, la ortografía y las matemáticas, las materias seleccionadas comprendían la enseñanza de los dogmas religiosos y de la moral cristiana, así como de los derechos y deberes del hombre en sociedad. Nótese que, sin embargo, la historia no formaba parte de esta lista. Por cierto, la educación de las niñas era objeto de un artículo específico en el que se consideraba un financiamiento por suscripción voluntaria, mientras que las escuelas para niños tenían asegurado su financiamiento mediante fondos públicos, haciendo aún más aleatoria la creación de escuelas para niñas: «Art. 17: [...] se funden escuelas de niñas en las cabeceras de los cantones y demás parroquias en que fuese posible, para que ellas aprendan los principios de que habla el arto 11, y además coser y bordar»[87].

Siempre con respecto a la enseñanza, se precisaba además que ésta debía ser la misma en todas las provincias para contribuir a la unificación de la nación. Todas las escuelas quedaban así sometidas a un reglamento interno idéntico y el gobierno se encargaría de la escritura e impresión de todos los libros y alfabetos «necesarios para la uniformidad y perfección de las escuelas»[88]. Pero se planteaba un problema para los legisladores en cuanto a la presencia de los niños en esas escuelas y, por ende, a la necesidad de censarlos. Así, las disposiciones del artículo 12 paliaban el riesgo eventual de ausentismo que, además de su significación principal, era considerado como un índice de tibieza patriótica:

---

[85] Señalemos desde ahora que en la Constitución de 1821 esta obligación, como criterio para el acceso a la ciudadanía activa, será de nuevo aplazada a 1840. Ver «Constitución de 1821, título 111, sección primera, art. 15», en *Constituciones de Venezuela. Op. cit.*, pág. 276.

[86] *Decreto,* Congreso General de la República de Colombia, 2 de agosto de 1821, BNV/LR.

[87] *Ibídem.*

[88] *Ibídem.*

> Art. 12: Siendo de tanta importancia para la República el que todos sus miembros aprendan estos principios, los jueces respectivos formarán un padrón exacto de los niños que haya en el lugar, de edad de 6 hasta 12 años, y obli9arán a los padres que voluntariamente no lo hubieran hecho, lo que no es de esperarse, a que los pongan en la escuela...[89]

Pese a esta voluntad de educación primaria para todos, sin embargo, independientemente de los obstáculos materiales y financieros de organización, había resistencias —y hasta una oposición declarada— contra la integración de ciertas partes de la población en los establecimientos escolares. Ya lo señalamos en otra ocasión, en los documentos de los que disponemos no se daba mucho espacio a los problemas concernientes a la población negra y parda. Pero con el desarrollo de la imprenta, a partir de 1823 se publicaron cada vez más textos que provenían de ciudadanos, lo cual permitía un abanico más amplio de opiniones y un eco más grande de los litigios que se producían. Por ejemplo, ese texto ya mencionado publicado en 1825 en Caracas, que denunciaba una decisión discriminatoria contra un hijo de pardo al que habían negado una beca para ingresar al colegio. Hablaba de las falsas razones invocadas por el director del colegio para justificar su negativa, del descrédito que habría caído sobre su establecimiento si no hubiera aceptado al muchacho, de su posterior y forzada aceptación de recibirlo, y relataba la acogida que le habían dado sus compañeros:

> Allí, los ultrajes, la injuria, el vituperio de zambo, el disgusto de los condiscípulos, el desagrado de sus padres, el querer retirar sus hijos par no ensuciarlos con la compania del zambo; allí, las acusaciones calumniosas de los más negros vicios; y allí, en fin, se desarrolla todo género de vil maldad a fin de lograr desesperar el padre y compeler el hijo a su salida[90].

Más representativa aún de esa discriminación era la confesión de su propia falta de cultura —supuesta o real—, al llamar a los hombres esclarecidos para acabar con tales prácticas:

---

[89] *Decreto. Op. cit.*

[90] «Unos patriotas pardos», *La humanidad ultrajada*, Caracas 9 de septiembre de 1825, hs, FBC/Archivos de Gran Colombia.

> Al presentar al público esta maldad escandalosa, tenemos principalmente por objeto llamar la atención de nuestros hombres ilustrados para que ilustren los principios con su saber; pues nosotros somos de los infelices a quienes sólo el catecismo de Ripalda está concedido, y por consiguiente nuestro rústico lenguaje y groseros conceptos que se advertirán en este papel no son más que el triste resultado de nuestra antigua abyección y abatimiento[91].

Sin embargo, habrá que esperar hasta 1827 para que se decrete oficialmente[92] el fin de toda discriminación social, religiosa y racial en los establecimientos escolares.

c) La opinión pública

Dentro de ese dispositivo, el concepto de la opinión pública que tenían los autores de esos textos contribuía también a suscitar la unanimidad sin la cual no podía existir la nación[93]. Efectivamente, no cabía la menor duda de que la primera preocupación de los legisladores era lograr primero la uniformización de los usos y costumbres a través de la ley, y luego la de los individuos a través de la educación y la instrucción:

> ... las leyes, las costumbres, los usos no son los mismos en diferentes provincias de un mismo Estado: cada porción de una misma nación está gobernada por las reglas que le dieron monarcas antiguos, y en circunstancias que ya no existen. De esta mezcla bizarra de leyes y de costumbres, resulta entre las naciones modernas una jurisprudencia tenebrosa, absurda, contradictoria, casi siempre en guerra con la recta razón[94].

---

[91] *Ibídem.*

[92] Si es que esa ley tuvo algún efecto.

[93] Sobre el concepto de opinión pública, para el caso venezolano, ver: Hébrard, V.: «Opinión pública y representación en el Congreso Constitucional de Venezuela (1811-1812)», en Guerra, F.-X. y Lempérière, A. (dir.): *Los espacios públicos en el mundo iberoamericano, ambiguedades y problemas. Siglos xviii-xix.* México: FCE-CEMCA, 1998, págs. 196-224; Capriles, C.: «Opinión pública», en *Diccionario Político y Social del Mundo Hispanoamericano. Conceptos Políticos en la era de la revoluciones, 1750-1850,* vol. I. Madrid: Centro de Estudios Políticos y Constitucionales, 2009, págs. 1104-1113.

[94] «Política en general», *El Correo Nacional,* n.° 4, 30 de junio de 1821.

Partiendo de este postulado teórico, y con miras a la misión de instrucción confiada particularmente a los hombres esclarecidos, se confirmaba el imperativo unitario, que se afianzaba en todas las esferas de la sociedad. Podía decirse que se cerraba el círculo.

Un gobierno centralizado y unas provincias unificadas gracias a una legislación homogénea no eran viables y sólo podían desplegar toda su eficacia si la sociedad también se unía a favor de este proyecto. Presentada como una prueba de la fuerza y la grandeza de la nación, esta necesidad demostraba no sólo el tipo de relaciones que el poder mantenía con los individuos a los que gobernaba, sino también una concepción de la opinión pública correspondiente a la definición de las Luces, a saber como modo de producción de la unanimidad»[95]. No se trata de la expresión acumulada de las opiniones individuales, lo cual sólo podría generar anarquía a ejemplo de lo que se produjo en las provincias. Al contrario, debía ser elaborada por el poder y su élite esclarecida, quienes se encargaban de difundirla con el fin de señalar la línea que debía seguirse, confirmando así su legitimidad para proclamar a la nación como UNA, a saber: unificada y centralizada.

Correspondía entonces a los hombres ilustres formularla, poniéndola al servicio de la política de la sana razón invocada al respecto. «Por ello, el hombre de letras ocupa un lugar central en la visión política de las Luces. Es la figura central en torno a la cual se organiza la idea de política racional»[96]. De hecho, si bien la opinión o el público a los que se hacía referencia remitían inicialmente a una totalidad, los autores cuidaban de distinguir dentro de estas entidades, cuando las circunstancias lo exigían,

---

[95] Tomamos esta expresión de P. Rosanvallon, quien analiza la utilización de la opinión pública, en esta reformulación, como un instrumento de unificación de la sociedad, en *Le sacre du citoyen.* Paris: 1992, pág. 157. Acerca de esta problemática, ver sobre todo los trabajos de Baker, K. M.: *Au tribunal de l'opinion. Essais sur l'imaginaire politique au xviiieme siècle.* Paris: Payot, 1993, 319 p., Y también de Habermas, J.: *L'espace public. Archéologie de la publicité comme dimension constitutive de la société bourgeoise.* Paris: Payot, 1992 (nueva ed.), 324 págs. Para un análisis global y estimulante sobre América latina ver: Palti, E. J.: *El tiempo de la política. El siglo XIX reconsiderado.* Buenos Aires: Siglo xxi editores, 2007, en particular el capítulo 3, págs. 161-202 y Goldman, N.: «Legitimidad y deliberaciones: el concepto de opinión pública en Iberoamérica, 1750-1850», en *Diccionario Político y Social del Mundo Hispanoamericano. Conceptos Políticos en la era de la revoluciones, 1750-1850,* volumen I. Madrid: Centro de Estudios Políticos y Constitucionales, 2009, págs. 981-998.

[96] Rosanvallon, P.: *Le sacre du citoyen. Op. cit.*

categorías particulares a las cuales se dirigían y que, al mismo tiempo, formaban opinión. Igual que en el concepto de pueblo, existía dentro de esas categorías genéricas una sub-parte que se distinguía cualitativamente y calificaba al conjunto. En este sentido, al proclamarse la primera Ley Fundamental de Unión en 1819, para dar fe de la acogida positiva de este texto, el Congreso reunido en sesión extraordinaria declaraba: «Es increíble la satisfacción que esta noticia, propagada como el fuego eléctrico, causó en el Público, sobre todo en la parte pensadora capaz de calcular la importancia y las ventajas de la reunión [entre Venezuela y Nueva Granada]»[97].

De hecho, tal como se declaró en varias oportunidades, el único resorte de gobierno era la opinión pública, y su acción estaba impulsada y dinamizada por ella, hasta tal punto que sin ella «la ley más sabia no es otra cosa que una formación esteril»[98]. No obstante, esto no significaba, ni mucho menos, que ese dinamismo equivalía a una confrontación de ideas diferentes y hasta divergentes, en función de las cuales se había elaborado la ley y que, por consiguiente, ésta había sido el resultado de un real debate de opiniones. La opinión pública se difunde en la sociedad desde arriba —la élite esclarecida— hasta abajo. Prueba de ello es que, cuando el proceso pareció invertirse y permitir el surgimiento de opiniones divergentes, poniendo así en peligro la cohesión del edificio, no tardó en producirse la represión. Así, durante la campaña de 1821, ciertamente en un momento de particular tensión, se dictó un decreto contra los opositores, otorgándoles un pasaporte para que abandonaran el país; y entre los motivos invocados para justificar esta decisión figuraba la necesaria unicidad de la opinión. Efectivamente, tras haber recordado los motivos por los cuales se había roto el armisticio con los españoles, Francisco de Paula Santander señalaba:

> ... teniendo en consideración que en virtud de este Armisticio se han introducido en el territorio de mi mando muchas personas de las que habían emigrado voluntariamente con los españoles, cuya permanencia en el estado de guerra puede ser perjudicial a los intereses de Colombia y aun a los suyos propios, y dese-

---

[97] «Sesión extraordinaria del 17», *Correo del Orinoco,* n.° 47, 18 de diciembre de 1819.

[98] «De la opinión y del medio de conseguirla», *El Correo Nacional,* n.° 1, 16 de junio de 1821.

> ando que los que vivan dentro de nosotros tengan una sóla opinión y disfruten de los bienes del sistema liberal por su libre voluntad...[99]

Cuando Francisco Delgado, coronel de los ejércitos de la República, gobernador e intendente de la provincia de Venezuela, puso en aplicación ese decreto, en junio de 1821, recordó muy claramente esta necesidad, señalando que esta medida se tomaba «a fin de que no haya entre nosotros sino una sóla opinión»[100]. Por consiguiente, asistimos a la explotación de los lugares y soportes capaces de servir de canal de difusión para esta opinión —y para las informaciones— que todo ciudadano adulto debía de poseer, contribuyendo a su educación y, por ende, condicionando su obediencia al gobierno que las editaba. Para ello, era necesario asociar a esta empresa el hombre de pluma, pues la opinión así definida se difundía en primer lugar por el canal de la prensa. Los periodistas[101] se asignaban a sí mismos esta función. Así, en 1820 El *Correo del Orinoco* señalaba: «Se aventaja en sus efectos un periódico que, bien conducido y accesible a toda comunicación importante, sea un centinela contra todo exceso u omisión culpable, y sea al mismo tiempo un catecismo de moral y de virtudes cívicas, que mejore la condición del pueblo e instruya y forme la generación que nos ha de suceder»[102].

La misión asignada a la prensa quedaba aquí claramente definida. A ejemplo de lo que ya hemos podido observar en materia de educación, se distinguía la formación de los niños y la mejoría de las condiciones del pueblo nutrido en las fuentes de la ignorancia y de las falsas ideas del despotismo. Era desde este ángulo que se presentaba a la población la adopción del principio de la libertad de imprenta en la Constitución de 1821; efectivamente, ésta iba a «permitir difundir y hacer que circulara el espíritu de libertad [...]»[103]. Al mismo tiempo que restringía el campo de quie-

---

[99] SANTANDER, F. P.: *Decreto,* Bogotá, 11 de abril de 1821, FBC/Archivos de Gran Colombia.

[100] «Decreto del Gobierno», *El Correo Nacional,* n.° 4, sábado 30 de junio de 1821.

[101] Aunque este término se utilizaba poco, los redactores de *El Vigía de Puerto Cabello,* en 1825, lo emplean en una publicación destinada a recibir apoyos para la candidatura de Bolívar a la Presidencia de la República.

[102] «Nueva Gaceta», *Correo del Orinoco,* n.° 67, 17 de junio de 1820.

[103] «El primer Congreso General de Colombia a todos los pueblos y tropas de mar y tierra de la República». *Op. cit.* Esta disposición figura en el capítulo VIII dedicado a las disposiciones generales, en el artículo 156 de la Constitución de 1821.

nes eran juzgados aptos para comprender el papel determinante de la prensa en la difusión y la fijación de la opinión, *El Correo Nacional* de Maracaibo —cuya publicación se inició cuando se proclamó la independencia de la ciudad, en enero de 1821— daba fe de esta voluntad en la exhortación a los espíritus esclarecidos, que se hacía en el primer editorial, para obtener su apoyo:

> Todo hombre sensato, todo ciudadano que envalore las prerrogativas inherentes a su situación social, y todo individuo que conoce los deberes que lo ligan a la masa general del cuerpo de quien es parte, no podrá menos que persuadirse de que la intención del Editor es pura, y que su aplicación es prohijada del afecto que ha consagrado a su adorable Patria: nada más lo mueve en la actualidad; y si comienza esta tarea, es con la esperanza de ser coadyuvado de sus conciudadanos por medio de sus luces y advertencias, y de aquellas sublimes partes del genio colombiano por los que han sido elevado a la cumbre de la gloria...[104]

No obstante, esta libertad de imprenta tenía sus limitaciones, y cuando se infringía también podía afectar la cohesión de la sociedad. Por ello, en muchas definiciones de esta nueva libertad figuraba en buen lugar la exposición de estos peligros. En un discurso de 1823, el intendente de Venezuela ofrecía un característico ejemplo de esto, y también confirmaba la distancia entre el pueblo ignorante y los demás —el «nosotros» que figuraba en su texto—, encargados éstos de difundir las ideas que se habían previamente comunicado, es decir: hacer opinión.

> Atacar los males en general dejando siempre conocer un espíritu público y desprendido, difundir las luces, comunicaros mutuamente las ideas, desvanecer los errores políticos, presentar a los menos entendidos rasgos conducentes de la historia de las revoluciones para caminar con acierto en la nuestra, morigerar las costumbres, enseñarnos a ser buenos padres de familia, buenos hijos, buenos esposos, para que seamos buenos republicanos, ved aquí el verdadero uso de la libertad de imprenta: todo lo que no ruede sobre estos principios, consideradlo como su más execrable abuso, y preparaos a coger amargos frutos[105].

---

[104] «Oficio», *El Correo Nacional,* n.° 1, 20 de enero de 1821.

[105] RODRÍGUEZ DEL TORO, F.: *A los habitantes de sus provincias.* Caracas: 1823, hs, FBC/Archivos de Gran Colombia.

Aquí también, las esferas privadas y públicas se hallaban en constante comunicación e interacción. Por consiguiente, así como la utilización abusiva o errónea de las herramientas puestas a la disposición de los hombres esclarecidos podía llevar al caos, así mismo una conducta depravada y no conforme a las leyes y los principios de la educación —al igual que la falta de educación— eran otros tantos factores potenciales de disgregación del cuerpo social. El autor del artículo ya citado sobre la opinión describía los límites puestos a la libre expresión de las ideas, haciendo un verdadero catálogo, cuyo rigor y austeridad de expresión daba una muestra del carácter a la vez riguroso y utópico de tal objetivo, pero ilustraba perfectamente el proyecto que se llevaba adelante:

> La publicidad es la vida de los pueblos libres que exige costumbres rectas, severas, dignas y elevadas al más alto punto; es decir: sostener con firmeza una conducta verdaderamente franca y un amor a la Patria puro y desinteresado, como el único medio de conservar y purificar nuestra opinión, pues sin estos requisitos volveremos al mismo caos en que hemos nacido, a la ignorancia, a la corrupción, a las pasiones[106].

Sin duda, la prensa estaba consideraba más como un instrumento privilegiado dentro de ese dispositivo de difusión, que como un receptáculo de la opinión pública moderna. Pero lo cierto es que todos los medios parecían buenos para propagar aún más profundamente ese mensaje que algunos se atrevían de nuevo a calificar de revolucionario. Pues, más que un imperativo motivado por un proyecto insertado en la duración, lo que dictaba tal conducta era la urgencia y hasta la inminencia de la división de la sociedad con las que se confrontaban sus dirigentes y voceros. Una vez más, esta situación y las decisiones tomadas para ponerle fin —o al menos para contribuir a atenuar las imperfecciones más nocivos— se nos revela a través de un retrato en negativo. De manera significativa, los obstáculos que impedían la aplicación de las disposiciones políticas en su conjunto, quedaban expuestos sin rodeos en el artículo sobre la opinión, cuyo autor enumeraba al mismo tiempo los instrumentos aptos para combatir esos obstáculos, contribuyendo al surgimiento de una opinión unánime, totalmente puesta al servicio de la nación. Tras haber recordado que, al cabo de trescientos años de envilecimiento e ignorancia, no era fácil lograr que la po-

---

[106] «Continuación sobre la opinión y el medio de conseguirla», *El Correo Nacional,* n.° 7, 21 de julio de 1821.

blación entendiera el exacto alcance de las opciones de libertad e independencia escogidas por el país, y que pasaría mucho tiempo antes de haber puesto remedio a sus males, señalaba:

> Se sabe que hay muchos entre nosotros que por poco apego y ningún conocimiento de lo amable y ventajoso que es la libertad y la independencia, ignoran no sólo los sagrados deberes que aquéllas les imponen para su bienestar, sino hasta la nominación augusta del Estado al que pertenecen. Proporciónense fiestas nacionales, lecturas públicas, reuniones patrióticas en donde se oiga la voz de los Magistrados, circulación de noticias, y reimpresiones gratuitas de los autores republicanos más célebres, publicación de las sentencias de los enemigos del sistema, con otros infinitos medios que son los que aseguran las instituciones nacientes, los que despiertan a los hombres del profundo letargo en que el despotismo los tenía sumergidos, y los que identificados con la causa pública hacen comunes los intereses, los deseos y las esperanzas. El Gobierno que los olvida y mira con indiferencia, sentirá los efectos del adormecimiento y apatía en una funesta experiencia[107].

Entre todo este arsenal cuya vocación era educar a la población, contribuir a su adhesión al sistema adoptado, e incluso, más allá, crear valores unánimemente compartidos, lo que faltaba eran los elementos que pudieran conferir un carácter nacional a estos valores, en el sentido de una identidad común. No se hablaba de la historia que debía ser enseñada[108] a estas poblaciones que, sin embargo, estaban siendo separadas de un pasado de tres siglos y cuya historia anterior no se tenía en alta estima. En cambio, las ideas y los conceptos abstractos seguían figurando en primer plano. No obstante, en esa misma época, algunos hombres empezaron a colectar de manera sistemática los archivos de la historia desde la independencia, inicialmente para publicarlos en la prensa, y luego para reunirlos en libros. Entre ellos Cristóbal Mendoza, con su ambiciosa tarea de producir desde 1826 los famosos *Documentos para la vida pública del Libertador,* y su proyecto de escribir un libro de historia de Colombia, iniciado en 1824 pero que nunca completó, aunque tuvo tiempo para escribir una introduc-

---

[107] «De la opinión y del medio de conseguirla», *El Correo Nacional,* n.° 1, 16 de junio de 1821.

[108] Solamente se editaban fragmentos muy precisos de la historia de las revoluciones.

ción en la que decía: «¡Pueda este bosquejo estimular el patriotismo de nuestros contemporáneos a cooperar con sus luces en tan útil empresa! ¡Algún día nuestros descendientes bendecirán la mano que les conserve tan preciosos momentos, y en esta fuente pura beberán los Horneros y Virgilios americanos para cantar nuestras glorias!»[109]

Todos los elementos de este dispositivo de educación e instrucción, un proyecto con visos revolucionarios e utópicos, contribuían al empeño de que el pueblo nuevo se adecuara a las exigencias y prioridades de lo político. Por ello, ciertos eran radicalmente a favor de un programa que casi tenía como objetivo la creación de un verdadero hombre modelo, que hubiera roto no con el pasado[110] sino más bien con su pasado (y ya veremos hasta qué punto), arraigado en su época, respetuoso de las reglas dictadas para él y a la vez proyectado hacia el porvenir para el cual trabajaba. Semejante voluntad de ruptura, por una parte, abarcaba el rechazo a España, y ello pese al deseo de conservar el legado de esta misma España que, con todo, constituía la identidad de la élite, su memoria y —en tanto grupo dirigente— su legitimidad para gobernar, pues estaba dotada de las capacidades necesarias gracias a la educación recibida durante la Monarquía; y, por otra parte, iba acompañada de un afán de borrar todo vestigio de cierto pasado precolombino, el que no remitía a culturas tan prestigiosas como la de los incas. El pueblo tenía que adecuarse verdaderamente a su calificación de pueblo nuevo, regenerado, puro, y únicamente gobernado por la razón. Lo que se preconizaba entonces no era un retorno a la naturaleza, sinónimo de anarquía, sino más bien a una mítica edad de oro. En agosto de 1820, retomando los argumentos desarrollados por Francisco Antonio Zea en enero, cuando se proclamó la Ley Fundamental, Fernando Peñalver declaraba: «... ya los Colombianos no son los que fueron, y el Pueblo de Colombia es un pueblo enteramente nuevo, regenerado por diez años de lucha en que han desaparecido los inconvenientes físicos y morales que hacen dudosa la independencia»[111].

Podía decirse que Fernando Peñalver se limitaba aquí a proclamar la ruptura con el pueblo tal como había sido modelado por España durante los tres siglos de su dominación. La lucha llevada a cabo contra las tropas

---

[109] MENDOZA, C.: «Introducción a la Historia de Colombia, Caracas, 1824», en *Escritos del Dr. Cristóbal Mendoza.* Caracas: Presidencia de la República, 1972, pág. 203.

[110] De ello da fe la constante referencia a la Antigüedad y, sobre todo, a la Historia romana.

[111] PEÑALVER, F.: «Manifiesto a los pueblos de Colombia». *Op. cit.*

españolas había destruido los obstáculos que le impedían acceder a la civilización. Pero en 1821, al crearse la República de Colombia, se produjo otra ruptura, esta vez con lo que había sido ese pueblo en la época precolombina, antes de haber sido contaminado por España. Con este surgimiento de un pueblo nuevo, parecía operarse un doble movimiento.

Por una parte, se procedía a una asimilación entre el enemigo de la causa patriótica y la parte de la población que, de manera tácita, no pertenecía a este pueblo nuevo. Podemos ver la aplicación de esta lógica tras debelarse un intento contra-revolucionario en marzo de 1821, antes de la última campaña llevada a cabo por Bolívar en el frente occidental. En un artículo publicado en esta oportunidad, se hacía una tipología de los traidores, particularmente elocuente respecto de este doble rechazo:

> La insensata contrarrevolución que intentaron algunos desafectos del nuevo sistema, gente en la mayor parte de la que se llama hez del pueblo, seducida por españoles y godos americanos a quienes han indiciado o la fuga u otras justas sospechas y antecedentes; y ahora acaba de repetirse el mismo visible conato [...], [estos] dos acontecimientos [...] pueden tal vez hacer formar un concepto menos digno de la heroicidad de este Pueblo a los que, distantes, les miren en malignas pinturas de plumas prostituidas a la intriga, o de falsas tradiciones: creo convenientísimo para ocurrir al remedio que se estampe en la gaceta que, a excepción de cuatro americanos, dos de ellos alienígenas y otros dos del país, unos y otros gente de poco valer y aún de la plebe, los restantes o cabecillas han sido españoles, que el nombre les basta[112].

Con semejante retrato, en el que se tomaba en consideración no sólo la adhesión a la causa patriótica como criterio de diferenciación de los individuos sino, más aún, el origen social y étnico como factores discriminatorios, no disponemos finalmente sino de una imagen, de una identidad por defecto, de lo que era o debería ser no el venezolano sino el americano. Para ser admitido como tal y, por ende, como patriota, no había que formar parte del bajo pueblo ni ser español; incluso el carácter de «alienígenas» suscitaba alguna sospecha. Al mismo tiempo, se trataba de borrar la imagen vehiculada en el exterior, tendente a valorizar falsas tradiciones y propensas a la barbarie. Ni

---

[112] «Artículo-comunicado» (firma «El Vigilante»), *El Correo Nacional,* n.° 3, 23 de junio de 1821.

español ni bárbaro, sino definitivamente nuevo, virgen de toda herencia, así debía ser el nuevo pueblo colombiano. De manera idéntica, con motivo de la cooperación de la población en el combate de un incendio desatado en el parque de Coro en junio de 1821, el vicario de la ciudad hablaba de las cualidades de sus habitantes en términos que confirmaban la naturaleza de las distinciones señaladas en el texto anterior. Llamando a todos los habitantes, cualquiera fuera su origen, establecía un vínculo entre la regeneración y los años de guerra, hablaba de «la unión de corazones que se produjo entre los habitantes de esta provincia y los infatigables defensores de la República», agregando además «que en fin no haya entre vosotros sino un sólo lenguaje, una sóla opinión, un sólo sentimiento como que ya perteneceis a la nación de los héroes, a la nación Colombiana»[113].

Por otra parte, el otro aspecto de la ruptura, directamente ligado a los proyectos de educación y de instrucción puestos en práctica conjuntamente, también puede ser abordado a través de este texto. Y es que esta ruptura implicaba una necesaria uniformización de las costumbres y de los valores, obviando una vez más las costumbres y los valores —negativos— heredados de la dominación española. Con el surgimiento de lo político como instrumento privilegiado del gobierno, se iba formando efectivamente toda una didáctica relativa a la opinión y a la educación del pueblo por ésta.

> Toca a la política formar las costumbres de los ciudadanos, pues debe inspirarles las disposiciones necesarias a su conservación, a su seguridad, a su prosperidad. La política hará sagrados y apreciables los lazos del matrimonio; interesará a los padres virtuosos a formar por el Estado súbditos fieles, etc. [...] y nada es más difícil de gobernar que una sociedad cuyos miembros están corrompidos[114].

Debido a los intereses subyacentes, este tema de la educación revelaba también la ambivalencia del discurso sobre el pueblo y, por ende, del concepto que tenían de él las élites dirigentes. Aquí, se utilizaban todos los mecanismos a disposición de lo político, no sólo para establecer un sistema educativo que permitiera que el pueblo, en tanto soberano, participara en su propio gobierno, sino para ir más allá y adecuarlo a las exigencias de quienes lo dirigían, con el fin de llevar a buen término su empresa política.

---

[113] «Pastoral del Sr Vicario de la ciudad de Coro», *El Correo Nacional,* n.° 4, 30 de junio de 1821.

[114] «Continuación del artículo sobre la Política en general». *Op. cit.*

Capítulo 2

La definición de un nuevo espacio constitucional

La Ley Fundamental de 1821 otorgaba el título de Nación a la República de Colombia, y consagraba el inicio de esta nueva era dedicada a la regeneración política de las entidades que la constituían. Mucho más que las modificaciones introducidas por la Constitución de 1821, las dos Leyes Fundamentales de 1819 y 1821 eran las que mejor permitían entender el espacio nación y los conceptos relacionados. Los puntos fundamentales a partir de los cuales puede observarse este proceso tienen que ver con la modificación del espacio que ya se llamaba nación, y también con el tema aferente de las fronteras y los límites territoriales. Efectivamente, existía una conciencia muy fuerte de las dificultades inherentes a la gestión de un territorio tan vasto, y el tema de las fronteras que lo delimitaban se hacía más frecuente que antes. La traducción política de esta difícil tarea se manifestaba a través de los conflictos que se amplificaban en lo tocante a la delegación de las responsabilidades y a la repartición de los poderes entre civiles y militares, no sólo entre el Ejecutivo y el Legislativo, sino también entre el centro y las periferias de este inmenso territorio. Por último, observamos un cambio en la denominación de los espacios que, por muy institucional que fuera, revelaba sin embargo un manejo algo aleatorio de los conceptos esenciales de República, Patria y Nación.

1. De la República a la Nación

En su texto, el preámbulo de la Ley Fundamental no sufrió modificaciones sustanciales entre la versión de 1819 y la de 1821. Tampoco con los objetivos definidos, a saber: la posibilidad para Venezuela y Nueva Granada de adquirir un poder más importante gracias a esta reunión, de consolidar su soberanía y acceder a la prosperidad.

La unión fue presentada inicialmente como el resultado de la voluntad de los pueblos representados en el Congreso elegido en 1819, y a los cuales se asociaron voluntariamente los pueblos de Nueva Granada. El Congreso de Venezuela de 1819 tomó esta decisión anticipadamente bajo la presión de esta misma voluntad. En un primer momento, y antes de que se emprendiera una verdadera formación política del ciudadano, la poderosa voluntad del hombre que era la más alta expresión de esa decisión —Bolívar— y la fascinación hacia él, parecían capaces de suplir esta falta de formación. Francisco

Antonio Zea, en el mismo texto en que se dirigía a los colombianos, insistía particularmente en este punto:

> Pero ¿por qué fatalidad, por qué destino cruel este país, el primero en el mundo físico, no sólo es el primero sino que ni siquiera existe en el mundo político? Porque vosotros no lo habeis querido. Queredlo y está hecho: decid Colombia sea, y Colombia será. Vuestra voluntad unánime, altamente pronunciada, y firmemente decidida a sostener la obra de vuestra creación; nada más que nuestra voluntad se necesita en tan vasto y tan rico país para levantar un poderoso y colosal Estado[1].

Aunque Francisco Antonio Zea oponía esta voluntad a la fatalidad, con ello no explicaba las causas que la habían generado, ni tampoco las razones que permitían discernir el cambio que su afirmación suponía en cuanto a las opiniones emitidas acerca de este pueblo, cuando se planteó otorgarle realmente el derecho a actuar sobre el devenir de la nación a través de la elección de sus representantes. Enfin, el texto de 1821 se intituló Ley Fundamental de la Unión de los Pueblos de Colombia, mientras que el de 1819 llevaba el nombre de Ley Fundamental de la República de Colombia. Si bien el segundo motivo invocado para justificar la unión era la liberación de los territorios y el fin de la lucha que había impedido su ratificación, sin embargo en cuanto a las ventajas que podían esperarse de esta decisión, se especificaba que ésta venía en realidad no sólo de los representantes sino también de los hombres que se distinguían de la «masa» por su cultura y su participación en el gobierno: «3°: [...] estas verdades altamente penetradas por todos los hombres de talentos superiores y de un ilustrado patriotismo, habían movido los Gobiernos de las dos Repúblicas a convenir en su reunión, que las vicisitudes de la guerra impidieron verificar»[2].

Así pues, eran los pueblos, más que las dos Repúblicas, los que se habían unido. Eran los pueblos los que formaban la nación nueva, y no el pueblo: no se trataba de una comunidad física de individuos, sino más bien de la reunión de entidades administrativas y territoriales secundarias. Semejante ruptura, que además confería a la República de Colombia —la nueva nación— un agregado de «novedad», quedaba confirmada por los límites territoriales adoptados. Aquí también, como si se tratara de borrar

---

[1] ZEA, F. A.: *¡Pueblos de Colombia! Op. cit.*

[2] «Ley Fundamental de la República de Colombia de 1819», en *Constituciones de Venezuela. Op. cit.*, pág. 269.

el recuerdo de las Repúblicas surgidas de la primera fase revolucionaria, lo que se conservaba eran los nombres utilizados durante la Monarquía: «50: El territorio de la República de Colombia será el comprendido dentro de los límites de la antigua Capitanía General de Venezuela y el Virreinato y Capitanía del Nuevo Reino de Granada»[3].

Francisco Antonio Zea era aún más explícito puesto que, tras haber afirmado que la existencia de la nación se basaba en dos principios fundamentales que eran la voluntad de un «pueblo nuevo» y el volumen considerable de su territorio, de su población, de sus recursos, agregaba: «El delirio de las soberanías provinciales bajo un sistema federativo, esencialmente disidente en el estado de nuestra civilización y moral pública, os privó de uno y otro titulo a ser reconocidos»[4].

No obstante, mientras que el sustantivo «nación» no figuraba en la versión de 1819, en 1821 la unión consagraba el nacimiento de la Nación colombiana, y los tres primeros artículos del texto estaban dedicados a su definición. Y mientras que, en 1819, el artículo primero anunciaba que Venezuela y Nueva Granada se habían reunido, llevando en adelante «el título glorioso de la República de Colombia», el de 1821 señalaba: «1°: Los pueblos de Nueva Granada y Venezuela quedan reunidos en un sólo cuerpo de nación, bajo el pacto expreso de que su gobierno será ahora y siempre popular representativo»[5].

De la misma manera, los órganos del poder y las ramas de la administración eran calificados de nacionales. Se hablaba del Poder Supremo Nacional, del Gobierno Nacional, de la deuda nacional... Y desde 1819 un proyecto preveía que la sede del poder de esta nueva nación se ubicaría en una nueva ciudad, con el nombre de Ciudad Bolívar, cuyas dimensiones eran presentadas como dignas de la grandeza que el país estaba, «naturalmente», llamado a tener. Así, aun antes de proclamar su Constitución, la nación colombiana asumía la ruptura con el pasado de las dos Repúblicas que la constituían y, sobre todo, se proyectaba hacia el futuro al cual estaba destinada y que quería marcar con su impronta. Este papel determinante fue asignado primero a la Constitución, y la ley ya decretaba la fecha y la naturaleza de la fiesta nacional de Colombia:

---

[3] *Ibídem,* pág. 271.

[4] Zea, F. A.: *¡Pueblos de Colombia! Op. cit.*

[5] «Ley Fundamental de la Unión de los Pueblos de Colombia de 1821». *Op. cit.,* pág. 271.

Art. 13: Habrá perpétuamente una fiesta nacional por tres días, en que se celebre el aniversario:

1: de la emancipación e independencia absolutas de los pueblos de Colombia;

2: de su unión en una sóla República y del restablecimiento de la Constitución;

3: de los grandes triunfos y las inmortales victorias con que se han conquistado y asegurado estos bienes[6].

Los tres pilares de la nueva identidad quedaban así establecidos, confirmando la voluntad de los dirigentes de hacer suyo el legado patriótico —y no constitucional— de las Repúblicas que constituían a Colombia. Esta transferencia se facilitaba al ya existir un nuevo nombre para calificar al territorio y a sus miembros, el cual absorbía el pasado respectivo de ambas entidades. Rompiendo con cierto pasado que se identificaba con los excesos reprochados a los federalistas, la Nación estaba llamada a durar, y marcaba con su sello las celebraciones de carácter perpetuo pero también, más concretamente, la arquitectura y el territorio. Con este fin, aspiraba a tener el tiempo y los recursos necesarios para que todo resultara digno de la obra emprendida por sus dirigentes. La edificación de la nueva capital se emprendería cuando las circunstancias mejoraran. En cuanto a la fijación de los límites territoriales definitivos, ya aplazada en 1819, quedó postergada una vez más a tiempos más oportunos[7]. Este asunto tampoco había quedado resuelto en la Constitución de 1821, puesto que sólo se indicaba que el territorio estaba compuesto por las antiguas capitanías generales de Venezuela y el Virreinato de Nueva Granada, dividiéndose en departamentos, provincias, cantones y parroquias. En cambio, la presentación que se hacía de ello difería de manera significativa. Efectivamente, por primera vez se dedicaba un capítulo —y además, el primero— a la Nación colombiana. Titulado «De la Nación colombiana y de los colombianos», tenía dos secciones, y tres artículos definían la nación así proclamada. El primero recordaba su independencia respecto de la Monarquía española, así como de cualquier otra potencia extranjera, familia o individualidad. El segundo declaraba que «la soberanía residía esencialmente en la Nación», y el tercero recordaba los deberes de la Nación hacia sus miembros: «Es el deber de la Nación proteger,

---

[6] *Ibídem.*

[7] *Ibídem,* art. 5, pág. 271.

por leyes sabias y equitativas, la libertad, la seguridad, la propiedad y la igualdad de todos los colombianos»[8].

Esto confirmaba la ambigüedad así como el carácter abstracto de lo que era una nación, la cual se identificaba más con el Estado y los órganos del poder que con una comunidad de individuos.

La proclamación de la existencia de una nación colombiana se presentaba a los colombianos como la elevación a una dignidad de la que ellos mismos debían mostrarse dignos. Sería la combinación de ambas dignidades lo que le otorgaría su puesto en el concierto de las naciones civilizadas, y permitiría que sus miembros fueran considerados como hombres libres. En este sentido, la convocación de los habitantes a la elección de diputados, en 1820, oponía el orden antiguo a la nueva vía que se abría según estos principios. «... rompiendo las cadenas de la esclavitud, os habeis hecho dignos de ser calificados de hombres libres y de formar una nación independiente y apta para tratar con las demás»[9].

Con la utilización de los términos «dignidad», «libertad», «independencia» y «civilización», se instauraba una verdadera dialéctica del nacimiento de la nueva nación y del pueblo, organizándose alrededor del concepto clave de «dignidad». El pueblo había demostrado su capacidad para luchar por la reconquista de su independencia, y de su traducción política, la libertad. Gracias a esta lucha y con la victoria lograda, el suelo fecundado con la sangre de sus próceres pudo acceder a la dignidad de nación. En adelante, correspondería a esos hombres, reconvertidos en ciudadanos-soldados, mostrarse dignos del nuevo rango en virtud del cual pertenecían a la clase de los hombres libres, contribuyendo para ello a la prosperidad y al poderío de la nueva nación a fin de que ésta se impusiera ante el resto del mundo, y pudiera aspirar a ayudar a las que todavía se hallaban bajo el yugo de la tiranía. Inmediatamente después de promulgarse la primera Ley Fundamental, los colombianos que acababan de ser reconocidos como tales ya eran llamados a cumplir con esta misión, confirmando al mismo tiempo la función de muro de contención que tenía la Constitución, en el sentido en que ésta autorizaba ese retorno del pueblo como entidad actuante, lista a movilizarse. «Sea el entusiasmo manifestado en este día, un garante de la duración y prosperidad de Colombia. Hagámonos dignos del

---

[8] «Constitución de 1821, Cúcuta, 30 de agosto de 1821, art. 3», en *Constituciones de Venezuela. Op. cit.*, pág. 275.

[9] *Convocatoria para el próximo Congreso General de la República de Colombia,* 20 de enero de 1820, pág. 1, BNV/LR.

nuevo nombre que hemos adoptado, dedicándonos a la agricultura y a la industria que lo engrandecerán»[10].

Sin embargo, el apoyo seguía siendo aleatorio y frágil, puesto que se basaba en el entusiasmo de la población tal como se había manifestado en una oportunidad muy particular. En este sentido, seguía siendo hipotético en cuanto a su traducción a una verdadera adhesión política al nuevo poder. Pero recordemos que se trataba de un texto surgido del acontecimiento, destinado a convencer. Además, ¿acaso la utilización del futuro no indicaba alguna reserva en cuanto al porvenir de los deseos expresados? Finalmente, no hay que dejar de señalar que, en definitiva, se otorgaba una confianza mucho mayor al hombre que ya encarnaba no sólo el pueblo en armas sino también el poder político: Simón Bolívar. El tenía que encaminar a esos hombres por las únicas vías capaces de permitir el cumplimiento del proyecto nacional, cuya paternidad se le reconocía totalmente. Así, el texto de la proclamación concluía con esta mención: «Correspondamos a los votos del ilustre Jefe que de tanta gloria nos colma, y que ha fixado las bases de nuestra grandeza Nacional...»[11]

Por consiguiente, al otro extremo de la cadena era en realidad un hombre quien servía de catalizador de esa voluntad, y el pueblo seguía representando un peligro potencial.

2. Los inicios en el mundo de lo político de la nación nueva

Durante ese mismo período que precedió la promulgación de la Constitución, la relación entre las fuerzas militares y las fuerzas políticas volvió a invertirse. Ayudada por las negociaciones de paz con España, una diferenciación se instauraba entre esas dos «columnas de la patria» (retomando la expresión utilizada por Bolívar). Y si bien la fuerza simbólica del hombre de armas se prestigió hasta el punto de convertirse en una nueva «arma» al servicio del poder, en una fuerza de cohesión, no obstante ya se prefería la vía política para restaurar el país. No estaba planteado negar el aporte de la lucha librada por los patriotas, muy al contrario, pero se la sustituía con otra fuerza, civil, de la que había que mostrarse dignos. Por lo demás, en un artículo publicado en diciembre de 1820 y que consideraba el período abierto después de la firma del tratado de regularización de la

[10] «Promulgación de la Ley Fundamental de Colombia, 25 de diciembre de 1819», *Correo del Orinoco,* n.° 48, 1 de enero de 1820.

[11] *Ibídem.*

guerra con España —que correspondía además con la preparación de la Constitución de Cúcuta— como el momento ciertamente más crítico pero, sobre todo, como el más inédito en la América Latina del siglo XIX, se señalaba los papeles respectivos de lo militar y de lo político dentro de un proceso histórico de construcción de las sociedades:

> Después de que el hombre entró en sociedad, y se extendiera ésta, se enlazaron los intereres de unas con otras sociedades; no ha sido siempre la fuerza de las armas la que ha terminado sus diferencias, y dado las ventajas. Se ha conocido otra fuerza, la de la política, tanto o más poderosa que la otra, que tiene diferentes principios, otras máquinas, y otros modos de obrar. En ambas se han formado elementos de ciencia, que abrazan una infinidad de conocimientos que deben ser sabidos de los que rigen las naciones y de los que mandan las armas. Y como Colombia ha manifestado al mundo que es capaz por la una, ahora se le ofrece en la otra, esto es: en la política, otro campo en que debe manifestar su capacidad[12].

En este sentido, la supremacía de la fuerza militar seguía jugando un papel determinante en las sociedades más elaboradas y, a la vez, caracterizaba ante todo a las nacientes sociedades. Se le reconocía así su función intrínseca en la preparación al advenimiento de lo político, que es lo propio de las sociedades que han alcanzado su madurez. Para el autor de ese artículo, existía realmente una dicotomía entre ambos campos de acción, expresada en la oposición de los valores que les caracterizaban: en lo político, la razón y la justicia; en lo militar, la virilidad desplegada en el terreno de las armas.

En el momento de firmar el Tratado de Armisticio, a Colombia se le presentó la oportunidad de demostrar su capacidad para sustituir la segunda por la primera. Pero aún debía demostrar al resto del mundo —que parecía dudar de ello— que era digna de hacer valer sus derechos por el canal de la razón. Para ello, sólo la restauración de las instituciones aportaría la indispensable confirmación. Sin embargo, esta proclamación que equivalía una vez más a confirmar el acceso al rango de nación, era sobre todo teórica. La única referencia común seguía siendo la lucha por la independencia y la libertad. José Félix Roscio, en su oración fúnebre en homena-

---

[12] «Artículo-comunicado», *Correo del Orinoco,* n.° 91, 30 de diciembre de 1820.

je a los héroes de la batalla de Carabobo, reconstituía la historia de los acontecimientos que se habían producido en Venezuela desde la creación de la Junta en 1810, para deplorar precisamente que no hubieran sido regido por la razón. Pero, aunque lamentaba tener que constatarlo, también admitía que la situación de la población no permitía que se emprendiera un proceso únicamente colocado bajo tal auspicio:

> Es verdad que el triunfo debió ser propiamente el triunfo de la razón, el de las Luces del siglo, y el grito general de independencia con que Caracas, el 19 de abril de 1810, hizo resonar todas los ángulos de la América; pero, como el terror servil, la ignorancia y el envilecimiento del alma debido al peso de las cadenas y a la ignorancia del yugo que llevaban al cuello los oprimidos, habían hecho abandonar a muchos las sendas penosas de su emancipación, renunciar a la libertad adquirida, y volver a someterse al despotismo, a encorvarse hasta la tierra, a humillarse y besar los pies del tirano para moverle a clemencia [...], era necesario abandonar nuestros derechos al suceso de las armas y aventurarlos todos de una vez a la última campaña que los ha asegurado para siempre en el territorio de los Incas[13].

Sin embargo, en este nuevo período se afianzaba la voluntad de que el país y, por ende, la comunidad que lo componía —o al menos parte de ella—, actuara en el terreno político. ¿Cómo, entonces, proclamar esta politización permitida por el restablecimiento de las instituciones y por la victoria de las armas, cuando el pueblo seguía siendo al fin y al cabo objeto de sospechas en cuanto a sus capacidades de intervención, si es que las élites realmente la deseaban?

Si bien la Ley de Unión consagraba la existencia de los pueblos de Colombia y de los individuos en un sólo cuerpo de nación, convenía en adelante proceder a promulgar esta nueva entidad y a elaborar la Constitución que, en tanto tal, le permitiría (a esta nueva entidad y a sus miembros) pasar al terreno político. Sólo con esta condición podía darse la existencia y, por ende, el reconocimiento de la nación. Además, en la medida en que este pueblo había surgido de la guerra, de la lucha por su independencia y su libertad, le tocaba al gobierno encargado de su devenir dotarle de las facultades necesarias para transformarlo en cuerpo político responsable. En su tratado

---

[13] Roscio, J. F.: *Oración fúnebre. Op. cit.*, pág. 5-6.

sobre la ley natural, Tomás Lander insistía especialmente en este punto, refiriéndose a la definición que de ella daban los autores de la Ilustración, a saber la ley dictada por la razón con miras a sacar al individuo del estado de naturaleza en el que sólo prevalecía el interés por su propia conservación[14].

La educación del ciudadano como condición previa a esta politización y a la realización del proyecto nacional era un imperativo absoluto para no volver a caer en el estado de naturaleza. Sólo con esta condición era viable el contrato establecido entre los individuos, y entre éstos y la autoridad. Sólo la razón podía dictar las reglas en virtud de las cuales debía edificarse la sociedad civil, así como sus derechos y sus límites. Por consiguiente, los individuos ligados por ese contrato debían tener como preocupación principal lograr la conservación del cuerpo social en su conjunto así constituido.

La importancia que así adquiría lo político para edificar la nación y mantenerla en ese rango tan codiciado, aparecía hasta en la prensa, donde se dedicaban numerosos artículos al tema. El autor de un artículo publicado en junio de 1821 se refería implícitamente a los teóricos modernos de la filosofía política, que preconizaban precisamente la primacía de lo político para institucionalizar a las sociedades. El poder al que se asimilaba el Estado representaba lo único que podía garantizar el derecho a la preservación de los individuos y de la sociedad. «La Política es el arte de gobernar a los hombres, o de hacerlos concurrir a la conservación y al bienestar de la sociedad. No puede dudarse que el arte de hacer felices a los pueblos es el más noble, el más útil, el más digno de ocupar una alma virtuosa»[15].

La virtud al servicio de la utilidad, tal era en definitiva la definición del arte de gobernar. La participación así mencionada de los individuos tenía que ver entonces, principalmente, con la utilidad económica de cada quien y su contribución al enriquecimiento de la nación, tal como también lo declaraba Tomás Lander en su *Manual del colombiano*[16], a lo cual quedaba subordinado el derecho a la participación política. Sin embargo, no se trataba de gobernar sólo bajo la égida de la razón y la fría matemática. El objetivo de obrar para la instrucción y la moralización de los individuos sólo podía alcanzarse mediante cierta moderación por parte del legislador y una intervención estrictamente definida del filósofo en el ámbito político. Así,

---

[14] Lander, T.: *Manual del colombiano o Explicación de la ley natural. Op. cit.*, pág. 92.

[15] «Política en general», *El Correo Nacional,* n.° 4, 30 de junio de 1821.

[16] *Manual del colombiano o Explicación de la ley natural, op. cit.*

en dicho artículo, el autor también citaba a Platón[17] a fin de demostrar que filosofía y política no eran incompatibles para lograr la instauración de la sociedad civil. Por cierto, Hobbes distinguía la filosofía tradicional que, por idealismo, se limitaba a buscar la sabiduría sin concretarla jamás al no haber reflexionado sobre cómo lograrla, y la teoría moderna basada en una aprehensión concreta del universo y sus leyes, declarándose «seguro de que la propia filosofía podía reconciliar filosofía y poder político, al hacerse filosofía política y transformarse en opinión pública»[18]. Ahora bien, un fragmento de dicho artículo resulta impactante por su paralelismo con este punto, en cuanto a su referencia y contenido filosóficos:

> La filosofía es útil a la política. «Los pueblos serán felices —dice Platón— cuando los filósofos sean reyes, o los reyes filósofos». Decir que la filosofía es inútil o contraria a la política, es lo mismo que decir que es inútil y peligroso meditar o reflexionar maduramente sobre el objeto más importante para la felicidad de las naciones, o que éstas no deben ser gobernadas sino por la demencia, la rutina, la imprudencia, y el capricho. [...]. Vitupérase a la filosofía que forma ciudadanos indiferentes y poco capaces de servir a la Patria; pero bajo un gobierno ilustrado, en una nación libre, en un país sometido a leyes razonables, el filósofo será siempre un *ciudadano activo* que meditará para sus conciudadanos, que se inflamará del amor de su país, y que trabajará para extender la esfera de su felicidad[19].

El artículo refutaba asimismo la oposición establecida —sobre todo por Rousseau— entre el hombre político y el filósofo siendo éste último tan inútil como los miembros de la sociedad que no se dedican a buscar el bien común, y de los cuales Rousseau decía: «Todo ciudadano ocioso es un bribón»[20]; ahora bien, el mismo artículo consideraba al filósofo como un ocioso[21]. Pero, al contrario, y en adelante, los autores que estudiamos pos-

---

[17] En su concepción de la filosofía política, Hobbes, uno de los teóricos políticos citados más a menudo, se refiere a Platón por considerarlo como el mejor filósofo debido a la importancia que éste otorgaba a las matemáticas, «madre de todas las ciencias».

[18] Strauss, L.: *Droit naturel et histoire, op. cit.*, pág. 179.

[19] «Continuación del artículo sobre la política en general», *El Correo Nacional,* n.° 5, 7 de julio de 1821. La cursiva es nuestra.

[20] Strauss, L.: *Droit naturel et histoire*, *op. cit.*, pág. 179.

[21] Efectivamente, esta oposición era frecuentemente aplicada en 1811 por algunos de los que serán luego actores de la restauración de las instituciones, a partir de 1819.

tularán que el filósofo podía ser útil para la sociedad, dándoles por cierto el título de «ciudadano activo», con el doble sentido que tenía esta expresión. No obstante, el filósofo del que aquí se trataba no era el que se dedicaba a difundir su doctrina, que en las almas sencillas degeneraba forzosamente en opinión y, por ende, en prejuicio, sino al contrario, el que se erigía en sabio, en guardián de la virtud y de la sociedad libre. Ahora bien, por sociedad libre se entendía una sociedad en la cual los hombres estaban unidos por un contrato. Así pues, presuponía que sus miembros habían abandonado su libertad original a favor de la libertad convencional, es decir a favor de la obediencia a las leyes y reglas de conducta de la comunidad, a cuya elaboración cada quien podía, teóricamente, contribuir

El declarado imperativo de sumisión a las leyes, como criterio implícito de acceso a la ciudadanía —independientemente, aquí, de toda consideración referida al derecho electoral—, constituía el objetivo del nuevo poder. Así, tras la liberación de Puerto Cabello el 8 de octubre de 1823, Carlos Soublette, vicepresidente desde septiembre de 1821, llamaba a los colombianos a someterse a este imperativo que marcaba la transición entre el estado de guerra y el retorno de lo político:

> Pueblos de Colombia: os resta hacer frente a las peligrosas armas que el fanatismo puede emplear para acibarrar vuestra alegría y sembrar la desunión. No hay otro modo más eficaz para contrarrestar las maquinaciones de los enemigos que profesar la más sumisa obediencia a la Constitución y a las leyes, y el más noble respeto a la autoridad. Después de 13 años de sacrificios y de tanta sangre derramada por la causa de la patria, el mal más funesto que vosotros y yo podemos hacer a Colombia es la infracción del código que hemos jurado sostener y cumplir[22].

Así pues, todos los ciudadanos en armas estaban llamados a convertirse en ciudadanos políticos sometidos a las leyes y a las autoridades de las que éstas emanaban. Así, se establecía una distinción entre el carácter soberano teóricamente otorgado al pueblo, y sus verdaderos detentadores. No sólo se proclamaba la Constitución de 1821 en nombre «de los representantes de los pueblos de Colombia», sino que únicamente la Nación, como potencia estatal y por encima de todo, quedaba explícitamente declarada

---

[22] *El vice-presidente de la República de Colombia. A los pueblos*. Cúcuta: 31 de agosto de 1823, hs, BNV/LR.

como soberana: «La soberanía reside esencialmente en la Nación. Los magistrados y oficiales del gobierno, investidos de cualquier especie de autoridad, son sus agentes o comisarios y responsables ante ella de su conducta pública»[23].

Tal como lo señala F.-X. Guerra, la representación nacional adquiría aquí un carácter esencialmente simbólico; creaba, en el sentido jurídico del término, un pueblo ficticio, un cuerpo «sustitutivo del pueblo»[24]. En cuanto al pueblo real, confundido con su parte menos noble, no figuraba explícitamente dentro de la nación así definida, en la cual sólo sus élites esclarecidas eran mencionadas. La parte que le correspondía en el ejercicio de la soberanía quedaba reducida mediante el sufragio indirecto, tal como lo mencionaba claramente el texto constitucional: «El pueblo no ejercerá por sí mismo otras atribuciones de la soberanía que la de las elecciones primarias»[25].

3. La proclamación del Pueblo soberano

No obstante, a esta nación independiente capaz de tratar con sus pares y de imponer su poder, debía corresponder un pueblo soberano. Se efectuaba aquí una transformación que constituía el paralelo del retorno del proceso político. Si bien las armas habían permitido restaurar las instituciones, y hasta las habían sustituido durante un tiempo para dirigir el país, el pueblo en armas debía reconstituirse en cuerpo político. Así, al margen de la Ley Fundamental de 1821 y de la promulgación de la Constitución, aparecieron artículos de prensa que trataban este tema específico. El ciudadano se hallaba en el centro mismo de las preocupaciones, tanto en la atención que se le prestaba como en la definición de sus derechos y deberes.

La principal dificultad con la que, una vez más, se topaban los dirigentes y todos los que se expresaban al respecto, consistía en conciliar la proclamación de esta soberanía del pueblo con el papel efectivo que se le quería otorgar. Además de sus funciones de representantes, las élites se consideraban como verdaderas educadoras y guías de esta sociedad, que era considerada por lo demás sin virtud ni tradiciones.

---

[23] «Constitución de 1821, Cúcuta, 30 de agosto de 1821, art. 2», *op. cit.*, pág. 275.

[24] GUERRA, F.-X.: «Les avatars de la représentation en Amérique hispanique au XIXème siècle», en *Réinventer la démocratie: le défi latinoaméricain.* Paris: Presses de la Fondation Nationale des Sciences Politiques, 1992, pág. 78.

[25] «Constitución de 1821, Cúcuta, 30 de agosto de 1821, art. 10», *op. cit.*, pág. 276.

Mencionemos primero que la reafirmación del carácter soberano del pueblo durante los debates sobre la Constitución, nutría su argumentación de la lectura de los acontecimientos ocurridos en España, según un procedimiento idéntico al que se había instaurado al crearse la Junta de Caracas en 1810. Habiendo restaurado la Monarquía, Fernando VII servía de punto de focalización, así como las prácticas de su gobierno. Al respecto, en 1820 Juan de los Reyes Vargas declaraba: «Mas, los trastornos de nuestra antigua metrópoli me han dado lecciones luminosas de derecho de los Hombres: la España misma me ha enseñado que un rey no es más que un súbdito del Pueblo, y que el Pueblo es el verdadero soberano»[26].

Pero fueron mucho más las armas las que abrieron el camino hacia la restauración de la soberanía y, por añadidura, las que hicieron que el pueblo tomara conciencia de que él mismo detentaba ese derecho. En este sentido, Juan de los Reyes Vargas agregaba:

> Quando yo, enajenado de la razón, pensé como mis mayores que el Reyes el señor legítimo de la Nación, expuse en su defensa mi vida con placer. Ahora que los inmortales Quiroga y Riego han descubierto con sus armas libertadoras los títulos imprescriptibles de la Nación, he logrado convencerme de que tanto el pueblo español como el americano tienen derecho para establecer un gobierno según su conciencia y propia felicidad[27].

Verdadera declaración de fe y confesión de la reflexión hecha por él mismo, lo cual le permitía apartarse de las lecciones de los antiguos, este texto confirma la influencia ejercida por la guerra y el compromiso patriótico a favor del reconocimiento teórico del principio de soberanía del pueblo. Así, el apego de la comunidad cultural a la cual Juan de los Reyes Vargas se refería aquí[28] tenía que ver con el espíritu patriótico adquirido en el campo de batalla, más que con principios universales que influirían ulteriormente. En un artículo publicado en junio de 1821, el autor iba más lejos en su análisis de los nexos de causalidad así establecidos, conside-

---

[26] R. Vargas, J. de los: *A sus conciudadanos y antiguos Compañeros de Armas. Hermanos y Amigos,* Mayo de 1823, hs. BNV/LR. Juan de los Reyes Vargas era entonces coronel de los ejércitos de Colombia, comandante general de Carora, y será comandante en jefe de la expedición a Coro, en 1823.

[27] *Ibídem.*

[28] Efectivamente, Antonio Quiroga y Rafael del Riego eran los jefes de la Revolución liberal española.

rando la soberanía como previa al establecimiento de la sociedad y, más aún, como principio legitimador de la lucha por la reconquista de la independencia. Ya que la guerra también se había llevado a cabo en nombre de tal soberanía, correspondía a los gobernantes por una parte transformar la victoria militar en una victoria política que, al mismo tiempo, confirmara la independencia y a la vez la legitimara; y por otra parte, transformar esta independencia en libertad civil: «Si se quiere ser libre, si se quiere establecer nuestra felicidad y justificar de un modo expreso nuestra santa insurrección, es necesario que nunca olvidemos este principio incontrastable de la soberanía del Pueblo, en uso de la cual justa y legítimamente se sacude la América para resistir a la opresión y asegurar su independencia»[29].

Se registraba una doble conversión previamente a la proclamación de la nación. Primero, el pueblo, en virtud de los derechos naturales inalienables, pasó de insurgente a soberano. Además, gracias a las instituciones que el país adquiría, la independencia lograda con las armas se transformaba en libertad civil y constitucional. Sin embargo, si se hacía posible plantear la soberanía del pueblo como origen de la sociedad civil y, por ende, del nuevo pacto que vinculaba a sus miembros, era a través de la distinción efectuada entre dos tipos de soberanía:

> Cuando se dice que la soberanía reside en el pueblo, y que por este motivo le pertenece exclusivamente el derecho de establecer sus leyes y adoptar la forma de gobierno que más le convenga, es preciso considerarlo bajo diferentes aspectos, esto es «de constituyente y de constituido». En ambas, es verdad que la soberanía esencialmente reside en el pueblo, pero de distinta manera[30].

En cuanto al primer aspecto, el autor del artículo consideraba que el pueblo era plenamente soberano puesto que, en virtud de la ley natural, los hombres sólo podían asegurar su felicidad y su seguridad si se constituían en sociedad. El pueblo era, pues, originalmente soberano. En este caso preciso, el autor señalaba más adelante en su demostración:

---

[29] «En el Pueblo es en quien esencialmente reside la soberanía», *El Correo Nacional,* n.° 4, 30 de junio de 1821.

[30] «Continuación sobre la soberanía del Pueblo», *El Correo Nacional,* n.° 6, 14 de julio de 1821.

> ... antes de elegirse determinada forma de gobierno, reside dicha potestad o soberanía en la comunidad o congregación de hombres que puede y tiene acción para depositarla en un hombre solo, en muchos, o en toda la comunidad bajo éstas o aquellas condiciones, pactos o limitaciones que juzgue conveniente para su conservación[31].

Sin duda, con la elección de los representantes, el contenido de esta soberanía y los derechos reconocidos al pueblo en tanto tal quedaban modificados. Efectivamente, una vez que se superó esa etapa, el pueblo se convirtió de constituyente en constituido. En cambio, la elección de un tipo de gobierno no era determinante, en la medida en que éste cumplía con su papel de garante de la sociedad y aseguraba su prosperidad. Igual que en 1819, lo que importaba no era el nombre del régimen sino los principios cuya salvaguardia aseguraba, adecuándose al mismo tiempo a las características de la población. En cambio, una vez constituido según estos principios, ciertamente el pueblo seguía siendo soberano, pero los derechos de los que en adelante podría valerse experimentaban una inflexión. El pueblo conservaba el derecho de revocar a quienes había dado el mandato de representarlo, en caso de que fallaran en el ejercicio de su autoridad, así como el derecho potencial de gobernarse a sí mismo. Pero se especificaba inmediatamente: «En tanto que el gobierno es justo, cabal y atemperado a la razón, a la justicia y a las leyes, y en tanto que cumple con sus obligaciones no puede sin utilidad conocida del bien general quitársele ni limitársele las facultades que se le concedieron»[32].

Ahora bien, volvemos a encontrar aquí una problemática idéntica a la que planteó el derecho de insurrección contra el monarca. ¿Quién detentaba el derecho, la capacidad de declarar que el gobierno se había vuelto ilegítimo y había perdido toda utilidad? Además, al aceptarse el pacto social, se introdujo otra distinción, que limitaba aún más el campo de acción de los gobernados. El papel de «guardián» otorgado al pueblo no tenía la misma significación según se proclamara la soberanía del pueblo o la de la nación. Efectivamente, las definiciones de estos dos principios que figuraban en la Constitución de 1821[33] postulaban una concepción piramidal de la soberanía, que multiplicaba los filtros; y además el sistema elec-

---

[31] *Ibídem.*

[32] *Ibídem.*

[33] Ver los artículos 2 y 10. «Constitución de 1821», en *Constituciones de Venezuela, op. cit.*

toral en dos grados establecía un filtro entre las élites y el pueblo. Con el rechazo a la democracia directa y con la exclusión de una parte de la población del derecho al voto, se daba toda su relatividad a la definición misma del pueblo y, por ende, a la de la nación, definiciones que Tomás Lander planteaba como sinónimas. Quienes componían la nación eran ante todo ciudadanos potenciales; y ésta excluía de hecho a quienes no poseyeran el derecho al sufragio. Por ende, era únicamente una nación de electores, un cuerpo político. Esto queda demostrado en la definición de la soberanía del pueblo que figuraba en un artículo del *Correo Nacional* de junio de 1821:

> El Pueblo es una reunión de hombres libres que se han convencido voluntariamente en formar un cuerpo moral para su conservación y felicidad. Este es dueño de su voluntad, conserva siempre el derecho imprescriptible de hacer lo que juzgue conveniente al procomunal, y de establecer leyes que sean el resultado del voto de todos, contrayendo de aquí ciertas obligaciones recíprocas que enlazan y comprometen a los hombres asociados[34].

Además, respecto al modo de gobierno adoptado por Colombia, tras haber señalado que el origen de la soberanía residía en la masa de los habitantes, y que la etapa ulterior era la delegación de su ejercicio en representantes elegidos conforme a la Constitución, Tomás Lander recalcaba: «En el sistema popular representativo, la soberanía existe radicalmente en el pueblo, su ejercicio en los poderes creados por la Constitución, y por excelencia en el Congreso Nacional...»[35]

José Félix Roscio, en su oración fúnebre de 1825, no sin antes convenir que la soberanía residía en la nación, y que todo poder que no proviniera de ella era tiránico e ilegítimo, hablaba del nexo que se establecía entonces entre soberanía y capacidad electoral, señalando:

> ... a beneficio de los gobernados y no de los gobernantes, fueron instituidos los gobiernos: [...] el bien común es la mira de todo gobierno: [...] este bien común exige que los Poderes Legislativo, Executivo, y Judicial estén bien distinguidos y definidos, y que su organización asegure la libre representación de los ciudadanos[36].

---

[34] «En el Pueblo es en quien esencialmente reside la soberanía», *op. cit.*

[35] LANDER, T.: *Manual del colombiano o Explicación de la ley natural. Op. cit.*, pág. 87.

[36] ROSCIO, J. F.: *Oración fúnebre. Op. cit.*, pág. 7.

Además, existía implícitamente otro pueblo junto al definido anteriormente, y correspondía precisamente a los representantes convencerle de lo bien fundado de sus acciones y decisiones, manteniéndose efectivamente en contacto con él, en tanto soberano original.

> No es dificultoso gobernar un pueblo cuando se conocen sus afectos y opiniones, siempre que la representación sea sostenida por un fin moral y conocido, y que por medio de un enlace armonioso de cosas conserve suspenso el ánimo de los que la escuchan. El odio implacable a la esclavitud, a la opresion y tirania, el amor a su libertad y a su independencia, el respeto a las leyes nuevas, y la admiración entusiasta a los que rompieron el ignominioso yugo, éstos son los sentimientos que necesariamente han de conservarse en un pueblo[37].

4. ¿Una nueva ciudadanía?

Mientras se alcanzaban resultados en esa educación que la mayoría ya tenía derecho a recibir, el otorgamiento de los derechos políticos estaba determinado no por la instrucción sino por la utilidad y la moralidad de los ciudadanos, lo cual se conformaba por cierto al modelo de hombre ideal elaborado por la élite: buen padre, buen patriota, buen ciudadano. En este sentido, las modificaciones aportadas a las condiciones de acceso a la ciudadanía eran la traducción de esta aprehensión del pueblo nuevo.

Efectivamente, el examen de la Constitución de 1821 y del código electoral para las elecciones de los diputados al Congreso de 1820, redactado —igual que los precedentes— por Juan Germán Roscio, no dejaba translucir ningún cambio en cuanto a la lógica global de adquisición de la ciudadanía. Si bien los términos de «ciudadanos activos» y «ciudadanos pasivos» quedaban eliminados de este texto, los criterios seleccionados para el otorgamiento del derecho al título de elector dentro de las asamblea parroquiales, eliminaban de hecho a una parte de los ciudadanos, puesto que este derecho, además de estar sujeto a las condiciones de edad y residencia, también estaba sujeto a la posesión de una propiedad o de su equivalente en ingresos o rentas, o al ejercicio de un oficio útil a la sociedad. Las mujeres, los locos y vagabundos seguían siendo excluidos, así como las personas endeudadas, condenadas a ciertas penas, o que hubieran procedi-

[37] «De la opinión y del medio de conseguirla». *Op. cit.*

do a la compra o la venta de sufragios. No obstante, se observaban modificaciones que tenían alguna incidencia en la organización de las elecciones mismas y en las posibilidades efectivas de participación.

Conviene recalcar que el reglamento electoral de 1820, a ejemplo del de 1818 y por idénticos motivos, mencionaba que la determinación de la cantidad de representantes no podía basarse en la cantidad de habitantes, puesto que aún no existían censos exactos y recientes[38]; se designaban entonces quince diputados por provincia, pero como cada provincia tenía un número de habitantes muy diferente[39], esto implicaba innegables desigualdades de representación que no eran producto de la casualidad. Sin embargo, contrariamente a 1818, este situación fue presentada como una ventaja, una puesta en aplicación del principio unitario característico de las instituciones. Por cierto, el reglamento era el primero en proclamarlo así: «La igualdad de Representantes por cada provincia es la igualdad de todas ellas en la fundación de un sólo Estado, de una sóla familia, de un sólo pueblo, que al unirse y transformarse ha renunciado para siempre a todo espiritu de partido y a todo linaje de egoísmo»[40].

Más aún, la ausencia de censo se percibía y se reivindicaba como un principio de organización que no obstaculizaba el surgimiento de la nación, puesto que había permitido la creación de Colombia. Por consiguiente, el precedente de 1818 apareció posteriormente como un acto fundacional, un medio para combatir los particularismos de las provincias y sobre todo cualquier supremacía de alguna de ellas[41]. Esto demostraba, por

---

[38] Sólo fue en 1825 cuando el gobierno estableció un censo, que reveló una población total, en toda la República de Colombia, de 2.379.888 habitantes, de los cuales un total de 659.633 habitantes distribuidos entre los cuatro departamentos de la «Antigua Venezuela» tal como habían sido redefinidos en esa época: 86.011 habitantes en el departamento de Maturín; 125.822 en el departamento del Orinoco; 326.840 en el de Venezuela; 120.960 en el de Zulia. Fuente: «Censo de la Población de la República de Colombia correspondiente al año de 1825, que presenta el secretario de Estado del despacho interior, Restrepo», en *Repertorio americano.* Londres: 1827, vol. 4, pág. 296.

[39] Según ese mismo censo, Margarita, la provincia menos poblada de la «Antigua Venezuela», contaba con 14.690 habitantes; y Caracas, la provincia más poblada, con 166.966.

[40] *Reglamento para las elecciones de los Diputados que han de formar el Congreso General de Colombia en la Villa del Rosario de Cúcuta.* Caracas: J. Gutiérrez, 1821, pág. 4, BNV/LR.

[41] Esto remite al áspero debate que tuvo lugar en 1811, acerca de la eventualidad de proceder a la división de la provincia de Caracas para poner término a su supremacía.

lo demás, su capacidad para convertir una debilidad en fuerza, lo cual entraba sin embargo en contradicción con las necesidades y los principios proclamados en materia de realización de cuadros estadísticos para el censo de la población, y sobre todo para la evaluación de las riquezas esenciales del país. «Sin censos, sin calcular exactamente el número de sus habitantes, se han refundido en una sóla nación las provincias de Nueva Granada y Venezuela; sin censos ni cálculos de población deben pues emprender el nombramiento de sus nuevos Diputados, pero de una manera digna del glorioso título de Colombia...»[42]

Francisco Antonio Zea retomaba este argumento cuando anunciaba a los colombianos la realización de estas elecciones. El hecho de no recurrir al censo y, por ende, a la representación por individuo, era presentado como una ventaja, fruto de una decisión que además había sido objeto de la paternal atención del Congreso[43]. Por otra parte, a diferencia de las demás Constituciones, la de 1821 definía la comunidad nacional en un capítulo particular. Eran considerados como colombianos:

> 1: Todos los hombres libres nacidos en el territorio de Colombia, y los hijos de éstos.
>
> 2: Los que estaban radicados en Colombia al tiempo de su transformación política, con tal que permanezcan fieles a la causa de la independencia.
>
> 3: Los no nacidos en Colombia que obtengan carta de naturaleza[44].

Definida así, la nacionalidad integraba las dos figuras predominantes que, en los textos precedentes, prevalecían en la comunidad de ciudadanos y daban títulos para el acceso a la ciudadanía, que tenían que ver con los servicios a la patria. Por ello, la nacionalidad tenía un fuerte contenido político, y hasta militar puesto que la carta de naturaleza podía otorgarse en re-

---

Efectivamente, el número de diputados del Congreso de 1811 para la provincia de Caracas era superior al de las demás provincias: tenía 21 diputados, mientras que la provincia de Cumaná tenía 4, la de Barinas 7, las de Barcelona y Mérida 2, las de Trujillo, Margarita y Aragua 1 cada una. Esto era también un medio de afirmar la ruptura con el periodo «venezolano» identificado con la federación.

[42] Reglamento para las elecciones de los Diputados que han de formar el Congreso General de Colombia en la Villa del Rosario de Cúcuta. *Op. cit.,* pág. 4-5.

[43] Zea, F. A.: *¡Pueblos de Colombia! Op. cit.*

[44] «Constitución de 1821, Cúcuta, 30 de agosto de 1821, título primero, sección segunda, art. 4°». *Op. cit.,* pág. 275.

conocimiento al apoyo dado durante la lucha independentista. Semejante desplazamiento de la ciudadanía no dejaría de tener sus consecuencias en los criterios enunciados y requeridos en adelante para acceder a ese título, así como a los correspondientes cargos representativos. Se observa una casi desaparición de referencias a los hombres de armas. Contrariamente a lo que podemos observar en el reglamento de 1818 y en la Constitución de 1819, ese estatus ya no concedía explícitamente a quienes lo detentaban una garantía de accesión a la ciudadanía activa[45]. En adelante, sería la nacionalidad lo que les permitiría integrar la comunidad política y que, por ello, les sometería a las mismas cláusulas de exclusión que el resto de la población. Así mismo, y por idénticos motivos, habían desaparecido todas las referencias al comportamiento patriótico de los individuos como condición previa al ejercicio de ciertas funciones. La función militar en tanto tal ya no constituía un privilegio directo si no se cumplía con las demás condiciones requeridas para acceder a la ciudadanía o a ciertas funciones. En el reglamento de 1820 la única referencia a las funciones militares figuraba en el artículo 3, en el enunciado de las equivalencias exigidas para la posesión de un bien raíz de 500 pesos. Ciertamente, este artículo definía las condiciones para votar en las asambleas primarias y, por ende, se aplicaba en todos los demás niveles. Sin embargo, al igual que en la Constitución, ya no había ningún artículo específicamente dedicado a la definición de los derechos adicionales de los cuales disfrutaba esta parte de la población. Además, también se mencionaba que para los extranjeros poseedores de una carta de naturaleza, o residentes en el territorio desde hacía más de un año, no había obligación de haber participado en la guerra de independencia, como era el caso anteriormente. Esas disposiciones ya ni siquiera figuraban en el texto constitucional. La única referencia al patriotismo tenía que ver con la obligatoriedad de dos años de residencia en territorio colombiano para los representantes: «Este requisito no excluye a los ausentes en servicio de la República, o con permiso del Gobierno, ni a los prisioneros, desterrados o fugitivos del país, por su amor o sus servicios a la causa de la independencia»[46].

Lo que había que aportar en adelante era la prueba de una fidelidad ya no a la patria mediante su defensa con las armas en la mano, sino más bien

---

[45] Aunque ya no figuraba en la definición de los derechos políticos, seguimos utilizando este término porque permite distinguir, sin riesgo de equivocarse, las referencias genéricas al ciudadano como miembro del cuerpo social, presentes en muchos textos.

[46] *Ibídem,* título IV, sección 6, art. 87, pág. 282.

a la nación a la cual se servía en tanto simple ciudadano o representante. Así, cuando se aceptaba algún cargo en un gobierno extranjero sin previa autorización, se perdía la calidad de elector de primer grado. Del mismo modo, el delito de traición adquiría una significación mucho más política. Este cambio en el campo de aplicación de la calificación de traidor quedaba muy claro en un artículo publicado en Caracas en 1824, con motivo del anuncio de las elecciones de 1825, que revelaba además la voluntad no sólo de movilizar a la población para su preparación, sino también de dar carácter de seriedad a estas elecciones. Tomando el ejemplo de los Estados Unidos para preconizar la necesidad de organizar una verdadera «campaña electoral», se decía:

> Hoy publicamos una ley muy importante sobre elecciones. De ella se evidencia que la elección general del Supremo Poder Ejecutivo y de los Cuerpos Legislativos debe hacerse en junio y octubre del año entrante. Nos importa, pues, abrir la campaña eleccionaria sin pérdida de tiempo. Los candidatos para la Presidencia de los Estados Unidos han estado por más de doce meses puestos en nómina, y para este mismo efecto sólo tenemos nosotros seis meses. Que cada ciudadano se conmueva en tan interesante crisis. Los indiferentes en tales ocasiones son patriotas fríos. El que ahora no se presenta a causa de cualquiera razón a dar su voto en favor de los talentos y la integridad, es virtualmente un traidor a la patria[47].

A través de este texto, vemos enunciado por primera vez —aunque esto no permita en nada prejuzgar la efectividad de las disposiciones— el reconocimiento, la aceptación en términos positivos de la intervención real del ciudadano en la elección de sus representantes. El hecho mismo de utilizar el término de «campaña electoral», que tenía una resonancia algo inusitada a la luz de cómo se habían practicado las elecciones habitualmente, no deja de sorprender, pues sugería una escogencia entre varios candidatos que hacían campaña.

> Que los candidatos para estos elevados destinos se pongan inmediatamente en nómina por sus respectivos amigos. Con este objeto esperamos ver reunidas juntas, y formarse pretensiones con todo aquel celo y animación que debe distinguir a un pue-

[47] *El Colombiano,* n.° 80, Caracas, 17 de noviembre de 1824.

> blo celoso de sus derechos, y que conoce el peso que tiene en la administración de la patria[48].

Observamos aquí una red de referencias en total oposición con el imaginario político antiguo que aún prevalecía y donde la regla seguía siendo la unanimidad, mientras que los «partidos», las tendencias, implicaban algún matiz peyorativo y más bien parecían facciones cuya acción conducía hacia la discordia y la disolución del cuerpo social. Ahora bien, aquí se exigía claramente a los ciudadanos que se involucraran en esa campaña electoral. Se insistía en el hecho de que estaban obligados a ello en virtud de los derechos y deberes que tenían, y no hacerlo equivalía a una traición. Constatamos además, sobre todo cuando el autor de ese artículo recalcaba implícitamente las incidencias —también reales— de semejante actitud anti-patriótica, que éstas afectaban en primer lugar al ciudadano que se había comportado como un traidor, y no tanto —contrariamente a las habituales exhortaciones— al cuerpo social en su conjunto. Efectivamente, el traidor quedaba condenado personalmente y separado del cuerpo de ciudadanos y, por ende, de todo derecho a participar en la crítica eventual del funcionamiento de las instituciones. Quien quedaba afectada no era la patria sino más bien quienes la traicionaban: «... que éste tal [el traidor a la patria] no se queje de abusos, ni reclame después una parte en aquella Constitución a la cual ha causado una herida tan mortal»[49].

El enunciado de tales principios confería además un nuevo rostro a los propios representantes, en la medida en que resultaba realmente elegido por la nación, por el cuerpo de ciudadanos, y ya no por un clan familiar o clientelar. Aunque el análisis que aquí hacía el autor no modificaba en su efectividad la práctica electoral vigente, lo cierto es que planteaba de hecho la posibilidad de acabar con esa «ficción democrática» vinculada a un antiguo imaginario político donde «el voto individual de un «ciudadano» independiente entraba en contradicción con el sistema de actores colectivos»[50]. En este sentido, una segunda modificación en lo concerniente a la residencia de origen de los electores, adquiría un significado ambiguo pues, de alguna manera, podía contribuir a romper o a reforzar los vínculos y las redes de alianzas a través del territorio. Efectivamente, los repre-

---

[48] *Ibídem.*

[49] *Ibídem.*

[50] GUERRA, F.-X.: «Les avatars de la représentation en Amérique hispanique au XIXème siècle». *Op. cit.,* pág. 35.

sentantes ya no estaban obligados a residir en su lugar de elección. Por consiguiente, atrás quedaban las críticas expresadas en el Congreso de 1811 en contra de los diputados que no conocían la provincia en la cual resultaban elegidos. Quizás podía verse en este texto circunstancial una tentativa de colocar al frente de las provincias y los departamentos a personas afectas a las políticas de Bogotá. Así, en 1820, los electores de las asambleas primarias sólo tenían la obligación de estar domiciliados en una parroquia, y los diputados podían «ser escogidos entre todos los ciudadanos de la República, estén o no avecindados en las provincias o los departamentos de los electores»[51]. Sólo los quince electores que elegían a los diputados tenían la obligación de residir en la parroquia donde debían reunirse. Aunque el texto constitucional no mantuvo estos principios, con la reducción del tiempo de residencia requerido para ejercer los diferentes cargos y funciones se confirmó esta tendencia a una mayor movilidad para los representantes. El cuadro siguiente, que señala la evolución de los requisitos de residencia, así lo revela.

Cuadro n° 1: Evolución de las condiciones de residencia

	1819[52]	1820[53]	1821[54]
Electores de primer grado	Nacidos en el territorio	Nacidos en el el territorio	Haber nacido Colombiano
Electores de segundo grado	Ídem	Ídem	Residir en una de las parroquias
Diputados	5 años	/	2 años
Senadores	10 años	/	3 años

[51] *Reglamento para las elecciones de los diputados que han de formar el Congreso General de Colombia en la Villa del Rosario de Cúcuta. Op. cit.*, pág. 5.

[52] «Constitución de 1819», en *Constituciones de Venezuela. Op. cit.*

[53] Reglamento para las elecciones de los Diputados que han de formar el Congreso General de Colombia en la Villa del Rosario de Cucutá. *Op. cit.*

[54] «Constitución de 1821, Cucutá, 30 de agosto de 1821». *Op. cit.*

Este cuadro muestra también la importancia que iba adquiriendo el hecho de haber nacido en territorio colombiano —aun cuando no se cuestionara el otorgamiento de la ciudadanía a extranjeros—, ya que la nacionalidad se requería desde las elecciones de primer grado y era, pues, aplicable a los demás.

Finalmente, se constataba una flexibilidad con respecto a los criterios de riqueza pero, aquí también, la introducción de nuevas disposiciones no permitía concluir que había aumentado la cantidad de individuos susceptibles de acceder a los diferentes grados de ciudadanía. El siguiente es el cuadro comparativo del valor (en pesos) de los bienes raíces requeridos (se subraya los equivalentes en rentas e ingresos) para ello:

Cuadro n° 2:
Valor comparativo de los bienes raíces requeridos (en pesos)

	1819	1820	1821
Electores de primer grado	500/*300*	500/*300*	100
Electores de segundo grado	1 000/*500*	1 000/*500*	500/*300*
Diputados	5 000/*500*	5 000/*500*	2 000/*500*
Senadores	8 000/*500*	/	4 000/*500*

Por consiguiente, entre 1818 y 1821, observamos una diferencia ya que el monto exigido hasta entonces para ser elector de primer grado quedó reducido a cien pesos en vez de quinientos pesos, suma que se exigía ahora para el segundo grado. Y para el primer grado ya no se fijaba ningún equivalente en rentas e ingresos, sólo se mencionaba la obligación de ejercer una actividad útil. Además, por primera vez se señalaba de manera explícita que la función doméstica no estaba considerada como una actividad útil y simbolizaba la dependencia de los individuos que la ejercían. El doméstico, y más aún el sirviente, formaban parte del hogar pero no pertenecían como tal a la comunidad política. La Constitución formulaba en los términos siguientes las condiciones de acceso a la función de elector en las asambleas de primer grado, para quienes no dispusieran de un bien raíz de 100 pesos: «... ejercitar algún oficio, profesión, comercio o industria útil con casa o taller abierto sin dependencia de otro, en clase de jornalero o sirviente»[55].

---

[55] *Ibídem,* título III, sección primera, art. 15, pág. 276.

Además, se establecía una nueva frontera entre los electores de primero y segundo grado, también de índole utilitaria puesto que en adelante los de segundo grado debían saber leer y escribir, mientras que para los de primer grado, este criterio sólo entraría en vigencia en 1840. Enfin, pese al carácter más estrictamente político de ambos textos, en el discurso político se mantenía la exigencia de buena moralidad, que constituía una de las cualidades requeridas para merecer el título de ciudadano.

Al respecto, las elecciones que tuvieron lugar en la provincia de Caracas en septiembre de 1821, tras la liberación de la ciudad y de los territorios adyacentes, A resultan reveladoras. Efectivamente, en un artículo que anunciaba la realización de esas elecciones, sólo se mencionaban criterios morales para distinguir a los ciudadanos, ya se tratara de los electores o de futuros representantes de la nación. Obviando las condiciones necesarias para ser representantes de la nación, se decía que:

> Para los electores cuya nominación se verificará en las juntas populares, no son necesarias más cualidades que honradez y patriotismo. De ellos depende sin embargo la acertada elección de Diputados, y es muy importante también que hagan uso saludable de la confianza que se les deposita; de esta suerte, debemos poner los ojos en la honradez incontrastable, en el patriotismo a toda prueba, que resista a la seducción y la intriga, y no se proponga otra objeto que el bien general de la República[56].

Sin embargo, pese a esta aparente flexibilidad, era evidente que los criterios de fortuna e instrucción seguían siendo sumamente discriminatorios, tomando en cuenta, en particular, la composición étnica de la población y el hecho de que las condiciones económicas estaban en estrecha relación con el color de la piel[57]. No obstante, esta ampliación del acceso a la ciudadanía activa era beneficiosa para los pardos que ejercieran funciones de utilidad, tal como lo reveló el áspero debate acerca del reconocimiento de este sector como ciudadanos, en 1811[58]. Con la exclusión según criterios de riqueza, una gran cantidad de individuos quedó marginada, y también con la negación del derecho al voto para los domésticos. Aquí, lo que re-

---

56 «Caracas: elecciones de Diputados», *El Correo Nacional,* n.° 16, 22 de septiembre de 1821.

57 Ver Clément Thibaud, «La ley y la sangre. 'La guerra de razas' y la constitución en la América Bolivariana», *Almanack,* Universidade de São Paulo, 2010.

58 Ver, parte I, cap. 1 de este libro.

sultaba directamente discriminatorio no era el color de la piel sino los criterios económicos relacionados. Con todo, el hecho de que esta exclusión no figurara teóricamente en la definición de la ciudadanía activa, era presentado como una victoria, de este lado del Atlántico, para los principios de igualdad proclamados en septiembre de 1808 por los miembros de la Junta Central española. Dentro de esta lógica, se hizo la siguiente declaración antes de la elección de diputados en la provincia de Caracas:

> Los colombianos no conocemos las quiméricas distinciones de cuna y. de colores inventadas por el vano orgullo de los gobiernos antiliberales, y multiplicadas entre nosotros por la política del gabinete de Madrid, interesado en nuestra desunión para dominarnos siempre con facilidad[59]: nosotros no tenemos otra distinción que la del mérito personal, ni otra nobleza que la del espíritu y la del corazón. Los destinos de la República no requieren otras circunstancias en los que han de desempeñarlos; por consiguiente no debemos buscar sino aptitud y virtudes en los que hayan de ser nuestros Representantes[60].

Mucho más que el nacimiento, lo que en última instancia regía la elección de los representantes eran las capacidades individuales. El hombre virtuoso era el que demostraba ser más útil para sus conciudadanos. Los imperativos de fidelidad al Estado y a la nación requeridos para la adquisición de la ciudadanía formaban parte de ese esquema, llevando a una reafirmación del carácter voluntario de la adhesión a la nación. Así se explica el acceso a la ciudadanía para los extranjeros, que tuvieran o no su carta de naturaleza. No obstante, con respecto a ellos se dio cierto endurecimiento, a ejemplo del que se registraba para los militares, aunque de manera menos rigurosa. Efectivamente, la posibilidad dada a los extranjeros en la Constitución de 1821 para que se postularan al cargo de representante quedaba sometida a ciertas condiciones, que establecían una diferencia para quienes tenían la nacionalidad, entre los que habían nacido en suelo colombiano y los demás, aunque con una cláusula de excepción para las personas nacidas en algún territorio del continente americano que había pertenecido a España antes de 1810:

---

[59] Aquí se confirma la exhortación hecha por Juan de los Reyes Vargas en 1820 a sus compañeros de armas que combatían junto a los españoles, argumentando la desigualdad en el reconocimiento de derechos políticos para los africanos.

[60] «Caracas: elecciones de diputados». *Op. cit.*

> Los no nacidos en Colombia necesitan, para ser representantes, tener ocho años de residencia en la República y diez mil pesos[61] en bienes raíces; se exceptúan los nacidos en cualquier parte del territorio de América que el año de 1810 dependia de la España y que no se ha unido a otra nación extranjera, a quienes bastará tener cuatro años de residencia y cinco mil pesos en bienes raíces[62].

Para los senadores, esos imperativos eran, respectivamente, de doce años de residencia y dieciséis mil pesos, contra cuatro mil pesos para los nacidos en Colombia, y aquí también sin equivalencia. La naturaleza y el valor de los criterios establecidos, ya se tratara o no de extranjeros, también daban fe de la voluntad de privilegiar a los hombres útiles para la sociedad, que producían o aportaban riquezas y, por ende, contribuían económicamente a su renacer. La voluntad así manifestada de reforzar el carácter civil de la ciudadanía no dejaba de suscitar una oposición, sobre todo entre los militares, que estaban excluidos de esta cualidad y de sus correspondientes derechos. El propio Bolívar, al prestar juramento para asumir la Presidencia de la República de Colombia, habló de esta evolución, aunque conviene recordar que se trataba de un discurso circunstancial, y que las reservas y las proclamaciones así expresadas también tenían la finalidad de prevenir las críticas que podían formularse en su contra. No por ello era menos real la advertencia contra el peligro de mezclar las funciones militares y políticas:

> Yo soy el hijo de la guerra, el hombre que los combates han elevado a la Magistratura: la fortuna me ha sostenido en este rango, y la victoria lo ha confirmado. Pero no son los títulos consagrados por la justicia, por la dicha y por la voluntad nacional. La espada que ha gobernado a Colombia no es la balanza de Astrea, es un azote del genio del mal que algunas veces el Cielo deja caer a la tierra para el castigo de los tiranos y el escarmientos de los pueblos. Esta espada no puede servir de nada el día de paz, y éste debe ser el último de mi poder; porque así lo he jurado para mí, porque lo he prometido a Colombia, y porque no puede haber República donde el pueblo no está seguro del ejercicio de

---

[61] Pero sólo dos mil pesos para los nativos, y con posibilidad de equivalencia en rentas o en actividades económicas.

[62] «Constitución de 1821, Cúcuta, 30 de agosto de 1821». *Op. cit.,* título IV, sección 6, art. 88, pág. 283.

> sus propias facultades. Un hombre como yo, es un Ciudadano peligroso en un gobierno popular: es una amenaza inmediata a la Soberanía Nacional. Yo quiero ser Ciudadano para ser libre, y para que todos lo sean. Prefiero el título de Ciudadano al de Libertador, porque éste emana de la guerra, aquél emana de las Leyes. Cambiadme, Señor, todos mis dictados por el de buen Ciudadano[63].

Esta separación, con las incidencias que hemos señaladas en materia de derechos políticos, llevaba en ciernes la oposición de quienes sólo podían aspirar a la ciudadanía por su estatus de hombre de armas. Si bien en las declaraciones de las élites predominaban la fidelidad a la causa patriótica y las cualidades de virtud y utilidad sobre los criterios vigentes durante la Monarquía española, relegando así de alguna manera a un segundo plano el reconocimiento político conferido por la participación en las elecciones, quienes veían sus derechos amenazados o afectados no tenían ninguna intención de dejar que se mantuviera esta situación.

Los incidentes que se produjeron en 1825 durante las elecciones para la Presidencia y la Vicepresidencia, demostraban esta fuerza de reivindicación, tanto más porque las críticas venían de uno de los alcaldes de Caracas y de los propios militares. En el primer texto, José Tomás Borges defendía a los soldados impedidos de votar en las asambleas parroquiales y que habían sido manipulados. Tras fustigar a los autores de estos intentos, apelaba al pueblo de Caracas, refiriéndose a «la defensa del soldado a quien se impedía votar libremente en el acto único en que, como una parte del pueblo, ejercía el derecho de la soberanía...»[64] Pero, es aún más preciso en su formulación de su concepción del hombre de armas, de su lugar en el cuerpo social, así como de las relaciones que mantenían con los demás ciudadanos:

> Y vosotros, militares todos, que prestais oído a tan errados conceptos, sin persuadiros que os alucinan, acordaos que vosotros sois nuestros ciudadanos y amigos; que *formais la parte más preciosa del pueblo de Colombia;* que vuestros intereses son

---

[63] «Congreso General de la Villa del Rosario de Cúcuta, Juramento de S.E. el Libertador en el acta de posesión de la Presidencia de la República, 4 de octubre de 1821», *El Correo Nacional,* n.° 22, 27 de octubre de 1821.

[64] BORGES, J. T.: *Contestación del alcalde segundo de la parroquia Catedral.* Caracas: V. Espinal, 1825, hs, BNV/LR.

> los nuestros; que unos y otros gozamos de iguales derechos; y que jamás una pequeña facción de individuos que sólo conspiran por su bien estar, puede conduciros por medios rectos y por el camino de la equidad a separaros del voto general de nuestros hermanos que aclaran la patria, y trabajan incesantemente en su gloria y prosperidad[65].

Si bien insistía en el papel y el lugar privilegiados de los militares dentro de la sociedad, así como en sus vínculos con el resto de la población, también establecía una diferencia en términos cualitativos, al oponerlos a sus «hermanos» encargados de ilustrar a la patria. Encontramos aquí la idea del relevo que se había efectuado de los hombres de armas a los políticos, con el cese de las hostilidades y el retorno al proceso político. Precisamente, era esta identidad y, por ende, este reconocimiento lo que los soldados sentían que habían perdido al ver afectado su derecho al voto: «Nosotros somos soldados, y en serlo fundamos nuestra gloria. Los derechos de todo militar en semejantes casos son iguales, así como es igual el deber de sacrificar la vida por la patria en las ocasiones de peligro»[66].

Además de la gloria adquirida con su función, y que ellos esperaban que se les reconociera, los militares se consideraban a sí mismos como ciudadanos eminentes dentro de la sociedad. Definían al soldado como el primer ciudadano del Estado en virtud del doble juego producido por la guerra, poniendo en primer plano la función militar que todo individuo debía cumplir como miembro del cuerpo social, sin perder su título de ciudadano. Definían este proceso con mucha precisión, pero omitiendo mencionar a quienes no habían disfrutado del derecho al voto antes del conflicto:

> Si un enemigo exterior invade el territorio, o las facciones turban la quietud interior, los ciudadanos se arman para defender sus hogares y restablecer el orden. Eran ciudadanos antes de armarse, y no dejan de serlo por empuñar la espada para asegurar la vida de todos con el sacrificio de la suya. Esos soldados que ahora componen el ejército de Colombia son los mismos ciudadanos que han tomado las armas en los mayores conflictos de la patria, para salvarla: los que arriesgan más no deben recibir menos[67].

---

[65] *Ibídem.* La cursiva es nuestra.

[66] *Decreto del Soldado colombiano a votar en las asambleas parroquiales.* Caracas: 1825, pág. 1, BNV/LR.

[67] *Ibídem,* pág. 3-4.

Pretendían participar como soldados en la elección de los representantes, función que permitió que algunos adquirieran la ciudadanía. Como tal, su exclusión equivalía a violar el principio de la voluntad general, pues la clase militar era considerada como «una gran parte de la asociación»[68] de la cual emanaba y cuyas leyes son la expresión. Por esta razón, ellos se oponían a la intención de las autoridades de Bogotá de asimilar la condición de soldado a la de jornalero, lo cual equivalía a apartarlos de la participación, en virtud de los criterios requeridos[69].

Además, esta separación era resentida como una traición que equivalía a un ingrato olvido de los servicios prestados a la patria y a un rechazo de su reconocimiento político. Lo constatamos a través de otro acontecimiento, que no era de índole política pues se trataba de un empréstito agrícola que se registró también en 1825. En esa oportunidad, Juan Padrón redactó un texto denunciando el carácter arbitrario del otorgamiento de los fondos reunidos. Consideraba que los militares habían quedado desfavorecidos en beneficio de los «godos», quienes, según la definición del propio autor, abarcaban a los opositores y a los que se habían mostrado indiferentes durante la guerra pero que, no obstante, con la paz y la reconstrucción política aspiraban a ejercer funciones políticas. Al hablar sobre el tema del retorno a la vida civil para los militares que no poseían bienes raíces, declaraba: «A los individuos a quienes la Junta ha dado la preferencia no se les niega la cualidad de agricultores, pero es despreciar en sumo grado la justicia, el patriotismo y el mérito, anteponerlos a los que han hecho la guerra por la independencia, y podemos decir también, por ese empréstito que ellos van a disfrutar»[70].

Tras haber mencionado a las personas afectadas, así como a los beneficiarios, agregaba: «Nosotros vimos que al cabo de mucho tiempo podrían las gallinas negras dormir por encima de las blancas, es decir, que los godos quedasen por encima de los patriotas, pero no esperábamos que sucediese tan en caliente, y cuando estamos en guerra contra ellos»[71].

Con estas quejas surgía una primera forma de oposición, que se limitaba a poner en tela de juicio los principios que regían esta discriminación. Pero, ya desde los acontecimientos de Petare en 1824, la crítica ya se había

---

[68] *Ibídem,* pág. 4.

[69] Y, de hecho, tal como se estipulaba en este texto, en la «antigua Venezuela» muchos soldados fuero apartados del derecho al voto.

[70] PADRÓN, J.: *Quejas de un patriota contra los procedimientos de la Junta calificadora del empréstito agrícola.* Caracas: Núñez de Cáceres, 1825, págs. 2-3 FBC/Archivos de Gran Colombia.

[71] *Ibídem.*

cristalizada en una oposición más abierta a Bogotá[72]. Así, el problema militar tal como se planteaba según este movimiento contradictorio —que buscaba, por una parte, valorizar a los hombres de armas, erigiéndolos en modelo, pero que, por otra parte, excluía de la comunidad política a parte de ellos— además de demostrar esta voluntad implícita de excluir al pueblo real, nos permite evaluar con más precisión la fragilidad de los valores que cimentarían esta nueva nación; nos permite además constatar la ausencia de una verdadera conciencia de estar juntos fuera de esta lucha común que apartaba de la vida política, despojaba de su identidad a quienes resultaran víctimas, y también a quienes eran modelos que había que imitar en otro plano. En adelante, para definir las condiciones de acceso a la ciudadanía «activa», se haría hincapié mucho más que antes en la utilidad, la integridad moral, la obediencia a las leyes. El elector era ante todo un ciudadano-propietario, sociológicamente determinado y arraigado en un territorio[73]. Lo que afirmaba el autor del artículo sobre la opinión, publicado un mes antes de proclamarse la Constitución, adquiría ahora su verdadero significado: «Los hombres que han renunciado al servilismo necesitan seguir las reglas de fraternidad, unión y benevolencia con sus conciudadanos. El que no sabe ser marido, ni padre, ni vecino, ni amigo, no sabrá tampoco ni podrá ser ciudadano»[74].

La definición y la delimitación de los requisitos para acceder a la ciudadanía eran la traducción política y constitucional de la aprehensión del pueblo nuevo tal como lo definían las élites. Efectivamente, en un perfecto juego de espejos, el análisis de estas condiciones revela no sólo las contradicciones implícitas, sino también la necesaria adaptación de los textos a una realidad que no aparecía en las ponencias y los discursos ambiciosos y teóricos. Ciertamente, se celebraba al pueblo, pero los derechos que se le otorgaba reflejaban, una vez más, una voluntad de apartar al pueblo real

---

[72] Hablaremos más ampliamente de estos acontecimientos en la parte 4, pues contribuyeron a que Venezuela se separara de Colombia, y a que los actores de este proceso reivindicaran una identidad «venezolana», o por lo menos distinta de la «colombiana». Esta formulación se apoyaba en el elemento militar como único punto de referencia común y esbozaba una historia nacional propia, puesto que Caracas fue la primera ciudad del continente que «dio el ejemplo».

[73] Tendencia que se reforzará en 1828, cuando se ponga en tela de juicio la regularidad de las elecciones para la gran Convención, y la confiabilidad de los «extranjeros» elegidos en esa oportunidad.

[74] «Continuación del artículo sobre la opinión y el modo de conseguirla», *El Correo Nacional*, n.° 5, 7 de julio de 1821.

para beneficio de otro pueblo, teórico, declarado soberano. Así, aunque para los electores de primer grado todavía no se exigía la obligación de saber leer y escribir, sí lo exigía para los demás electores. Por consiguiente, la ampliación del acceso a la ciudadanía mediante la reducción del valor de la propiedad de bienes raíces quedaba neutralizada con esta sóla disposición. En definitiva, con esas restricciones adicionales que buscaban superar la barrera de las elecciones parroquiales, y con la ambigüedad que envolvía el tema del voto de los militares, la comunidad política —pese a las apariencias y a las declaraciones principistas— no aumentaba su capacidad de integrar a las diferentes categorías de la población. Tales contradicciones, sobre todo en lo concerniente a los hombres de armas, fueron parcialmente causantes de los acontecimientos posteriores, que contribuirán al descontento de los actores venezolanos y, más allá, a que se rompa realmente con la nación colombiana.

Conclusión

¿Cuál comunidad nacional con cuáles valores comunes?

Este período estuvo signado por una doble ruptura. Por una parte, la ruptura externa, no sólo con España tanto desde un punto de vista político como a través de la negación oficial y pública de cierta memoria colectiva, sino también respecto de las demás naciones mediante la reafirmada intención de los políticos de adoptar instituciones adecuadas a los «usos y costumbres» del país cuyo gobierno habían asumido. Por otra parte, la ruptura interna, con la formación de esa nueva entidad supuestamente nacional que era Colombia, junto con una reinterpretación del pasado venezolano.

Al proclamarse y consumarse la ruptura con España y la «raza» española, quedó definitivamente roto el pacto con la Monarquía pues ésta había restablecido la Constitución de 1812 que, por buena que fuera, no podía ser reconocida ni tampoco aplicada en Colombia, que se había declarado nación independiente. Además, representaba la imagen invertida de su propio destino. No obstante, esta ruptura seguía siendo de naturaleza eminentemente política y constitucional, pues no había ninguna definición de esta nueva comunidad nacional; los colombianos eran así llamados, siempre y cuando expresaran la voluntad de serlo. La Constitución de 1821 definió la nacionalidad colombiana, pero los principios adoptados no diferían de los que caracterizaban a los venezolanos. Eran colombianos, sí, ¿y qué más? ¿Cómo se asumía el legado de los diversos componentes de la nación que habían regido la elaboración de una Constitución, sellando definitivamente el contrato que los unía, siendo que los principios adoptados para definir la naturaleza de los poderes y la forma de gobierno tenían que ver casi únicamente con los rasgos negativos de esa población? Francisco Antonio Zea consideraba que su existencia como tales aún tenía que realizarse y esto sólo dependía de la voluntad de los colombianos. Ahora bien, aquí también, la importancia otorgada al propio nombre respondía al deseo de adquirir una credibilidad externa, más que al de definir una identidad particular. Lo que estaba planteado en primer lugar era «formar una nación independiente, y apta para tratar con las demás»[1]. A la proyección hacia el futuro de la realización del proyecto nacional se asociaba una proyección hacia el exterior que modelaba la imagen

[1] *A los habitantes de la nueva República de Colombia. Convocatoria para el próximo Congreso General de la república de Colombia,* 20 de enero de 1820, pág. 1, BNV/LR.

y la definición de este pueblo nuevo, pues lo que predominaba era el deseo de avenirse con las demás naciones, para lograr apoyo y ayuda —económica y política— frente a los peligros que acechaban. Y al anunciar la unión de Venezuela y Nueva Granada, se declaró: «Y si nos es licito declarar modestamente nuestras ideas, permitasenos anunciar desde ahora que entonces llegará el dia grande en que vea el mundo la República mejor constituida que nunca hubo...»[2]

Así pues, para la fecha, las relaciones se establecían con las demás naciones en términos de demostración; era el precio que había que pagar, el de la accesión al mismo rango de las naciones civilizadas, para que esa República existiera. En este sentido, su experiencia en el terreno de las armas y su lucha por la libertad se consideraban, una vez más, como una garantía de esa capacidad y de su fuerza futura: «¡[...] las Naciones ilustradas tienen vueltos los ojos sobre nosotros, y debemos acreditarles que al delirio de vernos poseedores de un bien inmenso y a los errores de una loca experiencia, han sucedido ya madurez y juicio de diez años de revolución, de infortunio y lecciones!»[3]

La nación y sus atributos eran sobre todo instrumentos antes de ser una voluntad al servicio de un proyecto interior que presuponía una conciencia de misma índole. Además, las condiciones puestas para la existencia de los colombianos en tanto tales, tenían que ver en primer lugar con la adhesión a los principios políticos decretados por las élites dirigentes, más que a la verdadera exaltación de un sentimiento de pertenencia, proclamado en otro nivel pero sobre todo de manera teórica. Los hombres de Bogotá pretendían ser dirigentes que tomaban decisiones en función de la realidad y no refiriéndose a modelos externos: no querían adoptar el modelo norteamericano, pese a sus cualidades, porque consideraban que en Colombia existían las luces y los hombres necesarios para la elaboración de un sistema de gobierno adaptado a su propia realidad. Rechazaban aún más ciertos principios heredados de la Antigüedad, pues deseaban ante todo convivir con sus contemporáneos, pero también porque aquellos principios eran ejemplo de un peligroso principio de democracia, sobre todo las elecciones sin delegación. Esa voluntad de arraigarse en el presente y, a la vez, de proyectarse hacia el futuro, estaba omnipresente. En este sen-

[2] «República de Colombia. Unión de Venezuela y Nueva Granada», *Correo del Orinoco,* n.° 60, 29 de abril de 1820.

[3] *Ibídem.*

tido, la incorporación del departamento de Cundinamarca en febrero de 1820, constituía un nuevo hito en esa marcha hacia la posteridad:

> El acta de reconocimiento que V.E. ha celebrado con los próceres de Cundinamarca, del Gobierno y de la República de Colombia, es el sello de nuestra libertad; es el título de inmortalidad de nuestra Nación. Cuando nuestras posteriores generaciones lean el acta sagrada de la creación de la República de Colombia y la sanción que ha recibido por los más beneméritos de Cundinamarca, no podrán impedir a su corazón reconocido el sufragio de admiración debido a los progenitores de tanto bien. En medio del esplendor, del poder, de la gloria, de la dicha, del saber, de la libertad, que serán el patrimonio de nuestros hijos, ellos pronunciarán con veneración los nombre de sus inmortales benefactores[4].

El carácter abstracto de los elementos que supuestamente los unían en una comunidad de destino se confirmaba con el surgimiento de la oposición de una parte de la élite venezolana, puesto que ésta retomaría los argumentos que justificaron la formación de Colombia para demostrar la singularidad de su país y, por ende, la legitimidad de una separación en el marco de una federación colombiana, antes de constituir su propia nación. Marcado a la vez por la unión y la ruptura: así asomaba el perfil de este período de la República de Colombia a través del discurso de los actores venezolanos en el que las críticas surgieron muy pronto. La unión de ambas patrias, la «Antigua Venezuela» y Nueva Granada, se colocaba bajo la égida de un gobierno con poder centralizado y unificador, al servicio de un sólo pueblo. Por lo demás, la credibilidad conferida a las instituciones tenía que ver, ciertamente, con su adecuación a la población, pero sobre todo con su conformidad a las normas de la razón, teniendo como corolario la adopción de un texto constitucional que, de hecho y pese a los principios que esto suponía en términos de reconocimiento de los derechos de los individuos, tendía a apartar de una participación real a muchos de ellos. Este nuevo contrato era obra de una «voluntad común, [...] solemne y constantemente declarada»[5], pero: «Bajo un gobierno republicano como el que hemos adoptado, nunca debemos olvidar que su existencia y su prosperi-

---

[4] «Simón Bolívar, discurso del 25 de febrero de 1820», *Correo del Orinoco,* n.° 60, 19 de abril de 1820.

[5] «República de Colombia. Unión de Venezuela y Nueva Granada». *Op. cit.*

dad requieren virtudes e ilustración general, porque no tienen otro apoyo duradero las Repúblicas»[6].

Parecía que, a falta de civilización, de virtudes y de costumbres particulares, sólo la capacidad de los combatientes y el coraje de los hombres de armas unían a la población y le conferían su singularidad. Por consiguiente, el pueblo así creado tenía su origen en la «raza» nueva de soldados y se identificaba con éstos, que fungían de modelos. Así, la nación de la cual eran miembros voluntariamente estaría compuesta por ciudadanos vestidos con el uniforme de soldado que permitía en gran medida el acceso a la ciudadanía activa. Luego, quien no supiera mostrarse «ni marido, ni padre, ni vecino, ni amigo, no sabrá tampoco ni podrá ser Ciudadano»[7].

Pero esta voluntad de ruptura también tenía que ver con el pasado reciente, sobre todo venezolano, según un doble mecanismo de rechazo y de reapropiación, acompañado con un proceso de proyección hacia el futuro, respondiendo a la exhortación de Francisco Antonio Zea en 1819: «Vivamos en nuestro siglo y existamos con nuestros contemporáneos»[8]. Al mismo tiempo, esta «contemporaneidad» estaba asociada a una consolidación de los referentes universalistas como elementos de la identidad de ese pueblo nuevo. Al rechazar públicamente la historia que la vinculaba a España, así como la de su propio pasado precolombino y la que se refería a sus primeras experiencias políticas de pueblo libre, la nueva nación sólo se identificaba con sus héroes militares.

La Ley Fundamental promulgada el 17 de diciembre de 1819 consagraba la unión de Venezuela y Nueva Granada; con la Constitución de diciembre de 1821, Colombia quedaba oficializada. Entre ambas fechas, la celebración del décimo aniversario de la creación de la Junta de Caracas del 19 de abril de 1810, y del primer aniversario de la fundación de la República en diciembre de 1821, inauguraba una alteración de la memoria «venezolana» que se organizaba en torno a dos puntos fundamentales: por una parte, el olvido de la Venezuela confederal y de la obra política cumplida durante aquel período, en provecho de la lucha de Colombia; por otra parte, la valorización únicamente de las acciones armadas y de los militares, ignorando la acción de los actores políticos. Fue la victoria de las armas lo que había permitido que el pueblo americano saliera «del silen-

---

[6] *Correo del Orinoco,* n.° 67, 17 de junio de 1820.

[7] «Continuación del artículo sobre la opinión y el modo de conseguirla». *Op. cit.*

[8] ZEA, F. A.: *¡Pueblos de Colombia! Op. cit.*

cio, del olvido, de la muerte, de la nada»[9]. Cuando Bolívar se dirigió a los soldados gracias a los cuales se hizo posible este renacer, declaró: «El 19 de abril nació Colombia: desde entonces contais diez años de vida»[10].

La experiencia de Venezuela quedaba, pues, absorbida por Colombia, que se apropiaba así de las victorias logradas antes de su formación y, en 1821, al promulgarse la Constitución que marcaba la victoria de los centralistas, lo que se condenaba era la acción misma de los hombres de 1811, por no haber sabido escoger un sistema constitucional adaptado a la población. Se pedía insistentemente a los colombianos que se olvidaran de aquella confederación, pues no les convenía.

Por consiguiente, la nación se construía en torno a ideas universales que constituían, a nivel del discurso, el nuevo patrimonio de la nación. La causa con la que los soldados habían contribuido se presentaba ante todo como una lucha por esas ideas. Éstas unían a la comunidad, a falta de una identidad propia. Colmaban ese vacío de identidad que tan cruelmente se sufría durante la guerra contra las tropas españolas. Y aunque, tal como lo observaba Cristóbal Mendoza en 1824, «no ha llegado aún el tiempo propio para escribir la historia militar y política de Colombia»[11], había que preparar y conservar los materiales que contribuirían a ello. En esa misma óptica, iba instaurándose una pedagogía de la memoria: los padres debían enseñar a sus hijos las hazañas de los héroes, y el gobierno se proponía, por su parte, contar la historia de los indígenas y los perjuicios que habían sufrido durante la Conquista, así como la obra llevada a cabo por el padre Bartolomé de las Casas; asimismo, en el registro opuesto, los actos de barbarie cometidos por Morillo debían grabarse en las memorias.

> Es ahora que debemos recorrer con espanto las páginas ensangrentadas de la historia del continente de Colón. ¡Oh, qué horrorosa perspectiva se nos presenta! El imperio de los Incas, el Templo del Sol, el Trono de México, todos los gobiernos federativos y patriarcales que existían en el nuevo mundo en el siglo XIV, ¿dónde están? Tú, sabio y filántropo Las Casas!, desciende del templo de la inmortalidad y explica a las generacio-

---

[9] BOLÍVAR, S.: *A los soldados del ejército libertador.* Cuartel General Libertador de San Cristóbal, 19 de abril de 1820.

[10] *Ibídem.*

[11] «Cristóbal Mendoza, *Introducción a la historia de Colombia* (1824)», en *Escritos.* Caracas: 1972, págs. 201-202.

> nes presentes cual fue el destino del generoso Moctezuma, del valiente Goatimotzin, del gran Ataliba, de tantos varones fuertes, de millones de indios mansos e inermes que gozaban de una paz profunda, de los ricos bienes con que la naturaleza los dotó, y de una independencia la más completa y dichosa[12].

En cambio, había que olvidar una parte del pasado: los tres siglos de despotismo. Esta ruptura se dio en julio-agosto de 1820, con motivo del intento de reconciliación propuesto por España, que incluía el reconocimiento de la Constitución de 1812 recién restaurada en la Península. Ahora bien, acceder a esta demanda equivalía a negar la historia de esos diez años de lucha. Dos factores explicaban la voluntad de olvidar el pasado español. Por una parte, esto permitía reconsiderar la legitimación del proceso de independencia, recentrándolo en consideraciones internas. Ya no se hablaba del derecho que todos los pueblos tenían de recuperar sus derechos; se preconizaba el olvido de la larga serie de males, degradaciones y privaciones, generadas por la Conquista.

> Dejando aparte el derecho imprescriptible que tiene todo país conquistado para reclamar y recuperar los títulos inajenables y eternos de su naturaleza, siendo así que la conquista nunca confiere al conquistador otros legítimos que los de un salteador que, violando los derechos de la sociedad universal, arranca con temeridad la autoridad suprema de algún pueblo [...]; olvidando también la larga serie de males, de agravios y privaciones, que fueron consiguientes a una conquista fundada sobre la injusticia, la malignidad y la usurpación; y corriendo un velo sobre los trescientos años en que ha sido la América heredad y patrimonio de los reyes de la España, y esclava imbécil de sus Audiencias, Visitadores, y demás empleados, que a más de robarnos y privarnos de las ventajas que la naturaleza o la industria nos proporcionaban, hacía pesar sobre nosotros todo género de vejaciones, considerándonos simples instrumentos de su poder y de sus riquezas, nos contraemos solamente a razones constantes y hechos notorios que comprueban la legitimidad de la emancipacion de América[13].

---

[12] «Invitación a la América del Sur: un amigo», *Correo del Orinoco,* n.° 70, 8 de julio de 1820.

[13] «Legitimidad de nuestra emancipación», *El Correo Nacional,* n.° 5, 16 de junio de 1821.

Las razones que habían llevado a la independencia eran a la vez un territorio y una población superiores, así como la distancia que los separaba del gobierno —por lo demás corrompido— que impedía una administración adecuada. Por otra parte, esta afirmación de una particularidad ya señalada a propósito del rechazo a los modelos extranjeros, hacía también necesario que quienes dirigían al país se separaran también de las «antiguas ideas del despotismo» para ganarse la confianza de la población. El olvido era una garantía de legitimidad, pero también una confesión de la participación de muchos de esos hombres en la administración colonial. En este sentido, la necesidad del olvido hace referencia sobre todo a las estructuras del imperio y no a los vínculos de sangre, idioma, religión, vínculos reivindicados en un artículo que, ese mismo año, presentaba las ventajas económicas de una eventual unión pacífica con España. En virtud de esta lógica, la valorización de las acciones armadas contribuía también a esta pedagogía de la memoria. Era la guerra lo que había permitido crear un pueblo nuevo, regenerado, haciendo desaparecer sus defectos físicos y morales. En 1825, José Félix Roscio, en su oración fúnebre en memoria de los héroes de Carabobo, rendía homenaje a la lucha heroica por la independencia que, al triunfar, los había lavado de las acusaciones proferidas por España en 1810:

> [Los defensores de la Patria] han muerto valerosamente para sostener la justicia de nuestra causa. ¿Qué cosa más digna de la gratitud de sus hermanos? Ellos han muerto heroicamente por conservar la gloria de las armas que llevaban. Haciendo triunfar la causa de la independencia a costa de su vida, ellos han borrado de nuestra frente el ignomínioso título de rebeldes y herejes con que ha querido envilecernos la España...[14]

Al mismo tiempo, esta victoria volvía caducas las tesis del despotismo fundadas en una interpretación mentirosa de los textos sagrados. La verdad triunfaba gracias a la sangre derramada. De hecho, la memoria interna que estaba elaborándose siempre se vinculaba a acciones sagradas. A partir de 1820 y todos los años, se recordaba esta asociación en una expresión construida según el mismo modelo: «diez años de lucha sangrienta»[15], «once años de infinitas calamidades y convulsiones»[16], «catorce años de la más

---

[14] Roscio, J. F.: *Oración fúnebre. Op. cit.,* pág. 3.

[15] «Negociaciones con Morillo», *Correo del Orinoco,* n.° 77, 26 de agosto de 1820.

[16] «El primer Congreso General de Colombia a todos los pueblos y tropas del mar y tierra de la República», *El Correo Nacional,* n.° 3, 23 de junio de 182l.

bárbara de las guerras»[17], «quince años de lucha, de experiencias y padecimientos»[18]. Los adjetivos utilizados aquí revelan otro proceso que estaba dándose en ese período, y cuyas incidencias resultaron importantes para la elaboración de los valores de la nueva comunidad nacional. Efectivamente, observamos la negación, de alguna manera, de la acusaciones y reproches proferidos en contra de ese mismo pueblo en armas cuando se trataba de integrarlo al cuerpo político para que así el pueblo real coincidiera con el pueblo te rico declarado soberano. Surgió una profunda dualidad, pues hasta entonces la guerra impedía que lo político recobrara su predominio. En cuanto esto fue posible, o por 1 menos pensable, con la promulgación de la Ley Fundamental en diciembre de 1819, la separación entre el conjunto de los habitantes y las élites encargadas de dirigirlos se hizo más tangible, aunque paralelamente se instaurara una voluntad educativa. Para convencerse de ello, basta remitirse a las nuevas medidas que se tomaron a fin de fomentar la emancipación de los esclavos en 1821 y 1823. Éstas se habían vuelto imperativas para lograr que los esclavos se incorporaran y, aunque distaron de resultar efectivas, produjeron a mediano plazo una verdadera desestructuración de la sociedad criolla, tanto en sus fundamentos económicos como en sus prácticas sociales y políticas. Un artículo publicado en El Indicador del Orinoco resulta de lo más r velador con respecto a la dificultad y la lentitud de la puesta en práctica de estas disposiciones, lo cual llamaba la atención del propio autor:

> En la manumisión de los cuatro esclavos a que se contrajo el aviso que bajo dicho título se insertó en el número anterior, vemos que la Ley del 21 de julio de 1821 y el Decreto de gobierno del 18 de Agosto de 18231 principian a tener sus efectos en esta capital [Cumaná], pues aunque ella fue ocupada desde el mes de octubre de 1821 y aunque estamos entendidos que la Junta ha celebrado desde entonces diversas sesiones hasta el día, no habíamos visto manumitir un sólo esclavo. De esto deducimos que esta situación se debía a no haber fondos, y de esta

---

[17] Un colombiano, *Refutación al artículo sobre alistamiento.* Caracas: T. Antero, 4 de noviembre de 1824.

[18] *El indicador del Orinoco,* n.° 12, Cumaná, 10 dediciembre de 1825. Esta valorización de las acciones armadas) y su celebración asociada al nacimiento de nación prosiguieron más allá de este período. Así, en los años posteriores encontramos las siguientes expresiones: «diecisiete años de lucha pavorosa», «dieciocho años de una continúa y desastrosa guerra».

> consecuencia sacamos otra que es la de que no los había porque no se esforzaban ciertamente ni la Junta ni las autoridades, a quienes corresponde hacer efectivos los cobros de las mortuorias pendiente. Esperamos, pues, que los miembros de la Junta, animados de celo que debe inspirarles la libertad de una clase que está en pugna con nuestras instituciones, continúan con la actividad que han manifestado en esta vez, apurando con sus avisos al juez de quien dependen, para que llenando así sus de eres se cumpla el objeto de la ley y merezcan las bendiciones de los que por sus esfuerzos dejan de pertenecer a la degradante clase de esclavos[19].

Además, estas disposiciones revelan el carácter dual de esta sociedad desde que ya no disponía del derivativo representado por los combates. Estas poblaciones, así como los «simples soldados», «invadían» la esfera política y, por ende, debilitaban a quienes hasta entonces creían ser los únicos amos. Así se dio la crisis provocada derechos políticos una vez que retornaron a la ida civil; y también la dificultad de admitir la igualdad de los hombres ante la ley, tal como se manifestó con la negativa de aceptar a un alumno pardo en un colegio.

En este sentido, la experiencia colombiana constituía para Venezuela un aprendizaje de la nación, en la medida en que correspondía a un momento de intensificación del discurso nacional. Y al oponerse a esta experiencia, las élites venezolanas (y los actores que se adherían a esta empresa) legitimaban su voluntad de adquirir la autonomía, y luego de separarse de la República de Colombia para crear su propia nación.

---

[19] *El Indicador del Orinoco,* n.° 6, Cumaná, 29 de octubre de 1825.

Cuarta parte

La edificación de una nación venezolana, 1824-1830

Un sustrato significante

Justificado por la complejidad de los acontecimientos, este capítulo que analiza a los antecedentes de la crisis de Valencia de 1826, tiene como objetivo explicitar la manera con la cual se argumentaba y legitimaba la oposición y, luego, la separación de los Departamentos venezolanos respecto de la República de Colombia. En esta fase se registraron tres momentos esenciales a partir de 1824. Por una arte, la oposición de los representantes de la Municipalidad de Puerto Cabello, sobre todo contra el reclutamiento de tropas para enviarlas a combatir a Perú. Por otra parte, los acontecimientos que desembocaron en la destitución de Páez por parte del gobierno de Bogotá, en 1826, generados por la publicación, en agosto de 1824, de un decreto acerca del reclutamiento general de ciudadanos para la milicia, suscitando una fuerte oposición en la Municipalidad de Caracas contra Bogotá y también, inicialmente, contra Páez, por haber ordenado este reclutamiento[1]. Por último, la insurrección del Petare, en diciembre del mismo año. Estos tres fomentos ponen en evidencia la lógica contradictoria que se dio durante este período, y ayudan a comprender el proceso que llevó a la proclamación de la nación venezolana en 1830.

Estos acontecimientos, centrados en Páez, muestran con suma claridad el problema de los poderes extraordinarios que le habían sido conferidos como comandante general del gobierno, en 1824, en virtud del salvo-conducto que había obtenido de Bogotá para llevar a cabo el reclutamiento de las tropas en Puerto Cabello. Efectivamente, tales disposiciones suscitaron la oposición de los representantes del poder civil, quienes consideraban que a ellos les tocaba ejecutar esta medida. De este debate emanaron dos concepciones opuestas del ejercicio del poder, en las que se focalizó y consolidó la oposición de quienes, desde 1821, eran partidarios de una separación de los Departamentos de la «Antigua Venezuela». A través de estos conflictos de personas y competencias, los actores que se enfrentaron al poder central cuestionaron las decisiones que, violando los principios enunciados en la Constitución, afectaban en primer término a la nación colombiana y, más particularmente, a los Departamentos venezolanos.

---

[1] Fue después del 30 de abril de 1826, con la decisión de la Municipalidad de Valencia de exigir la reintegración de Páez a sus funciones, cuando Caracas le dio su apoyo, después de que sus representantes civiles se percataran de que «Páez podía ser el intérprete o el instrumento para la realización de sus deseos y expectativas», Soriano de García Pelayo, G.: *Venezuela 1810-1830: aspectos desatendidos de dos décadas*. Cuadernos Lagoven, Serie Cuatro repúblicas, pág. 126.

La confusión entre poderes civiles y poderes militares se puso de manifiesto en esta desavenencia entre los representantes de la Municipalidad de Puerto cabello y Páez, quien había optado por acatar el decreto del 6 de mayo de 1824 —que exigía el alistamiento de cincuenta mil hombres para la defensa del territorio, en previsión de eventuales ataques de la Santa Alianza— y también a causa del decreto de reclutamiento de tropas para apoyar a Bolívar en Perú. Una confusión que, por lo demás, se mantuvo hasta 1830 —y más allá—, fomentando de manera implícita la oposición al gobierno central. Los partidarios de Páez, sobre todo el coronel José María Arguindegui, justificaban su conducta en virtud de la autoridad conferida a todo general del ejército en campaña y, por añadidura, «comandante militar de una plaza juzgada en estado de guerra y fronteriza a enemigo»[2].

Ahora bien, estas prerrogativas, vistas como arbitrarias en su contenido e ilegales respecto de las otorgadas a las Municipalidades, eran condenadas por los representantes municipales de Puerto Cabello y sobre todo por el alcalde principal, Vicente Michelena, a quien Páez exigió que abandonara su cargo y la ciudad, y quien declaraba en un artículo publicado por El Colombiano, fustigando la impunidad de la que Páez disfrutaba (y abusaba, según él) en su calidad de jefe militar:

> Los Intendentes y los tribunales ¿de qué servirían? ¿Para qué la división de los poderes y su multitud de trabas que los legisladores ponen a los mandatarios, al ando los Comandantes Generales como primeros jefes militares de los Departamentos y sin más autorización que la ordenanza están en aptitud de hacerlo todo, siendo su autoridad ilimitada frente a la cual, como dice el Sr. Arguíndegui, deben enmudecer todos los demás?[3]

Michelena no ponía en tela de juicio los poderes que tenía Páez como jefe militar, y reconocía sus cualidades y sus servicios a la patria. Pero, para él, no justificaba de ninguna manera que se arrogara la dirección política del Departamento, violando los principios constitucionales. Más aún, esto era una injuria contra los esfuerzos heroicos de los patriotas. Al violar tos po-

---

[2] *El Colombiano,* n.° 72, septiembre de 1824, en Blanco, F. J. y Azpúrua, R.: *Documentos para la historia de la vida pública del Libertador. Op. cit.*, tomo IX, pág. 373.

[3] «El ciudadano Vicente Michelena, miembro de la Municipalidad de Puerto Cabello, contesta al coronel J. M. Arguindegui», *El Colombiano,* n.° 74, septiembre de 1824. *Op. cit.,* tomo IX, pág. 376.

deres conferidos por la ley al poder civil, perjudica a la República en su funcionamiento y en su reputación en el exterior:

> Lo que constituye un pueblo [...] son sus habitantes, por lo cual no debiera causar al Sr. Arguíndegui tanta sorpresa la transición que ha hecho Puerto Cabe lo, pues que sus nuevos habitadores, inclusive los miembros de la Municipalidad, son, como él mismo no lo ignora, I veteranos en la causa de la Independencia y la libertad americana, y que, por lo mismo que más han sufrido y que más les puesta, saben apreciar mejor estos bienes: que, educados en la escuela de la experiencia y de la adversidad, y sensibles a las lecciones del tiempo, han aprendido que sin la estricta observancia de las leyes y de la equidad, las Repúblicas no pueden conservar su existencia[4].

No obstante, estas pruebas de patriotismo eran fácilmente cuestionadas por la parte adversa, debido a la reciente liberación de la ciudad, considerada como un bastión realista. En consecuencia, la apelación de la Municipalidad ante la Corte Suprema del Departamento contra la medida de expulsión de Vicente Michelena fuel rechazada. Y el 20 de agosto de 1824 Páez ordenó el reclutamiento de dos mil seiscientos noventa y cuatro hombres tropas de Bolívar. En la declaración Municipalidad, en la cual el poder civil oficialmente al respecto, también se que sus miembros actuaban como republicanos; y ras haber fustigado, a ejemplo de Vicente Michelena, las exhortaciones a callarse ante las decisiones del jefe militar del Departamento, proferidas por José María Arguíndegui, se exigía:

> Fíjese un órden de cosas: el que se conforme con él se quedará aqui; y el que no, se irá. Dígase, por ejemplo, que toda plaza, ciudad, o pueblo ocupado por las tropas de la República, es de la pertenencia de los jefes del estas tropas, y entonces no nos espantaremos de los que quieran que hagan; aunque ya han pasado los tiempos en que habia señores de horca y cuchillo, pendón y caldera, etc. Pero nombrar Municipalidad y todo el aparato de actos populares y de libertad para que todo esto sea luego el ludibrio de unos cuantos militares, es la mayor burla que puede hacerse de un pueblo[5].

---

[4] *Ibídem,* pág. 379.

[5] «Acta y acuerdo de la Municipalidad de Puerto Cabello, 4 de agosto de 1824», *El Colombiano,* n.° 73, septiembre de 1824. *Op. cit.,* tomo IX, pág. 379.

Ahora bien, tanto las reacciones inmediatas a la publicación de un decreto —unos días después del reclutamiento de tropas para Páez— que ordenaba el alistamiento de ciudadanos en la milicia, como las reacciones suscitadas por la publicación de una ley de amnistía para los culpables —o mejor dicho, parla algunos de ellos— del asalto el 8 de diciembre de 1824 a la cárcel de Petare (ubicada en las afueras de Caracas) por parte de un grupo de doscientas personas que gritaban: «¡Viva el rey de España!», daban fe de esta violación de la ley, sobre todo, del perjuicio a los principios de igualdad y libertad que se registraban sobre todo en los departamentos de la «Antigua Venezuela». Desde entonces, la oposición afirmó su diferencia y su derecho a una representación propia. De los tres acontecimientos que constituyeron los prolegómenos del proceso de oposición y separación de Venezuela, la conspiración de Petare —y sobre todo su desenlace— representó un punto de focalización para la denuncia de las injusticias cometidas en materia de represión, y más aún, una prueba del autoritarismo de Bogotá. De hecho, al mismo tiempo que revelaba una vez más el problema de las relaciones entre el poder civil y el poder militar, la intervención del Congreso y luego la de Francisco de Paula Santander a favor de éste y de Páez generó la oposición de la Municipalidad de Caracas. Durante el asalto del 8 de diciembre, mientras las autoridades judiciales emprendieron enseguida las investigaciones para identificar a los culpables con el fin de juzgarlos, Páez, en virtud de los poderes excepcionales que le había dado el decreto sobre conspiraciones del 21 de enero de 1823, decidió suspender los juicios abiertos, y detener a tres de los presuntos culpables, a modo de ejemplo. El intendente Juan de Escalona y las autoridades civiles y judiciales en su conjunto acusaron entonces a Páez de compromiso con los godos. Este asunto fue objeto de juicio en Bogotá pero sólo fue en marzo de 1825 —debido a la lentitud de las comunicaciones— cuando Páez obtuvo el apoyo de las autoridades y además un decreto del 17 de marzo de 1825 confirmó sus poderes extraordinarios. La reacción de Caracas fue muy fuerte. El 13 de junio la Municipalidad denunció el carácter inconstitucional del decreto por intermedio de Alejo Fortique quien, en calidad de síndico procurador, pronunció un discurso[6] para cuestionar el contenido del decreto sobre conspiraciones dictado en

---

[6] FORTIQUE, A.: *S.S. de la Muy Ilustre Municipalidad*. Caracas: 13 de junio de 1825, BNV/LR. En esa misma época, fue además el autor de un texto intitulado: *Firme defensa de la ley constitucional*. Caracas: V. Espinal, 1825, hs, BNV/LR.

1825, después de la sublevación de Petare. Refiriéndose a la constitución, centraba su argumentación en la noción de ilegitimidad y, apoyándose en una cita de Vattel, declaraba:

> La Nación, dice Vattel, debe vigilar sin descanso para que respeten la Constitución los gobernantes y gobernados. Atacarla es un crimen capital contra la sociedad y si los que lo cometen son personas revestidas de autoridad, añaden al crimen mismo un pérfido abuso del poder que les ha conferido. Así es que, si todos estamos generalmente obligados a reclamar el exacto cumplimiento de nuestra Constitución, vosotros que os titulais padres del pueblo debeis acreditar en esta voz que sois dignos de este dulcisimo nombre[7].

Además, Fortique denunciaba con fuerza la violación de los principios de igualdad ante la ley de todas y cada una de las partes de la nación, en detrimento de los principios proclamados fervorosamente al redactarse la Constitución de Cúcuta. Así con respecto al decreto 1825, se refería al artículo 128 sobre la igualdad, señalando:

> El destruye la igualdad de todos los ciudadanos ante la ley, que establece esta propia constitución como el fundamento del Gobierno de Colombia, y que es y forma el prodigioso apoyo sobre que estriba y se levante el magestuoso edificio de la convención social; pues decretando la pena de muerte contra los conspiradores exceptuá de ella a los eclesíasticos ordenados *in sacris*[8], y a la verdad, que si todos somos miembros de una misma nación ¡como espirar en un cadalso los unos por el delito que los otros cometen impunemente![9]

Semejante perjuicio causado a la igualdad de los ciudadanos ante la ley, quedaba planteado aquí como un delito tanto más grave por haberse cometido para amnistiar a enemigos internos, y además con el apoyo del Congreso y de Francisco de Paula Santander. Por añadidura, el contexto favorecía la manipulación de la oposición puesto que el debate se desarrolló teniendo como telón de fondo el cuestionamiento del decreto sobre el

[7] *Ibídem,* pág. 6.

[8] Efectivamente, al parecer, uno de los principales instigadores y protectores de los culpables había sido el sacerdote P. Domingo Quintero.

[9] FORTIQUE, A.: *S.S de la M.I Municipalidad. Op. cit.,* pág. 12.

alistamiento de los ciudadanos, publicado en Caracas el 31 de agosto de 1824. Una vez más, Páez se hallaba en el centro de la polémica, pues, tras haber convocado a los ciudadanos varias veces, de manera infructuosa, para que se incorporaran a la milicia, el 6 enero de 1826 envió dos batallones para romper resistencia. Fue acusado por el intendente de ser el responsable de tales excesos, y de nuevo se abrió un juicio al respecto. Esta vez, el gobierno decretó la destitución de Páez, el 27 de marzo de 1826.

Durante este conflicto, además de las críticas relativas a los principios de organización militar, en 1824 y 1825 se publicaron en Caracas varios folletos y textos sobre el tema de la libertad y los derechos de los ciudadanos dentro de la República[10]. Estas publicaciones denunciaban también la violación de la Constitución y de la libertad individual, puesto que este decreto obligaba a los ciudadanos de 15 a 50 años a alistarse en la milicia. Obligación que sería, según estos textos, una señal de desconfianza de las autoridades hacia el patriotismo de los ciudadanos que toman directamente la palabra para denunciar esa arbitrariedad:

> En los pueblos verdaderamente libres no hay delito más escandaloso ni que menos deba quedar impune que el atentado a la libertad individual; ella es el objeto de nuestros afanes y sacrificios, ella es apoyo de la moral pública y privada, de ella se derivan la industria y el comercio, sin ella no hay paz, no hay dignidad ni dicha alguna, en fin no hay patria[11].

Tras los actos de las municipalidades que se dieron durante el mes de mayo de 1826 en adhesión a las decisiones tomadas en Valencia el 30 de abril de 1826 —en nombre de los pueblos—, a la reincorporación de Páez en su puesto de comandante civil y militar del Departamento, y también a la convocatoria anticipada de la gran Convención nacional en Ocaña con el fin de procederse a reformas constitucionales, la atención se centró en este último tema. A raíz del pronunciamiento de los diputados de la provincia de Venezuela y la de Apure con motivo de su unión el 26 de junio de 1826, no sólo se hizo más insistente la exigencia de autonomía, sino que se observa la configuración de todo un discurso de legitimación que, va-

---

[10] Ver en particular GUZMÁN, A. L.: *Ventilación de los derechos de un ciudadano.* Puerto Cabello: 1825, pág. 7, FBC/Archivos de Gran Colombia; *Libertad.* Caracas: 1825, 60 p., BNV/LR; Varios ciudadanos, *Ataque de la arbitrariedad a la libertad individual.* Caracas: 21 de noviembre de 1824, pág. 8, FBC/Archivos de Gran Colombia.

[11] Varios ciudadanos: *Ataque de la arbitrariedad a la libertad individual. Op. cit.*, pág. 5.

liéndose del pasado y los perjuicios sufridos por los Departamentos venezolanos, permite aprehender en qué términos se formular n esta exigencia y la ruptura posterior, de cuál espacio geográfico se trataba, qué nombre recibiría, cuáles características e intereses comunes unían a esos diferentes pueblos y provincias, con lo que se definiría este espacio como la nación venezolana.

Capítulo 1

La adopción de un modelo constitucional

1. Federación/confederación-integridad territorial

a) El imperativo constitucional

Ya hemos tenido varias veces la oportunidad de recalcar el imperativo, para los actores, de dar una Constitución al país. Sin embargo, en esta última etapa que desembocará en la segunda proclamación de la nación venezolana, este imperativo tomó singular fuerza debido, por una parte, al papel asignado a la constitución desde el punto de vista estrictamente político y por otra parte, al carácter ambivalente suscitado por empleo. Efectivamente, una de las principales reivindicaciones figuraban en las actas de las Municipalidades luego, a partir de 1824, de las provincias y Departamentos, tenía que ver con la necesidad para Venezuela (y posteriormente para todos los Departamentos que formaban la «Antigua Venezuela») de constituirse con miras a garantizar su seguridad interna y externa. La ambivalencia se ubicaba a ese nivel; había que existir para sí mismo, obrar para dar al país de los recursos económicos y culturales de desarrollo y, también, una Constitución política adaptada a estos objetivos y particularidades. Éstas, tal como veremos más adelante[1], tenían que ver tanto con su situación geográfica y con las características de su territorio, como con los problemas tocantes a su población.

Obviamente, las declaraciones se hacían más precisas a medida que la situación dejaba vislumbrar la posibilidad, incluso la necesidad, de llevar a cabo este proyecto y contrarrestar las decisiones tomadas en Bogotá por el gobierno central. Por consiguiente, se dibujan dos fases durante las cuales se consideró la elaboración de una Constitución venezolana. La primera, que se cerró con la llegada de Bolívar a Caracas en enero de 1827, cuando anunció la realización de la gran Convención Nacional en Ocaña, que daría la posibilidad de revisar la constitución de 1821 y solucionar los males que la República estaba padeciendo. Pero, con el regreso de Bolívar a Bogotá, quien recuperó el control del poder, se pensó que se atenuarían los conflictos, descartándose y hasta juzgándose peligrosa la eventualidad de proceder a las reformas constitucionales. Éstas quedaron entonces con-

[1] Ver cap. 2 de esta parte.

sideradas como «innovaciones inútiles y nefastas». En su lugar, se procedió a reforzar el Poder Ejecutivo, lo cual se tradujo principalmente en la decisión de Bolívar de atribuirse, el 13 de marzo de 1828, poderes extraordinarios que abarcaban todo el territorio, hasta que retornaran la paz interna y la seguridad externa; y luego, con un decreto del 27 de agosto de 1828, instauró un gobierno dictatorial, cuya dirección asumió él mismo. Al no producirse el quórum con los diputados, la Convención instalada en Ocaña tuvo que disolverse.

La segunda fase se inició dando continuación a estas disposiciones, pues la dictadura ejercida por Bolívar suscitaba una fuerte oposición en Venezuela. Al poco tiempo, ésta fue creciendo debido, por una parte, al decreto de Bolívar del 17 de noviembre de 1828 que proclamaba la supresión de las Municipalidades y, por otra parte, a los rumores acerca de su supuesto proyecto de instauración de una Monarquía. La oposición se amplificó a fines de 1829 con la ruptura decidida por Valencia y Caracas, y del anuncio de la convocatoria de un Congreso constituyente venezolano, que debía realizarse en Valencia, en mayo de 1830, o sea en la misma fecha del Congreso previsto para la República de Colombia.

b) Un debate contradictorio

Durante todo este período, tres opciones se desprendieron de las peticiones formuladas en las actas de las Municipalidades y de los textos redactados en esta ocasión por los actores políticos: la convocatoria anticipada de la gran Convención de Ocaña con el fin de proceder a las reformas institucionales necesarias, pero sin afectar la integridad de la República; la instauración de una confederación en el marco de la República de Colombia, según el modelo norteamericano, tal como lo decidió el 5 de octubre de 1826 la Municipalidad de Caracas, después de los acontecimientos de Valencia; la separación de los departamentos que formaban la «Antigua Venezuela», separación que se dio en noviembre de 1829 pero que ciertos miembros de la élite (sobre todo la de Caracas) querían desde 1826.

Si bien las opiniones de unos y otros fueron evolutivas, —y una misma Municipalidad o un mismo grupo de individuos optaban por una solución diferente en función de las circunstancias y/o de las relaciones de fuerzas planteadas— lo cierto es que estas tres hipótesis de reorganización coexistieron en todas las etapas, demostrando una vez más que el imperativo era constituirse (o reconstituirse) con el fin de evitar la guerra civil y la anarquía que acechaban.

En este contexto, la Constitución fungía sobre todo como un indispensable muro de contención. Fue realmente a partir de 1829 cuando se publicaron textos cuyo objeto era analizar, a través de unas opiniones ciertamente subjetivas, las dos posibilidades que se abrían para el futuro de Venezuela y, más allá, de la República de Colombia: federación o centralismo, teniendo como centro de estos cuestionamientos el papel y la legitimidad de los pueblos y de sus Municipalidades dentro de ese dispositivo constitucional y político. Ciertos actores políticos, por cierto, estaban conscientes de esta indefinición teórica frente al acontecimiento y a los análisis que de él se hacían. Prueba de ello, esta observación de un autor que, en su texto publicado en Caracas en 1828, hacía el balance de la experiencia colombiana, demostrando lo bien fundado del principio, denunciando al mismo tiempo la administración centralizada y la alternativa de una confederación para preconizar, en su lugar, un gobierno mixto:

> Para contener, según piensan, las ideas absolutas y exclusivas del Libertador, los mismos que un año ha eran furiosos centralistas y condenaban al hierro, al fuego o al cordel, a los que entonces juzgaban practicable que Venezuela se constituyese federativamente para reformar nuestras viciosas instituciones e impedir y remediar los estragos que causaba una administración la más corrompida, apelan ahora al plan de federar a Colombia en muchos estados soberanos, aplicando para ello no los juicios de la experiencia ni los dictámenes de la razón ilustrada, sino las teorías vanas, doctrinas y ejemplos de pueblos extraños y de diversos genios, hábitos, educación, costumbres, culto, industria, usos y necesidades[2].

Al citar las tres opciones ya mencionadas, este texto dejaba translucir los términos del debate que se instauraba, una vez pasada la fase de la crítica al gobierno colombiano y de las propuestas, todas ellas acompañadas de justificativos, desde luego, mas no argumentadas teóricamente. Así, tras el fracaso de la Convención Nacional, a principios de junio de 1828, que reavivó las tensiones y, por ende, las aprehensiones —porque acababa con las esperanzas más moderadas de una revisión constitucional legal que mantuviera la integridad territorial de la República, y también reforzaba y legitimaba las veleidades dictatoriales de Bolívar—, los partidarios de la

---

[2] *Lo que deberá ser Colombia, Caracas,* reimpreso Bogotá en por B. Espinosa, 1828, págs. 5-6, FBC/Archivos de Gran Colombia.

confederación colombiana y los que preconizaban una ruptura radical de Venezuela volvieron a ponerse en primer plano. Se inició entonces un debate contradictorio con quienes defendían el mantenimiento de la República de Colombia mediante una simple reforma constitucional.

En sus principios teóricos, además de descubrir las rivalidades personales, los argumentos de ambos bandos explicaban los cambios bruscos ya denunciados en el texto, justificándolos de alguna manera. Efectivamente, se hacía cada vez más evidente que más allá de una simple opción constitucional y de un marco territorial de ejercicio (Colombia o Venezuela), lo que se planteaba era poner término a los métodos vigentes en Bogotá, calificados de anti-constitucionales. Además, a diferencia de los anteriores debates de 1819 y 1821, los argumentos se focalizaban ya no en el grado de civilización de la población (aunque el tema seguía presente) y su inadaptación a un régimen federal ideal, sino más bien en el grado de significación representado por la adopción de este tipo de régimen, puesto que remitía a la experiencia de 1811 desde el punto de vista tanto de la legitimidad histórica de un proceso cuyo eje central fue el pueblo, como del reconocimiento de las opciones políticas adoptadas para entonces. En esta perspectiva, hay que tomar en cuenta que, desde 1826, la reivindicación de una confederación colombiana se había planteado en las actas de las Municipalidades como el único medio no tanto de protegerse a sí mismas, sino más bien para salvar a Venezuela del naufragio político y la guerra civil, que Francisco de Paula Santander buscaba deliberadamente. Durante las manifestaciones populares que tuvieron lugar a partir de abril de 1826, los pueblos hicieron saber a sus autoridades municipales que eran favorables a los principios de una federación. Estas acataron esta decisión que parecía, de hecho, la única capaz de conservar la unidad de Colombia, por una parte, y por otra, de resolver los males que contribuían a la ruina de Venezuela. Efectivamente, la lectura de las actas de 1826 revela la presión de la multitud en pro de la federación. En todas, se menciona el ataque a la residencia del síndico procurador, al grito de «¡Viva la Federación!», o «¡Viva el presidente de Colombia, viva el general Páez, viva la federación de Venezuela!» En Puerto Cabello, los actores políticos expresaron particularmente bien esta tensión-presión popular al anunciar su decisión de interceder ante los clamores de la multitud concentrada:

> Fueron varias las observaciones de algunos ciudadanos, ya manifestando la necesidad de organización, ya previendo los resultados funestos del silencio, y ya en fin complaciéndose en detallar las ventajas de la federación [...]. Se inquirió la opinión

> del letrado referido que hizo sobre la materia un discurso sobre la necesidad de satisfacer los deseos del pueblo y aún las ventajas que esta conducta debía producir. En este concepto se hizo entender al concurso que debía tranquilizarse y retirarse seguro de que la municipalidad iba a proceder de acuerdo con sus votos[3].

Tal como lo demuestra este texto, el principio federal no era un principio aceptado, al contrario. Además de esta presión de la multitud, descrita por cierto de manera idéntica en la mayoría de las actas, lo cual acredita la hipótesis de un procedimiento discursivo de legitimación, fueron primero las Municipalidades de Caracas y de Valencia las que obligaron a las demás a pronunciarse en pro de la federación, si es que deseaban adherirse al movimiento que se estaba generando. Por cierto, la perplejidad suscitada en las demás Municipalidades quedó demostrada cuando recurrieron a un letrado para que les diera luces al respecto. Prueba de esta necesidad casi ineludible —atribuida inicialmente a la obligación de acatar la voluntad general de los pueblos— es el resumen del programa que debía ser enunciado por la Asamblea constituyente de Venezuela, surgida de la unión de los pueblos de los Departamentos de Apure y de Venezuela, en junio de 1826:

> Ella sin duda proclamará legal y solemnemente la federación, porque éste es el clamor y anhelo general, y en ella nos asegurará nuestra quietud y todos nuestros derechos con las correspondientes garantías. Nosotros, en este punto, no escribimos por nuestras opiniones individuales, sino por las que advertimos en este gran territorio; y al hablar de federación, hacemos el oficio de meros instrumentos de la opinión pública[4].

En una fase posterior, una vez aceptada la convocatoria de la gran Convención de Ocaña, ya casi no se mencionaba la preferencia por uno u otro sistema. Acerca de las modalidades posibles de la Convención, el editorial de La Lira del 27 de abril de 1827, tras pintar un cuadro apocalíptico de la situación de la República debido a la ineptitud del gobierno y de la «banda» que llevaba las riendas, y recordar que la buena decisión radicaba en la voluntad de los pueblos, agregaba:

---

[3] «Acta de la 1.M. de Puerto Cabello, 8 de agosto de 1826», *Memorial de Venezuela,* n.° 15, Caracas, 20 de diciembre de 1826.

[4] *Memorial de Venezuela,* n.° 7, Caracas, 1 de agosto de 1826.

> Los pueblos no pueden engañarse sobre lo que más conviene a su felicidad. Consultémosles pues, y formemos una gran convención de los delegados que ellos nombren y autoricen para establecer las reformas en la manera de ser gobernados, bajo las bases promulgadas de un sistema representativo popular[5].

Se desechaba el sustantivo «federación» en beneficio de esa fórmula propia que figuraba en la mayoría de las actas de 1826. Desde entonces, y aunque los partidarios más tenaces de la federación, y hasta de la separación, siguieron activos, parecía que estaba a punto de imponerse cierto pragmatismo. Efectivamente, a partir de 1828, lo que predominaba ya no era la oposición centralismo/federación/confederación, sino más bien la necesaria adaptación de las instituciones a la respectiva situación de Venezuela y Colombia. La prueba de este cambio y también de la frontera tenue y movediza entre los partidarios del mantenimiento de la integridad territorial y los que preconizaban un sistema federal, fue la reacción suscitada en Maracaibo por la expulsión de patriotas acusados de ser federalistas[6]); provincia de Maracaibo donde la mayoría se oponía a la opción federal y que, para noviembre de 1826, ya hacía parte de los Departamentos que se declaraban a favor de la adopción de la Constitución boliviana y de los poderes dictatoriales otorgados a Bolívar. Aquí, ya no se trataba de pronunciarse por alguna opción doctrinal, sino más bien de hacer que prevaleciera el interés de la República y, para ello,

---

[5] «La gran Convención», *La Lira,* n.° 8, 27 de abril de 1827.

[6] Los autores del texto que condenaban esta expulsión explicaban las razones de su toma de posición, en términos que en definitiva resultaban reveladores de un concepto de la opinión pública mucho más moderno de lo que era usual: «Si quisiera imputar a estos patriotas un calor excesivo por la libertad de su país, claro es que siendo esto un exceso de amor a la libertad, no merecen pena alguna, a no ser que ellos quisiesen trastornar el sistema establecido; pero entonces el Comandante General ni ninguna otra autoridad no puede expulsar sin las formas legales, sino que el juez de primera instancia debería juzgarlo. Esto es una mera suposición; porque los ciudadanos de que hablemos, aunque tienen sus opiniones muy libres, no han tratado nunca de conspirar para ponerlas en ejecución. Supongamos que ellos son federalistas, ¿qué pecado sería tener esta o aquella opinión en materias de gobierno cuando se trata de reformar el nuestro? ¿No están por ventura impunes los que, cuando las reformas no habían sido aún acogidas por la representación nacional, conmovieron los pueblos para que las pidiesen y para proclamar la dictadura y la Constitución Bolivariana? ¡Ah! ¡Cuántas expulsiones no habríamos tenido si se las hubieran querido fundar en la desafección al sistema de libertad!», *El 27 de enero en Maracaibo.* Maracaibo: 1828, pág. 3. FBC/Archivos de Gran Colombia.

de colocarse bajo el auspicio de los grandes principios dictados por la razón, como eran la libertad, la igualdad, la seguridad. En este sentido, la Constitución resultaba un arma política que los actores blandían para llevar a cabo su proyecto de reconstitución de Venezuela (confederada o separada), tal como lo recalca muy acertadamente Luis Castro Leiva al escribir que «la instauración de una República se efectuaba primariamente a través del concurso de la voluntad y de la razón. El instrumento que la creaba y la convertía de principio en institución era Constitución»[7]. Por ello, cuando Caracas proclamó su ruptura con Bogotá y su decisión, en nombre de la «Antigua Venezuela» de recobrar su independencia, un libelo anónimo significativamente intitulado: «Un entusiasta de la libertad», dejaba constancia de tan feliz acontecimiento en estos términos: «¡Con que en fin, compatriotas, ha renacido nuestra libertad perdida! El pueblo caraqueño se ha pronunciado constituyéndose en una *República libre*[8] en la cual sin duda se asegurarán y guardarán la libertad, la igualdad, la seguridad y la propiedad»[9].

Además, con respecto al tema de la forma de gobierno, más adelante recalcaba, demostrando por cierto el uso en definitiva «instrumental» que se hacía de ello y la falta de compromiso a la hora de tomar decisiones al respecto: «... se confederará también porque asi lo exige la naturaleza de las cosas con las que se forman, bajo las mismas bases, en los territorios de Bogotá y Quito, llevando el nombre ce Repúblicas Confederadas de Colombia, de este dulce nombre, más dulce que la misma miel...»[10]

Aquí, ya no se trataba de acatar la sola voluntad general sino de plegarse a una exigencia exterior, ciertamente beneficiosa pero sobre todo casi

---

[7] Castro Leiva, L.: *La Gran Colombia. Una ilusión ilustrada.* Caracas: Monte Ávila Editores, 1985, pág. 22. Con respecto a la capacidad que así se confería a la Constitución para presionar las voluntades y, por ende, permitir esta flexibilidad en la aprehensión de los espacio y su delimitación, agregaba además: «Las constitución es de nuestras repúblicas —las de Colombia, luego las de Venezuela, Ecuador y Nueva Granada—, todas ellas fuero principios que arquitectónicamente diseñaron instituciones, movieron y cambiaron espacios, voluntades y creencias», *Ibídem,* págs. 22-23.

[8] La cursiva es nuestra. El vínculo entre Constitución, República y libertad quedaba aquí expresado sin ambigüedad alguna, y el principio constitucional —así como la fuerza que entrañaba— ya se consideraba como una conquista cuando todavía no había sido restablecido. La ruptura remitía intrínsecamente al principio constitucional.

[9] «Un entusiasta de la libertad», *El Explorador,* Caracas, 1829, hs, FBC/Archivos de Gran Colombia.

[10] *Ibídem.*

imperativa. Es más, con respecto a una de las formas de gobierno anhelada por las Municipalidades, un editorial del *Memorial de Venezuela* indicaba:

> Ni 1as actas de las Municipalidades hablan de federación, ni la autoridad que el general Páez ejerce por la volunta y el consentimiento general, está determinad mente por la federación, sino en globo para promover todo cuanto sea en bien de la patria; de manera que desear la federación, reconocer que todos la deseamos, y oponerse a luna convocación de los representantes de los pueblos que la desean para que manifiesten de un modo auténtico este deseo y el modo con que se desea, nos parece una contradicción evidente[11].

De hecho, percibimos muy claramente este cambio en las declaraciones sucesivas. Así, el 15 de octubre de 1826, la Municipalidad de Caracas, tomando en cuenta las declaraciones de las Municipalidades que se habían adherido al proceso, anunciaba que la reforma propuesta en la gran convención de Ocaña era la adopción de un «gobierno popular, representativo, federal». Luego, tras la secesión de los Departamentos favorables a la Constitución boliviana, el proyecto de reforma se convirtió en adopción inmediata. Caracas declaró disuelto el gobierno central y roto el pacto social, y decidió constituirse en Estado autónomo con «los demás pueblos de la Antigua Venezuela»[12]. En virtud de estas decisiones, se previó la instalación de una Asamblea constituyente para el 15 de enero de 1827. Así, tras haber respondido a las exhortaciones de la multitud, en definitiva las autoridades se declararon a favor de la opción federal dentro de la República de Colombia, y Venezuela podría así tener su propia Constitución y una capital. Constitución en virtud de la cual «quedarán garantizados los imprescriptibles derechos de libertad, independencia, propiedad y seguridad. El libre uso de la imprenta, el juicio por jurados, las elecciones directas y periódicas, y las demás libertades del hombre sucederán al maquiavelismo con que un detestable oligarquía nos ha embrollado y oprimido por espacio de seis años»[13]. La tercera fase (la de la ruptura) en este proceso, fue el pronunciamiento de la mayoría de los pueblos con motivo de la instalación de la gran Convención Nacional en Ocaña y del regreso de Bolívar a Caracas, pronunciándose por el mantenimiento de la integridad territorial y el otorgamiento de los plenos poderes a Bolívar, tal

---

[11] *Memorial de Venezuela,* n.° 8, Caracas, 10 de agosto de 1826.

[12] *Memorial de Venezuela,* n.° 16, Caracas, l° de enero de 1827.

[13] *Ibídem.*

como quedó expresada en *El Voto de Venezuela* en 1828[14]. A partir de entonces, Páez modificó su posición al respecto: «Las formas de gobierno deben adaptarse a los lugares que van a recibirlas y no éstos a aquéllas: esta verdad sublime y ahora más que nunca comprobada hará ver a la Convención que brillantes teorías deslumbran momentáneamente, pero que son escollo funesto en que se sepulcran las naciones y los hombre»[15].

La exhortación hecha en *El entusiasta de la libertad,* que se había decidido por la confederación basándose en su adecuación a la realidad, formaba parte de esta lógica, igual que los términos de la resolución de Caracas en su acto de ruptura con Colombia el 26 de noviembre de 1829.

Esta resolución sería comentada por los habitantes de Mérida en términos que confirmaban el abandono tácito de la federación por una Venezuela independiente:

> 3°: Se reconoce al gobierno que actualmente administra las provincias que se han pronunciado cuyo Jefe es el Excelentísimo Señor General en Jefe J. A. Páez.
>
> 4°: Se encargó a dicho Señor Excelentísimo convoque prontamente una convención venezolana, para constituirnos políticamente bajo la forma de un gobierno popular, representativo, alternativo, electivo y responsable[16].

Después del pragmatismo inicial, cuyo principal objetivo era constituirse, tan pronto como se tomaron las decisiones al respecto, se expusieron los argumentos desarrollados en 1812 en cuanto al carácter inoportuno e inadaptado del federalismo, que daba demasiados poderes a los pueblos y a sus Municipalidades. Estas habían sido un instrumento de acción contra

---

[14] En respuesta a la exhortación hecha por Páez a principios de 1828, para que la población diera a conocer sus peticiones al acercarse la instalación de la gran Convención en Ocaña, los pueblos y las corporaciones expresaron sus votos, que quedaron recopilados en una obra intitulada precisamente *El Voto de Venezuela, o colección de actas y representaciones de las corporaciones civiles, militares, los padres de familias de los Departamentos de Venezuela, Maturín y Orinoco, dirigidas a la gran Convención de Colombia y a S. E. el Libertador Presidente sobre las reformas.* Caracas: Devisme, 1829, pág. 315, BNV/LR (Esta fuente se citará con el título de *El Voto de Venezuela*).

[15] «Comunicación del Jefe Superior de Venezuela a los representantes del pueblo en la Convención nacional, remitiendo las peticiones anteriores. Caracas, 15 de marzo de 1828», en *El Voto de Venezuela. Op. cit.*, pág. 315.

[16] *Los vecinos de la ciudad de Mérida.* Mérida: 24 de enero de 1830, ms, pág. 5, FBC/Archivos de Gran Colombia.

Bogotá pues, so pretexto de atacar únicamente el principio centralista, también buscaban sacar del poder a Francisco de Paula Santander. Desde el inicio mismo del movimiento de oposición contra Bogotá, se planteó la equivalencia entre un sistema de gobierno y quienes lo encarnaban, demostrada en esta observación hecha en la Municipalidad de Quibor que, tras denunciar las actuaciones de Francisco de Paula Santander y pronunciarse a favor del federalismo, señalaba que en definitiva lo que estaba planteado era «un cambio del centralismo o bogotanismo en una confederación de Estados unidos»[17]. Por consiguiente, una vez eliminado este peligro, quedaba el otro peligro, representado por tantas soberanías provinciales y municipales. Prueba de ello fue la adopción —pese al proyecto de establecer asambleas provinciales— de un sistema constitucional que daba al poder central un peso importante. Además, el autor del texto intitulado Lo que deberá ser Colombia ya defendía esta vía en 1827, en el marco del mantenimiento de la República de Colombia, y demostraba así la permanencia de ciertas problemáticas más allá de los intereses circunstancialmente en juego tocantes a los límites territoriales de la nación, afirmando:

> Si la federación es [...] un sistema en que no debemos pensar por su misma perfección, no se crea por esto que nosotros intentamos sostener el gobierno central sobre el pie en que está constituido. Tan pernicioso nos parece el uno como el otro: son los extremos del republicanismo, aquél porque los goces de libertad que proporciona sólo son adaptables a pueblos muy morigerados, y éste porque es un despotismo legal, si puede así llamarse, tanto más insoportable cuanto que se ejerce constitucionalmente. Cuando hemos demostrado los peligros y escollos del sistema federativo por consecuencias exactas deducidas de los hechos y de la experiencia, ésta misma y el peso de la centralidad absoluta que aún sentimos, nos obliga a reprobarlo con el calor y la imparcialidad que inspira el amor a la patria[18].

Semejante similitud en los argumentos, además de confirmar el predominio de la necesaria Constitución y de un poder fuerte, a ejemplo de las reivindicaciones de los pueblos y las corporaciones, en 1828, en el marco de la instalación de la gran Convención Nacional en Ocaña, permite captar

---

[17] «Acta de la corporación de la villa de Quibor, 18 de agosto de 1826», *Memorial de Venezuela,* n.° 12, Caracas, 10 de septiembre de 1827.

[18] *Lo que deberá ser Colombia. Op. cit.,* pág. 16.

mejor los intereses en juego en los debates que se llevaban a cabo entre los partidarios de las opciones federalista o centralista, o de la separación inmediata. Existen, ciertamente, diferencias fundamentales en el análisis de los hechos y en la exposición del programa que había que adoptar. Pero en todos los casos, los argumentos utilizados tenían la misma lógica, articulándose en la definición y clarificación de la palabra pueblo(s).

2. La Federación: un sistema conforme a la historia del continente

Debido a la inflexión que así experimentaba la cuestión federativa, puede resultar paradójico que se mencione tan frecuentemente este debate entre federalistas y centralistas. Efectivamente, ¿cómo se integraba éste dentro de un proceso que tendía a crear un sistema mixto que, so pretexto de un respeto básico de las infra-soberanías, permitía mantener una sola cabeza de gobierno, tal como se había dicho a menudo?

Al examinar las fuentes, resulta que este debate ya no se organizaba, como fue el caso en 1819 y 1821, sólo en torno al tema del grado de civilización del país y su capacidad de ser dirigido por un régimen federal, sino más bien en torno al tema de la legitimidad de un movimiento que tenía su origen en los pueblos. Efectivamente, éstos se hallaban en el centro mismo del debate que cristalizó en 1828-1829 a través de textos mucho más teóricos, que se basaban en el examen de todo el proceso desde 1810. En primer término, confirmando la evolución del discurso constitucional, los textos y declaraciones explícitamente a favor del principio federativo eran minoritarios. De 1828 a 1830 predominaban sin duda los partidarios del mantenimiento de Colombia —incluso en forma confederal si era necesario— y, con la ruptura de noviembre de 1829, los diputados del Congreso persistían en recordarla, en nombre de los intereses y los vínculos fraternos que unían a las tres entidades componentes de la República (Venezuela, Nueva Granada, Quito), y se pronunciaban por el establecimiento de relaciones estrechas entre «los tres pueblos». Así, salvo algunas menciones dispersas, un sólo texto tenía como único objetivo defender el sistema federal, tomando como referencia —además de los habituales ejemplos extranjeros— la experiencia de la primera República de Venezuela, de 1811 a 1812. Se trata de un librito de Martín Tovar Ponte publicado en 1829[19], inmediatamente antes de la ruptura de Caracas y la evolución hacia la adopción del régimen mixto de 1830.

---

[19] TOVAR, M.: *A los colombianos*. Curazao: 10 de noviembre de 1829, pág. 12 , FBC/Biblioteca Venezolanista, Fondo «Lord Eccles», n.° 30.

Dirigiéndose a los colombianos, el autor hacía un alegato a favor de este sistema, en un estudio histórico y un análisis de la situación presente. De hecho, la defensa del federalismo —así como su crítica— se basaba principalmente en la referencia a 1811 y en el examen contradictorio de aquella primera experiencia. Procedimiento retroactivo que, más allá de las opiniones expresadas, constituía el tejido identitario reivindicado por los partidarios de la autonomía, primero, y de la ruptura de Venezuela, después, precisamente en nombre del papel histórico y ejemplar que Venezuela había jugado desde entonces, desde un punto de vista tanto político como patriótico. Papel que representaba además una memoria reivindicada como tal, respecto de la cual los partidarios de la ruptura se negaban a que fuera pervertida y traicionada por el gobierno central de Bogotá. Así, desde 1826, algunos partidarios del restablecimiento de Páez retomaron la temática minoría/mayoría en cuanto a la legitimidad de los actos cometidos por la minoría, estipulando, en referencia a 1810: «Si dos Departamentos no pueden servir de base a una reforma, debería toda la América haberse desdeñado de haber seguido el impulso de Caracas en 1810, porque la obra de aquel día memorable sólo fue la de su Municipalidad y cuatro patriotas, harto deprimidos por los que han cojido el fruto de la revolución»[20].

De hecho, los partidarios de ambos bandos libraban un verdadero debate acerca de la legitimidad de un proceso emprendido por iniciativa de una sola ciudad (generalmente la ciudad-capital), en nombre del país en su conjunto. Más allá del ejemplo de 1810 acerca del cual existía unanimidad —excepto en cuanto a la escogencia del modelo federal—, se utilizaban todos los actos generados por este tipo de procedimiento para evaluar la legalidad del juramento prestado —con reservas— por Caracas a la Constitución de Cúcuta, en diciembre de 1821, así como los actos de Valencia y de Caracas en abril y mayo de 1826, y los de otras ciudades, y también (en los textos más tardíos) la proclamación de ruptura de Caracas, el 26 de noviembre de 1829. Pero, entre 1821 y 1826 (y ello se acentuaría paralelamente con la agudización de las tendencias secesionistas), se pasó de una oposición crítica de la Constitución, considerada como inadaptada y, sobre todo, como adoptada sin la participación de los representantes de Caracas, ciudad símbolo y madre de la Revolución, a la denuncia de las

[20] «Los militares de la provincia de Carabobo, Barcelona, 16 de marzo de 1826», *Memorial de Venezuela,* n.° 9, Caracas, 20 de agosto de 1826.

acciones llevadas a cabo en su nombre en detrimento de Venezuela. En un texto redactado por los militares de Carabobo en marzo de 1826, se establecía un paralelo entre esa condena de la Constitución de Cúcuta y la que contribuyó a la formación de la Junta del 19 de abril de 1810:

> Causa risa cuando vemos el principio de uno de los párrafos del papel del general Bermúdez donde dice que «Venezuela se halla fuera del orden establecido por la Constitución», quisiéramos que este señor o Aranda, que es lo mismo, nos dijeran dónde se ha hecho revolución con arreglo a Constituciones, sobre todo cuando las Constituciones son la causa de la revolución. Esto nos hace ver que el Rey de España no iba tan fuera de razón cuando decía que todo lo que se había hecho en América por los independientes era contraviniendo a las leyes de Indias[21].

Martín Tovar Ponte, al defender este principio del derecho de las minorías a oponerse a los votos de la mayoría —a ejemplo de lo que se produjo en 1821, cuando la Municipalidad de Caracas manifestó sus reservas acerca de la Constitución, pues no había tenido representantes durante los debates para su elaboración—[22], recusaba el argumento, falaz según él, de la falta de civilización en la población, argumento que justificaba la adopción de un gobierno centralista. A partir de este postulado, al cual denominaba «República de los Santos», reelaboraba la génesis de la nación, o más bien de su inexistencia, con el fin de demostrar que este país podía, por esa misma razón, adoptar un régimen federal. A partir de ahí, la polémica que se inició, indirectamente y en términos velados, con Domingo Briceño y Briceño, quien publicó en 1830 un folleto contra la separación de Venezuela[23], se articuló en torno a esos tres puntos fundamentales que eran la legitimidad de un movimiento municipal, la adopción del federalismo, y la reivindicación contradictoria de la herencia de la primera República de Venezuela. En este sentido, Martín Tovar Ponte iniciaba su texto llamando a recordar el 19 de abril de 1810, y exhortaba a la vuelta de lo político en contra de las únicas maniobras ambiciosas y peligrosas de los individuos:

---

[21] *Ibidem.*

[22] «Protesta de la Municipalidad de Caracas, 21 de diciembre de 1821», *Memorial de Venezuela,* n.° 2, Caracas, 10 de junio de 1826.

[23] D. Briceño y Briceño, *Ensayo político o sucesos de Colombia en 1830.* Caracas: 1820, pág. 27, ANH/Folletos.

> Acordémonos, compatriotas, del 19 de abril de 1810. Nos hemos extraviado de él por mil senderos, a cual más peligroso y quebrado, abandonando el camino real de la política, la cual entre nosotros no es ni debe ser más que verdad sencilla, ni pide más virtudes que las comunes; y hemos andado tropezando y cayendo por el largo tiempo de dieciseis años, hasta llegar a un abismo de que sólo puede sacarnos esa propia política, volviendo al punto de donde partió la revolución, para meterla en el carril del que se apartó[24].

También denunciaba la acusación comúnmente proferida en contra de la federación, a saber: que ésta había sido causante de la guerra de 1812, la cual atribuía más a las divergencias de opinión, a las maniobras de usurpación, y a la conmoción generada por el terremoto. Además, denunciaba la paz firmada por Miranda en 1812, dictada según él por motivos personales, y que abrió el largo período de los poderes extraordinarios que sus sucesores se arrogaban.

Pruebas en mano, demostraba que el centralismo, causa de todos los males, era inoperante en un gran territorio para asegurar la seguridad externa y, sobre todo, para resolver los conflictos internos. Los acontecimientos de 1826 —sobre todo la actitud de Páez— eran el resultado de esta forma de gobierno que, demasiado alejado geográficamente del lugar de los acontecimientos, se vio impedido de actuar y no pudo analizar los hechos in situ. Pero, más allá, Martín Tovar Ponte demostraba que el descrédito del federalismo en su país, distaba de tener fundamentos teóricos y, en cambio, era imputable a las maniobras de las familias pudientes de origen europeo que habían logrado convencer a gran parte de los hombres honestos de Colombia, y que además se empeñaban en demostrar que esta parte del continente sólo podía ser gobernada por una Monarquía. Martín Tovar Ponte denunciaba, pues, directamente a los europeos, y su virulencia sólo era comparable con su indulgencia para invitar a los federalistas a tratar con miramientos a quienes habían sido engañados. Considerando que éstos eran patriotas que creían estar obrando para el bien de la patria, los retrataba con magnanimidad, calificándolos de «parásitos de buena fe»:

> Tan hondo así han penetrado los sofismas contra la federación en pechos honrados. Y en unión con la constancia en dieciseis

[24] TOVAR, M.: *A los colombianos. Op. cit.*, pág. 1.

> años de artificio y poder, se han hecho de unos prosélitos que por sus virtudes, honor y justo ascendiente sobre otros, fueron capaces de neutralizar la acción de la felicidad de la patria que también ellos quieren y a que aspiran [...]. A nadie culpo, a nadie debo culpar, porque nunca el entendimiento es culpable[25].

La oposición al federalismo, producto de la propaganda europea, no tenían entonces ningún fundamento teórico aceptable. Los hechos así lo demostraban, aún más que la historia del continente, y sobre todo en lo concerniente a un argumento reitcrativo en este debate: la inadaptación del federalismo a los usos y costumbres de los americanos carentes de civilización. Efectivamente, al invertir los términos de la argumentación, Martín Tovar Ponte quería demostrar que si el pueblo americano no estaba preparado para el federalismo, no era por culpa de esos usos y costumbres sino al contrario, por culpa de los europeos o de los hombres de Bogotá, lo cual resultaba aún más condenable para entonces, y citaba todo lo que había contribuido a corromper a América, desde los privilegios y fueros personales hasta la corrupción y la ambición de los hombres en el poder. Los vecinos de Mérida, cuando manifestaron oficialmente su adhesión a la decisión de Caracas de separarse de Colombia, hicieron un resumen de la situación política desde el 19 de abril, llegando a una conclusión similar:

> Se recorrió por entero sobre los acontecimientos que en esta época [después de la Aurora de la Revolución[26]], han derrocado las instituciones y minado sordamente los principios políticos para sustituir el más absurdo despotismo, el yugo ignominioso de una aristocracia nueva, o más bien la vil abyección de colonos de una potencia extranjera[27].

La denuncia de los abusos en los que había incurrido el gobierno de Bogotá aportaba un argumento adicional a favor de la adopción de un gobierno federal: el alejamiento del centro del poder, denunciado desde 1824. Las consecuencias negativas de este alejamiento eran múltiples. Sin embargo, intervenían principalmente en el ámbito judicial, con las dificultades que tenía la población para que se oyeran sus peticiones. Al celebrar la promulgación de la Constitución de 1830, Rufino González, miembro

---

[25] *Ibídem,* pág. 7.

[26] O sea, todo lo que era posterior al 19 de abril, tal como se indica en el texto.

[27] *Los vecinos de la ciudad de Mérida. Op. cit.*, pág. 4.

de la Sociedad Republicana de Caracas, señalara: «Ya ni el paisano ni el soldado, empobrecidos por el despotismo atravesarán cuatrocientas leguas de desierto y de yelos, para alcanzar de Bogotá un decreto de justicia o un ajustamiento de derechos»[28].

Por lo demás, la administración desde un centro único de gobierno resultaba aleatoria y peligrosa en un territorio tan vasto. Por una parte, el alejamiento permitía actuar con toda impunidad, eso ya estaba demostrado. Más aún, semejante centralización, semejante alejamiento del poder, permitían que quienes tenían sus riendas en las manos pudieran limitar la información, incluso manipularla, en las regiones más remotas, principalmente los Departamentos de la «Antigua Venezuela». Los miembros de la Municipalidad de Caracas no se eximieron de recordarlo en su declaración de ruptura:

> Desde que la voluntad de un hombre es la única ley de los colombianos, no sólo han dejado de oirse los vivas entusiastas a la libertad, sino que la prensa, que desde su cuna había ilustrado nuestras opiniones y acreditado nuestro proceder con una multitud de periódicos o escritos sueltos, se vio obligada a renunciar a su grandioso instituto, y no se le ha oído más que elogios al absolutismo y maldiciones a la libertad. Se nos ha llegado a decir por la gaceta ministerial de Colombia y por las oficiales de distritos [que el Gobierno mandaba redactar) que los principios eran la gangrena de las sociedades y la ruina de la América, mientras se nos aseguró que le Gobierno de uno era el mejor, y que sólo la quietud servil y la obediencia ciega podrían hacernos dichosos. ¡Atroz injuria, que el pueblo heroico lloró con sangre! Los papeles que de la capital se enviaban por los agentes del Gobierno a las provincias, participando todos del mismo espíritu y comunes en su origen, han recomendado constantemente el silencio[29] en lugar de la verdad, la ciega obediencia por

[28] *El triunfo de la Constitución celebrada en Caracas.* Caracas: 11 de noviembre de 1830, pág. 9.

[29] Señalemos que durante todo este período de 1826 a 1829, hemos encontrado a menudo la crítica del silencio en vez de la opinión y la verdad, por parte del pueblo o de sus representantes. Así, si el ciudadano se callaba y seguía siendo simple espectador de la violación de los derechos, el despotismo estaba seguro de triunfar (Varios ciudadanos: *Ataque de la arbitrariedad a la libertad individual.* Caracas: 1824, pág. 6). En 1825 Alejo Fortique, síndico procurador de Caracas, reprochaba a la ciudad de haber «guardado el más profundo silencio»

> el sano criterio, la abyecta inacción por el honesto ejercicio de nuestros derechos, y la servidumbre por la libertad[30].

Finalmente, y sobre todo, la inmensidad del territorio implicaba una diversidad de regiones y poblaciones, y las leyes adoptadas no podían convenir a todo este territorio. Martín Tovar Ponte tomaba entonces a Montesquieu al pie de la letra, con el fin de afirmar que las leyes debían adaptarse a las poblaciones para las cuales estaban destinadas. Si se considera este postulado, el federalismo se imponía por sí mismo como la mejor respuesta para este imperativo:

> ... yo encuentro inconcebible cómo una misma ley en Colombia central pueda ser propia para todos los Departamentos: cómo la ley buena para Guayaquil lo sea para Popayán y Guayana. Diversas relaciones, diversas costumbres, diversa calidad de comercio, diversas necesidades, diversas tierras, producciones y mercados, y todo diverso. ¿Y qué sabrá un diputado de Quito sobre Cumaná, o quién enseñó a uno de Caracas cuánto pueda convenir al Cauca? ¿Cómo podrá un cundinamarqués hacerse cargo de lo que importe a la isla Margarita, ni un margariteño hablar sobre Antioquia e Imbambura? Esto es un caos, y por eso hemos venido a parar en un caos. Aquí está encerrado todo el misterio de la gran felicidad y opulencia de los Estados Unidos del Norte[31].

El argumento de Martín Tovar Ponte adquiría aquí toda su pertinencia y reforzaba su tesis sobre la necesidad de un gobierno federal y la importancia de las Municipalidades en la administración del territorio y la prevención o la solución de los conflictos. Sólo las municipalidades podían paliar la debilidad de la acción del Estado en estos espacios extensos y de poblamiento discontinuo. En este sentido, contribuían a la edificación del Estado; como si fueran el techo de este edificio, las ciudades capitales —ciertamente, en competencia con las demás ciudades— podían erigirse en y voceros de la patria en su conjunto. Lo que estaba planteado entonces era preservar esta

---

y de haber esperado los graves ataques contra la Constitución para «abrir la boca». (FORTIQUE, A.: *S.S. de la M.I. Municipalidad.* Caracas: 1825, pág. 15).

[30] *Pronunciamiento de la ciudad de Caracas.* Caracas: 26 de noviembre de 1826, págs. 12-13, ANH/Folletos 29 (1129).

[31] TOVAR, M.: *A los colombianos. Op. cit.*, pág. 11.

particularidad, más que imitar servilmente las costumbres de Europa, que llevaban en ciernes el caos. Desde que los americanos se habían separado de la Monarquía, lo cual equivalía a retornar al estado de naturaleza, según su propia definición, se hacía posible aplicar el mejor régimen —en este caso: la federación— sobre la base de una red de ciudades y pueblos que se esparcían por todo el territorio. Al respecto, la descripción de Martín Tovar postulaba en términos velados una verdadera tabla rasa, con el fin de romper con los tres siglos que acababan de transcurrir:

> Éramos, al hacernos independientes, un pliego de papel blanco que podía recibir la letra más hermosa que sobre él una buena pluma escribiera; éramos al desprendernos de la España un diamante bruto desprendido del pedernal, a la disposición del lapidario que diese cortes para convertirlo en brillante que despidiera luces encandiladoras: pero se nos puso en el yunque, y los descomunales golpes de la mandarria nos amelló. Nos hallábamos en estado de naturaleza para recibir toda perfección. Suponiendo sin embargo lógica en aquel período, vemos palpablemente que nosotros no hemos recaído en ningún vicio, sino comenzado a caer en los que el gobierno central ha creado, formando intereses opuestos que destruyen la igualdad y convienen a las miras de ambición. Tiempo es todavía de salirles al encuentro, sofocándolos en su cuna por medio de una federación, para restituirnos al precioso nivel que hacía nuestra mejor prenda cívica[32].

Dentro de esta red, el Cabildo constituía verdaderamente el punto central de su demostración; al respecto, Martín Tovar declaraba:

> Por clavar una cruz e instalar un Cabildo o Ayuntamiento, que es lo mismo, comenzaron todas las poblaciones del nuevo mundo, y al pie de la cruz antes de hacerse una barraca quedaba instalado. Este cuerpo ha sido el regulador de la policía, de la moral y del alimento: vino a ser un cuerpo de gran honor, y el que ocupaba sus asientos probaba en esto que el pueblo le tenía por padre. Antes de la revolución casi eran sinónimos cabildante y noble o patricio, y después de ella se ha respetado siempre aquel monumento venerable de nuestros ojos y nues-

[32] *Ibídem,* págs. 10-11.

> tras almas, haciéndose sólo la muy pequeña e insignificante novedad de trocar el nombre de Ayuntamiento en el de Municipalidades[33].

Así pues, las Municipalidades representaban el elemento de civilización heredado de la Conquista, el primer marco de la experiencia política de los americanos. Fue gracias a la acción de los Cabildos que se pudo destruir el poder español y se pudo proclamar la independencia, abriéndose así la esperanza de ver triunfar la verdad. Con estos argumentos, Martín Tovar ponía en evidencia las contradicciones e hipocresías que había en toda la lógica de Bolívar, implícita en su discurso de Angostura, adoptada por el gobierno de Bogotá, y defendida por los partidarios del centralismo en el Congreso de Cúcuta. Efectivamente, la importancia de esta institución de las Municipalidades quedaba demostrada con la actitud de los propios opositores, puesto que se dedicaron primero a cuestionar la legitimidad de sus reivindicaciones, y luego, tras la iniciativa de Bolívar, con su decreto de noviembre de 1828 que declaraba suprimidas las Municipalidades[34], a destruirla. En este sentido, Martín Tovar comenzaba por poner en duda las declaraciones de Bolívar acerca de la capacidad de los americanos para ser libres, puesto que en realidad atacaba a los padres de la Revolución a través de las Municipalidades. Al haber decretado la supresión de éstas, Bolívar acabó con las posibilidades de ver triunfar la libertad que vendría después de la independencia, proclamada gracias a las Municipalidades:

> Aquí vemos abatidas y no elevadas, destruidas y arrasadas, no aplaudidas, unas corporaciones bienhechoras, y tan bienhechoras que a ellas debemos nuestra existencia política, pues sin la resolución de ellas, sin la energia y arrojo de ellas, todavía permaneceríamos en nuestra clase antigua de colonos: por consiguiente, con aquella operación ruinosa se trató de presentarnos al mundo como indignos de ser libres, y jamás lo seremos[35].

También dudaba de la voluntad afirmada por Bolívar de proceder conforme a los usos y costumbres de los habitantes, puesto que él mismo había

---

[33] *Ibídem,* págs. 7-8.

[34] «Decreto de supresión de las Municipalidades de la República, 17 de noviembre de 1828», en *Decretos del Libertador.* Caracas: Imprenta Nacional, Publicaciones de la Sociedad Bolivariana de Venezuela, 1961, tomo III, 1828-1830, págs. 137-144.

[35] Tovar, M.: *A los colombianos. Op. cit.,* pág. 8.

irrespetado esta institución. Al condenar esta destrucción de las Municipalidades por parte de un «gobierno central y dictatorial», Martín Tovar declaraba a todos los partidarios de tal sistema:

> Aqui está probado claramente que los panegiristas del centralismo no tienen en consideración nuestras costumbres, preocupaciones y habitudes, pues que las vemos tan inconsideradamente atropelladas y exabrupto invadidas en la institución más respetada de nosotros; (no tienen) sino miras políticas que con gobierno federal son perdidas, por que absolutamente no pueden realizarse con él[36].

Al mismo tiempo, frente a los partidarios del centralismo que, además, cuestionaban la legitimidad de una ciudad o de un pueblo para emprender, en 1826, el proceso de federación en nombre de la «Antigua Venezuela», Martín Tovar defendía una vez más la legitimidad histórica de las Municipalidades para jugar este papel en tanto crisol original —junto con la Iglesia— de la vida social y política de los habitantes del continente americano:

> Necesariamente nuestras Municipalidades habían de restituir la gran revolución a su antiguo ser, poniéndola en el camino que la hicieron dejar los ataques combinados de la usurpación y el error: ellas necesariamente habían de sentarla en la silla de que con violencia y sagacidad se la despejó, para que de allí [...] en cenizas convirtiera las astucias monocráticas y la trapacería política. Las Municipalidades, en una palabra, eran las llamadas a soldar las quiebras de la libertad, y hacernos reentrar bajo aquella sencilla dirección que trazó el año de 1810[37].

Lógicamente, la federación a la que aspiraba, Martín Tovar la definió partiendo de este análisis del papel y la legitimidad de los pueblos, y abrió una polémica con los defensores de la tesis contraria: «Un Ayuntamiento de Ayuntamientos americanos, o lo que es igual, una federación de Municipalidades americanas hizo frente al gobierno central de Madrid, y lo venció»[38].

---

[36] *Ibídem.*

[37] *Ibídem.*

[38] TOVAR, M.: *A los colombianos. Op. cit.,* pág. 8. Más adelante, precisa: «... una federación de Municipalidades colombianas enfrentará al gobierno de Bogotá y lo vencerá. Tal es la fuerza del federalismo».

Esta definición recordaba, por cierto, las federaciones de ciudades principales en el reino de Castilla, durante el siglo XIII, a las que se refiere J. Gabaldón Márquez, en su obra dedicada, precisamente, a la importancia histórica de las Municipalidades desde la Conquista, en Venezuela, instaurando una tradición de gobierno autónomo[39]. El pueblo y las Municipalidades, punto central de su argumentación, eran también el meollo del debate entre los partidarios de la tesis de Martín Tovar Ponte y los que estimaban no sólo que la federación no podía ser considerada como el mejor régimen para Colombia —o para Venezuela— sino, además, que el pueblo no tenía la legitimidad necesaria para presentarse como el vocero de una entidad más amplia y para exigir una modificación de los nexos que lo unían al gobierno de Bogotá. Los partidarios de esta tesis contaban con un vocero privilegiado en la persona de Domingo Briceño y Briceño quien, en su obra publicada en 1830[40], advertía acerca del peligro de dar crédito y poder a los pueblos y sus Municipalidades. Examinaba el concepto de soberanía municipal y provincial en su aspecto negativo para demostrar que, si ésta se escogía como base legítima para reivindicar la separación respecto de un gobierno existente y ratificado por todas las partes constitutivas de la nación, como era el caso de la Constitución de 1821, al romper el pacto se corría el riesgo de retornar al estado de naturaleza, considerado ahora como sinónimo de anarquía. «¿Adónde iríamos a parar, en qué caos nos sumergiríamos si diésemos a cada fracción de un pueblo el derecho de elegir, cambiar su gobierno y dividir la nación cuándo y cómo quisiera? Valdría mucho más que el género humano se volviese salvaje y huyese desnudo en los bosques, que poner en práctica este principio»[41].

No cuestionaba el derecho de un pueblo, por muy minoritario que fuera, a tener un gobierno adecuado para escapar a la esclavitud y el despotismo, pero enseguida precisaba: «Esto es un derecho radical inalienable y el dogma de las nuevas Repúblicas que nos enseñan los filósofos que sacaron del polvo los títulos y derechos del género humano, para destruir el divino de los reyes: pero él favorece la unión y condena la separación»[42].

---

[39] GABALDÓN MÁRQUEZ, J.: *El Municipio, raíz de la República.* Caracas: Instituto panamericano de Geografía e Historia, 1961, pág. 37. Por lo demás, esta filiación queda claramente establecida a través de lo que el autor denomina —de manera algo rápida, en nuestra opinión— «la indisoluble continuidad del espíritu popular entre las hermandades de Castilla, aniquiladas por el César flamenco [Carlos V], y el grito de los Ayuntamientos americanos...», pág. 47.

[40] BRICEÑO Y BRICEÑO, D.: *Ensayo político o sucesos de Colombia en 1830. Op. cit.*

[41] *Ibídem,* pág. 16.

[42] *Ibídem,* pág. 11.

La aspiración de los pueblos de Venezuela a erigirse en República independiente le parecía ilegítima, pues el argumento de la falta de representación en la oportunidad de haberse ratificado la Constitución de 1821 sólo se aplicaba a la provincia de Caracas y no a Venezuela en su conjunto. Más aún, Domingo Briceño y Briceño, contrariamente a Martín Tovar Ponte, veía en el fraccionamiento de las soberanías las premisas de la dislocación de la nación, porque daba el derecho de secesión a cualquier porción de la nación, aunque fuera inferior a las Municipalidades. Por ello, admitía como un mal menor la posibilidad de confederarse para paliar la dificultad de administrar de manera adecuada los territorios más remotos. La partición no podía ser legítima ni viable en ningún caso, y menos aún proclamada por una Municipalidad.

3. El mantenimiento de la integridad territorial contra la desintegración de la nación

a) El pueblo contra los pueblos

En 1828, en vísperas de la gran Convención, encontramos el mismo tipo de justificación para la opción apoyada, esta vez, por los partidarios de mantener la integridad de la República y un gobierno fuertemente centralizado y hasta dictatorial. Paralelamente, reapareció una clara voluntad de clarificación/definición del término «pueblo», lo cual evidenciaba la conciencia existente acerca de su carácter ambivalente, y además el juego que algunos hacían para ganar partidarios o engañar al adversario. Dos autores se dedicaron específicamente a ello, uno en 1827 y otro en 1830, con el fin de demostrar la ilegitimidad de las tesis defendidas por los partidarios de la federación y la separación. Se trata del autor anónimo de un texto intitulado: Fe política de un colombiano, o tres cuestiones importantes para la política del día[43] y de la obra ya mencionada de Domingo Briceño y Briceño[44]. Sus fechas de publicación resultan muy interesantes porque se sitúan antes y después del texto de Martín Tovar Ponte a favor de la federación. El primero deseaba poner coto a la utilización abusiva de la palabra «pueblo» y proponía la siguiente definición:

---

[43] *Fe política de un colombiano, o tres cuestiones importantes para la política del día*, Bogotá: impr. Salazar, 1827, pág. 20, ANH/Folletos 1827 (1123).

[44] Briceño y Briceño, D.: *Ensayo político o sucesos de Colombia en 1830. Op. cit.*

> El pueblo es la universalidad de los ciudadanos. Ninguna población, ningún cuerpo particular, ninguna reunión de individuos puede arrogarse el nombre de pueblo, a lo menos con respecto a la autoridad que debe ejercer, que es el único sentido en que aquí lo consideramos. El pueblo es la sociedad entera, la masa general de los hombres que se han reunido bajo ciertos pactos. Si una fracción particular, si una ciudad, si una corporación por más distinguida que sea, se llama el pueblo, además de decir una mentira absurda comete una gravísima injusticia, porque priva del derecho de sufragio al resto de los ciudadanos que componen una mayoría inmensa. En una palabra, el pueblo es la nación. El pueblo de Colombia no está en Bogotá, en Caracas, ni en Quito: no está en la masa militar, ni en los empleados civiles, ni en esta ni aquella corporación: el pueblo colombiano es la reunión de todos los colombianos[45].

Tomaba el caso de las secciones parisinas durante la Revolución francesa, como ejemplo del fraccionalismo que podía actuar ilegalmente debido a esta acepción errónea del término «pueblo».

Si bien los individuos así considerados seguían desde luego vinculados entre sí por pactos particulares, lo cierto es que desaparecía toda ambigüedad semántica. No sólo el discurso de los partidarios del federalismo, como Martín Tovar Ponte, sino también el discurso de los actores de los tres pronunciamientos de 1826, 1828 y 1829 que se dieron a través de las ciudades y las corporaciones —aunque defendiendo puntos de vistas diferentes y hasta contradictorios—, eran criticados por ser sólo fracciones del pueblo y ya no el pueblo como tal. Como la definición aquí propuesta remitía a una concepción moderna de la nación, compuesta por individuos iguales y no por comunidades superpuestas y jerarquizadas, a la que se negaba entonces todo derecho al título de «pueblo» era a la entidad urbana como tal y también a los cuerpos particulares que la conformaban, mucho más que a la ciudad-capital y sus territorios rurales adyacentes. De hecho, si bien las ciudades-capitales siempre habían jugado un papel importante, a ejemplo de Valencia, Caracas y capitales de provincia tales como Cumaná —aunque sólo fuera por las rivalidades que las oponían unas a otras y orientaban los debates según las relaciones de fuerza—, lo cierto es

---

[45] *Fe política de un colombiano, o tres cuestiones importantes para la política del día. Op. cit.*, pág. 2.

que un número significativo de ciudades de menor importancia participaban activamente en los acontecimientos, deslindándose de las ciudades principales con sus discursos y con las posiciones que cada cual iba tomando. Ahora bien, a ese conjunto de ciudades se le negaba el título de «pueblo», así como el derecho de declararse tal, y más aún, en nombre del derecho al sufragio que tenían todos los individuos que, de hecho, eran el pueblo. Al considerar que el pueblo abarcaba a todos los colombianos, este autor se acercaba a la definición del pueblo-nación propuesta por el historiador francés G. Fritz[46], la cual integraba en el cuerpo social a todos los individuos, incluido el pueblo como parte inferior de la sociedad, y que privilegiaba así al pueblo de ciudadanos. En nombre de esta equivalencia entre el pueblo y la nación, todo intento de separación, a ejemplo de la que Caracas proclamó el 26 de noviembre de 1829, arrogándose el título de «pueblo», no sólo resultaría ilegitima sino que afectaría la unidad e integridad de la nación.

Ahora bien, en *Fe política de un colombiano,* obra contemporánea de la ruptura, el autor adoptaba precisamente como postulado inicial los riesgos y la ilegitimidad de semejante fraccionamiento de la nación como resultante de la secesión producida por los pueblos. El particular cuidado con el que definía al pueblo se inspiraba en ese afán de negar tal proceso, lo cual consideraba como un atentado contra la libre expresión de los ciudadanos, en la medida en que no se respetaba así el principio de soberanía de la nación identificada con el conjunto de individuos que la componían. «Claro es también, que no existiendo la verdadera y legítima autoridad sino en la colectividad, es necesario que ésta se reúna para que sus deliberaciones tengan fuerza de ley»[47].

A falta de ello, el pueblo debía delegar su autoridad, tal como se procedía en un gobierno representativo. Por consiguiente, toda autoridad o facción que se erigiera en fracción independiente de esta autoridad afectaría la libertad y la unidad de la nación.

---

[46] Fritz, G.: *L'idée du peuple en France du XVIIe au XIXe siècle.* Strasbourg: Presses Universitaires de Strasbourg, 1988, pág. 62 y sig. Hace referencia además a una frase de Robespierre sacada de *Discours et rapport (1908)* que, por una parte, ilustraba perfectamente esta relación entre pueblo y nación, y por otra parte, confirmaba el carácter central de la noción de soberanía en el cumplimiento de esta fusión: «¿Es soberana la nación cuando la mayor parte de los individuos que la componen se ve despojada de los derechos políticos que constituyen la soberanía? ¿Qué sería la nación? Una esclava», pág. 91.

[47] *Fe política de un colombiano, o tres cuestiones importantes para la política del día. Op. cit.*, pág. 3.

Domingo Briceño y Briceño, por su parte, al reconocer el derecho de una minoría a oponerse a una mayoría, haciendo la diferencia entre los derechos legítimos, tocantes al derecho natural de la gente, y los derechos ilegítimos, que afectaban el pacto social y la Ley Fundamental, instituyó otra categoría donde colocaba a Venezuela, ciertamente minoritaria dentro de la República de Colombia pero sometida a los mismos derechos y deberes en virtud de este pacto, y llegaba a la conclusión de que se necesitaría, para borrar toda ambigüedad, una clara definición de la palabra «pueblo», que él enunciaba en estos términos:

> Sin embargo que hemos asentado que los pueblos tienen el derecho de darse y cambiar el gobierno que les sea más conveniente, se debe parar la atención en lo que entendemos por esta palabra pueblo, para no caer de un principio cierto y luminoso en una consecuencia falsa, absurda, anárquica y desorganizante. Los individuos reunidos forman familia, y la reunión de familias se llama comúnmente pueblo; pero nosotros, en el sentido de los publicistas, llamamos pueblos la masa o número de hombres que componen una nación bajo un gobierno cualquiera; y por tanto las villas, ciudades, provincias, o comarcas serán fracciones más o menos grandes del pueblo o nación. Entendidos los términos, no disputaremos en equívoco[48].

Al recusar la estrecha acepción de nación —y, por ende, de pueblo, considerado por él como equivalente—, Domingo Briceño y Briceño insistía en la identidad pueblo-nación y negaba a las ciudades, cualquiera fuera su importancia, y a otras fracciones de la nación, el derecho a arrogarse ese título.

Según estas dos definiciones, todos los movimientos que tuvieron lugar en 1826, 1828 y 1829 eran considerados como ilegales, pues las ciudades y corporaciones que se habían expresado en aquella oportunidad lo habían hecho en nombre de la nación colombiana en 1828, y de la «Antigua Venezuela» en 1826 y 1829. Sólo el Pueblo era soberano y tenía el derecho de revocar o constituir su gobierno. Pero, más que esta acepción del pueblo, lo que quedaba en tela de juicio era el origen mismo del proceso de independencia. Ahora bien, en este punto, el autor de *Fe política de un colombiano* aportaba un matiz que permitía evitar esta consecuencia. De hecho, no la atribuía a una voluntad basada en una reflexión de contenido

---

[48] Briceño y Briceño, D.: *Ensayo político, o sucesos de Colombia en 1830. Op. cit.*, pág. 15.

constitucional, sino que más bien la consideraba como una respuesta inmediata a la voluntad de romper con el despotismo. Recordando que su objetivo era tratar de los derechos y obligaciones que eran de la incumbencia de un pueblo digno de la libertad conquistada a costa de muchos sacrificios, suscitando la admiración de las naciones extranjeras y constituyendo un modelo para los pueblos deseosos de romper sus propias cadenas, señalaba lo siguiente, refiriéndose a la falta, precisamente, de esos principios constitucionales en el proceso inicial:

> ... estas cuestiones delicadas son todavía muy nuevas en nuestra literatura política. Quizá nos hubiéramos ahorrado las presentes inquietudes si los escritores públicos, desde que hubo imprenta entre nosotros, hubieran dirigido sus miras hacia estos puntos. Para formar un juicio imparcial y recto sobre todos los sucesos humanos, pero principalmente en negocios políticos, es preciso tener conocimientos anticipados sobre los principios en que puedan apoyarse, para no ser víctimas de las impresiones del momento[49].

En cuanto a los movimientos que sacudían a Colombia en los años 20, si bien teóricamente y desde un estricto punto de vista constitucional su demostración tenía fundamento, lo cierto es que la semejanza con 1810 demostraba que la «nación» se concebía y se expresaba todavía según el modo antiguo de organización en corporaciones y pueblos. Por lo demás, no sólo sus partidarios utilizaban efectivamente el término «pueblo» en su acepción de comunidad (ciudad y/o pueblo), sino también los propios actores políticos se referían a él. Señalemos finalmente que, desde nuestro punto de vista, todo el proceso de identidad se elaboraba a partir de esta entidad.

b) La Federación: un régimen inaplicable

Desde este punto de vista, la preparación y reunión de la gran Convención Nacional en Ocaña era tanto más importante porque marcaba una ruptura en el discurso en cuanto a la orientación que había que dar a la necesaria reforma de la República de Colombia y, sobre todo, de Venezuela. Hablamos de ruptura en el sentido en que fueron más o menos los mismos actores políticos —las mismas Municipalidades— los que pasaron de un

---

[49] *Fe política de un colombiano, o tres cuestiones importantes para la política del día. Op. cit.*, pág. 2.

tipo de reivindicación a otro, entre 1826 y 1828; es decir, de la aspiración a una República de Colombia de tipo confederal —dentro de la cual Venezuela recobraría una libertad de acción política que le permitiría garantizar y desarrollar sus territorios en función de sus especificidades económicas y geográficas— a la reafirmación del mantenimiento de la nación colombiana tal como la definía la Constitución en 1821.

Más allá de estos dos ejes que estructuraban las proclamaciones de 1828[50] (integridad territorial y poder central), la argumentación esgrimida para justificar tales opciones coincidía con los textos más teóricos. Sin embargo, había divergencia en cuanto a un tema de primera importancia. Efectivamente, pese a que los partidarios de mantener la integridad de la República de Colombia preferían disociar las dos acepciones de la palabra «pueblo», el movimiento de 1828 en pro de la unidad colombiana se desarrolló de la misma manera que el anterior. Además, salvo las afirmaciones acerca de la especificidad de Venezuela, el tema en el que se insistía en *El Voto de Venezuela de 1828,* y que también se halla en los demás textos, eran, punto por punto, los argumentos utilizados por los partidarios de la opción federalista, pero según un análisis opuesto. Además, las razones por las cuales se oponían al principio federal también estaban vinculadas a la experiencia de 1811-1812, pero ahora para denigrarla. Por ello, la tesis desarrollada por los partidarios de la integridad territorial de Colombia y de un poder fuertemente centralizado y hasta dictatorial, se apoyaba en los mismos referentes de los partidarios de la federación: usos y costumbres de la población, dimensión territorial, papel de los pueblos. Referentes que eran el reflejo de un imaginario social antiguo, en los que predominaban la concepción de una sociedad compuesta por comunidades. Más allá de un discurso que se inspiraba en las ideas nuevas, la nación seguía siendo un cuerpo político de tipo antiguo, con la referencia constante a «la imagen orgánica del cuerpo para hablar de la sociedad, con sus diversos miembros, pero todos gobernados por la cabeza»[51]. No obstante, señalemos que aquí el término «reforma» es un sofisma pues la situación era tan grave que muchos hacían votos para que se aplazaran todas las innovaciones[52] hasta que se recupera-

---

[50] *El Voto de Venezuela. Op. cit.*

[51] Guerra, F.-X.: «Le peuple souverain: fondements et logiques d'une fiction (le xixe siècle)», en *Quel avenir pour la démocratie en Amérique Latine*? Toulouse: Editions du CNRS, 1989, pág. 26.

[52] Éste era el término que se solía utilizar, en un sentido peyorativo, en vez del término «reformas».

ra la estabilidad. Así, la Municipalidad de Cumaná declaraba: «Todos los tiempos no son a propósito para la sanción de las reformas sociales, y hay crisis en que ellas producirían más eminentes males que los que se quieren evitar»[53].

Y agregaba una advertencia contra las reformas solicitadas por los pueblos: «Cualquiera innovación que en mejores circunstancias produciría felices resultados, en los presentes comprometería la integridad de la República»[54].

La Municipalidad de Güiria declaraba incluso que resultaría anti-político proceder a «innovaciones» a las que consideraba como «un verdadero atentado contra la integridad de la Nación»[55]. Algunas Municipalidades, como la de Barquisimeto, llegaban hasta dudar de que fuera oportuno llevar a cabo la gran Convención, puesto que su objetivo era precisamente definir las reformas de la Constitución. Ya habría tiempo, una vez recobradas la unión y la fidelidad, de llevar a cabo esa Convención que, colocada bajo el auspicio de Bolívar, se dedicaría a redactar una nueva Constitución. La convicción de que la población no tenía capacidad de juzgar una situación política, era evidentemente uno de los motivos esenciales para rechazar la instauración de un gobierno de tipo federal. A tal efecto, se pintaba un cuadro sombrío en cuanto a la situación del país y su población, para luego atacar el sistema federal como tal. Así, en un texto que además hacia un examen relativamente imparcial de los años transcurridos desde la promulgación de la Constitución de Cúcuta en 1821, se decía que en algunos pueblos no había más de una docena de personas que supieran leer y escribir[56], y se llegaba a la siguiente conclusión:

> Por esta ignorancia en los principios primordiales de la vida social, la expansión de las luces en Colombia es muy lenta e imperceptible; la imprenta pierde una gran parte de su imperio, se

---

[53] «Acta de la Municipalidad de Cumaná, capital del Departamento de Maturín, 15 de marzo de 1828», *El Voto de Venezuela. Op. cit.,* págs. 186-187.

[54] *Ibídem,* pág. 187.

[55] «Acta de la Municipalidad del cantón de Güiria, 31 de marzo de 1828», *El Voto de Venezuela. Op. cit.,* pág. 270.

[56] Lo cual, de paso, —y aunque las palabras del autor fueran voluntariamente exageradas— permitía evaluar la influencia en materia de derecho electoral, por una parte, de la dispensa de saber leer y escribir para ser elector de primer grado, y por otra parte, de la introducción en la Constitución de 1821 de esta obligación para ser elector de segundo grado.

> retardan nuestros conocimientos, y las cargas concejiles del Estado giran en una órbita tan pequeña que lejos de excitar el amor patriótico de los ciudadanos, se admiten con gran repugnancia o se pretextan refugios para evadirse de ellas, por el gravámen que necesariamente erogan a los que las desempeñan[57].

Pero además de estas carencias y del escaso interés de ejercer cargos municipales por parte de quienes podían hacerlo, el descrédito afectaba a la población en su conjunto. En un voto redactado por comandantes del ejército, se hacia un paralelismo ya no con los representantes municipales, sino con la corrupción que existía en las altas esferas del Estado, considerándose a Francisco de Paula Santander como causante de ella. Y además, las conclusiones a las que llegaban estos comandantes en cuanto a este retraso en materia educativa, los conducían de hecho a responsabilizar de este problema a la administración centralizada del país —cosa que no sucedía a menudo—, un país que, además, ocupaba un vasto territorio. Desde luego, ellos no hacían sino alinear estos argumentos, sin señalar la contradicción con las premisas iniciales. Pero, con esta construcción, de alguna manera daban la razón a los partidarios de una administración más descentralizada:

> La impostura, el cohecho, la seducción vemos solamente en ejercicio, y su maléfica influencia progresa con rapidez. En tal situación [...] creemos oportuno que la convención nacional sostenga y conserve a toda costa la integridad de la República, medida constitucional, imprescindible, conformándose con la voluntad de sus constituyentes que sólo han concedido sus poderes e investido de sus facultades a sus representantes para la formación del sagrado código, cuya base es la unidad de representación y respeto, que por la mucha extensión del territorio carecemos de las necesarias virtudes e ilustración; los males hábitos y las costumbres inveteradas, los principios, los peligros y escollos por conclusión que nos rodean, exigen con suma fuerza medidas enérgicas que nos pongan a salvo de tantos males[58].

---

[57] *Lo que deberá ser Colombia, Caracas,* reimpreso en Bogotá por B. Espinosa, 1828, pág. 15, FBC/Archivos de Gran Colombia.

[58] «Representación de los comandantes del 10, y 30 escuadrón de la villa de El Pao, a S. E. el Jefe Superior de Venezuela, 13 de marzo de 1828», *El Voto de Venezuela. Op. cit.,* págs. 135-136.

El hecho de considerar que la población no había alcanzado un grado de educación y sentido cívico suficiente para no ser víctima de las manipulaciones de las facciones, tenía como consecuencia que los partidarios de tal análisis no podían de ninguna manera adherirse a uno de los argumentos principales de los federalistas. Efectivamente, éstos no sólo sustentaban su tesis en el papel primordial de los pueblos en la adquisición de las primeras nociones de cultura política —y ello desde la Conquista— sino que, además, no rechazaban la simplicidad del pueblo y distaban de ver en ella un obstáculo para la instauración de un gobierno federal. Al contrario, consideraban que había ahí un terreno virgen propicio para la adopción del mejor de los regímenes. Mientras tanto, los partidarios de la integridad territorial consideraban que la federación era un régimen conveniente sólo para los pueblos cultos, a ejemplo del de los Estados Unidos de Norteamérica; por una parte, hacían un paralelo muy preciso entre las características de Colombia y los efectos y consecuencias de la adopción de esta forma de gobierno, y por otra parte, demostraban la credibilidad de tal postulado recurriendo una vez más al precedente de la primera República de 1811-1812. Al igual que en 1819-1821, el mayor obstáculo para la instauración de la federación era la educación y, más aún, la falta de experiencia política de esta población, la cual no había avanzado tras diecisiete años de independencia, al contrario: la guerra había agravado una situación que ya era crítica al respecto.

> ¿Y seremos tan insensatos que lleguemos a lisonjearnos de que por el corto período de diez y siete años en que hemos proclamado que somos libres, después de una guerra cruel y desastrosa, de la pérdida de nuestras riquezas y de multitud de ciudadanos que eran la esperanza halagüeña de la patria, estamos ya en aptitud de establecer un gobierno federativo?[59]

Al mismo tiempo, invocaban la escasa densidad de la población en un vasto territorio:

> Nuestra población resiste al establecimiento de un gobierno federativo en toda su perfección, porque si ella de por sí es muy débil, segun la extensión del territorio que ocupa, bajo el sistema de estados (federados), vendría a ser mucho mas débil si no

[59] *Lo que deberá ser Colombia. Op. cit.*, pág. 9

> nula, comparada la fuerza de cada uno de éstos con el rango, poder, intereses y necesidades que le sería preciso sostener[60].

Por consiguiente, contrariamente a lo que consideraba Martín Tovar Ponte, no confiaban en la capacidad de las instituciones federales para que los hombres se volvieran dignos de esta forma de gobierno. Efectivamente, Martín Tovar Ponte refutaba la idea de una «República de Santos» previa al federalismo y, tomando el ejemplo de los Estados Unidos, hacía una comparación con Venezuela, insistiendo sobre todo en la cantidad de esclavos que había cuando se instauró la federación en Norteamérica.

> Al hacerse independientes, aquellos Estados no tenían más población que dos millones y medio, entre los cuales se contaba 700 mil esclavos. Esto es también la población de Colombia, pero con sólo 50 mil esclavos al principio, y ahora con dificultad 30 mil. Esos 700 mil esclavos, que no me parece deban tenerse por ángeles, habían producido una población de diversas clases en calidad, y además el todo de ella se componía de muchas sectas religiosas, heterogeneidad que no había entre nosotros numerosa; y sin embargo la federación lo allanó todo, por que cada Estado hizo su arreglo según lo que le convenía, y quedaron las mismas clases y sectas sin chocarse, y todos unidos y contentos[61].

Tomando luego los casos particulares de Luisiana y Florida, aún más parecidos al de Colombia en tanto antiguas colonias españolas que también habían optado por la federación, agregaba: «¿Estaban preparadas esas colonias españolas? ¿Serían mejores que nosotros? ¡O gran fuerza de la verdad! La leyes quien los prepara y forma, la ley los hace santos porque tienen la ley entre ellos mismos»[62].

Así, al revés de lo que los votos predecían, según Martín Tovar Ponte, si la gran Convención Nacional aceptaba la adopción de la federación, ello no provocaría «la entera aniquilación del cuerpo político»[63]. Al contrario, contribuiría a su unidad y reforzaría los vínculos entre los individuos, go-

---

[60] *Ibídem.*

[61] Tovar, M.: *A los colombianos. Op. cit.,* pág. 11.

[62] *Ibídem.*

[63] «Representación de la Municipalidad del cantón de Píritu, 22 de abril de 1828», *El Voto de Venezuela. Op. cit.,* pág. 306.

bernados dentro de Estados informados acerca de sus necesidades y características particulares.

Ahora bien, con respecto al bajo nivel moral que prevalecía dentro del pueblo, el autor de *Lo que deberá ser Colombia,* utilizando por su parte los términos de «virtuosos» y «morales», estimaba:

> ¿Y cómo con tales disposiciones podemos aspirar al establecimiento de un gobierno federativo, que exige precisamente mayor suma de virtudes domésticas y públicas que cualquier sistema? ¿De qué nos serviría ser soberanos en cada Departamento o en sus seis o más secciones, si esta federación no nos haría en efecto virtuosos y felices?[64]

Tal hipótesis resultaba tanto más improbable que se consideraba que el gobierno federativo presuponía «todas las virtudes de educación liberal e ilustrada, fundada en los modelos de nuestros mayores y en los principios de justicia y libertad, arraigados con la posesión y práctica de leyes patrias»[65]. El dilema suscitado por este enfoque contradictorio no deja de recordar una observación de Rousseau en su *Contrat Social* acerca de la difícil comunicación entre el legislador y lo que denominaba «el vulgo»: «Para que un pueblo naciente pudiera probar las sanas máximas de la política y seguir las reglas fundamentales de la razón de Estado, sería menester que el efecto pudiera convertirse en la causa, que el espíritu social que debe ser obra de la institución rigiera la propia institución, y que los hombres fueran antes de las le es lo que deberían ser gracias a ellas»[66]. Los que se inclinaban por un gobierno centralizado se inspiraron en la concepción tradicional del poder, fundada en la ley natural, y elaboraron un modo progresivo de acceso a la federación en función de un mejoramiento en la educación y en las cualidades morales de los individuos. Pero, además de la inadaptación coyuntural de cualquier otro sistema que no fuera el que estaba vigente, consideraban que la evolución de la situación no permitía otra opción, en la fase de desarrollo en que se encontraba el país. Por consiguiente, la conclusión del autor era terminante:

> ... la transición de Colombia, de un país sumido en la más vergonzosa servidumbre colonial a una nación independiente bajo

---

[64] *Lo que deberá ser Colombia. Op. cit.,* pág. 11.

[65] *Ibídem,* pág. 9.

[66] ROUSSEAU, J.-J.: *Du contrat social.* Paris: Flammarion, 1966, libro 11, cap. VII, pág. 79.

> el sistema republicano federativo, es tan anti-natural, tan rápida y violenta que, saltando por todas las escalas intermedias que natural y progresivamente debían conducirla a ella después de mucho tiempo de poseer su libertad y disponer de su propia suerte, vendría precisamente a precipitarse en un abismo de errores, nacidos de su ignorancia, de su dependencia anterior y de sus hábitos de tres siglos, diametralmente opuestos al plan que adoptaba, y lejos de lograr el fin que en él se proponía, tendría que retrogradar para salvarse de su ruina, con igual violencia que avanza sus pasos[67].

Ahora bien, era precisamente sobre este tema fundamental del acceso a la independencia que Martín Tovar Ponte hacía un análisis radicalmente opuesto, lo cual le permitía demostrar de manera más categórica que, precisamente, sólo los países recién llegados a la libertad estaban dispuestos a recibir el mejor de los regímenes, en la medida en que éste tenía todas las facilidades para inculcar las costumbres y cualidades necesarias para su perfecto desarrollo. Refiriéndose una vez más al discurso pronunciado por Bolívar en Angostura, en 1819, Martín Tovar Ponte, declaraba:

> El discurso que ya he citado dice que «rarísimas son las naciones que, habiendo sacudido la opresión, hayan sabido gozar de algunos momentos de libertad, pues muy luego han recaído en sus antiguos vicios políticos»: y éste es otro sofisma, porque nosotros no eramos nación, y por consiguiente no podíamos recaer en lo que no habíamos caído, esto es, en antiguos vicios políticos de nación: eramos mera colonia muy distante de la metrópoli donde había esos vícios, y no teníamos otro que el muy pequeño de procurarnos la estimación o afecto del único que mandaba, si es que era esto vício[68].

Más allá de la crítica del carácter prematuro e inadecuado de la federación, los «centralistas» procedían a un análisis de las motivaciones que rigieron la escogencia de esta forma de gobierno en 1811, análisis que, en retrospectiva, aclaraba de manera significativa el proceso contra el cual luchaban entonces. Efectivamente, en la presentación de los riesgos que corría un país recientemente independizado al dividirse en varios Estados sobe-

---

[67] *Ibidem,* pág. 14.

[68] TOVAR, M.: *A los colombianos. Op. cit.,* pág. 10.

ranos, lo que se evidenciaba era la lucha de las diferentes ciudades-capitales de provincias contra las ciudades subalternas. Lo que Martín Tovar Ponte, en su análisis de los acontecimientos que habían provocado la guerra, considerada como simples conflictos de opinión sin incidencia sobre la validez de la forma vigente de gobierno, se consideraba aquí, al contrario, como algo inherente al sistema federal, indisociable del surgimiento de esa oposición sinónimo de anarquía; más aún, lo hubiera generado.

Ahora bien, la historiografía tradicional sobre este tema veía en la federación una continuación, por otra vía, de los conflictos que se dieron entre los pueblos durante el período colonial, y por consiguiente, un medio para los oligarquías que entonces gobernaban de conservar los poderes locales y reconquistar las autonomías municipales afectadas por las reformas borbónicas. La pérdida de esta tradición autonómica era mal aceptada, ya que se trataba de una tradición muy fuerte en Venezuela debido, precisamente, al espaciamiento entre las zonas pobladas. Resultaba entonces sorprendente que los autores que insistían, todos, en esta especificidad para elogiarla como una señal de dinamismo, incluso como «raíz del republicanismo»[69], no hayan analizado la adopción del federalismo partiendo de los datos mencionados. Y, sin desmerecer las veleidades de las oligarquías en el poder, que los autores no hayan visto en esa opción constitucional un medio para elaborar una forma de construcción nacional que, tomando en cuenta las singularidades en vez de quebrarlas, habría permitido a largo plazo cementar las poblaciones por intermedio de esta tradición regional y, más aún, municipal, verdadero laboratorio de la vida ciudadana, tal como Martín Tovar Ponte, sí lo había interpretado.

Por lo demás, los miembros de esos pueblos demostraban, pese a opiniones opuestas, la fuerza de estas identidades que, por cierto, se habían reforzado durante la guerra civil de independencia. Si lucharon a nombre de Venezuela y luego, dentro de la República de Colombia, de la ¡Antigua Venezuela», lo hicieron en función de su identidad municipal y regional. Con lo cual, y contrariamente a lo que afirmaba L. Vallenilla Lanz en su estudio de los orígenes de la nacionalidad venezolana[70], se reforzaban los nexos que unían a Venezuela y Nueva Granada, por lo demás fuertemente reivindicados por las poblaciones. De hecho, el surgimiento de estas discordias se consideraba como la manifestación más grave de la adopción

---

[69] GABALDÓN MÁRQUEZ, J.: *El municipio, raíz de la República. Op. cit.*

[70] VALLENILLA LANZ, L.: *Disgregación e integración. Ensayo sobre la formación de la nacionalidad venezolana.* Caracas: Tipografía Garrido, 1953.

del sistema federal. Refiriéndose implícitamente al debate que tuvo lugar en 1811 acerca de la hipótesis de dividir la provincia de Caracas, el autor de *Lo que deberá ser Colombia* señalaba:

> Muy en breve las ciudades de más importancia sometidas a la capital de la provincia reclamaron la subdivisión del territorio para aspirar en la demarcación de otras a los privilegios de capital. Esta alarmante cuestión dividió por primera vez el espíritu público; la discordia se apoderó de todos los pueblos, y el clarín de la guerra civil fue la señal con que los federales de los nuevos Estados proclamaron al Rey Fernando. La sangre venezolana se derramó por venezolanos; venció el más fuerte, pero quedaron sin extirparse las raíces del descontento y el espíritu de provincialismo; ellas debían ser, y lo fueron en efecto, las esperanzas del rencoroso español que, aprovechando estos momentos, ocupó y subyugó el país con una pequeña columna de peones y jornaleros[71].

Pero esta controversial interpretación de la experiencia federal sacaba a la luz el problema de la fragilidad institucional que se registró inmediatamente después de la ruptura con la metrópoli, y que se agravó con la guerra de independencia. Efectivamente, en un contexto tan turbio, las provincias y sobre todo las ciudades principales, la mayoría de ellas en manos de jefes militares, se erigieron como un lugar de expresión del poder. G. Soriano las define como «una posibilidad de pluralismo político espontáneo», agregando, para ilustrar las mencionadas contradicciones y controversias, que «la respuesta formal contemporánea, legitimadora de aquellos problemas, la daba el federalismo, pero la lógica de las cosas se resolvía en el múltiple caudillaje y en la tendencia al caudillismo»[72]. Este sistema de gobierno estaba entonces condenado, igual que quienes lo habían representado, pues habían provocado una guerra contra el enemigo externo y, además, una guerra entre venezolanos, mucho más cruel aún. El federalismo quedaba definitivamente asociado a la fractura de la sociedad que se produjo con el surgimiento de las soberanías múltiples. Tenemos la impresión de que el período entre 1811-1812 y la situación presente había

---

[71] *Lo que deberá ser Colombia. Op. cit.*, pág. 7.

[72] Soriano de García Pelayo, G.: «Aproximaciones al personalismo político hispanoamericano», *Revista del Centro de Estudios Constitucionales,* n.° 7., Madrid: septiembre-diciembre 1990, pág. 213.

caído en el olvido, y que las dificultades actuales sólo se debían a las actuaciones de quienes se aprovechaban de esta situación de la población, ingeniándoselas para difundir por el territorio ideas peligrosas, inadaptadas y subversivas. Eran «facciosos, perversos, anarquistas», que habían tratado de «radicar en estos pueblos las ideas federativas, buscar prosélitos que abracen sus proyectos desorganizadores, y cavar de este modo el sepulcro de nuestra Patria»[73]. También se les acusaba de haber manipulado las elecciones organizadas para la gran Convención de Ocaña, aprovechando la inexperiencia de las poblaciones[74].

En vista de ello, el único recurso posible para mantener la integridad de la República era la unicidad de su gobierno, puesto en manos del único hombre que parecía capaz de asumir semejante desafío: Bolívar.

4. El recurso al poder personal y autoritario

Conviene, ante todo, disociar la petición como tal y la exhortación a que Bolívar asumiera dicha función. Efectivamente, los términos utilizados en la petición eran mucho más elocuentes acerca del régimen al que aspiraban tanto la sociedad que se expresaba a través de El Voto de Venezuela como los escritos más teóricos. Y cuando se recurría a Bolívar, era en términos que tenían que ver más bien con 10 afectivo, y hasta con 10 irracional y 10 pasional. Todos esos argumentos distaban mucho de 10 que debía ser una reflexión política en el estricto sentido, pero en cuanto al primer punto, dejaban clara la concepción del poder y de la administración de la crisis. Más allá, este mecanismo revelaba una aprehensión de la sociedad, en tanto comunidad nacional, que no contribuía a la clarificación de esas categorías actuantes. Efectivamente, en la medida en que ésta se identificaba con la nación-Estado, su propio devenir seguía vinculado —debido a su pasado— a un individuo más que a una práctica política e institucional, quitándole así parte de su capacidad de acción.

a) La necesidad de un poder fuerte

Las expresiones utilizadas más a menudo para definir la forma de poder que debía instaurarse para proceder en calma y resguardándose de los peligros de dislocación, se referían al ejercicio de un poder que aliaba la fuer-

---

[73] «Representación de la villa de Achaguas, capital de la provincia de Apure, 16 de marzo de 1828», *El Voto de Venezuela. Op. cit.*, pág. 192.

[74] *Ibídem.*

za, la autoridad, la justicia, pero cuyo carácter temporal era sugerido, más que recomendado. Por ello, cuando Bolívar decidió asumir la dictadura mediante el decreto del 27 de noviembre de 1828, encontramos este principio de institucionalización del poder excepcional denunciado por Martín Tovar Ponte, quien veía el origen de esto en 1812, fecha del decreto que otorgó los plenos poderes a Miranda.

Los partidarios de semejante solución clamaban ante todo por «un sistema de vigor y justicia», «un sistema vigoroso[75] y de unidad, un poder dictatorial»[76], «un gobierno de vigor y justicia»[77], «un poder supremo colocado en una sóla mano»[78].

Pero al mismo tiempo, se discernía el carácter ambiguo de este poder, incluso la dificultad para definirlo. Así, en uno de los votos, tras exhortar a Bolívar a que anulara una Constitución nefasta para los pueblos, se precisaba que: «Sin perder el nombre de republicano ejerce V.E. toda la autoridad nacional, todo el tiempo que sea necesario para la consolidación del Estado...»[79]

Los poderes así conferidos a Bolívar no se consideraban entonces como en contradicción con los principios republicanos, lo cual confirmaba parcialmente lo que J. Gabaldón Márquez señalaba acerca de la concepción original del concepto de República —referida al modelo de la Antigüedad—, que era sinónimo de la cosa pública más que de un régimen republicano moderno[80]. En este sentido, se hacía posible pedir también la supresión de la Constitución, y que Bolívar la sustituyera, con lo cual no se le colocaba por encima de las leyes sino que se le convertía en ley.

De hecho, más allá de la necesidad de un poder fuerte, de lo que estaba planteado era apelar a un hombre. Semejante personalización del poder con miras a paliar las carencias y las deficiencias institucionales reforzaba —con la transferencia así efectuada— el proceso de institucionalización

---

[75] *Lo que deberá ser Colombia. Op. cit.*, pág. 17.

[76] «Acta de la Municipalidad de Barquisimeto, 13 de marzo de 1828», *El Voto de Venezuela. Op. cit.*, pág. 131.

[77] «Representación de los jefes y oficiales del batallón de milicias auxiliares, n° 1, a S.E. el Jefe Superior de Venezuela, marzo de 1828», *El Voto de Venezuela. Op. cit.*, pág. 11.

[78] «Representación de la comandancia de armas y E.M. de la provincia de Caracas, 6 de marzo de 1828», *El Voto de Venezuela. Op. cit.*, pág. 40.

[79] «Representación del batallón de milicias de San Felipe a S.E. el Libertador presidente, 9 de marzo de 1828», *El Voto de Venezuela. Op. cit.*, pág. 185.

[80] Gabaldón Márquez, J.: *El Municipio, raíz de la República. Op. cit.*, pág. 80-81.

del poder personal cuya legitimidad, no obstante, venía de la Constitución. Así pues, dos fuerzas se confrontaban aquí, a saber (y retomando la formulación propuesta por G. Soriano): el «voluntarismo institucionalizador» y el «voluntarismo personalista», según un mecanismo ambiguo que esta autora describe así:

> En una situación así, la vigencia del orden formal estaba subordinada al voluntarismo institucionalizador del gobernante, siempre inclinado a llenar las carencias institucionales —incluso formalmente autorizado para ello por el «derecho de excepción»—, con su poder personal. Por eso el voluntarismo personalista, a veces necesario, pero muchas otras veces gratuito y arbitrario, pudo frecuentemente arraigarse en el sistema político y, paradójicamente, institucionalizarse...[81]

En esta lógica se insertaba la nueva concentración de poderes en manos de un sólo hombre, tal como se traducía, por una parte, en la Constitución boliviana —redactada y publicada por Bolívar en 1825— que instauraba el principio de una Presidencia vitalicia, y por otra parte, en el decreto del 27 de agosto de 1828 con el que Bolívar se arrogaba poderes dictatoriales.

Además, los debates y las reacciones contradictorias que esta Constitución suscitaba confirman la omnipresencia de una concepción organicista del cuerpo político. Si fallaba la «cabeza» —como fue el caso a partir de 1808—, o la confianza en su representantes modernos —al fin y al cabo abstractos y remotos— que eran los diputados elegidos, entonces la «reencarnación del poder» se planteaba como el remedio para la amenazas de disolución. Dos folletos publicados ese mismo año, uno a favor de la Constitución boliviana, otro advertimiento sobre los peligros de instaurar una Presidencia vitalicia que, además, contradecía los principios políticos adoptados desde 1810, daban fe de los intereses que s ponían en juego a través de este debate sobre la naturaleza de los poderes conferidos al Ejecutivo.

El primer folleto, de Antonio Leocadio Guzmán, estaba dedicado a Bolívar y fue publicado en Lima en 1826[82]. Hacía primero un estudio de-

---

[81] Soriano de García Pelayo, G.:«Hispanoamérica: historia, desarrollo discrónico e historia política», en *Cuadernos del Instituto de Estudios Políticos.* Caracas: 1987, pág. 36.

[82] Guzmán, A. L.: *Ojeada al proyecto de Constitución que el Libertador ha presentado a la República.* Lima: José María Concha, 1826, pág. 5, ANH/Folletos 1826. Antonio Leocadio Guzmán encabeza a la delegación venezolana que, el 3 de noviembre de 1826, con motivo de

tallado de la Constitución en su conjunto, y abordaba el capítulo dedicado al Poder Ejecutivo; analizar críticamente los Poderes Ejecutivos vigentes en Estados Unidos, pronunciándose contra la elección del jefe del Ejecutivo, pues ésta despojaba al poder de la duración y seguridad exigidas por este cargo, consideraba el gobierno establecido en el marco de la Constitución bolivariana presentaba la ventaja de poder asumir todos los poderes sin tener que acudir al recurso, nefasto según él, de una dinastía[83]. Pero, si reconocía tantos beneficios en esta Constitución es porque ésta representaba un perfecto término medio entre las exigencias de libertad del pueblo y las exigencias y estabilidad propias del sistema monárquico[84].

El segundo folleto es atribuido a Tomás Lander[85], quien señalaba acerca de los dos artículos sobre la Presidencia vitalicia:

> Los artículos 76 y 79 de la Constitución dictada en Chuquisaca por el Libertador Presidente para la República de Bolivia, es lo que ha sobresaltado nuestro celo, porque S. E. la ha considerado adaptable a Colombia [...]. Los mencionados artículos erigen un Presidente vitalicio e irresponsable, con la facultad de nombrar su sucesor en la persona del Vicepresidente [...]. Creemos que el hacer tal recomendación el ínclito Patriota, el Hijo de Caracas, parece que perdió de vista, entre la vasta extensión de territorio a que su espada y sus talentos han dado libertad, los caracteres distintivos de su querida patria, de la ilustrada Venezuela, pues los arroyos de sangre inmaculada con que esta región heroica, desde el 19 de abril de 1810 está escribiendo constante las calidades del gobierno que intentó establecer, electivo y responsable, no dejan duda sobre el voto de sus pueblos y el objeto de sus sacrificios[86].

---

la lectura de la Constitución boliviana ante la Asamblea caraqueña, fue acusada de haber alentado a Bolívar para que instaurara un poder de tipo monárquico en Colombia. Ver Gil Fortoul, J.: *Historia constitucional de Venezuela. Op. cit.*, vol. 1, pág. 347 y págs. 406-407.

83 *Ibidem,* pág. 49. No obstante, se preveía cierta forma de perpetuación en el poder, puesto que el presidente nombraba al vicepresidente, encargado de asumir la «sucesión».

84 Ver Guzmán, A. L.: *Ojeada al proyecto de Constitución que el Libertador ha presentado a la República. Op. cit.*, pág. 50.

85 Lander, T.: *Reflexiones sobre el poder vitalicio que establece en su presidente la Constitución de la República de Bolivia.* Caracas: V. Espinal, 1826, pág. 28, BNV/LR.

86 *Ibídem,* pág. 3.

En este contexto, en el que iba creciendo la polémica, nueve Departamentos de la República de Colombia pidieron, en 1826, la aplicación de esa Constitución, acelerando en reacción la oposición de Caracas, en cuyo seno se reunían los cantones de la provincia. Así, durante la asamblea popular del 2 de noviembre se adoptó el principio de la disolución, y durante la sesión del 7 de noviembre los diputados se pronunciaron por la adopción de su propio gobierno y de una Constitución[87]. La Municipalidad de Barquisimeto, por su parte, pedía que: «Sin intermisión ninguna continúa el hacedor de la Republica en la suprema magistratura, investido de todo el poder dictatorial mientras restablezca el orden, la paz, la unidad, y demás elementos necesarios para la legislación más adaptable a la localidad y las circunstancias de los pueblos»[88].

En 1829, se produjo un proceso similar. Efectivamente, cuando ya Caracas y otras ciudades se habían pronunciado a favor de la separación de los Departamentos que formaban la «Antigua Venezuela», Maracaibo se negó a adherirse al movimiento y se declaró a favor del mantenimiento de la Presidencia vitalicia de Bolívar. Un manifiesto publicado por los ciudadanos de Maracaibo precisaba: «3°: Que se le debe autorizar con cuantas facultades sean necesarias para que haciendo respetar la Leyes y su dignidad, en ningún caso queden impunes los delitos y para que proceda libremente a asegurar nuestra libertad, tranquilidad y bien estar»[89].

Lo que no impedía que aspiraran a que el gobierno se estableciera sobre bases populares, representativas y electivas.

b) Apelando a Bolívar

Esta necesaria encarnación del poder se presentaba como la garantía más confiable del restablecimiento de la unidad, y como la única defensa contra la anarquía. Por añadidura, el hombre que debía asumirla, Bolívar, contribuía a reforzar el impacto de tal orientación y percepción del ejercicio del poder en el particular contexto colombiano de la época. Efectivamente, por su prestigio militar y debido a la veneración de la que era objeto, Bolívar aparecía obviamente como el único capaz de restablecer el orden y la se-

---

[87] «Acta popular, Caracas, 7 de noviembre de 1826», *Memorial de Venezuela*.

[88] «Acta de la Municipalidad de Barquisimeto, 13 de marzo de 1828», *El Voto de Venezuela. Op. cit.*, pág. 131.

[89] *Manifestaciones que hacemos los ciudadanos que suscribimos.* Maracaibo: 17 de noviembre de 1829, hs, ms, FBC/Archivos de Gran Colombia.

guridad. Este recurso al jefe tutelar único, autoritario y tranquilizador, demostraba el carácter imperioso de un poder personal y concreto, a imagen y semejanza, podría decirse, de un monarca todopoderoso. El poder debía encarnarse en un hombre con carisma y cuya obligación era mantenerse físicamente cercano a los que dirigía, tal como lo demuestra la inflexión de la coyuntura cada vez que regresó a Venezuela, y sobre todo a Caracas, donde había nacido. Se le reprochó incluso, en varias oportunidades —para condenarlo o lamentarlo— el haber abandonado su patria sólo para ir a liberar Perú, prefiriendo el llamado de la gloria y los combates. Por lo demás, la «competencia» entre Páez y Bolívar en cuanto al prestigio y al título de Padre de la Patria, se concentraba esencialmente en la noción de proximidad de dicho padre con el suelo, al lado de quienes le habían dado ese título glorioso[90]. Prueba de ello era el eco que despertaba el sólo anuncio de su próxima llegada a la ciudad, además de las manifestaciones que acogían la entrada a Caracas de Bolívar. Hasta el Memorial de Venezuela, creado para apoyar el movimiento de Valencia y la restauración de Páez, modificó levemente su posición, escribiendo en su editorial:

> El iris de la paz está en la República, y dentro de pocos días lo veremos dentro de nuestro territorio. A la verdad que sólo la Providencia podía sacarnos del intrincado laberinto de ideas y de pasiones en que nos querían envolver algunos malintencionados para dejarnos perdidos y sin salida. Ella ha querido valerse del Libertador que nos sacó de la dominación de los españoles para libertarnos por segunda vez de otro enemigo mucho más temible y poderoso: de nosotros mismos[91].

Páez procedía de la misma forma cuando apelaba a la «emotividad» y al patriotismo de la población, al anunciarle en diciembre de 1826 la llegada próxima del prócer, que sin embargo trastornaba[92] sus proyectos:

---

[90] Páez salió ganando en 1829 porque, además de las circunstancias del momento, él estaba presente y en virtud de esa presencia terminó adquiriendo un conocimiento más concreto del contexto político y de la sociedad venezolana. Tal como lo recalca G. Carrera Damas, en esta perspectiva Páez luce más moderno que Bolívar pues su formación política se hizo sobre la marcha (en Castro Leiva, L.: *La Gran Colombia. Una ilusión ilustrada. Op. cit.*, pág. 13).

[91] *Memorial de Venezuela,* n.° 15, 20 de diciembre de 1826.

[92] Al respecto, J. Gil Fortoul relata que Páez, temeroso de las intenciones de Bolívar, había enviado a su encuentro al doctor Miguel Peña y al coronel José Hilario Cistiaga para recordarle

> Cesaron todos nuestros males: el Libertador desde el centro del Perú oyó nuestros clamores, y ha volado a nuestro socorro; su corazón venezolano todo, y todo él caraqueño, os trae la grandeza de su nombre, la inmensidad de sus servicios, y todo el poder de su influjo [...]. Preparaos a recibir como la tierra árida el fecundo rocío de tantos bienes: van a exceder a vuestras esperanzas. Bolívar era grande hasta la admiración; Venezuela de hoy en adelante le debe el apoteósis[93].

La aspiración mayoritaria a un poder «paternal, de orden y moral, único baluarte de las virtudes, éxito y esplendor de la Patria»[94], mencionada también en un folleto que advertía contra los peligros del poder personal, repetía sin embargo los mismos calificativos utilizados en las declaraciones de 1828 a favor de la dictadura de Bolívar. Se le pedía autoridad y protección, en virtud de las cualidades que le eran conferidas. Se le llamaba para que acabara con el caos en el que la nación colombiana estaba sumiéndose. Amenazas externas, disensiones internas, falta de gentes suficientemente esclarecidas para adoptar el federalismo: si no se tomaban medidas enérgicas para poner coto a estos peligros que acechaban a la nación, el futuro mismo de la Revolución quedaría comprometido, poniéndose así en tela de juicio la confiabilidad de la República en el exterior. Este peligro se mencionaba sobre todo en los votos redactados por milicias o cuerpos de ejército como el siguiente, que enunciaba:

> Si en otras circunstancias se divide el poder, los medios de defensa vendrán a ser ineficaces, y Colombia caerá primero en la anarquía, y después en la dominación de sus antiguos metropolitanos. La sangre de tantos colombianos se habrá derramado inútilmente en la guerra de independencia, y los gloriosos títulos que en ella adquirió nuestra República llegarán a ser objetos de desprecio y burla. Es, pues, necesario, para que la gran-

---

que el pueblo había decidido no reconocer el gobierno de Bogotá. Además, cita dos cartas, una a J. A. Cala, gobernador de Barinas, y otra al coronel Cornelio Muñoz, en las que Páez aludía a su preocupación y advertía que la intención de Bolívar era someter a la población. Ver *Historia constitucional de Venezuela. Op. cit.,* pág. 410 y sg.

[93] «Proclama, Venezolanos, Valencia, 15 de diciembre de 1826», *Memorial de Venezuela,* n.° 16, 1° de enero de 1827.

[94] «Acta de la Municipalidad de Barquisimeto, 13 de marzo de 1828», *El Voto de Venezuela. Op. cit.,* pág. 131.

> diosa obra de dieciocho años se conserve y no caiga en irrisión, sostenerla con un gobierno de vigor y de unidad[95].

Con la referencia a la obra revolucionaria, cuyos partidarios y actores no podían admitir que ésta se hubiera llevado a cabo en vano o que quedara reducida a la nada por causa de la anarquía y la guerra civil, se articulaban las dos facetas del personaje de Bolívar: el jefe armado y el hombre político, en su función de presidente de la República de Colombia. Dos facetas asimétricas. Y cuando se recurrió a él, la que prevaleció fue la primera.

No nos proponemos aquí estudiar el culto que se le rendía[96], sino más bien poner en evidencia el nexo entre sus hazañas militares y las cualidades y capacidades políticas que se le reconocía. Además, debido a su papel en la guerra independentista, se le consideraba como el creador de Colombia y de sus partes constitutivas. Efectivamente, además de la adulación de la que era objeto y en la que también caían los hombres supuestamente esclarecidos —tal como lo demuestran los calificativos dados por los representantes de la Universidad de Caracas en un discurso dirigido a Bolívar en 1827[97], en el cual se le llamaba «deidad soberana», «emanación

---

[95] «Representación de los jefes y oficiales del batallón de milicias auxiliares n° 1, a S.E. el Jefe Superior de Venezuela, marzo de 1828», *El Voto de Venezuela. Op. cit.*, págs. 10-11. Ver también «Representación de los jefes y oficiales del batallón de milicias arregladas n° 12 a S.E. el Jefe Superior de Venezuela, Los Teques, 3 de marzo de 1828», *El Voto de Venezuela. Op. cit.*, págs. 27-28.

[96] Existe una bibliografía más que abundante sobre Bolívar, en la cual la hagiografía predomina todavía sobre la auténtica labor histórica, que intenta dar cuenta del mito bolivariano en la elaboración de la memoria nacional. Para más detalles, puede consultarse la obra de G. Carrera Damas, ya antigua pero que plantea la problemática con agudeza, *El culto a Bolívar. Esbozo para un estudio de la historia de las ideas en Venezuela.* Caracas: 1969, así como a su artículo «Simón Bolívar, El culto heroico y la nación», *The Hispanic American Historical Review,* n.° 63-1, 1983, págs. 107-145. En el mismo número de esta revista, puede también consultarse a D. Bushnell, «The Last Dictatorship: Betrayal or Consummation?», *Ibídem,* págs. 65-105. Ver también, por una reflexión mas general sobre el tema, Véronique Hébrard, «El hombre en armas: de la heroización al mito (Venezuela, siglo XIX)», en CARRERA DAMAS, G.; LEAL CURIEL, C.; LOMNÉ, G.; MARTINEZ, F. (coords.): *Mitos políticos en las sociedades andinas. Orígenes, invenciones y ficciones.* Caracas: Editorial Equinoccio/IFEA/Universidad Marne la Vallée, 2006, págs. 281-300.

[97] *Discurso que la I. Universidad de Caracas dedica a su protector el Guerrero político Simón Bolívar, Libertador de tres Repúblicas y Presidente de la de Colombia, pronunciado por el Dr Tomás José Fernández Sanavria, de su gremio y claustro en el acto librario que ha consagrado aquélla al día 18 de febrero de 1827.* Caracas: V. Espinal, 1827, págs. 9-10, ANH/Foll 1827 (1123).

divina», «poderoso imán de corazones»—, lo que mejor caracterizaba las cualidades y capacidades que se le reconocían a Bolívar era la naturaleza de los vínculos establecidos entre éste y la República. Nexos filiales, ante todo, puesto que se le calificaba a la vez de «Hijo más idolatrado de la Patria» y de «Padre de la Patria y Fundador de nuestra República»[98]. Señalemos que eran existentes antes y después de la entidad nacional representada por la República de Colombia, en la medida en que Caracas «le debía su nombre y su gloria»[99], y se le erigía como «salvador de una parte considerable del género humano»[100]. Y se insistía en el papel que jugaba en su calidad de jefe militar: «Fue él quien con su espada y sus talentos nos elevó al rango de nación»[101]. Pero para algunos, él era mucho más que el creador de la nación: «Para nosotros es lo mismo la persona de Bolívar que la Patria; que ésta sin aquél no puede existir»[102].

Semejante identificación y dependencia de la nación, pero también de la República y de la Patria, con la persona de Bolívar hacía aún más obvio el descrédito del que eran víctimas el gobierno y la Constitución. Algunos pedían simple y llanamente que ésta se suspendiera en vista de su incapacidad para acabar con la situación de crisis. En este sentido, la declaración del escuadrón cívico de Caracas resulta significativa: «Nosotros no hallamos otra luz que nos guíe ni otra mano que nos arranque de la tumba sino [...] el genio sublime de S. E. el Libertador Presidente. El formó a Colombia, él debe pues salvarla de la anarquía, regenerarla y darle leyes, costumbres, dignidad, esplendor, libertad y nuevas glorias»[103].

---

[98] Santiago Mariño (de los Libertadores de la República, general en jefe de los Ejércitos de la República), *A sus habitantes*. Cumaná: 18 de enero de 1827, BNV/LR.

[99] *Sucinta descripción de la entrada del Libertador presidente en Caracas,* el 10 de marzo de 1827, Caracas, 1829, pág. 8.

[100] «Representación de los Jefes y Oficiales del batallón de milicias arregladas del cantón de Quibor a S.E. el presidente de Colombia, marzo de 1828», *El Voto de Venezuela. Op. cit.,* pág. 91.

[101] «Acta de los Comandantes y Oficiales del batallón auxiliar n.° 4 de Barlovento, a S.E. el Jefe Superior de Venezuela, Caucagua, 22 de marzo de 1828», *El Voto de Venezuela. Op. cit.*, pág. 214-215.

[102] «Representación de los Jefes Oficiales del regimiento de los lanceros de La Victoria, provincia de Apure, a S. E. Libertador presidente, Achaguas, 16 de marzo de 1828», *El Voto de Venezuela. Op. cit.,* pág. 197.

[103] «Representación del escuadrón cívico de Caracas al Jefe Superior de Venezuela, Caracas, 4 de marzo de 1828», *El Voto de Venezuela. Op. cit.,* págs. 30-31.

La convicción de que no existía más recurso que Bolívar era tan grande que se llegó a proclamar la inutilidad de llevar a cabo una gran Convención cuyos miembros, se decía, debían limitarse a confirmarlo en el ejercicio de los plenos poderes y a hacer respetar la integridad de la República. Si la nación le debía su existencia y su salud, si sólo él podía darle no sólo paz, moral, libertad, sino también, y sobre todo, costumbres que la hicieran digna de ese nombre, ¿de qué nación se trataba, cómo y por quién estaba constituida? Aunque sí había quien señalara las cualidades políticas de Bolívar, se trataba de una minoría, pero ésta también se dejaba llevar a cimentar la fe que le profesaban únicamente en sus capacidades y talentos militares. Así, la Municipalidad de Píritu declaraba: «Bolívar sabrá, con la espada en una mano y el código en la otra, poner en posesión a los hijos de Colón de la honradez que han perdido por sus continuas agitaciones»[104].

Así como él era la nación —o su creador—, también se le identificaba con la ley, la cual quedaba sustituida por su acción dirigida a revitalizar el país. Los padres de familia y propietarios de Caracas basaban su preferencia por el Libertador en esa misma convicción y, en cuanto a la restauración política, hacían un paralelo significativo entre la fuerza que él había desplegado sucesivamente contra a los tiranos y para dirigir y canalizar la intrepidez de sus ejércitos, concluyendo que: «No son ya, Señor, los males que nos aquejan curables con las leyes políticas sino con la unión y la fuerza, y ésta no tiene consistencia si no se pone al cargo de un sólo hombre que corone de nuevos triunfos el pabellón de Colombia, dándole la paz, la moral, y el reposo para proporcionarle después su prosperidad»[105].

La ausencia de cualquier otra alternativa se hacía aquí patente. Sólo un hombre providencial, Bolívar, y no las instituciones, parecía capaz de salvar a la República. No obstante, la idolatría de la que era objeto (retomando un término utilizado a menudo) no sólo era denunciada por quienes advertían contra los peligros de esta práctica, sino que la vemos también mencionada por sus partidarios. Pero ahora se presentaba como un hecho consumado, que parecía difícil negar, cuyo origen no se identificaba y por consiguiente era incontrolable:

---

[104] «Representación de la Municipalidad de Píritu, 22 de abril de 1822», *El Voto en Venezuela. Op. cit.*, pág. 307.

[105] «Representación de los padres de familia y propietarios de Caracas a S. E. el Libertador presidente, 2 de marzo de 1828», *El Voto de Venezuela. Op. cit.*, pág. 24.

> Siempre, Excmo. Sr., hemos idolatrado el genio de Colombia, siempre hemos ocurrido a él en los desastres, y jamás nos hemos arrepentido de hacerle árbitro de nuestros destinos; bien sea fascinación, bien realidad, éste es el hombre que más amamos y que nos parece ser indudablemente la única palanca que con constancia sostendrá la dicha nacional[106].

c) Las advertencias contra la adulación

Aunque el término «adulación» no tenía aquí connotación peyorativa, ésta no escapaba a la crítica de algunos, que temían otro tipo de desviación, igual de peligrosa para el país. De hecho, se producía una división entre los partidarios de mantener a Colombia: los que, sobre todo en 1928, con la gran Convención Nacional, se pronunciaban abiertamente a favor de un poder fuerte sólo en manos de Bolívar; y los que eran partidarios de la integridad territorial y de la adopción de una forma de gobierno mucho más centralizada, ciertamente, pero que al mismo tiempo se oponían a la concentración del poder en manos de un sólo hombre. Así, en *Fe política de un colombiano,* el autor atacaba la tendencia de los pueblos recientemente liberados a colocarse bajo el auspicio de quien, al haber sido el artífice principal de esta victoria contra las fuerzas del despotismo, aparecía como el único capaz de dirigir el país (inicialmente con la ayuda de sus aláteres, quienes ejercían un poder discrecional) de manera adecuada, poniéndose de hecho por encima de las leyes. En este sentido, indicaba que el pueblo se acostumbraba entonces sólo a obedecer:

> ... a la prudencia del caudillo, y a las interpretaciones que de su voluntad hace cada uno de los inmediatos agentes; así como en el corazón de éstos y de aquél se arraiga si no el principio de derecho divino como en el de los reyes, a lo menos la engañosa persuasión de que sin ellos no hay patria. Uno sólo se cree el autor de la redención universal, porque a su frente los pueblos han triunfado de la antigua tiranía; sin pensar que una masa de hombres que proclama la libertad hallará, mientras dure su ardor, un campeón que la conduzca a la victoria[107].

---

[106] «Representación de la oficialidad de la milicia de Guarenas a S. E. el Jefe Superior el Libertador presidente, 2 de marzo de 1828», *El Voto de Venezuela. Op. cit.*, pág. 24.

[107] *Continuación de Fe política de un colombiano.* Bogotá: S.S Fox, 1827, pág. 19.

Efectivamente, era uno de los tópicos recurrentes de la época, proporcional a las fuerzas de dislocación que iban surgiendo y para las que siempre se conseguía un remedio llamando al hombre circunstancial, por no decir —pues se trataba de Bolívar— al hombre providencial, al genio tutelar de la Nación. Si bien el autor de Fe política de un colombiano comprendía la reacción común a todos los pueblos de llamar a un hombre para salvar al país de la anarquía, se oponía a quienes ahora, refiriéndose al precedente de la dictadura romana, intentaban legitimar una medida similar en Colombia. No sólo no aprobaba el principio de la dictadura, que tendía demasiado a convertirse en tiranía, sino que además se esforzaba en demostrar que, por esta misma razón, la referencia a Roma resultaba errónea pues había quedado entonces claramente enunciado que el dictador sólo cumplía un papel de mediador. El autor introducía una segunda diferencia entre los dos tipos de dictadura, pues debido a que las dictaduras modernas se ejercían sobre vastos territorios (y Colombia era un caso innegable), las poblaciones ya no tenían la posibilidad de velar por la buena utilización de esos poderes extraordinarios otorgados a un sólo hombre. Concluía su análisis llamando a la sabiduría de los pueblos modernos y advirtiéndoles contra la adulación practicada con los hombres por su carisma y su poder logrado en el combate[108].

> Pueblos libres de la tierra, ¿os hallais agitados por la divergencia de opiniones, por las pretensiones de los partidos, por la ambición de los individuos? No penseis en crear una dictadura que los comprimirá a todos para asegurar el triunfo de un individuo o de una facción: no os dejéis llevar del ejemplo de los romanos, cuya dictadura no servía para destruir sino para suspender las disensiones intestinas en los momentos de crisis. Vosotros no debereis vuestra salvación sino a la excelencia de las instituciones que ofrezcan garantías a todos los partidos.

[108] Efectivamente, en el capítulo intitulado «De la dictadura o del poder dictatorial en un sólo hombre» indicaba: «Pero como hay algunas personas instruidas que no pueden desentenderse de la impresión profunda que les ha causado la historia portentosa de los primeros días de la República romana, nos parece muy conveniente disipar el prestigio que aquellos nombres venerables y aquellas acciones sobrehumanas causan en las almas [...] de la presente generación; y sin quitar su verdadero mérito ni a los hombres ni a las cosas, tratemos de averiguar sus causas políticas y morales. Menos prestigioso nos parecerán los sucesos cuando se les vea contenidos como un germen en las causas que los producen», *Fe política de un colombiano. Op. cit.,* pág. 14.

> Teneis en vuestras manos los medios de remediar vuestros males: nombrad buenos diputados, es decir, hábiles, virtuosos y valientes; y si no los encontrais, desistid de la empresa de ser libres. No los busqueis en esta o la otra clase, bajo este o el otro adjetivo, porque la ciencia y la virtud son esencialmente personales. No lo espereis todo de la buenas leyes: esperadlo también de los buenos ejecutores y de la moral pública. Las leyes escritas son como la semilla que no produce si no se le aplica el trabajo y los medios de su desarrollo, y si la tierra no la fecundiza. En las naciones modernas no hay virtudes a prueba del poder absoluto. Teneis a la vista ejemplos muy tristes de esta verdad. Premiad el mérito y los servicios a costa de la Hacienda pública; jamás a costa de la ley[109].

Esta última advertencia apuntaba, sin lugar a dudas, a los poderes extraordinarios otorgados a los individuos (en este caso, a Bolívar) en virtud de sus acciones en el ejército independentista. El autor de *Lo que deberá ser Colombia* se oponía a la federación solicitada en 1826, y al mismo tiempo veía en ciernes en esa extrema centralización del poder las derivas dictatoriales analizadas en Fe política de un colombiano:

> La Constitución de Cucutá tiene defectos tan esenciales que dejan un vacío inmenso para que el Ejecutivo absorba y confunda todos los poderes, y obre con más arbitrariedad que un rey constitucional, a quien se han fijado los límites de su potestad [...] la propia Constitución reviste al Ejecutivo de facultades extraordinarias y dictatoriales, sin fijar límites claros y precisos a esta autorización peligrosa, que excita frecuentemente a usar de ella, cuando sólo debía aplicarse este remedio en los casos muy extremos[110].

Por consiguiente, las cualidades políticas y la capacidad para recuperar el país sólo se le reconocía a Bolívar debido casi exclusivamente a su pasado militar. Esta transferencia de un ámbito de competencias a otro era precisamente lo que el autor de Fe política de un colombiano denunciaba[111]. Más

---

[109] *Ibídem,* pág. 19.

[110] *Lo que deberá ser Colombia. Op. cit.,* págs. 15-16.

[111] Vemos esta transferencia en la siguiente declaración de la Universidad de Caracas: «Los pueblos contemplan con admiración a este hombre singular que sólo aspira a la libertad

allá del culto en sí, el recurrir así a Bolívar demostraba el carácter tenue de una práctica política representativa, reivindicaba por otra parte. Aparte de los dos autores citados anteriormente, eran pocos los que advertían contra las desviaciones posibles del retorno del hombre providencial, y trataban de demostrar la superioridad de las instituciones y del papel de los representantes, incluso en tiempos de crisis. A través de semejante fe en el poder personal único, en el jefe carismático definido por M. Weber, era toda la tradición monárquica la que parecía resurgir de repente, con la figura central —viviente— de un rey. Figura completada aquí por la del hombre de armas, salvador de la patria, con las cualidades casi demiúrgicas de un monarca. No obstante, esta identificación llevada al extremo ponía fin, de alguna manera, a la veneración de la que Bolívar era objeto. Efectivamente, a partir de 1829, en relación más o menos directa con las intenciones que se le atribuían de instaurar una Monarquía, Bolívar era acusado de todos los males, sobre todo de haber causado la ruina de la patria. Para ello, sus detractores utilizaban los mismos argumentos esgrimidos contra los hombres de Bogotá y los jefes de los movimientos facciosos, demostrando de nuevo, más allá de los cambios de opinión, la fragilidad de las instituciones, y más aún, la fractura entre la voluntad de un código constitucional, funcionando en un plano formal, y su inadaptación a la realidad.

d) La desacralización del «Héroe del Siglo»[112]: Bolívar contra Páez

Efectivamente, cuando se desacreditaba a Bolívar, en 1829, sobre todo a raíz de las sublevaciones ocurridas en Perú, y luego del rumor acerca de sus veleidades de instaurar una Monarquía, los argumentos esgrimidos gi-

---

de sus semejantes, y que reúne a la fortuna y actividad de Alejandro, la probidad de Arístides, y la sublime política de Washington. No es un guerrero que con su ensangrentada espada dicta leyes en nombre del terror, sino el que, en la calma de las pasiones, medita los planes de la felicidad de los hombres [...] y consulta la voluntad general para constituirlos. Infatigable en la campaña, no lo es menos en la profunda ciencia del gobierno. Esos monumentos eternos de sabiduría que delineó su pluma son más fuertes que el mármol y el bronce en que se graban sus batallas». *Discurso que la I. Universidad de Caracas dedica a su protector, el Guerrero político Simón Bolívar, Libertador de tres Repúblicas y Presidente de la de Colombia, pronunciado por el Dr Tomás José Hernández Sanabria, de su gremio y claustro en el acto librario que ha consagrado aquella el día 18 de febrero de 1827.* Caracas: V. Espinal, 1827, pág. 10-11, ANH/Folletos 1827 (1123).

[112] Tomamos esta expresión del texto redactado en 1829 por ciudadanos de Maracaibo quienes, sin hacer caso de esta condena de Bolívar, seguían fieles a él. *Manifestaciones que hacemoslos ciudadanos que suscribimos. Op. cit.*

raban en torno de los mismos principios que lo habían llevado a la cima de la gloria. Observamos en primer término la destrucción de la identificación entre Bolívar y la ley, al mismo tiempo que el retorno de ésta a un primer plano, como entidad autónoma y elemento regulador de la sociedad.

> En nueve meses que han corrido desde la separación de Venezuela [de la gran Convención de Ocaña] no se han visto más agitaciones en ella que la que los satélites del general Bolívar causaron por menos de un mes en la provincia de Caracas, engañando a algunos pocos hombres, y aterrando al resto. ¿Pero para qué? Para ser más pronto víctima de la opinión que ha condenado el ídolo alodio y al desprecio general. No hay, pues, anarquía en Venezuela, ni menos despotismo, ni arbitrariedad. La Ley, reina del mundo, es el único señor que conocen los venezolanos[113].

Sólo la leyera capaz de asegurar el orden, así como garantizaba que las opciones políticas escogidas por los representantes de la «nación» eran producto de la razón. Por consiguiente, en segundo término, se procedía a poner en tela de juicio la legitimidad de los poderes ejercidos por Bolívar, en detrimento de la ley, de sus propias declaraciones, y de sus compañeros de armas. En este sentido, todos los textos y las declaraciones que promovían esa crítica se apoyaban en el discurso del propio Bolívar; entre ellos Martín Tovar Ponte, quien fue el primero en utilizar ese procedimiento para defender el principio de un gobierno federal. Además del cuestionamiento contra las decisiones institucionales que se habían tomado desde la creación de Colombia[114], lo que aumento el descrédito de Bolívar fue el haber violado esas mismas leyes para asentar su poder personal. Así, en un texto publicado poco antes del decreto de ostracismo pronunciado en su contra en mayo de 1830 por el Congreso constituyente de Venezuela, su

[113] *Documentos concernientes a Colombia unida y separada.* Caracas: V. Espinal, 1829, págs. 4-5, ANH/Folletos 1829 (1129).

[114] Así, los representantes de Caracas declararon: «Bien pudiera prescindirse del mensaje que dirigió el general Simón Bolívar al Congreso de Angostura de 1819, en que propuso bases contrarias al sistema proclamado en Venezuela desde el momento de su transformación política; de su inconformidad con la Constitución de Cucutá a pesar del juramento que prestó de someterse a ella, y que eludió ausentándose a remotas regiones por no gobernar con trabas; de la profesión de los principios de su política en la Constitución que presentó a la República boliviana, y que recomendó con encarecimiento

autor —apoyándose en los textos de Bolívar— trataba de señalar los medios con los que éste se había erigido en tirano dotado de poderes extraordinarios:

> Recórrase la vida de este Supremo y no se encontrará que una vez sóla siquiera haya estado sometido a ley. Intrigaba para obtener la Presidencia constitucional, pero jamás la desempeñaba porque sólo quería ejercerla en campaña para usar de esas abominables facultades extraordinarias, que arrancó últimamente al Congreso de Cúcuta, después de impresa la Constitución, por lo cual fue preciso rehacerla en mucha parte[115].

Más adelante, retornando los mismos ejemplos, el autor agregaba que Bolívar siempre se había considerado corno superior a la ley, y no como sometido a ellas[116]. Esta actitud le valió, corno a los hombres del gobierno de Bogotá poco tiempo antes, que también se le acusara de haber manipulado a su entorno con el fin de actuar a su antojo, mediante el otorgamiento de privilegios y cargos honoríficos, introduciendo así en suelo colombiano una nueva nobleza. «[En el] arte de la intriga, de la seducción y de la perfidia, nadie puede competírselo a *don Simón Bolívar.* Atrevido y astuto se personifica con la Providencia»[117].

Tras denunciar todas las prácticas anti-constitucionales de Bolívar y su desprecio por los derechos civiles y políticos, ahora también se ponía en duda y se cuestionaba sus cualidades y capacidades militares, despojándolo así de toda legitimidad y de su pretensión de erigirse en padre y creador de la nación. Además, ese desmentido total beneficiaba a Páez y a los verdaderos patriotas en armas. Recordando los inicios de la guerra independentista y las reservas que Bolívar tenía entonces respecto de Páez al percatarse de que no lograría maniobrarlo a su antojo, se mencionaba los logros que no habrían podido alcanzar sin su genio. En contrapartida,

---

para las de Perú y Colombia; de los medios de que se valió para disolver el Congreso del Perú y la Gran Convención reunida en Ocaña; de la acogida favorable y el apoyo que prestó a los que por un movimiento revolucionario destruyeron en Bogotá las bases populares para erigirlo Jefe Supremo y árbitro de la suerte de los Colombianos», *Documentos concernientes a Colombia unida y separada. Op. cit.,* pág. 4-5.

[115] Los caraqueños, *Nuevos torpes atentados del dictador destructor Simón Bolívar.* Caracas: 1830, pág. 3. BNV/LR.

[116] *Ibídem,* pág. 6.

[117] *Ibídem,* la cursiva es nuestra.

Bolívar era descrito como un intrigante, además como un timorato presa de la depresión debido a los fracasos sufridos, situación de la cual sólo había podido salir gracias a la ayuda de Páez: «Mientras que Bolívar no contó con este héroe afortunado, jamás pudo ganar una acción, ni logró tener nombradía, ni salir del terror y abatimiento en que estaba sumergido. Desde entonces principiaron a brillar las armas de la República...»[118]

En contrapunto, además de las cualidades que tenían que ver con el origen llanero de Páez, a éste se le dotaba de cualidades que hasta entonces sólo se atribuían a Bolívar. Pero observamos, sobre todo, la rehabilitación de sus compañeros de armas a los que Bolívar había condenado, obviando sus hazañas y la sangre derramada para la defensa y la liberación de la patria, con el fin de que no hicieran sombra a su propio prestigio. El nexo que existía hasta entonces entre la personalidad de Bolívar y su ciudad natal, que había reivindicado como hijo de su propio suelo a este hombre ilustre convertido en héroe y Padre de la Patria, quedó destruido. En adelante, ya no se le permitiría mancillar esta tierra que había reconquistado su libertad perdida: «... no hay un habitante que haya dejado de suscribirse con alguna suma para sostener la guerra que todos quieren hacerle con el fin de reducirlo a cenizas y disiparlas en el aire, para que no puedan infestar otra vez el país de los libres que tuvo la desgracia de producir al usurpador Bolívar»[119].

Para que Caracas —y, más allá, la nación— reconquistara su autonomía y, por ende, su libertad, tenía que romper con ese padre indigno del que ella era madre. Este proceso de rechazo iba a la par del proceso de rehabilitación de todos los próceres de la independencia, en adelante considerados como los verdaderos fundadores de la patria, encabezados por Páez. Para ello, las condenas y acusaciones hechas por Bolívar en contra de ellos eran refutadas con vehemencia:

> No eran galopines de tabernas, ladrones, fascinerosos, ni aspirantes; no asesinos, perdularios, corrompidos y traidores: eran fundadores de esta República agonizante: eran padres conscriptos, mártires de la libertad por la que habian vertido con entusiasmo su sangre inmaculada: eran en fin, los que [arrostra-

---

[118] Los caraqueños: *Nuevos torpes atentados del dictador destructor Simón Bolívar. Op. cit.*, pág. 5.

[119] *Ibídem*, pág. 8.

> ron) todo peligro por sostener la Constitución y las leyes que nos regian...[120]

Por consiguiente, a partir de la proclamación de la separación de noviembre de 1829, se consideraba la presencia de Bolívar como un factor de desorden. Con respecto a la presencia de Bolívar en Colombia, y para contradecir un texto publicado al respecto en La Linterna, el autor de un folleto señalaba:

> Se esfuerza el escritor en persuadirnos de que la salida del general Bolívar del territorio de Colombia es la mayor desgracia que puede acontecer, que es sinónimo de anarquía, de horrores, de despotismo, etc., y concluye con que no debe salir para que pueda ser elegido presidente constitucional. ¿Si estará este señor en el pais de las monas? En lo tocante a Venezuela, lo desafiamos a que nos cite un instante de aquellos en que mandaba el Dictador, que se parezca a los venturosos dias en que la ley ha recobrado todo su imperio: han callado las pasiones, los sentimientos particulares se han refundido en los [sentimientos] generales y la Representación Nacional marcha firme y segura por la senda que le trazan la razón, los principios y la conveniencia pública, sin respeto a ningún hombre[121].

La ciudad de Puerto Cabello iba aún más lejos en la condena de su antiguo héroe, al declarar con motivo de su adhesión al proceso de separación: «Que se desconozca la autoridad del general Simón Bolívar, y que su nombre se condene al olvido; que la Antigua Venezuela se constituya de hecho en un Estado soberano...»[122]

Se desacreditaba a Bolívar por detentar poderes extraordinarios y dictatoriales; durante la celebración de la Constitución venezolana por parte de la Sociedad Republicana de Caracas, en 1830, se criticó el despotismo y todas las formas de gobierno personalista; lo cual no obstaba para que Páez fuera elevado, a su vez, al rango de Padre de la Patria, reemplazando a Bolívar: a través de esa transferencia de los méritos militares de Bolívar a Páez, Venezuela ya había conseguido un nuevo padre y protector. Al respecto, en un texto anónimo sobre la separación decidida por Caracas se

---

[120] *Ibídem,* pág. 9.

[121] *Documentos concernientes a Colombia unida y separada. Op. cit.,* n.° 4.

[122] *Rectificación del pronunciamiento de Puerto Cabello.* Puerto Cabello: 17 de noviembre de 1829, pág. 6, BNV/LR, mic. LR 260.

leía: «Ella ha sancionado que el gobierno de Bogotá ha traicionado a la patria: que sus vínculos con este gobierno revolucionario no existen ya; y que ha llegado el caso de constituirse en Estado soberano[123]. Ha nombrado con aclamación universal por su caudillo al inmortal...»[124]

Con respecto a las cualidades del nuevo padre y dirigente de Venezuela, el texto ya citado, redactado por habitantes de Caracas después de haber despojado a Bolívar de todos sus atributos en beneficio de Páez, decía:

> Nosotros hemos elegido por director y protector de nuestra regeneración al verdadero creador de la independencia de la Antigua Venezuela, a este mismo impávido guerrero general J. A. Páez, ciertos de que, así como desde un principio supo sostener la grandiosa empresa de nuestra emancipación, sin habernos jamás dejado a discreción del enemigo, desertado del ejército, ni fugado del territorio como tanta y tan repetidas veces lo hizo sin pudor el generalísimo, supremo, dictador Simón Bolívar; y de que se consagrará gustoso, por su propio honor y para perfeccionar su obra, a conservar intacta la soberania de la Antigua Venezuela, y libre del abominable yugo que la encorvaba[125].

Por su parte, la Sociedad Republicana propuso presentar en su salón algunos preceptos dedicados, precisamente, al despotismo, entre los cuales figuraba especialmente: «10°: Un tirano es un viento abrasador, y hasta las rocas se calcinan bajo su destructora influencia. 11°: La idea de un cuerpo independiente dentro de la esfera nacional es subversiva porque sólo el pueblo es soberano»[126].

Uno de estos preceptos consideraba incluso como lícita la aplicación del derecho de muerte contra los tiranos: «3°: Matar a un tirano es acción popular; tolerarlo, ignominia»[127].

La fuerza con la que se condenaba a Bolívar, cuestionando y anulando sus virtudes y acciones del pasado, también ponía en tela de juicio la idea

---

[123] Se observa, igual que en la cita anterior, que lo que se constituía no era una nación sino un Estado; la nación será, al contrario, el resultado de este proceso de constitucionalización.

[124] *Venezuela libre.* Caracas: 1830, hs, FBC/Archivos de Gran Colombia.

[125] Los caraqueños: *Nuevos torpes atentados del dictador destructor Simón Bolívar. Op. cit.*, pág. 5.

[126] *El triunfo de la Constitución celebrado en Caracas. Pensamientos colocados en un cuadro que decoran el salón de la Sociedad.* Caracas: 1830, págs. 15-16, ANH/Folletos (1131).

[127] *Ibídem,* pág. 14.

promovida por él: la República de Colombia. El mecanismo que sus oponentes de la época habían puesto en marcha funcionaba para hacer desaparecer al héroe, desacralizado y ausente del territorio tras su condena al ostracismo y, junto con él, la entidad de la que era creador y encarnación. En Venezuela, esta decisión iba en definitiva en contra de dos objetivos: la nación colombiana y su creador. Ciertamente, Páez sustituía a Bolívar, convirtiéndose en Padre de la Patria y encarnándola, pero ya no se trataba de la gran patria colombiana sino de la pequeña patria, la Venezuela liberada cuyos representantes ya podían entonces asumir el desafío de «construir constitucionalmente una nación»[128]. Antes de que la profecía de Bolívar, la creación de una gran nación —la República de Colombia—, «se transforme en un sincrético sistema de creencias en donde, entre otros elementos [...], luchan la realidad desencantada y la idea de un ideal a través de la persistencia de un sueño profético»[129], aquí se producía la muerte misma de la idea, permitiendo que en el plano de lo real se reconstruyera una nación nueva, Venezuela.

> ... la Constitución será un fantasma vano, e inútiles los mejores leyes, si no se observan religiosamente. Atacar la Constitución de un Estado y violar sus leyes es un crimen capital contra la sociedad; y si los que lo cometen son personas revestidas de autoridad, añaden al crimen mismo un pérfido abuso del poder que se les ha conferido [...]. Bolívar con sus envejecidos ataques sordos y lentos ha logrado destruir nuestra Constitución y despedazar las leyes. En tales circunstancias, no hallando Venezuela otro modo de reprimirlo sin efusión de sangre, ha escogido el prudente y sabio de separarse de su mando[130].

Obsérvese que se vuelven a referir a Vattel pero esta vez sin citarlo. Los venezolanos tendrían en adelante la posibilidad, el derecho, de formar un gobierno propio y, por ende, una Constitución propia. Efectivamente, puesto que Bolívar había cometido un crimen de lesa-patria, ya no había que obedecerle y el pacto entre las partes constitutivas de la República de Colombia quedaba roto para siempre.

---

[128] Castro Leiva, L.: *La Gran Colombia. Una ilusión ilustrada. Op. cit.*, pág. 99.

[129] *Ibídem,* pág. 35.

[130] Los caraqueños: *Nuevos torpes atentados del dictador destructor Simón Bolívar. Op. cit.*, pág. 23.

Capítulo 2

¿Qué es la nación venezolana?

Cuando el movimiento de oposición contra el gobierno de Bogotá cristalizó en torno a una lucha de competencia —y de autoridad— entre civiles y militares, pero también entre el centro y las periferias, al mismo tiempo la legitimación de esta oposición remitía a las condiciones de creación de la nación colombiana y, más allá, al desprecio con el que Venezuela había sido tratada. Así se inició una verdadera guerra de procedimientos jurídicos, en la que se introdujeron elementos y argumentos que contribuían a la afirmación de una singularidad venezolana y, más aún, de los pueblos que la constituían. Encontramos aquí toda la temática elaborada en 1810-1811 para legitimar la proclamación de la independencia, ya que muchos de los partidarios de la separación de Venezuela, o por lo menos de una federación colombiana, ilustraban sus propósitos haciendo un paralelo entre las dos «madrastras»: primero, España; y ahora, Bogotá. No obstante, obviando la federación como principio de gobierno para la Venezuela independiente, la vía del justo equilibrio entre ambas formas de gobierno fue la que rigió la elaboración de la Constitución venezolana de 1830, vía presentada a los venezolanos por Andrés Narvarte[1], en su calidad de presidente del Congreso constituyente, en estos términos:

> ¡Venezolanos! Teneis ya establecida la forma de gobierno. Después de serias y muy detenidas discusiones, se ha preferido la mixta, que participa de central y federal. Odioso se ha hecho el centralismo riguroso; y aunque es conocida la excelencia del sistema federal, no se ha encontrado posible su establecimiento [...]. Un país escaso de población, no abundante de luces, y aniquilado por una consecuencia de la guerra que ha sostenido con la España, y por las conmociones interiores, no puede adoptar el régimen puramente federal. El que se ha sancionado brinda a los pueblos inmediatos recursos por medio de las asambleas provinciales, que se organizarán con suficiente autorización[2].

---

[1] Conviene señalar que Andrés Narvarte formaba parte del grupo de moderados que en 1818, en la gran Convención de Ocaña, trataron de evitar su disolución para llegar a un término medio y preservar la integridad de la República.

[2] *El Congreso de Venezuela a los pueblos y sus comitentes*. Valencia: 11 de junio de 1830, hs, BNV/LR.

1. El papel político e histórico de los pueblos y de sus Municipalidades

En el debate que se produjo durante este período de 1826 a 1830 sobre la forma constitucional que había que dar a Colombia y Venezuela, los pueblos y sus Municipalidades eran indudablemente el punto central de la reflexión y del cuestionamiento, ya se tratara de cuestionar la legitimidad de sus acciones, ya se tratara de fundar históricamente los derechos que reivindicaban. Estas controversias confirmaban la omnipresencia del pueblo —como entidad a la vez geográfica y humana— reforzada por la polisemia que este término permite. Verdadero actor de las manifestaciones oposicionistas o partidarias de la política del gobierno de Bogotá, y árbitro en la confusión de los poderes civiles y militares, el concepto de pueblo aparecía hasta en la retórica de legitimación. Y esta importancia adquiere todo su alcance al examinarse los tres procesos de 1826, 1828 Y 1829 que, más allá de las divergencias de contenido, tenían su raíz en el pueblo.

Ya la reconquista de Maracaibo en enero de 1821 y la liberación de Puerto Cabello en 1823 introdujeron una ruptura determinante. Efectivamente, esas dos ciudades inauguraron una práctica hasta entonces inédita —o por lo menos de poca difusión— para tomar la palabra: tras su liberación, fundaron un periódico, y en Puerto Cabello apareció un texto que emanaba de una sociedad patriótica[3]. En general, además de reiniciarse las publicaciones suspendidas por razones técnicas o prohibidas por las autoridades españolas, se observa la multiplicación de documentos que, al menos en sus títulos, emanaban de ciudades, de ciudadanos o de grupos de ciudadanos deseosos de participar en la vida política y discutir acerca de las decisiones que se tomaban desde el poder central. Hasta los militares pretendían defender, a través de la prensa, el reconocimiento de sus derechos, sobre todo el derecho a voto. Y aquí abordamos el punto determinante de este nacimiento de la «disidencia» venezolana dentro de Colombia, con la que se afirmó una singularidad ya evidenciada con motivo de las reservas emitidas desde diciembre de 1821 por la Municipalidad de Caracas contra la Constitución de Cúcuta. Además, en nombre de la dignidad de sus primeros próceres, a partir de 1826 algunos condenaron los principios de gobierno adoptados por los hombres que estaban en el poder, en Bogotá, así como el

---

[3] *La Sociedad de la Unión de Puerto Cabello, en la provincia de Carabobo, Departamento de Venezuela, Al soberano pueblo colombiano.* Puerto Cabello: impr. republicana de Joaquín Jordí, 1825, hs, BNV/LR.

papel de los militares en el poder. De hecho, la fisonomía del debate tenía que ver con la configuración del movimiento tal como se desplegó y se organizó, puesto que tuvo como origen y sede de expresión las ciudades y las corporaciones que las constituían.

Por consiguiente, a partir de esos mismos pueblos se consideró y reivindicó la comunidad que debía reconstituirse desde un punto de vista tanto territorial como de identidad. Efectivamente, la reconstitución de las provincias que formaban parte de Venezuela antes de la creación de Colombia se dio desde Valencia y Caracas que, según un proceso piramidal, federaban otros pueblos. Ese conjunto se estructuró inicialmente gracias a la elección, dentro de cada una de las ciudades que se adhirieron al movimiento, de representantes de las Municipalidades que prestaron juramento de fidelidad en las ciudades principales. Reunidas luego en asamblea provincial, a ejemplo de Valencia y Apure en junio de 1826, esas ciudades y Departamentos de la «Antigua Venezuela» formalizaron oficialmente su reivindicación y erigieron un gobierno provisional antes de considerar la redacción de una Constitución y, para ello, la reunión de una convención venezolana. Y en 1828, después del fracaso de la Convención de Ocaña, se pensó en convocar un Congreso constituyente disidente. Finalmente, el 13 de enero de 1830, tan pronto como se proclamó la ruptura con la República de Colombia y se anunció la reunión de un Congreso constituyente colombiano, Páez llamó a elegir en marzo de 1830 un Congreso constituyente sólo para Venezuela. Por consiguiente, éste, que será el encargado de promulgar la Constitución de la nación venezolana, provendría de los pueblos que habían dado el primer impulso por intermedio de sus Municipalidades, demostrando así la pertinencia de la federación propuesta por Martín Tovar Ponte: una agrupación de Municipalidades, de la cual se desprendía una aprehensión fragmentada de la soberanía y, por ende, de la entidad nación. Este último aspecto, aunque presente desde el origen del proceso en 1810, adquiría aquí su pleno alcance y una particular significación. Fueron los pueblos y, a un nivel inferior, sus cuerpos constitutivos, los que dieron origen a este proceso que desembocó en la separación, y no un conjunto unificado tanto en su voluntad de tener un gobierno propio como en su fisonomía geo-administrativa. Tal concepción, a su vez, nutría el debate sobre la forma constitucional que había que dar a la nación. Pero, cualquiera fuera la opinión al respecto, el tema del pueblo y de su participación política llevaba a plantear el de la legitimidad de la separación. El texto de la Municipalidad de Caracas para el juramento a la Constitución de 1821 ya mostraba esta bipolarización del discurso en cuanto al apoyo que recibía, determinándose así el posicionamiento de los actores en función de las relaciones de fuerzas:

> Algunos de ellos [los artículos de la Constitución] debían sujetarse a un nuevo examen y sufrir alguna alteración o reforma en los términos que se vieran más convenientes a los pueblos de la República; pero reflexionando, por otra parte, que se acercaba el día asignado para el juramento, y que este acto podría considerarse como un testimonio de aquiescencia y conformidad con todas y cada una de las disposiciones que aquel Código contiene, acordaron que para no dar a los enemigos de la República ni la más ligera idea de división entre pueblos que se han reunido por unanimidad de sentimientos, intereses y recíproco afecto, jurará el cuerpo municipal obedecer, guardar y sostener y contribuir a que se obedezca, guarde y sostenga la Constitución política de Colombia...[4]

El proceso en su conjunto se veía así legitimado en cuanto se analizaba, igual que todo el proceso independentista, a través de este concepto de federación de las ciudades actuantes, representadas por sus Municipalidades. De hecho, lejos de ser un postulado teórico con miras a legitimarlas, la demostración de Martín Tovar Ponte, tras haberse apoyado en ellas para fundamentar esta tesis con el ejemplo y el análisis de los acontecimientos ocurridos en 1810, se veía confirmada por la práctica. Sobre todo en 1826, y también en 1829, los propios actores políticos no sólo se referían a los antecedentes de 1810, sino que demostraban con su vocabulario la presencia de la organización municipal en la práctica política y, más allá, la presencia del pueblo. Este era un término recurrente del discurso, hasta tal punto que reemplazaba los términos de Nación y Pueblo en las expresiones donde éstos solían figurar, ya se tratara de soberanía o de voluntad de los pueblos y así como la entidad nación se definía habitualmente como la suma de voluntades y como la expresión de la soberanía del pueblo, asimismo la reconstitución de la «Antigua Venezuela» se producía a partir de los pueblos. Por consiguiente, si bien se producía una fragmentación de los espacios soberanos a este nivel, existía a pesar de todo una cohesión cuyo

---

[4] «La Municipalidad de Caracas jura preservar la Constitución, Caracas, 25 de diciembre de 1821», en Santos Rodulfo Cortés, *Antología documental de Venezuela (1492-1900)*. Caracas: imp. Tipografías Santa Rosa, 1960. Este movimiento, además de su significación circunstancial, era el primero de una serie, incluyendo el de 1828; sus protagonistas contradijeron las decisiones anteriores y se pronunciaron a favor de la integridad de la República, demostrando así que, más allá de las divisiones «políticas», existía una práctica de expresión y acción a partir de las ciudades y sus municipalidades.

objetivo era negar los límites administrativos impuestos por el gobierno central. Así lo declaró la ciudad de Cumaná, en su acta del 26 de noviembre de 1826 con la que se adhirió a las declaraciones de Caracas del 7 de noviembre —decretando que se rompía el pacto social y que la República de Colombia quedaba disuelta de facto— y se pronunció a favor de un sistema popular representativo federal:

> Cumaná, como uno de los pueblos que componían la Antigua Venezuela, sin necesidad de más invitación, concurriría con sus diputados a tomar asiento en el cuerpo constituyente que ha de reunirse en la ciudad de Valencia el 15 de enero del año entrante, a efecto de sancionar el reglamento provisorio que ha de organizar y regir a toda Venezuela en un sólo Estado[5].

Esta presencia de los pueblos y sus Municipalidades quedaba demostrada no sólo a través de los términos utilizados en el discurso de los actores políticos y, más aún, de la sustancial cantidad de actas emanadas de las Municipalidades así como de los ciudadanos, síndicos y otros miembros del patriciado urbano, que se expresaban acerca de la actitud que había que adoptar respecto del gobierno central —o de sus decisiones— y del futuro de la República de Colombia. En el editorial de su primer número, el *Memorial de Venezuela* definió el objetivo de esta nueva publicación en términos que confirmaban esta tendencia: «Este papel tiene por objeto la publicación con el orden posible de todos los documentos relativos a la reforma actual de estos pueblos»[6].

Por añadidura, los pueblos mismos reivindicaban esas reformas, negando que estuvieran manipulados por grupos armados al servicio de Páez, contrariamente a lo que el gobierno quería hacer creer. Algunos presentaban un verdadero resumen histórico de su acceso a la madurez política, sobre todo gracias a la prensa[7]:

---

[5] «Pronunciamiento de la Capital del Departamento de Maturín, 26 de noviembre de 1826», *Memorial de Venezuela,* n.° 16, 1° de enero de 1827.

[6] *Memorial de Venezuela,* n.° 1, 1° de junio de 1826.

[7] Denunciaban otro aspecto negativo de un gobierno centralizado en un vasto territorio: la dificultad para la difusión de la información y, por ende, de la educación de las poblaciones. Al respecto, este papel de la prensa quedaba doblemente confirmado con la multiplicidad de publicaciones que se daban por iniciativa tanto de las instituciones como de los ciudadanos (individualmente o en grupos), pero también con las numerosas reivindicaciones en cuanto a su defensa, pues la prensa ya estaba verdaderamente considerada como un medio de expresión y difusión de las ideas nuevas. Efectivamente, encontramos

> ... los diez y seis años de continuas lecciones y experiencias nos han dado a conocer el mejor sistema republicano que debemos adoptar; [...] aunque situados en esta parte de Occidente, retirados del centro de las luces, sin embargo éstas, comunicadas por los autores públicos y por nuestros periódicos, han disipado ya las tinieblas de nuestra antigua ignorancia, marcando el sendero por donde debemos marchar a la estabilidad de nuestra común felicidad[8].

Además, las decisiones tomadas desde el 30 de abril de 1826 se consideraban como producto de la voluntad de los pueblos instruidos acerca de sus derechos, confirmando la inexactitud de las acusaciones de manipulación:

> ... es evidente que han caido en un error grosero los autores de varios periódicos, sobre todo El Constitucional de Bogotá, cuando ha creido que la voluntad general de los pueblos, manifestada por sus Municipalidades que se han unido a lo acordado por las de Caracas y Valencia en sus actos, ha sido obra de la fuerza de una facción militar, capitaneada por el benemérito General Libertador, el inmortal José Antonio Paez. Nosotros confesamos que es una injuria atroz, una negra ingratitud hacia la persona de S. E., y una calumnia contra los colombianos de Venezuela, el representarlos como facciosos y delincuentes porque han hecho un uso justo de su libertad, conseguida con sus continuos sacrificios y con la sangre de sus caros padres y hermanos[9].

Uno de los miembros de la Municipalidad de Achaguas se dirigió directamente a Francisco de Paula Santander para demostrarle que esta villa había obrado según su propia voluntad al adherirse al movimiento inaugurado por Valencia y Caracas, por una parte, y por otra parte, para demostrarle el abandono en que había quedado su Departamento. Asimismo, cuestionaba el análisis que hacia Francisco de Paula Santander de la situación, en cuanto al origen del apoyo a Páez por parte de las demás ciudades

---

una importante cantidad de protestas contra los ataques a la libertad de prensa, incluso contra la desinformación supuestamente llevada a cabo por el gobierno de Bogotá respecto de las regiones periféricas.

[8] «Corporación de la villa de Quibor, 18 de agosto de 1826», *Memorial de Venezuela,* n.° 12, 10 de septiembre de 1826.

[9] *Ibídem.*

y villas: «Desengañese V.E. que ésta no es obra del general Paez ni de un puñado de hombres; es de muchos pueblos que figuran una parte muy respetable en Colombia...»[10]

Por lo demás, resulta significativo observar que L. Vallenilla Lanz, en su obra publicada a principios del siglo XX acerca de la desintegración de la nación venezolana durante su proceso de acceso a la independencia, cuestionaba la corriente historiográfica que ha considerado el movimiento de separación de Colombia a partir de 1826 únicamente como la obra de Páez, o de los demás protagonistas políticos del momento, ya fuera para condenarla, ya fuera para contribuir a erigir a Páez en padre de la nación. Al respecto, L. Vallenilla Lanz señalaba que:

> No puede juzgarse la disolución de la Gran Colombia como la «obra de la deslealtad de Páez», ni «del odio de Miguel Peña», ni del maquiavelismo de Francisco de Paula Santander, ni como la consecuencia inmediata del asesinato juridico del coronel venezolano Leonardo Infante perpetrado por el vicepresidente; la reconstitución de la República de Venezuela no debe verse sino como la sanción legal de un hecho preparado ya por el medio geográfico; consumado por la tradición y por la guerra, y consagrado en la Historia por las glorias continentales de sus hijos[11].

No obstante, lo que originó el proceso de Valencia y disparó la abierta oposición del «Club de Bogotá»[12], fue en verdad la destitución de Páez. Además, tras haber explicado que esta destitución era un acontecimiento que intervenía en un contexto de oposición larvada, a la que ya era imposible contener dentro de formas legales, los editorialistas del *Memorial de Venezuela* legitimaban este derecho a la acción emprendida por los pueblos:

> Venezuela se veía afligida por una administración perversa. Tocaba ya su ruina o su disensión doméstica. En este caso era

---

[10] «Contestación: Excmo. Sr. Vice-presidente de Colombia, Muñoz de Achaguas, 8 de agosto de 1826», *Memorial de Venezuela,* n.º 12, 10 de septiembre de 1826.

[11] Vallenilla Lanz, L.: *Disgregación e Integración. Ensayo sobre formación de la nacionalidad venezolana. Op. cit.,* pág. XLV. A propósito de este papel principal atribuido a Páez, y contra el que se pronunciaba (y también contra toda atribución de los actos históricos sólo a los individuos), agrega: «¿Pero no se ha dicho y se está repitiendo que la República de 1830 fue creada por el general José Antonio Páez?», *Ibídem.*

[12] *Memorial de Venezuela,* n.º 1, 7 de junio de 1826.

> de derecho natural atender a su propia conservación y seguridad por los medios que la misma libertad política ha puesto en sus manos. Esto es, pues, lo que ha hecho. El convencimiento íntimo de la razón, y el valor y la fuerza necesarias para sostenerla, son sus fundamentos, y la justicia y moderación la regla general de su conducta[13].

Al obrar en nombre del derecho natural, esta iniciativa se colocaba bajo la égida de la razón y la moderación, lo cual permitía calificar el campo adverso como un producto de las facciones y considerarlo sospechoso de los vicios más graves. Siempre en el *Memorial de Venezuela,* donde esto se había mencionado varias veces, se rechazaba firmemente las acusaciones de procedimientos facciosos hechas por los adversarios: «La simple inspección de los documentos que vamos insertando, dará a conocer que la reforma que se solicita no es la obra de una facción que sólo tratase de suplantar a otra. Lejos de eso, es la obra del cálculo y de la meditación. Ni el entusiasmo ni las pasiones vehementes tienen lugar en esta crisis»[14].

De hecho, la oposición tal como se configuraba a partir de la proclamación de Valencia, fundaba su legitimidad en un estudio razonado de la Constitución según una óptica finalmente idéntica a la adoptada por Alejo Fortique, síndico procurador de Caracas, con el fin de cuestionar el contenido del decreto contra los conspiradores, dictado en 1825 tras la sublevación de Petare[15]. Tal procedimiento tenía como objetivo por una parte, poner en evidencia los principios publicados por el texto constitucional, violados por Francisco de Paula Santander para perjudicar deliberadamente a Venezuela; y por otra parte, demostrar que las acciones emprendidas para su defensa respetaban los principios fundamentales, así como la demanda de las necesarias reformas para los intereses y la prosperidad del Departamento. Por esta misma razón, la intención de los actos dictados por la Municipalidad de Valencia el 30 de abril y el 11 de mayo de 1826, era ante todo anunciar y justificar la decisión de reinstalar a Páez en su cargo

---

[13] *Ibídem.*

[14] *Memorial de Venezuela,* n.° 2, Caracas, 10 de junio de 1826.

[15] Efectivamente, en un texto que Fortique leyó a los miembros de la Municipalidad de Caracas en junio de 1825, comentaba razonadamente la Constitución, citando además para definir los conceptos y términos que utilizaba a autores tales como Mably —para definir los derechos del pueblo— y Constant. A. Fortique, s.s. de la M.I. Municipalidad, Caracas, 13 de junio de 1825, BNV/LR. En esa misma época, también escribió un texto intitulado *Firme defensa de la ley constitucional*, Caracas, V. Espinal, 1825, hs, BNV/LR.

de jefe civil y militar del Departamento y llamar a los demás pueblos a apoyar esta decisión, decisión presentada como una medida de seguridad pública que apuntaba a acabar con los disturbios que se produjeron al anunciarse su destitución por parte de Bogotá. Los miembros de la Municipalidad no aspiraban a que este acto tuviera legalidad constitucional y, en cambio, reivindicaban el apoyo del pueblo que habían recibido en este caso. Ante la arbitrariedad de una decisión adoptada por un poder cuya imparcialidad cuestionaban, de alguna manera habían reanudado la práctica de la aclamación popular como acto de legitimación, tal como fue inaugurada en 1810 al crearse la Junta de Caracas.

Efectivamente, la descripción de la reinstalación de Páez en sus funciones resulta significativamente paralela con aquel acto fundacional de la historia de Venezuela en marcha hacia su independencia. En primer lugar, los miembros de la Municipalidad insistieron varias veces en que estuviera presente todo el pueblo, cuya inquietud y agitación los había convencido de la necesidad de reunirse, siendo éste el origen de la solicitud de reincorporación de Páez. Al respecto, en el acta de Valencia del 30 de abril se mencionaba: «... desde el momento que se supo el decreto de suspensión de S. E., todo este vecindario hombres, mujeres, paisanos y soldados, han manifestado un discurso en extremo, y un deseo de conseguir por cualesquiera medios, la reposición de S. E. al mando»[16].

Ese mismo 30 de abril tuvo lugar una segunda reunión de la Municipalidad de Valencia para recibir al gobernador, pidiéndole, junto a la población, la reinstalación de Páez. Al confesar el gobernador que no estaba en capacidad de tomar tal decisión, se insistió en el hecho de que eran más de dos mil personas las que se habían agrupado para aclamar al general y solicitar su reincorporación. Así pues, ésta se consideraba como el resultado de una aclamación del pueblo que, frente a las amenazas de perturbaciones, se acogía a la voluntad de un sólo hombre, reconocido por su prestigio y su valor militar. Asimismo, la Municipalidad de Valencia recalcaba que Páez había sido restablecido en su cargo «por voto común, por la aclamación del pueblo, y por el voto particular de los miembros de aquella corporación»[17]. Pero, no nos equivoquemos: el pueblo asociado

---

[16] «Acta de la Municipalidad de Valencia, 30 de abril de 1826», en Blanco, J. F. y Azpúrua, R.: *Documentos para la historia de la vida pública del Libertador.* Caracas: 1876. *Op. cit.,* tomo X, pág. 287.

[17] «Acta de la Municipalidad de Caracas, 4 de mayo de 1826», *Memorial de Venezuela,* n.° 1, 1 de junio de 1826.

aquí a las decisiones de las Municipalidades tenía que ver más bien con los vecinos reunidos para dar su apoyo, incluso con la sola entidad administrativa. Con su aclamación, la multitud entusiasta sólo otorgaba un agregado de legitimidad —a falta de legalidad, una vez más— al proceso que se había iniciado. Por la similitud con la que la mayoría de las actas de las Municipalidades describían a esta multitud, ya se tratara de su presencia ante la casa del síndico procurador, ya de los términos que se le atribuyeron, ya del temor de los miembros de la Municipalidad ante tanta agitación, se presentaba como un instrumento de legitimación de las autoridades municipales y, más aún, de Páez. Así lo recalca F.-X. Guerra, al considerar que «el pueblo se expresa a través del pronunciamiento: actúa a través del jefe sublevado y habla a través de los intelectuales, cuyo discurso explicativo siempre le acompaña. Doble simbolismo que muestra los dos componentes esenciales de la clase política de esa época: los hombres de armas y los hombres de pluma y de palabra»[18]. Prueba de ello es que cuando se hablaba del movimiento en su conjunto, se utilizaba la expresión «movimiento de los pueblos». U en un acto de Valencia del 10 de mayo, la identidad de quienes apoyaban a Páez se describía de la siguiente manera: «los padres de familia y demás personas respetables»[19], «los vecinos del pueblo de conocida opinión y patriotismo»[20]. Enfin, en el acto de Petare se verificó definitivamente la tensión pueblo-población: tras haber señalado que los miembros de la Municipalidad habían convocado en sesión extraordinaria a «los notables vecinos de esta villa», tras haberse escuchado a cada cual, se concluía que sus opiniones eran «similares a los votos y sentimientos de los pueblos de Caracas y Valencia»[21]. Así pues, la opinión del pueblo se identificaba con la de la parte más sana.

Sin embargo, se dio un caso singular entre esas manifestaciones, que arroja una luz algo diferente para aprehender al pueblo en tanto «masa de habitantes». Aunque se trataba de un acto positivo, puesto que tenía que ver con la solicitud del pueblo de Puerto Cabello para apoyar al movi-

---

[18] GUERRA, F.-X.: «Le peuple souverain: fondements et logique d'une fiction (le XIXe siècle)». *Op. cit.*, pág. 35.

[19] «Acta de la Municipalidad de Valencia, 10 de mayo de 1826», *Memorial de Venezuela,* n.° 3, 20 de junio de 1826.

[20] «Acta de la Municipalidad de San Carlos, 6 de mayo de 1826», *Memorial de Venezuela,* n.° 6, 20 de julio de 1826.

[21] «Acta de la villa de Petare, 16 de mayo de 1826», *Memorial de Venezuela,* n.° 6, 20 de julio de 1826.

miento que se había iniciado, la descripción hecha por la Municipalidad mostraba esa vacilación de las élites, de la gente esclarecida, entre el miedo y su casi obligación de «utilizar» esta manifestación callejera como instrumento legitimador de su propia reivindicación. Los hechos se produjeron el 8 de agosto de 1826, cuando las Municipalidades, tras los actos de adhesión a la restitución de Páez, pidieron convocar anticipadamente una gran Convención y, por parte de los más decididos, la adopción de un sistema federal. Ahora bien, el pueblo» de Puerto Cabello irrumpió precisamente en este último punto. Efectivamente, el acta señalaba que la casa del síndico procurador había sido invadida por gente que clamaba por la federación de Venezuela, justificando así la reunión de la Municipalidad:

> Se procedió a este acto a causa de que *un pueblo en masa* se dirigió en aquellos momentos a la casa de su habitación a [...] suplicarle la reunión de esta corporación en el propio instante, clamando con entusiasmo por las calles: «¡Viva el Presidente de Colombia, viva el general Paez, viva la federacion de Venezuela!», y a presencia de este mismo pueblo que permaneció unido en la sala lugar de las sesiones de esta corporación, en corredores de esta casa y aún en las calles, por ser inmenso el número de individuos de todas edades, de todas profesiones y de todos rangos, es decir, Puerto Cabello entero, dijeron que [...] debía preguntarse al pueblo cuál era el motivo de aquella agitación y cuál el agente de sus inquietudes[22].

Finalmente, ante la presión de los gritos reiterados de la multitud, los miembros esclarecidos decidieron que el silencio sería la peor respuesta y optaron por la federación. La ambigua fascinación ante el volumen de la multitud presionando en el sitio mismo de la representación política, resultaba aquí innegable, y de manera más envolvente que en los actos anteriores, en los cuales ya se había observado ese apego al conteo de la masa presente en la ciudad. La cantidad de gente era, además de un apoyo, una garantía de legitimidad adicional hasta tanto los representantes hubieran legislado y aplicado la ley. El resultado de esta presión fue la decisión de optar por la federación, pero sólo después de haberlo pensado.

Efectivamente, la reunión de la Municipalidad de Puerto Cabello se había llevado a cabo, pero sólo a las ocho de la noche, bajo la presión de

---

[22] «Acta de la Ilustre Municipalidad de Puerto Cabello, 8 de agosto de 1826», *Memorial de Venezuela,* n.° 11, 1 de septiembre de 1826. La cursiva es nuestra.

la multitud, y por expresa solicitud del síndico procurador, preocupado al ver a tanta gente frente a su casa... Además, en las palabras de los representantes que habían atendido la demanda popular, se siente un deseo muy grande de que esta manifestación se disolviera lo antes posible. Efectivamente, una vez que se decidió y anunció la exhortación a las demás Municipalidades, se solicitó lo siguiente:

> En este concepto, se hizo entender al concurso que debía tranquilizarse y retirarse, seguro de que la Municipalidad iba a proceder de acuerdo con sus votos. Despejaron la sala de las sesiones, protestando el exceso de confianza que le merecía esta corporación, y suplicando que se le instruyese, e instruyese a los demás pueblos de sus trabajos por medio de la prensa[23].

Una vez disipados los temores y conjurado el riesgo de desbordamiento, la Municipalidad dispuso que: «... se redactase un acta detallando el pormenor de este acontecimiento, la que debía considerarse como el monumento que recordase el instante en que el pueblo de Puerto Cabello había proclamado la federacion de Venezuela»[24].

El conjunto de disposiciones adoptadas fue presentado como el reflejo exacto de la voluntad del pueblo y, a la vez, de la voluntad de los pueblos en su conjunto. En una comunicación al gobierno central, el síndico municipal de Maracaibo señalaba esta doble legitimidad: «... creo que el Gobierno debe recibir con aplauso el que los pueblos entreguen francamente su voluntad por medio de las Municipalidades»[25].

Esta lucha de la élite por apropiarse al pueblo para legitimar sus reivindicaciones, quedó perfectamente en evidencia con la continuación de los acontecimientos de Puerto Cabello, en noviembre de 1826[26]. Con el acto del 8 de agosto de 1826, la municipalidad había declarado su apoyo a la reinstalación de Páez y, más aún, su adhesión al principio de una federación para Venezuela. Ahora bien, en noviembre se produjo un movimiento de oposición impulsado por el comandante Sebastián Broguier y su

---

[23] *Ibídem*.

[24] *Ibídem*.

[25] «Lucas Palma, *Representación*, Maracaibo, 22 de julio de 1826», *Memorial de Venezuela,* n.° 11, 1 de septiembre de 1826.

[26] Por cierto, significativamente, el *Memorial de Venezuela* relataba esos acontecimientos y publicaba al mismo tiempo las actas de las partes opuestas, pues cada cual reivindicaba el apoyo del pueblo de Puerto Cabello.

guarnición acantonada en el puerto, que hizo fracasar estas decisiones de la Municipalidad, acusando a sus miembros de haber pedido el apoyo del pueblo para que éste avalara sus decisiones. El acta redactada por la nueva Municipalidad el 21 de noviembre no dejaba de insistir en la numerosa presencia del pueblo y en su apoyo a este acto del comandante Broguier. Así, se hacía referencia sobre todo a la presencia en su seno de «padres de familia, personas notables, y casi todos los habitantes, sin excepción de profesiones, ciudadanos y extranjeros...»[27] que había respondido a la llamada de la Municipalidad presidida por Francisco del Reo quien, temiendo que el movimiento provocado por Páez condujera a una guerra civil, se negó a emprender reformas antes de que Bolívar hubiera sido dotado de poderes suficientes para controlar su puesta en práctica. En nombre de esta legitimidad cuestionada, la solicitud al gobierno —y, más aún, a Bolívar— de adelantar la fecha de convocatoria de una gran Convención Nacional se hacía cada vez más apremiante[28].

2. La afirmación de una especificidad venezolana

Conviene ahora poner en evidencia lo que se designaba con el término «patria», que se aplicaba a Venezuela durante ese período, con el fin de aprehender la manera en que los actores políticos legitimaban el derecho de esa patria a reivindicar su autonomía y, posteriormente, su independencia respecto de la República colombiana. Efectivamente, además de los argumentos de índole política que se referían a la ilegalidad de la Constitución de Cúcuta y a la mala administración de Bogotá, se aducían las características propias de Venezuela. Así, pese a las divisiones y oposiciones ante las opciones políticas propuestas, las diferentes hipótesis adoptadas estaban vinculadas a la afirmación de la existencia de particularidades venezolanas, geográficas, económicas, demográficas, y hasta culturales. Afirmación que no excluía las críticas contra los inconvenientes o los impedimentos que representaban según la hipótesis escogida para el futuro político de esta pa-

---

[27] «Acta de Puerto Cabello, 21 de noviembre de 1826», *Memorial de Venezuela,* n.° 15, 20 de diciembre de 1826.

[28] Nótese que, aun cuando daba su apoyo a las demás Municipalidades, Maracaibo no solicitaba la federación. La Convención debía llevarse a cabo para proceder a la reforma de las leyes; estaba encargada de establecer «la unidad de la República y libertarla de las ruinas desastrosas que la amenazan [y] podrían conducirla a su último exterminio», «Acta segunda, Maracaibo, 22 de julio de 1826», *Memorial de Venezuela,* n.° 11, 1 de septiembre de 1826.

tria. Observamos además que no existían desacuerdos en cuanto a las potencialidades en sí mismas, que eran un don de la naturaleza, sino más bien en cuanto a las capacidades de una Venezuela separada de los demás Departamentos colombianos, para sobrevivir como Estado independiente.

a) Territorio y fronteras: el imperativo defensivo

Entre esos rasgos característicos figuraba en primer lugar su posición geográfica: efectivamente, ubicada en la periferia de la República de Colombia, Venezuela era además un país costero. Por consiguiente, su defensa tenía una importancia estratégica capital, y no podía ser asumida ni administrada correctamente por un gobierno remoto, sospechoso además de no preocuparse ni por su protección ni por su desarrollo económico. Desde 1826, los redactores de *Memorial de Venezuela* señalaban cuál era la excepción venezolana en el plano geográfico, excepción que —así lo constataban y deploraban— no había sido tomada en cuenta por Bogotá:

> Venezuela muy de atrás, desde que libre de sus dominadores vio y examinó las instituciones dadas a la República sin su intervención, conoció de lleno que no se acomodaban a sus relaciones e intereses, pero también tuvo eficiente juicio para prestar su obediencia y atemperarse a ella, lanzando no más de tarde en tarde algún quejido que creía pudiese conmover el ánimo del primer magistrado de la nación, mas éste desdeñaba los clamores de la necesidad y seguía marchando imperturbable por el camino que se trazó para su administración, despreciando las luces, los consejos y la misma posición geográfica del Departamento [...]. Venezuela es un territorio litoral, y debe ser resguardado, así por la fuerza física como por las providencias de fomento que deben formar su fuerza moral para, con estos dos poderosos agentes, oponerse a todos los enemigos del Estado[29].

Páez también se refería al imperativo de proteger las fronteras, en mayo de 1826, haciendo una verdadera exhortación a favor de la patria en peligro: «Nuestra peculiar situación nos pone en la necesidad de armarnos. Amenazados exteriormente por nuestros comunes enemigos al propio tiempo que por las maquinaciones del egoísmo, seríamos unos necios si no tomásemos una actitud conveniente»[30].

---

[29] *Memorial de Venezuela,* n.° 1, 7 de junio de 1826.

[30] PÁEZ, J. A.: *Habitantes de Venezuela.* Caracas: 19 de mayo de 1826, hs, BNV/LR.

La noción de frontera, tal como se enunciaba en estas dos intervenciones, se hacía cada vez más presente a medida que iba precisándose la separación y en 1830, en un texto redactado por militares, las fronteras de Venezuela adquirían una dimensión histórica vinculada a su defensa desde 1810, que al mismo tiempo le confería al país su singularidad: «Hacen veinte años que el hermoso país que se extiende desde las bocas del caudaloso Orinoco hasta las márgenes del Tumbez, proclamó a la faz del mundo los sagrados derechos del hombre»[31].

También conviene recalcar la doble significación de la frontera en este intento de singularización de Venezuela. Efectivamente, los intereses en juego eran de índole a la vez geopolítica y económica. Por una parte, la idea de un territorio costeño que debía entonces ser protegido; por otra parte, el imperativo de un espacio cuya dimensión no fuera un impedimento para su buena administración y, por ende, para su desarrollo económico. El acceso a la capital debía ser posible para todos, y había que facilitar la comunicación necesaria para el intercambio de mercancías y la circulación de sus habitantes. Pero, por otra parte, esta noción de frontera estaba estrechamente vinculada a la de la patria (venezolana) en peligro. Ahora bien, a este nivel el concepto de frontera resultaba ambivalente. Por una parte, estaba la defensa externa: eran los enemigos comunes de la República; por otra parte, nos encontramos ante una concepción de patria basada desde luego en sus límites, en sus fronteras, pero a esto se agregaba el imperativo de su defensa contra el enemigo interno y, entonces, lo que contribuía a delimitar el espacio (abstracto e ideológico) eran los vínculos que unían a los patriotas que se oponían a los traidores y al gobierno corrupto. Esta segunda acepción de la frontera permitía conciliar la reivindicación de independencia de la «Antigua Venezuela» y el mantenimiento de los nexos de amistad y fraternidad con los hermanos de Nueva Granada en nombre de las luchas que, juntas, habían llevado a cabo en defensa de sus respectivas patrias con el fin último de liberar el continente. Así pues, se interpenetraban dos lógicas de la frontera en este intento de singularización, sirviendo de soporte para la legitimación de un proceso de índole política. En este sentido, «la definición de los enemigos a los que hay que enfrentar obedece entonces a lógicas totalmente diferentes, las tropas extranjeras amontonadas en las fronteras son enemigos identificables por la posición que ocupan en el espacio geopolítico, los

---

[31] *Protestación republicana de los ciudadanos militares de la brigada que forma Anzoátegui y Junín.* Valencia: 1830, hs, BNV/LR.

enemigos extranjeros del interior son identificables sólo por la posición política y sus actos de traición»[32].

No obstante, había una diferencia significativa en el caso de Venezuela. Los partidarios de su separación estaban confrontados con dos enemigos externos, confiriendo una doble realidad a la frontera geopolítica. Efectivamente, al confirmarse la separación con la instalación del Congreso constituyente venezolano, el país se vio confrontado por una parte con las tropas enviadas por el gobierno de Bogotá para intentar la reintegración de Venezuela, y por otra parte, con la aún presente amenaza —para la época— de las tropas españolas. En virtud de este imperativo de protección de las fronteras (territoriales y «políticas»), en 1830 se llamó a las armas en nombre de la patria en peligro. Aquí también, de lo que se trataba era de prepararse contra las tropas colombianas —pasando a la ofensiva, si fuera necesario— y de resistir a las fuerzas que, desde adentro, constituían una amenaza para el nuevo orden establecido.

> Antes hemos opinado que nuestros ejércitos debían formar un muro de bronce en nuestras fronteras para que el que intentase pasar el Táchira pagase con la vida su atrevimiento. Ahora, declaradas por el enemigo las hostilidades y puestas en movimiento las fuerzas que las han de llevar a efecto, es llegado el caso de repeler más allá de nuestros límites los que aspiren a invadirnos. Destruyéndolos, como debemos destruirlos [...] los estragos de ella no gravitarán sobre el sagrado territorio de Venezuela, y sus huestes vencedoras harán desaparecer hasta los últimos fragmentos de la tiranía[33].

Esta reacción patriótica, unificadora por principio, resultaba aquí muy significante porque, con el fin de aumentar la carga emocional y la eficacia, la separación de Venezuela se presentaba como el paralelo de su separación de España llevada a cabo en 1811 y de la exhortación a tomar las armas, hecha en 1812 para enfrentar la llegada de las tropas españolas. Los autores de *Nuevos torpes atentados del dictador destructor Simón Bolívar*, interpelando a los venezolanos que seguían apoyándole, señalaban:

---

[32] S. Wahnich, intervención en el debate acerca de «Les modalités culturelles des mouvements nationaux», en *Nations, nationalismes, transition. XVIe-XXe siècles*. Paris: éd. Sociales, 1993, pág. 153.

[33] Los caraqueños: *Nuevos torpes atentados del dictador destructor Simón Bolívar. Op. cit.*, págs. 30-31.

¿Sereis tan ciegos que por sostener a un malvado pretendais derramar la sangre de vuestros hermanos, de aquéllos mismos que con vosotros destruyeron el formidable ejército del tirano del otro hemisferio, por sólo conseguir vuestra independencia? ¿Oscurecereis vuestra grandiosa obra cuando se trata de sostener vuestros derechos? No lo creemos [...]. Las naciones cultas nos observan, y con razón dirían que, convertidos en asesinos y verdugos de nosotros mismos por sostener a un tirano, no somos dignos de figurar entre ellas. Abandonad, pues, esos estandartes de la rebelión del absolutismo contra los pueblos. Volved contra ellos las armas fratricidas que se han puesto en vuestras manos, y volad, volad a incorporaros al grande ejército venezolano que con ansiedad os espera para que participeis de sus glorias. Nada os arredre. Nuestras huestes se dirigen contra el tirano. Vosotros sois nuestros hermanos y no opresores[34].

Concluían su texto en el mismo tono, tras haber mencionado un discurso de Páez del 2 de marzo de 1830, en el cual él también llamaba a la movilización de todos los venezolanos para acabar con las ataques (morales y militares) de Bogotá y de Bolívar: «Al arma, pues, venezolanos, ciertos de que no habrá uno entre nosotros que, siendo capaz de llevarlas, se deniegue a ello»[35].

b) Riquezas naturales y potencialidades

Venezuela ya estaba considerada como poco viable en el marco de una confederación colombiana debido a su escasa población, a una ocupación descontinúa del territorio, a riquezas económicas exangües, y a sus usos y costumbres de valor cuestionable o cuestionado; además, sus detractores enseguida pusieron en duda la credibilidad de su acceso a una independencia total. En un discurso pronunciado en mayo de 1830, José María Vargas era sumamente explícito con respecto a los problemas jurídicos que esta separación planteaba, además, en cuanto a los tratados firmados y a los empréstitos contratados por la República con otras naciones:

La importancia de Colombia, cuando estos créditos fueron celebrados, era de tres millones y más de población, la de Venezuela

---

[34] *Ibídem,* pág. 25.
[35] *Ibídem,* pág. 32.

> sólo es de setecientos mil almas. La extensión territorial, la riqueza y demás recursos que forman el poder nacional, tienen con la absoluta [separación] una disminución proporcional, sin duda, de dos terceras partes[36].

A partir de un análisis similar, el autor de *Lo que deberá ser Colombia* quien, desde 1828, era partidario de un sistema de gobierno mixto, declaraba a propósito de la situación en la República de Colombia:

> Volvamos la vista al estado actual de nuestros pueblos: veamos su población, su agricultura, su comercio, sus artes, su industria, sus caminos, y sus canales, su educación, sus conocimientos, enfin su moral. Examinemos este conjunto de elementos que forman la base de todas las instituciones humanas y son el vehículo de la felicidad general; comparemos la perfección del sistema federativo en muchos Estados soberanos ligados solamente por una convención que regule los intereses nacionales, con nuestra posición presente, según los principios de prosperidad común que hemos sentado; y preguntemos con sinceridad, desnudos de toda mira individual, de toda pasión o espíritu de partido, ¿cómo es posible lograr resultados iguales a las sublimes teorías del gobierno federativo absoluto?[37]

Pero, al analizar el período independentista, sin tornar en cuenta entonces la existencia de Venezuela corno nación, ni las reformas adoptadas por el Congreso constituyente en 1811, había señalado previamente:

> ... se vió en la precisión de sustituir a las reglas antiguas de la madre patria otros usos, leyes, opiniones y necesidades. Pero corno esta variación súbita podría alterar la tranquilidad y la

---

[36] «José María Vargas, Discurso, 15 de mayo de 1830», en *Pensamiento político venezolano del siglo XIX. Vol. 10: conservadores y liberales. Textos doctrinales.* Caracas: Ed conmemorativas del Sesquicentenario de la Independencia, 1961, vol. 1, págs. 195-196.

[37] *Lo que deberá ser Colombia, Op. cit.*, pág. 7. Como algo que nos parece ser el reflejo de la ambigüedad de sus palabras en cuanto al régimen más adecuado para Colombia (y para Venezuela, lo que había motivado la redacción de este texto), consideraba que la dimensión demasiado importante del territorio colombiano en relación con su escasa población «no puede en la actualidad establecer las comunicaciones rápidas y frecuentes que deberían poner en contacto activo las diversas partes [...] que forman la gran masa de la unión», *ibídem*, pág. 8. Ahora bien, ¿acaso no era éste uno de los argumentos principales esgrimidos por los partidarios de la federación y, más aún, de la separación?

> conciencia de muchos que antes vivían del régimen establecido en trescientos años de pupilaje, Colombia conservó y aún sostuvo diferentes costumbres y principios que por tres siglos de hábitos eran inarraigables. Diezmos y primaciones, cuerpos privilegiados o de fueros, leyes civiles y criminales, cultos, foro, educación y casi todo su fanatismo quedaron en pie, y la hija emancipada sólo se diferenció de la que le dio el ser por que en lugar de dos adoptó tres colores en su pabellón, que sus armas eran distintas, y que en lugar de ir a España se ocurría en Bogotá[38].

Entre los opositores a la separación de Venezuela, Domingo Briceño y Briceño era quien pintaba el cuadro más sombrío. Efectivamente, además del carácter inconstitucional de tal decisión, cuestionaba la viabilidad de una Venezuela independiente debido a su situación económica y social. Primero, denunciaba el balance exageradamente positivo establecido por algunos partidarios de la separación, y los argumentos acerca de los obstáculos geográficos que impedían la comunicación y la circulación de los habitantes y las mercancías entre Venezuela y los demás integrantes de la República de Colombia. Por añadidura, afirmaba que esos mismos inconvenientes se daban dentro de Venezuela, volviendo así caduca la justificación de la separación corno un medio de superarlos:

> En orden a las grandes dificultades de montes, páramos, rios, etc., es una exageración de que se ríe todo el que ha transitado por Colombia, porque tan sembrada está de obstáculos Colombia toda corno cada uno de sus partes entre sí [...]. Nada prueba esta verdad porque prueba demasiado, y concluiríamos por ella que cada ciudad y aldea no sólo de Colombia sino de Venezuela, debía tener un gobierno separado por las asperezas que encontramos en su tránsito[39].

Pero, más allá de esta negación, introducía una noción importante al proponer una definición de los factores que unían a los habitantes de una misma nación, puesto que consideraba que lo que creaba el vínculo nacional no eran los nexos comerciales:

---

[38] *Ibidem,* pág. 6.

[39] Briceño y Briceño, D.: *Ensayo político o sucesos de Colombia en 1830. Op. cit.,* pág. 19.

> ¿No nos prodría decir el autor del poema de la separacion[40], qué productos cambia Caracas con Maracaybo, Cumaná con Mérida, Guayana con Valencia, y en qué tiempo ni aún de paso se ha visto en Tabay a un vecino de Carúpano, en La Grita a uno de Ocumare, en La Victoria a uno de Atabapo, Caicara o Moitaco, siendo todos venezolanos? Fuera de poesías seductoras, atendamos las realidades. No son las comunicaciones mercantiles las que ligan a los pueblos en nación, porque entonces todos seríamos franceses, ingleses, o alemanes sin exceptuar los japoneses y los chinos. Son las posiciones locales que por su vecindad pueden unir sus fuerzas para asegurar con su libertad e independencia la prosperidad que nace de su trabajo e industria, y ella es la que predica y enseña en Colombia la unión indisoluble de Venezuela y Nueva Granada. Triste sería experimentar lo contrario, porque separación, disolución y ruina, todo seria uno[41].

Este debate, además de sus estimaciones cualitativas y cuantitativas acerca de la situación del país, también remitía a un análisis de las causas de este estado de hecho. Y se constata que para los partidarios de mantener la unión, las raíces del mal se hallaban en la historia anterior a la independencia: por ende, los cambios anhelados no resolverían nada. En cambio, los partidarios de la federación y de la separación consideraban que los males padecidos por Venezuela tenían su origen, por una parte, en la guerra, que había alterado profundamente su capital humano y económico, y por otra parte, en la mala administración colombiana. Estas críticas iban en contra tanto de la organización (o desorganización) territorial que se produjo con la creación de Colombia, como contra el estado de abandono en el que desde entonces se hallaba Venezuela. Acerca de la cuestión territorial, a Francisco de Paula Santander se le reprochaba haber procedido a una arbitraria división del Departamento de Venezuela, rompiendo así con la unidad que, según los editorialistas del *Memorial de Venezuela,* era una de sus riquezas. Estos, al mencionar las múltiples medidas tomadas por Francisco de Paula Santander con el fin de «debilitar» y «humillar» a la «Antigua Venezuela», declaraban:

---

[40] El autor se refería aquí a un artículo publicado en *El Semanario Republicano,* n.° 8.

[41] Briceño y Briceño, D.: *Ensayo político o sucesos de Colombia en 1830. Op. cit.,* pág. 20.

> [Santander] no pudo proponerse otro fin en la desmembración del Apure, porción rica e importante de nuestro antiguo Departamento; no otro, en la división del resto en provincias con los elementos necesarios para rivalizarse; no otro, en haber concedido a dichas provincias en calidad de empréstito, y como para fomento de su agricultura, la miserable suma de doscientos mil pesos...[42]

Ahora bien, tras la restitución de Páez, la reunión de Venezuela y de Apure fue una de las primeras decisiones tomadas por sus diputados, mediante un acta del 29 de junio de 1826[43]. Estos no cejaron, desde entonces, en denunciar los perjuicios sufridos por ambos Departamentos y, más allá, por toda la «Antigua Venezuela», en materia de desarrollo, libertad e igualdad de derechos reconocidos por la Constitución:

> ... sometemos de buena fe los hechos que prueban los abusos y usurpaciones con que el vicepresidente de la República, general Francisco de Paula Santander, ha tiranizado la felicidad de estos habitantes, los errores de su administración, la facilidad que las leyes prestan para colorar las maquinaciones de sus venganzas, y la necesidad en que estamos de establecer nuestra seguridad y bienestar sobre bases más firmes, que aseguren nuestra tranquilidad interior, la defensa de nuestros enemigos exteriores y la prosperidad general[44].

En cuanto al editorial del *Memorial de Venezuela* n° 3, exponía una realidad aún más sombría que la del n° 1, condenando abiertamente la administración corrupta de Francisco de Paula Santander así como la ineficacia de la administración inherente a lo remoto del centro de poder. Lo que proponía para resolver esto era:

> Primera: separación absoluta de la administración corrompida, certera y mañosa que ha ejercido en Bogotá el general Santander [...]. Los vicios de esta administración han gravitado particularmente sobre Venezuela, ella se encuentra sin artes, sin establecimiento de educación, y sin representación de comercio

---

[42] *Memorial de Venezuela,* n.° 12, 10 de septiembre de 1826.

[43] *Acta acordada por los diputados de las Municipalidades de Venezuela y Apure, reunidos al intento en la ciudad de Valencia.* Valencia: 1826, pág. 16, ANH/Folletos (1826).

[44] *Ibídem,* págs. 5-6.

> nacional. Su agricultura, en que consiste casi todo su riqueza, se halla aniquilada, las rentas públicas en un absoluto desorden, y obstruidos todos los canales de pública prosperidad: las autoridades pugnaban entre sí, a causa de la complicación y contradicción de los órdenes del Poder Ejecutivo; y en fin, estas provincias, ricas por su naturaleza y llamadas a ocupar el primer lugar en el nuevo mundo, se iban reduciendo a un estado vergonzoso de abyeccion y de nulidad[45].

Este triste balance, conforme a aquella realidad, pareció confirmarse tres años después en el pronunciamiento de la ciudad de Caracas que, en el texto publicado el 26 de noviembre de 1829 para anunciar su separación del gobierno de Bogotá, insinuaba que el país se hallaba al borde del caos: «La agricultura toca ya a su ruina, y perecen de hambre sus honrados sostenedores mientras que el comercio, alejado por reglamentos caprichosos y precipitados, deja desiertos los puertos, cerrados los almacenes, y medio pueblo en inacción»[46].

Aunque tras promulgarse la Constitución, algunos todavía insistían en señalar los obstáculos políticos, económicos, y hasta «morales», de Venezuela, no obstante iba conformándose un relativo optimismo. Con la confianza en la capacidad del código sagrado para superarlos, el análisis de la situación se modificó sensiblemente. La similitud de los argumentos utilizados de 1826 a 1830 no debe ocultar que el objetivo no confesado de tal procedimiento discursivo tenía ante todo un objetivo legitimador. La prueba de ello es que, aun cuando algunos sólo veían ruina y desolación en la decisión tomada por Venezuela, había un convencimiento de que la situación existente al promulgarse la Constitución no podía sino mejorar. En adelante, correspondía a los gobernantes que acababan de darle al país una Constitución «al límite de la perfección» (para utilizar la expresión de uno de los miembros de la Sociedad Republicana de Caracas) contribuir a ello. En un texto redactado por un grupo de habitantes de Caracas, dirigido directamente al Congreso, se mencionaba:

> Que las lecciones de la experiencia ajena y propia no se malogren. Que la sangre de los mártires de la patria no venga a hacer

[45] *Memorial de Venezuela,* n.° 3, 20 de junio de 1826.

[46] *Pronunciamiento de la ciudad de Caracas.* Caracas: 26 de noviembre de 1829, pág. 13, ANH/Folletos 29 (1129).

> estéril la tierra que debe fecundizar. Que al ruido estrepitoso de la guerra suceda el grato murmullo de la industria. Asaz expiamos ya nuestros pecados con mil hecatonfonías, y digna es ya Venezuela del descanso que necesita para que germinen sus virtudes y se desarrollen las fuentes de la prosperidad, que la han de alzar al alto rango a que la naturaleza la destina: pero nada conseguirá mientras que sus hijos no respiren un éter puro a la sombra del árbol de la libertad. Es a vosotros, representantes del pueblo, que dedicamos nuestros sentimientos [...]. Sed generosos en acogerlos y meditarlos. ¡Pueda la fama, cuál águila veloz remontando hasta el Empíreo, inscribir allí nuestros nombres, en el gran libro dc las naciones, entre los restauradores de los derechos del hombrc[47].

Aunque idéntico a lo que se observó con la redacción y promulgación de las Constituciones anteriores, el poder de transformación así conferido a la Constitución y a las leyes —y por ende a los representantes— no sólo para recuperar al país sino también para eliminar todos los obstáculos que estorbaban su desarrollo, adquiría en este contexto una particular intensidad. Así, la ciudad de Puerto Cabello publicó un texto en noviembre de 1829, poco antes del pronunciamiento de Caracas sobre la separación, declarando:

> [Descendimos] a manifestar que lejos de reportar Venezuela ventajas de la unión con Quito y Nueva Granada, le es en realidad gravosa y por tanto conveniente su separación. La inmensidad del territorio de la República de Colombia, la incomunicación de intereses entre Venezuela y aquéllos, sus relaciones sólo políticas, la variedad de climas, los entorpecimientos en el tránsito, la diversidad de producciones y la diversidad de necesidades, convencen de esto y persuaden además que unas mismas leyes, lejos de ser útiles a países tan diferentes, les son perniciosas, a cuyas observaciones agregado el testimonio de la experiencia, nuestra separación es necesaria[48].

---

[47] *Un general, varios jefes, muchos subalternos y una porción de paisanos*. Caracas: 1830, pág. 6, ANH/Folletos 30 (1131).

[48] *Rectificación del pronunciamiento de Puerto Cabello*. Puerto Cabello: 17 de noviembre de 1829, pág. 2, BNV/LR.

De esta constatación se hacían eco gradualmente un texto del 25 de noviembre del cantón de Yaritagua y un discurso de uno de los miembros de la Sociedad Republicana de Caracas con motivo de haberse promulgado la Constitución. Ambos confirmaban la omnipotencia de la legislación para lograr el reconocimiento de Venezuela, con sus particularismos y sus límites territoriales, y para permitir que se activaran todas las ventajas otorgadas por la naturaleza:

> ... que por el clima, genio, agricultura y posición de Venezuela, difiere de los otros lugares y le precisan por lo mismo leyes vigorosas, eficaces y peculiares a ella, que la eximan de la nulidad en que existe, y que desarrollando sus abundantes elementos se eleve al rango y poder que por todos aspectos merece; ventajas que no ha podido ni podrá disfrutar sino constituyendo en su mismo centro un poder soberano que la vivifique, reanime, sostenga y remueva los obstáculos que han paralizado y obstruyen su prosperidad...[49]

c) Legitimidad histórica: Venezuela, país pionero

Hay otro particularismo, eminentemente histórico, que constituía un argumento legitimador a favor de la separación y, al mismo tiempo, funcionaba más allá de las fronteras artificiales. Hablamos aquí del papel pionero que Venezuela jugó en el proceso independentista y, sobre todo, en la lucha librada por su libertad y la del continente. Efectivamente, en ese combate se tejieron vínculos muy fuertes entre la antigua Capitanía General de Venezuela y Nueva Granada, que constituyeron, cada cual a su vez, una segunda patria para sus «hermanos» prisioneros del yugo español. Ahora bien, a lo largo del proceso que desembocaría ahora en la independencia de Venezuela, todos los textos se referían a esta fraternidad, mostrando la importancia de tales vínculos tanto en el plano de las costumbres como en el plano económico y político. Así, en la medida en que las acciones de guerra y los batallas libradas por la independencia jugaban un papel considerable en el discurso de legitimación y afirmación de un particularismo, se generaba y se reforzaba paradójicamente un sentimiento de pertenencia que traspasaba las fronteras de la nación y unía las ciudades y poblaciones de Venezuela y Nueva Granada. Proceso con el que, una vez más, se colo-

---

[49] *Corregimiento del cantón de Yaritagua a Simón Bolívar. Op. cit.*, pág. 2, BNV/LR.

caban en primer plano a las ciudades y los actores políticos que en ellas actuaban. La reivindicación de estos nexos conformaba la espina dorsal de un discurso que permitía aprehender mejor la configuración de los sentimientos de pertenencia, y analizar la dimensión nacional a través de este espacio de identidad. Por consiguiente, coexistían dos esferas que al mismo tiempo se excluían una a otra. Efectivamente, ¿cómo conciliar la definición de fronteras, llamadas nacionales en referencia al espacio legado por la organización colonial, y la afirmación —la reivindicación— de una comunidad de destino y de costumbres ligadas a la identidad americana, habiendo sido ésta última un argumento movilizador en el momento de plantear la independencia y de llamar a las armas, y que además había unido sobre todo a Venezuela y Nueva Granada como precursoras de esta lucha por la libertad del continente?

Los intereses en juego en cuanto a las fronteras geográficas y políticas, tales como iban apareciendo en 1829-1830, planteaban este asunto muy claramente pues se trataba, efectivamente, de una ruptura con el marco institucional, confiriendo a los nexos que así se habían tejido un marco nacional legal. Al respecto, José María Vargas, quien ilustró —ya lo hemos visto— el desgarramiento de la separación de Venezuela, enunciaba un conjunto de «ingredientes» para fundamentar esta existencia, lo cual correspondía en definitiva a lo que era la nación, en su sentido de comunidad de pertenencia basada no únicamente en su existencia constitucional. Definición tanto más singular por cuanto que era, además, la única que planteaba estos principios de manera tan clara:

> No son [Venezuela y Nueva Granada] como las otras poblaciones americanas, porciones antes del español dominio sólo análogas en lenguaje, religión, educación, hábitos, costumbres, leyes; han sido ya identificadas después de que tomaron el rango nacional. Comunicaciones íntimas, nexos comerciales, amistad, enlaces de familia, una fusión completa de dos pueblos en una forma, hacen un todo de recuerdos gloriosos, de afectos mutuos, de grandeza nacional, de esperanzas halagüeñas, que pertenece a la historia, que ocupa un lugar entre las naciones, que es el ídolo y el honor de los colombianos[50].

[50] VARGAS, J. M.: *Discurso,* 15 de mayo de 1830». *Op. cit.,* pág. 194.

Ambos períodos históricos —colonia e independencia— se distinguían aquí con precisión, lo cual permite poner en relieve el aporte del segundo en cuanto al origen de los vínculos que unían Venezuela y Nueva Granada, a saber: la lucha independentista. Esta había creado recuerdos comunes, cuya preservación se reivindicaba para mantener una unidad colombiana más allá de las decisiones políticas. Precisamente con respecto al impacto del período de la guerra sobre el reforzamiento de los nexos y la singularidad de esas relaciones privilegiadas, José María Vargas distinguía el aporte de cada una de las partes, agregando que:

> Si echamos una ojeada sobre el glorioso cuadro de nuestra emancipación, vemos en él la obra de esfuerzos comunes, de consejos comunes, de heroicos sacrificios tambien comunes. Aquí cerca Ricaurte se inmoló por la patria; allí mismo el intrépido Girardot encontró la muerte entre las filas enemigas; también Colombia tuvo Curtius y Decios. Las armas de Venezuela libertaron en 1819 a Cundinamarca, más antes, en 1813, los auxilios de Nueva Granada dirigidos por ilustres jefes lanzaron de este país a Monteverde. El esfuerzo de Padilla y de sus compañeros hizo prodigios de valor en Maracaibo y Cartagena; más allí mismo se confundió el valor venezolano con el granadino; los monumentos de Junín, Ayacucho y Tarquí bajo la denominación nacional colombiana, proclaman las glorias del valor venezolano y granadino[51].

Por consiguiente, la afirmación del derecho a la existencia de una entidad venezolana autónoma, de una nación constitucional, se daba según un doble proceso. Por una parte, con el esfuerzo únicamente de la voluntad política que, conforme a los principios teóricos, erigía la nación en derecho. Por otra parte, mediante el recurso a la Historia, pues Venezuela ya podía prevalerse de un pasado específico que la identificaba como la primera patria que había conquistado su independencia. A este nivel, la reivindicación resultaba tanto más necesaria cuanto que se le había usurpado ese pasado en provecho de la nación colombiana. En este contexto, los vínculos que se habían tejido con Nueva Granada conservaban un poder que actuaba sólo en el plano de la amistad entre países aliados, que compartían los mismos valores universales y aspiraban a acceder al rango de naciones civilizadas. Así, cuando lo que se planteaba era la diferenciación de

---

[51] *Ibídem*.

Venezuela, se hacía referencia a su experiencia política y a las opciones adoptadas en 1811 y, desde luego, a la defensa por parte de los ciudadanos en armas durante la guerra librada junto a los patriotas de Nueva Granada. Un texto publicado en el *Memorial de Venezuela* resulta aún más significativo, pues había sido redactado por militares. Efectivamente, con respecto a las amenazas de guerra que se precisaron cuando Bermúdez fue enviado para acabar con los movimientos de apoyo a Páez, estos militares señalaban que:

> Los venezolanos y apureños no buscarán una guerra fratricida, pero no se espantan de ella, ni con amenazas retrocederán del camino que han emprendido. Está por resolverse el problema de si se empleará contra nosotros una fuerza distante, y esto pende de alguna voluntad cuya decisión es aún dudosa, pero estamos prevenidos a todo trance. Si se nos hace esta guerra, el triunfo de nuestros presuntos sujetadores, si lo obtienen, será en detrimento de la existencia de esta República y se sepultarán con nosotros algunas grandes fortunas. Y si vencemos, se asegurará la libertad. Venezuela es el país de los republicanos, y los esfuerzos de sus hijos afianzarán los principios que siempre se han proclamado en este suelo[52].

Estos logros políticos, defendidos con las armas por los ciudadanos, formaban parte de los argumentos esgrimidos por estos mismos venezolanos y apureños para justificar, en junio de 1826, su unión y los motivos de sus desacuerdos con Bogotá: «Agobiados estos Departamentos con el peso de una verdadera esclavitud bajo las formas de una libertad aparente, resentían en el fondo de su corazón la ingratitud de que sus acciones heroicas se recompensasen con vejaciones continuas»[53].

Por ello, la intrusión de los ejércitos enviados por Bogotá a suelo venezolano habría desencadenado una guerra civil y fratricida, referida una vez más a esa historia compartida. Por consiguiente, pese a los vínculos que unían a ambos pueblos, aunque algunos como los autores de Nuevos torpes atentados del dictador llamaban a las armas, también acompañaban esta invitación con la posible y necesaria restauración de relaciones amis-

---

[52] «Los militares de la provincia de Carabobo, 16 de marzo de 1826», *Memorial de Venezuela,* n.° 9, Caracas, 20 de agosto de 1826.

[53] Acta acordada por los diputados de las Municipalidades de Venezuela y Apure, reunidos al intento en la ciudad de Valencia. *Op. cit.,* pág. 9.

tosas y fraternas, enraizadas en un pasado común y glorioso. «Si algún dia, como lo esperamos muy pronto, desapareciese el monstruo que la agita [a Colombia), Venezuela volverá a estrechar muy tiernamente a sus dignos hermanos del centro y sur, prodigándoles todas las consideraciones que por tantos títulos merecen a su gratitud»[54].

La lucha contra quienes los habían oprimido o querían mantener su opresión tenía una función determinante en ese período de transición, en el plano constitucional, de la patria a la nación venezolana. Si bien había originado y consolidado relaciones antiguas, creaba sobre todo relaciones nuevas (de solidaridad pero también conflictivas), que se expresaron claramente durante esta fase de accesión a una nueva independencia para Venezuela.

3. De la Patria a la Nación constitucional

Ahora había que circunscribir esta entidad tal como fue reivindicada durante los conflictos en los que se oponían partidarios y adversarios de la autonomía y ruptura de Venezuela, y tal como nación proclamada luego por la Constitución. Efectivamente, al considerar que sólo la nación tenía derecho a reformar su Constitución, los partidarios de la autonomía la definían así:

> La nación y sólo la nación puede reformar su Constitución, y si no está contenta de la Administración pública, debe también corregirla. Pero adviértase que la nación no la forman los viles y bajos aduladores del absolutismo, ni tampoco un corto número de ciudadanos que, a pretexto de reformas, la ponen en peligro. Su masa total es sólo la soberania, cuyo carácter ha tomado el opresor de Colombia para descuartizarla[55].

Sin embargo, la aprehensión de lo que llamamos espacio nacional, tal como lo proclamó la Constitución de 1830, definiéndolo en sus fronteras y su población, seguía siendo paradójica y hasta contradictoria.

---

[54] Los caraqueños: *Nuevos torpes atentados del dictador destructor Simón Bolívar. Op. cit.,* págs. 23-24.

[55] *Ibídem,* pág. 24.

a) Los particularismos de ciudades y pueblos en la edificación de la nación

Los pueblos y sus Municipalidades, en tanto órganos constitucionales y representantes del «pueblo», se hallaban en el centro mismo de este dispositivo cuya finalidad era «reconstituir» la nación venezolana. Este papel central llevaba la impronta de la tradición de una administración y organización del territorio, tradición donde la influencia del Cabildo había sido muy importante y particularmente desarrollada en Venezuela antes de las reformas borbónicas.

Ahora bien, cuando la historiografía aborda el tema, suele recalcar la importancia de la vida municipal durante el período colonial, y criticar la opción federal de 1811, entre otras razones porque había conducido a la disgregación de la soberanía, impidiendo el desarrollo de un sentimiento nacional. Así, L. Vallenilla Lanz declaraba que:

> «Lo que nuestros teóricos del federalismo consideraban ingenuamente como una novedad, no tendía a otro resultado sino al de cubrir con un ropaje republicano las formas disgregativas y rudimentarias de la Colonia, dándole el nombre pomposo de Estados o Entidades Federales a las Ciudades-cabildos o Distritos Capitulares, que eran entonces lo que casi son todavía: pequeñas ciudades con extensas y desiertas jurisdicciones territoriales. Los federalistas de Venezuela como los de todo Hispanoamérica, presumiendo de revolucionarios, reformadores, innovadores, estadistas avanzadísimos, no resultaban ser otra cosa que empecinados tradicionalistas»[56].

Y daba como prueba de esto el hecho de que esa forma de gobierno era popular y respondía entonces a la tendencia más retrógrada de esta sociedad post-colonial. No obstante, y sin por ello avalar ciertas tesis diametralmente opuestas en cuanto al papel fundador y formador de las Municipalidades en el surgimiento del movimiento independentista y del «nacionalismo»[57], no cabe duda de la incidencia de esta estructura política de la sociedad, cuyo

---

[56] VALLENILLA LANZ, L.: *Disgregación e integración. Ensayo sobre la formación de la nacionalidad venezolana. Op. cit.*, pág. LVII.

[57] Nos referimos aquí a los autores que establecían una filiación directa y poco argumentada desde un punto de vista estrictamente científico, viendo en la tradición municipal el fermento de la conciencia nacional y el lugar de nacimiento de la nación venezolana. El propio Vallenilla Lanz, contradiciendo su hipótesis inicial, veía en esas prácticas lo que él (utilizando el vocabulario de la biología social que le servía de modelo especulativo) llamaba los «instintos

polo de referencia más familiar y antiguo era la ciudad, tal como lo recordaba Martín Tovar Ponte para demostrar la viabilidad de un sistema federal. Esta estructura se presentaba como uno de sus rasgos distintivos, reivindicada como tal por los actores, sobre todo en 1826 y 1828. Aunque los recuerdos y las particularidades que los actos de cada una de las Municipalidad que se expresaban entonces, se referían mayoritariamente a los acontecimientos ocurridos desde 1810 y, más aún, a las luchas por la independencia, el marco referencial de la ciudad se insertaba en la larga duración. Se le asociaba la tradición de una práctica de expresión y de pronunciamientos, y conformaba el primer círculo de pertenencia de las poblaciones: era la «patriecita».

Al mismo tiempo, las ciudades que, al revés, se habían adherido al bando enemigo y deseaban ahora rectificar su actitud pasada, con el fin de demostrar su legalidad, también se expresaban. Así, durante el conflicto que estalló en julio de 1824 en Puerto Cabello entre la Municipalidad y Páez —y, a través de él, el gobierno de Bogotá— con motivo del reclutamiento de tropas destinadas a apoyar a Bolívar en Perú, los representantes del poder civil fundamentaron sus críticas contra los poderes extraordinarios de los que Páez se valía para llevar a cabo esta misión, señalando el hecho de que de éste denunciaba la presencia en Puerto Cabello —ciudad recién liberada— de numerosos traidores e individuos cuya adhesión a la causa republicana no estaba comprobada. Ahora bien, los representantes de la ciudad trataban de fundamentar la sinceridad de sus reivindicaciones precisamente en esta situación histórica, sin que hubiera en sus motivaciones alguna voluntad revanchista o una nueva lealtad hacia el enemigo español[58]. Buscando así que una situación poco favorable diera un vuelco a su favor, explicaban que gracias a ese estatuto de ciudad recién liberada, se fortalecía el entusiasmo por la justicia y la libertad, permitiendo así que Puerto Cabello se pareciera a Caracas, modelo y ejemplo en esta materia. Y, en nombre de este pasado común asumido, Vicente Michelena, en su calidad de alcalde y virulento detractor de Páez, se dirigió a la población para

---

políticos» del «organismo social de la Nación» (*Disgregación e integración. Ensayo sobre la formación de la nacionalidad venezolana. Op. cit.*, pág. XX), demostrando esta fuerte impregnación al recusar que se imitara la legislación vigente en los Estados Unidos para adoptar la federación; afirmaba que el espíritu municipal seguía siendo, al contrario, tan vivaz «que sirvió de escuela a los hombres que iniciaron el movimiento emancipador...», (pág. 102).

[58] «Acta y acuerdo de la Municipalidad de Puerto Cabello, 4 de septiembre de 1824», en Blanco, J. F. y Azpúrua, R.: *Documentos para la historia de la vida pública del Libertador. Op. cit.*, tomo IX, pág. 380.

demostrar la buena fe de sus decisiones y anunciar su negativa a acatar las disposiciones de las autoridades militares. Así, evocando la promulgación de la Constitución de Cúcuta tras la liberación de Puerto Cabello en 1823, recalcaba:

> Se renovó el Ayuntamiento, yo fui nombrado alcalde segundo y, en unión de mis compañeros cuyos nombres no son desconocidos de los antiguos compatriotas, me propuse hacer gustar a aquellos habitantes los bienes de la libertad en cuanto era compatible con la conservación de la independencia, que ha sido desde el 19 de Abril de 1810 mi más constante anhelo[59].

Igualmente, con el fin de valorizar ante los primeros patriotas a esos hombres renombrados de los que se había rodeado para gobernar correctamente el cantón, señalaba la falta de experiencia de los militares que pretendían quitarle su autoridad política, atribuyéndola a la reciente y sospechosa adhesión de éstos a la revolución. Mencionaba el caso del comandante Manuel Cala:

> La falta de nociones en los asuntos políticos ha sido causa de que se imaginase que como comandante de armas era el jefe superior del cantón, y que las demás autoridades le estaban subordinadas, y él en aptitud de mandarlo y hacerlo todo. Estos errores eran apoyados por hombres nuevos en la Revolución, que están tan poco instruidos en los asuntos civiles como el señor Cala...[60]

Con la agitación que el decreto sobre las milicias suscitó en 1825 desde Bogotá, y para apuntalar la denuncia de las prácticas del gobierno, se volvió a hacer referencia al particular papel jugado por Caracas en 1810. Luego, cada una de las ciudades justificó su adhesión al movimiento de Valencia de abril de 1826 con la posición que habían asumido junto a los patriotas durante la primera República y la guerra. Así, aunque las quejas formuladas por las Municipalidades que apoyaban la decisión y las propuestas de Valencia fueran básicamente idénticas, un análisis cuidadoso de cada uno de estos actos revela que las adhesiones se legitimaban recu-

---

[59] «El ciudadano Vicente Michelena, alcalde ordinario del cantón de Puerto Cabello, a sus conciudadanos, 20 de diciembre de 1824», en BLANCO, J. F. y AZPÚRUA, R.: *Documentos para la vida pública del Libertador. Op. cit.,* tomo IX, pág. 383.

[60] *Ibídem.*

rriendo, esta vez y en este preciso contexto, a la figura de Páez y su papel en la liberación de las últimas plazas fuertes asediadas tras la victoria de Carabobo del 24 de junio de 1821 y, más aún, su papel como jefe (e hijo) de los llanos también liberados por él, y cuyos habitantes se habían distinguido luego por su ejemplar patriotismo. Era el caso de la villa de Calabozo, situada en los llanos, que justificaba con estos términos su apoyo a Páez:

> ... necesitamos más de él, tanto por su valor acreditado, celo patriótico, pericia militar y local, cuanto por el grande ascendiente, respeto y subordinación que le deben estos Departamentos, principalmente los pueblos de los llanos, que le aman y que sin su presencia se creerían en una total orfandad...[61]

En el Departamento de Apure otras Municipalidades, a ejemplo de la de Achaguas, recordaban su apoyo a Páez en la liberación del país, y además los perjuicios causados por los combates y la sangre derramada en esta región, cuyos habitantes no habían sido indemnizados, pese a las promesas hechas por el gobierno:

> Los apureños bastantemente penetrados de los deberes a que están llamados por el orden natural, creen que por ningún título deben permanecer por más tiempo bajo una administración de gobierno que hasta ahora ninguna ventaja les ha proporcionado, después de tantos sacrificios por la libertad de Colombia, que sin exageración puede decirse han tenido una parte muy activa para ello [...]. La amistad, el respeto y la consideración hacia S. E. el Benemérito General José Antonio Páez, jamás podrán desaparecer del corazón de los apureños, pero no es esto lo que ha vendado los ojos de los apureños, ellos bien claro han palpado la poca consideración a sus servicios[62].

El propio Páez apeló a la singularidad de Caracas cuando se fue de esta ciudad el 2 de junio de 1826 con la intención de crear una milicia nacional, retomando así el proyecto publicado el 13 de septiembre de 1824 en El Constitucional Caraqueño. Efectivamente, con el fin de justificar esta medida,

---

[61] «Acta de la ciudad de Calabozo, 4 de mayo de 1826», *Memorial de Venezuela,* n.° 5, 10 de julio de 1826.

[62] «Contestación. Excmo Sr Vicepresídente de Colombia, Achaguas, 8 de agosto de 1826», *Memorial de Venezuela,* n.° 12, 10 de septiembre de 1826.

así como las demás reformas necesarias para devolver a Venezuela su honor perdido, declaraba: «Permaneced en unión, y nuestra dicha es cierta: justifiquemos nuestra causa con nuestra propia conducta, y hagámosnos con ella acreedores a los derechos que reclamamos: recorred la historia de vuestro nombre [de habitantes de Caracas] y ella bastará para inspiraros los más elevados y gloriosos sentimientos»[63].

Pero en 1826, más que otras Municipalidades, la de la isla Margarita se refirió al período de la guerra contra los españoles para demostrar la confiabilidad de su adhesión a favor de Páez. Durante una reunión de la Municipalidad de los dos cantones que formaban la isla, donde vemos una vez más «un numeroso concurso de todas las profesiones»[64], un ciudadano tomó la palabra para evocar la acogida y el asilo dados a sus «hermanos» que huyeron en 1815, y recordar todos los hechos y la valentía de los patriotas. Erigiéndose en vocero de la historia, agregó:

> Se cansó la desgracia, vencieron los buenos y se rescató la patria general; entonces la justicia colocará a Margarita en la gran tabla en que el mundo admira a las Espartas y Saguntosi porque salvamos nuestros trofeos, el honor de nuestras insignias, y la memoria de nuestros padres, y el nombre y la historia y el ser entero de la patria[65].

Una vez más, esta valorización de un pasado regional, municipal, que se refería a la guerra independentista, servía una causa más amplia, la de la patria, la de la «Antigua Venezuela». Esa memoria reciente puesta al servicio de la defensa de un territorio confirmaba los vínculos que unían a esas ciudades y las de Nueva Granada. Por consiguiente, tenían una memoria común relacionada con la guerra, sus glorias y sus desgracias, lo cual, en definitiva, rebasaba el marco nacional. Y ni los miembros de las Municipalidades ni las poblaciones deseaban renunciar a ella, pese a las opiniones que tenían en cuanto a la organización que debía darse a las antiguas provincias de Venezuela y al futuro de la República de Colombia. Además, a través de sus voceros, los ciudadanos estaban orgullosos de haber acogido también al hombre que todavía era considerado como el sal-

---

[63] «J. A. Páez. Habitantes de Caracas. Cuartel general de Caracas, 2 de junio de 1826», *Memorial de Venezuela,* n.° 7, 1 de agosto de 1826.

[64] «Acta de la isla Margarita, Asunción, 2 de diciembre de 1826», *La Lira,* n.° 2, 9 de marzo de 1827.

[65] *Ibídem.*

vador más eminente de la patria, Simón Bolívar, de quien se decía, entre otras cosas:

> ... el mundo ignora que tenemos este título al amor y a la protección de Bolívar. Fue comprado con virtudes heroicas, que no tienen otro fruto que el ejemplo que producirán. Que la historia lo conozca y la fama lo extienda por todas partes, y que escrito en nuestros corazones alimente la esperanza y sostenga el patriotismo: recordémoslo todos, y repitamos cien veces: ¡viva Bolívar margariteño, viva el hijo protector y el patriarca de Margarita![66]

En definitiva, aquí también se pasaba continuamente del referente infranacional, municipal, al referente continental, y la figura adulada de Bolívar permite captar esta particularidad. Ciertamente, a veces se mencionaba que la lucha se libraba por Venezuela, por la «Antigua Venezuela», pero pocas veces se la mencionaba como «nación» antes de su reconstitucionalización en 1830, seguía siendo la patria y, más allá, un conglomerado de ciudades y pueblos, «una federación de municipalidades»[67].

Las ciudades que representaban los dos cantones de la isla Margarita, Asunción y Porlamar, volvieron a alzar la voz en 1828, en *El Voto de Venezuela*. Así, los vecinos de Margarita, tras atribuirse el título de «eminentes patriotas» deseosos de mostrarse dignos del «distinguido lugar que deben tener en la historia de la independencia Sudamericana»[68], justificaban su adhesión a los principios de plenos poderes e integridad territorial con los mismos términos que en 1826:

> Margarita, que entrevé estos designios, que prevee estos males, y que quiere conservar la inmarcesible gloria de haber sido la primera provincia de Venezuela que opuso los generosos pechos de sus hijos a la formidable expedición española que debió sojuzgar la América del Sur; la que sin ajenos auxilios destruyó las huestes íberas atrincheradas en su rudos peñazcos; y, en una palabra, la que levantó sobre los cadáveres españoles la bandera de la República; no puede consentir en que la obra

---

[66] *Ibídem*.

[67] Tovar, M.: *A los colombianos. Op. cit.*, pág. 8.

[68] «Representación de los vecinos de Margarita al Excmo Sr Jefe Superior de Venezuela. Margarita, 26 de marzo de 1828», *El Voto de Venezuela. Op. cit.*, pág. 228.

> grandiosa del patriotismo sea destruida por el genio de la codicia y de la torpe ambición[69].

Se daba así una común reivindicación de las diferentes ciudades, unidas por su voluntad de reemplazar el poder de Bogotá por un gobierno particularmente encargado de redactar un texto constitucional adecuado, o un poder puesto únicamente en manos de Bolívar en 1828. En este movimiento se producía una doble tensión: por una parte, el peso de las identidades locales, que confería su singularidad a las decisiones adoptadas; y por otra parte, la conciencia —o el recuerdo— de haber pertenecido a una misma entidad, la «Antigua Venezuela», expoliada por una parte de sus representantes, y en cuya defensa apoyaban a Páez como a uno de sus más prestigiosos libertadores, y también a Bolívar. Fue especialmente la villa de Maracay la que se pronunció en este sentido. Tras hacer la apología de Páez y recordar la adhesión de la villa, los representantes de la Municipalidad exhortaban al Poder Ejecutivo a «no cubrir de luto un país que ha sido la cuna de la libertad, el semillero de los valientes, el modelo de los hombres heroicos, y por fin el que dió la primera luz al inmortal Bolívar, al padre de la patria»[70]. En este texto subyace la idea de que sin el impulso dado por Venezuela, y sobre todo por algunas ciudades y regiones, pero también sin las acciones heroicas de sus padres (Bolívar y Páez), no se habría creado la República de Colombia. Por consiguiente, era tanto más inaceptable que ésta, debido además a conflictos personales, se afanara deliberadamente a dejar en el abandono a este país, esta «parte sana» de la República, en vez de recompensarlo por sus acciones a favor de la libertad.

Con la formulación de las solicitudes, peticiones o reivindicaciones emanadas de los pueblos y actores particulares para que se considerara la modificación del funcionamiento de la República de Colombia, se confirmaba la necesidad, por una parte, de disociar los particularismos geográficos, económicos y demográficos atribuidos a las provincias que conformaban la «Antigua Venezuela», para demostrar o bien que era necesario erigirla en Estado soberano, o bien, al contrario, que no podía esperar lograr el desarrollo indispensable y progresar fuera del marco colombiano; y por otra parte, la necesidad de estudiar los conceptos de patria y nación

---

[69] *Ibídem,* págs. 229-230.

[70] «Acta de la Municipalidad de Maracay, 4 de marzo de 1826», *Memorial de Venezuela,* n.° 5, 10 de julio de 1826.

venezolanas[71], así como su carácter ambivalente y aproximativo. Además, como reflejo de los particularismos de las ciudades y los pueblos, constatamos ese sentimiento de pertenencia local nacido del arraigo histórico, de la práctica resultante de ello, y de la memoria cristalizada dentro de la población, sobre todo durante la guerra. Pero era un sentimiento de pertenencia local que, ya lo hemos visto, conducía a rebasar el marco nacional reivindicado por las élites y teóricamente confirmado por la Constitución de 1830, al unir a las ciudades y los habitantes de Venezuela y Nueva Granada.

b) Venezuela es una patria: la incidencia del proceso constitucional

Después de la Constitución de Bogotá de 1821, aquéllos que pedían que esta Venezuela dividida en Departamentos adquiriera una mayor autonomía dentro de Colombia, la designaban con el término de patria. Por cierto, el sentido dado a este término en las definiciones era significativo. La primera de la que disponemos data de 1826, y fue redactada por los militares de Caracas en una carta dirigida a José Francisco Bermúdez, quien había aceptado combatir los movimientos de apoyo a Páez, a petición de Francisco de Paula Santander:

> Tenemos nuestras esposas, nuestros hijos, nuestras propiedades, nuestros amigos y, en fin, nuestra patria, consistente en estos dulces y indisolubles vínculos. Todo lo que se oponga al bienestar y la prosperidad de tan caros objetos es contra la patria, y el blanco de nuestros tiros. ¿Qué es la patria en otro sentido? Sería un ente de razón que en boca de los intrigantes y demagogos sólo sirve para vejar y oprimir a los pueblos[72].

Esta definición de patria, enunciada en un contexto de conflictos, resulta enriquecedora por los datos que aportaba en cuanto a lo que significaba este término para los actores, pero también en cuanto a la realidad que revestía. Contrariamente al concepto de nación —un término que, por cierto, fue poco utilizado y nunca definido—, el de patria no era un concepto

---

[71] No obstante, en cuanto al concepto de nación, habrá que hacer una comparación con la nación colombiana, que siguió siendo tal hasta la separación de Venezuela y la proclamación de su Constitución en 1830.

[72] «Los militares de Caracas al general J. F. Bermúdez, 29 de junio de 1828», *Memorial de Venezuela,* n.° 8, 10 de agosto de 1826.

abstracto y evocaba, al contrario, sentimientos y emociones. No expresaba ningún sentimiento de pertenencia, salvo la asimilación de la patria con una familia ampliada. No obstante, al asociarla a la idea de familia, la presencia dentro de la patria suponía, aún y siempre, la fidelidad y la obediencia así como el compromiso y el sacrificio para mantenerla libre. El autor del pequeño texto intitulado Un entusiasta de la libertad expresaba esta noción de adopción de una patria y del compromiso resultante, confiriendo un peso adicional a la expresión «nuestra patria», tanto más cuanto que nunca se utilizaba este posesivo cuando se trataba de la nación.

> No se derrame más sangre; pero desvíense de los empleos que ejercen a los que hayan cometido este crimen de lesa patria[73], borrón que no lavarán jamás. No es patriota sino el que ama la libertad; sin libertad no hay patria; a menos que, comparándose el hombre con los árboles, se llama patria el lugar donde nació y que lo sustenta[74].

Encontramos aquí un eco de la definición de patria que se dio en 1810 en La Gazeta de Caracas, y que consideraba que los pueblos, contrariamente a los árboles y sus raíces, no estaban aferrados a su suelo natal y tenían que desplazarse —sobre todo la parte más sana— cuando había que establecer un gobierno más justo y legítimo. Esta referencia formaba parte, por cierto, de un proceso más amplio movido por la voluntad de conectarse con el primer período de la Venezuela independiente, patria abierta a todos aquéllos que, unidos en una misma lucha contra la tiranía, huían en busca de una patria que los acogiera. Sin embargo, a diferencia de la Venezuela de 1810, ahora se hacía hincapié en la noción de desarrollo de las actividades (de cualquier índole) del país en su conjunto. Era como si se tratara, en esta oportunidad, de demostrar ante quienes se oponían a la separación y ante los escépticos que, pese a lo que éstos afirmaban, Venezuela podía conseguir los medios que le permitieran vivir de manera autónoma. «Hemos derrocado para siempre esa maldita hidra del despotismo, ya no se verá en *nuestra* patria, en esta cara patria que ha costado tantos sacrificios y arroyos de sangre[75], sino florecer la agricultura, el comercio, las ciencias, las

[73] Aquí se refería al despotismo ejercido desde Bogotá por los hombres en el poder, y a sus adláteres en Venezuela.

[74] «Un entusiasta de la libertad», *El Explorador. Op. cit.*

[75] Podemos afirmar, sin temor a equivocarnos, que no existía una familia en la que no hubiera habido una víctima sacrificada ante el ídolo de la libertad. La cursiva es nuestra.

artes y todo lo industrioso, que son lo que dan vida y estabilidad a las naciones...»[76]

Por consiguiente, antes de ser nación constitucional, la patria debía estar preparada para ello, y sus dirigentes debían asegurarse de que todos los miembros estaban dispuestos a participar en su desarrollo y prosperidad. Porque había una convicción ampliamente compartida, y era, precisamente, que esta patria, la «Antigua Venezuela», ya existía. Esta certidumbre la expresaba Páez, entre otros, en un discurso de 1830:

> Muchos años de sangre y gloria han hecho inmortal vuestro valor; pero el os envilecería si, mal dirigido, hubiera servido al despotismo. No es glorioso sino porque empleado en favor de la libertad, ha satisfecho los deseos de nuestros conciudadanos y la vindicta humana. ¿Qué buscamos? ¿Una Patria? La tenemos ya. He aquí pues, el grande premio de nuestras fatigas, que vivirán la edad del mundo si, dóciles al grito de la conciencia pública, nos prosternamos ante ella. Tributémosle en homenaje esos trofeos, esos laureles, esos despojos de la gloria[77].

Lógicamente, quienes trataran de obstaculizar este futuro lleno de gloria y violaran el contrato que unía a los miembros de la comunidad, podían y debían ser expulsados de la patria; y así mismo, se aceptaba recibir a todos los que desearan apoyar su acción. Páez consideraba, pues, que gracias a la existencia de la patria, sus miembros habían obtenido la confianza de los países extranjeros y una respuesta favorable cuando se apeló a quienes pudieran ayudar a su recuperación económica. Se refería a ello con el término de «inmigración de hombres laboriosos»[78]. Al contrario, quienes traicionaran a la patria se exponían al oprobio aunque fueran oriundos del lugar. Con motivo de la presentación de la Constitución que consagró el nacimiento de la nación venezolana, se declaraba:

> Entonces, desgraciado el temerario que ose derrocar este código de nuestros derechos, y que con sus empeños insensatos llame el rayo sobre nuestra patria, intente anegarla en sangre y cubrirla de espanto. La indignación y el horror nacional irán a

[76] «Un entusiasta de la libertad». *Op. cit.*

[77] «J. A. Páez, Alocución, 1° de agosto de 1830», en *Documentos que hicieron historia. Op. cit.,* vol. 1, págs. 371-372.

[78] *Ibídem,* pág. 373.

> su encuentro, el oprobio y la muerte le seguirán de cerca, y su memoria cubierta de vergüenza y execración sólo servirá de saludable escarmiento a los que intenten traicionar a su patria[79].

La utilización del adjetivo «nacional» confirmaba además el cambio intervenido con la publicación del texto constitucional, que acrecentaba la gravedad de los actos de traición, pues implicaban un ataque a la patria y a la nación. De hecho, la patria constituida estaba dotada ahora del poder de exclusión contra los traidores, hijos que traicionaban la memoria de los padres de la libertad de 1810. Pero, considerando el asunto según la óptica del paralelo establecido en el vocabulario y en los actos entre la separación del gobierno de Bogotá y la accesión a la independencia en 1811, Venezuela en tanto «madre patria» se declaraba dispuesta, una vez consumada la ruptura, a acoger de nuevo a sus hijos venezolanos extraviados. Nótese que este acto de clemencia se dio en el momento en que el temor de la llegada de tropas venezolanas a las fronteras venezolanas se hacía cada vez más fundado. En este sentido, en *Nuevos torpes atentados* se hacia una exhortación sumamente significativa en la forma y el fondo:

> Y vosotros, héroes de Colombia, bravos venezolanos que por desgracia militais bajo las banderas del tirano, ¿sereis sordos a los estimulos de vuestra conciencia, a los clamores de vuestra madre patria que tanto sufre por sostener vuestras libertades? ¿Sereis tan ciegos que por sostener un malvado pretendais derramar la sangre de vuestros hermanos, de aquéllos mismos que con vosotros destruyeron el formidable ejército del tirano del otro hemisferio por sólo conseguir vuestra independencia? ¿Oscurecereis vuestra grandiosa obra cuando se trata de sostener vuestros derechos?[80]

La Constitución confería a la patria un agregado de legitimidad y le daba, a través de las leyes, el derecho a definir los criterios de pertenencia así como a expulsar a quienes, voluntariamente, no se conformaran a ella. En este sentido, la definición de patria propuesta por uno de los miembros de

---

[79] «Carlos Soublette, Alocución del Congreso constituyente al presentar al pueblo la Constitución, Valencia, 7 de octubre de 1830, año 1 de la ley y 20 de la Independencia», en *Documentos que hicieron historia. Op. cit.*, vol. 1, pág. 378.

[80] Los caraqueños: *Nuevos torpes atentados del dictador destructor Simón Bolívar. Op. cit.*, pág. 25.

la Sociedad Republicana, Rafael Acevedo, remitía a una acepción mucho más política que las anteriores, dándole una dimensión abstracta:

> La patria existe pues, me complazco en repetirlo; la patria, ese ser moral que consiste en aquel íntimo convencimiento de la conveniencia de una felicidad general, que se apodera de cada uno de los ciudadanos y los persuade de que todos trabajan por el bien de cada uno, y obliga a cada uno a desear el bien de todos: la patria, digo, en este sentido ya existe en Venezuela, y esta dicha, este inmenso bien es la obra del último Congreso venezolano que tuvo el valor de contener las aspiraciones particulares y de acallar las pretenciones ilegales, a la vez que con sabiduria supo conciliar los intereses de todos y dirigir sus esfuerzos hacia el bien común[81].

Una patria constitucionalizada, así era la nación proclamada y festejada en noviembre de 1830. Sin embargo, no olvidaba su experiencia pasada, la cual permitía que los actores políticos tuvieran una visión de la tarea que había que cumplir para proceder al restablecimiento económico y moral al que se aspiraba. Por otra parte, si bien la nación volvía a proclamarse en 1830, este renacer —pues la separación de 1829 se consideraba en estos términos— permitía proyectarse hacia el futuro. Nótese, sin embargo, que tal proyecto ya estaba implícito en una declaración de 1827 dirigida a Bolívar por miembros de la Universidad de Caracas. Aunque, para la fecha, éstos se mostraban favorables al mantenimiento de la integridad de la República de Colombia[82], no dejaban de considerar que el futuro que se abría para Venezuela era hermoso; y sus palabras sugerían implícitamente que no se descartaba la hipótesis que pudiera dotarse de sus propias instituciones. Efectivamente, con respecto al papel de su universidad, declaraban:

> Aquí teneis en esta escogida juventud los preciosos vástagos que han de reponer a los fuertes robles y elevados cedros que hermosean y sostienen la idolatrada patria. Aquí está el futuro Senado, los futuros ministros; en una palabra, la futura Venezuela: este

---

[81] *El triunfo de la Constitución celebrada en Caracas. Discurso pronunciado por el socio Rafael Acevedo en el teatro de la plaza Mayor antes de la representación de la tragedia «Roma Libre».* Caracas: 11 de noviembre de 1830, págs. 16-17.

[82] Sus declaraciones en *El Voto de Venezuela* figuran entre las más comprometidas y vengativas. Ver «Acta de la Universidad de Caracas a S. E. el Jefe Superior de Venezuela, Caracas 13 de marzo de 1828», *El Voto de Venezuela. Op. cit.*, págs. 119-122.

> bello plantel se halla consagrado a los estudios más útiles e importantes que la virtud patriótica de algunos académicos cultivan y sostienen, sin más recompensa que la dulzura de instruir y formar los espíritus[83].

No obstante, rara vez vemos que sus miembros reivindicaran el título de venezolanos; ellos formaban parte de esta patria y, desde 1830, de la nación de la cual eran declarados soberanos. Ciertamente, este adjetivo, así como la palabra «venezolanos», se utilizaba a veces en los discursos oficiales para interpelar a los habitantes, pero sin particular connotación. Al respecto, resulta interesante citar este fragmento de uno de los votos de 1828, redactado por los habitantes de la región de Ocumare, pues nos parece significativo en cuanto a lo tenue del sentimiento de pertenencia a un espacio llamado «nacional». Aunque se referían a Colombia, de la que eran miembros desde 1821, apelaban a Bolívar, considerado como el único capaz de salvar a Colombia, concluyendo así: «Este es, Excmo. Señor, nuestro decisivo pronunciamiento que como padres de familia, como agricultores, y finalmente como colombianos, dirigimos a Vuestra Excelencia...»[84]

Tal afirmación confirma, por lo demás, la fuerza de estos sentimientos de pertenencia ligados al espacio local y a los cuerpos que lo constituían, revelando la brusca traslación registrada en 1820-1821 en cuanto a la identidad de los habitantes de Venezuela que de venezolanos miembros de la nación homónima pasaron a ser colombianos, al proclamarse la Constitución y la nación colombianas[85]. ¿Qué ocurría al respecto en este contexto de la nación venezolana? Si, como punto de partida de esta reconstitución del espacio así llamado, tomamos la definición de la palabra

---

[83] *Discurso que la I. Universidad dedica a su protector el Guerrero político Simón Bolívar, Libertador de tres Repúblicas y Presidente de la de Colombia. Op. cit.*, pág. 14. Los autores citan aquí a Cicerón, sin referencia.

[84] «Representación de los vecinos del cantón de la Costa de Ocumare a S.E. el jefe Superior de Venezuela, Ocumare, 21 de marzo de 1828», *El Voto de Venezuela. Op. cit.*, pág. 212.

[85] Semejante fluidez del sentimiento de pertenencia y semejante fluctuación en los referentes nacionales, por parte tanto de las élites como de la población que se expresaban en los textos de los que disponemos, confirman y explican a la vez la fuerza y la influencia de los hombres que encabezaban dichas naciones, únicas figuras a las cuales era posible identificarse gracias a la doble función de jefe político y jefe militar, siendo este último título el que permitía a la población reconocerlos como sus compañeros, y jefes, de armas.

«pueblo» propuesta en *Fe política de un colombiano*[86], así como el territorio al que se referían los textos al hablar de la nación, resulta innegable que se trataba de la Colombia que había sido proclamada en 1821 por la Constitución de Bogotá. Además, se consideraba al pueblo —a los colombianos en su conjunto— como el equivalente de la nación. Por añadidura, en la controversia entre partidarios y opositores de la federación-separación no se hacía ninguna diferencia en la definición de lo que para entonces se entendía como nación. Todos, incluso los partidarios de la separación en 1826, admitían que la nación era Colombia. Todo este movimiento desde los pueblos y las corporaciones se dio antes de que existiera la nación venezolana. En este sentido, la poca frecuencia del término «nación» para calificar a la Venezuela de 1830 confirma la presencia del sentimiento patriótica y, a la vez, el carácter institucional y abstracto —incluso artificial— de la nación como «objeto» identificatorio y soporte de pertenencia para la población (y, en cierta medida, hasta para las élites). Nunca se le asociaba el posesivo «nuestra», mientras que observamos, al contrario, la recurrencia de esta asociación en los términos de «patria» y «país». Un testimonio de ello especialmente elocuente es un artículo publicado en *El Canario* de agosto de 1830, dirigido —un hecho poco frecuente— a los venezolanos:

> Sí, Venezolanos: nosotros hemos abierto las puertas de la prosperidad y grandeza de nuestro país: la representación nacional dictando leyes sabias, el gobierno ejecutándolas y disputando con ella la liberalidad de sus principios. ¡Qué quadro más selecto de civismo y libertad! Resta que nosotros, unidos e iguales, entremos a probar que no somos indignos del interés que se manifiesta en nuestro favor. Por nosotros es que trabajan el Congreso y el Ejecutivo. Tócanos, pues, cerrar el quadro en que debemos fusilar al despotismo. Si esta ocasión se nos escapa, tal vez no volverá[87].

Con la celebración de la Constitución, se buscaba ante todo ratificar la instauración del Estado en el sentido en que, de ahora en adelante, la patria ya tenía instrumentos que le permitirían llevar a cabo las necesarias refor-

---

[86] *Fe política de un colombiano o tres cuestiones importantes para la política del día.* Bogotá: impr. Salazar, 1827.

[87] «Gobierno de Venezuela», *El Canario,* n°. 3, Caracas, 19 de agosto de 1830, FBC/Archivos de Gran Colombia.

mas y transformaciones tanto políticas y económicas como morales, y que habían motivado parcialmente —y también oficialmente— su separación de la República de Colombia. Sin embargo, la excepción fue un texto redactado también por un miembro de la Sociedad Republicana de Caracas en noviembre de 1830. Retrataba el ambiente reinante en el país e indicaba la conducta que había que seguir para que los principios enunciados por la Constitución fueran respetados. Pues bien, en este texto el adjetivo «nacional» quedaba asociado a los comportamientos y sentimientos de los compatriotas a los que iba dirigido. Se observa que su contenido es tanto más significativo —y hasta ambiguo— por ser su autor José María Vargas, diputado de Caracas que, en mayo de 1830[88], criticaba con virulencia la separación de Venezuela, pues estimaba que sus potencialidades económicas y demográficas contradecían la viabilidad de tal decisión, y denunciaba el carácter inconstitucional de esta ruptura. Ahora bien, ahora declaraba:

> Compatriotas: cuando ya notamos una razón nacional que conoce y distingue los intereses privados del general, una conciencia nacional que, con la fuerte impresión de las desgracias pasadas, ansía por su reparación una voluntad nacional que sobrepone a todo querer el de la mayoría legalmente indicada y promulgada; podemos lisonjearnos que no dista el día de consuelo en que veamos por fin rayar la aurora del orden, de la paz y del régimen de la ley en todo el horizonte venezolano. Que la convención de esta razón, de esta conciencia y voluntad uniformes sea el objeto precioso de nuestros esfuerzos y solicitudes. Unánimes todos y poseídos de la tolerancia, moderación, paciencia y templanza, que marcan el estado actual de los pueblos civilizados y libres, marchemos por la senda legal a sacrificar en las aras de la patria nuestras pasiones, opiniones y aun intereses más caros en cuanto no sean conformes con el nacional. Arrojemos en el crisol del patriotismo nuestras aspiraciones para que, separadas en esta fusión las escorias de lo particular, quede solamente el metal puro del bien comunal[89].

---

[88] «J. M. Vargas, Discurso, 15 de mayo de 1830». *Op. cit.*

[89] *El triunfo de la Constitución celebrada en Caracas*, Sr. José María Vargas. Caracas, 11 de noviembre de 1830, pág. 5.

Se puede percibir aquí la correlación postulada entre la promulgación de la Constitución y la atribución de un carácter nacional a los conceptos y comportamientos, pues se trataba de principios emitidos por este mismo texto. Además, era en aras de la patria que se instaba al sacrificio de los intereses individuales. Finalmente, la concreción de estos principios y su difusión a través del territorio, por medio de las leyes, pertenecían al futuro: existían en los textos pero aún tenían que arraigarse en las prácticas y las conciencias de todos y cada uno.

Capítulo 3

El elemento militar en la configuración de la nación

La guerra y los conflictos tal como se habían desarrollado entre las provincias y el gobierno de Bogotá ciertamente suscitaron solidaridades, debido al impulso del discurso patriótico y al recuerdo de las batallas libradas. Pero también se generaban conflictos y una singular visión de la sociedad en proceso de redefinición así como de reelaboración de sus nuevas fronteras (geográficas y políticas), debido a la presencia —y hasta la omnipresencia— lograda por el hombre de armas (militar o soldado). En los albores de su proclamación como nación, Venezuela se definía ante todo a través del prisma de este elemento fundamental, que estructuraba tanto las relaciones entre individuos como la configuración misma de la «nación».

1. Lo militar y el poder político

En la afirmación de los pueblos como entidad política actuante, no sólo el tema militar sino también los hombres de armas en tanto actores sociales, ocupaban un importante lugar. Efectivamente, afirmaban su presencia a través de los escritos que publicaban (en nombre del cuerpo militar al que pertenecían), y también porque constituían el centro de las preocupaciones, siendo objeto de críticas virulentas y a la vez punta de lanza del renacer venezolano, y considerados como parte de un todo (la patria) o identificados con este todo. Además asomaba el peligro de que, con tan numerosos militares ocupando los altos cargos del poder, la misión política como tal quedara desviada, tanto más porque la organización de la República mezclaba de manera muy confusa los cargos políticos y militares.

Una doble dialéctica se estableció a partir de la imagen genérica del hombre de armas. Por una parte, entre esta imagen y el militar (que, en virtud de su título, ocupaba cargos políticos) para que el poder político se independizara del poder militar; por otra parte, entre esta imagen y el soldado, función de la que todos los ciudadanos estaban investidos, en la medida en que debían estar listos para tomar las armas en cualquier momento, en defensa de su patria. La dificultad estribaba precisamente en articular estos dos ejes, y se evidenciaba con motivo de la voluntad expresada por las élites políticas[1]

[1] Una élite algo circunstancial, tratándose de los dirigentes.

de «civilizar»[2] el ámbito político, a raíz de las amenazas implícitas en la formación y consolidación de una oligarquía militar. Pero la dificultad también estribaba en que al ser el ciudadano un soldado por principio, pero al ya no poder participar como tal en la vida política, se hacía entonces necesario que la imagen del hombre de armas pasara de la esfera política a la de los valores constitutivos de la identidad colectiva, mediante la labor de la memoria y de las celebraciones de las cuales era objeto. Sin embargo, la puesta en marcha de semejante proceso (auténtico o no) implicaba simultánea y paradójicamente poner en tela de juicio lo que, en última instancia, constituía el vínculo más sólido entre los miembros de esta sociedad y el fundamento de su identidad y memoria, en tanto entidad independiente. Al mismo tiempo, acarreaba la exclusión de una parte de las élites en el poder, ya que éstas pertenecían mayormente a la esfera militar. Así, en cuanto se hizo pública esta voluntad de «civilizar» el ámbito político, y se enunciaron las disposiciones concretas que debían aplicarse para llevar a cabo esta «civilización», se suscitaron fuertes reacciones en la sociedad civil que provocaron a su vez la reafirmación de esta identidad entre el soldado y el ciudadano. Así, en 1826, acerca de unos textos redactados por militares, el editorial del *Memorial de Venezuela* señalaba:

> Si se compara el espíritu de estos escritos con el de las actas municipales [...], se reconocerá la identidad de sentimientos que reina entre la fuerza armada y el pueblo. Detestar la administración corrompida de Bogotá, anhelar las reformas de la Constitución, y suspirar por el sistema federativo, he aquí los votos unánimes de los pueblos y de los ejércitos de Caracas y Apure. Ciertamente parecerá un fenómeno esta coincidencia de sentimientos a quienes sólo han podido observar que los soldados de los monarcas son, a la merced de un salario, los ciegos ejecutores de su voluntad y de sus caprichos; pero a nosotros que conocemos los militares de la República, que hemos visto los de la nuestra inflamados del noble espíritu de independencia y libertad y que generosamente se han presentado al peligro para ganar a su patria estos preciosos derechos; a nosotros, decimos, no nos debe causar extrañeza la buena inteligencia y perfecta armonía que advierte entre el ejército y el pueblo, por-

[2] Utilizamos este término y sus derivados, puestos entre comillas, en el sentido preciso de retorno a la vida civil.

> que los que componen aquél son en efecto ciudadanos celosos de su libertad, que la han comprado con sangre, y que no quieren ver malograda la obra de su valor y de sus sacrificios[3].

La doble dialéctica queda aquí puesta en evidencia, así como el carácter ambiguo de los nexos y las equivalencias entre el soldado y el ciudadano. Efectivamente, mientras que este fragmento indicaba que ambos representaban las dos facetas de un mismo individuo-patriota, la conclusión de los autores restablecía una distinción y la resultante división de competencias: «Estas dos masas [el ejército y el pueblo] que constituyen un sistema de cuerpo en que tan felízmente se encuentran como mancomunadas la fuerza física y la moral, los dos grandes elementos de los Estados...»[4]

Una división que, al fin y al cabo, seguía siendo completamente teórica y no obstaculizaba las aspiraciones políticas de los militares —y, en general, del hombre de armas— a intervenir en lo político y tomar posición en los asuntos y decisiones que tenían que ver con ellos.

a) La omnipresencia del hombre de armas

Este asunto estaba muy estrechamente ligado al del poder personal, pero el papel del elemento armado le daba una particular configuración debido a que esta problemática encajaba en el doble proceso definido en la introducción de este capítulo y en tanto tal queremos abordarlo. Efectivamente, más allá del peligro de personalización del poder, se hablaba de peligros mayores, relacionados con la fuerte presencia de los militares. Los acontecimientos de Puerto Cabello de 1824 evidenciaron esta extrema confusión entre poderes civiles y militares debido a la complejidad de la organización y administración de un territorio tan grande, carente además de una red operativa de comunicaciones. Una observación de Tomás Lander acerca de la omnipresencia del elemento militar en el proceso de personalización del poder, y de su influencia en la configuración misma de la República, resulta particularmente reveladora:

> La naturaleza pensionó a los hombres con una violenta inclinación, funesta a sus asociados y aciaga las más de las veces para los que han sido presa de su desenfreno. Esta es la ambición: la de gloria ha dado a Colombia tantos invictos guerreros; la de

---

[3] *Memorial de Venezuela,* n.° 9, 20 de agosto de 1826.

[4] *Ibídem.*

> poder, tantos tiranos al mundo. Habita en todos los pechos pero ha establecido el trono de su despótico imperio en el corazón de los que mandan: el soldado ambiciona ser oficial; el oficial, llegar a general; y el jefe de una nación, su inmediato grado que es tiranizarla o anonadar las leyes para extender su poder con perjuicio de la libertad[5].

El autor de un texto intitulado Revista de Colombia y Venezuela[6], publicado en 1830, a la vez que sugería reformas en materia de distribución de los poderes, denunciaba también esta intromisión de los militares en el poder político. Consideraba sobre todo que la reunión de los poderes civil y militar era una amenaza constante para la libertad de un país, sobre todo cuando los que asumían responsabilidades importantes eran militares prestigiosos:

> ... habiendo éste [el mando] recaído, en toda la época de nuestra transformación, en nuestros grandes generales que gozan de un crédito, influjo y prestigio que los hace peligrosos, si no se les cierra la puerta y se les obstruyen los caminos para ambicionar con suceso la perpetuidad en el mando, no sólo el supremo sino el superior de los Departamentos y de las armas, se erigen indudablemente en déspotas y en tiranos bajo la salvaguardia de las fórmulas constitucionales. Ya es tiempo de que aparezcan nuevos hombres sobre el teatro, y que dejen de gobernar los que han tomado gusto al mando...[7]

El autor de este texto deseaba así poner término al poder de los hombres que se creían por encima de las leyes, y solicitaba a los legisladores venezolanos que designaran hombres nuevos en la Administración, responsables de sus decisiones ante la ley y la nación. Por lo demás, lo que estaba planteado era acabar con la creencia de que había hombres elegidos por Dios para gobernar la República[8]. Por ello, para excluir a los libertadores y generales de la Presidencia de la República y de todos los cargos importantes, proponía por una parte hacer efectivo el principio de alternancia en el poder por lo menos en los dos próximos períodos legislativos, y por otra

---

[5] LANDER, T.: *Reflexiones sobre el poder vitalicio que establece en su presidente la Constitución de la República de Colombia. Op. cit.*, pág. 12.

[6] *Revista de Colombia y Venezuela.* Caracas: 1830, pág. 22, ANH/Folletos (1830).

[7] *Ibídem,* pág. 19.

[8] Señalaba al respecto: «... entonces se verá que no hay hombre necesario en la República: que ninguno es señalado por el dedo de Dios para gobernarnos», *Ibidem,* pág. 22.

parte, decretar un ostracismo de diez años para atajar las ansias de poder que, decía, «renacen sin cesar en Colombia»[9]. Nótese que estas medidas retomaban las propuestas del mariscal Antonio José de Sucre, recién elegido presidente del Congreso Admirable reunido en Bogotá. Sucre se entrevistó con representantes del gobierno provisorio venezolano, el 7 de marzo y el 19 de abril de 1830, invitándolos a adoptar y apoyar en Venezuela un proyecto tendente a acabar con la omnipresencia de los militares, a los que consideraba como parcialmente responsables de los excesos y el disfuncionamiento que tanto habían perjudicado a la República. Fundamentaba esta voluntad reformadora en el hecho de que «habiéndose hecho azarosos algunos militares que, abusando de su poder y de su influencia, han hollado los unos las leyes, y acusándose a otros por sospechas de intentar un cambio de las formas de Gobierno[10]. En este sentido, sugería que ninguno de los generales que habían ejercido cargos importantes en la República entre 1820 y 1830, pudiera ser en los siguientes cuatro años presidente, vicepresidente, ministro de Estado o jefe superior. En un análisis de la práctica del poder por parte de los militares, el autor de la Revista de Colombia y Venezuela distinguía claramente las dos categorías de hombres de armas que existían en la sociedad, para evitar toda confusión en cuando al blanco de sus denuncias, y también para denunciar el apoyo recibido por parte de ciertos civiles:

> No pretendemos hablar de todos los militares: no es la clase de los valientes, no es su profesión la que queremos excluir del mando, es a nuestro común opresor: a esta banda de generales que gozan de un influjo funesto sobre los militares y paisanos; que hacen de unos y otros los instrumentos de sus pasiones, el escabel de sus pies. Es también a sus segundones; a esos togados aduladores; a esos políticos conocidos por sus crímenes, a quienes es preciso borrar de la lista de los servidores de la patria...[11]

---

[9] *Ibídem,* pág. 20.

[10] Texto del protocolo del 19 de abril de 1830, citado por Gil Fortoul, J.: *Historia Constitucional de Venezuela.* Berlin: Carl Heymann ed., vol. 1, pág. 478.

[11] *Revista de Colombia y Venezuela unida y separada. Op. cit.,* pág. 19.

b) Crítica de la confusión de funciones y voluntad de clarificación

Esta voluntad de establecer una distinción entre los jefes militares de alto rango, por una parte, y por la otra, los ciudadanos en armas y los soldados subalternos, también era expresada por éstos últimos, apoyados en esto por civiles. Refiriéndose explícitamente a la *Revista de Colombia y Venezuela,* los autores de un texto firmado —de manera muy significativa— por «un general, varios jefes, muchos subalternos y una porción de paisanos», denunciaban sin rodeos esta práctica, así como la sospecha que pesaba sobre ellos por culpa de las manipulaciones de los militares corrompidos:

> En un gobierno culto no debe concederse exención ninguna de la ley, cualquiera que sea el título que se alegue para ello; aun los mismos ciudadanos más beneméritos, los que más sacrificios han consagrado en el altar de la patria, deben sí ser remunerados con honores y fortunas, y jamás con privilegios que son las vísperas de su decadencia y exterminio[12].

Insistían aquí en la idea planteada en la Revista, en cuanto a la confusión que también se producía a la hora de reconocer debidamente a los soldados, y que mucho había contribuido a que numerosos militares accedieran a cargos políticos, puesto que estos cargos habían sido considerados como recompensas factibles. Ahora bien, además de las compensaciones otorgadas por el Estado, y del mantenimiento de los grados adquiridos en el ejército, la recompensa más adecuada hubiera sido el reconocimiento de todo el país ante la labor cumplida por los militares, la cual debía figurar en las memorias y los anales de la patria. La dificultad estribaba en conciliar esta necesaria «civilización» y una administración política responsable, asumida por hombres competentes y ya no simplemente gloriosos, con la desmilitarización de la sociedad en su conjunto y la abolición de los privilegios otorgados a los diferentes cuerpos armados. Por cierto, este problema se trasluce en una correspondencia intercambiada entre un militar y un civil, tomada de un texto publicado en 1830[13]:

---

[12] Un general, varios jefes, muchos subalternos y una porción de paisanos, *Al Congreso Constituyente.* Caracas: reimpr. T. Antero, 1830, ANH: Foll 1830 (1131). pág. 9.

[13] *Un Diálogo entre un militar y un civil* (tomado de un escrito impreso en Caracas en el año de 1830, existente en el archivo de la ANH), en *Materiales para el estudio de la cuestión agraria.* Caracas: 1964, págs. 554-558. La reproducción de este texto en esa recopilación de documentos suscita alguna duda. Efectivamente, hemos encontrado (FBC/Archivos de Gran Colombia: A, DXIX, 125-126) un texto intitulado: Testigo de oído, *diálogo entre un*

> Militar: [...] ¿por qué, en vez de afirmar los goces de los militares, los han privado de su fuero y sueldos que son el único patrimonio de una vida consagrada toda a beneficio de la Patria, y llena de trabajos y privaciones?
>
> Civil: Porque el goce de fuero es opuesto al sistema liberal, a cuya adquisición se han dirigido los heroicos esfuerzos de los atletas de la independencia; de esos beneméritos ciudadanos que honran la corporación a que usted pertenece. No confunda usted funestas excepciones con las recompensas de justicia que merecen los defensores de la libertad, pues es una idea engañosa e incendiaria. Sí señor: el Gobierno del Estado debe afianzar los goces de los militares; es una verdad incontestable; más se entiende de los militares que lo merezcan por sus servicios, sacrificios, sentimientos y disposición para la Patria [...]. ¡No vé usted que si se recompensa a usanza regia con leyes de privilegio, se ataca el dogma de igualdad, se confunden los soldados de la libertad con los viles instrumentos de los déspotas, y se dan pasos retrógrados en la carrera de veinte años![14]

Tantas glorias y victorias logradas gracias a estos militares formaban parte del patrimonio común, pero no por ello debían éstos arrogarse el poder político so pretexto de que habían liberado el país. Además, esta estricta separación era el único medio de conservar en la memoria de los compatriotas todo el valor positivo de esos trofeos y esos hombres, y de no corromper la dirección política del país. Evocando las medidas de exclusión que proponía para llevar a cabo esta segregación de los militares, el autor de la Revista declaraba:

> No es ésta una medida injuriosa dictada por la ingratitud, el odio o personalidad. Es sólo el bálsamo que puede curar los golpes y heridas que hemos recibido de nuestros señores. Es éste el único medio que tienen los pueblos de conservar las glorias de los varones esclarecidos, y que no se marchiten los laureles que se han recogido en los campos de batalla, salvando su

---

militar y un civil, publicado en Valencia en 1830, que sólo tiene dos páginas, y algunos de cuyos diálogos resultan idénticos, pero otros no han sido reproducidos en *Materiales para el estudio de la cuestión agraria,* que tiene sin embargo cinco páginas. Además, los autores de esta recopilación mencionan que el texto fue publicado en Caracas.

[14] *Ibídem,* págs. 554-555.

> moral pública, del escollo a que los arrojaría una falsa recompensa, y una gratitud mal entendida[15].

Al hacer así hincapié en el argumento erróneo dado para legitimar o justificar esta accesión de los militares a cargos políticos, quedaba aclarada de alguna manera la definición del papel que debían jugar dentro de la sociedad. Por esta misma razón, durante los debates para la redacción de la Constitución, diputados y ciudadanos se declararon firmemente a favor de la abolición de los privilegios militares (y eclesiásticos). Abolición que deseaban ahora hacer efectiva, contrariamente a lo que se había producido en 1811. Sobre este asunto de los fueros, Juan de Dios Picón pronunció un discurso capital, solicitando su abolición:

> Pero ¿cuál es el derecho que tienen los privilegiados para sostener sus preeminencias? Ninguno, señor. El año de 1810, diferentes clases gozaban los privilegios y las gracias concedidos por los reyes de España. Pero declarada nuestra independencia y adoptado el sistema republicano, debieron cesar así como cesaron la nobleza, los títulos y demás distinciones hereditarias. ¿Y por qué así como desaparecieron la nobleza y los títulos de condes y marqueses, y otros privilegios de que gozaban algunos empleados, no ha desaparecido también el de que ahora se trata? Porque los unos tienen el incensario y los otros la espada en la mano[16].

En su discurso se refirió varias veces a las disposiciones adoptadas en vano en 1811 para abolir los fueros, y fustigó entonces las maniobras de Bolívar para utilizarlos con el fin de asentar su poder:

> Parecía como amortiguado el fuero en el primer período constitucional, en fuerza de las mismas instituciones, cuando de repente levantó su cabeza orgullosa, y amenazó. El general Bolívar mandó que todas las milicias se considerasen como en servicio activo, para que gozasen del fuero. ¿Y con qué objeto, señor? Para asegurar mejor el golpe, para remachar más nuestras cadenas[17].

---

[15] *Revista de Colombia y Venezuela unida y separada. Op. cit.*, pág. 19.

[16] *Discurso del diputado de Mérida Juan de Dios Picón al Congreso constituyente de Venezuela, persuadiendo para la necesidad y conveniencia de la abolición de todo fuero persona.* Caracas: 1830, pág. 9.

[17] *Ibídem*, pág. 4.

Además, esta crítica le permitió mostrar el estrecho vínculo entre el mantenimiento del fuero militar y la organización de las milicias, tantas veces denunciadas y causantes de las primeras oposiciones entre la autoridad política y la autoridad militar. Un artículo publicado en agosto de 1830 también se refería al otorgamiento abusivo de privilegios a las milicias, considerando implícitamente que todos los que participaron en los combates eran igualmente dignos de reconocimiento: «¿Para qué más militares? ¿Para qué milicias con distinciones? ¿Para qué fueros y preeminencias? ¿Para qué, por fin, tantos obstáculos a la libertad de la nación? ¿No tenemos entre nosotros los valientes que destrozaron las legiones de Yberia? ¿Qué queremos más?»[18]

Partiendo de una reflexión similar, ya en 1826 unos partidarios de la abolición de los privilegios militares pedían la formación de milicias cívicas y patrióticas, mucho más interesadas que las milicias regulares en el interés público. Efectivamente, éstas eran sospechosas de actuar con mentalidad de partido y de cuerpo, lo cual resultaba una triste reminiscencia del dominio español: «La milicia reglada es un recuerdo de la dominación monárquica, y de todas las injusticias que se cometían [...]. Es una milicia que está sujeta desde luego al poder militar: no es la milicia con que la patria deba contrarrestar mañana al usurpador que intente esclavizarla»[19].

Retomando esta crítica, un texto de 1830 describía con mayor precisión esas milicias de línea, y proponía una reforma radical que condujera a su supresión:

> [Las milicias de línea] están sometidas ciegamente a la voluntad caprichosa de sus jefes, y dispuestas a ser los instrumentos con que un despote injusto huelle los derechos sagrados de la sociedad y subyugue la patria. Que se disminuya, pues, el ejército permanente hasta el mínimo posible según lo permitan las circunstancias, a reserva de que desaparezca totalmente cuando ya no haya necesidad de él[20].

En materia de patriotismo, una vez más, se establecía una distinción entre los jefes militares y los soldados patriotas. A estos últimos les correspon-

---

[18] «Gobierno de Venezuela», *El Canario,* n.° 3, *op. cit.*

[19] *Acta de la Municipalidad de Caracas.* Caracas: 2 de octubre de 1826, pág. 10-11, ANH/Folletos (1826).

[20] *Un general, varios jefes, muchos subalternos y una porción de paisanos. Op. cit.,* pág. 18.

día defender la patria a la que habían jurado fidelidad, con lo cual demostraban un sentimiento patriótico suficientemente fuerte para que los ciudadanos, de manera autónoma y con sólo su voluntad, fueran capaces de empuñar las armas en defensa de esa patria. Siempre refiriéndose a la historia de Venezuela desde 1810, D. de Tierrafirme reivindicaba la adquisición de tal autonomía por parte de los individuos y denunciaba que unos pocos, en nombre de sus glorias militares, pretendieran decidir el porvenir de todos los individuos:

> ... hasta el día, no se han poseído los hombres de la importancia que da el ciudadanismo, y no habiendo gozado antes como colonos abyectos de este precioso derecho que les hace participantes de la cosa pública, se ha dejado el poder conservador en manos de aquellos hombres que ocuparon por casualidad o destreza las primeras filas en los días gloriosos de su insurrección; y por una habitud contraída en la época de su humillación, creyeron u obraron de tal manera que se ha creído que estos ciertos hombres eran necesarios, y que sin ellos no había patria y, a manera del pueblo de Israel, hemos tenido acá nuestros Moiseses y Aarones como llamados de Dios para gobernar su pueblo. He aquí enunciado el mal y su remedio[21].

No obstante, la supresión de los fueros, junto a una reducción del ejército permanente, no iba sin provocar preocupación en cuanto a la supuesta capacidad de los militares en servicio activo pero despojados de sus privilegios, y de los soldados reformados, para movilizarse en defensa de la patria en caso de un ataque del exterior. Así, en el diálogo ya citado entre el militar y el civil, el militar advertía acerca de ese peligro, señalando que resultaba utópico creer que los hombres sólo se alistaban por patriotismo. Mencionando la hipótesis de un ataque del exterior, le decía al civil:

---

[21] TIERRAFIRME, D. de: *Revista de Colombia y Venezuela unida y separada.* Caracas: 1830, segunda edición, pág. 4. Una nota de introducción fue redactada por los editores con motivo de la reimpresión de este texto en mayo de 1830, pues la primera edición se agotó tan pronto como apareció. Esta iniciativa de la Sociedad Republicana de Caracas también debía permitir una mejor difusión: «... la Sociedad Republicana ha votado ayer hacer a su costa una segunda edición de la revista para que, difundida por toda Venezuela, se identifiquen nuestros hermanos en la elección del remedio, así como lo están en el lamento de sus males», pág. 1.

> ... si por desgracia llegase a haber alguna ocurrencia de esta naturaleza, sería preciso llamar de nuevo a los reformados a [prestar] servicio, ¿y habría justicia para arrancarlos de sus hogares cuando se ha roto el único lazo que los ataba al ramo militar, que es el fuero? Se dirá que es un deber sagrado ocurrir a la defensa de la Patria. Los militares lo han cumplido por espacio de veinte años, y en este caso quedaría la defensa en manos de inexpertos; pues siguiendo la regla de justicia de que las cargas deben pesar con igualdad, y no disfrutando los militares de ventaja alguna por lo cual se hallen obligados a ser los primeros en combatir contra el enemigo, son aquéllos los que deben hacerlo, a menos que la invasión exigiese levantar en masa la población. Además: ¿cuál es el estímulo que se deja a los militares que quedan en servicio activo para que derramen su sangre, o pierdan sus miembros o su vida, siendo así que tarde o temprano correrán la misma suerte que los que ahora han sido reformados, y con sólo el mezquino goce de un tercio de sueldo?[22]

El civil, utilizando los mismos argumentos históricos que D. de Tierrafirme, se esforzaba en demostrar a su interlocutor que los venezolanos, al contrario, siempre estaban listos para empuñar las armas, sin considerar si tenían o no privilegios que los distinguían de los demás ciudadanos:

> ¿Ignora usted que en veinte años de lucha inmortal, lo han hecho millares de héroes llevados por el interés que sólo mueve a las grandes almas, amor a la Patria, horror y odio eterno a la tiranía? Cuando en la heroica Margarita se disputaban palmo a palmo el terreno los ínclitos isleños y los viles opresores, ¿se acordaban aquéllos de sueldo? ¿Tenían la mezquina idea de fuero? [...]. Vencer o morir: arrebatar a la usurpación los imprescriptibles derechos del hombre: dar en fin patria, dar libertad e igualdad; éste fue el grito uniforme que resonó en todos los ámbitos de Venezuela...[23]

No obstante, esta supresión de los fueros, así como las propuestas en materia de organización militar no parecían tener mucho eco entre los miem-

---

[22] «Testigo de oído», *Diálogo entre un militar y un civil.* Valencia: 1830, hs, FBC/Archivos de Gran Colombia.

[23] *Ibídem.*

bros del Congreso constituyente, si nos referimos a la manera en que el diputado de Mérida se dirigía a sus colegas al respecto:

> Si se trata de abolir el fuero privilegiado, ese oprobio de los principios liberales, se nos dice que aún no es tiempo, que las circunstancias no son favorables. Si se trata de reformar el ejército, de aliviar a los pueblos de ese enorme peso que los abruma, se nos dice que los militares creen que se les arruina, que se olvidan sus servicios y sus glorias[24].

De hecho, estas indicaciones no eran tomadas en cuenta por la Constitución, y aun cuando la organización de milicias cívicas estuvieron en el centro de las reivindicaciones desde 1824, el capítulo dedicado a la fuerza armada sólo estipulaba que ésta se dividiría en un ejército permanente, una fuerza naval y una milicia nacional, ésta última colocada bajo la autoridad de los gobernadores de las provincias[25]. Las razones de quienes se opusieron a esta reorganización coincidían perfectamente con las que dificultaron la exclusión de los militares de los cargos políticos que ejercían hasta entonces, pues lo que seguía planteado era acabar prioritariamente con los privilegios políticos que se daban en recompensa por los servicios prestados con las armas en pro de la patria. Mencionando un discurso del general José Francisco Bermúdez pronunciado ante el Congreso[26], los autores del texto colectivo ya citado señalaban de manera sumamente clara el hecho de que el retorno a la vida civil no podía significar un perjuicio para el debido reconocimiento a sus actos heroicos efectuados con las armas en la mano[27]:

---

[24] *Discurso del diputado de Mérida, Juan de Dios Picón, al Congreso constituyente de Venezuela persuadiendo para la necesidad y conveniencia de la abolición de todo fuero personal. Op. cit.,* págs. 11-12.

[25] «Constitución del Estado de Venezuela de 1830, Valencia, 22 de septiembre de 1830», en *Constituciones de Venezuela. Op. cit.,* título XXV, art. 180 a 184, pág. 352.

[26] Hay que indicar aquí que J. F. Bermúdez constituía una referencia debido a su participación en las primeras batallas por la independencia, y no por la actitud que había adoptado en 1826 contra los partidarios de Páez, muy criticada entonces en las antiguas provincias venezolanas, tal como lo demuestran las cartas que los militares le dirigieron: «Los militares de Caracas al general J. F. Bermúdez, 29 de junio de 1826», *Memorial de Venezuela,* n.° 8, 10 de agosto de 1826; «Los militares de la provincia de Carabobo, Barcelona, 16 de marzo de 1826», *Memorial de Venezuela,* n.° 9, Caracas, 20 de agosto de 1826.

[27] Reconocimiento que fue manejado en sentido contrario por quienes se oponían a la participación de los hombres de armas en la vida política en general.

> La contestación republicana del benemérito general Bermúdez [...] nos sirve de consuelo. Refiriéndose al fuero militar, en el concepto de ser abolido por el Congreso, dice: «¿Dejaría Ud de ser el general Infante y merecer de sus compatriotas el aprecio que su valor en los combates le han granjeado? De ningún modo, pues ni el uniforme ni el fuero privilegiado son los que se hacen acreedores a la estimación pública; son las virtudes a quienes se les tributa homenaje». He aquí un rasgo sublime de civismo, que debe escribirse con letras de diamante en una pirámide que desafíe a los pueblos[28].

Nótese, sin embargo, que tampoco esta solicitud fue tomada en cuenta por la Constitución que, en el capítulo de las «Disposiciones generales», estipulaba que en adelante no se podría «conceder título alguno de nobleza, honores o distinciones hereditarias, ni crear empleos u oficio alguno cuyos sueldos o emolumentos puedan durar más tiempo que el de la buena conducta de los que los sirvan»[29]. En este sentido, las críticas y reformas propuestas en materia de reorganización del ejército, además de su aspecto técnico y estratégico, resultan significativas en cuanto a esta voluntad de redefinir la esfera militar y la esfera política, distinguirlas y, luego, poner fin a las ambigüedades en el ámbito de la aplicación de sus poderes respectivos.

Ahora bien, aunque a nivel del ejercicio de poder se hacía la distinción —al menos teóricamente— entre lo militar y lo político, era difícil hacerla a nivel de la sociedad, debido a la indisociabilidad entre el ciudadano y el soldado, y también a la opinión de los principales interesados de esta unión, reivindicada cada vez con más fuerza a medida que la voluntad «civilizadora» iba precisándose. En este sentido, desde 1824, cuando se llevó a cabo el reclutamiento para Nueva Granada, se había desarrollado una polémica acerca del carácter militar de la República de Colombia y de la connotación, positiva o no, de este calificativo. Los partidarios y los opositores del decreto dictado en Bogotá el 31 de agosto de 1824 para la ciudad de Caracas, obligando a todos los ciudadanos a alistarse en la milicia, también hacían una utilización ambivalente de esta expresión. El autor de un

---

28 *Un general, varios jefes, muchos subalternos y una porción de paisanos. Op. cit.*, pág. 17.

29 «Constitución del Estado de Venezuela de 1830, Valencia, 22 de septiembre de 1830». *Op. cit.*, título XXVI, art. 213, pág. 354.

texto que refutaba la contra-propuesta hecha por Caracas en septiembre, se hacía eco de ello:

> Decir República militar no es más que una voz que puede tener sus interpretaciones en sana política y en buen language, y no como la presenta el articulista, oprimida, odiosa, etc. República militar es Colombia porque sus hijos tienen pericia, disciplina y valor; y República militar es Colombia porque todos sus hijos deben estar alistados para defenderla cuando la ataquen sus enemigos[30].

2. ¿Cuál comunidad de ciudadanos?

a) El ciudadano-soldado

Resultaba significativo el hecho de que partidarios y opositores de las reformas a favor de las milicias cívicas y patrióticas plantearan alternativamente la equivalencia entre el ciudadano y el soldado. En el proyecto de supresión del ejército se indicaba que «los soldados deben ser ciudadanos para ser libres y que los demás lo sean»[31], precisión que coincidía con la del bando adverso, cuando el autor de la refutación a la reforma propuesta en *El Constitucional Caraqueño* en 1824 consideraba que, independientemente de la forma de gobierno adoptada, «todo ciudadano es soldado de la patria»[32]. Un texto de la Sociedad de Unión de Puerto Cabello publicado en reacción contra el decreto de Bogotá acerca del reclutamiento de las tropas para Nueva Granada, proclamaba con fuerza el carácter indisociable de estas dos funciones que constituían su identidad:

> ... nosotros somos una masa compacta de hombres sencillos que, habiendo logrado nuestra independencia de un Estado que nos tiranizaba, hemos compuesto para nosotros otro Estado en

---

[30] Un colombiano, *Refutación sobre alistamientos insertada en el n.° 7 del Constitucional Caraqueño.* Caracas: 4 de noviembre de 1824, pág. 3, FBC/Archivos de Gran Colombia. El n° 7 del *Constitucional Caraqueño* salió el 13 de septiembre de 1824. El texto proponía la creación de una guardia cívica nacional. Este periódico, fundado en Caracas en 1824, existió hasta 1825 (BNV/HEM: Mic).

[31] *Un general, varios jefes, muchos subalternos y una porción de paisanos. Op. cit.*, pág. 18.

[32] Un colombiano, *Refutación sobre alistamientos insertada en el n.° 7 del Constitucional Caraqueño. Op. cit.*, pág. 2.

> que todos los ciudadanos son militares y todos los militares son ciudadanos. Conglutinada esta masa con la sustancia indisoluble de la independencia y libertad, ¿como sería dable descomponer este todo para ganarse y desmembrar una parte, sin que el cuerpo social dejara de resentirse y conmoverse?[33]

Efectivamente, en este sentido, el soldado y el ciudadano debían cumplir los deberes que les correspondía y que eran complementarios. Por consiguiente, la distinción así establecida respondía parcialmente al afán de que en adelante prevaleciera el título de ciudadano, reforzando así los nexos con el resto de los ciudadanos. Pero, inevitablemente, esta distinción se ubicaba en el centro del debate sobre la organización de la fuerza armada. Efectivamente, cuando en 1824 Caracas rechazó el principio de un reclutamiento general que, además de abolir los cuerpos de guardias y de milicias, llevaría a la «militarización» de la sociedad, tal como se mencionaba retrospectivamente en 1830 en *El Canario*[34], una vez más quedó planteada la desaparición de una de los «columnas de la patria» (para retomar la expresión utilizada por Bolívar en 1812[35]). Con esta misma imagen, el autor de la refutación del contra-proyecto de Caracas señalaba:

> Notablemente escandalosas son las proposiciones vertidas por el articulista cuando intenta hallar prosélitos para dejar ilusorio, risible, nulo y amortizado el bando del decreto de alistamiento. Entre los delitos públicos califican las naciones más libres a las contravenciones sediciosas, máxime cuando éstas propenden a destruir las bases en que se apoyan las columnas de la seguridad nacional[36].

Ahora bien, los partidarios de la abolición del decreto y del mantenimiento de las milicias deseaban ante todo que se respetara la independencia de los soldados respecto del poder y de los hombres que lo representaban. Para ellos, los soldados y las milicias tenían la cualidad de pertenecer propiamente a la patria, a cuya fidelidad habían prestado juramento de fideli-

---

[33] Sociedad de la Unión de Puerto Cabello, *Al soberano pueblo colombiano.* Puerto Cabello: 1825, hs, BNV/LR.

[34] «Gobierno de Venezuela», *El Canario,* n.° 3. *Op. cit.*

[35] «Simón Bolívar, Memoria dirigida a los ciudadanos de la Nueva Granada por un caraqueño», Cartagena de Indias, 15 de diciembre de 1812, en *Obras. Op. cit.,* pág. 100.

[36] Un colombiano, *Refutación sobre alistamientos insertada en el n.° 7 del Constitucional Caraqueño. Op. cit.*

dad. Esta transferencia de fidelidad queda especialmente puesta en evidencia en el diálogo entre el soldado y su capitán:

> Soldado: Mi Capitán, ¿qué es soldado?
>
> Capitán: Un hombre que gana sueldo de una nación.
>
> Soldado: ¿Luego el soldado debe defender lo que la nación le manda?
>
> Capitán: Sin duda.
>
> Soldado: ¿Con que en la nación donde hay rey, el soldado debe sostener a éste?
>
> Capitán: Ciertamente; así como en las Repúblicas al pueblo[37].

De alguna manera, esta respuesta del capitán se hacía eco del artículo de *El Colibrí*, publicado algunas semanas antes, insistiendo en el hecho de que «el ejército de la República no pertenece a persona alguna»[38] y que, en cambio, defiende y comparte los principios proclamados por el pueblo. Se confirmaba así que la sociedad, en su conjunto, adquiría una autonomía de acción y de organización para reconquistar y defender sus derechos, ya que al establecer una diferencia significativa entre nación y república, postulaba que el pueblo tenía que atenerse ciertamente a las leyes de la República dictadas por los legisladores, pues éstos habían sido elegidos por el pueblo; pero el pueblo también tenía derecho a aplicarla hasta con las armas. «Soldado: ¿Entónces el soldado está sujeto a estas leyes? Capitán: Precisamente, y no sólo depende de ellas, sino que el pueblo se arma para que las sostenga y defienda»[39].

Y muchos son los documentos en los que se menciona que todos los ciudadanos tenían «una opinión libre»[40], que no podían permanecer como «espectador indiferente»[41] ante las decisiones de su gobierno y que, al

---

[37] «Preguntas de un soldado a su capitán», *El Contrafuego,* n.° 1, Caracas, 10 de septiembre de 1827, FBC/Archivos de Gran Colombia.

[38] *El Colibrí,* n.° 1, Caracas, 7 de agosto de 1827, FBC/Archivos de Gran Colombia.

[39] «Preguntas de un soldado a su capitán». *Op. cit.*

[40] «Pronunciamiento de la ciudad de Caracas, J. B. Arismendi (jefe de Policía) al comandante de Armas, Caracas, 26 de noviembre de 1829», en *Documentos que hicieron historia. Op. cit.,* vol. 1, pág. 356.

[41] «Los militares de Caracas al general J. F. Bermúdez, 29 de junio de 1828», *Memorial de Venezuela,* n.° 8, 10 de agosto de 1826.

mismo tiempo, los legisladores no podían actuar a su antojo sin que «todos los hombres libres [...] y en especial los que llevan las armas, impidieran el progreso de tan anárquicas ideas, fijando de un modo decisivo y enérgico las bases de nuestra existencia social...»[42] En nombre de esta autonomía y de la garantía de fidelidad que así se daba, esos soldados de la República reivindicaban el título de creadores de la patria y, por ende, un igual reconocimiento para todos los hombres valientes, fustigando una vez más la supervivencia de privilegios descarados: «Nosotros que hemos fundado la patria con nuestra sangre, sabemos lo caro que cuesta. Batiendo a sus enemigos en el campo de batalla, prescindimos de odiosas nomenclaturas, y sólo aspiramos a identificar con los principios de nuestro sistema a los habitantes pacíficos de la ciudad»[43].

b) El rechazo al militar ambicioso y privilegiado

Surgió entonces otra división dentro de los militares, reforzando la afirmación de la unidad de sentimientos y acción entre el soldado y el honesto ciudadano. Efectivamente, en 1830 dos textos mencionaban la respuesta de los militares opuestos a esta unidad de intereses, en la medida en que ponía en tela de juicio su prestigio y su poder. D. de Tierrafirme hablaba de la aparición de un periódico militar, y veía en esta publicación la obra de un pequeño grupo de militares refractarios a las reformas, una amenaza a la cohesión de la sociedad. En el prefacio de la reedición de la *Revista de Colombia y Venezuela,* señalaba: «... jamás habíamos oído [el término] «periódico militar», no puede haberlo porque es presuponer que los militares no pertenecen a la sociedad o que constituyen un Estado aparte. Es tan extraña y peregrina aquella divisa como la de «periódico civil», que también presupondría a la nación dividida en trozos...»[44]

Los firmantes del texto —que incluían militares y civiles— se referían a otra publicación, *El Remitido,* que cuestionaba las ideas expresadas precisamente en la *Revista de Colombia y Venezuela,* lo cual nos hace pensar que se trataba del mismo texto, pues no hemos podido hallar ese o esos do-

---

[42] «Representación de la Comandancia de Armas y E.M. de la provincia de Caracas, 6 de marzo de 1828», *El Voto de Venezuela. Op. cit.,* págs. 37-38.

[43] Un socio de la Sociedad Republicana de Caracas, *Tranquilidad pública.* Caracas: 5 de junio de 1830, pág. 6, BNV/LR.

[44] Tierrafirme, D. de: *Revista de Colombia y Venezuela unida y separada. Op. cit.,* pág. 5.

cumentos. La crítica que hacían era particularmente significativa en cuanto a esta fractura de cierta parte del ejército: «Todo el conato se finge en hacer de todos los militares una causa común, con el fin de que se precipiten a un abismo, donde con ellos se sepulta la patria. Pero no: fundamos en la fe de los militares honrados, en la santidad de sus promesas, que los perversos no lograrán el parricidio que tienten perpetrar»[45].

Por otra parte, reafirmaban el carácter indisoluble de la sociedad, amenazada por esos militares que estaban considerados como «enemigos de la patria» debido a su comportamiento:

> Siempre es riesgoso atentar al orden social: sólo es excusable cuando el objeto es obtener la libertad, y detestable cuando declina a envilecer el género humano. Afortunadamente, la masa de los militares es mayor y no piensa como los colaboradores del remitido; y estrechados a los paisanos por los vínculos más caros, hallarán cuantos impedimentos se opongan a los deseos del pueblo[46].

Pero si bien los hombres de armas tenían sus particulares responsabilidades dentro de la sociedad, lo cierto es que, en tanto ciudadanos, compartían los mismos principios de libertad e igualdad[47]. En éstos se fundaba la comunidad de opinión opuesta a los militares que habían abusado del poder detentado. La afirmación de tal unidad resultaba tanto más significativa cuanto que existía independientemente de cómo evolucionaba la opinión acerca del futuro de las relaciones entre Venezuela y el resto de la República de Colombia. Esta afirmación se refería a esos nexos que unían a los pueblos, independientemente de los trazados fronterizos. Así, en 1828, los lanceros de La Victoria constataban, sorprendidos: «Al pisar este territorio hemos observado con indecible placer que todos los habitantes, sin excepción de clases, proclaman unos principios tan acordes con nuestros sentimientos [...]. ¿Cuándo se convencerá el general Santander de que no posee el afecto de los colombianos y *mucho menos* el del ejército?»[48]

---

[45] *Un general, varios jefes, muchos subalternos y una porción de paisanos. Op. cit.*, págs. 7-8.

[46] *Ibídem*, pág. 8.

[47] *El Colibrí. Op. cit.*

[48] «Representación del escuadrón de lanceros de La Victoria a S.E. el Jefe Superior de Venezuela, Maracay, 25 de marzo de 1828», *El Voto de Venezuela. Op. cit.*, págs. 220-221. La cursiva es nuestra.

En este sentido, muchos autores querían «rehabilitar» de alguna manera a esos hombres de armas. Tras haber fustigado los abusos de poder que algunos de éstos habían cometido —por la definición misma de su función y el particular papel que habían jugado a favor de la liberación de la patria—, estos autores, sobre todo Tomás Lander, trataban de demostrar tal identidad de intereses entre ambas «masas de la sociedad»[49]. Tal enfoque, pretendía diferenciar la actitud de los ejércitos colombianos[50] y la de los ejércitos españoles, sospechando que estos últimos obedecían a sus jefes ciegamente y sin examen, que no tenían un real apego a la defensa y el respeto de los derechos civiles:

> Seríamos posiblemente ingratos si conceptuásemos a nuestro incorruptible ejército con tan degradante humillación [...]. No: nuestros generales, oficiales y soldados viven en la inteligencia de que han vertido con heroicidad su sangre, y presentado impertérritos sus pechos nobles al acero enemigo, para darnos libertad, establecerla para sus hijos, y gozarla ellos mismos cuando la paz perfecta les permita volver a sus hogares y al seno de sus familias [...] la actual revolución de Venezuela para dar el último pulimento a la libertad [se refleja en] el sistema federal, en que nuestra fuerza armada ha estado identificada con la opinión de los ciudadanos, y ha sido su baluarte en vez de su contraste[51].

c) Intento de rehabilitación en nombre de los primeros defensores de la patria

Tomás Lander obraba por esta reconciliación gracias a la introducción de la larga duración en la dimensión histórica. Ciertamente, los hombres de armas obraban por su propia libertad en la medida en que algún día tendrían que retornar a la vida civil, y por la libertad de sus hijos, con lo cual insertaban su acción en la larga duración, pero eran hombres de armas, con los peligros que ello implicaba. Al promulgarse la nueva Constitución, la afirmación de esta concordancia de opinión adquirió especial importancia.

---

[49] Retomando la expresión utilizada en 1826 por los editorialistas del *Memorial de Venezuela*, n.° 9, 20 de agosto de 1826.

[50] Este texto de Lander databa de 1826.

[51] LANDER, T.: *Reflexiones sobre el poder vitalicio que establece en su presidente la Constitución de la República de Bolivia. Op. cit.*, págs. 21-22.

Así, en 1830 Juan de Dios Picón, diputado de Mérida, llegó a una conclusión similar en cuanto a la abolición del fuero militar, aprobando al parecer las hipótesis de Tomás Lander en cuanto a la actitud de los militares retirados, cuando afirmó que algunos de ellos eran favorables a esta abolición:

> Muchos jefes y oficiales en el día están despreocupados y conocen la justicia que nos asiste. Saben que a ellos mismos les es favorable la abolición del fuero privilegiado, porque no continuarían sujetos al modo de proceder arbitrario y a la dureza de sus leyes. Es una injusticia la que se hace al ejército en suponer que desobedecerá la resolución de la Representación nacional; resolución que será sostenida por la misma fuerza armada. La sostendrá la guardia nacional y la sostendrá la opinión pública, pues también los ciudadanos son militares cuando se trata de defender sus derechos[52].

Esta unidad de opinión era reivindicada además por los propios actores políticos, que no dejaban entonces de proclamarla, pues se trataba del nexo entre los soldados y los ciudadanos.

> A la verdad causa extrañeza, si no irritación, oir decir que hay un fomento popular y que los militares son vejados por los paisanos en las tertulias, en los banquetes, en los lugares públicos, etc. No es creíble semejante aserción, es una calumnia que consta a nuestros compatriotas militares. Ciudadanos armados e inermes, todos son unos hermanos, y en todos no resplandece sino el deseo de ver mejorada la suerte de la patria[53].

En cuanto a D. de Tierrafirme, refiriéndose también al caso particular de los civiles, unía esta causa a la de los militares en su lucha contra los privilegios, constatando esta convergencia para examinar sus resultados concretos:

> Militares y paisanos cooperan entrelazados a la reconstrucción del edificio social, y declaman de común acuerdo contra los fueros y privilegios fatales, contra esos códigos góticos que, si

[52] *Discurso del diputado de Mérida Juan de Dios Picón al Congreso constituyente de Venezuela persuadiendo para la necesidad y conveniencia de la abolición de todo fuero personal. Op. cit.*, págs. 13-14.

[53] *Un general, varios jefes, muchos subalternos y una porción de paisanos. Op. cit.*, pág. 9.

> pasaron en los siglos trece hasta quince, escandalizan en nuestros días, y que, después de veinte años de combatir por la libertad, encadenarían los pueblos y los harían el juguete de un puñado de poderosos. Todos apetecen ser iguales ante la ley y regidos por las leyes de la igualdad; y que no se repita entre nosotros y en el siglo XIX la infernal costumbre de que un mismo crimen sea sentenciado por trámites diversos y punidos con diversas penas. ¡Monstruosa diferencia que hace abominable la sociedad![54]

Tras la promulgación de la Constitución, que también celebraba la recobrada unidad de la nación, los dirigentes pretendían reunir a todos sus miembros, civiles o militares, tal como lo declaraba Carlos Soublette, presidente del Congreso constituyente:

> Que nuestros ilustres guerreros, no menos celosos del glorioso timbre del valor, su distintivo, que del de patriotismo, magnánimo desprendimiento, amor a la libertad y respeto a las leyes, que sanctificaron sus esfuerzos en la noble lucha de la independencia, sean los más vigilantes custodios del acta de nuestras libertades y de la magestad de nuestras leyes; que por su consagración a la salud de la patria sean los centros de reunión y amparo, a cuyo rededor corran los demás ciudadanos a defenderla, haciéndose los ídolos de su amor y los más dignos objeto de su respeto[55].

Este fragmento también da fe de esta voluntad de aunar esfuerzos y, además, de poner en común las cualidades propias de unos y otros.

3. Participación política del hombre de armas y «civilización» de la sociedad

A través de estas denuncias y de las propuestas de reformas para reorganizar la vida política, se confirmaba esta firme voluntad de «civilizar» el poder político y de facilitar a los generales y otros militares prestigiosos su

---

[54] TIERRAFIRME, D. de: *Revista de Colombia y Venezuela unida y separada. Op. cit.*, pág. 21.

[55] «C. Soublette, Alocución del Congreso constituyente a presentar al pueblo de la Constitución, Valencia, 7 de octubre de 1830, año 1° de la Ley y 20 de la Independencia». *Op. cit.*, pág. 21.

retorno a la vida civil, rindiéndoles los debidos honores y manteniéndoles sus sueldos, pero como «simples ciudadanos»[56]. Al mismo tiempo, se ponía en evidencia la dificultad de no perjudicar esta simbiosis entre el soldado y el ciudadano, que garantizaba que la comunidad se mantuviera y que el soldado tuviera ciertos derechos. Asimismo, con la hipótesis de disminuir la cantidad de hombre de armas se corría el peligro de aflojar los nexos generados por esta presencia, en torno a la cual se habían reunido los defensores de la patria en su conjunto. A través de esta «civilización», lo que estaba planteado era sustituir sin ruptura la primacía del soldado-ciudadano por la del ciudadano-soldado, con el fin de no arriesgar la unidad del cuerpo social, tal como la describía este artículo publicado antes de la promulgación de la Constitución. Aquí, tras pedir la disminución (y hasta la supresión) de los militares profesionales y de sus privilegios, se hablaba de los hombres valerosos que habían desafiado a las tropas españolas:

> ¿Qué queremos más? Conservemos éstos, iguales a nosotros, socorramos con cuanto podemos las indigencias a que han quedado reducidos por crear la libertad; portamos con ellos el fruto de nuestros trabajos; glóriense ellos en haber independizado su patria, y nosotros en manifestarle nuestro reconocimiento. ¿Qué vínculos más sagrados que la gratitud y la igualdad? Formemos, pues, una cadena eslabonada de militares y ciudadanos, no se oiga otra voz que igualdad y gratitud. Unidos así, cerquemos al gobierno y hagamos la felicidad de nuestra descendencia[57].

Pero esta exhortación a la unión y la cooperación entre todos los ciudadanos también entrañaba los obstáculos para su realización, cuando se refería a la situación económica de los próceres de la independencia. Además, entre los propios militares, semejante voluntad no dejaba de suscitar inquietudes e interrogantes, que constituían un contrapeso a las declaraciones de Juan de Dios Picón en el Congreso. Ellos veían en la supresión de sus privilegios y la disminución de los sueldos que habían cobrado mientras prestaban sus servicios, una amenaza de inestabilidad para su situación cuando regresaran a la vida civil. Las palabras atribuidas al militar en el diálogo ya citado son un significativo indicador del estado mental de aquellos hombres que, en definitiva, no sabían cómo asumir su nueva vida.

---

[56] *Revista de Colombia y Venezuela unida y separada. Op. cit.*

[57] «Gobierno de Venezuela», *El Canario,* n.° 3, *op. cit.*

¿Qué funciones tendrían derecho a reivindicar y ejercer en esa sociedad redefinida, y ello tanto en términos de participación efectiva como desde el punto de vista de la imagen que los ciudadanos tenían de ellos? Por añadidura, este cuestionamiento del espacio y prestigio del sector militar obedecía al contexto y a la voluntad de las élites políticas, y formaba parte de un debate anterior sobre el derecho a voto de los militares dentro de las diferentes instancias electorales y, más ampliamente, sobre su participación como tales en la vida política del país.

a) Cuestionamiento de la primacía del ciudadano-soldado

Desde 1827, con motivo de las elecciones de la gran Convención Nacional, una parte de los militares se vio excluida del derecho al voto debido a su grado en la jerarquía. Tal decisión hizo que resurgiera un debate latente. Efectivamente, las protestas fueron muy fuertes no sólo por parte de los interesados sino también de ciertos civiles, pues esta decisión desacreditaba aún más a la Convención. La mayoría de los cuerpos de armas que se pronunciaron en *El Voto de Venezuela* no dejaron de plantear esta cuestión y de denunciar su carácter arbitrario:

> Nosotros negamos absolutamente que la Convención sea una corporación que reúna la representación nacional de todos los pueblos de Colombia porque, prescindiendo de mil demostraciones que pudieramos deducir del reglamento sobre cuyo pie se ejecutaron las elecciones convencionales, sólo nos contraemos a la exclusión que le ha hecho, en las asambleas primarias, del sufragio de todos los individuos del ejército de la República, desde sargento bajo y de sus principales y más beneméritos jefes en los colegios electorales. Es a la verdad un acto probitorio y muy alarmante la deliberación de la legislatura de 1827, es decir de una pequeña fracción de la República, acerca de que la masa de ciudadanos armados que forma la verdadera fuerza de aquélla, y por cuyos heroicos esfuerzos hay patría y congresos, no goce del derecho de ser representados en la Convención...[58]

---

[58] «Representación de los jefes y oficiales del escuadrón n.° 1, granaderos a caballo de La Guaira, a S.E. el Jefe Superior de Venezuela, San Rafael de Orituco, 9 de marzo de 1828», *El Voto de Venezuela. Op. cit.*, págs. 87-88.

Lo que quedaba en tela de juicio era la propia legalidad de la Convención, su capacidad de representar a la nación. Por otra parte, además del derecho como tal, nuevamente en nombre de los servicios prestados a la patria y de la importancia primordial que los hombres de armas se atribuían en el seno de la sociedad, éstos reivindicaban el derecho de elegir y ser elegidos. Sin embargo, una de esas intervenciones va más allá en la crítica ya que sus autores denunciaban una doble irregularidad en el reglamento electoral. Efectivamente, decían que éste permitía, además de su propia exclusión, la de una parte importante de los ciudadanos, al dejar sus votos sin efecto:

> Bien es que por un reglamento vicioso, [...] quedaron excluidos del derecho de votar los militares de sargento abajo, y de las elecciones las autoridades militares en ejercicio; bien es que apoderado de las mismas elecciones el espíritu de cábala y de intriga, ni aun los ciudadanos habilitados han podido manifestar un pronunciamiento espontáneo acerca de sus representantes; y bien es, finalmente, que a merced de este amaño y de esta usurpación del más precioso derecho del hombre libre, son los insignes criminales, los partidarios de la facción liberticida, y los ignorantes quienes deben decidir de la suerte de Colombia...[59]

El autor de *Lo que deberá ser Colombia* les daba un apoyo indirecto que tenía que ver con la violación de un derecho político en detrimento de los principios enunciados en la Constitución. No es que ponía así en primer plano el papel heroico y el lugar eminente ocupado por los militares en el seno de la sociedad, pero señalaba lo siguiente acerca del reglamento electoral:

> Quebrantanse en él [el reglamento] las bases del gobierno republicano, popular, representativo, porque excluye del derecho de votar en las asembleas primarias a una clase numerosa y benemérita de la patria, cual es la de militares, de sargento inclusive para abajo; porque se exigen así para los electores, como para los diputados o representantes, condiciones arbitrarias e inconstitucionales, que el Congreso constitucional no ha podido dictar en manera alguna...[60]

---

[59] «Representación de los jefes y oficiales del Batallón de Milicias auxiliares n° 1, a S.E. el Jefe Superior de Venezuela, marzo de 1828», *El Voto de Venezuela. Op. cit.*, pág. 16.

[60] *Lo que deberá ser Colombia. Op. cit.*, pág. 16.

En esta ocasión, lo que estaba planteado era el tema de lo militar como tal en el ejercicio de los derechos inherentes a la ciudadanía.

b) Polémica sobre el otorgamiento del derecho al voto

Aunque todos los reglamentos electorales dictados para la fecha estipulaban que los militares debían entrar desarmados en los lugares de votación, no se lograba disociar las dos actividades, tal como lo demuestra esta parte del diálogo entre el soldado y su capitán, este mismo año de 1827: «Soldado: ¿Y los soldados pueden nombrar también a estos apoderados? Capitán: Seguramente, pero para dar sus votos, deben dejar las armas y presentarse individualmente como hombres de aquella sociedad, que es lo mismo que ciudadano»[61].

Resultaba mucho más delicado proceder a tal disociación y aceptarla cuando la supremacía del soldado-ciudadano se ponía en tela de juicio no sólo en los reglamentos electorales adoptados por la Constitución de 1830, sino también con el regreso a la vida civil que reforzaba la inflexión a favor del ciudadano-soldado. Efectivamente, en 1830 este debate se hallaba en primer plano, y los pronunciamientos a favor del reconocimiento de ese derecho resultaron tanto más vivos cuanto que su violación en 1827 fue uno de los argumentos aducidos por los representantes venezolanos para denunciar la ilegitimidad de la Convención Nacional y luego justificar el proceso de separación. Tan pronto como ésta fue proclamada, una polémica surgió entre partidarios y adversarios del mantenimiento de estos derechos, pues los adversarios creían que, efectivamente, los militares volverían así a apropiarse del poder político. Los argumentos de los partidarios del derecho a voto tomaban en cuenta a los hombres de armas, sin hacer caso de la distinción entre civiles y militares que operaba en otros planos. Entre estos partidarios, un miembro de la Sociedad Republicana de Caracas, refiriéndose a las prácticas de los pueblos libres y a las decisiones tomadas en 1827 por el gobierno de Bogotá, consideraba:

> Tiéndase la vista por los demás pueblos de Europa y América, y se encontrará este derecho sancionado por una práctica constante, sin diferencia entre soldados y los que no lo son. En Inglaterra no sólo vota sino que envía su voto por escrito si el servicio le impide su asistencia personal. En los Estados Unidos del Norte

---

[61] «Preguntas de un soldado a su capitán». *Op. cit.*

> de América, como que todo ciudadano es soldado de la patria, no se conoce tan odiosa distinción: todo ciudadano elige y es elegible, teniendo la propiedad, el vecindario, y las calidades prescritas. De estas noticias carecía sin duda uno de nuestros jurisconsultos, el más acalorado en despojar al soldado de Colombia de tan preciosa facultad...[62]

En cambio, quienes cuestionaban este derecho de participación reivindicaban con fuerza el mantenimiento de la distinción entre civiles y militares. La polémica suscitada por la publicación, en 1830, de una serie de Meditaciones colombianas sobre el derecho público, cuyo autor, J. García del Río, era oriundo de Nueva Granada, constituía un ejemplo significativo de los términos del debate. La quinta meditación trataba del derecho a voto para los militares y, más específicamente, del derecho a participar en las asambleas populares. Pues bien, enseguida se publicó un folleto[63] en Caracas, con la intención de refutar el conjunto de tesis sostenidas por J. García del Río, y sobre todo la última. El autor anónimo señalaba:

> La quinta [meditación] es la indicación que hace que deben gozar del derecho de votar o sufragar los militares en las asambleas populares, dando a la fuerza armada una intervención directa y peligrosa en los negocios civiles, y cuya idea absurda es reprobada en todos los gobiernos libres; pero si el Sr. García tácitamente se halla de acuerdo en este principio justo, cuando para remover toda dificultad propone el original y pueril remedio de que asistan los militares a las reuniones populares en traje de paisanos, como si por no estar vestidos de militares dejasen de serlo, y como si dejase de intervenir la fuerza armada en los negocios civiles por ir disfrazados con el traje de paisanos o vestidos de mogiganga[64].

Los términos utilizados aquí conferían toda su significación a la expresión «hombre de armas». Ya no bastaba que dejara previamente sus armas a la hora de votar, pues lo que aquí representaba como tal aunque se despojara de sus atributos militares, aunque se «disfrazara» (para retomar la

---

[62] Un socio de la Sociedad Republicana de Caracas, *Tranquilidad pública. Op. cit.*, pág. 4.

[63] *Reflexiones sobre las «Meditaciones colombianas» del Sr. García del Río*. Caracas: 1830, 38 p., ANH/Folletos (1826).

[64] *Ibídem,* pág. 13.

expresión utilizada en el texto anterior), le impedía participar en las elecciones. Además, las intervenciones favorables al derecho a voto para los hombres de armas ponían en evidencia otro aspecto, también restrictivo, de este derecho de participación política: el cuestionamiento implícito del otorgamiento del estatus de ciudadano debido a las actividades militares realizadas. Efectivamente, al evocar las condiciones de propiedad y fortuna requeridas para todo individuo, cualquiera fuera su estatus —civil o militar—, el miembro de la Sociedad Republicana planteaba indirectamente el problema del futuro de los soldados que, devueltos a la vida civil, ya no respondían a los criterios de antes, pues el sueldo asignado no les bastaba y ya no tenían la posibilidad de disfrutar de su derecho como tal. De entrada, si nos referimos a los textos dictados en esta materia tras la separación de Venezuela, las modalidades de acceso a la ciudadanía se mantenían sin ningún cambio en sus grandes líneas. Sin embargo, pese a las declaraciones y propuestas que buscaban regular no la participación de los militares en la vida política sino más bien su acceso al ejercicio de los cargos políticos, constatamos que se reafirmaba el reconocimiento del voto de los hombres de armas como tales. Así, en el decreto del 13 de enero de 1830 para convocar a las elecciones del Congreso constituyente de Venezuela, además de los criterios comúnmente enunciados, se precisaba que a falta de los bienes requeridos para asistir a las asambleas parroquiales, bastaba ejercer —entre otras— una actividad útil que parecía permitir la participación de muchos hombres de armas en esas elecciones. «... podrán votar los sargentos y cabos del ejército permanente, y los de la milicia auxiliar en actual servicio, y todos los individuos de ésta que no estándolo, reúnan las cualidades antedichas»[65].

Ahora bien, tal precisión implicaba inevitablemente una restricción hacia abajo para tener derecho a voto, puesto que tal derecho quedaba prohibido para todos aquellos cuyo sueldo fuera insuficiente y que, además, no poseyeran bienes propios. Estas disposiciones fueron ratificadas por la Constitución que, en el capítulo de los «Derechos políticos de los venezolanos», estipulaba que para adquirir los derechos ciudadanos había que: «4°: Ser dueño de una propiedad raíz cuya renta anual sea de cincuenta pesos, o tener una profesión, oficio o industria útil que produzca cien

---

[65] «Decreto del Jefe Civil y Militar del 13 de enero de 1830 reglamentando las elecciones para el Congreso constituyente de Venezuela, art. 2», en *Constituciones de Venezuela.* Madrid: 1975, pág. 311.

pesos anuales, sin dependencia de otro en clase de sirviente doméstico o gozar de un sueldo anual de ciento cincuenta pesos»[66].

El monto mínimo exigido para los sueldos, tal como se mencionaba en este artículo, excluía de hecho a quienes habían sido dados de baja y sólo percibían un tercio de su sueldo, y así lo explicaba el militar a su interlocutor civil:

> La Constitución del Estado que está al sancionarse exige, para ser Representante, Senador, Secretario de Estado y Gobernador tener una propiedad raíz del valor de dos mil pesos, o gozar de una renta anual de quinientos pesos; y ¿no es evidente que la mayor parte o casi todos los Jefes y Oficiales, de coronel graduado para abajo, que quedan ahora reformados con un tercio de sueldo no pueden obtener ninguno de estos destinos, ya porque los que de éstos quedan con mayor sueldo no alcanzan a gozar cuatrocientos pesos al año, ya porque los que tenían alguna propiedad tuvieron que abandonarla por tomar las armas para derrocar la tiranía, y ya en fin por que los que no la tenían no han podido adquirirla por haber empleado su tiempo y salud en la gloriosa lucha de la libertad e independencia, y no en ser agricultores, comerciantes, ganaderos, artesanos, ni científicos?[67]

c) El difícil retorno a la vida civil

Estas disposiciones, agregadas a la eliminación de los fueros y, efectivamente, a la precaria situación económica de la mayoría de los soldados que habían sido dados de baja, impedían el derecho al voto; al respecto, las palabras del militar a su interlocutor civil no podían ser más explícitas. Además, ponían en evidencia otro aspecto de esta exclusión, también en estrecha relación con la abolición de los privilegios de los que disfrutaban, a saber: la pérdida de toda credibilidad ante la población, si es que algunos aspiraban, pese a todo, a ser elegidos en cargos locales.

> Usted oiría decir que era menester quitar el fuero para que los militares también desempeñasen los oficios concejiles; ¿y no será un gran perjuicio para el militar que, por haber sido separado del servicio y privado de su sueldo, ha quedado en tal in-

[66] «Constitución del Estado de Venezuela de 1830, Valencia, 24 de septiembre de 1830», título IV, art. 14, en *Constituciones de Venezuela. Op. cit.*, pág. 336.

[67] *Testigo de oído, Diálogo entre un militar y un civil. Op. cit.*

> solvencia que no puede inspirar confianza a sus compatriotas para que le franqueen sus intereses, ir a ser alcaldes, procuradores municipales, etc.?[68]

En este punto, era total el desacuerdo con el contenido del texto firmado por los militares y civiles que, por lo contrario, consideraban que este retorno a la vida civil no debía perjudicar el reconocimiento del que disfrutaban y que se merecían. Por lo demás, con ellos coincidían al respecto los defensores del derecho al voto de los militares, pues veían en esto un sustituto más justo de los antiguos privilegios y fueros. Si debía haber alguna recompensa por los servicios prestados, tenía que materializarse en el derecho a la participación política. En este sentido, argumentando a favor del derecho al voto para los hombres de armas, uno de los miembros de la Sociedad Republicana de Caracas declaraba:

> Los que se atreven a disputar esta facultad al soldado le dicen, sin disfraz ni disimulo, que él no es parte de la nación que ha formado con su sangre. Colombia debe su existencia a las bayonetas y lanzas del soldado: aún permanece la lucha, ¡y se pretende que no reciba de la nación este testimonio de gratitud![69]

Sin embargo, había un aspecto que no se tomaba en consideración: las dificultades económicas de los militares dados de baja, y también las dificultades psicológicas. Aunque en el texto citado el civil reconocía las injusticias y los abusos producidos en 1821 por las distribuciones de dinero y tierras, no lograba concebir la fractura creada por la voluntad «civilizadora», ni la marginalización económica que amenazaba a esos individuos. Al respecto, su razonamiento entraba en conflicto con el de su interlocutor, al considerar que la condición de los militares no era peor que la de los demás ciudadanos, y que les bastaría reiniciar una actividad económica para conseguir la fortuna y los derechos a los que aspiraban. La respuesta del militar fue entonces de lo más significativa en cuanto a la brecha que separaba a ambos hombres. No sólo le recordó que su sueldo era «una asignación puramente alimenticia que el mismo día que se quita, ese mismo queda el militar a las puertas de la mendicidad»[70], sino que pintó un cuadro sumamente sombrío de su situación:

---

[68] *Ibídem.*

[69] *Un socio de la Sociedad Republicana de Caracas, Tranquilidad pública. Op. cit.*, pág. 4.

[70] *Ibídem,* pág. 557.

> ¿Con qué vamos ahora a probar fortuna de otro modo cuando ya estamos cargados de años; cuando nuestras fuerzas se han debilitado con los trabajos, hambres, fatigas y desvelos de la guerra, y cuando nuestra salud por consecuencia necesaria se ha quebrantado? Pero supongamos que estuviésemos jóvenes y robustos como una encina, porque nuestra vida hubiese sido tan sedentaria y cómoda, como la de los no militares. ¿Dónde están esos medios para emprender una industria? Supongamos también que conseguimos éstos; y mientras tanto adquirimos alguna fortuna, ¿qué somos nosotros sino unos entes nulos en la sociedad, dignos de la compasión del mundo? ¡Qué desdicha![71]

Imagen pero también símbolo de identidad, el hombre de armas cristalizaba en su «persona» el proyecto «nacional» en proceso de elaboración. Ahora bien, si en virtud del contrato fundacional de la nación todos los ciudadanos eran soldados, cuando aquéllos que sólo eran soldados reivindicaban la traducción política del prestigio conferido por esta condición, tropezaba con la voluntad «civilizadora» de los actores políticos y su negativa a reconocerles su función militar como una vía privilegiada de acceso a la ciudadanía, aunque la participación en la guerra independentista seguía siendo válida para adquirir la nacionalidad[72].

---

[71] Testigo de oído, *Diálogo entre un militar y un civil. Op. cit.* Curiosamente, este fragmento no figura en la reedición de 1964.

[72] «Constitución del Estado de Venezuela de 1830, Valencia, 22 de septiembre de 1830, título 111: De los venezolanos», en *Constituciones de Venezuela. Op. cit.*, pág. 335. Lo mismo ocurría con los extranjeros que habían prestado servicio importante a la causa de la Independencia (art. 5).

Conclusión

«Civilización» de lo político y militarización de la memoria «nacional»

Siguiendo el razonamiento que aquí aplicamos, si consideramos por una parte que la Constitución debía consagrar la existencia de la nación venezolana y que el Congreso encargado de su elaboración era presentado como «el órgano de la voluntad y los sentimientos nacionales»[1]; y por otra parte, las decisiones acerca de la participación de los hombres de armas a todos los niveles de la representación y el ejercicio del poder; se percibe sin duda la contradicción con las proposiciones enunciadas en otra parte, relativas a la voluntad de «civilización» de la vida política. Estamos aquí bien lejos del planteamiento de José Gil Fortoul sobre las propuestas de desmilitarización sugeridas por el presidente del Congreso Admirable, Antonio José de Sucre, en abril de 1830. En su comentario, considera que «no fue la forma constitucional que adoptaron [los pueblos]» la que engendró tales abusos, «supuesto que con ninguna otra hubiera podido convertirse, de la nacha a la mañana, de países medio desiertos y militarizados en una nación próspera y pacífica...»[2]

Ahora bien, esta transformación no se dio dentro de la República de Colombia, y tampoco las disposiciones adoptadas tras la separación de Venezuela contribuyeron a que se diera.

Hay que agregar que ese mismo Congreso constituyente que confirmaba la participación de los militares en todos los cargos políticos (legislativos y ejecutivos), también ratificaba la existencia de una nación cuyos valores comunes estaban constituidos ante todo por la eminente función de esos mismos hombres de armas y por la sangre derramada de los héroes. Se reafirmaba constantemente el reconocimiento y las indemnizaciones que se debían los inválidos de la guerra, a las viudas y los huérfanos; además, tal como señalaba Francisco Javier Yanes con respecto a los pueblos y a la confianza que éstos pusieron en Páez, esbozando sin embargo la conversión que debía darse dentro de ese ejército que forjó la victoria:

---

[1] «Acta de instalación del Congreso constituyente de Venezuela el día 6 de mayo de 1830. Francisco Javier Yanes (Presidente del Congreso), contestación al Excmo. Sr. General José Antonio Páez», *Constituciones de Venezuela. Op. cit.*, pág. 318.

[2] Gil Fortoul, J.: *Historia constitucional de Venezuela. Op. cit.*, pág. 478.

> Ellos [los pueblos] fijan sus miradas en sus conciudadanos armados, en este heroico ejército lleno de gloria y rodeado de trofeos como el mejor escudo de sus libertades; bien saben que los virtuosos y valientes que han luchado por la Independencia deben completar esta grandiosa obra haciendo inseparable su valor de la obediencia a las leyes[3]

Si bien aquí se transluce la voluntad de «civilización» de la vida política, lo cierto es que el elemento militar como tal y la figura del hombre de armas que se le asociaba, quedaban oficialmente consagrados como los elementos de base en la edificación de una memoria común: «... el cansancio de tantos sufrimientos y desgracias públicas, a la par de la experiencia de lo pasado, [ha) creado un instinto nacional, que está enérgicamente dirigido a levantar y sostener el santuario de las leyes»[4].

Por consiguiente, la función militar y la acción patriótica se hallaban una vez más al servicio de lo político, cuya «civilización» efectiva aún estaba por realizarse, aunque en adelante la segunda integraría más bien, como fuerza actuante, la memoria de la nación recién constituida. Esta «civilización» implicaba ciertamente, una «civilización» de las prácticas políticas, pero también una «civilización», algo paradójica, de las acciones reivindicadas como constitutivas de ese patrimonio común en proceso de elaboración y reapropiación. Entonces, así como en lo político constatamos la voluntad de algunos, como Martín Tovar, de no condenar el apoyo dado por ciertos patriotas al proyecto atribuido a Bolívar de instaurar una Monarquía, ni tampoco a quienes habían frecuentado la «corte» de Francisco de Paula Santander en Bogotá, así mismo constatamos que, en memoria de los primeros patriotas, se llamaba a la indulgencia para evitar las represalias a través de las violencias bélicas y la venganza contra los traidores o supuestamente tales.

A raíz de los movimientos registrados en Río Chico y Orituco, en mayo de 1830, en apoyo a Bolívar y a favor del mantenimiento de la República, el autor de *Tranquilidad pública* dedicaba parte de su texto a fustigar semejante actitud y, sobre todo, exhortaba a la población y a los militares a que mantuvieran la calma y la moderación con el fin de evitar un nuevo engranaje de violencia

---

[3] «Acta de instalación del Congreso constituyente de Venezuela el día 6 de mayo de 1830, Francisco Javier Yanes (Presidente del Congreso), contestación al Excmo. Sr. General José Antonio Páez». *Op. cit.,* pág. 318.

[4] *Ibídem.*

armada. No obstante, con el mismo motivo, también condenaba —aunque compartía la misma opinión— a los autores de un libelo publicado el 3 de junio, que llamaba a alzarse en armas contra «los monarquistas», para acabar con esta oposición. Ahora bien, este libelo remitía a los años de guerra, tanto más cuanto que llevaba por título: *Guerra a muerte a los Monarquistas,* refiriéndose al decreto de Bolívar de 1813.

Tras señalar los peligros de semejante texto, que exaltaba las mentes y amenazaba con provocar una guerra fratricida y venganzas inútiles, agregaba que la destrucción de las «facciones» favorables al mantenimiento del «yugo de Bolívar» no acabaría realmente con las oposiciones. Condenaba todo recurso a la violencia, contraproducente y contrario a la razón, concluyendo:

> No es tiempo ya de dejarnos prevenir por plumas ligeras e imprudentes que, tomando por escudo la santa causa, nos conduzcan a la desmoralización y a inflamar las pasiones para cebarlas en el odio y la animadversión de nuestros conciudadanos. ¡Quién creeria que en la ilustrada Caracas se permitiese un autor entusiasmar al patriota con tan vehemente locura! ¡Es por ventura necesario para ser racional en no someterse al mando de Bolivar, convertirse en un caribe o atroz asesino! Caracas y Venezuela están al corriente de las luces y filosofia del siglo XIX, y las sangrientas y desoladoras escenas que nos representaron cuatro locos en los dias infaustos de Boves y Morales, nos han dejado esta lección que no olvidaremos: en los dias de peligro deben ser nuestras cabezas de hielo, para calmar por la reflexión el calor y la sangre hirviente de nuestra temperatura que nos hace desvariar[5].

Para apuntalar esta reflexión, el autor traía a colación una larga cita de Guizot que insistía en la conveniencia de desconfiar de la mera elocuencia, de las reacciones simplemente emotivas y, al contrario, en la necesidad de recurrir a la sabiduría, fruto de la experiencia. Un texto representativo de esta voluntad fue publicado en 1830, llevando además como título, *Consejos de un anciano*[6].

Cuidando de distinguir la labor cumplida, en 1810, por «la porción más robusta» que abarcaba a quienes disfrutaban de «todas las consideraciones

[5] Un socio de la Sociedad Republicana de Caracas, *Tranquilidad pública. Op. cit.*, pág. 3.

[6] *Consejos de un anciano acerca de la elección de funcionarios para el próximo período constitucional de Venezuela.* Caracas: 1830, 3 p., BNV/LR.

por sus riquezas, honores y saber», y «la masa de los pueblos» que se había sacrificado para apoyarlos[7], este texto saludaba el fin de los años de guerra y llamaba a retornar a una sana política, la única que permitiría acabar con el inútil debate acerca de la forma constitucional que había que dar a la nueva República, dando prioridad a una clara separación de los tres poderes: Legislativo, Ejecutivo y Judicial. Y, sobre todo, exhortaba a todos los patriotas a unirse por encima de las divergencias de opinión que tenían que ver, ante todo, con un conflicto de generaciones entre viejos y jóvenes patriotas, al que había que poner término. No condenaba los comportamientos excesivos de estos últimos, pues el autor los había adoptado en 1810, pero los consideraba inadecuados en la situación presente.

> Muchos de nuestros antiguos patriotas fueron antes lo que son hoy los nuevos, es decir, exaltados entusiastas que son muy buenos para asaltar en el momento del combate; pero no para edificar, lo cual es obra de la madurez. A más de ésta, es menester buscar otros vínculos que necesariamente ligan a los hombres a trabajar por la felicidad pública. Tales son las propiedades y las familias que, no pudiendo abandonarse fácilmente, obligan a los que se ven rodeados de tan caros objetos a mantenerse en el seno de la patria...[8]

Para dar más peso a esta iniciativa, todo el proceso que desde 1826 había llevado hacia la segunda independencia de Venezuela se definía como la victoria de la razón sobre la violencia y las pasiones. Inmediatamente después del pronunciamiento de Valencia del 30 de abril de 1826, el *Memorial de Venezuela* en su número del 1° de junio ya consideraba que este acontecimiento y los anteriores permitían retornar a la calma y apaciguar las pasiones, dejando «libre al hombre para pensar y, con juicio y experiencia, promover cuanto cumple a su felicidad. La filosofía y la imparcialidad no mirarán otra cosa en la presente crisis»[9].

Además, en el marco de esta aspiración de los Departamentos de la «Antigua Venezuela» a separarse de Colombia, en los discursos legitimadores elaborados a tal fin aparecía una voluntad de retornar a los orígenes del movimiento de emancipación. Se reanudaba con los padres fundadores, con el pasado venezolano y, en este punto, las victorias militares ser-

---

[7] *Ibídem,* pág. 1.
[8] *Ibídem,* pág. 3.
[9] *Memorial de Venezuela,* n.° 1, 1 de junio de 1826.

vían para nutrir la memoria colectiva de todos los venezolanos por fin reunidos. Entonces, la memoria que así se elaboraba en torno a los acontecimientos de Valencia del 30 de abril de 1826 que marcaron el principio del proceso, obviaba la exhortación al olvido hecha en 1827 por Bolívar llamando a los colombianos a unirse y condenando el movimiento de Valencia: «Ahoguemos en los abismos del tiempo el año 1826, que mil siglos lo alejen de nosotros y que se pierda para siempre en las más remontas tinieblas. Yo no he sabido lo que ha pasado, colombianos, olvidad lo que sepais de los días de dolor, y que su recuerdo lo borre el silencio»[10].

Por lo demás, la preparación de la Constitución que debía ratificar la ruptura era presentada como la prueba del retorno de lo político, y tenía por misión de restañar las heridas para que resultara más fácil olvidar los horrores de la guerra. El propio Páez lo afirmaba en su discurso del 1° de diciembre de 1830: «Una legislatura después de otra irán cerrando nuestras heridas [...]. La obediencia y el tiempo son los bálsamos de la patria»[11].

No por ello quedaban olvidados los próceres militares primigenios, puesto que sus nombres tenían que grabarse en el corazón de sus hijos, tal como se proclamaba en *El Canario:* «La patria agradecida escribirá en el corazón de sus hijos los nombres inmortales de los varones fuertes que se distinguieron sólo en el peligro, y que concluido éste depusieron los símbolos de la guerra y corrieron a confundirse en la multitud de sus amigos agradecidos»[12].

El olvido del pasado anterior al 26 de noviembre de 1830 y posterior a 1820 se hacía aún más presente en los textos de celebración de la Constitución publicados por la Sociedad Republicana. Refiriéndose al período transcurrido desde 1821, y mirando hacia el futuro ya que ese momento marcaba el principio de una nueva era para Venezuela, Rufino González indicaba:

> Echemos un espeso velo sobre esta larga noche de padecimientos y de horrores. No eclipsemos con tan sombríos recuerdos el día consagrado al júbilo de la Constitución. [...]. Venezuela, la heroica Venezuela, representará sobre el sangriente teatro de

---

[10] BOLÍVAR, S.: *Proclama del Libertador después de su arribo a Puerto Cabello.* Puerto Cabello: 3 de enero de 1827, hs.

[11] PÁEZ, J. A.: «Alocución», 1 de agosto de 1830, en *Documentos que hicieron historia. Op. cit.,* pág. 381.

[12] «Gobierno de Venezuela», *El Canario,* n.° 3. *Op. cit.*

> sus glorias militares el triunfo de la civilización, de la ley y de la constancia...[13]

Exhortación de la que se hacía eco Félix Alfonso, también miembro de la Sociedad Republicana, aunque percibía su dificultad:

> Quisiera correr aquí un denso velo sobre lo pasado, y no traer a la memoria aquellos tiempos en que, por desgracia, los venezolanos han sido el juguete de la más ciega ambición. Hollados todos sus derechos, muy pronto iban a carecer hasta de patria cuando, por fortuna, llegó el felíz día en que alzando el grito con firme resolución de morir o ser libres, lograron destruir para siempre los planes liberticidas del tirano de Colombia. Hablo, señores, del 26 de noviembre, día que jamás debemos consentir que se condene al olvido[14].

Con este doble movimiento para olvidar la experiencia colombiana y reivindicar la memoria de los orígenes y del acontecimiento fundacional de la independencia recién reconquistada, la Venezuela de 1830 fundaba su unidad en la memoria de las desgracias compartidas, el recuerdo de sus héroes y las esperanzas en el porvenir. La labor de la memoria disociaba así la guerra llevada a cabo por los patriotas que habían contribuido desde 1810 a la libertad, y la guerra de la ambición representada por los hombres de Bogotá. La eliminación de esta última permitía rescatar del olvido a los fundadores de 1810, los verdaderos patriotas, tal como ellos mismos se definían en un texto en el que acusaban a los militares intruso de haber utilizado su prestigio para perpetuar los privilegios y los vicios ancestrales[15]. Esos mismos patriotas eran llamados a ser jueces en cuanto se vieron amenazados los principios de igualdad; y para apuntalar sus acusaciones, invocaban a los próceres muertes en combate, dándoles la palabra desde sus tumbas:

> Parecemos en este instante estar viendo los manes de los Rivas, Roscio, Girardot, Caldas, Pumbo, Ricaurte, Ustáriz y tantos mártires ilustrísimos de la patria que rindieron su postrer aliento, cual Mavorte guerreando, o en los cadalsos. Desde sus tum-

---

[13] *El triunfo de la Constitución celebrada en Caracas. Socio Rufino González. Op. cit.*, pág. 9.

[14] *Ibídem*, pág. 3.

[15] *Un general, varios jefes, muchos subalternos y una porción de paisanos. Op. cit.*

> bas responden por nosotros a los amigos de fueros o privilegios: «¡No deslustreis nuestros esfuerzos mentidos! ¡No insulteis nuestras cenizas», dicen. Venezuela proclamó su independencia, no para cambiar de señores sino para gobernarse por la voluntad propia de sus hijos...[16]

Así pues, esos padres de la patria constituían la memoria y la conciencia de ser venezolano. Por eso se les invocó durante el debate sobre la abolición de los fueros, en tanto encarnación de la memoria del pasado anterior a la revolución del 19 de abril. Y en nombre de esa cadena de generaciones, por encima de las querellas que pudieran subsistir y de los resentimientos del presente, los autores de este texto pedían la reconciliación de los venezolanos en su conjunto, con el fin de que todos pudieran proseguir con la lucha por la libertad, dejando la historia como juez último de aquellos hechos.

---

[16] *Ibídem.*

Conclusión

Entre el pueblo y América: la Nación

Obviamente, debido a los cuestionamientos surgidos en el transcurso de este trabajo y la intrínseca complejidad de las problemáticas correlativas al concepto de nación, sería presuntuoso pretender llegar a conclusiones sobre este punto. Por lo demás, aquí nos hemos centrado ante todo en la dimensión política de la nación, aunque hemos intentado ampliar el campo de estudio cuando las fuentes nos lo permitían. Así, estas primeras conclusiones —parciales y provisionales— necesitarían un análisis complementario con el fin de captar sobre todo la identidad cultural de esta nueva comunidad, tal como se elaboró durante el período de 1810 a 1830. Dicho esto, nos parece que ya es posible destacar algunas hipótesis y tendencias, producto de este estudio de cierto discurso sobre la nación, o mejor dicho, de los discursos que emanaban principalmente de las élites venezolanas[1]. Hay que distinguir varios ejes, que permiten poner en correlación las dinámicas observadas aisladamente en cada una de las fases estudiadas.

a) Constitución y representación

Esta voluntad de acceder al rango de nación «civilizada» (para repetir uno de los *Leitmotiv* del discurso) se expresó primero a través de una intensa y precoz actividad constituyente[2]. Las cuatro constituciones producidas en este proceso definieron los marcos políticos y las modalidades de participación de los miembros de la comunidad política. Constituían además el

---

[1] Para un análisis sobre un período más amplio del concepto de Nación ver, V. Hébrard, «El concepto Nación en Venezuela, 1750-1850», en *Diccionario Político y Social del Mundo Hispanoamericano. Conceptos Políticos en la era de la revoluciones, 1750-1850,* volumen I. Madrid: Centro de Estudios Políticos y Constitucionales, 2009, págs. 967-977.

[2] Efectivamente, salvo Colombia que también se dotó de una Constitución en 1811, las fechas de las Constituciones de los demás países fueron las siguientes: México, 1814; Argentina, 1819; Chile, 1822; Perú, 1823. Acerca de estos antecedentes y de la intensa actividad constituyente que caracterizó este período, ver G. Verdo, «Constitutions, représentation et citoyenneté dans les révolutions hispaniques (1808-1830)», *Histoire et Sociétés de l'Amérique Latine,* n.° 1. Paris: Université de Paris VII, mayo de 1993, págs. 40-50; *El pensamiento constitucional hispanoamericano hasta 1830. Compilación de constituciones sancionadas y proyectos constitucionales.* Caracas: Academia Nacional de la Historia, 1961, 5 vols.

nudo central a partir del cual, debido a las oposiciones y los debates que suscitaron, se esbozaba el perfil de esta «nación»; una nación con formas y rostros múltiples.

Así se dio un verdadero juego de espejos, en la medida en que aquellos textos constitucionales ratificaban, a través de ciertos principios adoptados, una realidad de facto casi ineludible (tal como el reconocimiento de la ciudadanía para los pardos, o el derecho a voto otorgado a los militares); pero la puesta en práctica de dichos textos escapaba a los legisladores. Esto generaba una situación que a veces iba más allá o en contra de los efectos buscados, poniendo en peligro las disposiciones adoptadas en otras instancias para preservar en la cúspide del poder la hegemonía de una determinada categoría de miembros de la nación (los criollos, en primer lugar). Además, ese efecto reflexivo también se daba en sentido inverso, cuando los principios y los nuevos derechos decretados contribuían a una verdadera pedagogía del ciudadano; y confería a estos textos, así como a las manifestaciones que los acompañaban (tal como el juramento de obediencia que los ciudadanos debían prestar), la función de instrumentos al servicio de las élites políticas en su voluntad de adecuar la sociedad así definida a las reglas de la modernidad y a su propia estrategia de gobierno. En un sentido más amplio, era el concepto mismo de nación lo que se planteaba como un instrumento de legitimación, pues sus rasgos característicos distaban de constituir un factor de identidad y determinaban sus propias fronteras, tanto territoriales como políticas. Así, se debatía constantemente el tema de la adecuación de las instituciones deseadas o adoptadas a los «usos y costumbres» y al «grado de civilización» de la población considerada. Por ello, en cada etapa del proceso, dos modos de representación de la sociedad entraban en conflicto. Conflicto entre los principios teóricos y la realidad, pero también en el seno mismo de las élites que, pese a las declaraciones principistas, perpetuaban, en el marco de prácticas políticas ciertamente engalanadas con el sello de la modernidad, unos modos de acceso y conservación del poder a partir de las antiguos redes que estructuraban a estas élites.

El principio de representación y el paso de una sociedad de corporaciones a una sociedad compuesta por individuos autónomos, daban su verdadero sentido al proyecto de edificación de la nación. Se hallaban en el centro mismo del nuevo pacto que regeneraba el cuerpo político y le daba su unidad. De hecho, éste se había constituido en nombre de una concepción tradicional del pueblo, y era considerado ante todo como una yuxtaposición de esos diferentes cuerpos y comunidades. Así, las élites dirigentes se vieron enseguida confrontadas con el problema del paso a una representación de individuos autónomos, pero también a la incorporación

—y por ende al reconocimiento como tal— de una parte de su población hasta entonces desconsiderada, sobre todo los pardos y los esclavos. El primer imperativo era entonces articular, dentro de la formulación de las condiciones de acceso a la ciudadanía, el reconocimiento teórico de la participación igualitaria y la exclusión de quienes eran considerados como «inútiles» y hasta peligrosos. Se dio entonces la elaboración de un principio de participación que, al mismo tiempo que otorgaba la primacía al individuo moderno (y ya no a las corporaciones) y reconocía teóricamente la igualdad de todos, adoptaba códigos electorales que excluían a una parte de los ciudadanos. De manera implícita, cuando el número de grados adoptados para los electores servía de filtro natural que garantizaba la permanencia de las élites en la ocupación de los cargos políticos; y de manera explícita, oficializando la distinción entre ciudadanos activos y ciudadanos pasivos, y la introducción para los electores de segundo grado del requisito de saber leer y escribir. La preeminencia del hombre de armas en el ámbito político aportaba una prueba adicional de esta voluntad de mantener una separación absoluta entre las élites y el pueblo. Efectivamente, la inversión implícita de los términos de la expresión ciudadano-soldado, ciertamente como reconocimiento de los servicios prestados a la patria y para no afectar a quienes no respondían a los requisitos de propiedad y/o riqueza, pero también por razones tocantes a la identidad (la proclamación de la raza nueva para unir a esta comunidad nacional heterogénea), autorizaba el surgimiento en el escenario político de los individuos que no pertenecían a estas élites. Como simples civiles, muchos de ellos habrían sido excluido del derecho al voto; de ahí, conjuntamente, los repetidos intentos de las élites para denegarles esta prerrogativa.

Por añadidura, esta sociedad funcionaba de manera tradicional, pues el apego a una persona —el caudillo— predominaba frente a una elección de tipo moderno, basada en la adhesión a una idea. Por consiguiente, las relaciones que los representantes mantenían con sus elegidos y el pueblo en su conjunto, tenían que ver ante todo con el paternalismo. Los representantes —y, más allá, las élites esclarecidas— tenían la misión de guiar a ese pueblo que no había adquirido la necesaria civilización, con el fin de evitar que se desencadenaran las pasiones en torno a él. Paternalismo que también respondía a la encarnación del poder: su identificación con un hombre que, entre los más ilustres, adquiría a escala más local la estatura del héroe salvador, del hombre providencial, a ejemplo de Bolívar o de Páez.

En la aprehensión del poder, toda la ambigüedad subyacente en este proceso de identificación de un hombre con la ciudad o la nación que dirigía, suscitaba también confusión a nivel de los órganos de gobierno, entre los cargos políticos y militares; tanto más cuanto que esos próceres eran también hombres de armas, y su prestigio se medía según las hazañas realizadas durante los combates por la independencia. Tal confusión quedó claramente en evidencia con motivo de los movimientos de oposición al gobierno de Bogotá que se produjeron en Puerto Cabello en 1823, y siguió latente en el conjunto de conflictos que se dieron a partir de 1826. También revelaba una concepción de la sociedad fuertemente impregnada de la presencia del hombre de armas a todos los niveles de organización y representación. Concepción que, al mismo tiempo, sacaba a la luz la evolución de las relaciones que sus miembros (civiles y militares) mantenían entre sí, y que obraban para la edificación de la «nación» por venir. Efectivamente, en el nuevo proyecto de sociedad que se elaboró durante esos años, el problema militar y el de su representación política se hallaban en el centro mismo del debate que se daba en torno a la definición del pueblo nuevo (como tan a menudo se dijo) que, en la Constitución de 1830, llevaba el título oficial de nación venezolana.

Las oscilaciones en materia de opción constitucional eran una muestra de la dificultad de lograr un modo de organización para legitimar el poder vigente y sus representantes, un modo que estuviera sobre todo en adecuación con ese pueblo zafio y temible. Esto se constata tanto más cuanto que los mismos hombres eran, en su mayoría, los que escogían estas opciones contradictorias. Efectivamente, primero proclamaban la necesidad de adoptar unas instituciones modernas y «liberales» con el fin de regenerar al pueblo al que gobernaban y hacerlo acceder al rango de nación, y luego, al revés, unas instituciones exentas de toda innovación que amenazara con disolver el cuerpo social y llevar hacia la anarquía; por consiguiente las leyes debían adaptarse a las características de la población. La traducción de esto era el reforzamiento del Poder Ejecutivo y la limitación del recurso a las elecciones. Esta aprehensión ambivalente del «pueblo» en su multiplicidad tanto social como semántica, aplicada a lo largo del proceso, permitía al mismo tiempo aprehender su instrumentalización con el único fin de descartar a una parte del pueblo, o de legitimar, en su nombre, las oposiciones que sacudían a las élites. Así se explicarían los intentos de clarificar este concepto privilegiando su acepción moderna (el conjunto de individuos que componen la nación), con el fin de denegar toda legitimidad al proceso de disolución de la República de Colombia a partir de 1826, actuando en nombre y por los pueblos antiguos.

De hecho, pese a esas declaraciones teóricas, esta «nación» postulada seguía considerándose y expresándose, a través de los pueblos y sus representantes, como grupos unidos por vínculos de índole antigua, referidos a un imaginario político de la misma índole donde el individuo no era el centro de la arquitectura social y, por ende, política. En esto, los procesos electorales modernos definidos en los textos constitucionales representaban un campo de investigación de suprema importancia pues, a pesar de haber pasado teóricamente de la representación de las colectividades antiguas a la representación de individuos-ciudadanos, ésta última seguía siendo sólo parcial debido a las opciones adoptadas en materia de ciudadanía. La configuración de los movimientos demostraba la influyente presencia de esos antiguos marcos a los que estaban asociados los conceptos de voluntad y soberanía. Así, siempre se hablaba de soberanía de los pueblos y de voluntad general de los pueblos, y no —salvo algunas excepciones, esencialmente en los textos constitucionales— de la soberanía y la voluntad general del pueblo. Pero, en cuanto se proclamó la separación de la República de Colombia, y siendo que ello se hizo apoyándose en la acepción del pueblo como pueblo-ciudad, éste sería entonces definido por las élites políticas conforme con los criterios modernos. Definición ratificada en la Constitución de 1830 que celebraba la nueva nación venezolana en 1830. Ahora bien, esos criterios eran precisamente los que hasta entonces habían defendido los partidarios del mantenimiento de la integridad de la República, que en esto denegaban toda legitimidad a cualquier cuerpo que pretendiera representar a todo el pueblo.

Sin embargo, había una señal inequívoca en cuanto a lo relativo del cambio así efectuado en materia de representación: se trata del encabezado de la Constitución. Efectivamente, mientras en 1811 se leía la expresión: «Nosotros el pueblo de Venezuela», el preámbulo de 1830 introducía un grado adicional con la utilización del término: «Nosotros los representantes del pueblo de Venezuela». Este intermediario «confería» al pueblo una posición de exterioridad; era otro respecto de los Representantes. Por cierto, esta alteridad así institucionalizada no dejaba de vincularse a la expresión de esa diferencia desde un punto de vista de identidad. No obstante, pese a esta voluntad de mantener al pueblo apartado de una participación real y de lo difícil que era concebir una comunidad de individuos autónomos, se percibían indicadores de modernidad. Era el caso, sobre todo en 1830, en el texto de convocatoria a las elecciones legislativas de enero y en ciertos artículos de la Constitución de septiembre. Efectivamente, más allá de la «ficción democrática» practicada, se esbozaba el reconocimiento de una práctica participativa moderna, ante todo constitucional pero que respondía al desarrollo de una participación más amplia de los actores. En este contexto, la expresión de los individuos en tanto tal tendía a afirmarse, y el respeto de la opinión individual, además de ser reconocido a través del derecho a la expresión, quedaba introducido en el acto mismo del voto. Por primera vez, en el decreto de convocación a las elecciones, se mencionaba el derecho al voto secreto, reservado no obstante a los electores de segundo grado. Estos últimos escribirían en un papel, secreta y aisladamente, el nombre de la persona de su preferencia, y lo depositarían en una urna.

Se estipulaba por otra parte que los diputados disfrutaban de la inmunidad de sus bienes y su persona mientras duraran las sesiones, y que no eran responsables de sus discursos y opiniones ante ninguna autoridad. Aun cuando no se pudiera prejuzgar la puesta en práctica de esos principios y, por ende, su asimilación a nivel de las mentalidades, el hecho de institucionalizarlos constituía un indicador nada desdeñable.

b) Fronteras y territorios

En segundo lugar, conviene poner de relieve la fundamental importancia de los pueblos, de las corporaciones que los componían, y de las Municipalidades que eran su expresión política en la estructuración de la nación venezolana. Y ello tanto en su historia administrativa y en la experiencia de las poblaciones, como en los argumentos esgrimidos para legitimar las opciones adoptadas en materia de redefinición y gestión de los espacios territoriales.

Efectivamente, semejante omnipresencia de los pueblos como entidad geo-administrativa llevaba a descifrar la conformación de la nación venezolana a partir de este concepto esencial. ¿Quiénes eran esos pueblos declarados soberanos, cuáles eran sus componentes y su alcance cuando, en los movimientos de oposición al gobierno de Bogotá entre 1824 y 1830, se pronunciaban a través de las actas de las Municipalidades o de las proclamaciones de las corporaciones?

La obra constituyente llevaba la impronta de estos marcos referenciales, al mismo tiempo que contribuyó a cambiarlos. Así, la «ruptura» revolucionaria también surtió su efecto desde un punto de vista estrictamente interno, particularmente en cuanto a la nacionalidad de los individuos, que variaba según la modificación de las fronteras y las entidades nacionales: primero Venezuela y luego Colombia, hasta que la primera volvió a proclamar su independencia política en 1829. Los principios históricos utilizados se topaban además con la propia realidad de la sociedad a la que se aplicaban, que seguía siendo tradicional tanto en su estructura económica y social como en su imaginario político, y donde los vínculos que prevalecían eran ante todo de índole infra o supranacional, y no nacional. Esta difícil aprehensión de los territorios se evidencia en la imprecisión reinante en cuanto a la definición de las fronteras. En los textos constitucionales, además de los cambios que se dieron con la creación de la República de Colombia, al incorporar en su seno entidades que ya se habían proclamado como naciones, siempre se estipuló que la fijación exacta y definitiva de las fronteras se efectuaría ulteriormente. Y además, toda la elaboración del proceso independentista se aprehendía de manera concéntrica, a partir de Caracas, ciudad-faro y madre de la Revolución, hacia las otras ciudades y villas, y hacia América con miras a formar una confederación continental. El carácter de la forma nacional distaba de ser evidente. Si Venezuela logró separarse de la República de Colombia, fue gracias a movimientos que obraron a partir de los pueblos que, una vez más, federaron su acción con miras a reconstituir la «Antigua Venezuela». No existía entidad territorial como tal que pudiera ser identificada con la nación. Por consiguiente, fue también dentro de los pueblos donde se produjo la puesta en práctica y la utilización de los nuevos derechos otorgados a los individuos, y donde pudo pensarse en la articulación entre sociedad de corporaciones y nación moderna. Efectivamente, a nivel de esos pueblos se constata la existencia de prácticas políticas modernas, ya que los actores en su conjunto trataban de copar el espacio político a través de las prácticas electorales tales como fueron planteadas en las Constituciones y los códigos electorales. Las antiguas oligarquías trataron a la vez de utilizar su tradicional influencia y la fuerza de sus redes para conservar el control de las Municipalidades, y de tener representación en los Congresos nacionales, pues el primer grado de las elecciones se daba dentro de asambleas parroquiales. Paralelamente, las corporaciones y los individuos-ciudadanos utilizaban ese nuevo modo de expresión y representación del que disponían para hacerse oír. Prueba de ello, la importancia de las intervenciones a escala local a partir de 1810, cuando villas disidentes se negaban a reconocer la Junta de Caracas; y luego en 1811, cuando los representantes de las provincias se hacían preguntas acerca de la naturaleza de sus cargos (¿representaban a una ciudad, a una provincia, o a toda la nación?) y pedían la división de la provincia de Caracas para disminuir su influencia política y su hegemonía económica. Así lo confirma el movimiento de apoyo a Páez, en 1826, en la medida en que quienes se pronunciaron fueron las Municipalidades, los cuerpos civiles y militares, así como los grupos de ciudadanos reunidos con el nombre de «padres de familia y propietarios» de la ciudad. Y también en 1828, cuando esas mismas entidades dieron a conocer sus aspiraciones para la reunión de la gran Convención Nacional que se llevaría a cabo en Ocaña, en abril, y aunque la actitud adoptada entonces obedeciera ante todo a la llegada de Bolívar a Caracas, en enero de 1827 y a la influencia que él ejercía en las poblaciones. En cada una de estas oportunidades, lo que se puso de relieve fue lo ambiguo y paradójico de la etapa nacional.

Este conjunto de observaciones convergentes nos autoriza a postular que si bien, desde un punto de vista estrictamente constitucional y teórico, la adopción de un modo centralizado de gobierno podía permitir una unificación de las prácticas y, por ende, de los valores y referencias indispensables para la configuración de una conciencia nacional, lo cierto es que el federalismo —a ejemplo de la permanencia del caudillo, desde luego según distintas modalidades— constituía una etapa necesaria para la integración de los diferentes «miembros» de la nación en proceso de conformación. La manera en que obraba y se desarrollaba la oposición al poder vigente de Bogotá demuestra la validez de esta hipótesis. Fue a partir de los pueblos y los actores municipales como se puso en marcha un proceso de afirmación de la singularidad venezolana. Esta, para legitimar su rechazo a que la «Antigua Venezuela» quedara relegada al rango de Departamento, se fundamentó en el precedente de 1810. Para ello, se esgrimió la historia de cada uno de sus pueblos y, sobre todo, su participación en la reconquista de la independencia mediante su contribución a las luchas contra las tropas españolas. Y la «victoria» de Páez contra Bolívar representa la victoria de la toma en consideración de esta realidad local, contra una voluntad de edificación nacional basada esencialmente en principios abstractos. En la medida en que la nación significaba ante todo pertenencia, la iniciativa de Páez, considerada por la historiografía tradicional como localista, resultaba sin embargo mucho más conforme a las especificidades de esta sociedad. Tal como lo recalca Germán Carrera Damas, «asumir la nación significa adoptar como criterio de lo real algo dado, algo que es perfecto en su génesis aunque sea perfectible en su existencia y que está, por lo mismo, sujeto a una racionalidad propia [...] en la cual la existencia constituye el criterio de lo nacional»[3]. En este sentido, pensamos que conviene devolver sus cartas de nobleza a los términos «provincia» y «pueblo», así como a su papel en la formación de una conciencia nacional, por servir de relevo entre un patriotismo de tipo antiguo y la adhesión y movilización en pro de una causa y de un Estado moderno. Mediante la articulación de este «patriotismo orgánico» con el «patriotismo organizado»

---

[3] CARRERA DAMAS, G. en su introducción a CASTRO LEIVA, L.: *La Gran Colombia. Una ilusión ilustrada. Op. cit.*, pág. 11.

impuesto por las élites, si retomamos las categorías adoptas por N. Elias[4], podía conformarse una nación moderna, mejor que, así lo creemos, sólo mediante la exaltación de la raza nueva del soldado y de las acciones armadas que habían creado nexos de solidaridad, desde luego, pero que, una vez finalizada la guerra, no podían constituir una fuerza de cohesión suficiente y duradera. Además, esas acciones armadas y la lucha independentista fueron la oportunidad, para cada uno de los pueblos de Venezuela y Nueva Granada, de afirmar su identidad, lo cual creó paradójicamente una comunidad de destino que rebasaba las fronteras de la nación.

c) Los polos de identidad

Evidentemente, el papel de los espacios infra y supra-nacionales en el proceso de organización e institucionalización de la nueva comunidad, resultó determinante en cuanto a los valores adoptados para conferirle su coherencia en el plano de la adhesión y el reconocimiento de los principios decretados.

Por intermedio de las guerras independentistas, se efectuaba principalmente el paso de la utopía y la fe en una única fuerza de voluntad, a la confrontación con una realidad muy distinta que revelaba las grietas y la heterogeneidad de la sociedad. Ahora bien, éstas eran difícilmente eludibles ya que se manifestaban en el campo de las armas, cuestionando implícitamente la adhesión al proyecto nacional concebido por las élites. Tanto más cuanto que dentro de éstas también se producía una fractura, dando a este conflicto el carácter de una auténtica guerra civil.

Ciertamente, no se ponía en tela de juicio el principio de la adhesión voluntaria, y era posible seguir siendo miembro de la patria independientemente del lugar de nacimiento, así como era posible quedar excluido en caso de traición. Pero al final de la guerra surgió otra voluntad predominante, la de los representantes del pueblo, en nombre de la necesaria reunificación del cuerpo social con el fin de elaborar las reglas que iban a permitir su realización. Además, la guerra y la función del hombre de armas como vectores de agrupación de la población funcionaban como un mecanismo simultáneo del hombre de armas y el extranjero como defensores de la patria y actores potenciales del desarrollo económico de la nación, y como un mecanismo de rechazo a la raza española.

---

[4] ELIAS, N.: *La société des individus*. Paris: Fayard, 1991.

Efectivamente, el odio y el rechazo al otro autorizaban la reconstitución de esta unión. Ese enemigo era asimilado a un extranjero del interior, era el que generaba desorden y amenazaba la cohesión del cuerpo social, pero el hecho de denunciarlo y expulsarlo —incluso inventarlo, ya que raras veces se le personificaba— permitía ocultar las divisiones sociales y raciales, y recuperar la unión del cuerpo social. Una unión que, de hecho y paralelamente, se arraigaba y se cumplía en la proclamación y el surgimiento de esa raza nueva representada por el soldado-ciudadano. Así, cualquiera fuera el grado afectivo de adhesión del pueblo —o las ambigüedades que permitían postularla—, la guerra y sus consecuencias habían provocado una reacción de la que se sacaba provecho para reconstruir la nación y sus órganos de gobierno, y para intentar elaborar una memoria común. La guerra creaba la unión, ya que, como campo de experiencia, permitía posteriormente convalidar el contenido ideológico del discurso elaborado para legitimar el proceso político. Para ello, además de celebrar a los próceres y proyectar la edificación de monumentos en homenaje a su memoria, se elaboraba una verdadera pedagogía a través del ejemplo, en la que los padres, como ciudadanos en armas, recibían la misión de transmitir la memoria de estas hazañas y de sus valores inherentes. El discurso jugaba aquí un papel determinante pues, mediante la fuerza de persuasión desplegada para consagrar el advenimiento de esta raza nueva, intentaba reemplazar el pueblo ignorante y sin memoria, a ejemplo de la «ficción de democracia» de las elecciones, una «ficción de identidad» que permitía a las élites criollas negar públicamente cierta memoria española. El discurso aparecía entonces como un complemento de los principios teóricos enunciados en otras instancias. Había que convencer a toda costa ya que, tal como lo señala B. Bennassar, «tampoco olvidemos la magia de las palabras y el papel de la forma [...] como soporte y como estimulante del hecho nacional»[5]. No obstante, si bien de alguna manera la guerra era el origen de los acontecimientos fundacionales que daban cuerpo a la nación y favorecían cierta cohesión en la oportunidad de celebrarlos, lo cierto es que la eficacia de ese mecanismo se veía debilitada por la no adhesión de una parte de sus miembros. Las fuerzas dislocadoras que obraban durante el período de esos conflictos (y también después) eran muchas, y las élites dirigentes no cejaron hasta reconquistar las regiones disidentes, por una parte, y por otra, hasta ganarse la adhesión o al menos el alistamiento en

---

[5] Intervención de BENNASSAR, B.: «Modalidades culturales de los movimientos nacionales», en *Nations, nationalismes, transitions, XVIe-XXe siècle. Op. cit.*, pág. 144.

los ejércitos republicanos de los grupos refractarios. Decisiones cuyas incidencias a más largo plazo no siempre fueron bien evaluadas. Así ocurrió con el decreto de liberación de los esclavos condicionada a su incorporación en las filas patriotas.

Además, la celebración del hombre de armas, y más aún su traducción en términos de accesión a la ciudadanía, aumentaba la influencia de los militares en el campo político. Lo mismo ocurría con la participación que se les reconoció al restablecerse el proceso constituyente, pero que produjo desviaciones en el ejercicio del poder político. En este sentido, la voluntad de «civilización» puesta en marcha desde 1828 y las resistencias que suscitó muestran la dificultad de separar estos dos ámbitos. Explican además la afirmación siempre reiterada —a falta de ser realizada— del retorno de lo político como relevo de la fuerza armada. El artículo 17 de la Constitución de 1830 revelaba esa voluntad de dar la primacía a la político y de otorgar a la participación de los ciudadanos una función esencial en la creación del sentimiento de pertenencia a esa nación venezolana recién constituida: «Los ciudadanos tendrán siempre presente que del interés que todos tomen en las elecciones nace el espíritu nacional que, sofocando los partidos, asegura la manifestación de la voluntad general...»[6]

¿Cómo se definía entonces esta nueva entidad denominada «nación» para quienes habían contribuido a conformarla: principalmente los actores colectivos (comunidades territoriales o corporativas, cuerpos constituidos, redes familiares o clientelares), pero también el actor singular representado por el individuo moderno?

Al respecto, en los argumentos expuestos y los principios adoptados para legitimar las decisiones políticas, figuraba permanentemente la viabilidad económica de esta nación moderna que había que construir. Ya en el reglamento electoral de junio de 1810, el desarrollo de la industria figuraba a la cabeza de los objetivos por alcanzar. Y, de hecho, la concepción de la nación parecía determinada ante todo por criterios económicos. Efectivamente, los imperativos aducidos para justificar los criterios de participación política (el individuo útil) y de delimitación de los espacios territoriales, remitían principalmente a las categorías fisiocráticas de la definición de la nación. Así, lo que alimentaba el debate sobre la legitimación de la nación era sobre todo los argumentos referidos a la capacidad del espacio nacional, considerado cuando se afirmó esta legitimidad res-

---

[6] «Constitución del Estado de Venezuela de 1830, Valencia, 24 de septiembre de 1830», título VI, art. 17, en *Constituciones de Venezuela. Op. cit.*, pág. 336.

pecto de España en 1810, o con la Declaración de Independencia en 1811, pero también en 1818 y en 1820, con motivo de las negociaciones para la paz; y así también cuando había que demostrar la validez de los nuevos Estados que iban instaurándose alternativamente, la República de Colombia y Venezuela. Más aún, en los conflictos que oponían a partidarios y opositores de la separación de Venezuela y Colombia, la capacidad económica constituía un verdadero instrumento de legitimación del partido adoptado.

Por lo demás, este potencial económico, determinado por una población numerosa, un territorio de grandes dimensiones, y recursos naturales e «industriales» importantes, dictaba de modo determinante muchas decisiones de índole estrictamente política. Y entre éstas, ante todo la presencia en todas las Constituciones de la trilogía «libertad, seguridad, propiedad» en el capítulo de los principios fundamentales garantizados por las leyes de la nación. Ahora bien, esta trilogía tomada de las tesis fisiocráticas modeló innegablemente la manera en que esas élites definían la ciudadanía. Así, el otorgamiento del derecho al voto se veía condicionado ante todo por la posesión de la tierra, lo cual, además de presuponer el apego al territorio, significaba que quien la poseyera contribuía directamente al enriquecimiento de la «nación». Todos los criterios agregados posteriormente a la lista de condiciones que daban derecho a la participación tenían que ver con el principio de utilidad. Utilidad que adquiría, con la incorporación del hombre de armas, una dimensión más simbólica de contribución a la prosperidad, relativa a su función original de defensores de la patria. La estrategia aplicada tenía que ver con una lógica de integración a la nación, según el mismo postulado que fundamentaba la pertenencia a la categoría de ciudadano en su contribución, con su trabajo, al aumento de las riquezas de la nación. El debate sobre el derecho a voto para los militares procedía, entre otros, de esa voluntad de integrar al soldado-ciudadano que encarnaba la raza nueva, tal como se la celebró a partir de 1818. En este debate se apreciaba también claramente el recurso a la teoría económica de los fisiócratas como medio de definir la nación, efectuando una disociación entre los individuos que eran de la sociedad y los que se conformaban con vivir en ella. Sin embargo, lo ideal seguía siendo arraigar de nuevo a esos individuos en un territorio, a través del reparto de tierras —planteado también como una recompensa—, y reincorporarlos en la categoría de ciudadanos útiles, en términos de participación efectiva en la vida económica. Asimismo, la exclusión de las gentes sin domicilio, de los jornaleros y de los vagabundos, daba fe de esa voluntad de descartar a todos aquéllos que carecieran de un interés socialmente pautado. En 1827, con motivo de las elecciones para la Convención de Ocaña, cuando se consideró la posibilidad de prohibir el derecho al voto para los soldados, los partidarios de tal decisión fundamentaron su argumentación asimilándolos a la condición de jornaleros. Tal como lo recalca Pierre Rosanvallon con respecto a la ampliación de la noción de ciudadano-propietario aplicada por Adam Smith a partir de las primeras teorías fisiocráticas, «la cualidad de propietario no define solamente una posición económica: integra todo un sistema de garantías sociales y de garantías morales»[7]. Y entre dichas garantías morales figuraba en primer lugar la virtud, que también contribuía a articular, partiendo del principio de propiedad, valores políticos, morales, económicos y sociológicos dentro de la definición de ciudadano. El virtuoso era entonces el que actuaba con miras a la felicidad colectiva, dentro del respeto a las leyes. La virtud quedaba así intrínsecamente vinculada a la noción de independencia económica y, por consiguiente, a la propiedad. Tal como lo señala acertadamente A. M. Rao, «la noción de virtud —una virtud fundamentada en las buenas leyes y en una propiedad que había que repartir al máximo— y la de libertad, que se habían imbricado así con la idea de patria, confluyen en la idea de nación [...], una nación que se identifica con la ciudadanía»[8]. Pero en esa sociedad heterogénea, la dualidad de los referentes y los imaginarios oponía no sólo una comunidad tradicional a las élites «modernas» que la dirigían, sino que coexistía dentro de esas mismas élites. En este sentido, la virtud constituía un valor de relevo, una pasarela, debido a la ambivalencia de su definición, que remitía tanto a la virtud cristiana como a la virtud antigua, cívica y republicana. Aquí también, el discurso tenía una función determinante. Al jugar con esa ambivalencia, permitía la adhesión basada en las palabras a falta de realizarla con los conceptos modernos que éstas vehiculaban, y proporcionaba a las élites la máscara de la modernidad. Semejante articulación nos lleva a considerar que la oposición un tanto reduccionista entre tradición y modernidad, vista desde esta óptica, resulta escasamente funcional para

---

[7] P. Rosanvallon en su artículos sobre los fisiócratas, en Furet, F.; Ozouf, M. *et alii: Dictionnaire critique de la Révolution française. Idées. Op. cit.*, pág. 366. Acerca de la importancia del modelo fisiocrático y agrario en la península, sobre todo Jovellanos, que adopta la trilogía «propiedad, libertad y seguridad», consúltese Ernest Lluch y Lluís Argemí i d'Abadal, *Agronomía y fisiocracia en España (1750-1820)*. Valencia: Institución Alfonso el Magnánimo, 1985, pág. 72 y sg.

[8] Intervención de Rao, A. M.: «Modalités culturelles des mouvements nationaux», en *Nations, nationalismes, transitions. XVe-XXe siècles. Op. cit.*, pág. 158.

dar cuenta de la complejidad del proceso que se dio durante ese período. Complejidad que hay que abordar entonces más bien en términos de hibridación de los dos referentes en un contexto de ruptura política.

d) De la memoria y el olvido

La dialéctica de la memoria y del olvido contribuye también, en otro registro —que pese a aplicarse en campos diferentes, toca más directamente el problema de la identidad cultural de la nación—, con el proceso de legitimación de la acción emprendida[9]. A lo largo del período, se manifestaba una recurrente voluntad de olvidar, que se expresaba a menudo con la misma imagen ambigua del velo que debía echarse sobre ciertos hechos o períodos. Esa voluntad de olvidar también se asociaba con el culto de la memoria de acontecimientos y actores particulares. Ambas tenían que ver con una pedagogía cívica que forjaba una identidad en vacío, revelándose en la definición de lo que ya no se debía seguir siendo, en referencia a los tres siglos transcurridos, y en el recurso a los modelos exteriores y/o extranjeros, ahora con el fin de colocar los hitos de una comunidad ideal, incluso utópica. No obstante, se elaboraba una curva dinámica partiendo de lo que debía olvidarse, a medida que los actores iban elaborando su propia historia, ante todo militar. El olvido concernía entonces también algunos episodios de esta historia. Al respecto, la labor de relectura de aquellos años de experiencia revela las divisiones internas, que se intensificaron muy especialmente durante el período de la República de Colombia. Además, con motivo de cada ruptura, podemos distinguir un proceso de reconcentración. Los textos insistían aquí en la necesidad para el país de concentrarse sobre sí mismo para evitar la dispersión y protegerse de las amenazas externas e internas. Aquí se reutilizaba la dialéctica del olvido elaborada a efectos del exterior, para denunciar al enemigo interno.

Pero al fundar la reunión de la comunidad nacional venezolana alrededor de esa imagen y ese rechazo al Otro, quedaba destruida la articulación que había perdurado hasta entonces entre el apego a esa patria que tenía que ver con la tradición y también, precisamente, con cierta identificación con España, y el apego, más político, a esa nación moderna en proceso de creación, proyectada hacia el futuro. Efectivamente, debido a la ruptura

---

[9] En una perspectiva comparativa, ver HÉBRARD, V. et VERDO, G.: «L'imaginaire patriotique américain au miroir de la Conquête espagnole», *Histoire et Sociétés de l'Amérique latine,* n.° 15, Paris, ALEPH/L'Harmattan, 2002, págs. 39-84.

con ese pasado, sólo quedaba esa patria ideológica, la nación moderna de las élites, separada de su historia que —ciertamente de manera paradójica y ambigua— le confería una realidad indispensable para la adhesión de sus miembros. Sólo quedaba la identidad abstracta, la unidad jurídica, el símbolo moderno de la nación, esa patria que P. Vilar define como la «proyección sentimental de un sueño de intelectual»[10] y que, de hecho, daba su pleno significado a la necesidad —proclamada en otras instancias por las élites— de la «creación de una sociedad entera»[11]. En nombre de esa misma lógica, se hacía un intento oficial de deslastrarse de las referencias externas, de los modelos extranjeros, con el fin de elaborar, de construir una memoria colectiva propia y así resurgía el temor al vacío de identidad. Efectivamente, el olvido de una parte del pasado español entraba en conflicto con el apego personal de las élites a cierta hispanidad, y también a prácticas reivindicadas antes de ser recuperadas como instrumentos de legitimación. Así, con motivo de la juramentación de los ciudadanos, se mencionaba explícitamente que ellos se comprometían a conservar la religión, la cual determinaba el carácter español. Por último, con motivo de llamar a defender la patria contra las tropas españolas, el imperativo unitario se daba sobre la base del referente religioso y del hombre de armas. A ejemplo de la lengua, la religión constituye un elemento de identidad siempre reivindicado, pero ni una ni otra fundaban una identidad venezolana. Y quienes no se llamaban a engaño declaraban en 1830 que una lengua y una religión común no bastaban para justificar el mantenimiento de la República de Colombia: los venezolanos son diferentes, pero...

Por añadidura, los principales actores eran españoles por la sangre y por la cultura. Así, después —e incluso al mismo tiempo— de las reiterada proclamaciones de ruptura con los tres siglos de dominación española y de voluntad de diferenciarse de «esa raza maldita» que quería destruirlos una vez más, ya en 1830 surgía, junto con la recuperación del pasado venezolano desde 1810, una distinción entre los hombres ilustres y esclarecidos que habían permitido la creación de la Junta del 19 de abril, y el resto de la población. Se la exhortaba entonces a dar muestras de gratitud y reconocimiento: «... muchos [...] venezolanos olvidan ingratamente la gratitud que debieron tener siempre a una gran porción de nuestros compatriotas,

---

[10] Vilar, P.: «Patrie et nation dans le vocabulaire de la guerre d'indépendance espagnole». *Op. cit.*, pág. 180.

[11] «Discurso pronunciado por el Gral. Simón Bolívar al Congreso general de Venezuela en el día de su instalación», *Correo del Orinoco,* n.° 19, 20 de febrero de 1819.

que habiendo nacido aristócratas fueron los principales autores de la memorable revolución del 19 de abril de 1810, anteponiendo la causa pública y la libertad de su patria a sus conveniencias, privilegios e intereses privados»[12]. En esta negación pública de su memoria privada coexistían dos memorias. Coexistencia por cierto consustancial con los mecanismos de olvido tan bien definidos por San Agustín en sus Confesiones: «Cuando nombro el olvido y que reconozco igualmente lo que nombro, ¿cómo podría reconocerlo si yo no rememorara no digo las sílabas del nombre, sino el objeto que éstas definen? [...] ¿Cómo podría haber olvido para tener memoria del olvido, cuando, habiendo olvido, no puedo tener memoria? Sí, lo que recordamos lo retenemos con la memoria; pero si no tuviéramos memoria del olvido, no podríamos, cuando quisiéramos nombrar el olvido, reconocer el objeto que esa palabra significa: la memoria retiene, pues, el olvido»[13]. Y ello, aunque la voluntad consciente aspirara a obviar ese mecanismo...

---

[12] Y se agregaba: «Sin la magnánima resolución y sin el noble desprendimiento de estos hombres tan dignos y respetables, ellos hubieran estado siempre sumidos en la abyección más despreciable, y ellos no se hallarían ahora en un rango igual como todos sus compatriotas, como hombres libres e iguales todos delante de la ley, y de cuya igualdad no disfrutaban antes. ¡Ingratos!» *Reflexiones sobre las «Meditaciones colombianas» del señor García del Río.* Caracas: 1830, págs. 12-13, ANH.

[13] SAINT-AUGUSTIN: *Confessions.* Paris: Editions du Seuil, 1982, págs. 265-266.

Fuentes y bibliografía

1. Fuentes

Repertorios

ALIDA SOTO, C.; HERRERA DE WEISHAAR, M. L.: *Guía del Archivo General de la Nación.* Caracas: Archivo General de la Nación, 1984, 265 págs.

Archivo de la Academia Nacional de la Historia. Caracas: Biblioteca de la Academia Nacional de la Historia, serie Archivos y Catálogos, 1984, 159 págs.

BOSSIO PENSO, B.: *Archivo de la Academia Nacional de la Historia.* Caracas: Biblioteca Academia Nacional de la Historia, Serie Archivos y Catálogos, Departamento de Investigaciones Históricas, 1984, 71 págs.

— (recopilación de): *Archivo del General M. Landaeta Rosales.* Caracas: Academia Nacional de la Historia, Departamento de Investigaciones Históricas, 1987, 207 págs.

BOULTON, J.: *Documentos relativos a la historia de Venezuela en los Archivos de Colombia.* Caracas: Fundación Boulton, 1970.

BRICEÑO PEROZO, M.: *La Hemeroteca de la Academia Nacional de la Historia.* Caracas: Biblioteca Venezolana de Historia, n.° 17, 1977, 79 págs.

CARDOSO, L.: *Los repertorios bibliográficos venezolanos del siglo XIX.* Caracas: Universidad Central de Venezuela, Instituto de Investigación Literaria, 1982, 52 págs.

Catálogo de la exposición de libros de Geografía e Historia de Venezuela. Caracas: Instituto Panamericano de Geografía e Historia, 1946.

DRENIKOFF, I.: *Impresos relativos a Venezuela desde el descubrimiento hasta 1821.* Caracas: Fundación para el Rescate del Acervo Documental Venezolano, 1978, 278 págs.

— *Impresos venezolanos del siglo XIX.* Caracas: Instituto Autónomo, Biblioteca Nacional y de Servicios de Bibliotecas, 1984, 238 págs.

GOMES CANEDO, L.: *Los archivos históricos de Venezuela.* Maracaibo: Universidad del Zulia, 1966, 151 págs.

GRIFFIN, C. (ed.): *Latin America. A guide to the historical literature.* Austin: Univ. of Texas Presss, 1971, 700 págs.

MILLARES CARLO, A.: *Estudio bibliográfica de los archivos venezolanos y extranjeros para la historia de Venezuela.* Caracas: Archivos Generales de la Nación, 1971, 367 págs.

Colecciones

Actas del 19 de Abril de 1810. Documentos de la Suprema Junta de Caracas. Caracas: Consejo Municipal, 1960, 2 vols.

BLANCO, J. F. y AZPURUA, R.: *Documentos par la historia de la vida pública del Libertador de Colombia, Perú y Bolivia.* Caracas: Impr. de «La Opinión Nacional», 1875-1877, 14 vol.

BRICE, A. F. (Prol.): *Las constituciones provinciales.* Caracas: Academia Nacional de la Historia, 1959, 402 págs.

CORTES, S. R.: *Antología documental de Venezuela (1492-1900). Materiales para la enseñanza de la historia de Venezuela.* Caracas: Imp. Tipografías Santa Rosa, 1960, 396 págs.

Derechos del Hombre y del Ciudadano (1 de julio de 1811). Caracas: Biblioteca de la Academia Nacional de la Historia, 1959, 253 págs.

DIAZ, J. D.: *Recuerdos sobre la rebelión de Caracas.* Caracas: Biblioteca de la Academia Nacional de la Historia, 1961, 601 págs.

La Doctrina Liberal (Textos de...). Caracas: Presidencia de la República, 1951, 700 págs.

Documentos que hicieron historia. Caracas: Presidencia de la República, 1962, 2 vol.

Epistolarios de la Primera República. Caracas: Biblioteca de la Academia Nacional de la Historia, 1960, 2 vol.

Escritos del Doctor C. Mendoza. Caracas: Presidencia de la República, 1972, 257 págs.

GABALDÓN MÁRQUEZ, J.: *Misiones Venezolanas en los Archivos Europeos.* México: Instituto Panamericano de Geografía e Historia, Comisión de Historia, 1954, 230 págs.

GRASES, P.: *El «Resumen de la historia de Venezuela» de Andrés Bello.* Caracas: Tipografía Americana, 1946, 220 págs.

Hojas sueltas venezolanas y venezolanistas, 1811-1840.

Liberales y Conservadores. Textos doctrinales. Caracas: Presidencia de la República, 2 vols.

Materiales para el estudio de la cuestión agraria en Venezuela. 1810-1830. Estudio Preliminar de G. Carrera Damas. Caracas: Universidad Central de Venezuela, Consejo de Desarrollo Científico y Humanístico, 1964, vol. 1, 629 págs.

MENDOZA, C.: *Recopilación de opiniones y documentos.* Trujillo: Imprenta Oficial, 1965, 77 págs.

MENDOZA, C. y YANES, F. J. (eds.): *Documentos para la vida pública del Libertador.* Caracas: Fundación Diana Mendoza Ayala, 1983, 22 vols. (ed. facsímile 1826-1829).

MILLARES C. A.: *Los archivos municipales de Latina América. Libro de actas y colecciones documentales: apuntes.* Maracaibo: s. e. 1961, 220 págs.

NAVARRO, N. E.: *El Cabildo metropolitano de Caracas y la guerra de emancipación.* Caracas: Biblioteca de Academia Nacional de la Historia, 1960, 496 págs.

El pensamiento constitucional hispano-americano hasta 1830. Caracas: Biblioteca de la Academia Nacional de la Historia, 1961, 5 vols.

GRASES, P. y PÉREZ VILA, M. (eds.): *Pensamiento político venezolano del siglo XIX.* Caracas: Ediciones conmemorativas del Sesquicentenario de la Independencia, 1961, 15 vols.

El Repertorio Americano. London: Bossange, Burthe of Lowell, 1826-1827, 4 vols. FBC: Fondo Lord Eccles.

ROSCIO, J. G.: *Escritos representativos.* Caracas: Ed. de la Presidencia, 1971, 164 págs.

SANZ, M. J.: *Teoría política y ética de la Independencia.* Caracas: Colegio Universitario F. de M., 1979, 143 págs.

Textos oficiales de la Primera República. Caracas: Biblioteca de la Academia Nacional de la Historia, 1959, 2 vols.

Toma de Razón, 1810-1812: registro de nombramiento y actos oficiales emanados de la primera Junta Patriótica y de la Primera República de Venezuela. Caracas: Ministerio de Relaciones Interiores, 1955, 503 págs.

VILLASANA, A. P. (comp.): *Ensayo de un Repertorio bibliográfico Venezolano: 1808-1950.* Caracas: s. e. 1976, 6 vols.

Bandos, actas, textos oficiales

Acta acordada por los diputados de las municipalidades de Valencia y Apure reunidos al intento en la ciudad de Valencia. Valencia: J. Permañer, 1826, 16 págs. ANH: Foll 1826.

Acta celebrada par la Asemblea popular de Caracas. Caracas: V. Espinal, 1826, 8 págs. BNV/LR.

Acta de la asemblea provincial de Carabobo. Valencia: J. Permañer, 1826, 8 págs. ANH: Foll 1826.

Acta de la municipalidad de Caracas. Caracas: V. Espinal, 1826, 12 págs. BNV/LR.

Actas del Congreso de Angostura (1819-1821). Bogotá: Biblioteca de la Presidencia de la República, Administración Virgilio Barco, Fundación para la conmemoración del bicentenario del natalicio y el sesquicentenario de la muerte del Gl. Francisco de Paula Santander, 1988, 451 págs.

Bando del Supremo Poder executivo. En la ciudad de Caracas, 18 de julio de 1811. Caracas: Impr. de Baillio y Gamp, 1811, hs. FBC/Archivos de Gran Colombia.

Congreso de Cucutá (1821), *Libro de Actas.* Bogotá: Banco de la República, 1971, 753 págs.

Congreso constituyente de Venezuela, *Decreto dando un escudo de armas a Venezuela.* Valencia: 13 de octubre de 1830. BNV/LR.

— *Decreto prohibiendo la entrada en Venezuela de los desafectos.* Valencia: 20 de agosto de 1830. BNV/LR.

— *Decreto sobre el modo de publicar y jurar la constitución.* Valencia: 23 de setiembre de 1830. BNV/LR.

Congreso de la Republica de Colombia, *Decreto.* Caracas: 13 de noviembre de 1826. BNV/LR.

— *Decreto: Educación.* Cucutá: 2 de agosto de 1821. BNV/LR.

— *Decreto sobre comunicaciones.* Cucutá: 28 de julio de 1823. BNV/LR.

— *Ley designando las armas de la República.* Cucutá: 6 de octubre de 1821. BNV/LR.

— *Las Constituciones de Venezuela, (Recopilación y estudio preliminar de Luis Marinas Otero).* Madrid: Ed. Cultura Hispánica, 1975, 1086 págs.

— *Convocatoria para el próximo Congreso General de la República de Colombia. A los habitantes de la nueva República de Colombia,* 20 de enero de 1820, 2 págs. BNV/LR.

— *Ley fundamental de la Unión de los pueblos de Colombia.* Cucutá: 12 de julio de 1821. BNV/LR.

— *Libro de Actas del Supremo Congreso de Venezuela, 1811-1812.* Caracas: Biblioteca de la Academia Nacional de la Historia, 1960, 2 Vol.

NARVARTE, A.: *Decreto designando el número de electores de los cantones para nombrar representantes del Congreso de 1823.* Caracas: 4 de julio de 1822, hs. FBC/Archivos de Gran Colombia.

El Congreso de Venezuela a los pueblos sus comitentes,¡Venezolanos! Valencia: J. Permañer, 1830, hs. BNV/LR.

Orden para que los individuos se pongan de luto por las victimas caidas en la derrota de Bermúdez. Caracas: 29 de noviembre de 1826, hs. FBC/Archivos de Gran Colombia.

Pronunciamiento de Caracas en favor del Libertador. República de Colombia, J.A. PAEZ, Cuartel General de Valencia el 15 de julio de 1828. Caracas: T. Antero, 1828, 7 págs. FBC/Archivos de Gran Colombia.

Pronunciamiento de la ciudad de Caracas. Caracas: V. Espinal, 1829, 23 págs. ANH: Foll 1829 (1129).

Rectificación del pronunciamiento de Puerto Cabello. Caracas: V. Espinal, 1829, 8 págs. BNV/LR.

República de Colombia. Corregimiento del Cantón Yaritagua, *Dirigido a Simon Bolívar.* Valencia: J. Permañer, 1829, 3 págs. FBC/Archivos de Gran Colombia.

SANTANDER, F. P.: *Decreto.* Bogotá: 11 de abril de 1821, 2 págs. FBC/Archivos de Gran Colombia.

Fuentes primarias

ALMAZARA, J. A. de: *A los Americanos*. Caracas: J. Núñez de Cáceres, 1824, 15 págs. BNV/LR.

ALVARADO, J. M.: *Casa de Educación de Maracaybo,* 30 de mayo de 1826, 2 págs. FBC/Archivos de Gran Colombia.

El amigo de la Ley. Caracas: J. Núñez de Cáceres Hijo, 1826, 14 págs. ANH: Foll 1826.

ARTÍCULO DE CARTA, *De Puerto Cabello a Valencia.* Valencia: J. Permañer, 1830, hs. BNV/LR.

A S. E. Señor Libertador Presidente de Colombia. Maracaibo: 18 de octubre de 1828, 11 págs. ms. FBC/Archivos de Gran Colombia.

Las autoridades y padres de familias de la ciudad de Maracaibo. Maracaibo: 16 de enero de 1830, 3 p, ms. FBC/Archivos de Gran Colombia.

Aviso al público, n.° 6, Caracas, sábado 3 de noviembre de 1810, 4 págs. FBC/Archivos de Gran Colombia.

BENICIO MUNDRUCO, E. F.: *Manifiesto que hace a la Nación Colombiana.* Caracas: T. Antero, 1826, 3 págs. BNV/LR.

BERMUDEZ, J. F.: *Proclama.* Cartagena: 8 de agosto de 1815, hs. FBC/Archivos de Gran Colombia.

BLANCO, J. F.: *Invitación al público.* 1828, hs. FBC/Archivos de Gran Colombia/ANH.

BOLÍVAR, S.: *A los Colombianos.* Bogotá: 23 de noviembre de 1826. BNV/LR.

— *A los habitantes de la provincia de Caracas.* Ocumare: 6 de junio de 1816. BNV/LR.

— *A los soldados del Ejército Libertador.* Cuartel General Libertador de San Cristóbal, 19 de abril de 1820. BNV/LR.

— *A los Venezolanos.* Angostura: 22 de octubre de 1818, págs. 20-22. BNV/LR.

— *Decretos del Libertador.* Caracas: Imprenta Nacional, Publicaciones de la Sociedad bolivariana de Venezuela, 1961, 3 vol.

— *Escritos políticos (selección e introducción de G. Soriano).* Madrid: Alianza Editorial, 8ª ed., 1990, 194 págs.

— *Obras.* México: Cumbre, 1976, Vol. VII.

— *Proclama.* Cucutá: 1821, hs. BNV/LR.

— *Proclama.* Angostura: 20 de febrero de 1819, hs. BNV/LR.

— *Proclama.* Bogotá: 27 de agosto de 1828, hs. BNV/LR.

— *Proclama a los pueblos de Colombia.* Angostura: W.B Stewart, 17 de abril de 1821, hs. FBC/Archivos de Gran Colombia.

— *Proclama del Libertador después de su arribo a Puerto Cabello.* Puerto Cabello: 3 de enero de 1827, hs. BNV/LR.

— *Proclama de S.E el Libertador al arrivar a las costas de Colombia.* Bogotá: Impr. Salazar, 1826, hs. FBC/Archivos de Gran Colombia.

Simón Bolívar, Libertador de Venezuela y General en Gefe (sic) de sus ejércitos. Valencia: Impr. del Gobierno, 7 de febrero de 1813 «Tercero de la República y Primero de la Guerra a Muerte», hs. BNV/LR.

Borges, J. T.: *Contestación del alcalde segundo de la Parroquia de Catedral al TUNTUNTUN.* Caracas: V. Espinal, 8 de agosto de 1825. BNV/LR: hs.

Briceño, A. N.: *Plan para libertar a Venezuela.* Cartagena de Indias: 16 de enero de 1813.

Briceño, J.: *Al intendente del departamento del Zulia. A sus Habitantes.* Maracaibo: F. Garbieras, 10 de setiembre de 1827, hs. FBC/Archivos de Gran Colombia.

— *Habitantes del Zulia.* Maracaibo: S. Meley, 1828, hs. FBC/Archivos de Gran Colombia.

— *El partido encarnizado que desde muy temprano violó...* Maracaibo: 10 de julio de 1827, hs. FBC/Archivos de Gran Colombia.

— *Proclama a los pueblos de Colombia.* Maracaibo: F. Garbieras, 10 de julio de 1827, hs. FBC/Archivos de Gran Colombia.

Briceño y Briceño, D.: *Ensayo político ó sucesos de Colombia en 1830, considerados segun los principios que rigen las Canción Nacional*, Santafé, Impr. del Estado, 1813, hs. FBC: Fondo Lord Eccles.

Carabaño, F.: *Estado de Venezuela.* Caracas: V. Espinal, 1826, 8 págs. ANH: Foll 1826.

Unos ciudadanos: *A los cismáticos, autores del libelo de la constitución y al ex-arzobispo.* Caracas: F. Devisme, 10 de noviembre de 1830, hs. BNV/LR.

Los Ciudadanos de Maracaibo al Congreso Constitucional. Maracaibo: 19 de noviembre de 1829, 4 págs., ms. FBC/Archivos de Gran Colombia.

Colección de actas, representaciones y pronunciamientos elevados a SE el Gefe civil y militar de Venezuela. Caracas: Imprenta de G.F Devisme, 1830, 128 págs. BNV.

Colección de piezas interesantes para la historia de Venezuela. Manifiesto de oficiales de Caracas, Valencia, San Carlos... en adhesión a la Cosiata. Oct de 1826. Valencia: J. Permañer, 1826, 15 págs. FBC/Archivos de Gran Colombia/ANH: Foll 1826.

Un Colombiano: *Refutación al artículo sobre alistamiento,* insertada en el n.° 7 del «Constitucional Caraqueño». Caracas: T. Antero, 4 de noviembre de 1824, 3 págs. FBC/Archivos de Gran Colombia.

Coll y Prat, N.: *Memoriales sobre la independencia de Venezuela.* Caracas: Biblioteca de la Academia Nacional de la Historia, 1960, 405 págs.

Consejos de un Anciano acerca de la elección de funcionarios para el próximo período constitucional de Venezuela. Caracas: G.F. Devisme, 21 de diciembre de 1830, 2 págs. BNV/LR.

Contestación de oficios y particulares que S.E el Jefe Civil y Militar de Venezuela ha dado a los agentes del motín de Puerto Cabello y una carta seductora que entre otras se ha sorprendido. Valencia: J. Permañer, 1826, 15 págs. ANH: Foll 1826.

Contestación del Coronel Torrellas, apelando al juicio imparcial de sus conciudadanos contra el folleto del Sr F. de Peñalver, sobre la sentancia de jurado del cantón de Caracas. Caracas: T. Antero, 1826, 18 págs. ANH: Foll 1826.

El contrafuego n° 1, *Preguntas de un soldado a su capitán.* Caracas: 10 de setiembre de 1827, hs. FBC/Archivos de Gran Colombia.

Cortabarria, D. A. I. de: *A los pueblos de las Provincias de Caracas, Barinas, Cumaná y Nueva Grenada.* Puerto Rico: 20 de setiembre de 1811, 59 págs. BNV/LR.

Cortes de Madariaga, Dr. J.: *Respuesta del Ciudadano Dr. J. Cortés de Madariaga,* 17 de marzo de 1818, 21 págs., ANH: Foll 1818 (n.° 18).

Unos cumaneses: *Al 28 de octubre de 1826.* Cumaná: Impreso por Manuel Escalante, 1826, 8 págs. BNV/LR.

El Delator, Maracaibo, 30 de enero de 1824, hs. FBC/Archivos de Gran Colombia.

DELGADO, F.: *Anuncio a los habitantes de Maracaibo: Tengo la gloria de anunciaros...* Maracaibo: C. Andrés Rodericks, 8 de mayo de 1821, hs. FBC/Archivos de Gran Colombia.

Derecho del Soldado Colombiano a votar en las asembleas parroquiales. Caracas: 1825, 7 págs. BNV/LR.

Discurso del diputado de Mérida Juan de Dios Picón, al congreso constituyente de Venezuela, persuadiendo de la necesidad de abolir todo fuero personal (Valencia, 10 de julio). Caracas: V. Espinal, 1830, 15 págs. ANH: Foll 1830 (1131).

Discurso que la I. Universidad de Caracas dedicó a su protector el Guerrero político Simón Bolívar, Libertador de tres Repúblicas y Presidente de la de Colombia. (Pronunciado por el Dr. Tomás José Hernández Sanavaria, de su gremio y claustro en el acto librario que ha consagrado aquella al día 18 de febrero de 1827.) Caracas: V. Espinal, 1827, 15 págs. ANH: Foll 1827 (1123).

Discurso que puede servir de preliminar a las Noticias de la última conspiración de Caracas. London: R. Juigre, 1811. FBC: Fondo Lord Eccles, n.° 95.

Documentos concernientes a Colombia unida y separada. Caracas: V. Espinal, 1829, 19 págs. ANH: Foll 1829 (1129).

«Un entusiasta de la Libertad», *El Explorador.* Caracas: T. Antero, 1829, hs. FBC/Archivos de Gran Colombia.

ESCALONA, J. de: *A sus conciudadanos del Cantón.* Valencia: J. Permañer, 1826, hs. FBC/Archivos de Gran Colombia.

ESTEVEZ, M.: *Protestación republicana de los ciudadanos militares de la brigada que forma Anzoategui y Junín.* Valencia: J. Permañer, 1830, hs. BNV/LR.

Exposición de los motivos que tuvieron los diputados que suscriben la separación de la Gran Colombia. Bogotá: Impr. Bruno Espinosa, 1828, 58 págs. FBC/Archivos de Gran Colombia.

Exposición del pueblo de Barinas a SE el Libertador, Barinas, 18 de enero de 1830, 8 págs. FBC/Archivos de Gran Colombia.

Exposición del pueblo de Caracas a SE el Libertador, Caracas, 24 de diciembre de 1828, 38 p, ms. FBC/Archivos de Gran Colombia/BNV-LR.

Exposición que hace el Clero de Caracas al Supremo Congreso de Venezuela reclamando contra el artículo 180 de la constitución federal, Caracas, 10 de marzo de 1812, 33 págs. FBC/Archivos de Gran Colombia.

Fe política de un colombiano, ó tres cuestiones importantes para la política del día. Bogotá: Impr. Salazar, 1827, 20 págs. ANH: Foll 1827 (1123).

Fe política (continuación). Bogotá: S.S. Fox, 1827, 32 págs. ANH: Foll 1827.

FILOPATRIS: *Unión.* Caracas: J. Núñez de Cáceres, 1826, 6 págs. ANH: Foll 1826.

FORTIQUE, A.: *Firme defensa de la ley constitucional.* Caracas: V. Espinal, 1825, hs. BNV/LR.

— *S. S. de la M. I. Municipalidad.* Caracas: 13 de junio de 1825. BNV/LR.

— *Un General, varios Jefes, muchos subalternos y una porción de paisanos*, Caracas: Reimpr. T. Antero, 1830, hs. ANH: Foll 1830 (1131).

— *«Recomensar sin cesar... Cumaná 17 de junio de 1830».* Caracas: Reimpr. T. Antero, 1830, 26 págs. ANH: Foll 1830 (1131).

GUZMAN, A. L.: *Ojeada al proyecto de constitución que el Libertador ha presentado a la República Bolívar.* Lima: José Maria Concha, 1826, 52 págs. (Reimpr. Devisme Hermanos) BNV-LR/ANH: Foll 26.

— *Ventilación de los derechos de un ciudadano.* Puerto Cabello: Joaquin Jordi, 1825, 7 págs. FBC/Archivos de Gran Colombia.

LOS HABITANTES DE CORO, *M. Y. M.*, Coro, 24 de octubre de 1828, 7 p, ms. FBC/Archivos de Gran Colombia.

HE DICHO, *Una Opinión,* Caracas, T. Antero, noviembre de 1829, hs. FBC/Archivos de Gran Colombia.

HERMAN, P. A.: (Prefecto de Cundinamarca), *Decreto.* Bogotá: 28 de julio de 1829, hs. FBC/Archivos de Gran Colombia.

HERMOSO, P. M.: *A los hombres de razón.* Valencia: J. Permañer, 1830, 16 págs. BNV/LR.

HERRERA, A. M. y MORENO, F. J.: *Manifiesto que dan un Americano y un Europeo a la nación y al mundo entero de las fatales causas que han contribuido a la ruina de Venezuela.* Puerto Cabello: 18 de julio de 1820, 10 págs. FBC/Archivos de Gran Colombia.

— *Observaciones.* Cádiz: Impr. de la Sincera Unión, 1821, 14 págs. FBC/Archivos de Gran Colombia.

Homo Liber, *La opinión de Venezuela ha sido siempre y es la de toda la República.*, Caracas, V. Espinal, 1830, 8 págs. FBC/Archivos de Gran Colombia.

Lander, T.: *A sus Conciudadanos.* Caracas: Imprenta del Comercio, 1823, hs. FBC/Archivos de Gran Colombia.

— *Comunicado. A los electores (firmado: Los Redactores).* Caracas: El Fanal n.° 27 del 31 de marzo de 1830. HEM.

— *El exaltado zeloso por la justicia es digno de ser Colombiano.* Cumaná: M. Escalante, 1825, 10 págs., BNV/LR.

— *Manual del Colombiano o Explicación de la Ley natural. Van añadidos los Deberes y Derechos de la nación y del ciudadano.* Caracas: Tomás Antero, 1825, 6 págs., BNV/LR.

— *Reflexiones sobre el poder vitalicio que establece en su presidente la Constitución de la República de Bolivia.* Caracas: V. Espinal, 1826, 28 págs. ANH.

Lander, T.; Chavez J. N. y Diaz, J. A.: *A sus conciudadanos y amigos.* Caracas: 21 de marzo de 1823, hs. FBC/Archivos de Gran Colombia.

— *A sus conciudadanos y amigos.* Caracas: 24 de marzo de 1823, 2 págs., FBC/Archivos de Gran Colombia.

La Torre, M.: *Manifiesto que hace a los pueblos de Venezuela el Mariscal de campo D. Miguel de la Torre, General en Gefe de la guerra.* Caracas: Juan Gutierrez, 1821, 35 págs., BNV/LR.

— *Libertad.* Caracas: Devisme Hermanos, 1825, 60 págs., BNV/LR.

— *Lo que deberá ser Colombia.* Caracas: Reimpr. en Bogotá, Bruno Espinosa, 1828, 18 págs., FBC/Archivos de Gran Colombia.

Llamosas, J. de las y Tovar Ponte, M.: *A la Regencia de España.* Caracas: 3 de mayo de 1810. BNV.

— *Manifestaciónes que hacen los ciudadanos que suscribimos.* Maracaibo: 17 de noviembre de 1829, hs, ms. FBC/Archivos de Gran Colombia.

Margallo, F.: *La serpiente de Moisés.* Reimpreso en Caracas, imprenta de Devisme Hermanos, 1826, 15 págs. ANH.

MARIÑO, S.: *A los pueblos del Departamento (de Maturín).* Cuartel General de Cumaná, 21 de febrero de 1828, hs. FBC/Archivos de Gran Colombia.

— *A sus habitantes.* Cumaná: 16 de enero de 1827, hs. FBC/Archivos de Gran Colombia.

— *Habitantes de este departamento. Un dia...* Cumaná: Impr. M. Escalonte, 14 de octubre de 1827, hs. FBC/Archivos de Gran Colombia.

— *SM, de los Libertadores de Venezuela, a los habitantes de esta provincia.* Cumaná: M. Escalante, 1827, hs. FBC/Archivos de Gran Colombia.

MÉNDEZ, D. R. I.: *Manifiesta a sus compatriotas sobre la injusticia con que el Senado de la República le ha expulsado de su seno.* Bogotá: Impr. de Espinosa, 1826, 63 págs. ANH: Foll 1826.

MENDOZA, C.: *Al Libertador.* Caracas: 24 de diciembre de 1827, págs. 154-155, BNV/LR.

— *Al Secretario de Estado del Despacho del Interior.* Caracas: 5 de mayo de 1826. págs.143-144, BNV/LR.

— *Aviso al público.* Caracas: Juan Baillo, 1811, hs. BNV/LR.

— *Contestación al Señor Presidente del Supremo Poder Ejecutivo.* El Publicista n°. 5. Caracas, 1 de agosto de 1811. págs. 163-164, BNV/LR.

— *Introducción a la historia de Colombia.* Caracas: 1824, págs. 201-203, BNV/LR.

— *Prefacio a la historia de Colombia.* Caracas: 24 de julio de 1826, págs. 204-211, BNV/LR.

MERIDA, R. D.: *Nuevos torpes atentados del dictador destructor Simon Bolívar (firmado: Unos Caraqueños).* Caracas:1830, 32 págs., BNV/LR.

MOSQUERA, J. (Senador): *Memoria sobre la necesidad de reformar la ley del Congreso constituyente de Colombia del 21 de julio de 1821 que sanciona la libertad de los partos, manumición y abolición del tráfico de esclavos: bases para que podrían adoptarse para la reforma.* Caracas: T. Antero, 1829, 30 págs. ANH: Foll 1829 (1128).

Natividad Soldeha, J. de la: *Discurso teolológico-político sobre la tolerancia, en que acusa y refuta el escrito titulado «La Serpiente de Moïses»*. Caracas: T. Antero, 1826, 15 págs. ANH: Foll 1826.

Núñez de Cáceres: *Venezolanos*. Valencia: J. Permañer, 17 de setiembre de 1826, hs. FBC/Archivos de Gran Colombia.

Oficialidad y tropa de su mando, *Al Valiente Coronel Bolívar* (canción). Santafe de Bogota: Impr. del Estado, 1818, hs. FBC: Fondo Lord Eccles.

Olmedo, J. J.: *La victoria de Junín. Canto a Bolívar.* London: Impr. esp. de M. de Calero, 1826. FBC: Fondo Lord Eccles.

— *Una Opinión*. Caracas: V. Espinal, 29 de noviembre de 1829, hs. FBC/Archivos de Gran Colombia.

Padrón, J.: *Quejas de un patriota contra los procedimientos de la Junta.* Caracas: Núñez de Cáceres, 1825, 3 págs., FBC/Archivos de Gran Colombia.

— *República de Colombia. Estado de Venezuela. Orden de la plaza.* Caracas: 29 de noviembre de 1826, hs. FBC/Archivos de Gran Colombia.

Páez, J. A.: *A sus conciudadanos*. 1825, 26 págs., BNV/LR.

— *Habitantes de Venezuela*. Caracas: 19 de mayo de 1826, hs. BNV/LR.

— *Manifiesto que hace a los Colombianos del Norte J. A. Páez, Jefe Civil y Militar de Venezuela.* Caracas: V. Espinal, 7 de febrero de 1829, 32 págs. ANH: Foll 1829 (1127; 1128; 1129)/BNV/LR.

— *Venezolanos*. Cuartel General en Valencia, 2 de diciembre de 1826. Valencia, J. Permañer, 1826. BNV/LR.

— *Proclama*. Valencia: J. Permañer, 1827. BNV/LR.

Palacios, E.: *Caraqueños*. Caracas: 18 de setiembre de 1828, hs. FBC/Archivos de Gran Colombia.

El Para Rayo, Caracas, T. Antero, 1827, hs. BNV/LR.

Patriotas, *A los representantes de Venezuela en el Congreso de Venezuela.* Caracas: V. Espinal, 1830, hs. BNV/LR.

Unos Patriotas Pardos, *La Humanidad ultrajada.* Caracas: V. Espinal, 9 de setiembre de 1825, hs. FBC/Archivos de Gran Colombia.

PAULA ALCANTAR, F. de: *Al público.* Caracas: F. Romero, 1827, 24 págs., BNV/LR.

Proclama. Americanos, hijos de Venezuela, vosotros principalmente... Cartagena: 8 de agosto de 1815, hs. FBC/Archivos de Gran Colombia.

Prospecto de un periódico titulado EL CONSTITUCIONAL CARAQUEÑO. Caracas: J. Núñez de Cáceres, 1824. HEM.

RAMÓN (arzobispo de Caracas): *A nuestro Llmo. Cabildo metropolitano.* Caracas: 1828, hs. BNV/LR.

Reclamo del pueblo de Maracaibo por la Gran Convención de Colombia. Maracaibo: Oficina de la Tipografía Patriotica, 1826, 7 págs., ANH: Foll 1826.

Reglamento para las elecciones de los Diputados que han de formar el Congreso General de Colombia en la Villa del Rosario de Cúcuta. Caracas: J. Gutiérrez, 1821, BNV/LR.

EL REDACTOR GENERAL n.° 3. Caracas, 4 de agosto de 1827, 4 págs., FBC/Archivos de Gran Colombia.

Reflexiones sobre las «Meditaciones Colombianas» del Señor García del Río. Caracas: T. Antero, 1830, 38 págs., ANH: Foll 1826; 1830 (1131).

RESTREPO, J. M.: *Al Sr Intendente del departamento de Venezuela (Toro).* Bogotá: 6 de setiembre de 1823, hs. BNV-LR/FBC/Archivos de Gran Colombia.

REYES VARGAS, J. DE LOS: *A sus conciudadanos y antiguos Compañeros de Armas. Hermanos y Amigos.* Mayo de 1823, hs. BNV/LR.

ROSCIO, J. F.: *Oración funebre pronunciada en la Iglesia Metropolitana de Caracas por el Dc J. F. Roscio, cura y vicario de Puerto Cabello el 27 de junio de 1825, en las exequias por los militares que murieron en el Perú el 6 de agosto de 1824 en las acciones de Junín y Ayacucho.* Caracas: V. Espinal, 1825, 27 págs. BNV-LR/ANH: Foll 1825 (1113).

ROSCIO, J. G.: *Correspondencia con D. González y Mendoza.* FBC/Archivos de Gran Colombia.

Caracas, 22 de abril de 1811.

Caracas, 6 de mayo de 1811.

Caracas, 23 de mayo de 1811.

Caracas, 22 de julio de 1811.

Caracas, 23 de octubre de 1811.

Caracas, 7 de setiembre de 1811.

Caracas, noviembre de 1811.

Caracas, 23 de octubre de 1811.

Caracas, 15 de febrero de 1812.

Caracas, 7 de diciembre de 1812.

— *El triunfo de la libertad sobre el despotismo.* Filadelfia: Impr. de Thomas H. Palmer, 1817, VIII-406 págs., BNV/LR.

SANTANA, M.: *Día que se contará entre los de Colombia. El 18 de Marzo de 1826, en que comienzo a hollar en Caracas la libertad de la imprenta.* Caracas: V. Espinal, 1826, 16 págs., ANH: Foll 1826.

SANTANDER, F. P.: *Colombianos.* Bogotá: Impr. de P. C., 1827. FBC/Archivos de Gran Colombia.

— *A los pueblos.* Bogotá: 31 de agosto de 1823, hs. FBC/Archivos de Gran Colombia.

EL SERRANO, *Alcance o la lamentable adquisición.* Caracas: V. Espinal, 1826, 4 págs. ANH: Foll 1826.

SILVA, J. L.: *Habitantes del Orinoco.* Valencia: V. Permañer, 1827. FBC/Archivos de Gran Colombia.

SOCIEDAD DE LA UNIÓN DE PUERTO CABELLO, en la provincia de Carabobo, departamento de Venezuela, *Al Soberano pueblo colombiano.* Puerto Cabello: Impr. Republicana de Joaquin Jordi, 1825, hs. BNV/LR.

Un Socio de la Sociedad Republicana, *Tranquilidad Pública.* Caracas: V. Espinal, 1830, 7 págs. BNV/LR.

Sucinta descripción de la entrada del Libertador en Caracas el 10 de enero de 1827. Caracas: V. Espinal, 1827, 29 págs., ANH: Foll 1827 (1123;1124).

SU DESENGAÑADOR, *Desengaño al desenlace fatal,* Caracas, V. Espinal, 1826, 4 págs. ANH: Foll 1826.

UN TESTIGO DE OÍDO, *Diálogo entre un militar y un civil,* Valencia, J. Permañer, 1830, hs. FBC/Archivos de Gran Colombia.

TIERRAFIRME, D. de: *Revista de Colombia y Venezuela unida y separada con sus males y sus remedios.* Caracas: V. Espinal, 2ª ed., 1830, 22 págs., ANH: Foll 1830 (1131).

TORRELLAS, A.: *Impostura descubierta o Análisis de la siguiente acta.* Caracas: J. Núñez de Cáceres, 1825, 8 págs., BNV-LR/ANH: Foll 1825 (1113).

TORO RODRIGUEZ, F. de: *A sus conciudadanos.* Caracas, J. Núñez de Cáceres, 1826, 9 págs., ANH: Foll 1826.

— *Conciudadanos.* Caracas: V. Espinal, 9 de noviembre de 1823, hs. FBC/Archivos de Gran Colombia.

— *A los habitantes de sus provincias.* Caracas: V. Espinal, sf (1823?), hs. FBC/Archivos de Gran Colombia.

— *Comunicación de F. de Paula SANTANDER. A los pueblos.* Bogotá: 31 de agosto de 1823, hs. FBC/Archivos de Gran Colombia.

— *Manifiesto que hace Francisco Rodriguez del Toro de sus hechos administrativos en las Intendencias de Venezuela.* Caracas: V. Espinal, 1825, 44 págs. ANH: Foll 1826.

— *La opinión de un hombre libre, en defensa de las leyes y decoro del gobierno.* Caracas: Devisme Hermanos, 1825, 27 págs. BNV-LR/ANH: Foll 1825 (1113).

— *«Ved aqui amados compatriotas...»* Caracas: 28 de octubre de 1823, hs. FBC/Archivos de Gran Colombia.

TOVAR, M.: *A los Colombianos.* Curazao: 10 de noviembre de 1829, 12 págs., ANH: Foll 1829 (1129)/FBC: Fondo Lord Eccles.

— *El Triunfo de la constitución, celebrado en Caracas el miércoles 11 de noviembre de 1830.* Caracas: T. Antero, 1830, 24 págs., ANH: Foll 1830 (1131).

UNO QUE RECLAMA EL ORDEN: *La falcedad autorizada.* Caracas: V. Espinal, 1825, 4 págs., ANH: Foll 1825 (1113).

VARGAS, J.: *Discurso pronunciado por J. Vargas, diputado de Caracas en el Congreso Constituyente, el día 19 de mayo, sosteniendo la modificación que propuso ó esta proposición hecha por otro honorable representante: «que se solicite del Congreso de Bogotá el reconocimiento de la separación de Venezuela, entendiéndose que la negativa se tendrá como una declaración de guerra».* Caracas: T. Antero, 1830, 12 págs., ANH: Foll 1830 (1131).

VARIOS CIUDADANOS: *Ataque de la arbitrariedad a la libertad individual.* Caracas: Núñez de Cáceres, 21 de noviembre de 1824, 8 págs., FBC/Archivos de Gran Colombia.

Los vecinos de la ciudad de Merida, Mérida, 24 de enero de 1830, 6 págs. ms. FBC/Archivos de Gran Colombia. *23 de octubre de 1823*. BNV/LR.

El 27 de enero en Maracaibo. Maracaibo: Z. Castillo y Gonzales, 1828, 7 págs., FBC/Archivos de Gran Colombia.

Unos venezolanos, Valencia, J. Permañer, 1830, 22 págs., ANH: Foll 1830 (1131).

Venezuela libre. Caracas: V. Espinal, 1830, hs. FBC/Archivos de Gran Colombia.

El Vicepresidente de la República de Colombia, *A los pueblos*. Bogotá. 31 de agosto de 1823. BNV/LR.

Vindicación pública. Caracas: W. Johnson, 1823. FBC/Archivos de Gran Colombia.

El Voto de Venezuela. O colección de actas y representaciones de las corporaciones civiles, militares y padres de familias de los departamentos de Venezuela, Maturín y Orinoco, dirigida a la Gran Convención de Colombia y a SE el Libertador Presidente sobre reformas. Caracas: Devisme, 1829, 315 págs., BNV/LR.

Woodberry, G.: *Un obsequio más de la amistad a la justicia*. 1824, 10 págs., BNV/LR.

Zea, F. A.: *Manifiesto sobre la creación de la República de Colombia*. Caracas: Gutiérrez, 1821. BNV/LR.

— *¡Pueblos de Colombia!* Caracas: 1820?, 8 págs., BNV/LR.

Periódicos

El Antecristo (1827). Caracas: T. Antero. HEM.

El Colibrí (1827-1830). Caracas: T. Antero-Fermín Romero. FBC/ Archivos de Gran Colombia.

El Constitucional Caraqueño (3/09/1824-18/04/1825). Caracas: J. Núñez de Cáceres, HEM.

El correo del Orinoco (1818-1821). Paris: Desclée de Brouwer et Cie, 1929, facsímile y prólogo de Luis Correa.

El Correo Nacional (1821). Caracas: Universidad del Zulia, ed. Sucre, 1957.

El Correo Nacional de Maracaibo (1822). FBC/Archivos de Gran Colombia.

El Contrafuego (1827). Caracas: Fermín Romero. FBC/Archivos de Gran Colombia.

Gazeta de Caracas (1808-1812). Caracas: Ed. Guardavarma S. L., Madrid, 1960, 2 vols.

Gaceta de Colombia. Domingo 14 de enero de 1827. FBC/Archivos de Gran Colombia.

Gaceta de la Sociedad Republicana n.° 9. Caracas: T. Antero, jueves 18 de noviembre de 1830, 4 págs., FBC/Archivos de Gran Colombia.

El Indicador del Orinoco (1825). Cumaná: HEM.

El Libertador (1827). Caracas: Impr. Devisme Hermanos. HEM.

La Lira (1827). Caracas: Impr. Devisme Hermanos. HEM.

Memorial de Venezuela (1826-1827). Caracas: Impr. de Domingo Navas Espínola. FBC/Archivos de Gran Colombia.

Mercurio venezolano (1811). Caracas: Biblioteca de la Academia Nacional de la Historia, 1960, XLVIII-237 págs.

Meteoro (1827). Caracas: Devisme Hermanos. ANH: Foll 1827 (1123).

El Observador Caraqueño (1824-1825). Caracas: Biblioteca de la Academia Nacional de la Historia, Repro. facsimilar (estudio preliminar de P. Grases), 1982.

El Publicista de Venezuela (1811). Caracas: Biblioteca de la Academia Nacional de la Historia, 1959, LXXXVI-216 págs.

La Sanguijuela (1829). Caracas: T. Antero. FBC/Archivos de Gran Colombia.

El Venezolano (1822-1824). Caracas: Impr. del Comercio. ANH.

El Vigía de Puerto Cabello (1825-1826). Puerto Cabello: 25 de abril de 1825. HEM.

2. Bibliografía

Venezuela

Agosto Méndez, J. M.: *Libro del Centenario del Congreso de Angostura.* Ciudad Bolívar: Tipografía La Empresa, 1920, 467 págs.

AGUIRRE ELORRIAGA S. J., M.: «Una celebre polémica francesa de 1829 en torno a la dictadura del Libertador», en *Boletín de la Academia Nacional de la Historia,* XX. Caracas: octubre-diciembre 1937, págs. 357-374.

ARCAYA, P. M.: *Insurrección de los negros de la serranía de Coro.* Caracas: Instituto Panamericano de Geografía e Historia, 1949, 58 págs.

ARELLANO MORENO, A.: «La intervención del Cabildo caraqueño en la vida económica de la Colonia», en *Congreso Venezolano de Historia, I, Caracas, 1971.* Caracas: Academia Nacional de la Historia, Colección Memoria, 1972, vol. 1, págs. 57-68.

ARELLANO MORENO, A.: *Mirador de historia política de Venezuela.* Caracas: Ed. Edime, 1968 (2ª ed.), 350 págs.

ARISMENDI, A.: *Contribución a la bibliografía del derecho constitucional y su historia.* Caracas: Imprenta de la Universidad Central, 1972, 204 págs.

AUSTRIA, J. de: *Bosquejo de la historia militar de Venezuela.* Caracas: Biblioteca de la Academia Nacional de la Historia, 1960, 2 vols. (1ª ed. 1855, 1 vol.).

BANKO, C.: «La fundación de los primeros institutos bancarios en Venezuela. Siglo XIX», en *Estudios de Historia social y económica de América, Revista de la Universidad de Alcala,* n.° 10-11, octubre de 1993, págs. 245-255.

BARALT, R. M. y DIAZ, R.: *Resumen de la historia de Venezuela. Desde el año de 1797 hasta el de 1830.* Paris: Ed. Desclée de Brouwer, 1939, 3 vol. (1ª ed. 1841).

BARRIOS-FERRER, G.: «Venezuela: los temores del año 1810», en *Argos,* n.° 3. Caracas: 1981, págs. 37-57.

BARTOLETTI COLOMBO, A. M.; BRUZUAL ALFONZO, L. y ZELKOWICZ PERERA, L.: *Léxico constitucional bolivariano.* Napoli: Edizioni Scientifiche Italiane, 1983, 3 vols.

BELTRAN GUERRERO, L.: «Introducción al positivismo venezolano», en *Revista Nacional de la Cultura,* n.° 112-113. Caracas: 1955, págs. 193-219.

BLANCHARD, P.: «La agresividad de los esclavos en Venezuela y Argentina durante las guerras de independencia», en MCFARLANE, A. y WIESEBRON, M. (coords.): *Violencia Social y Conflicto Civil: América*

Latina siglo XVIII-XIX. Leiden: AHILA/Cuadernos de Historia Latinoamericana, n.° 6, 1998, págs. 93-117.

BLANCO-FOMBONA, R.: «La evolución de las ideas en Venezuela durante la revolución de Independencia», en *Boletín de la Academia Nacional de la Historia*, XX, 80. Caracas: octubre-diciembre 1937, págs. 409-417.

BRENOT, A.-M. y CHACÓN RODRÍGUEZ, D.: *Du sans-culotte français au sans-culotte vénézuélien. Etude d'un itinéraire de la Carmagnole*. Paris: 1989, 21 págs.

BRICE, A. F. (prol.): *Conjuración de 1808 en Caracas para formar une Junta Suprema Gobernativa*. Cacaras: Instituto Panamericano de Geografía e Historia, Comité de Origenes de la Emancipación, 1949, 266 págs.

BRICEÑO IRAGORRY, M.: *Formación de la Nacionalidad venezolana*. Caracas: Ed. Venezolana, 1945, 36 págs.

BRITO FIGUEROA, F.: *Historia económica y social de Venezuela*. Caracas: Universidad Central de Venezuela, 1966, 1975, 2 vols.

— «La población y la estructura social de Venezuela, en las primeras decadas del siglo XIX», en *30 Ensayos de Comprensión Histórica*. Caracas: Ed. Centauro, (Ed. conmemorativa del 50 aniversario del Diario *Ultimas Noticias*), 1991, págs. 355-373.

— «Venezuela colonial: las rebeliones de esclavos y la revolución francesa», en *30 Ensayos de Comprensión Histórica*. Caracas: Ed. Centauro, (Ed. conmemorativa del 50 aniversario del Diario *Ultimas Noticias*), 1991, págs. 507-546.

CAPRILES, C.: «Opinión pública», en *Diccionario Político y Social del Mundo Hispanoamericano. Conceptos Políticos en la era de la revoluciones, 1750-1850,* volumen I. Madrid: Centro de Estudios Políticos y Constitucionales, 2009, págs. 1104-1113.

CARL, G.: *First among equals: Great Britain and Venezuela 1810-1910*. Michigan: Dept. of Geography, Syracuse University, University Microfilms International, 1980, 171 págs.

CARRERA DAMAS, G.: *Boves. Aspectos socio-económicos de la guerra de independencia*. Caracas: Ed. de la Biblioteca de la Universidad Central de Venezuela, 1972, 263 págs.

— «Bolívar y el proyecto nacional en Venezuela», en *Cahiers des Amériques Latines,* n.° 29-30. Paris: 1984, págs. 163-191.

— *Características de la historiografía venezolana.* Montevideo: Universidad de la República, Facultad de Humanidades y Ciencias, 1963, 36 págs.

— «Consideraciones sobre los límites históricos del liberalismo en Venezuela», en *Poideia,* n.° 2. Caracas: enero-marzo 1959, págs. 1-13.

— *El culto a Bolívar. Esbozo para un estudio de la historia de la ideas en Venezuela.* Caracas: Instituto de Antropología e Historia, Universidad Central de Venezuela, 1969, 303 págs.

— «El discurso de Bolívar en Angostura: proceso al federalismo y al pueblo», en *Anuario del Instituto de Antropología e Historia,* tomo VII-VIII, 1970-1971. Caracas: 1972, págs. 65-94.

— «Las élites y la revolución», en *Venezuela. Proyecto Nacional y poder social.* Barcelona: Ed. Crítica, 1986, págs. 30-72.

— «Estructura de poder interno y proyecto nacional inmediatamente después de la independencia: el caso de Venezuela», en *Problemas de la formación del estado y de la nación en Hispanoamérica. Actas del Simposio del Instituto de Historia Ibérica y Latinoamericana de la Universidad de Colonia y del Instituto de Historia de la Universidad de Hamburgo. Septiembre de 1983.* Bonn-Köln-Wien: Böhlau Verlag, 1984, págs. 407-439.

— «La libertad y el emblema más detestado de la esclavitud», en *Espace Caraibe. Revue Internationale de Sciences Humaines et Sociales,* n.° 1. Bordeaux: Maison des Pays Ibériques, Université Michel de Montaigne, 1993; Centre d'Etudes et de Recherches Caraibéennes, Université des Antilles et de la Guyane, págs. 49-60.

— *Una nación llamada Venezuela.* Caracas: Monte Ávila Editores, 1983, 1988.

— «Posible esquema de la dinámica del nivel teórico-ideológico en hispano-américa, tomando el caso de Venezuela», en *Simposium sobre «Revisión y reinvindicación del Liberalismo del siglo* XIX*».* Indiana: Bloomington, 17-19 de octubre de 1980, págs. 1-27.

Castro Leiva, L.: *De la patria boba a la teología bolivariana. Ensayos de historia intelectual.* Caracas, Monte Ávila Editores, 1987, 244 págs.

— (introd. selec): *El liberalismo como problema.* Caracas: Monte Ávila Editores, 1992.

— *La Gran Colombia. Una ilusión ilustrada.* Caracas: Monte Ávila Editores, 1985, 159 págs.

CERPE: *La educación en los origenes y creación de la nacionalidad (1489-1830).* Caracas: Centro de Reflexión Educativa, 1979, 32 págs.

CHEVALIER, F.: «¿Patria venezolana o Gran Colombia republicana? ¿Páez o Bolívar?», en *América Latina: dallo stato coloniale allo stato nazione (1750-1940). VIIe Congreso de la Asociación de Historiadores Latinoamericanistas Europeos. Florencia 15-18 de mayo de 1985.* Milano: Franco Angeli Libri, 1987, vol. 2, págs. 501-508.

— «Union ou Nation? Páez ou Bolívar», en *Colloque international. Bolívar et son temps. Paris, 1983.* Paris: IHEAL (*Cahiers des Amériques Latines n.° 19-20)*, 1984, págs. 153-162.

DIAZ, J. D.: *Sobre la revolución de Caracas.* Caracas: Biblioteca de la Academia Nacional de la Historia, 1961, 601 págs. (1ª edición 1829).

ESCOVAR SALOM, R.: *Evolución política de Venezuela.* Caracas: Monte Ávila Editores, 1975, 168 págs.

FEBRES CORDERO, T.: *Historia de la imprenta y del periodismo en Venezuela. 1800-1830.* Caracas: Banco Central de Venezuela, 1974, 262 págs.

FERRY, R. J.: *The colonial elite of early Caracas: formation and crisis, 1567-1767.* Berkeley: University of California Press, 1989, 342 págs.

FILIPPI, A.: «Legitimidad y efectividad del proyecto institucional republicano en las postrimerías de la Gran Colombia», en *América Latina: dallo stato coloniale allo stato nazione (1750-1940). VIIe Congreso de la Asociación de Historiadores Latinoamericanistas Europeos. Florencia 15-18 de mayo de 1985.* Milano: Franco Angeli Libri, 1987, vol. 2, págs. 509-535.

FRANKEL, B. A.: *Venezuela y los Estados Unidos (1808-1888).* Caracas: Fundación John Boulton, 1977, 404 págs.

GABALDÓN MÁRQUEZ, J.: *El municipio, raíz de la república.* Caracas: Instituto Panamericano de Geografía e Historia, publicación n.° 12, 1961, 136 págs.

GALINDO, D.: *Teatro, cuerpo y nación. En las fronteras de una nueva sensibilidad.* Caracas: Monte Ávila Editores/Comisión Presidencial V Centenario de Venezuela, 2000, 219 págs.

GARCIA, J. A.: «La última fase del reformismo en América: Venezuela y los últimos intentos de reforma económica, 1790-1803», en *Estudos Románicos, volumen 6°, 1987-88-89. Homenaje al profesor Luis Rubio. III*, 1989, págs. 1505-1520.

GIL FORTOUL, J.: *Historia constitucional de Venezuela.* Berlin: Carl Heymann ed., 1909, 2 vols.

GILMORE, R. L.: *Caudillism and Militarism in Venezuela. 1818-1910.* Athens: Ohio University Press, 1964, 211 págs.

GÓMEZ, A. E.: «Las revoluciones blanqueadoras: elites mulatas haitianas y 'pardos beneméritos' venezolanos y su aspiración a la igualdad, 1789-1812», *Nuevos Mundos Mundos Nuevos, Coloquios 2005,* [en línea]. http://nuevosmundo.revues.org/868.

GONZÁLEZ, E. G.: «La Juridicción Municipal en algunos momentos de la colonia y de la República», en *Boletín de la Academia Nacional de la Historia,* n.° 25. Caracas: 31 de marzo de 1924, págs. 1-9.

GONZÁLEZ, F.: «El proyecto político de Bolívar: mito y realidad», en *Debate político,* 1983, págs. 40-117.

GONZÁLEZ, J. V.: *El primer Congreso.* Caracas: Ministerio de Educación, 1958, 8 págs.

— «El primer Congreso de Venezuela y la Sociedad Patriótica», en *Revista Nacional de Cultura,* publicación especial. Caracas: Ministerio de Educación, julio-agosto, 1954, 8 págs.

GONZÁLEZ OROPEZA, H.: *Historia de las fronteras de Venezuela.* Caracas: Lagoven, 1989, 180 págs.

GRASES, P.: *La conspiración de Gual y España y el ideario de la independencia.* Caracas: Instituto Panamericano de Geografía e Historia, 1949, 302 págs.

— *Contribución a la bibliografía del 19 de abril.* Caracas: Imprenta Nacional, 1960, 57 págs.

— *Un hombre del 19 de abril: Juán Germán Roscio.* Caracas: Ávila Gráfica, 1956, 16 págs.

GRASES, P.: *Miranda y la introducción de la imprenta en Venezuela.* Caracas: Creole Petroleum Corporation, 1958, 33 págs.

— *Nuevos temas de bibliografía y cultura venezolana.* Maracaibo: Universidad del Zulia, 1960, 379 págs.

— *Preindependencia y emancipación. Protagonistas y testimonios.* Caracas-Barcelona-México: Ed. Seix Barral, 1981, 608 págs.

GRISANTI, A.: «Repercusión del 19 de Abril de 1810 en las provincias, ciudades, villas y aldeades venezonalas», en *América,* año 20, n.° 83-84. Quito: Agosto de 1945, págs. 201-206.

HARWICH VALLENILLA, N.: «La génesis de un imaginario colectivo: la enseñanza de la historia de Venezuela en el siglo XIX», en *Structures et cultures des sociétés Ibéro-Américaines ; au-delà du modèle socio-économique. Colloque international en hommage au professeur Fr. Chevalier. 29-30 avril 1988.* Paris: Éd. du CNRS, collection de la Maison des pays ibériques, 1990, págs. 203-241.

HÉBRARD, V.: Les logiques d'engagements dans la guerre d'indépendance au Venezuela. Une autre face de la guerre civile (1812-1818)», *@mnis. Culture de guerre. Représenter et penser l'affrontement (XIXe siècle à nos jours)*, 2011. http://amnis.revues.org/

— «¿Patricio o soldado: qué 'uniforme' para el ciudadano? Reflexión sobre la función del hombre en armas en la construcción de la nación (Venezuela, 1ª mitad del siglo XIX)», en GUERRA, F.-X.: (coord.): *La independencia de la América Hispana, Revista de Indias,* vol. LXII, n.° 225. Madrid: CSIC, mayo-agosto, 2002, págs. 429-462.

— «A l'écoute du conflit : historiographie d'une guerre. Le Venezuela (1812-1823)», en *Histoire et Sociétés de l'Amérique Latine,* n.° 6. Paris: Aleph, novembre 1997, págs. 157-177.

— «Alteridad e historia en la guerra civil venezolana a través de las prácticas musicales y de la canción patriótica (1812-1823)», en BORRAS, G. (comp.): *Músicas, sociedades y relaciones de poder en América latina.* Guadalajara: Universidad de Guadalajara, 2000, págs. 183-203.

— «Cités en guerre et sociabilité au Venezuela (1812-1830). Essai de problématisation», *Histoire et Sociétés de l'Amérique Latine,* n.° 8. Paris: Aleph, 2ème semestre 1998, págs. 123-148.

— «Cités et acteurs municipaux dans la reformation du Venezuela (1821-1830)», *Histoire et Sociétés de l'Amérique Latine,* n.° 5. Paris: Aleph, mars 1997, págs. 137-165.

— «Ciudadanía y participación política en Venezuela, 1810-1830», en MCFARLANE, A. y POSADA-CARBÓ, E. (eds.): *Independence and Revolution in Spanish America: Perspectives and Problems.* London:

University of London, Institute of Latin American Studies, 1999, págs. 122-153.

— «El elemento militar en la formación de la nación venezolana 1810-1830», *El Bolivarium.* Caracas: Universidad Simón Bolívar, año VI, n.° 6, 1997, págs. 83-132.

— «L''économie politique' à l'époque de l'indépendance au Venezuela», en *L'Amérique latine face aux modèles politiques et culturels européens: emprunts, reproduction, images.* Paris: L'Harmattan/Centre de recherches d'histoire de l'Amérique latine/Maison des Pays Ibériques, 1998, págs. 121-161.

— «La construction d'une mémoire au Venezuela : du bon usage de l'oubli (1810-1830)», en *Histoire et Sociétés de l'Amérique Latine,* n.° 2. Paris: Université Paris VII-Denis Diderot, mai 1994, págs. 41-63.

— «Les juntes de caracas (1808). Le heurt de deux imaginaires ou la lecture contradictoire d'une conjoncture», *Cahiers des Amériques latines,* n.° 26. Paris: AFSSAL, 1997, págs. 41-66.

— «L'exil de l'histoire. Le Venezuela indépendant aux Archives des Indes de Séville», en *Histoire et Sociétés de l'Amérique Latine,* revue d'histoire, n.° 4. Université Paris VII-Denis Diderot/Aleph, mai 1996, págs. 21-29.

— «Mémoire et identité nationale au Venezuela: 1810-1819», en E. Marienstras ; M-J Rossignol (dir), *Mémoire privée, mémoire collective dans l'Amérique pré-industrielle: études comparatives, Colloque international, Paris, Université Paris VII, 5-7 février 1992.* Paris: Berg International, Collection «Frontières», 1994, págs. 107-124.

— «El concepto Nación en Venezuela, 1750-1850», en *Diccionario Político y Social del Mundo Hispanoamericano. Conceptos Políticos en la era de la revoluciones, 1750-1850, volumen I.* Madrid: Centro de Estudios Políticos y Constitucionales, 2009, págs. 967-977.

— «El hombre en armas: de la heroización al mito (Venezuela, siglo XIX)», en CARRERA DAMAS, G.; LEAL CURIEL, C.; LOMNÉ, G.; MARTINEZ, F. (coords.): *Mitos políticos en las sociedades andinas. Orígenes, invenciones y ficciones.* Caracas: Editorial Equinoccio/IFEA/ Universidad Marne la Vallée, 2006, págs. 281-300.

— «La participación popular en la guerra de independencia en Venezuela: la otra cara de la guerra civil (1812-1818)», en CARDOZO GALUE, G. y URDANETA QUINTERO, A. (comps.): *Colectivos sociales y participacioìn en la independencia hispanoamericana.* Maracaibo: Universidad de Zulia, 2005, págs. 211-226.

— «Ciudades y guerra civil en la Independencia de Venezuela (1812-1823)», *Tiempos de América,* n.° 10, 2003, págs. 99-108.

— «La ciudad y la guerra en la historiografía latino-americana (siglo XIX)», *Anuario Americanista Europeo,* REDIAL & CEISAL, n.° 1: Escribir la ciudad latinoamericana. Miradas Cruzadas. Paris: IHEAL, 2003, págs. 41-58.

— «Alteridad e historia en la guerra civil venezolana a través de las prácticas musicales y de la canción patriótica (1812-1823)», *Escritos,* n.º 13, enero-junio de 2001, págs. 27-49.

— «Opinión pública y representación en el Congreso Constitucional de Venezuela (1811-1812)», en GUERRA, F.-X. y LEMPÉRIÈRE, A. (dir.): *Los espacios públicos en el mundo iberoamericano, ambiguedades y problemas. Siglos XVIII- XIX.* México: FCE-CEMCA, 1998, págs. 196-224.

— «Opinión pública y representación en el Congreso Constitucional de Venezuela (1810-1812)», en *Actas del XI Congreso Internacional de AHILA,* pub. AHILA, 1998, Vol. IV, págs. 267-289.

— «Quelles sources pour l'appréhension de l'adhésion 'populaire' au projet d'édification de la nation (Venezuela, 1810-1830)?», en *Les sources historiques dans les Tiers-mondes. Approches et enjeux.* Paris: L'Harmattan/Laboratoire Dynamique des sociétés en développement, Univ. Paris VII), 1997, págs. 109-117.

— .; SANTIAGO, Jorge P., «La nación, la ciudad y los conflictos: una aproximación por las márgenes (Venezuela y Brasil en el siglo XIX*)*», *Espiral, Estudios sobre Estado y Sociedad,* n.° 20, vol. VI, enero 2001, Universidad de Guadalajara/Centro Universitario de Ciencias Sociales y Humanidades, págs. 161-186.

— *La mutation politique au Venezuela à travers la Gazette de Caracas: Réflexion sur la constitution d'un nouveau pouvoir et son discours de légitimation (1810),* Paris: 1988, Mémoire de DEA, Paris I, 106 págs.

HERRERA MENDOZA, L.: «Datos históricos sobre la nacionalidad originaria de Venezuela», en HERRERA MENDOZA, *Estudios sobre derecho internacional privado y temas conexos.* Caracas: «El Cojo», 1960, págs. 392-399.

HUMBERT, J.: *Historia de Colombia y de Venezuela. Desde sus orígenes hasta nuestros días*. Caracas: Biblioteca de la Academia Nacional de la Historia, Colección Fuentes para la Historia Colonial de Venezuela, 1985, 261 págs.

IZARD, M.: *El miedo a la revolución. La lucha por la libertad en Venezuela (1777-1830)*. Madrid: Tecnos, 1973, 205 págs.

— «Período de la Independencia y la Gran Colombia. 1810-1830», en *Política y economía en Venezuela (1810-1976)*. Caracas: Fundación John Boulton, 1976, págs. 1-33.

— «Sin domicilio fijo, senda segura, ni destino conocido: los llaneros del Apure a finales del período colonial», en *Boletín americanista*, n.° 33, 1983, págs. 13-83.

JARAMILLO URIBE, J.: «Nación y región en los orígenes del Estado nacional en Colombia», en *Problemas de la formación del estado y de la nación en Hispanoamérica. Actas del Simposio del Instituto de Historia Ibérica y Latinoamericana de la Universidad de Colonia y del Instituto de Historia de la Universidad de Hamburgo. Septiembre de 1983*. Bonn: Böhlau Verlag, 1984, págs. 339-358.

LANDAETA ROSALES, M.: *Gobiernos de Venezuela desde 1810 hasta 1905*. Caracas: Tipografía Herrera Irigoyen, 1905, 112 págs.

— *Los proceres de la independencia nacional*. Caracas: Imprenta Bolívar, 1895, 52 págs.

LANGUE, F.: «Las élites de Venezuela y la Revolución francesa o la formación de un ideal democrático», en *Aproximaciones al tema de la Revolución francesa*. Caracas: Fondo editorial de la Universidad José María Vargas, págs. 5-23.

— «Silencio, honor y desgarramiento: familias mantuanas del siglo XVIII», en DÁVILA, D. (coord.): *Historia, género y familia en Iberoamérica, siglos XVI-XX*. Caracas: Fundación Konrad Adenauer/Universidad Católica Andrés Bello/ Instituto de Investigaciones Históricas, 2004, págs. 103-126.

LEAL, I.: «Andrés Bello y la Universidad de Caracas», en *Bello y Caracas. Congreso del Bicentenario*. Caracas: Fundación de la Casa de Bello, 1979, págs. 165-188.

— *Historia de la Universidad de Caracas. 1721-1827*. Caracas: Universidad Central de Venezuela, Edición de las Bibliotecas, 1963, 430 págs.

— *La Universidad de Caracas en los años de Bolívar (1783-1830).* Caracas: 1983, 2 vols.

Leal-Curiel, C.: «Juntistes, tertulianos et congressistes : sens et portée du public dans le projet de la Junte de 1808 (Province de Caracas)», *Histoire et Sociétés de l'Amérique latine,* n.° 6, novembre 1997, págs. 85-107.

— «El árbol de la discordia», *El Bolivarium.* Caracas: Año VI, n.° 6, 1997, págs. 133-187.

— «El juntismo caraqueño de 1808: Tres lecturas de una misma fidelidad», en Ávila, A. y Pérez Herrero, P. (comps.): *Las experiencias de 1808 en Iberoamérica.* Alcalá de Henares-México: Universidad de Alcalá-Universidad Nacional Autónoma de México, 2008, págs. 399-415.

— «Tertulias de dos ciudades», en Guerra, F.-X. y Lempérière, A. (dir.): *Los espacios públicos en el mundo iberoamericano, ambiguedades y problemas. Siglos XVIII- XIX.* México: FCE-CEMCA, 1998, págs. 168-195.

— *El discurso de la fidelidad: actos metafóricos del discurso de fidelidad.* Caracas: Instituto Internacional de Estudios Avanzados, Centro de Humanidades, s.f, 28 págs.

— *La impresa del común.* Caracas: Instituto Internacional de Estudios Avanzados, Centro de Humanidades, 1983, 43 págs.

— «Tertulias de dos ciudades: modernismo tardío y formas de sociabilidad política en la provincia de Venezuela», Guerra, F.-X. y Lempérière, A. (dir.): *Los espacios públicos en el mundo iberoamericano, ambigüedades y problemas. Siglo XVIII- XIX.* México: FCE-CEMCA, 1998, págs. 183-195.

Lombardi, J. V.: «Los esclavos en la legislación pública de Venezuela», en *Bulletin Hispanique,* n.° 13, 1967, págs. 43-67.

Lomné, G.: *Imaginaire politique et spectacle urbain dans six villes de la «Grande Colombie». 1800-1830.* Paris: 1986, mémoire de DEA, Paris I, 159 págs.

— «La Révolution française et le symbolisme des rituels bolivariens», en Guerra, F.-X. (coord.): *L'Amérique Latine et la Révolution française 2. L'héritage révolutionnaire: une modernité de rupture. Actes du colloque de l'Association française des sciences sociales sur l'Amérique latine, Paris, 1989, Cahiers des Amériques Latines,* n.° 10, 1990, págs. 159-176.

LUCENA SALMORAL, M.: *Características del comercio exterior de la provincia de Caracas durante el sexenio revolucionario (1807-1812).* Madrid: Quinto Centenario/ICI/Instituto de Estudios Fiscales, 1990, 558 págs.

— *La economía americana del primer cuarto del siglo XIX, vista a través de las memorias escritas por don Vicente Basadre, último intendente de Venezuela.* Caracas: Academia Nacional de la Historia, 1983, 281 pags.

— «El colapso económico de la Primera República de Venezuela», en *América Latina: dallo stato coloniale allo stato nazione (1750-1940). VIIe Congreso de la Asociación de Historiadores Latinoamericanistas Europeos. Florencia 15-18 de mayo de 1985.* Milano: Franco Angeli Libri, 1987, vol. 1, págs. 163-186.

— «La sociedad de la provincia de Caracas a comienzos del siglo XIX» en *Anuario de Estudios Americanos/CSIC-Universidad de Sevilla/ Escuela de Estudios Hispano-americanos, 37,* Sevilla, 1980, págs. 157-189.

LYNCH, J.: «Los caudillos como agentes del orden social: Venezuela y Argentina, 1820-1850», en *América Latina: dallo stato coloniale allo stato nazione (1750-1940). VIIe Congreso de la Asociación de Historiadores Latinoamericanistas Europeos. Florencia 15-18 de mayo de 1985.* Milano: Franco Angeli Libri, 1987, vol. 2, págs. 483-500.

— «El pensamiento de Simón Bolívar y su contribución a los primeros proyectos nacionales», en *Congreso sobre el pensamiento político latinoamericano.* Caracas: 26 de junio-2 de julio de 1983, 19 págs.

MACHADO, J. E.: *Centón Lírico. Pasquinadas y canciones. Epigramas.* Caracas: Tipografía Americana, 1920, 244 págs.

MAC KINLEY, P. M.: *Pre-revolutionary Caracas : politics, economy and society, 1777-1811.* Cambridge-London-New York: Cambridge University Press, 1985, 245 págs.

MAGALLANES, M. V.: *Caracas es el pueblo*, SV, Consejo Municipal del Districto Federal, 1973, 40 págs.

— *Los partidos políticos en la evolución histórica venezolana.* Caracas: Monte Ávila Editores, 1977, 582 págs.

MÉDINA, M.: «Caudillos y partidos en la historia de Colombia y Venezuela», en *Cátedras de integración Andrés Bello 4*. Bogotá: 2008, págs. 393-430.

MENDOZA, C. L.: *La ciudad colonial y nuestro primer pacto político*. Caracas: Tipografía Americana, 1930, 20 págs.

MIJARES, A.: *La evolución política de Venezuela. 1810-1960*. Buenos Aires: Eudeba, 1967, 203 págs.

MINAUDIER, J.-P.: «La Grande Colombie et son démembrement: origine de trois nations latino-américaines», en *La révolution française, la Péninsule Ibérique et l'Amérique Latine*. Nanterre-Madrid: 1989, BDIC-Sociedad Estatal del V Centenario-Turner, 1989, págs. 127-131.

MONTENEGRO Y COLÓN, F.: *Historia de Venezuela*. Caracas: Academia Nacional de la Historia, 1960, 2 vols. (1ª ed. 1843).

MORENO DE CABEZA, L.: *Etude linguistique : syntaxe et sémantique du discours politique du Venezuela*. Paris: Thèse de IIIème cycle, Paris V, 1979.

MORÓN, G.: *Historia de Venezuela*. Caracas: Britannica, 1987, 4ª ed., 5 vols.

— *Historia de Venezuela*. Madrid-México-Buenos Aires...: Edición Rialp, 4ª ed. 1967, 521 págs.

— «Los intelectuales y la Independencia», en *Revista Nacional de Cultura*. Caracas: 1959, págs. 6-32.

OCAMPO LÓPEZ, J.: «La separación de la Gran Colombia en el proceso de la desintegración del Imperio colonial hispanoamericano», en *Problemas de la formación del estado y de la nación en Hispanoamérica. Actas del Simposio del Instituto de Historia Ibérica y Latinoamericana de la Universidad de Colonia y del Instituto de Historia de la Universidad de Hamburgo. Septiembre de 1983*. Bonn-Köln-Wien: Böhlau Verlag, 1984, págs. 359-387.

O'LEARY, D.: *Gran Colombia y España (1819-1822)*. Madrid: Editorial América, 1919, 273 págs.

PÁEZ-PUMAR, M.: *Las proclamas de Filadelfia de 1774 y 1775 en la Caracas de 1777*. Caracas: Centro Venezolano Americano, 4-5 de julio de 1973, 109 págs.

PARRA MÁRQUEZ, H.: *Caracas política, intelectual y mundana*. Caracas: Archivo General de la Nación, 1966, 433 págs.

PARRA PÉREZ, C.: *Historia de la Primera República de Venezuela*. Caracas: Academia Nacional de la Historia, 2ª ed. 1959, 2 vol.

— *Miranda et la Révolution française*. Caracas: Editions du Banco del Caribe, 1989 (2ª ed.), 474 págs.

— *El regímen español en Venezuela. Estudio histórico*. Madrid: Cultura Hispánica, 1964, 377 págs.

PELTIER, J. R.: *L'accession à l'indépendance du Venezuela : problème politique et légitimité du pouvoir entre 1809 et 1811*. Paris: 1986, Mémoire de DEA, Paris III, 73 págs.

PERERA, A.: *Historial genealógico de familias caraqueñas*. Caracas: Gráfica Americana, 1967, 2 vols.

PÉREZ VILÁ, M. (coord.): *Diccionario de Historia de Venezuela*. Caracas: Fundación Polar, 1989, 3 vols.

— *Perspectivas del siglo XIX venezolano*. Caracas: Universidad Santa María, 1984, 21 págs.

PICÓN-FEBRES, G.: *La literatura venezolana en el siglo diez y nueve. Ensayo de historia crítica*. Caracas: Empresa el Coje, 1906, 429 págs.

PICÓN SALAS, M.: «Pasión igualitaria en la historia de Venezuela», en *El liberalismo y la reforma en México*. México: Ed. Cultura, 1957, págs. 373-385.

— *Venezuela independiente. 1810-1960*. Caracas: 1962, 742 págs.

PINO ITURRIETA, E.: *La Mentalidad venezolana de la emancipación. 1810-1812*. Caracas: Universidad Central de Venezuela, 1971, 258 págs.

— «Modernidad y utopía: el mensaje revolucionario del *Correo del Orinoco*», en *Boletín Histórico*, n.° 32, mayo de 1973. Caracas: Fundación John Boulton, págs. 245-285.

— «1750-1810. Un período de cambios en la mentalidad venezolana», en *Bello y Caracas. Primer Congreso del bicentenario*. Caracas: Fundación de la Casa de Bello, 1979, págs. 31-48.

POLANCO ALCANTARA, T.: «Ideas sobre el origen de la nación venezolana», en *Boletín de la Academia Nacional de la Historia,* n.° 280. Caracas: 1987, págs. 965-999.

— *Política y economía en Venezuela (1810-1976)*. Caracas: Fundación John Boulton, 1976, 292 págs.

PONTE, A. F.: *La revolución de Caracas y sus Próceres.* Caracas: Imprenta Nacional, 1918, 159 págs.

QUINTERO, I. y ALMARAZA, A. R.: «Autoridad militar *vs.* legalidad constitucional. El debate en torno a la constitución de Cádiz», *Revista de Indias,* vol. LXVIII, n.° 242, 2008, págs. 181-206.

— *La conjura de los Mantuanos: último acto de fidelidad a la Monarquía Española.* Caracas: Universidad Católica Andrés Bello, 2002, 238 págs.

— «La Junta de Caracas», en CHUST, M. (coord.): *1808. La eclosión juntera en el mundo hispano.* México: FCE/El Colegio de México, 2007, págs. 334-355.

— «Debates y conflictos en torno a las Cortes y Constitución gaditanas. Venezuela 1810-1814», *Anuario de Estudios Bolivarianos,* n.° 14, 2007, págs. 127-150.

QUINTERO, I.; ALMARZA, A.; BIFANO, J.; MUÑOZ, L.; RAMÍREZ, E.; VARGAS, R.; VERGARA, J. y ZAMBRANO, A.: *Maìs allaì de la Guerra. Venezuela en Tiempos de la Independencia.* Caracas: Fundacioìn Bigott, 2008 (Bigotteca, Serie Historia).

RAMOS GUEDEZ, J. M.: *La guerra de emancipación nacional (1810-1823) y sus repercusiones en el cuadro económico y social de Venezuela.* Caracas: Universidad Santa María, 1984, 30 págs.

RAMOS PÉREZ, D.: *La ideología de la revolución española de la guerra de independencia en la emancipación de Venezuela y la organización de su primera República.* Madrid: Instituto de Estudios Políticos, 1962, 64 págs.

REY, J. C.: «Esplendores y miserias de los partidos políticos en la historia del pensamiento venezolano, *Boletín de la Academia Nacional de la Historia,* n.° 343, segundo semestre 2003, págs. 9-43.

REY, J. C.; PÉREZ-PERDOMO, R.; AIZPURUA AGUIRRE, R.; HERNÁNDEZ, A. y PINO ITURRIETA, E.: *Gual y España: La Independencia Frustrada.* Caracas: Fundación Empresas Polar, 2007.

RIEU MILAN, M.-L.: «José Domingo Rus, député de Maracaibo aux Cortès de Cádiz», en *Institutions Coloniales et réalités sociales en Amérique espagnole. Centre de Recherche interuniversitaire sur l'Amérique espagnole.* Paris: Université Sorbonne Nouvelle Paris III, 1988, págs. 99-120.

RIOS, A.: «Venezuela entre 1810 y 1830: las diversas concepciones de lo nacional», en GONÁLEZ STEPHAN, B.; LASARTE, J.; MONTALDO, G. y DAROQUI, M. J. (comps.): *Esplendores y miserias: cultura y sociedad en América latina.* Caracas: Monte Ávila Editores/Latinoamericana/Equinoccio/Ed. de la Universidad Simón Bolívar, 1995, págs. 139-160.

RIVERO, M. R.: *La República en Venezuela.* Caracas: Cuadernos Lagoven, Serie Cuatro Repúblicas, 1988, 2 vol.

RIVAS-CAMP KRICK, P.-M.: *Le séjour de Miranda aux Etats-Unis et ses conséquences sur la personnalité, la pensée et les projets du précurseur de l'indépendance de l'Amérique espagnole.* Paris: 1980, 342 págs., thèse 3ème cycle.

RÖHRING ASSUNÇÃO, M.: «L'adhésion populaire aux projets révolutionnaires dans les sociétés esclavagistes : le cas du Venezuela et du Brésil (1780-1840)», en *L'Amérique Latine et la Révolution française. L'époque révolutionnaire : adhésions et rejets. Actes du colloque de l'Association française des sciences sociales sur l'Amérique latine, Paris, 1989.* Cahiers du monde hispanique et luso-brésilien n.° 54, 1990, págs. 291-313.

RODRÍGUEZ, M.: «The fist venezuelan republic and the north-american model», en *Revista Interamericana de Bibliografía,* vol. 37, n.° 1, 1987, págs. 3-17.

RODRÍGUEZ ITURBIDE, J.: *Iglesia y Estado en Venezuela (1824-1964).* Caracas: Universidad Central de Venezuela, Facultad de Derecho, 1968, 359 págs.

ROJAS, C. M.: «El positivismo de Laureano Vallenilla Lanz y la tesis del gendarme necesario», en *Argos,* n.° 2. Caracas: 1981, págs. 39-55.

ROJAS, R.: «Rebeliones de esclavos negros en Venezuela antes y después de 1789», en *Estudios de Historia social y económica de América,* revista de la Universidad de Alcala, n.° 10-11, octubre de 1993, págs. 151-164.

SALCEDO-BASTARDO, J. L.: *Carabobo, nacionalidad e historia.* Caracas: Bibliotecas de Historia del Ejército, 1971, 127 págs.

— *Historia fundamental de Venezuela.* Caracas: Instituto de Previsión Social de las Fuerzas Armadas, 3ª ed. 1972, 782 págs.

SÁNCHEZ, M. S.: *Bibliografía venezolanista. Contribución al conocimiento de los libros extrangeros relativos a Venezuela y sus grandes hombres, publicados o reimpresos desde el siglo XIX.* Caracas: Empresa de Cojo, 1914, 494 págs.

SÁNCHEZ-BARBA, M. A.: «Fuentes para el conocimiento de la opinión pública de Caracas (1810)», en *Homenaje a don Angustin Millares Carlos,* tomo II. Las Palmas: Caja Insular de Ahorros de Gran Canaria, 1975, págs. 343-355.

SISO, C.: *La formación del pueblo venezolano: estudios sociológicos.* Barcelona: Producción Editorial, 1982, 2 vols. (1ª ed. 1941).

SORIANO DE GARCÍA PELAYO, G.: «El General José Antonio Páez entre la historia, la historiografía y el mito», en *Politeia,* n°. 12, Instituto de Estudios Políticos, Universidad Central de Venezuela, 1988, págs. 221-254.

— *Venezuela 1810-1830: Aspectos desatendidos de dos décadas.* Caracas: Cuadernos Lagoven, Serie Cuatro Repúblicas, 1988, 151 págs.

THIBAUD, C.: «La métaphore familiale et la construction de l'ennemi dans la Révolution bolivarienne», *Histoire et Sociétés de l'Amérique latine,* n.° 8. Paris: Aleph, 1998, págs. 53-78.

— «Puissance et souveraineté : sur l'institutionnalisation des armées patriotes. Venezuela. Colombie (1813-1821)», *Bulletin de l'Institut Pierre Renouvin.* Paris: Université de Paris I, printemps 1999, págs. 27-46.

— «La culture de guerre napoléonienne et l'Indépendance des pays bolivariens. 1810-1825», en DORIGNY, M. y ROSSIGNOL, J.-M. (dir.): *La France et les Amériques au temps de Fefferson et de Miranda.* Paris: Société des Etudes Robespierristes, coll. Etudes Révolutionnaires, n.° 1, 2001, págs. 107-124.

— *Repúblicas en armas. Los ejércitos bolivarianos en la guerra de Independencia en Venezuela y Colombia.* Bogotá: Planeta-IFEA, 2003.

— «Ejércitos, guerra y la construcción de la soberanía: el caso grandcolombiano», en MC EVOY, C. y STUVEN, A. M. (eds.): *La República peregrina. Hombres de armas y letras en América del Sur. 1800-1884.* Lima: IFEA/IEP, 2007, págs. 171-198.

— «La ley y la sangre. 'La guerra de razas' y la constitución en la América Bolivariana», en *Almanack*. São Paulo: Universidade de São Paulo, 2010.

— «Definiendo el sujeto de la soberanía: repúblicas y guerra en la Nueva Granada y Venezuela, 1808-1820», en CHUST, M. y MARCHENA, J. (eds.): *Las armas de la nación. Independencia y ciudadanía en Hispanoamérica (1750-1850)*. Madrid-Frankfurt: Iberoamericana/ Vervuert, 2007, págs. 185-219.

URBANEJA, D. B.: *Introducción histórica al systema político venezolano*. Caracas: Universidad Central de Venezuela, Facultad de Ciencas Jurídicas y Políticas, Instituto de Estudios Políticas, sf, 73 págs.

VALLENILLA LANZ, L.: *Cesarismo democrático. Estudios sobre las bases sociológicas de la constitución efectiva de Venezuela*. Caracas: Monte Ávila Editores, 1990 (1ª ed. 1919), 314 págs.

— *Disgregación e Integración. Ensayo sobre la formación de la nacionalidad venezolana*. Caracas: Tipografía Garrido, 2ª ed., 1953, 195 págs.

VANNINI DE GERULEWICZ, M.: *La influencia francesa en Venezuela*. Maracaibo: Universidad del Zulia, 1968, 129 págs.

VÁSQUEZ, J. V.: *Evolución constitucional del municipio en Venezuela*. Mérida: Universidad de los Andes, Facultad de Derecho, Centro de Jurisprudencia, 1971, 321 págs.

VILLALBA VILLALBA, L. (prol.): *El 19 de Abril de 1810*. Caracas: 1957, XXII-217 págs.

WEINBERG, G.: «Las ideas lancasterianas en Simón Bolívar y Simón Rodriguez», en *Nacionalismo, latinoamericanismo y universalismo en el pensamiento político latino-americano: el problema de identidad nacional y regional y las tensiones entre lo universal y lo particular, Congreso sobre el pensamiento político latino americano*. Caracas: 26 de junio-2 de julio de 1983, 13 págs.

YANES, F. J.: *Compendio de la historia de Venezuela desde su descubrimiento hasta que se declaró estado independiente*. Caracas: A. Damirón, 1840.

YEPEZ, T.: *Origines et diffusion du positivisme intellectuel et politique au Venezuela*. Paris: Thèse de 3ème cycle, Paris I, 1984, 435 págs.

América hispánica

ADELMAN, J.: *Sovereignty and Revolution in the Iberian Atlantic.* Princeton: Princeton University Press, 2006.

ALBI, J.: *Banderas olvidadas: el ejército realista en América.* Madrid: Instituto de Cooperación Iberoamericana, ediciones de Cultura Hispánica, 1990, 415 págs.

América Latina: dallo stato coloniale allo stato nazione (1750-1940). VIIe Congreso de la Asociación de Historiadores Latinoamericanistas Europeos. Florencia 15-18 de mayo de 1985. Milano: Franco Angeli Libri, 1987, 2 vol.

L'Amérique espagnole à l'époque des Lumières : traditions, innovations, représentations. Colloque franco-espagnol du CNRS. 18-20 septembre 1986. Paris: CNRS, 1987, 379 págs.

L'Amérique Latine et la Révolution française. L'époque révolutionnaire : adhésions et rejets. Actes du colloque de l'Association française des sciences sociales sur l'Amérique latine, Paris, 1989, en *Cahiers du monde hispanique et luso-brésilien* n.° 54. Toulouse: CNRS/IPEALT/PUM, 1990, 347 págs. et *Cahiers des Amériques Latines,* n.° 10. Paris: CNRS/Université de Paris III/IHEAL, 1990, 317 págs.

ANNINO, A. (coord.) : *Historia de las elecciones en Iberoamérica, siglo XIX,* México, FCE, 1995, 479 págs.

ANNINO, A.; CASTRO LEIVA, L. y GUERRA, F.-X. (dir.): *De los Imperios a las Naciones: Iberoamérica.* Zaragoza: IberCaja, 1994, 620 págs.

ARTOLA GALLEGO, M.: *Antiguo régimen y revolución federal.* Barcelona: Editorial Ariel S.A., 1983, 318 págs.

BARRÓN, L.: «Republicanismo, liberalismo y conflicto ideológico en la primera mitad del siglo XIX en América latina», en AGUILAR, J. A. y ROJAS, R.: *El Republicanismo en Hispanoamérica. Ensayos de historia intetectual y política.* México: FCE, 2002, págs. 118-137.

BAYLE, C. S. I.: *Los cabildos seculares en la América Española.* Madrid: Sapientas, SA de ediciones, 1952, 809 págs.

BIRCKEL, M. (red): *Esprit créole et conscience nationale.* Bordeaux: Université de Bordeaux III, Institut d'études Ibériques et Ibéroaméricaines, 1980, 152 págs.

Bolívar et son temps, Actes du colloque. 1983. Paris: IHEAL, 1984, 282 págs.

BRADING, D. A.: *Classical republicanism and creole patriotism : Simón Bolívar (1783-1830) and the Spanish American revolucionaries*. Cambridge: University of Cambridge, Center of Latin American Studies, 1983, 22 págs.

BUSHNNELL, D.: «El derecho de ciudadanía activa como reflejo de la ideología emancipadora», en *Acta del Quinto Congreso internacional de Historia de América. 31 de julio-6 de agosto de 1971*. Lima: Comisión Nacional del Sesquicentenario de la Independencia del Perú, 1972, vol. III, págs. 70-79.

CARRERA DAMAS, G.; LEAL CURIEL, C.; LOMNÉ, G. y MARTINEZ, F. (coord.): *Mitos políticos en las sociedades andinas. Orígenes, invenciones y ficciones*. Caracas: Editorial Equinoccio/IFEA/Universidad Marne la Vallée, 2006, 420 págs.

CALDERÓN, M.ª T. y THIBAUD, C. (dirs.): *Las Revoluciones en el Mundo Atlántico*. Bogotá: Taurus, 2006, 437 págs.

CHAUNU, P.: «Interprétations de l'indépendance de l'Amérique Latine», en *Tilas III*, n.° 8. Université de Strasbourg, mai-juin 1963, págs. 5-24.

CHEVALIER, F.: *L'Amérique Latine de l'indépendance à nos jours*. Paris: PUF, Nouvelle Clio, 2ª ed., 1993, 723 págs.

— «Caudillos et caciques en Amérique Latine. Contribution à l'étude des liens personnels», en *Mélanges Bataillon. Bulletin Hispanique,* n.° 64 bis. Bordeaux: 1962, págs. 30-44.

— «Dictature et légitimité en Amérique Latine, particulièrement au XIXème siècle», en DUVERGER, M. (éd.): *Dictature et légitimité*. Paris: PUF, 1982, págs. 381-399.

COLMENARES, G.: *Las convenciones contra la cultura*. Bogotá: Ed. Tercer Mundo, 1987, 202 págs.

— «La historia de la revolución por José Manuel Restrepo: una prisión historiográfica», en *La Independencia: ensayos de historia social*. Bogotá: Instituto Colombiano de Cultura, 1986, págs. 9-23.

CORTÉS, J.D.: *Diccionario bio-americano*. Paris: Tipografía Lahure, 1875, 55 págs.

DEMELAS, M.-D.: *L'invention politique : Bolivie, Pérou, Equateur au XIXème siècle*. Paris: Editions Recherche, Civilisations, 1992, 620 págs.

DEMELAS, M.-D. y GUERRA, F.-X.: «Un processus révolutionnaire méconnu : l'adoption des formes représentatives modernes en Espagne et en Amérique, 1808-1810», en *Caravelle : Cahiers du monde ibérique et luso-brésilien n.° 60*. Toulouse: 1993, págs. 5-57.

DEMELAS, M.-D. y SAINT-GEOURS, Y.: *Jerusalem et Babylone. Politique et religion en Amérique du Sud. L'Equateur, XVIIIe-XIXe siècles*. Paris: Ed. Recherches et Civilisations, 1989, 213 págs.

— *La vie quotidienne en Amérique du Sud au temps de Bolívar (1809-1830)*. Paris: Hachette, 1987, 251 págs.

DEPONS, F.: *Viaje a la parte oriental de Tierra Firme en la América meridional*. Caracas: s. e. 1960, 2 vols. (1ª ed. 1806).

Diccionario Político y Social del Mundo Hispanoamericano. Conceptos Políticos en la era de la revoluciones, 1750-1850, volumen I. Madrid: Centro de Estudios Políticos y Constitucionales, 2009.

Diccionario Temático abreviado iberoamericano. Sevilla: Editorial J. Rodríguez Castillejo, 1989, 988 págs.

Les Frontières du pouvoir en Amérique Latine, Table Ronde AFSSAL, Toulouse, 13-14 novembre 1981. Université Toulouse Le Mirail, Service des Publications, 1983, 195 págs.

GARCÍA GALLO, A.: *Los origines españoles de las instituciones americanas. Estudios de derecho indiano*. Madrid: Real Academia de Jurisprudencia y Legislación, 1987, 1102 págs.

GOLDMAN, N.: «Legitimidad y deliberaciones: el concepto de opinón pública en Iberoamérica, 1750-1850», en *Diccionario Político y Social del Mundo Hispanoamericano. Conceptos Políticos en la era de la revoluciones, 1750-1850,* volumen I. Madrid: Centro de Estudios Políticos y Constitucionales, 2009, págs. 981-998.

GONZÁLEZ BERNALDO, P.: «Producción de una nueva legitimidad: ejército y sociedades patrióticas en Buenos Aires entre 1810 y 1813», *Cahiers des Amériques latines n.° 10. L'Amérique latine face à la Révolution française. L'héritage révolutionnaire : une modernité de ruptura*. Paris: IHEAL, 1990, págs. 177-195.

GONZÁLEZ BERNALDO DE QUIROZ, P.: *Civilidad y política en los orígenes de la nación Argentina: las sociabilidades en Buenos Aires, 1829-1862*. Buenos Aires: FCE, 2008, 504 págs.

GREZ TOSO, S.: *De la «regeneración del pueblo» a la huelga general: génesis y evolución histórica del movimiento popular en Chile, 1810-1890.* Santiago: Dirección de Bibliotecas/Archivos y Museos, 1997, 869 págs.

GUERRA, F.-X.: «De lo uno a lo múltiple: dimensiones y lógicas de la Independencia», en MC FARLANE, A. and POSADA-CARBÓ, E. (dir.): *Independence and Revolution : Perspectives and Problems.* London: University of London, 1999, págs. 43-68.

— «L'Amérique latine et la Révolution française», en *Problèmes d'Amérique Latine.* La Documentation française, n.° 92, 2ème trimestre. Paris: 1989, págs. 3-7.

— «La identidad republicana en la época de la Independencia», en SÁNCHEZ GÓMEZ, G. y WILLS OBREGÓN, M.ª E.: *Museo, memoria y nación, Bogotá, Memorias del Simposio Internacional y IV Cátedra Anual de Historia «Ernesto Restrepo Tirado».* Bogotá: Ministerio de Cultura, 2000, págs. 253-284.

— «Les avatars de la représentation en Amérique hispanique au XIX ème siècle», en *Réinventer la démocratie : le défi latino-américain.* Paris: Presses de la Fondation Nationale des Sciences Politiques, 1992, págs. 49-84.

— «Lugares, formas y ritmos de la política moderna», en *Boletín de la Academia Nacional de la Historia*, tomo LXXI. Caracas: octubre-diciembre de 1988, n.° 284, págs. 2-18.

— (dir.): *Mémoires en devenir. Amérique latine XVIe-XXe siècle. Colloque international de Paris, 1-3 décembre 1992.* Bordeaux: Maison des Pays Ibériques, 1994, 377 págs.

— *Le Mexique : de la société d'Ancien Régime à la Révolution.* Paris: L'harmattan-Sorbonne, 1985, 2 vol.

— *Modernidad e Independencias. Ensayos sobre las revoluciones hispánicas.* Madrid: Editorial MAPFRE, Colección Relación entre España y América, 1992, 406 págs.

— (dir.): *Revoluciones Hispánicas. Independencias americanas y liberalismo español.* Madrid: Editorial Complutense/Cursos de Verano de El Escorial 93-94, 1995, 292 págs.

— «El olvidado siglo XIX», en *Balance de la historiografía sobre Iberoamérica (1945-1988).* Pamplona: Ed. Universidad de Navarra, 1989, págs. 593-631.

— «Le peuple souverain : fondements et logiques d'une fiction (le XIX e siècle)», en *Quel avenir pour la démocratie en Amérique latine?* Toulouse: Editions du CNRS, 1989, págs. 19-54.

— «Pour une nouvelle histoire politique : acteurs sociaux et acteurs politiques», en *Structures et cultures des sociétés Ibéro-Américaines ; au-delà du modèle socio-économique. Colloque international en hommage au professeur Fr. Chevalier. 29-30 avril 1988.* Paris: éd. du CNRS, collection de la Maison des pays ibériques, 1990, págs. 245-260.

— «Révolution Française et Révolution hispanique», en *Problèmes d'Amérique Latine*, La Documentation française, n.° 94, 4ème trimestre. Paris: 1989, págs. 3-26.

GUERRA, F.-X. y LEMPÉRIÈRE, A. (dir.): *Los espacios públicos en el mundo iberoamericano, ambiguedades y problemas. Siglos XVIII- XIX.* Mexico: FCE-CEMCA, 1998, 366 págs.

GUERRA, F.-X. y QUIJADA, M. (coords.): *Imaginar la Nación.* Münster/Hamburg: AHILA/LIT, 1994, 288 págs.

HALPERÍN DONGHI, T.: *Histoire contemporaine de l'Amérique Latine.* Paris: Payot, 1972, 333 págs.

— *Tradición política española e ideología revolucionaria de mayo.* Buenos Aires: Centro Editor de América Latina, Bibliotecas Universitarias, 1985, 120 págs.

Historia urbana de Iberoamérica. Tomo III. La ciudad ilustrada (1750-1850). Madrid: Quinto Centenario/Junta de Andalucía, Consejería de Obras Públicas y Transportes/Consejo Superior de los Colegios de Arquitectos de España, 1992, 2 vols.

HÉBRARD, V.; VERDO, G. y THIBAUD, C.: «Cuestionario sobre las independencias», en CHUST, M. (ed.): *Las independencias iberoamericanas en su laberinto. Controversias, cuestiones, interpretaciones.* Valencia: Publicaciones de la Universidad de Valencia, 2010, págs. 205-214.

HÉBRARD, V. y VERDO, G.: «L'imaginaire patriotique américain au miroir de la Conquête espagnole». *Histoire et Sociétés de l'Amérique latine* n.° 15. Paris: Aleph/L'Harmattan, 2002, págs. 39-84.

HUMBOLDT, A. de: *Voyage dans l'Amérique équinoxiale.* Paris: Maspero, 1980, 2 vols. (1 ère éd. 1816-1831).

Identités nationales et identités culturelles dans le monde ibérique et ibéro-américain. Actes du XVIIIe Congrès de la Société des Hispanistes français. Perpignan, 20-22 mars 1982. Toulouse: s. e. 1983, 156 págs.

KONETZKE, R.: «La condición legal de los criollos y las causas de la independencia», en *Estudias Americanas,* n.° 5, 1950, págs. 31-55.

KOSSOK, M.: «Revolución, Estado, Nación en la Independencia», en *Problemas de la formación del estado y de la nación en Hispanoamérica. Actas del Simposio del Instituto de Historia Ibérica y Latinoamericana de la Universidad de Colonia y del Instituto de Historia de la Universidad de Hamburgo. Septiembre de 1983*. Bonn-Köln-Wien: Böhlau Verlag, 1984, págs. 161-171.

LAMBERT, J.: *Amérique Latine : structures sociales et institutions politques*. Paris: PUF, 1968 (2e éd.), 486 págs.

LAVALLÉ, B.: «Pour un bilan du créolisme (XVI-XVIIème siècles)», en *Cahiers des Amériques Latines. Bolívar et son temps,* n.° 29-30. Paris: 1984, págs. 75-83.

LECLERC, C.: *Biblioteca Americana*. Paris: G. P. Maisonneuve et Larose, 1974, 737 págs. (1ère éd. 1878).

LEMPÉRIÈRE, A.; LOMNÉ, G.; MARTINEZ, F. y ROLLAND, D. (coord.): *L'Amérique latine face aux modèles politiques et culturels européens : emprunts, reproduction, images*. Paris: L'Harmattan/Centre de recherches d'histoire de l'Amérique latine/Maison des Pays Ibériques, 1998, 530 págs.

LOMNÉ, G: «Una 'palestra de gladiadores'. Colombia de 1810 a 1828: ¿guerra de emancipación o guerra civil?», en SÁNCHEZ GÓMEZ, G. y WILLS OBREGÓN, M.ª E.: *Museo, memoria y nación, Bogotá, Memorias del Simposio Internacional y IV Cátedra Anual de Historia 'Ernesto Restrepo Tirado'*. Bogotá: Ministerio de Cultura, 2000, págs. 285-314.

LYNCH, J.: *Caudillos en Hispanoamérica, 1800-1850*. Madrid: Colección Mapfre, 1993, 569 págs.

— «Los caudillos de la Independencia: enemigos y agentes del Estado-Nación», en *Problemas de la formación del estado y de la nación en Hispanoamérica. Actas del Simposio del Instituto de Historia Ibérica y Latinoamericana de la Universidad de Colonia y del Instituto de Historia de la Universidad de Hamburgo. Septiembre de 1983*. Bonn-Köln-Wien: Böhlau Verlag, 1984, págs. 197-208.

— *Las revoluciones hispanoaméricanas. 1808-1826.* Barcelona-Caracas-México: Editorial Ariel, 1976, 430 págs.

MALAMUD, C.: «Territorios hispanoamericanos. Reforma, economía, infraestructura», en *Historia urbana de Iberoamérica. Tomo III-1. La ciudad ilustrada: reforma e independencia (1750-1850).* Madrid: Quinto Centenario-Junta de Andalucía, Consejería de Obras Públicas y Transportes-Consejo Superior de los Colegios de Arquitectos de España, 1992, págs. 51-73.

MINGUET, C.: «El concepto de nación, pueblo, estado y patria en las generaciones de la Independencia», en *Lille III. Recherches sur le monde hispanique au XIXème siècle,* 1973, págs. 59-71.

— «Nationalisme continental et *patria chica*», en *Nationalisme et Littérature en Espagne et en Amérique au XIXème siècle.* Lille: s. e. 1982, págs. 169-178.

El Movimiento emancipador de Hispanoamérica, Actas de la mesa redonda de la Comisión de Historia del Instituto Panamericano de Geografía e Historia. Caracas: Academia Nacional de la Historia, 1961, Tomo IV.

Nacionalismo, latinoamericanismo y universalismo en el pensamiento político latino-americano: el problema de identidad nacional y regional y las tensiones entre lo universal y lo particular, *Congreso sobre el pensamiento político latino americano.* Caracas: s. e. 1983.

Ortiz ESCAMILLA, J.: *Guerra y gobierno. Los pueblos y la independancia de México.* Sevilla-México: Universidad Internacional de Andalucía/ Universidad de Sevilla/Colegio de México/Instituto Mora, Col. Nueva América, 1997, 256 págs.

— «La ciudad amenazada, el control social y la autocrítica del poder. La guerra civil de 1810-1821», en *La ciudad y la Guerra*, *Relaciones. Estudios de historia y sociedad,* n.° 84, otoño 2000, vol. XXI. Zamora: El Colegio de Michoacán, págs. 13-58.

PÉREZ, J.: «Les mouvements précurseurs de l'épopée bolivarienne», en *Cahier des Amériques Latines,* n.° 29-30, Paris: janvier-décembre 1984, págs. 85-97.

Problemas de la formación del estado y de la nación en Hispanoamérica. Actas del Simposio del Instituto de Historia Ibérica y Latinoamericana de la Universidad de Colonia y del Instituto de Historia de la Universidad de Hamburgo. Septiembre de 1983. Bonn: Böhlau, 1984, 512 págs.

PUMAR MARTÍNEZ, C.: «Los cabildos revolucionarios en el Nuevo Reino de Granada», en *Estudios de Historia social y económica de América,* Revista de la Universidad de Alcalá, n.° 10-11. Lille: octubre de 1993, págs. 181-206.

PEREIRA DE QUEIROZ, M.ª I.: *Réforme et révolution dans les sociétés traditionnelles. Histoire et éthologie des mouvements messianiques.* Paris: Ed. Anthropos, 1968, 391 págs.

RAMOS PÉREZ, D.: «Nación, supernación y nación local en hispano-américa en la época bolivariana», en *Problemas de la formación del estado y de la nación en Hispanoamérica. Actas del Simposio del Instituto de Historia Ibérica y Latinoamericana de la Universidad de Colonia y del Instituto de Historia de la Universidad de Hamburgo. Septiembre de 1983.* Bonn-Köln-Wien: Böhlau Verlag, 1984, págs. 173-195.

La révolution française, la Péninsule Ibérique et l'Amérique Latine. Nanterre-Madrid: Turner 1989, 185 págs.

RIEU, M.-L.: *Los diputados americanos en las Cortés de Cádiz*, Madrid, CSIC, 1990, 438 págs.

RUIZ, N. M.: «Instrucción política, despotismo y libertad». New York: 1993, texte dactylographié, 28 págs.

SABATO, H. (coord.): *Ciudadanía política y formación de las naciones, perspectivas históricas de América latina.* México: FCE, Fideicomiso Historia de las Américas, 1999.

SARGET, M.-N.: «La formation de l'identité nationale chilienne au XIXème siècle», en *Communications* n.° 45. *Eléments pour une théorie de la nation.* Paris: Le Seuil, 1987, págs. 189-212.

SARRAILH, J.: «Sur une note diplomatique de 1918 relative à la pacification des colonies espagnoles insurgées», en *Mélanges Bataillon, Bulletin Hispanique,* n.° 64bis. Bordeaux: 1962, págs. 342-252.

SORIANO DE GARCÍA PELAYO, G.: «Aproximaciones al personalismo político hispanoamericano del siglo XIX», en *Revista del Centro de Estudios Constitucionales,* n.° 7. Madrid: septiembre-diciembre 1990, págs. 203-218.

— «Hispanoamérica: historia, desarrollo discrónico e historia política», en *Cuadernos del Instituto de Estudios Políticos,* n.° 29. Caracas: Universidad Central de Venezuela, Faculdad de Ciencias Jurídicas y Políticas, 1987, 79 págs.

Stoetzer, O. C.: *El pensamiento político en la América española durante el período de la emancipación (1789-1825).* Madrid: Instituto de Estudios Políticos, 1966, 2 vol.

Structures et cultures des sociétés Ibéro-Américaines ; au-delà du modèle socio-économique. Colloque international en hommage au professeur Fr. Chevalier. 29-30 avril 1988. Paris: Ed. du CNRS, 1990, 327 págs.

Suarez, F.: *Las Cortes de Cádiz.* Madrid: Ediciones Rialp, 1982, 219 págs.

Tanzi, H.: «Fuentes ideológicas de las Juntas de gobierno americanas», *Boletín Histórico. Fundación Boulton,* n.° 31. Caracas: 1973, págs. 25-42.

Terán, M. y Serrano Ortega, J. A. (eds.): *Las guerras de independencia en la América española.* México: s. e. 2002, 595 págs.

Uribe Urán, V. M. y Ortiz Mesa, L. J. (eds.): *Naciones, gentes y territorios. Ensayos de historia e historiografía comparada de América latina y el Caribe.* Medellín: Editorial Universidad de Antioquia, col. Clío, 2000, 449 págs.

Veliz, C.: *La tradición centralista en América Latina.* Barcelona: Ariel-Planeta, 1984, 345 págs.

Verdo, G.: *L'américanité : un pôle structurant de l'indépendance hispano-américaine (1808-1830).* Paris: 1991, Mémoire de DEA, Paris I, 94 págs.

— «Constitutions, représentation et citoyenneté dans les révolutions hispaniques (1808-1830)», en *Bulletin Histoire et Sociétés de l'Amérique Latine,* n.° 1. Paris: Mai 1993, Université Paris VII, págs. 40-63.

— *L'indépendance argentine entre cités et nation, 1808-1821.* Paris: Publications de la Sorbonne, 2006, 457 págs.

España

Bataillon, M.: «Langues et littératures de la Péninsule Ibérique et de l'Amérique Latine», en *Annuaire du Collège de France,* n.° 53. Paris: Imprimerie Nationale, 1953, págs. 277-294.

Castro, C. de: *La Revolución Liberal y los municipios españoles (1812-1868).* Madrid: Alianza editorial, 1979, 236 págs.

Cruz Seoane, M.ª: *El primer lenguaje constitucional español (Las Cortés de Cádiz).* Madrid: Editorial Moneda y Crédito, 1968, 220 págs.

DEROZIER, A.: «Manuel Josef Quintana et la naissance du libéralisme en Espagne», *Annales littéraires de l'Université de Besançon, vol 95.* Paris: Les Belles Lettres, 1968, 715 págs.

HOCQUELLET, R.: *Resistencia y Revolución durante la Guerra de la Independencia: del levantamiento patriótico a la soberanía nacional.* Zaragoza: Prensas Universitarias de Zaragoza, 2008, 419 págs.

— *La revolución, la política moderna y el individuo. Miradas sobre el proceso revolucionario en España (1808-1835).* Zaragoza-Cádiz: Prensas universitarias de Zaragoza/Servicio de Publicaciones de la Universidad de Cádiz, 2011, 308 págs.

LLUCH, E. y ARGEMÍ I D'ABADAL, L.: *Agronomía y fisiocracia en España (1750-1820).* Valencia: Institución Alfonso el Magnánimo, 1985, 215 págs.

PARRA LÓPEZ, E.: *La libertad de prensa en las Cortes de Cádiz.* NAU llibres, 1984, 130 págs.

PÉREZ GUILHOU, D.: *La opinión pública española y las Cortes de Cádiz frente a la emancipación hispanoamericana, 1808-1814.* Buenos Aires: Academia Nacional de la Historia, 1981, 205 págs.

SÁNCHEZ-AGESTA, L.: *El Pensamiento político del despotismo ilustrado.* Madrid: Instituto de Estudios Políticos, 1953, 319 págs.

— *Historia del constitucionalismo español.* Madrid: Centro de Estudios Constitucionales, 1978, 532 págs.

SARRAILH, J.: *L'Espagne éclairée de la seconde moitié du XVIIIème siècle.* Paris: Librairie C. Klincksieck, collection Témoins de l'Espagne, Série Historique, 1964, 779 págs.

SUAREZ, F.: *El proceso de convocatoria a Cortes (1808-1810).* Pamplona: Ed. Universitaria de Navarra, 1982, 528 págs.

VARELA SUANZES-CARPEGNA, J.: *La teoría del Estado en los orígenes del Constitucionalismo hispánico (Las Cortes de Cádiz).* Madrid: Centro de Estudios Constitucionales, Colección Estudios Constitucionales, 1983, 434 págs.

VILAR, P.: «Patrie et nation dans le vocabulaire de la guerre d'indépendance espagnole», en VILAR, P.: *Hidalgos, amotinados y guerrilleros. Pueblo y poderes en la historia de España.* Barcelona: Crítica, 1982, págs. 211-252.

Bibliografía general

AGULHON, M.: *La république au village. Les populations du Var de la révolution à la IIe république.* Paris: Le Seuil, Collection L'Univers Historique, 1979, 543 págs.

BACZKO, B.: *Les imaginaires sociaux. Mémoires et espoirs collectifs.* Paris: Payot, 1984, 242 págs.

— «L'héritage de la Révolution française», en *Revue Autrement, série Mutations. Dieux en sociétés. Le religieux et le politique,* n.° 127, février 1992, págs. 73-88.

BALANDIER, G.: *Le pouvoir sur scène.* Paris: Balland, Collection «Le commerce des idées», 1980, 188 págs.

BARBEY, J.: *Etre Roi. Le roi et son gouvernement en France, de Clovis à Louis XVI*, Paris, Fayard, 1992, 573 págs.

BEAUNE, C.: *Naissance de la nation France*, Paris, Gallimard, Collection Bibliothèque des Histoires, 1985, 431 págs.

— «La notion de nation en France au moyen Age», en *Communications* n.° 45. *Eléments pour une théorie de la nation.* Paris: Le Seuil, 1987, págs. 101-116.

BOBBIO, N.: «Sur le principe de légitimité», en *L'idée de légitimité.* Paris: PUF, Annales de Philosophie Politique n.° 7, 1967, págs. 47-60.

BOSC, Y. y WAHNICH, S.: *Les voix de la révolution. Projets pour la démocratie.* Paris: La Documentation Française, 1990, 468 págs.

BRUGUIÈRE, M. B.; GILLES, H. y SICARD, G.: *Introduction à l'histoire des institutions françaises. Des origines à 1792.* Paris: Privat, collection Societas, 1983, 324 págs.

CARRIÉ, J.-M.: «Le soldat», en GIARDINA, A. (dir.): *L'homme romain.* Paris: Le Seuil, collection «L'univers historique», 1992, págs. 127-173.

CASSIRER, E.: *Le mythe de l'Etat.* Paris: Gallimard, collection Bibliothèque de Philosophie, 1993, 402 págs.

CHARNAY, J.-P.: *Société militaire et suffrage politique en France depuis 1789.* Paris: Editions de l'Ecole des Hautes Etudes en Sciences Sociales, 1964, 319 págs.

CHARTIER, R.: «Construction de l'Etat moderne et formes culturelles: perspectives et questions», en *Cultures et idéologies dans la genèse de l'Etat moderne, Actes de la table ronde organisée par le CNRS et l'Ecole Française de Rome, Rome, 15-17 octobre 1984.* Ecole Française de Rome, Palais Farnèse, Collection de l'Ecole Française de Rome, 1985, págs. 491-503.

— *Les origines culturelles de la Révolution Française.* Paris: Le Seuil, Collection «L'Univers Historique», 1991, 244 págs.

Chiffoleau, J.: «L'invention médiévale», en *Revue Autrement, série Mutations. Dieux en sociétés. Le religieux et le politique,* n.° 127, février 1992, págs. 52-63.

Communications n.° 49. La mémoire et l'oubli. Paris: Le Seuil, 1989, 254 págs.

Constant, B.: *De l'esprit de conquête et de l'usurpation.* Paris: Flammarion, collection GF, 1986, 344 págs.

Delumeau, J.: «La Renaissance et ses ambiguïtés», en *Revue Autrement, série Mutations. Dieux en sociétés. Le religieux et le politique,* n.° 127, febrero de 1992, págs. 64-72.

Dumont, L.: *Essais sur l'individualisme. Une perspective anthropologique sur l'idéologie moderne.* Paris: Ed. Du Seuil, 1983, 310 págs.

— *Homo Aequalis 1. Genèse et épanouissement de l'idéologie économique.* Paris: Ed. Gallimard, Collection Bibliothèque des Sciences Humaines, 1985 (1ª ed. 1977), 270 págs.

Elias, N.: *La société des individus.* Paris: Fayard, 1991, 301 págs.

Farge, A.: *Des lieux pour l'histoire.* Paris: Seuil, 1997.

Fogel, M.: «Propagande, communication, publication. Points de vue et demande d'enquête pour la France des XVI-XVIIème siècles», en *Cultures et idéologies dans la genèse de l'Etat moderne, Actes de la table ronde organisée par le CNRS et l'Ecole Française de Rome, Rome, 15-17 octobre 1984.* Ecole Française de Rome, Palais Farnèse, Collection de l'Ecole Française de Rome, 1985, págs. 325-336.

Foucher, M.: *Fronts et frontières. Un tour du monde géostratégique.* Paris: Fayard, 1991 (2e éd.), 691 págs.

Fritz, G.: *L'idée de peuple en France, du XVIIe au XIXe siècle.* Strasbourg: Presses Universitaires de Strasbourg, 1988, 226 págs.

Furet, F.: *Penser la Révolution Française.* Paris: Gallimard, Collection Bibliothèque des Idées, 1978, 259 págs.

— *La gauche et la Révolution Française au milieu du XIXe siècle. Edgar Quinet et la question du jacobinisme. 1865-1870.* Paris: Hachette, 1986, 317 págs.

FURET, F.; OZOUF, M. *et alii: Dictionnaire critique de la révolution française. Idées.* Paris: Flammarion, Collection Champs, 1992, 544 págs.

GELLNER, E.: *Nations et nationalism.* Paris: Payot, 1989, 208 págs.

GIRARDET, R.: *Mythes et mythologies politiques.* Paris: Le Seuil, Collection L'Univers Historique, 1986, 210 págs.

GODECHOT, J.: «Nation, patrie, nationalisme, patriotisme en France au XVIIième siècle», en *Regards sur l'époque révolutionnaire.* Paris: Privat, 1980, págs. 53-68.

GUINCHARD, J.-J.: «Le national et le rationnel», en *Communications n.° 45. Eléments pour une théorie de la nation.* Paris: Le Seuil, 1987, págs. 7-49.

GUIOMAR, J.-Y.: *La nation entre l'histoire et la raison.* Éd. La Découverte, Collection Armillaire, 1990, 202 págs.

GUSDORF, G.: «Le cri de Valmy», en *Communications* n° 45. *Eléments pour une théorie de la nation.* Paris: Le Seuil, 1987, págs. 117-146.

HARSGOR, M.: *Un très petit nombre. Des oligarchies dans l'histoire de l'Occident.* Paris: Fayard, 1994, 544 págs.

HOBBES, T.: *Le Citoyen : ou les fondements de la politique.* Paris: Flammarion, collection GF, 1982, 416 págs.

— *Leviathan : traité de la matière, de la forme et du pouvoir de la république ecclésiastique et civile.* Paris: Sirey, collection Philosophie Politique, 1983, 780 págs.

HOBSBAWM, E.: *Nations et nationalismes depuis 1870. Programme, mythe, réalité.* Paris: Gallimard, NRF, 1992, 247 págs.

KANTOROWICZ, E.: *Mourir pour la patrie.* Paris: PUF, 1984, 141 págs.

KOHT, M. A.: «L'esprit national et l'idée de souveraineté du peuple», en *Bulletin of the International Committee of Historical Sciences,* vol II, n.° 7, 1929, págs. 217-224.

LACORNE, D.: *L'invention de la république. Le modèle américain.* Paris: Hachette, Collection Pluriel, 1991, 319 págs.

LE GOFF, J.: *L'imaginaire medieval.* Paris: Gallimard, collection Bibliothèque des Histoires, 1985, 352 págs.

— *Histoire et mémoire.* Paris: Gallimard, collection Folio Histoire, 1988, 409 págs.

LOCKE, J.: *Traité du gouvernement civil.* Paris: Flammarion, collection GF, [1796] 1992, 381 págs.

LÜSEBRINK, H. J. y REICHARDT, R.: «Révolution à la fin du siècle du XVIIième siècle. Pour une relecture d'un concept-clé du siècle des Lumières», en *Mots,* n.° 16. *Langage, langue de la Révolution française.* Paris: Presses de la Fondation Nationale des Sciences Politiques, mars 1988, págs. 35-69.

MAIRE, C.: «L'Eglise et la nation. Du dépôt de la vérité au dépôt des lois : la trajectoire janséniste au XVIIIème», en *Annales Economies, Sociétés, Civilisations,* n.° 5. Paris: Septiembre-octubre de 1991, Armand Colin, págs. 1177-1205.

MARIENSTRAS, E.: *Les mythes fondateurs de la nation américaine. Essai sur le discours idéologique aux Etats-Unis à l'époque de l'Indépendance (1763-1800).* Paris: Editions Complexe, 2e éd., 1992, 373 págs.

MARIENSTRAS, E.: *Nous, le peuple. Les origines du nationalisme américain.* Paris: Gallimard, Collection Bibliothèque des Histoires, 1988, 479 págs.

MARTIN, J.-C.: *Contre-Révolution, Révolution et Nation en France, 1789-1799.* Paris: Le Seuil, 1998.

— (resp.): *La guerre civile, entre histoire et mémoire. Colloque d'octobre 1994.* Nantes: Centre de Recherches sur l'histoire du monde atlantique, Université de Nantes, Ouest Editions, Enquêtes et Documents n.° 21, 1995.

MONTESQUIEU: *Œuvres complètes (édition établie et annotée par Roger Caillois.* Paris: Gallimard, Bibliothèque de la Pléiade, 1951, Tome II.

MOSSÉ, C.: *L'Antiquité dans la Révolution française.* Paris: Albin Michel, 1989, 169 págs.

Nations, nationalismes, transitions. XVIe-XXe siècles. Actes du symposium international, 12-15 novembre 1992. Université de Rouen. Centre de recherches d'histoire comparée des transitions. Paris: Éd. Sociales, 1993, 352 págs.

NICOLET, C.: «Le citoyen et le politique», en GIARDINA, A. (dir.): *L'homme romain.* Paris: Le Seuil, collection L'univers historique, 1992, págs. 25-71.

— *Le métier de citoyen dans la Rome Antique.* Paris: Gallimard, coll. Tel, 1989 (2e ed.), 543 págs.

— *L'idée de république en France.* Paris: Gallimard, collection Bibliothèque des Histoires, 1982, 512 págs.

Noiriel, G.: «La question nationale comme objet de l'histoire sociale», en *Genèse n.° 4 : Le national*, mai 1991, Calmann Levy, págs. 72-95.

Nora, P. (dir.): *Les lieux de mémoire. La nation*, Paris, Gallimard, Collection Bibliothèque des Histoires, 1986, 3 vols.

— «Mémoire collective», en Le Goff, J.; Chartier, G. y Revel, J. (dir.): *La Nouvelle Histoire.* Paris: CEPL, 1978, págs. 398-401.

Ory, P. (dir.): *Nouvelle histoire des idées politiques.* Paris: Hachette, collection Pluriel, 1987, 832 págs.

Ozouf, M.: *La fête révolutionnaire. 1789-1799.* Paris: Gallimard, collection Folio Histoire, 1976, 474 págs.

— *L'homme régénéré. Essais sur la Révolution française.* Paris: Gallimard, collection Bibliothèque des Histoires, 1989, 239 págs.

Péronnet, M.: *Les 50 mots clefs de la Révolution française.* Paris: Privat, 1983, 294 págs.

Polin, R.: «L'existence des nations», en *L'idée de nation.* Paris: PUF, Annales de philosophie politique n.° 8, 1969, págs. 37-48.

P. V.: «Nation», en Le Goff, J.; Chartier, G. y Revel, J. (dir.): *La Nouvelle Histoire.* Paris: CEPL, 1978, págs. 438-444.

Rémond, R.: «Les élections», en Rémond, R. (ed.): *Pour une histoire du politique.* Paris: Le Seuil, collection L'Univers Historique, 1988, págs. 33-49.

Renan, E.: *Qu'est-ce qu'une nation? et autres essais politiques.* Paris: Presses Pocket, collection Agora, 1992, 316 págs.

Rétat, P.: «Partis et factions en 1789 : émergence des désignants politiques», en *Mots, n.° 16. Langage, langue de la Révolution française.* Paris: Presses de la Fondation Nationale des Sciences Politiques, Mars 1988, págs. 69-91.

Rosanvallon, P.: *L'Etat en France, de 1789 à nos jours.* Paris: Le Seuil, col. L'Univers Historique, 1990, 360 págs.

— *Le moment Guizot.* Paris: Gallimard, Bibliothèque des Sciences Humaines, 1985, 398 págs.

— *Le sacre du citoyen. Histoire du suffrage universel en France.* Paris: Gallimard, collection Bibliothèque des Histoires, 1992, 490 págs.

ROUSSEAU, J.-J.: *Du Contrat Social.* Paris: Flammarion, 1966, 187 págs.

SAINT AUGUSTIN: *Confessions.* Paris: Le Seuil, col. Point Sagesse, 1982, 416 págs.

SOUTHCOTT, C.: «Au-delà de la conception politique de la nation», en *Communications* n.° 45. *Eléments pour une théorie de la nation.* Paris: Le Seuil, 1987, págs. 51-67.

STAROBINSKI, J.: *1789, les emblèmes de la raison.* Paris: Flammarion, 1979 (1ère éd. 1948), 224 págs.

STRAUSS, L.: *Droit naturel et histoire.* Paris: Flammarion, collection Champs, 1986, 323 págs.

SURATTEAU, J. R.: *L'idée nationale de la Révolution à nos jours.* Paris: PUF, collection SUP, 1972, 227 págs.

SUTER, J. F.: «L'idée de légitimité chez Benjamin Constant», en *L'idée de légitimité.* Paris: PUF, *Annales de Philosophie politique* n.° 7, 1967, págs. 181-193.

TEYSSEIRE, D.: «Des idéologues contre l'excès des mots», en *Mots,* n.° 16. *Langage, langue de la Révolution française.* Paris: Presses de la Fondation Nationale des Sciences Politiques, mars 1988, págs. 155-177.

TOUCHARD, J.: *Histoire des idées politiques.* Paris: PUF, Thémis, 9ª ed., 1985, 2 tomes.

TRIGANO, S.: «Le modèle biblique», en *Revue Autrement, série Mutations. Dieux en sociétés. Le religieux et le politique*, n.° 127, février 1992, págs. 35-51.

VALENSISE, M. (dir.): *François Guizot et la culture politique de son temps. Colloque de la Fondation Guizot-Val Richer.* Paris: Gallimard-Le Seuil, collection Hautes Etudes, 1991, 320 págs.

VILLEY, M.: *La formation de la pensée juridique moderne.* Paris: s. e. 4ª ed., 1975, 718 págs.

VOISINE, J.: «"Patrie", "Nation", "Cosmopolitisme" dans la littérature des Lumières», en *Mélanges offerts à M. le Professeur A. Monchoux, Annales de l'Université de Toulouse Le Mirail*, tomo XIV, 1979, págs. 122-139.

WAHNICH, S.: «L'étranger dans la lutte des factions. Usage d'un mot dans une crise politique. (5 nivôse an II-9 thermidor an II)», en *Mots,* n.° 16. *Langage, langue de la Révolution française.* Paris: Presses de la Fondation Nationale des Sciences Politiques, 1988, págs. 111-131.

Cronología

1808

Invierno 1807-1808: Campaña napoleónica en Portugal y luego, España.
17 de marzo: Motín de Aranjuez que obliga a Godoy a renunciar.
18 de marzo: Abdicación de Carlos IV a favor de su hijo Fernando VII.
19 de abril-10 de mayo: Episodio de Bayona.
3-6 de mayo: Napoleón convoca a la familia real en Bayona, obliga a Fernando VII a devolver la corona a su padre, y Carlos IV abdica a favor de Napoleón.
10 de mayo: Napoleón designa rey de España a José Bonaparte, hermano del emperador y hasta entonces rey de Nápoles.
Junio: En reacción a esta decisión, se forman juntas de gobierno en las provincias españolas.
Junio-agosto: estas noticias llegan a América, provocando un movimiento general de fidelidad hacia Fernando VII, y de solidaridad de los hispanoamericanos con los patriotas españoles. Reconocimiento del gobierno provisorio español. Los hispanoamericanos también consideran la posibilidad de formar juntas a favor del rey.
Agosto: El Cabildo de Caracas se auto-proclama como Junta Suprema Conservadora de los Derechos de Fernando VII.
25 de septiembre: Formación de la Junta Central Gubernativa del Reino, que se reúne en Aranjuez y, a partir de noviembre, en Sevilla.
Reconocimiento de la Junta de Sevilla por todos los hispanoamericanos, pues consideran que representa a la Monarquía y gobierna en lugar del rey, cuando en realidad provienen de una delegación de juntas insurreccionales españolas.

1809

Invierno de 1808-1809: Elecciones en España de la Junta Central Gubernativa.
22 de enero: Convocatoria a elecciones de diputados hispanoamericanos ante la Junta Central Gubernativa.
Diciembre: Gran ofensiva francesa contra Andalucía. La Junta Central Gubernativa huye a Cádiz. Queda disuelta por las presiones populares. Se forma el Consejo de Regencia.

1810

14 de enero: Convocatoria a elecciones de las Cortes Generales.

18 de abril: Anuncio en Caracas de la invasión de Andalucía por las tropas napoleónicas y de la disolución de la Junta Central Gubernativa. Los criollos consideran que la Regencia es ilegítima.

19 de abril: Formación de la Junta de Caracas, que se proclama como Junta Suprema Conservadora de los Derechos de Fernando VII.

25 de abril: Formación en Caracas de un gobierno provisional de veinticinco miembros.

10 de junio: Publicación del primer reglamento electoral, redactado por Juan Germán Roscio, para la elección de diputados al Congreso constituyente.

22 de junio: Instauración de un Tribunal de Seguridad Pública.

22 de octubre: Disturbios en Caracas.

Agosto de 1810-febrero de 1811: Elección de diputados de todas las provincias venezolanas, excepto Coro, Maracaibo y Guayana, que se mantienen fieles a la Regencia española.

25 de diciembre: Caracas se niega a reconocer a los representantes de las Cortes.

1811

2 de marzo 1811: Sesión inaugural del primer Congreso constituyente de Venezuela, que reúne a los treinta y un diputados de las siete provincias.

5 de marzo: Formación de un gobierno colegiado de tres miembros y de un Consejo consultivo en reemplazo de la Junta de abril de 1810.

7 de marzo: Formación de un Tribunal Supremo.

l° de julio: Publicación de la Declaración de los Derechos del Pueblo.

5 de julio: Declaración de Independencia de Venezuela. 11 de julio Sublevación realista en Valencia.

13 de agosto: La sublevación queda reprimida por Miranda.

21 de diciembre: Aprobación de la Constitución Federal para los Estados de Venezuela.

1812

15 de febrero: Clausura de las sesiones del Congreso en Caracas.

1° de marzo: Instalación del Congreso en Valencia, proclamada capital federal.

26 de marzo: Terremoto en Caracas.
3 de abril: Instalación del gobierno en Valencia.
4 de abril: otorgamiento de facultades extraordinarias al Poder Ejecutivo.
6 de abril: Fin de las sesiones del Congreso.
12 de abril: Conferencia de Tapatapa con el fin de examinar por una parte los medios para instrumentar la defensa del territorio y, por otro parte, el reforzamiento de los poderes extraordinarios.
26 de abril: El Congreso nombra Generalísimo a Miranda, antes de disolverse.
27 de abril: El gobierno se instala en La Victoria.
14 de mayo: Proclamación de la Ley Marcial.
30 de junio: Sublevación realista en Puerto Cabello.
6 de julio: Bolívar, comandante político y militar de Puerto Cabello, se ve obligado a abandonar esta plaza fuerte.
24 de julio: Capitulación de San Mateo, entre Miranda y Monteverde.
30 de julio: Entrada de Monteverde a Caracas, que vuelve a ser capital de Venezuela. Instalación de un gobierno realista.
Agosto: Cae el gobierno realista con la liberación de Caracas y Cumaná por Bolívar y Mariño.
15 de diciembre: Manifiesto de Cartagena.

1813

14 de mayo: Desde San Antonio del Táchira, se inicia la Campaña Admirable bajo la dirección de Bolívar.
15 de junio: Bolívar decreta la Guerra a Muerte.
4 de agosto: Finaliza la campaña Admirable en La Victoria, con la capitulación del ejército realista.
6 de agosto: Vencedor de varias batallas, Bolívar entra a Caracas, donde se le proclama Libertador de Venezuela. Bolívar instaura la segunda República tras la capitulación de las autoridades españolas en Caracas.

1814

Diciembre: Pese a los esfuerzos de Bolívar, la intensidad de los combates no permite restaurar las instituciones civiles. Con las victorias realistas en Urica y Maturín, cae la segunda República. Bolívar sale hacia Nueva Granada, y la mayoría de los patriotas emigran hacia las Antillas y Nueva Granada. Se instaura la llamada República errante en armas, por iniciativa de los jefes republicanos que se quedan en el territorio, y estas luchas esporádicas se mantendrán hasta mayo de 1817.

1815

Enero: Restablecimiento del régimen monárquico en toda Venezuela.

Abril: Llegada a Caracas de la expedición pacificadora del general español Morillo.

Diciembre: Desde Nueva Granada, Páez pasa hacia los llanos y emprende la formación de su ejército en Apure.

1816

3 de mayo: Primera expedición de Los Cayos, dirigida por Bolívar, desde Haití hacia Venezuela.

7 de mayo: Bolívar es reconocido como jefe Supremo de la República por una asamblea militar reunida en Villa del Norte, en la isla Margarita.

27 de septiembre: Victoria de los patriotas encabezados por Piar en la batalla del Juncal.

31 de diciembre: Segunda expedición de Los Cayos: Bolívar desembarca en Barcelona, proveniente de Haití.

1817

8-9 de mayo: Congresillo de Cariaco celebrado por un grupo de patriotas, para tratar de restablecer el sistema federal y un gobierno civil.

17 de julio: Derrotado, el ejército realista se retira de Angostura y Guayana la Vieja.

8 de agosto: El Congresillo de Cariaco designa la ciudad de La Asunción, en la isla Margarita, como capital provisional de Venezuela.

9 de septiembre: Para sostener la causa republicana, Bolívar decreta el secuestro y la confiscación de los bienes del gobierno español, los españoles europeos y los hispanoamericanos leales a la causa realista.

30 de octubre: Creación de un Consejo Provisional de Estado en Angostura.

5 de noviembre: Creación del Consejo de Gobierno.

10 de noviembre: Bolívar designa Angostura como capital provisional de Venezuela.

1818

Enero: Bolívar y Páez unen sus tropas.

Junio: Bolívar se instala en Angostura y emprende el restablecimiento de las autoridades civiles.

1° de octubre: Bolívar anuncia la convocatoria de un Congreso constituyente.

24 de octubre: Reglamento para la elección de representantes en el segundo Congreso de Venezuela que debe reunirse en 1819 en Angostura.

15 de febrero 1819: Inauguración del Congreso de Angostura. Bolívar pronuncia su importante discurso.

Marzo: Batallas en los llanos.

Mayo: Preparación de la campaña de Nueva Granada.

7 de agosto: Victoria republicana en la batalla de Boyacá.

11 de agosto: Aprobación de la Constitución de Angostura.

17 de diciembre: Promulgación de la primera Ley Fundamental de la República de Colombia, que consagra la unión de Venezuela, Nueva Granada y Quito. El Congreso designa la Villa del Rosario de Cúcuta capital provisional de Colombia.

1820

11 de enero: Decreto sobre la liberación de esclavos.

20 de enero: El Congreso de Cúcuta decreta la convocación a elecciones.

27 de febrero: Se instala en Bogotá la Asamblea encargada de ratificar las decisiones tomadas en Angostura.

Abril: Primeras instrucciones de Fernando VII a la América acerca del restablecimiento de la Constitución española de 1812.

7 de junio: Morillo, comandante de las tropas españolas, recibe estas informaciones y pide que se publique esa Constitución. Se inician los intentos de conciliación con las autoridades colombianas, por intermedio de Bolívar y Morillo.

25 de noviembre: Se firma el Tratado de Armisticio en Trujillo.

26 de noviembre: Se firma el Tratado de Regularización de la Guerra.

27 de noviembre: Entrevista en Santa Ana entre Bolívar y Morillo, antes de que éste último regrese a España, dejando las tropas bajo el mando de La Torre.

1821

5 de enero: Bolívar regresa a Bogotá. Nombra a dos plenipotenciarios, José Rafael Revenga, ministro de Relaciones Exteriores, y Echevarría, gobernador de Bogotá, para las negociaciones en España.
21 de enero: Decreto sobre los conspiradores.
29 de enero: Entrada de las tropas republicanas en Maracaibo, que se pronuncia a favor de la República. España considera que esta decisión equivale a romper el Armisticio.
28 de abril: Por iniciativa de Bolívar, se reinician las hostilidades contra las tropas españolas.
6 de mayo: Instalación del Congreso de Cúcuta.
24 de junio: Victoria de Bolívar en la batalla de Carabobo.
12 de julio: Se promulga la Ley Fundamental de los Pueblos de Colombia, estableciendo el sistema centralista.
21 de julio: Ley de liberación de esclavos.
30 de agosto: El Congreso de Cúcuta promulga la Constitución de 1821.
Septiembre: El Congreso designa a Bolívar presidente de la República de Colombia.
11 de octubre: El Congreso designa a Bogotá capital de la República.
14 de octubre: Finalizan las sesiones del Congreso de Cúcuta.

1823

Mayo: Liberación de Coro.
Agosto: Liberación de Maracaibo.
18 de agosto: Decreto de liberación de esclavos.
8 de octubre: Liberación de Puerto Cabello.

1824

6 de mayo: Decreto para el reclutamiento de cincuenta mil hombres.
31 de agosto: Decreto para el reclutamiento general de ciudadanos en la milicia.
8 de diciembre: Sublevación de Petare, al grito de «¡Viva el rey de España!»

1825

Junio-octubre: Elecciones para la Presidencia y la Vicepresidencia de la República de Colombia.

1826

27 de marzo: Las autoridades de Bogotá destituyen a Páez de su cargo de gobernador del Departamento.
30 de abril: Pronunciamiento de la Municipalidad de Valencia a favor de la restitución de Páez en su cargo.
16 de mayo: Pronunciamiento de la Municipalidad de Caracas dando su apoyo a Páez.
Mayo-junio: Pronunciamiento de las Municipalidades a favor de Páez y de la revisión de las relaciones entre la «Antigua Venezuela» y el gobierno de Bogotá.
19 de junio: Unión de los Departamentos de Venezuela y Apure contra el gobierno de Bogotá.
13 de noviembre: Decreto de Páez para convocar las elecciones del Congreso constituyente del Estado de Venezuela.

1827

15 de enero: Proyecto de organización de una asamblea constituyente con miras a la separación de la «Antigua Venezuela».
Enero de 1827: Llegada de Bolívar a Caracas. Páez suspende su proyecto de separación.
Mayo: Conforme a los votos emitidos por los pueblos, el Congreso de Bogotá designa a Bolívar en la Presidencia de la República, y a Francisco de Paula Santander en la Vicepresidencia.
7 de agosto: Ley para convocar el 2 de marzo de 1838 la Gran Convención Nacional de Ocaña.

1828

13 de marzo: Bolívar se dota de facultades extraordinarias en todo el territorio de la República.
9 de abril: Inauguración oficial de la Gran Convención Nacional en Ocaña.
10 de junio: Acta de disolución de la Convención Nacional, pues el retiro de los diputados «bolivarianos» ya no permite lograr el quórum reglamentario.
27 de agosto: Bolívar asume la Dictadura y organiza el gobierno, nombrando un Consejo de Estado.
26 de septiembre: Intento de asesinato contra Bolívar en Bogotá.

17 de noviembre: Decreto de suspensión de las Municipalidades de la República de Colombia.
24 de diciembre: Bolívar convoca un Congreso que deberá reunirse en Bogotá el 2 de enero de 1830.

1829

5 de octubre: Resolución de la Municipalidad de Caracas a favor de la adopción de un «gobierno representativo y federal».
26 de noviembre: La Municipalidad de Caracas proclama su separación de la República de Colombia.
24 de diciembre: Decreto para convocar las elecciones del Congreso constituyente de Colombia.

1830

13 de enero: Decreto de Páez para convocar el Congreso de Valencia. Con la separación de Venezuela, se establece la capital de Venezuela en Caracas.
Marzo: Elecciones de diputados del Congreso de Valencia.
6 de mayo: Inauguración del Congreso de Valencia, que consagra la separación de Venezuela de la República de Colombia.
13 de mayo: Se adopta una Constitución centro-federal.
22 de mayo: El Congreso constituyente de Venezuela decreta el ostracismo contra Bolívar.
27 de mayo: Páez es nombrado presidente provisional de Venezuela.
2 de junio: Se anuncia al Congreso general de Colombia (el Congreso Admirable) la instalación del Congreso de Valencia y la separación oficial de Venezuela.
19 de junio: Presentación del proyecto de Constitución.
10 de julio: Se reglamenta el funcionamiento del gobierno provisional de Venezuela.
22 de septiembre: Se promulga la Constitución del Estado de Venezuela.
2 de octubre: El Congreso designa Valencia como capital de Venezuela.
14 de octubre: Clausura del Congreso de Valencia.

Índice onomástico